KB259887

지은이 **주강현朱剛玄**

문학박사, 한국민속 연구소장, 한국역사민속학회장,
해양문화재단이사, 통일문화학회 공동대표.

주요 저술
『제국의 바다 식민의 바다』(2005), 『黃金の海 · イシモチの海』(2003),
『개고기와 문화제국주의 - 이른바 문명과 야만에 관하여』(2002),
『레드 신드롬과 히딩크 신화 - 붉은축제 : 신명의 거리굿에 관한 보고』(2002),
『왼손과 오른손 - 좌우 상징, 억압과 금기의 문화사』(2002),
『북한의 우리식 문화』(2000), 『한국민속학연구방법론비판』(1999),
『21세기 우리문화』(1999), 『조기에 관한 명상』(1998),
『우리문화의 수수께끼』I · II (1996), 『한국의 두레』I · II (1996),
『마을로 간 미륵』I · II (1995), 『북한의 민족생활풍습』(1994),
『굿의 사회사』(1992), 『북한민속학사』(1991) 외 다수

**두레**, 농민의 역사
ⓒ 주강현 2006

초판 1쇄 발행_2006년 5월 30일
지은이_ 주강현
펴낸이_이정원

주간_ 윤재인
책임편집_ 송인환
편집_ 정미정 · 김인경 · 김상진
디자인_ 배기열 · 김경애
마케팅_ 구본건 · 이도은
관리_ 조철희 · 장성준 · 우유정 · 김대환 · 강성철

펴낸곳_도서출판 들녘
등록일자_1987년 12월 12일
등록번호_10-156
주소_경기도 파주시 교하읍 문발리 출판문화정보산업단지 513-9
전화_마케팅 031-955-7374 편집 031-955-7381
팩시밀리_031-955-7393
홈페이지_www.ddd21.co.kr

값은 뒤표지에 있습니다. 잘못된 책은 구입하신 곳에서 바꿔드립니다.
ISBN 89-7527-539-6 (03380)

農民의 역사

# 두레

주강현 지음

들녘

# 왜 다시 농민의 역사인가

유럽의 웬만한 농촌을 지나가다 보면 밀밭이 끊이질 않는다. 그러나 아시아는 다르다. 베트남이나 태국, 하다못해 오키나와 같은 섬의 작은 땅에도 틈만 있으면 논두렁이 보인다. 우리 국토에서도 논을 빼놓고 나면 무엇이 남겠는가. 논은 단순하게 '벼 재배지'만이 아니다. 우리 문화의 상징이자, 농민의 역사적 응어리 그 자체다. 그런 논이 사라지고 무시되며, 농민들이 논에서 추방되고 있다. 토지의 경제적 가치가 생태적·인간적 가치를 밀어내고 있으니 정녕 슬픈 일이다.

두레는 논두렁에서 이루어진 역사다. 두레는 『조선왕조실록』은 물론이고, 지극히 일부를 제외하고는 사대부들의 기록에서도 논외다. 역사는 있으되 기록되지 않은 유사무서有史無書의 역사다. 역사는 늘상 역사가의 '눈높이만큼만' 정확하거나 부정확하게 서술된다고 확신한다. 농민의 역사를 탁상 물림으로 앉아서 함부로 재단할 일이 아니다. 유서무서의 역사인만큼 발품을 팔아야 하고, 농민들의 구술口述을 존중해야 할 것이다.

최근 10여 년 동안 우리 학계에서 구술사가 인기를 끌고 있다. 그런데 정작 수십 년간 민중 구술을 중시해온 필자의 입장에서는 이런 풍조가 탐탐치 않다. 구술사는 유행이 아니다. 문헌이 있으면 구술이 있고, 또한 물증이나 유물이 있는 법이다. 문헌 · 구술 · 유물은 어느 것 하나 빼놓을 수 없는 것이니, 아무래도 역사학은 문헌을 중시하고, 민속학은 구술, 고고학은 유물에 의존하는 경향이 강할 뿐이다. 문사철文史哲의 융합적 지향만큼이나 이들 삼자의 융합이 필요한 것이니, 새삼스럽게 구술사를 강조함은 뒤늦게 저 혼자만 몰랐던 것을 떠벌리는 것과 무엇이 다를까. 이 책 역시 문헌을 무시하지 않되 구술에 의존하여 이십여 년 이상을 뛰어온 결과물이다.

두레는 상부상조하는 농민들의 공동체이다. 이런 단순한 국어사전적 의미로는 두레의 역사적 의미망이 제대로 잡히지 않는다. 두레는 조선 후기 이앙법의 발달과 밀접한 관계를 지니고 있으며, 조직 · 제의 · 노동 · 놀이뿐 아니라 심지어는 농민반란과도 유기적으로 결합되어 있음이 밝혀졌다.

우리 사회에는 두레에 관한 관심이 여전히 존재한다. 두레라는 이름이 붙은 상표, 심지어 두레의 공동체성과 생태성을 적절하게 팔아서 반두레적 행각에 나선 이들까지 있다. 그런데 정작 두레의 실체를 제대로 알려고 하지는 않는다. 하여, 이 책은 두레에 관한 온갖 역사문화적인 여러 논의를 총괄하는 계기임을 목표로 했다.

지평선이 보이는 넓디넓은 논보다는 다랭이논 같은 좁디좁은 논이 더 많은 우리의 논두렁 골골마다 두레풍물굿이 울려 퍼졌다. 논북에 맞춘 선소리꾼의 유장한 들소리가 들녘을 가로지르면, 들밥을 머리에 인 처자들은 발걸음을 재촉했다. 비록 소작료 주고 나면 남을 것이 별로 없고 보릿고개 넘기기가 힘들었던 시절이었지만, 둘러앉아 풋고추를 된장에 찍어 먹는 밥그릇공동체의 풍경만큼은 그 가난한 삶을 지탱시킬 수 있는 유일한 힘이었다. 들판에서 힘겨운 일을 마치고 기도하는 바르비종파 화가 프랑수아 밀레의 「만종晩鐘」이 만인의 사랑을 받는 것은 그 통속적 주제만큼이나 삶의 본질이 통속적일 수밖에 없기 때문이다. 농민들에게 두레식의 함께 사는 삶은 생존의 버팀목이었다.

이 책은 역사민속학적 연구방법론에 입각하여 서술되었다. 두레에 관해 찾을 수 있는 모든 자료를 찾아냈고, 20여 년 이상을 틈틈이 답사하면서 채록한 구술자료에 기초한다. 현지조사를 하면서 반드시 사진기록을 남겨두려고 애썼고, 이 책에 실린 수백 장의 사진들은 대부분 필자의 손으로 직접 찍었다. 아주 오래 전부터 두레가 완전히 사라졌기에, '실험'된 두레의 사진일망정 충분한 사료적 가치가 있다. 먼 후대에 두레를 알고자 하는 이들은 이들 사진을 재활용할 수 있을 것이니, 이 책은 '사라져간 것들'에 바치는 최후의 기록이다.

서문을 '회고담' 조의 글로 쓰지 않기로 했다. 마을마다 다니면서 얼마나 힘들었던가 따위의 푸념도 불필요하다. 내 차도 없던 시절, 버스 아니면 걸어다니면서 채록하는 과정의 고통까지도 두레연구의 역사적 소명의식 때문에 즐거움을 느꼈다. 1970년대와 80년대 중반에 대학을 다닌 사람들은 민족문화운동 속에 밀어닥쳤던 두레 열풍을 기억할 것이다. 대학가를 풍미했던 탈패, 풍물패 등 민중연희집단, 그리고 농민운동의 화두가 바로 두레였다. 그러나 시대가 지나면서 언제 그랬냐는 듯 두레는커녕 민족문화운동 자체도 폐기처분되기에 이르렀다.

공동체를 꿈꾸며 살아가는 인류사회의 꿈은 '유효기간'이 없다. 현실사회주의가 끝났다고 하여 사회적 이상향의 꿈마저 사라져서는 안 된다. 신자유주의체제의 물결 속에 값싼 쌀이 밀고 들어오면 우리는 논을 갈아엎고 무엇을 할 것인가? 우리는 육지에서는 논이 골프장으로, 공장으로, 아파트로 바뀌고, 바다에서는 갯벌이 관광지로 바뀌는 시대를 살고 있다. 정녕 논두렁에서 공동체적 이상을 꿈꾸었던 농민의 세계관은 그토록 낡은 것일까.

물론, 두레는 이상적이지만은 않다. 두레 안에는 봉건적 권위주의가 존재하며, 일제 강점기의 두레는 농민 착취기재로 역이용되기도 했다. 그러나 두레는 농민의 역동성과 대동성, 또한 유기적 생태성을 담보하는 생활문화사의 전형임이 분명하다. 임화를 비롯한 수많은 모더니즘 계열의 작가·예술인들이 풍물보다는 풍금을 사랑할 때, 이기영은 무지렁이 농민들의 두레에서 신새벽이 동터옴을 예언했다.

값싼 쌀을 사다 먹으면서 논을 모두 없애버리면, 앞으로 우리의 국토는 어떻게 될 것인지 묻고 싶다. 논은 그 자체로 거대한 생태 저수지다. 이런 논의 축소·소멸이 가져올 재앙은 국제적 쌀 거래의 비교우위적 가격경쟁력이 가져올 이득 총액을 훌쩍 뛰어넘을 것이다. 마이크로칩이 우리를 먹여 살릴 '새로운 쌀'이라고? 역사는 이런 '광고 카피'로 이루어지지 않는다. 인간이 자연과 부대끼면서 벼농사를 짓고 인간끼리 연대감을 쌓아나가는 두레식 농사짓기의 현대적 복원과 재해석이 필요한 시기다.

우리 모두 이상한 시대, 둥둥 떠다니는 시대를 살아가고 있다. 한때는 벤처가 유행하더니 IT가 유행하고 유비쿼터스, 그리고 또 뭔가? 일제 강점기에는 모던 보이와 모던 걸만 존재했던가? 세계 속의 한류를 문화경쟁력으로 내세우는데, 정작 한복·한식·한옥 따위의 바탕에 깔린 농경문화적 기반은 애써 무시한다. 이미 풍물굿이 널리 보급되어 아이들도 칠 정도인데 정작 풍물굿의 역사이자 바탕이고 힘의 근원인 두레에 대해서는 무지하다. 어찌 되었든 열매만 따먹으면 된다는 생각인데, 과연 열매조차 제대로 따먹을 수 있을까.

벼농사는 세계문화사적으로 참으로 독특한, 수천 년 이상을 이어온 농법이다. 우리 문화의 가장 대중적이고 전면적이며 힘찬 바탕은 논에서 이루어진 것들이다. 두레는 그 대표이다. 두레가 얼마나 중층적이며 유기적인 것이었는지는 본문에서 세세히 밝히고 있으므로 앞서 말하지 않기로 한다. 물론 아무리 좋은 풍습도 전근대시대에 만들어진 제한성이 있으며, 시대가 변하면 풍습을 바라보는 관점도 변한다. 그러나 인간 소외의 시대에 공동체성의 발현이라는 점에서, 또한 유기적 생태농법이라는 점에서 두레는 충분히 21세기적이다. 두레의 역할은 아직 끝나지 않았다.

전통농법은 오늘날 문제가 되고 있는 종다양성의 보고이기도 하다. 세종조에 펴낸 『농사직설農事直說』(1429년)에서 경상 · 충청 · 전라 삼도의 감사에게, '오방의 풍토가 다르고(五方風土不同), 작물에 따른 농법이 각기 있어(樹藝之法各有) 고서의 내용과 맞지 않음을 아시고, 각 도 감사에게 명하사 고을의 늙은 농부들이 경험한 바를 모두 올리라 했다'는 대목은 종다양성의 관점에서 볼 때 매우 중요한 기록이다. 오늘날은 농법의 지역적 다양성이 사라지고 오로지 획일적인 '지도소 교본용' 농법만이 존재할 뿐이다. 농법의 획일성이 농작물에 일으킨 병충해와 각종 장애 · 허약체질은 오로지 농약과 비료로 해결하고 있다. 종자의 토종만이 사라진 것이 아니라 농민들의 지혜, 즉 농민들의 토착적 민속지식(Folk knowledge)도 단절되었다. 어업에서의 '싹쓸이어법'이 심각한 지경이라면 단작 중심의 획일 농법이 이미 저승사자처럼 바싹 다가와 있다.

우리 사회는 아예 제정신을 놓고 달려만 왔다. 성장하지 않으면 쓰러지는 사회로, 긴장된 속도감만 칭송받는다. 레비-스트로스가 『슬픈 열대』에서 서구사회 자체가 하나의 부족적 편견에 사로잡혀 있다고 하면서 과열된 사회(hot or mobile society), 혹은 열역학적(thermodynamic) 사회라고 한 진술에서 우리도 좀체 벗어나지 못한다. 그렇게 '화끈하게' 산다고 사람들의 행복지수가 높아가는가. 경제적 성장과 행복지수는 별 상관이 없는 듯 싶다. 성장의 전리품도 분배문제에서는 난관, 혹은 저항에 부딪치고 부박浮薄한 삶을 살아가야 하는 대중이 늘어나기만 한다. '공동체 운동'은 과거의 흘러간 운동가가 아니라 다시금 오늘에 불러야 하는 노래가 아닐까. 두레는 선인들의 과거식 공동체의 한 전형을 암시하고 있다. 두레 말고도 품앗이, 소거리, 황두, 수눌음 따위의 다양한 공동체적 편린들도 우리가 잃어버린 것들이다. 공동집회소인 농청과 도청, 농꾼들의 휴식처인 모정 등은 공동체적 공간으로 자리매김해왔으나 일부 기능만 잔존한다.

공동체는 비인간적, 집단성은 억압적, 민족성은 국수적이다. 이 책은 그런 비판이 정당한지 되묻고 있다. 앞서 두레가 무조건 좋은 것이 아니라고 말했다. 당시대적 제한성이 뚜렷한 부분도 적지 않다. 그러나 적어도, 인간다움과 자연다움을 잃지 않고 노동과 예술이 어우러지던, 때로는 '땅도 땅도 내 땅이요, 조선땅도 내 땅이다'라고 주재소 앞에서 삼채가락을 치면서 변혁의 지평으로까지 나아갔던 힘의 동력은 이 바로 두레이다.


일엽지추一葉知秋, 낙엽 하나로 가을을 안다고 했다. 농민은 벼 포기 하나로 미래를 예감한다. 평화롭던 수백만 평의 논에 위기가 닥쳐오고 있다.

공동체 노동이 사라진 조건에서 일과 놀이의 순환은 고사하고 늙은 노부부가 힘겹게 모를 심고 벼를 벤다. 두레의 공동체성共同體性·공산성共産性을 가시적으로 보여주던, '두렁넘기'로 네 논, 내 논을 타고 넘으면서 김을 매주는 공유적 경영은 사라졌다(별 뜻 아니니 '공산성'이란 표현에 과민할 필요는 없을 것이다). 이제 임노동 관계만이 남았다. 혼자서 너른 논의 김을 맬 수 없는 조건인지라 수십여 년 전부터 엄청난 제초제를 뿌려 단

숨에 해결한다. 레이첼 카슨이 말한 대로 봄이 왔어도 새는 울지 않는 '침묵의 봄'이 되고 있다.

벼 포기 하나를 둘러싸고 '짚호미로 찍기', '손으로 훔치기' 등 다양한 농법으로 애지중지 키워온 두레의 손노동은 비효율로 무시되고, 오로지 농약과 비료로만 농사를 짓는다. 축력이 사라지면서 소와 인간의 교감은 사라지고, 한우는 오로지 비싼 고기를 제공하는 공장에 불과하다. 소떼를 몰고 꼴을 먹이면서 들로 산으로 나다니는 소동小童두레패 식의 자연친화적인 건강한 삶은 거대한 입시제도 앞에 아예 무시되거나 '정신 나간 짓', 심지어 '미성년 노동 착취' 따위로 평가된다. 그 결과, 우리들 식탁에 비상등이 켜진 지 이미 오래이다.

이 책은 두레의 복고주의적 회고나 회귀를 의도하고 있지 않다. 우리가 흔히 쓰는 두레정신이라는 말의 함의, 즉 상부상조하면서 살아가던 미풍양속, 홀로된 가정이나 노동력이 부족한 집안의 농사일도 제 일처럼 해주었던 두레의 근본정신에 주목한다. 지난 1세기, 한국 사회가 잃어버린 가장 소중한 가치는 인간 사이의 공생적 삶이었다. 저마다 상투적으로 인간성 회복을 이야기하면서 서구철학에서 이러저러한 근거를 끌어대고 있지만, 옛 두레농민들은 비록 가난했어도 무엇보다 '인간성'만큼은 의심받지 않았다.


이 책은 필자의 박사학위 논문에 기초한다. 그런데 우리나라 대학의 박사학위 심사제도란 것이 얼마나 많은 문제점을 지니고 있는지는 재론의 여지가 없을 것이다. 논문은 시작부터 고난의 행군이었고, 역사민속학적 연구방법론은 비문학적 이단으로 간주되어 적잖은 상처를 입었다. 두레의 생태환경적 조건, 즉 선인들의 생태관을 다룬 부분은 아예 삭제를 요구받기도 했다. 그러한즉, 이 책은 박사학위 10년 만에 전면적으로 다시 쓴, 내 자신이 스스로에게 주는 '졸업장 없는 학위'이다.

이 책을 읽으면서 두레의 구체적 모습을 좀더 상세히 알고자 하는 독자가 있다면 조금 불편하고 수고롭겠지만 필자가 십여 년 전에 발간한, 박사학위 논문을 그대로 펴낸 『한국의 두레』 자료편에 해당되는 두 번째 권을 참조할 필요가 있다. 그 책은 800쪽에 달하는 방대한 두레 현지조사 결과와 두레 관련 사료들인바, 농민 구술의 역사적 진실성을 가득 담고 있다. 그 자료집이나 이 책이 왜 이렇게 두꺼운 책이 되었느냐고 묻는다면, 수백 년 농민의 역사에서 가장 중요한 것을 서술하면서 어찌 더 간단하게 쓸 수 있었겠느냐고 되묻고 싶다. 왕의 일거수일투족과 신하들과의 너저분한 대화까지 서술한 『조선왕조실록』(세계기록문화사적 의의를 절하하려는 의도는 아니지만)이 방대하게 서술된 것은 당연시하면서, 적어도 수백 년 이어져온 두레와 농민의 역사를 서술하면서 고작 1천여 쪽도 못 되는 분량을 나무라는 것은 농민에 대한 모독이리라.

이 책이 나오기까지 도움을 주신 많은 분들에 대한 감사의 말은 일일이 넣지 않았다. 물론 이 책을 만들어준 들녘출판사, 특히 편집자들의 노고에 감사드린다. '귀농총서'를 내는 등 우리 시대의 농민 및 농업문제에 많은 애정을 기울이고 있는 들녘출판사는 이름까지 두레에 걸맞은 것 같아 이 책을 담는 그릇으로 안성맞춤이다. 현지조사 과정에서 도움을 준 학계의 선후배들, 동학들에게도 감사드린다. 책의 끝부분에 실린 연대기에는 학인들과 연계된 다양한 조사 과정들을 출전과 더불어 밝혀놓았다.

그러나 이 책의 주인공은 노농老農들이다. 부처님의 의발衣鉢을 전수받듯이 노농들의 민속지식을 이해하여 서술했으므로 '이와 같이 들었노라 (如是我聞)'처럼 아난존자阿難尊者의 역할을 필자가 수행했다는 생각이 든다. 1980년대에 이미 그들은 70대 노인들이었으므로 지금은 90살을 훌쩍 넘어 세상을 떠난 이들이 많다. 그만큼 두레와 같은 사라진 풍습에 대

한 연구조사는 한시를 다투는 초미지급焦眉之急의 일인데, 이만한 조사라
도 완수할 수 있었음은 오로지 노농들의 힘이다. 귀찮고 낯선 가운데서
도 친절하게 자신들의 농사지식을 풍부하게 알려준 노농들에게 거듭 감
사드린다.


2006년 오월 어느날,
일산 정발학연鼎鉢學研에서

주 강 현

## Chapter 13 그 밖의 전통적 노동관행들
### 품앗이 · 소겨리 · 수눌음 · 고지

# 땅·농민·자연의 연대

협곡은 점점 급격해졌고,
언덕의 경사면을 따라 경작지가 조성되어 있었다.
우리가 걸어가는 위아래로 수많은 전답이 펼쳐져 있는데,
그 각각이 산등성이를 수평으로 층층이 절단 난 것처럼 포개져 있어서
마치 포석 대신 짙은 수면이 깔린 거대한 계단과도 같아 보였다.
그리하여 맨 위층의 전답에서 넘치는 물이
기가 막히게 배열된 작은 도랑을 따라 그 아래의 전답으로, 또 그 아래로
이어지며 계속적인 관개가 가능한 것이다.
정말이지 조선보다 전답의 관개작업이 더 효율적으로 이루어지는 나라는
없을 것이란 생각이 들었다.
그야말로 놀랄 만큼 지혜로운 인간의 공동작업을 통해
단 한 치의 땅도 그냥 놀리지 않은 예라 볼 수 있다.
만약 이런 경작기술이 프랑스에서 오베르뉴 같은 일부 불모의 땅에 적
용되기만 한다면, 나라 전체의 농업생산율이 얼마나 향상되겠는가!

_ 샤를 루이 바라(Charles Louis Varat, 1842~1893년)

# 우리 역사 속의 도작문화

'우리 역사 속의 도작문화稻作文化'를 가려내라면, 차라리 '도작문화 아닌 것'을 고르는 편이 한결 쉽겠다. 쌀과 결부되지 않은 문화가 거의 없다는 뜻에서다. 농경문화, 농민문화 같은 말속에 도작문화의 중요성이 이미 함축되어 있다. 우리에게 쌀은 단순한 식량 이전에 삶 그 자체였으니, 'Rice is Life'로 표현될 만하다.[1]

쌀이 얼마나 민족적 품격과 정서를 지니고 있는가는 신앙사적인 측면에서 잘 규명된다. 햇곡에서 가장 잘 생긴 벼이삭을 '올게심니'라고 하여 천신했다. 가을추수 후에는 부루단지나 성주, 삼신바가지 등에 햇곡을 담아 집안신에 감사드렸다. 아기를 낳으면 삼신바가지의 쌀을 퍼서 밥을 짓고 짚을 깔고 삼신에게 제를 올린 뒤에 산모가 먹었다. 생명 탄생의 순간을 삼신의 쌀로 맞이한 것이며, 집밖에 볏짚으로 꼰 왼새끼를 내걸어 출산을 알리고 금기를 했다. 마을공동체 신앙들은 두말할 것 없이 오곡의 풍요를 기원하는 제의이다. 볏짚으로 왼새끼를 꼬아 벽사하고 줄을 꼬아 암줄 숫줄을 만들어 남녀줄다리기를 행한다. 남녀간의 성적 유감주술을 통하여 여자가 이겨야 풍년이 온다는 믿음은 벼농사의 풍요를 구가하는 공동체문화의 표상이었다.

민족신앙에 쌀과 연계된 것이 많음은 그만큼 도작문화가 우리 문화의 본질이라는 말도 된다. 어느 민족에게나 신앙이야말로 가장 원형적인 문

**경직도**耕織圖

논에서 생애의 대부분을 보내는 농민들의 생활상이 잘 드러나고
있다(조선 후기. 『KOREA Art Book 민화 Ⅱ』, 예경, 2000).

**│생태적 아름다움**

굽이진 논두렁을 따라 물 길러가는 아낙들이 정겹기만
하다(『일본지리풍속대계』 조선편, 1930년).

화를 표징한다. 아마도 부루신앙 같은 곡령신앙은 상·고대 고조선 이전
까지도 소급될 것이다.

　도작문화는 이 책의 주제인 두레 같은 공동체 문화를 창조했다. 쌀농
사는 개인의 노동으로는 해결될 수 없었다. 물을 확보하기 위한 집단적
인 수리관행, 공동의 농지정리나 논농사, 집단적 추수 등은 모두 공동체
성을 요구했다. 두레는 가장 대표적인 것이다. 직파농법에서 모내기농법

으로 전화되면서 생산력이 증강되었다. 조선 후기 농업생산력의 증대는 이앙법의 보급으로 촉진된 것이다. 그러나 이앙법은 초벌·두벌·세벌의 김매기노동을 요구했다. 이를 해결하기 위하여 두레 같은 집단노동체가 필요했으니 쌀문화에서 두레의 탄생은 필연이었다. 두레는 영좌, 좌상, 총각대방 등의 서열을 정하고 공동체적으로 노동하고 함께 휴식을 취하는 전형적인 공동체문화였다.

두레는 단순한 노동조직으로서만이 아니라 공동체적 연희조직으로도 기능했다. 풍물의 탄생이 그것이다. 과거에도 두드리는 악기들이 없었던 것은 아니나 두레풍물같이 전일적으로 움직이고 잘 조직된 연행패를 갖게 되는 것은 어디까지나 두레농사의 보급과 더불어 시작된 것이다. 오늘날 전국적으로 퍼져 있을뿐더러 한국의 전통문화를 상징하는 대표격으로 풍물이 손꼽히는 것은 그만큼 문화적 보편성에서 중심체를 이루기 때문일 것이다. 논농사는 다양한 민요도 창조했다. 모내기소리, 논매기소리, 타작소리 등 다양한 일노래를 통하여 음주가무를 하면서 노동하는 신명의 음악을 창조했다.

도작문화가 가져온 가장 중요한 풍습 중의 하나로는 농경 세시풍속을 꼽을 수 있다. 농사의 시작과 끝은 자연의 순환과 더불어 완결된다. 모든 세시풍속에는 농사짓는 농사력의 순리가 잘 반영되어 있다. 음력으로 정초를 지내면 대보름까지 즐거운 민속놀이들이 펼쳐진다. 대개의 민속놀이 안에는 농사의 풍요를 기원하는 내용들이 담겨 있다. 대보름에 볏가릿대를 세웠다가 2월 1일에는 이를 쓰러뜨려 풍·흉을 점친다. 청명·곡우 등의 절기마다 각각의 논농사를 위하여 반드시 준비해야 할 절차가 있다. 조선 후기 「농사월령가」에는 각각의 농부마다 마땅히 절기에 따라 해야 할 일과 게으름피워서는 안 될 일을 적시하고 있다. 단오라는 명절이 가능한 것은 단오를 전후하여 모내기가 이루어지기 때문이다. 정신없이 모내기를

## 감로탱의 지옥과 농부

지옥도道에 빠져 간절히 감로수를 갈구하는 살벌하기 그지없는 풍경과 옆에 웃옷을 벗은 채로 쟁기질하고, 호미로 김매기하는 농부들에게 점심밥을 갖다주는 아기 업은 아낙네의 평화로움이 대조를 이룬다. 이처럼 농사짓기 자체가 평화로움의 상징이기도 했다(1764년, 견본채색絹本彩色, 211.5×277cm, 원광대박물관 소장).

하고 난 뒤 단오 명절에 잠시 숨을 돌리는 것이다. 그리고는 이내 세벌 김매기에 돌입해 눈코 뜰 새 없이 한여름을 보낸다. 두레의 논매기를 통하여 민요, 풍물 등이 선보이는 철이기도 하다.

칠석이 오면 '어정 칠월, 건들 칠월'이라고 하여 드디어 세벌 김매기를 끝내고 가정에서 휴식을 취하게 된다. 칠석놀이, 백중놀이 등이 행해지는데 특히나 백중은 '머슴들의 명절'로 일꾼들이 노는 날이다. '농민해방의 대축제'가 여름철 휴한기에 벌어지는 것이다.

추석이란 두말할 것 없이 한 해 농사를 마무리하고 햇곡을 거둬들여 하늘과 조상에게 천신薦新하는 날이다. 시월 상달의 상달고사나 조상들에게 올리는 시제사도 결국은 한해 농사를 마감하고 햇곡으로 천신하면서 인사 올렸던 풍습에서 비롯되었다. 농사가 끝나면, 한겨울 내내 가마니 짜기나 농기구 만들기, 새끼 꼬기, 멍석 짜기 등으로 긴긴 겨울밤을 보냈다. 이들의 대부분이 볏짚으로 만들어졌다는 것도 주목할 만하다.

창조적이고 유쾌한 것만 있었던 것은 아니다. 한국사는 기본적으로 쌀을 매개로 한 투쟁, 즉 농지를 점유한 권력과 민중의 투쟁을 의미하는 것이기도 했다. 조선 후기로 말하면 지주전호제에 따른, 지주와 소작의 갈등이 늘 매개되었다. 토지를 점유하고 여기서 생산된 쌀을 분배하는 문제에 관한 지주·소작의 갈등은 한국사에서 매우 오랜 문화적 전통이었다. 이에 따라 머슴풍습이나 일꾼풍습, 청부노동체인 고지雇只풍습 등 다양한 문화들이 탄생했다. 이들 머슴, 일꾼들이 창조한 문화가 앞에서 언급한 두레와 같은 풍습이다.

도작문화는 필연적으로 물을 요구했으며, 물을 점유하기 위한 물싸움도 보편적이었다. '물싸움에는 부모 형제도 없다'는 말이 있을 정도로 심각한 양상을 보여주기도 했다. 가뭄이 지속되면 모를 낼 수가 없었다. 수리안전답이 부족하고 대부분 하늘만 쳐다보는 봉천지기 농사를 짓고 있는 처지였으므로 가뭄이 들면 기우제라도 지내야 했다. 국가적으로도 기우제를 지냈으며, 각 지방관아에서도 지냈다. 마을민들은 자체적으로 다양한 방식의 기우제를 통하여 비를 기원했다. 여성들이 전면에 나서서 비를 기원하는 풍습도 생겨났다. 이같은 풍습에서 기우제 같은 독특한 도작문화가 탄생했다.

흉년이 들면 국가적인 방책이 마련되어야 했다. 의창·사창 등의 창고를 만들어 주린 백성들의 배를 채웠다. 하지만 이들 제도를 악용해 가렴주구를 일삼는 이들이 많아져 삼정三政이 문란하다는 평을 받기도 했다.

예로부터 중요한 세금은 쌀로 받았다. 그래서 세금을 거둬들이기 위하여 곳곳에 창고를 짓고 배를 건조했다. 세곡운반선은 멀리 경상도 남쪽으로부터 전라도, 충청도 할 것 없이 전국에서 한양으로 몰려들었다. 남한강 같은 강에도 배를 놓아 세곡을 운반했다. 세곡 운반은 항로기술과 배무이 건조기술의 발전을 도모했다. 쌀을 매개로 한 금융체제도 발달했다. 쌀계 같은 계를 비롯하여 다양한 금융시스템이 상부상조하는 방식으로 기능했다. 그러나 식리계같이 이윤을 추구하는 계도 존재했으며, 장리쌀같이 비싼 이자로 쌀을 가져다 먹고 고율로 갚아야 하는 풍습도 생겨났다. 심지어 적은 쌀을 먹고 몸으로 높은 이율을 때워야 하는 경우도 있었다.

이처럼 쌀을 매개로 한 문화는 긍정적이지만은 않았다. 농민의 '고난의 행군'과 함께 한 것들도 많았다. 그러나 동고동락하면서 민족문화의 근간을 이루어왔으니, 가히 도작문화란 한국문화의 원형질 그 자체라고 할 수 있다. 우리가 떡을 찔 때, 순백의 백설기를 중시하는 것은 쌀로 빚은 최초의 순수한 결정을 신에게 바치던 풍습에서 말미암았다. 지금도 풍물소리는 한민족 가무의 으뜸으로 세계적으로 널리 알려져 있으며, 그 소리에는 농민들의 희로애락했던 역사가 배어 있다. 정말 쌀을 빼놓고는

한국 역사를 설명하기란 불가하다. 두레는 바로 그런 쌀농사를 짓는 노
동조직이었다.


## 역사에서 지워지는 농민들, 땅에서 추방되다


그렇다면 농사를 짓는 농민이란 존재는 누구인가? 전 지
구상에 농민만큼 보편적인 존재가 없는 반면 그만큼 조명
을 받지 못하는 존재도 드물 것이다. 20세기의 뛰어난 인류학
자의 하나인 에릭 울프(Eric Woolf)는 농민에 대한 세간의 오해에 관해 이
렇게 설명한 바 있다.

어떤 사람들은 농민사회란 두루뭉수리한 덩어리로서 독자적인 구조를 이
루지 못한다고 하는가 하면, 어떤 사람들은 농민이 '근대적'이 아니라 '전
통적'이라고 이야기하며, 그들이 '전통에 얽매여 있다'고 딱지를 붙인다.
그러나 이런 딱지들은 현상을 기록 — 게다가 나쁘게만 기록 — 할 뿐이지
이를 설명하지는 못한다. 한 사회가 '전통적'이라고 한다든가 그 사회의
사람들이 전통에 얽매어 있다고 말해가지고는, 왜 그 사회에서 전통이 존
속해나가며, 왜 그 사람들이 전통에 집착하는지 설명하지 못할 것이다.[2]

우리의 경우에도 농민에 관한 연구는 늘상 '주체로서의 농민'이 아니
라 '대상으로서의 농민', 즉 부세의 대상으로서, 착취의 대상으로서, 동

원의 대상으로서, 계몽의 대상으로서 등등 다양한 대상에만 초점을 맞추어왔을 뿐이다. 가령, 지난 20세기 후반의 사회경제사 분야에서 이루어낸 놀랄 만한 연구성과들은 대개 농민반란의 성격과 민란의 추이과정에는 상당한 애정을 표하면서도 적장 농민 자체에 관해서는 서술한 바가 거의 없다. 레닌, 트로츠키, 스탈린 등 러시아의 마르크스주의 실천가들은 사회체제를 뒤엎는 데서 농민들이 힘을 빌려줄 수 있다는 것을 인식하고 있었으나, 농민층을 외부로부터 조직해주어야 할 잠재적 동지로 보았을 뿐 혁명의 주도세력으로 간주하지는 않았다.

농민에 관한 무수한 기록들이 존재하지만, 정작 농민의 주체적 삶을 그린 기록은 상대적으로 부족하다. 더군다나 농민들은 '전통'의 옹호자로 간주되면서 '낡은 것'의 대명사, 혹은 '후진 것' '낙후된 것'으로 간주된다. 그리하여 '농촌'이 아니라 '촌 것'으로 모멸당한다. 인류의 식량을 생산하고, 자연환경을 지켜나가는 농민들이 '촌닭'류로 내몰리는 것은 기본 생산계층에 대한 모멸적 태도를 보여준다. 일제 강점기 모던 걸(modern girl)의 근대성을 논하는 풍조가 만연되자 농민 따위는 '전근대적' 존재로 폐기 처분되거나 아예 무시되었다. 흡사 일제 강점기에는 모던 보이(modern boy)와 모던 걸만이 존재하고 있었을 뿐, 농민들은 그저 '낡은 존재'일 뿐이었다.

과연 농민들은 '낡은 존재'일 뿐일까? 이 책의 주제인 두레가 그들 농민들의 낡은 문화일까? 두레는 농민 공동체문화의 핵심인데도 우리는 결코 두레를 농민의 입장에서 제대로 기록해본 역사가 없다. 농민의 반란사 따위는 관심을 끌어도 그런 농민 동력을 가능케 한 일상적 토대, 즉 농민생활사에 관한 천착은 더디기만 했다. 두레공동체란 무엇인가? 더 나아가 우리 역사에서 공동체의 실체는 무엇인가? 사람들은 우리식의 공동체의 실체에 관해 되물었고, 그런 질문은 여전히 유효한 것으로 남

**공동체적 논농사**

우리뿐 아니라 벼농사를 짓는 아시아권의 농사 관행이 모두 공동체적이다(인도네시아 발리, 1930
년대 그림. UCLA Fowler Museum, *The Art of Rice: Spirit and Sustenance in Asia*, 2003).

아 있다. 넘실대는 신자유주의의 물결 속에서 공동체적 운명이나 공동체
의 행복 등은 흘러간 옛 노래로 간주되기 십상이지만 공동체의 꿈은 인
류가 존속하는 한 지속될 것이다.

아주 오래 전의 일이다. 가톨릭 주교회의가 주관한 행사에 불려가서
'한국사상의 공동체'란 발표를 했다. 아마도 이 행사의 목적은 천주교에

**이키(一支國) 하라노쯔지(原の辻) 유적에서
재현된 고대의 농경신**

기원전후에 야요이(彌生)식 농경이 시작된 규슈의
선진 농업지대였다(2005년 6월 이키에서 찍음).

서 일상적으로 하는 공동체운동의 일환으로 한국사와 공동체의 관련성
을 되묻는 의도였을 것이다. 그러나 발표자는 사실 난감했다. 계, 두레,
모꼬지, 회일, 향도 등등이 모두 공동체적 성격을 지니고 있지만 서구이
론의 틀에 맞는 공동체는 아니기 때문이었다. 이유는 단순했다. 공동체
이론이란 것이 태생적으로 마르크스는 물론이고 마르크 블로흐에 이르
기까지 서구적 역사사회관인 생산양식논쟁에서 비롯된 것이니, 이른바
아시아적 생산양식의 이론적 잣대로 우리 역사 속의 공동체를 곧바로 재
단할 수는 없는 일이기 때문이다. 아무리 역사의 세계사적 발전경로를
인정한다고 해도 우리에게는 우리식의 공동체가 존재해왔다. 이 책은 우
리식의 공동체에 관한 의문점에 답하려는 의도를 가진다.

공동체에 관한 관심은 두말할 것 없이 이루어지지 못한 미래사회의 새로운 모색, 새로운 꿈에서 비롯된다. 이는 오늘의 현실이 분열되어 있고, 오늘을 사는 다수의 사람들이 시대와 불화하고 있다는 엄중한 현실에서 발원한다. 사람들은 날마다 꿈을 꾼다. 개인만이 그런 것이 아니라 역사의 발전 경로 자체가 그런 대망大望의 사회를 꿈꾸는 흐름과 이를 막는 반동의 흐름이 교차 반복되었다. 대개는 공동체의 꿈이 깨어지는 방향으로 역사가 흘러왔다.

사람들은 함께 살기를 원한다. 하지만 사람들은 '같이, 따로'라는 법칙을 즐긴다. 인간은 욕망의 덩어리다. 그 욕망의 무한대 체제가 사회적으로 통제되어야 하지만, 그런 통제는 비인간적이라고 비난하는 역사관도 무성하다. 평등을 강조하면서 통제사회를 꿈꾸기도 하고, 자유를 강조하면서 평등사회를 모색하기도 한다. 이 이율배반적인 현상은 인간이란 존재고存在苦 자체에서 비롯되었으니, 혼돈이나 모순이랄 것도 없다. 그래서 사람들은 가장 비인간적인 사회로 치달아갈수록 공동체를 애써 강조하게 된다. 가장 억압적이고 폭력적인 정치권력일수록 공동체적 운명을 화두로 내세울 가능성이 짙다.

두레는 한국사상 공동체의 핵심이다. 두레의 역사적 연맥관계가 향도, 촌계, 품앗이 등과 밀접한 관련을 맺고 있음을 이 책은 증언하고 있다. 두레는 철저하게 민중들의 조직이었고, 일하는 농민들의 조직이었으니, 민중의 역사이자 농민의 역사이다. 그렇지만 늘 그렇듯이 민중의 역사·농민의 역사는 그들만의 역사가 아니라 '관계의 역사'이기도 하다. 신분과의 관계, 물적 토대와의 관계, 토지와의 관계, 분배와의 관계 등등 관계의 역사일 수밖에 없다. 하지만, 두레 내적으로는 농민들 상호간의 내부적 관계의 역사이기도 했다. 내부의 구심점이 강해지고 시대적 소명이 민란을 요구할 상황이 도래하면, 두레의 성원들인 농민들은 결코 이루어지지

않는 꿈을 위하여 초개처럼 민란의 흐름에 몸을 맡겼다. 공동체적 지향
은 비단 농민의 생활 가운데서만 구현되는 것이 아니라 선진적 지식인들
의 세계관에서도 구현되고 있었으니, 다산 정약용이 정전제井田制에서 제
시한 공동체론이 하나의 실례이다.[3]

현실에서 쉽게 이루어지는 것은 유토피아가 아니다. 그러나 유토피아
는 이루어지지 않는다고 하여 폐기할 수는 없다. 또한 실망할 이유도 없
다. 유토피아가 이루어지지 않는다고 하여 꿈까지 꾸지 않는다면, 그 삶
은 절망 그 자체이다. 민중들이 현실세계에서 살아가기 힘든 것은 현실
자체가 고단하기 때문이기도 하지만, 꿈조차 꾸지 못할 때 정녕 절망하
는 것이다. 공동체에 관한 인류의 오랜 숙원은 미완의 유토피아로 언제
나 우리 곁에 다가서 있다.

두레는 공동체임이 분명하지만, 그것이 바로 유토피아적인 것은 아니
다. 좀더 정확하게 말한다면, 유토피아의 세계가 어떤 것인지, 진정한 공
동체의 세계가 어떤 것인지를 재단할 수 있는 이는 아무도 없기 때문에,
이 모든 책임을 두레에만 물을 수 없다. 그렇지만 두레가 무언가 한국적
공동체의 한 상징물로서 다가오고 있음은 부인할 수 없다. 실체를 깊숙
이 들여다보니 '아, 이 정도의 조직이었구나' 하는 뒤늦은 회한도 든다.
구두선으로 두레와 두레공동체를 되뇌이기는 했어도 한 번도 제대로 밝
혀내지 못한 후과다.

그런데 사실 두레 논의를 시작하자는 제안을 하는 것도 솔직히 힘겹
다. 지금은 두레는커녕 농민 자체가 사라지는 시대이며, 농민을 비하·
멸시하는 단계이다. 농민을 이 땅에서 추방하는 시대이다. 인터넷 공간
의 '가상의 쌀'만 있으면 잘 먹고살 수 있다는 인간들도 늘어가고 있다.
그렇지만 그 '가상의 쌀'이 자본의 확대 재생산으로 생산량을 늘려가는
동안, 토지에 긴박되었던 농민들은 땅에서 멀리 쫓겨나고 있으며, 제3세

계의 수억 인구가 일상적 굶주림에서 허우적거리고 있다. 농업과 농민의
담론은 그 자체만으로도 인기를 잃은 지 오래이며, 더군다나 농민들의
공동체 논의에까지 나아가면 정서적 거부반응까지 일어나는 우리는 '아
주 이상한 시대'를 살고 있다. 그러나 이 같은 온갖 박해와 모멸과 멸시에
도 불구하고 땅은 땅일 뿐이며, 농민은 농민일 뿐이고, 쌀은 쌀일 뿐 시효
를 만료했다는 어떤 조짐은 없다.

언제부터인가 사람들은 교육현장에서 교환가치로서의 쌀만을 가르치
고 있다. 쌀값과 쌀로 인한 떡이나 떡볶이 같은 2차 생산물, 그리고 교환
가치에만 관심을 기울이고 있다. 그러나 땅을 갈고, 모를 심고, 김을 매
고, 볏단을 베어서 알곡을 내고, 그제야 쌀이 될 수 있는 공정에 관해서는
아무런 관심도 없다. 쌀은 오로지 상품으로만 판단되기 때문이다. 이 책
은 농민들의 그 기나긴 공정에 관심을 기울이고 있으며, 한두 해 공정이
아니라 최소한 수백 년이 넘게 지속되어온 농민들의 역사적 공정에 관심
을 기울이고 있다. 따라서 이 책은 '쌀의 역사'가 아니라, 차라리 '농민의
역사'가 될 수밖에 없는 운명이다.

그런데 언제인가부터 '농민의 역사'도 역사에서 지워지고 있다. 웬걸 농
민 자체를 중심에 두고 사고하는 책들조차 서서히 역사에서 지워지고 있
다. 농민에 관심이 없기 때문이다. 도시민들이 관심 있는 대목은, 좀더 정
확히 말하면 아파트값의 문제이고, '탈역사'를 구두선으로 외는 담론일 뿐
이다. 그런데 그들은, 쌀은 먹고 사는가? 그 쌀은 누가 생산했으며, 쌀을
생산해온 농민의 역사는 무엇인가? 너무 교과서적이고 교훈적이라고 한
다면, 더 나아가 공동체 자체도 교과서적·교훈적이라고 한다면, 이제 우
리 사회는 본격적인 약육강식의 투쟁과 상처밖에 남는 것이 없을 것이다.
무엇을 선택할 것인가? 이쯤 설명하면, 두레를 통해 농민들의 소멸해간
역사적 운명의 상자를 열어보이는 정당성은 충분히 부여받은 게 아닐까.

## 자연의 시간, 인간의 시간

농가에서 정월 보름이면 달뜨기를 기다린다.
북녘에 가까우면 산골에 풍년이 들고
남녘으로 기울어지면 해변가 곡식이 잘 익는다
몹시 붉으면 초목이 탈까 걱정되고
매우 희면 냇물이 넘칠까 염려로다
알맞게 주황색이라야 대풍년이 들 것이로다.

『열양세시기洌陽歲時記』에서 위와 같이 농민들의 풍농을 기원하는 점풍占風을 노래했다.[4] 암수 줄다리기를 통하여 성을 빗댄 유감주술, 달을 보고 점을 치는 달불이(閏月) 등등 무수한 점풍이 행해졌다. 한국의 농부들만이 아니라 전 세계 어디서나 농부들은 하늘과 땅을 바라보며 풍요를 강구하는 일심으로 다양한 풍습들을 만들어냈다. 이들 풍농점들을 단순한 속신으로 간주할 수는 없다. 적기적작適期適作의 논리, 즉 당대의 '자연-인간-기술'의 상관 관계를 일정 정도 반영하고 있다.

정월 대보름이 지나고 2월 초하루 머슴날도 지나 본격적으로 봄이 오면 산에 들에 들꽃이 피어나고 농부들은 한결 바빠진다. 음력 4월 입하 · 소만에 이르면 못자리 관리가 시작되어 이른모를 내게 된다. 찬물에 볍씨를 담가 불린 다음 모판에 씨를 뿌려 한 해의 농사를 본격적으로 시작한다.

이때쯤이면 뻐꾸기가 울고 산에 들에 봄꽃이 지천으로 피어 따사롭다 못해 첫 더위를 느낄 정도로 살기 좋은 호시절이 된다. 그렇지만 빈궁한 농촌살림으로 보자면 보리가 채 수확되지 않아 가장 배고픈 보릿고개이기도 했다.

어떤 놈은 팔자 좋아
고대광실 높은 집에
남녀노비 거느리고
호의호식하는구나
우리 팔자 기구하야
농부 몸이 되었구나
……
매화뜰에 진진밭에
눈매 고운 저 처자는
누구 간장 녹힐라고
저레 곱게 생겼을까.

　김해평야에 전해지는 모노래의 한 대목이다. 앞 대목은 어려운 농민의 삶을 신세한탄으로 늘어놓은 것이며, 뒷 대목은 젊은 처자를 보며 자연스럽게 읊어지는 총각의 정서가 잘 반영되어 있다. 이처럼 모노래에는 민중의 한과 노동생활의 정서가 듬뿍 담겨 있다. 이는 일년 농사 중에서 김매기와 더불어 모내기가 가

**춘일우경春日牛耕**
「행려풍속도병行旅風俗圖屛」의 하나로, 꽃피는 봄날의 쟁기질, 괭이질 그리고 나물 뜯기를 보여주고 있다(김홍도 작, 1795년, 지본담채, 100.6×34.8cm, 국립중앙박물관 소장).

**볏가리**

산같이 쌓인 볏가리는 농민들 노동의 결과이며,
생산물을 둘러싼 오랜 싸움은 농민의 역사이다.

장 중요한 생활풍습이었던 탓이다.

　모내기가 본격적으로 이루어진 것은 조선 후기에 이르러서다. 그 전에
도 모내기가 없지는 않았지만 물 사정이 좋지 않아 농사를 망칠 수 있다
는, 즉 모내기를 하면 벼의 생육이 좋아져 수확이 많아짐을 알고는 있었
지만 오로지 '안전책'을 택했던 봉건지배층의 금압禁壓에 의하여 전국적
으로 실시되지는 못했다. 소출이 더 많은 이앙법을 확산시키고자 하는
수백 년에 걸친 민중들의 강렬한 욕구에 의해 비로소 모내기가 전면적으
로 퍼진다. 그리하여 모내기는 모노래 같은 일노래뿐 아니라 논북을 치
는 모방고, 공동으로 상부상조하는 품앗이, 논두렁에서 들밥을 나누는
공동체적 밥상차림 등등 많은 노동생활풍습을 낳게 된다.

　모내기가 파하면 이내 김매기다. 옛 논농사는 가히 '잡초와의 전쟁'이

었다. 초벌, 두벌, 세벌 김매기는 한 해 농사의 운명을 쥐고 있는 노동공
정의 핵심이다. 두레는 바로 이 김매기를 위하여 조직된 공동체이다. 한
해 농사의 가장 중요한 대목을 집단적으로 해결하는 유풍으로 두레가 적
극 조직되고 확산되어 한국사상 유래 없는 독특한 두레공동체문화를 생
성했다. 이들 두레공동체의 노동은 자연의 달력에 의존한 절대적인 환경
친화적 농법이었다. 제초제가 김매기를 대신해주었을 때, 김매기를 집단
적으로 해결해주는 두레는 설자리를 완전히 잃게 되었다. 유기농과 제초
제의 경계선 상에 두레의 운명이 걸터앉아 있었던 셈이다.

두레는 벼농사지대의 집약농법과 직접적으로 연관되어 있다. 세계의 3
대 곡식은 쌀, 밀가루, 옥수수이다. 전 세계 쌀의 92% 이상은 아시아에서
생산되고 있으며, 이는 아시아의 몬순(monsoon) 기후 때문이다. 몬순을
이용하여 재배되기 때문에 비가 와야 할 때 오지 않으면 한발이 오고, 너
무 많은 비가 오면 홍수를 겪는다. 인도 대륙의 동남부, 방글라데시, 스리
랑카, 미얀마, 태국, 베트남, 라오스, 캄보디아, 인도네시아, 말레이시아,
필리핀, 중국의 양자강 남부지방, 중국의 황하 유역과 만주지방, 대만, 일
본, 그리고 한국이 그렇다. 벼농사는 토지 단위당 비교적 많은 인구를 부
양할 수 있다. 한국의 경우, 지난날 전통적 경제하에서는 1ha 정도의 논
농사로 5~6명의 가족을 먹여살렸다. 그 반면에 토지에 대한 인구비율이
높아서 이들 지역 농업은 소농경영이 지배적이다.[5] 따라서 집약농법에
의한 세밀한 농업이 이루어질 수밖에 없었다. 프랑스의 여행가이자 지리
학자, 민속학자였던 샤를 루이 바라(Charles Louis Varat, 1842~1893년)는
1888년부터 1889년에 거쳐 조선을 다녀갔다. 그는 이런 기록을 남겼다.

협곡은 점점 급격해졌고, 언덕의 경사면을 따라 경작지가 조성되어 있었
다. 우리가 걸어가는 위 아래로 수많은 전답이 펼쳐져 있는데, 그 각각이

산등성이를 수평으로 층층이 절단
난 것처럼 포개져 있어서 마치 포
석 대신 짙은 수면이 깔린 거대한
계단과도 같아 보였다. 그리하여
맨 위층의 전답에서 넘치는 물이
기가 막히게 배열된 작은 도랑을
따라 그 아래의 전답으로, 또 그 아
래로 이어지며 계속적인 관개가
가능한 것이다. 정말이지 조선보
다 전답의 관개작업이 더 효율적
으로 이루어지는 나라는 없을 것
이란 생각이 들었다. 그야말로 놀
랄 만큼 지혜로운 인간의 공동작
업을 통해 단 한 치의 땅도 그냥 놀
리지 않은 예라 볼 수 있다. 만약
이런 경작기술이 프랑스에서 오베
르뉴 같은 일부 불모의 땅에 적용
되기만 한다면, 나라 전체의 농업
생산율이 얼마나 향상되겠는가![6]

그는 가능한 모든 곳에 논을 만들
고 공동작업을 통하여 한 치의 땅도
놀리지 않는 조선 농민의 모습을 감
탄 어린 눈길로 바라보고 있다. 이
외국인이 격찬해 마지않은 관개시

일본의 태양신 아마테라수天照大神와 여러 농사신들
(UCLA Fowler Museum, 앞의 책)

**들판에서 모내기**
모내기는 벼농사지대의 대표적인 협업노동이다
(인도네시아 자바, 라이덴대학 오리엔탈박물관 소장).

설, 즉 논이란 도대체 우리에게 무슨 의미를 지니고 있는가?

그림처럼 멋진 전원의 풍경을 생각해보자. 이른 봄 벼농사를 짓기 위하여 논을 갈고 논두렁이 넘치도록 가득히 채운 논물이 태양빛에 반사되어 온 들판이 은빛으로 빛나는 모 심기 전의 논들, 심어진 모가 무성하게 자라 푸른색의 우단을 깐 듯 벼잎들이 넘실대는 여름, 황금색으로 물든 소담스러운 벼이삭이 고개 숙여 늘어진 풍요로운 가을의 풍경 등, 벼농사의 정취는 그야말로 우리들의 마음의 고향일 것이다.[7] 농부들은 벼를 보면 자식을 만난 것처럼 눈물까지 흘린다. 흡사 벼와 대화를 하는 것 같다. 그렇게 생산된 쌀은 가히 정신적 구심점이었다. 오죽하면 보리쌀, 좁쌀이라고 하여 잡곡에도 쌀을 붙였을까?

논은 단순하게 벼농사를 짓는 수단이기를 거부한다. 논이 지니는 환경 친화적인 기능성, 즉 벼농사의 생태경제학은 거의 무한대다. 논에서의 벼농사는 지력 유지에 좋은 시스템이다. 관개수에 함유된 논 토양이 갖는 양분 공급능력은 가히 무한대이기 때문에 벼농사는 사실상 담수재배라고 하는 시스템이다. 즉, 논은 그 자체로 환경보존 역할을 하고 있다. 첫째, 논의 저수지·댐으로서의 기능이다. 둘째, 논은 토양침식을 방지한다. 셋째, 논에서의 벼농사는 토양 중에 무기염류의 집적을 방지하는 기능을 지닌다. 넷째, 논은 온도를 완화하고 잡초를 억제하는 기능을 지닌다. 다섯째, 논은 끝없는 연작에 견디는 희귀한 기능이 있다. 논에서의 벼농사는 같은 토지에 수천 년을 연작해도 수확량이 떨어지지 않는다. 실로 논에서의 벼농사는 영원히 논에 토착된 보기 드문 작물재배의 본보기다. 여섯째, 논은 자연과 아름다운 조화를 이루어 생태계를 지키는 기능이 있다. 관개가 자유로운 논의 벼농사는 '비-산림-하천-논-바다'를 둘러싼 수계를 보전·이용해서 삼림의 문화(森林文化), 벼농사의 문화(稻作文化), 어식의 문화(魚食文化) 등이 조화를 이루게 한다. 즉, 본래부터 논에서의 벼농사는 지속적 농업(sustainable agriculture)으로 발달하여 농촌 사회형성은 물론이고 인간의 보건·휴양·정서의 함양, 그리고 자연환경보존의 역할을 해왔다. 식량문제 해결은 두말할 것도 없다.[8]

그렇듯 복합적 의미를 지니는 한국의 쌀농사가 위기를 겪고 있다. 한국쌀의 생산비 구성은 단위 생산비의 거의 75%가 토지비와 노동비로 되어 있다. 즉 토지비가 50%, 노동비가 24%이므로 이는 농지가격과 농촌노임이 비싼 탓이다. 따라서 국제시장에서 가격경쟁을 하기가 쉽지 않다. 그러나 쌀은 단순한 먹을거리가 아니다. 쌀은 정치이자 경제이며, 사회, 문화, 환경, 국가안보 등과 관련되어 있기 때문이다.

만약에 한국에서 벼농사가 사라져 논배미에 물을 가둬둘 필요가 없게 된다면?

　빗물이 하천을 지나 바다로 흘러가기 전에 논배미에 고이게 한다면, 홍수피해가 줄게 되고 동시에 토사의 유실을 방지하게 된다. 만약 논배미가 없다면 내린 빗물은 그대로 하천으로 흘러들어 토사의 유실과 홍수를 가져온다. 게다가 논에서 농사를 지으면 논에 고이는 물이 연작에서 오는 해로운 요소를 씻어주는 효과가 있다. 겨울철 비닐하우스의 과채류 재배를 밭보다 논에서 하는 것도 토양에 고이게 마련인 비료와 농약을 여름철 빗물이 씻어주기 때문이다. 따라서 몬순기후권에 있는 한국에서는 여름 장마철에 논에서 벼를 재배하는 것이 곧바로 자연의 질서에 순응하는 것이다. 지속 가능한 농업은 바로 논농사를 두고 말함이다.[9]

　두레농사는 환경친화적인 측면에서도 조망되어야 한다. 두말할 것 없이

## 밀밭과 논

세계농업지대는 주곡인 밀을 밭에서 키우는
밀농사권역과 벼를 논에서 키우는 논농사권
역, 그리고 옥수수농사권역으로 나뉜다. 방
대한 저수량을 지닌 논의 생태적 이 점은
새삼 강조할 필요가 없다.
(위) 방금 모를 낸 늦봄의 논
(아래) 유럽의 밀밭(프랑스 Provence, 2006년
　　 3월 10일 찍음)

# 두레와 마을,
# 공동체와 공동체 문화

지금부터 약 85년 전 신의주로부터 의주로 가는 길가 곳곳에는 상자가 놓여 있었으며 그 속에는 엿과 담배 등이 들어 있었다. 길 가는 나그네는 마음대로 열쇠도 없는 상자에서 엿과 담배를 꺼내서 먹고 피우고 할 수 있었는데 그대로 가는 사람은 없었고 반드시 먹고 피운 만큼의 돈을 상자 속에 놓고 갔다고 한다. 말하자면 엿과 담배의 자동판매기 격이지만 영리가 목적이 아니라 나그네에 대한 동리사람들의 서비스 내지는 상호부조적 의미가 깃들여 있었던 것이다. 지역 주민들의 높은 공중도덕으로 이 제도는 훌륭히 유지되고 있었으니 오늘날의 북구 선진국을 뺨치는 미풍이라 할 것이다. 이 이야기는 통감부 기관지인 〈조선〉에 일인 경찰간부 경무관 나가노中野重光란 자의 기고문에 수록되어 있는 것이다. 그는 이 사실을 목격하고, '이와 같은 일은 일직이 듣지 못하던 조선인의 미풍이라 할 것이다. 참으로 감탄할 도리밖에 없다'고 찬양하고 있다. 일인 경무관의 찬사를 기다릴 것도 없이 우리 조상들의 높은 공덕심은 정말 자랑스럽다. 이는 우리 겨레의 어질고 정직한 일면의 상징인 동시에 사회적 환경만 좋아지고 참된 교육만 보급되면 다시 이 나라에 실현시킬 수 있는 미풍이 아닌가 한다. '엿 상자' 이야기는 공동체적 가치의 현대적 실현이란 시대적 과제를 극복할 수 있는 우리 겨레의 무한한 가능성을 시사하고 있다고 할 것이 아닌가.

_김용덕, 『신한국사의 탐구』, 1992

# 두레의 기원

**유사무서의 역사 서술, 구전으로 '재발견'하는 노동의 역사**

두레의 역사는 알려진 바가 거의 없거나 불투명하게 알려졌을 뿐이다. 그야말로 유사무서有史無書의 역사이다. 역사는 있으되 역사적 실체는 간 곳을 모른다. 대개의 민중의 역사, 특히 민중의 생활사가 그러하듯이 두레 농꾼들의 삶의 궤적은 풍물굿 등에 잔흔을 남기고 있을 뿐이다. 따라서 두레의 역사서술은 매우 지난한 일이 될 수밖에 없다. 아주 불행하게도, 유학자들 어느 누구도 두레의 모습을 정확한 필치로 소상하게 기록해준 이들이 없다. 너무도 흔하디 흔한 풍습이어서 그러했을까, 아니면 '상것'들이 풍물 두드리며 술 마시며 논두렁을 나도는 일까지 기록해둘 필요가 없어서였을까. 시시콜콜한 음풍농월이나 친목계·시회 등은 그림으로까지 기록하면서도 정작 생산대중의 역사는 논외였다.

두레는 '노동의 역사'이고, '벼농사의 역사'이다. 또한 두레는 '마을의 역사'이며, '공동체의 역사'이다. 두레는 동시에 '물질문화의 역사'이기도 하다. 노동을 통해 식량을 만들어내는 노동생산의 역사이며 물질적 재화의 역사이다. 노동의 역사가 종종 역사서술에서 제외되거나 폄하됨은 오랜 인류의 역사가 증명해주는 것이므로 두레노동의 역사가 제외되었다고 해서 하등 이상할 것이 없을 것이다. 헬무트 슈나이더(H. Schneider)는 『노동의 역사』를 서술하면서 브레히트(B. Brecht)의 유명한 시 「책을 읽는 한

노동자의 물음(Fragen eines lesenden Arbeiters)」에서 이런 대목을 인용하고
있다.[1]

일곱 대문의 테베는 누가 세웠나?

책에는 임금들의 이름이 적혀 있건만.

임금들이 바윗덩이를 끌어왔단 말인가?

그렇다면, 숱하게도 파괴됐던 저 바빌론……

이 도시를 그렇게도 여러 번씩 되세운 건 누구였나? 금빛 찬연한 리마

에서

건축공이 살았던 건 어떤 집이었으며

만리장성이 끝마무리된 그 저녁에

석공들은 어디로 가고 있었나? 위대한 로마는

개선 아치로 가득 차 있는데, 이를 세운 사람은 누구였단 말인가?……


임금님 잔치에 쓰인 수많은 떡과 쌀밥들, 조운선에 실려가던 세곡미
들, 고급스런 잔치에 쓰이던 쌀막걸리의 냄새, 주모가 말아주던 국밥 등
등 온갖 쌀로 빚은, 쌀로 말미암아 이루어진 모든 음식의 향연은 쌀농사
를 꾸려온 농꾼들의 손에서 빚어진 것이니, 그 중심에 두레가 버티고 있
었던 것이다. 이와 같이 벼농사의 주역이었던 두레꾼들로 말미암은 농경
문화, 더 나아가서 농경민족의 당당함을 논하면서도 정작 한국문화사 서
술에서 농경문화사는 주류에서 밀려나 있으며, 아름다운 청자나 서화의
역사 먼 발치에 서 있을 뿐이다. 비단 한국문화사의 문제만도 아니고 전
세계적인 현상이니 두레가 문화사적 논외로 치부된다고 하여 하등 이상
할 것이 없을 것이다.

게다가 두레는 집단적·공동체적으로 움직였으며 마을 단위로 조직되

1 | 2<br>3

**패문재경직도**佩文齋耕織圖(초병정焦秉貞, 판화, 1696년, 장서각 소장)

중국에서 '수입된' 경직도로 농민의 생활사를 잘 보여준다. '고르기'는 논에서의 '번지질'이다.

1 종자 담그기
2 고르기
3 마당질

었으므로 마을의 역사에서라도 한 귀퉁이를 차지해야 할 터인데 사정은 그러하질 못하다. 국가와 읍성의 역사는 그런 대로 남은 관찬사료 및 민간사료를 통해 유추할 수 있음에 반하여, 마을, 그것도 소규모 자연마을의 마을사를 구축하는 작업은 그리 간단하지가 않다. 더군다나 어떤 '뼈대 있는 족보'를 자랑하는 유서 깊은 명문세족이 안거했던 마을이 아닌, 각성받이로 꾸려진 자그마한 마을일 경우에 마을사의 실체는 쉽게 제 모습을 드러내지 않는다.

두레는 거대한 사건사가 아니라 생활사 영역이다. 그렇다고 하여 두레를 미시사의 영역에 얽어매놓고 거대사에 반하는 대립적인 것으로 간주함은 틀린 태도이다. 두레는 역사 일반에 비추어 작은 것이기는 하지만 미시사랄 것은 없다. 두레의 일상적 노동과 노동관행에는 거대한 생산력 및 생산양식변화의 요소들이 잠복되어 있다. 가령, 이앙법이 확산되기 이전의 공동노동관행과 이앙법이 확산된 이후의 노동관행은 질적인 차이가 있으며, 둘 사이에는 적어도 수백 년의 준비기간이 요구되었다. 어떤 일정한 시점에 오면서 수년 사이에 전면적인 확산이 이루어진 것이 아니라 매우 점진적이면서도, 동시에 아주 분명하게 변화가 촉진되었다. 노동양식만 변했을까? 그렇지는 않다. 마을 자체가 변화했다. 마을이 변화하면서 공동체의 신분 질서도 변모를 거듭했으며 두레는 그런 문제들을 모두 안고 가는 형국이었다. 그러나 이 모든 것을 알려줄 문헌이 거의 없다.

그래서 두레의 실체를 그나마 알려줄 수 있는 것은 민중들의 '구전의 역사'이다. '구전의 힘'은 두레의 역사적 전통을 담보하는 가장 강력한 근거자료일 수밖에 없다. 구전을 통해 역사를 '재발견'한다는 표현이 가능한 대목이다. 구전에 대한 공박, 문헌에 관한 강박관념과도 같은 매달림으로는 노동의 실체를 찾아내기 어렵다. 민속학, 좀더 정확하게 말해 '역사과학으로서의 민속학'은 본연의 임무를 문헌과 구전, 물질 세 요소에 뿌리를 내리고 '역사의 재발견'에 동참하고 있는 중이다.

그러나 그 '구전의 힘'이 대물림의 전통에 기반을 두고 있다손 치더라도 역사적 상한선을 지나치게 소급할 수 없다. 그래서 문제이다. 문헌도 찾아내고, 구전자료를 녹취하고, 농기구 등 물질자료를 동원하고, '문헌-구전-물질' 등 할 수 있는 것, 학자로서 할 수 있는 것은 모두 총동원해야 겨우 두레의 모습이 눈에 잡힐 것이다. 자료가 없음은 학자로서 얼마나 불행한 일인가! 그런 즉, 두레가 유사무서의 역사임을 분명히 알고 두레를 접함은 두레를 이해하려는 최소한의 올바른 태도일 것이며, 선차적으로 요구되는 바일 것이다. 이제 이 점을 분명히 하면서 두레 역사의 첫 장인 공동체의 문제로 넘어가기로 한다.

### 우리에게 공동체란 무엇인가

공동체란 무엇일까? 공동체적 삶이란 무엇일까? 인류는 공동체적 삶을 목표로 살아왔으며 '이루어지지 않는 꿈'을 위해 지금도 노력하고 있다. 가령 러시아의 경우에도 미르(mir) 공동체는 1840년대 이후부터 슬라브주의자들에 의해 러시아의 독자적인 체제로 주목을 받았으며, 그 뒤에 나로드니키(인민주의자)들은 미르야말로 러시아가 자본주의를 거치지 않고 곧바로 사회주의로 이행할 수 있는 농촌의 역사적 기반으로 각광을 받기도 했다. 이처럼 공동체는 인간사회의 새로운 모델을 구상하려는 사람들에게 늘 이상향으로 묘사되곤 했다.

그러나 '진정한 공동체는 가능한 것인가'라는 회의와 의문은 끊임없이 우리를 괴롭히고 있으며, 심지어 '공동체는 개인의 창의성을 얽매는 장치일 뿐이다'는 냉소주의도 존재한다. 아주 환상적으로 공동체를 미화하

고 대견하게 평가한다고 한들 그 공동체의 실체는 좀처럼 제 모습을 드
러내주질 않는다. 진정한 공동체는 '유토피아'일 수 있다. 유토피아는 어
떤 점에서는 '좋은 장소', '행복의 장소'를 뜻하는 동시에, '존재하지 않
는 곳', '어디에도 없는 곳'을 의미하면서 실제 '존재하지 않는 장소'라는
뜻을 담고 있다. 결국 살기에는 너무나 좋은 곳이지만 닿을 수 없는 곳이
라는 뜻이다.[2] 두레를 공동체의 전형이라고 여기고, 이를 이상향으로까
지 묘사하는 것은 실상은 우리가 도달할 수 없는 막연한 이상향에 관한
염원의 역설적 반영이리라. 두레는 공동체의 한 양태임은 분명하지만 이
상향은 아니었으며, 그렇다고 하여 두레의 건강하고 희망적인 모습을 평
가 절하할 아무런 이유도 없다.

이처럼 어떤 완벽한 공동체가 무엇인지는 몰라도 인간의 삶을 윤택하
게 하는 이 같은 공동체적 살림살이는 두레에서도 예외가 아니었다. 물
론 공동체는 용례 자체가 워낙 다양하고 층위도 달라서 단선적으로 정의
하기 어렵다. 또한 공동체의 이상향적 모습은 꿈에서는 가능할지 몰라도
현실론적으로는 불가하다. 그럼에도 불구하고 우리는 공동체적 삶의 모
델을 끊임없이 찾고 있으며 간절히 바라고 있다. 아래의 인용문 (가)는
역사학계에서 금과옥조로 내세우는 아름다운 미풍의 공동체적 모델로서
『신증동국여지승람新增東國輿地勝覽』에 등장하는 김해지방 도요저都要渚
의 풍경이다. (나)는 '엿 상자' 이야기를 통한 한말의 공동체적 삶의 흔적
을 보여주고 있다.


(가) 도요저는 부府의 동쪽 30리에 있는데 강가에 마을이 있어 2백여 호
에 이르는 대촌이다. 옥사가 밀집해 울타리가 연접되어 있다. 농사
는 짓지 않고 배를 타고 바다에 나가 고기잡이하는 어촌으로 잡은
물고기를 상류에 있는 여러 군에 팔아 생업을 삼는다. 마을 풍속이

순박하여 한 집에 손이 오면 동네 여러 집에서 각기 주찬을 가지고 와서 환대한다.[3]

(나) 지금부터 약 85년 전 신의주로부터 의주로 가는 길가 곳곳에는 상자가 놓여 있었으며 그 속에는 엿과 담배 등이 들어 있었다. 길 가는 나그네는 마음대로 열쇠도 없는 상자에서 엿과 담배를 꺼내서 먹고 피우고 할 수 있었는데 그대로 가는 사람은 없었고 반드시 먹고 피운 만큼의 돈을 상자 속에 놓고 갔다고 한다. 말하자면 엿과 담배의 자동판매기 격이지만 영리가 목적이 아니라 나그네에 대한 동리사람들의 서비스 내지는 상호부조적 의미가 깃들어 있었던 것이다. 지역 주민들의 높은 공중도덕으로 이 제도는 훌륭히 유지되고 있었으니 오늘날의 북구 선진국을 뺨치는 미풍이라 할 것이다. 이 이야기는 통감부 기관지인 〈조선〉에 일인 경찰간부 경무관 나가노(中野重光)란 자의 기고문에 수록되어 있는 것이다. 그는 이 사실을 목격하고, '이와 같은 일은 일직이 듣지 못하던 조선인의 미풍이라 할 것이다. 참으로 감탄할 도리밖에 없다'고 찬양하고 있다. 일인 경무관의 찬사를 기다릴 것도 없이 우리 조상들의 높은 공덕심은 정말 자랑스럽다. 이는 우리 겨레의 어질고 정직한 일면의 상징인 동시에 사회적 환경만 좋아지고 참된 교육만 보급되면 다시 이 나라에 실현시킬 수 있는 미풍이 아닌가 한다. '엿 상자' 이야기는 공동체적 가치의 현대적 실현이란 시대적 과제를 극복할 수 있는 우리 겨레의 무한한 가능성을 시사하고 있다고 할 것이 아닌가.[4]

(가)는 참으로 아름다운 미풍양속이다. 그런데 이 구절에서 조금만 더 읽어나가다보면 이런 대목도 등장한다. '남녀 풍기 단속은 엄하여 한 집

안에 며느리나 또는 딸에게 음행이 있으면 고로들이 모여서 회의를 하고 그 여자를 쫓아낸다'고 했다. 역사학계에서는 앞의 공동체적 모델만 강조했을 뿐, 이 같은 뒤 구절은 종종 무시하곤 한다. 이는 공동체적 삶의 아름다움 속에도 이 같은 인간과 공동체간의 갈등과 통제가 도사리고 있음을 암시한다. (나)는 한국인의 생활에 각인되어 있던 공동체적 삶의 따스한 모습을 잘 설명해주고 있으며, 두레가 설령 공동체의 전형은 못 될지라도 이 같은 미풍양속의 연속선상에 있음을 설명해준다.

## 시기마다 달랐던 공동노동의 모습

두레가 한국인 공동체문화의 핵심이라고 누구나 말을 한다. 그러나 그 공동체적 문화의 핵심이라는 두레, 혹은 공동체 자체도 역사적으로 각 시기별로 성격을 전혀 달리했다. 한때는 노예적 삶으로 강제 동원되는 성격의 공동체도 존재했으며, 소농경영의 제한적 세계관 속에서 공생의 삶을 살 수밖에 없던 조선 후기적 두레공동체도 존재했다. 이런 점에서 볼 때 과연 두레의 공동체성이란 역사적으로 어떻게 이해해야 옳을까 하는 문제가 남는다.

인류가 자연의 구속에서 벗어나 자연을 개조하며, 사회를 발전시켜나가는 데서 결정적 요인은 창조적 노동이었다. 사람은 노동을 통해서만 의식주를 해결하고, 그로 인해 사회가 유지되고 발전했다. 따라서 인류 역사는 '노동의 역사'로 환치시켜볼 수도 있을 것이다. 인간의 노동의 역사를 바라보는 시각은 여러 가지가 있겠지만 '집단과 개인의 역사'로 바라볼 수도 있을 것이다. 개인의 무한대의 욕망과 집단성의 조화는 인류가 당면한 가장 오래된, 쉽게 풀리지 않는 화두 가운데 하나다. 개인의 욕망 충족과 집단의 공동체적 제어라는 상호 결합적이면서도 때로는 지극히 대립적인 두 요소는 인류 역사를 점철해온 혁명과 반동의 핵심적 요인이기도 했다. 따라서 공동체는 인류의 지향점일 수도 있지만, 반대로 사람의 본성상 가장 기피하는 것이기도 하다.

인류 초기의 사회적 결합은 아직 견고하지 못했으며 자연의 힘에 더 의존하고 있었다. 선사시대 노동의 특징은 분명히 집단성에 있었다. 그런 집단성의 증거들은 고고학적 물질문화에서 허다하게 발견된다. 가령 매머드 같은 거대한 동물을 사냥할 때, 집단적 노동 없이는 불가했으며, 고기의 분배와 공동의 제의를 공유했다. 그 집단성 사회를 소유와 분배의 공동체성이 보장된 원시공동체, 원시공산체 등의 이름으로 부르기도 한다. 그러다가 차츰 자기 집단에 대한 관념이 생겨났으며, 사냥 등의 집단적 노동과 자연적 분업의 발생, 일정한 거주지역에서의 공동생활, 생활에서 필수품이었던 불의 공동관리 등은 사회적 연계를 훨씬 긴밀하게 했다. 일찍이 엥겔스(F. Engels)는 인류 형성의 기원이 노동, 즉 물질적 재화의 공동생산임을 밝힌 바 있다.

전 세계적으로 수리농사는 생산력의 급격한 증대를 가져왔으며 한반도도 예외가 아니었을 것이다. 수리농사는 노동력을 많이 잡아먹는다고는 하지만 그 대신에 많은 인구를 먹여살릴 수 있다. 고고학자들이 계산하는 바에 따르자면, 중동지방의 인구밀도는 수리농사방식 덕분에 갑절로 늘었다고 한다. 신석기시대(기원전 6750년경) 쿠르두스탄 고지의 자르모의 인구밀도는 1평방 마일에 25명꼴이었는데 기원전 2500년경 메소포타미아 남부지역(수메르)의 수리농사지역 인구밀도는 50명으로 갑절이 되었다. 이보다도 더욱 인상적인 것은 오늘날의 인구밀도이다. 중국 전체의 인구밀도가 1평방 마일에 254명인데 반해 수리시설이 집중된 양쯔강 유역의 저지대는 1,980명이며, 인도네시아 전국이 155명인 데 반해 자바섬 북쪽의 일부 지역은 무려 5천 명이나 된다.[5]

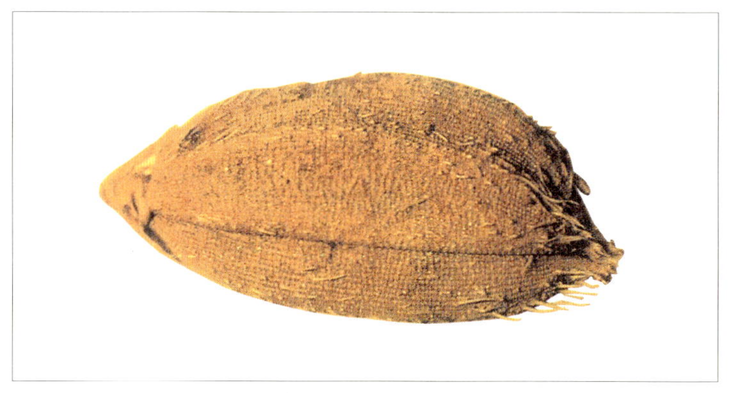

**볍씨 화석**

한강 하류 일산신도시 개발 과정에서 발굴된 4~5천
년 전의 볍씨 화석이다(손보기, 1992년 발굴).

고고학적 성과들은 우리나라에서도 이미 기원전 3천 년경에 발전된 신석기시대 생산력 수준을 말해준다.[6] 우리 역사에서 농경 기원문제와 연관지어 보면 이미 기원전 2천 년 후반기에 벼가 재배되었을 가능성을 시사하고 있고, 늦어도 기원전 2천 년 무렵에는 벼농사가 정착되기 시작해 차츰 잡곡농사보다 중요한 위치를 점하게 된 것으로 나타난다. 그러나 이상의 기존 학설과 달리 충북대 중원문화연구소에서 발굴한 청원군 소로리 토탄층의 유사벼는 중국 강서성 선인동 동굴의 10,500bp, 중국 호남성 동굴 유적의 11,000bp와 비교해보아도 지금까지 가장 오래된 1만 3천여 년 전 구석기시대의 것으로 확인된다.[7] 다양한 곳에서 보습·괭이·곰배괭이·낫·반월형 석도石刀·삼각형 석도 등이 출토되었으며, 후기 청동기와 초기 철기시대에 접어들면 농업이 매우 중요한 역할을 담당했던 것으로 보인다. 농기구의 개선은 농업생산을 비롯한 여러 가지 생산활동을 더욱 넓혀 물질적 부의 생산을 훨씬 강화시켜나갔을 것이다. 오늘날 볼 수 있는 전통 농기구의 '조상', 혹은 도구적 원형들은 이미 이

시기에 모두 출현했다.

한반도 동남부의 낙동강 유역의 신석기시대 후반의 유적들인 농소리와 금곡동, 그리고 중·후반에 해당되는 진양 중촌동 유적에서 출토된 토기에 포함된 식물기원토립자食物起源土粒子(plant-opal, 일명 phytoliths)를 분석한 결과, 기장·벼·수수·갈대·억새 등이 관찰되었다. 특히 벼 'opal'의 존재는 이 지역에서 적어도 신석기 후반 3500~3000년 전 무렵에 수전농경이 있었음을 보여주며, 당시 수렵·채집·어로생계활동에서 벼 재배가 포함된 농경체제로의 변화를 보여주는 것으로 판단된다.[8] 무엇보다 농업의 시작은 사람이 자연의 구속에서 벗어나 자연에 대한 지배능력을 확대해 나가는 긴 역사과정에서 새롭고도 중요한 전진이었다. 농경문명은 인류의 정신세계와 물질문화를 더욱 풍부하게 했으며, 나아가 사회관계와 생활양식에서 큰 변화를 불러왔다. 신석기시대나 청동기시대 유적에서 발견된 농기구들은 당대 농업비중이 컸음을 알려준다. 하나의 구체적 실례를 들어보자.

오늘날의 충청남도 보령시 주교면 관창리에 살았던 약 2,500여 년 전 후기 청동기시대 사람들은 주변의 자작나무, 졸참나무, 상수리나무 등을 베다가 목책을 만들고 수전水田을 운영했다. 계곡 중앙을 따라서 자연적으로 흘러내리던 작은 하천을 정비해 그대로 수로로 사용하고 그 양쪽의 평탄지에 수전을 조성한 것이다.[9] 그네들은 구릉상에 대규모 취락을 형성해서 살면서 논농사도 짓고, 아울러 바로 코앞에 펼쳐진 바닷가에서 어로에도 종사했던 것으로 여겨진다.

발굴조사에 따르면, 수전에서 발굴된 목책들은 여러 개의 보洑 시설이었던 것으로 판정된다. 그네들 관창리 사람들은 통나무를 베어다가 보를 만들고 물이 고이게 하여 농사를 지었음이 분명하다. 그렇다면 이 같은 시설들은 어느 유력한 개인이 축조했을까? 수전의 켜켜이 쌓인 지층은

**보시설**

보령 바닷가에서 2,500여 년 전 선사인들이 만든 목책 유구를
통하여 당대에 이미 수준 높은 관개시설이 존재했음을 알 수
있다(고려대 매장문화재연구소, 「寬倉里 遺蹟」(本文), 2001).

**여러 종류의 보습들**

보습의 존재는 축력을 이용한 논밭갈이가 보편적
이었음을 알려주는 단서이다(고구려시대, 구의동 출
토, 「서울대학교박물관 발굴유물도록」, 1997).

비교적 오랜 세월 수전농사가 이루어졌음을 암시한다. 이 같은 농경은
많은 노동력을 요구했음이 분명하며, 어떤 형식이건 간에 공동노동이 요
구되었음직하다. 관창리 사람들은 상호 평등한 공동체를 꾸렸을까? 그
랬을 것 같지는 않다. 계급사회가 출현하고 그런 조건에서 벌어진 공동
노동의 존재에 관해 관대하게만 바라볼 수 없는 것이 또한 인류역사의
엄혹성이었기 때문이다.

신석기시대는 물론이고 한국에서의 청동기시대의 생산력 발전의 성과
는 씨족성원들의 단합된 힘과 공동체적 사회관계에 의해 뒷받침되었다.
여기서 공동노동은 필연적으로 요구되는 생산방식이었다. 혈연중심의
집단생산활동, 생산수단에 대한 공동소유, 생산물의 공동분배에 기초한

원시공동체사회였기 때문이다. 위의 농경문화를 일으키고 유지하기 위해서 좀더 공동체적인 노력동원, 심지어 집단을 묶어세울 수 있는 집단적 신앙공동체까지를 요구했을 것이다.

이처럼 우리나라에서 공동노동의 역사는 상당히 소급된다. 즉, 공동노동은 특정 시기에만 존재했던 것은 아니다. 그러나 그 공동노동의 존재양태는 어느 시기에나 각기 다른 방식이었을 것이다. 기계론적 시대구분론이 잠정적으로 허락된다면, 각 시기마다 있었던 공동노동은 원시공동체형 공동노동, 고대형, 중세 및 근세형으로 나눌 수 있을 것이다. 이 책에서 문제삼는 대목은 두레이므로, 즉 모든 공동노동이 두레는 아니므로, 두레가 어느 시기에 발생했는가 하는 것이 논의의 초점이다. 이제부터 그런 기원문제에 천착해보기로 한다.

 **두레공동체의 기원에서 제기되는 공동체 잔재론 비판**

첫째, 고대사회 공동노동의 성격이다.

선사시대에는 공동노동이 필연적으로 요구되는 생산방식이었음은 두말할 나위도 없다. 그러나 계급분화가 싹트고 정착한 시기에 이르면 공동노동의 성격도 변한다. 더 이상 원시공동체사회가 존립할 수 없게끔 사회적 토대가 바뀌었기 때문이다. 『삼국지 위지 동이전三國志魏志東夷傳』에서 부여夫餘의 '祭天 國中大會 連日飮食歌舞 名曰 迎鼓', 고구려의 '以十月祭天 國中大會 名曰 東盟', 진한辰韓의 '群聚歌舞飮酒'는 원시공동체에서 계급사회로 이행된 과정을 묘사하는 대목으로서 새로운 형태의 공동노동을 암시한다. 『삼국지 위지 동이전』에 벼농사를 했던 증거가 곳곳에서 보이는 것으로 보아 이미 도작농경稻作農耕이 상당히 중시되었던 사회로 보인다.[10] 진한에서 5월에 파종하고 축제를 열었다는 말은

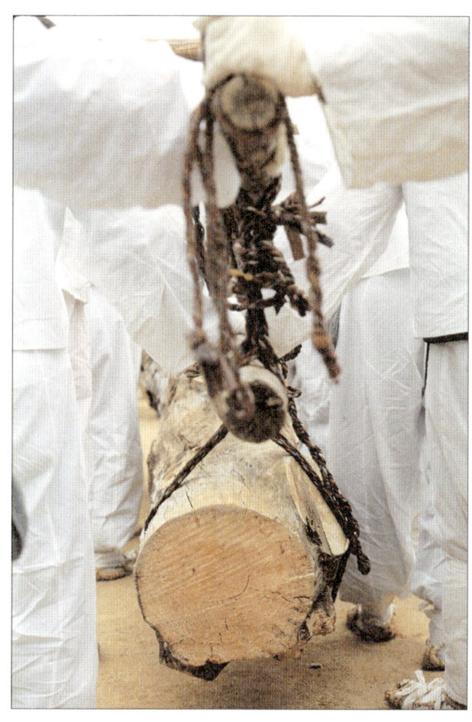

**공동 협업에 의한 목도질**

농경사회에서는 이같이 공동 협업을 하지 않고서는 해결할 수 없는 다양한 노동들이 존재한다.

분명 농업생산과 깊은 관계가 있다. 이제 원시공동체사회가 과도기를 끝내고 새로운 계급관계에 기초한 고대사회 노동방식으로 전환된 것이다.

문헌기록이 좀더 분명해지는 삼국시대로 내려오면 공동노동의 사례도 명확하게 드러난다. 두레길쌈이 유리이사금儒理尼師今(AD57년경) 시절에는 이미 일반화되고 있었을 것으로 추측된다. 특히 김제 벽골제碧骨堤 조성 같은 수리관개는 수전 농업이 대대적으로 행해졌음을 알려주며, 당연히 노력동원을 위한 공동노동을 요구했을 것이다. 고대사회에서 경제외적 강제는 공동노동을 통한 지배정책의 소산이었다. 고대사회에 공동노동이 있었을 것은 틀림없는 사실이며, 공동노동이란 측면에서만 본다면 두레의 시원에 해당된다고 할 수 있겠다.[11]

북한학계의 조대일은 벼농사를 가장 먼저 시작한 낙동강유역에서 기원 전후한 시기에는 벼농사에서 김매기를 집체적으로 하는 두레와 같은 노동조직이 있었을 것으로 추정했다. 그 근거로서, 대규모 관개공사, 두레노래로 볼 수 있는 「두솔가」, 신라시대의 두레길쌈 전통 등에서 찾고 있다.[12] 북한학계에서 '고대적 공동체 잔재설'을 비판하면서도 고대사회 두레기원설을 표방함은 하나의 모순으로 보인다. 이는 북한학계에서 삼국시대를 중세사회로 보고 있는 데서 비롯된다.

고대사회의 공동노동은 고대국가의 일반적 특징인 경제외적 강제에 기초한 노력동원적 성격이 강했다. 『삼국지 위지 동이전』의 「마한전」에 이런 대목이 나온다.

> 그 나라에는 관가에 가서 부역으로 성곽을 건축하는 일이 있으면, 나이가 어린 용감하고 건장한 자들이 모두 등줄기에 가죽을 뚫어 큰 줄로 관통시키고, 10자쯤 되는 나무를 그곳에 끼워 온종일 떠들썩하게 힘을 쓰면서도 고통으로 여기지 않으며, 힘써 일을 다 마치면 또한 건강한 것으로 여긴다.

등줄기에 가죽을 뚫어 관통시켰다 함은 과장된 문구이겠지만 노동의 강압성을 잘 보여준다. 이렇게 힘써 일하는 광경은 결코 만용이 아니라 권작勸作, 즉 강제의 결과였던 것이다.[13] 따라서 고대사회의 공동노동이 그대로 근대형 두레의 원천이 된다고 볼 수는 없을 것이다. 더욱이 고대사회 두레기원설을 그대로 인정한다면, 두레의 공동체 잔재설을 용인하는 결과를 빚는다. 문제의 핵심은 두레를 공동체 잔재로 보는가, 아니면 새로운 의미에서의 공동체문화로 보아야 하는가에 있으며, 이는 두레의 성격을 밝히는 기준이 된다.

둘째, 공동체 잔재론에 대한 문제 제기이다.

'공동체 잔재론'은 여러 사람들에 의해 제기되었다.[14] 마을공동체가 원시공동체의 최후의 단계인 농업공동체와 결부되어 원시사회의 말기부터 존재했다고 보는 원시공동체 잔재론이 그것이다. 이 이론에 따른다면 원시공동체의 유산 중에서 일정한 부분이 장기 지속적으로 이어지고 있다는 가설이 가능하다. 그 원인은, ①오랜 기간이 흘렀음에도 불구하고 고립적 마을민들의 자연경제에 입각한 지극히 완만한 생산력 발전, ②낡은 공동체적 생활인습과 전통이 가지는 완강한 생활력, 그리고 그의 적응능력에 있다. 따라서 대외적으로는 공동체시기와 같이 배타적이고 전투적인 성격을 띠게 되었으며, 대내적으로는 봉쇄적이며 상호부조적인 성격을 계속 유지했다고 본다.[15] 북한의 민속학자 전장석은 민속학적 현지조사에 나타나는 자료들과 원시공동체문화의 관련성에 대해 다음과 같이 말한 바 있다.

> 민속학의 근본 입장은 사회발전의 계승성의 원칙에 입각하여 한 사회의 기본적인 제도와 풍습은 오랫동안 계승되어 그 전통이 후대에 이러저러하게 보존된다는 데 있다. 엥겔스가 자본주의적 가족, 사유재산제, 국가권력의 기원과 같은 현대문명의 가장 중요한 제도를 원시사회의 가장 단순한 형태에서 그 본질을 철저히 분석한 모범은 오직 계승성의 원칙을 시인하는 토대에서 민속학적 자료에 의해 비교해서 가능했다.

따라서 두레를 원시공동체의 청년집회소에서 분화한 것으로 보고 있다. 두레의 '원시공동체 잔재설'은 여러 곳에서 언급된다. 같은 북한학계의 김일출은 "두레는 원시공동체사회에서 집체적 노동의 유습이며, 따라서 두레를 주체로 하여 전승되어온 농악은 두레와 함께 그 연원이 의외

서 공동체의 실체를 밝히는 작업이 선행되어야 한다. 더욱이 대개의 공동체적 요소들은 문헌이 거의 없거나 부족하다. 두레의 경우도 예외는 아니다. 현재 일제시대의 분화된 두레나마 증언해줄 수 있는 마지막 세대가 남아 있을 때, 두레에 관한 광범위한 현지조사자료를 남겨놓아야 한다. 공동체성에 대한 막연한 추론보다는 현지조사에 의한 전면적인 자료조사가 먼저 선행되어야 한다.

결론적으로, 이 책에서는 비록 두레 발생의 발생론적 모태가 고대사회에서 이루어졌다고 하더라고 현재까지 연속성을 보여주고 있는 두레의 원형은 조선 후기에 이르러서야 가능했다고 본다. 수리관개같이 일시에 많은 노동력을 동원해야 하는 농업노동의 필요성에 의해 일찍부터 공동노동은 있었을 것이 틀림없으나, 이를 근현대 시기까지 전승된 두레의 직접적 모태로 간주하기는 어려울 것이다. 어느 시기에나 공동노동은 존재했었음이 분명하나 풍물굿을 수반하는 방식의 일과 놀이가 늘 함께 병존했던 두레는 조선 전기에도 없었다.

두레의 조선 후기 발생은 농업생산력의 발달, 향촌사회의 변동이란 나름의 역사발전에 의해 이루어진 역사적 산물로 인정된다. 즉 본 연구에서는 오래 전에도 다양한 공동노동이 있었을 것이고, 두레란 명칭도 존재했을 것이나 두레다운 두레는 조선 후기에서나 가능했다고 보는 견해를 제시했다.[19]

### 다양한 의미로 쓰이던 두레

기원문제의 역사적 전개가 분명치 않을 때, 우리는 종종 언어학적 영역에서 이를 해결할 수도 있다. 두레의 어원을 밝힘은 곧 두레의 역사와 성격을 규명하는 것이기도 하다. 두레 어원의 사전적 의미는 네 가지다.

① 공동작업조직
② 농악
③ 물 퍼붓는 기구
④ (옛)둘레, 달무리

두레는 공동노동적 성격을 의미하지만 풍물악기나 농기구 자체를 표현하기도 한다. '맞두레'는 2명이 마주 서서 물을 푸는 두레의 뜻이요, 용두레의 '용'은 한자어 용골차龍骨車의 '용龍'이 그대로 접두接頭된 것으로 보인다. 농기구의 두레가 농사조직 두레명칭과 어떤 연관성이 있는지는 분명치 않으나, 두레의 어원이 수도작농업과 깊은 연관을 맺고 있음은 분명하다. 참고로, 조선시대 문헌의 두레 용례는 다음과 같다.[20]

드레(訓正 用字) (朴重中 11) (老解上 28) (譯類下 14)

드레박(柳物 五水)

드레줄(字會中 18)

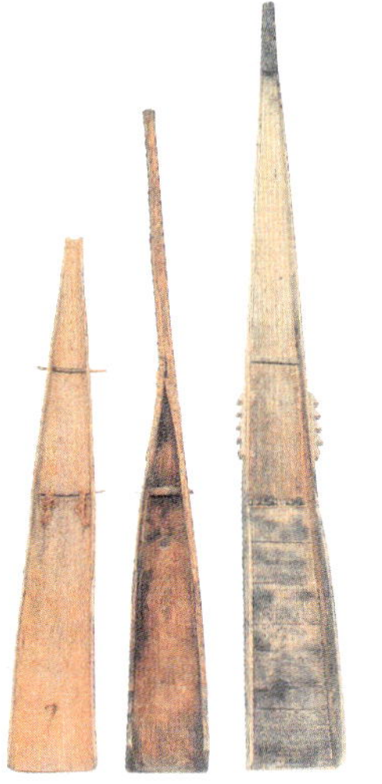

**용두레**

1 통나무를 파서 만든 용두레(온양민속박물관 소장)

2 판자를 짜서 만든 용두레(Max. L. 260cm, W. 28cm)

3 용두레질(『일본지리풍속대계』, 조선편, 1932)

4 '용두레'로 불리는 우물가(백두산 가는 화룡현 근처, 연변 최주범 찍음)

두레는 국어학적으로 '둘레'와 연결되며, '둘레'는 '두르다'와 연관된다. 따라서 두레란 말은 이들 뜻이 함축적·중층적으로 포괄된 것으로 봄이 옳을 것이다. 두레의 연관 어휘로는·두레굿·두레길쌈·두레꾼·두레농사·두레박·두레박틀·두레삼·두레상·두레패·두레질·두렛날·두렛일 등을 꼽을 수 있을 것이다. 두레가 중세어 '드레'에서 변화된 것으로 본다면, 두레는 '들(擧)＋에'이며, 전차어前次語로 '들게'를 재구再構할 수 있다. 두레 자체의 고어는 重杜解(16:2)의 "준왕準王의 술을 득得코져ᄒ오니 ᄇᄅ미 부니 두레ᄒ마 나ᄂ다"에서 엿보인다.

두레는 목청牧廳·농청農廳·계청契廳 등 두레공동노동 집회소를 나타내거나, 두레 자체를 나타내는 명칭들로 도청都廳·공청公廳같이 마을공동체의 공동적 개념과 대응되고 있다. 이처럼 두레와 연관된 다양한 개념들은 기층민중생활에서 계기적으로 발전되어오면서 용어의 다변성을 가져온 것으로 여겨진다. 현재까지 학계에 제출된 두레에 관한 다양한 견해들은 다음과 같다.

(가) 두레라는 조선말은 명백히 윤번輪番이라는 의미를 갖고 있다. 갑·을·병·정의 4인이 두레조직에 참여한다고 하면, 그들은 4인 전부의 공동노동으로 갑의 논밭부터 시작하여 을·병·정의 논밭을 각각 일정한 순번에 따라 경작하는 것이다. 이처럼 공동노동의 참가자가 일정의 윤번에 따라서 각각의 전답을 공동경작하는 데서 두레라는 용어가 나왔다. 따라서 두레는 하나의 형태적 표현이기는 하지만 공동노동의 조직 그것을 나타내는 말은 아니라고 본다(인정식).[21]

(나) 두레는 분명히 '윤번'을 뜻한다. 예를 들면 갑·을·병·정 네 사람이 한 두레조직에 참가하고 있다며 그들 네 사람 전체가 공동노동

으로 갑의 논밭에서 시작하여 을·병·정의 논밭으로 일정한 순서에 따라 순차로 경작하여 준다. 공동노동의 참가자가 일정한 윤번에 따라 각자의 논밭을 공동경작하는데서 분명히 두레라는 말이 쓰여졌음이 틀림없다. 따라서 두레는 공동노동의 한 형태에 대한 표현으로 되나 공동로동의 조직 그 자체를 표현하는 말은 아니다라고 일부론자들은 설명하고 있다. 이와 같이 두레라는 말 자체에 대한 해석은 반드시 통일되어 있지 않으나 그 조직적 기능과 특성으로 보아 그것이 '부락민들의 공동노동'과 관련하여 생긴 말이라는데 대해서 이론이 없다(전장석).[22]

(다) 「두레」는 원래 결사結社를 의미하며 종래 '社'字의 훈訓을 흔히 두레라고 읽어왔거니와, 그 어원을 캐면, 원주圓周·원요圍繞의 뜻(意)인 「둘레」「둘려」에서 나온 것일 것이다. 마치 영어에서 원주의 뜻을 가진 Circle이 도당徒黨, 또는 사회社會의 뜻으로도 됨과, 독일어의 Verein이 「통일統一」「통일자統一者」의 원의原意에서 결사結社의 뜻으로 되고 Genosse가 동무란 뜻에서 조합원·당원·회원의 뜻으로도 공통함과 같다고 하겠다. 그러고보면 종래 우리나라의 결사의 칭인 도徒(Circle)·접接(Group face to face)·계契(Association)·사社(Circle) 등의 한자어는 모두 국어 「두레」의 역譯일 것이다(이병도).[23]

(라) 도솔가는 농악農樂 '두레'(社의 뜻)의 '두래놀애·도리놀애'에 해당된다. 이 '두리·도리'는 동방속악東方俗樂에 흔히 후렴으로 사용되는 전통적 문귀 '둥둥다리'·'다롱디리' 등의 '다리·디리'와 동일한 자字인데, 『위서魏書』의 '其舞數十人 俱起相隨 踏地低昂'은

다수가 발을 구르며 돌아가면서 '도리·두리'라 제칭한 것이다(양주동).[24]

(마) 영고, 무천, 동맹은 일종의 '굿'이 된다. 농업적 생산형태에 상응하는 '두레'의 관념보다는 그보다 전 단계인 제천이나 군사에 따르는 '굿'적 관념이 더 유년기의 생활형태일지니 '굿'이란 원형을 거치지 않고 '두레'의 형태적 파생은 있을 수 없다. '굿'은 우랄알타이의 여러 족속이 공통적으로 가지고 있는 말임에 비해 '두레'는 우리나라에 있어서도 한정된 지역의 말이다(양주동).[25]

(바) 두레는 '두르다'라는 말에서 나왔으며, '두르다'라는 말은 원래 여러 사람이 모인 상태의 뜻을 나타내는 것으로서 일정한 집단, 조직을 표시하는 말이다. 두레를 사社·청廳·계契와 같은 일정한 결사와 집단을 표시하는 글과 결부하여 오래 전부터 불러온 것으로 보아도 알 수 있다. 일정한 조직을 의미하는 두레를 농사·농청, 그리고 지방에 따라서 농계·농청·거사 등으로 불러왔다(조대일).[26]

(사) '두르다'의 고어에서 파생된 명사이며, 그 부사인 '두루'의 뜻에서 볼 수 있는 바와 같이 '모두', 전체'를 나타내는 명사로서 '공동체' 자체를 나타내는 고어이다(신용하).[27]

　(가)의 두레가 '윤번'을 뜻한다는 주장을 (나)에서 반복하고 있다. 그러나 양자는 두레의 조직관에서 차이가 엿보인다. (가)에서 '두레가 공동노동조직을 나타내는 말은 아니다'고 했음에 반하여, (나)는 이를 비판하면서 두레가 공동노동과 관련하여 발생했다고 주장했다.[28] 두레가 '윤

'번'을 나타낸다는 양자의 말은 모두 타당한 것으로 보이나, 두레를 하나의 조직체가 아니라 형태적 표현으로만 봄은 두레를 임의조직으로 평가한 오류로 여겨진다. 두레는 영좌·좌상 등 엄정한 지위체계를 지니고 있었음을 고려할 때 (가)의 견해는 받아들일 수 없으며 (나)의 견해가 한 발 앞선 것으로 여겨진다.

(다)와 (라)는 두레를 어원적으로 풀어보고 있다. (다)는 두레가 결사를 의미하는 말로서 도徒·접接·계契·사社 등의 한자어가 모두 국어 '두레'의 역譯으로 보고 있다. (다)에서 두레를 다양한 조직명의 옛말로 본 것은 두레의 조직성이 고형임을 암시하고 있다. 그러나 공동체 잔재설에 의해서 지나치게 포괄적으로 본 단점으로 볼 수도 있다. (라)에서 두레를 음악·무용적 측면과 연결지은 것은 후대에 두레풍물을 그대로 두레라고 부르는 것과 결부하여 시사점을 준다.

(마)는 두레의 원형으로 굿을 꼽고 있다. 물질문화적 상징으로서 두레, 정신문화적 상징으로서 마을굿을 꼽을 때, 양자는 상호연관성이 깊다. 그런데 (마)에 관해서는 여러 학자들이 견해를 내놓았다. 최남선은 '도솔'은 고어 '덧소리'를 사음寫音한 것이니, '덧'이라 함은 신령을 위력적 방면으로부터 일컫는 이름으로서 '덧소리'는 곧 '덧내는' 세력을 달래는 소리, 바꾸어 말하면 신령을 제사 지내는 노래를 의미한다고 했다.[29] 홍기문은 '도솔'의 솔率에는 '솔' 및 '률'의 두 음이 있는데, 어느 음으로 읽더라도 문제가 되므로 솔은 리利와도 통하니 반드시 '솔'로만 읽어야 할 것이 아니라고 했다.[30] 조대일은 '두레노래'라고 추측되는 「두솔가」가 오랫동안 낙동강지역, 즉 신라의 근로농민들 속에서 불려왔으며 집단적 노동가요로서 두레와 같은 공동노동조직과 밀접히 관

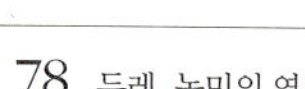

**두레노동의 마무리인 쌈싸기**(홍성 결성두레)
두레 명칭을 둘러싼 다양한 해석들이 존재한다.

련된 노동가요였다고 했다.[31]

(바)는 두레를 조직 그 자체를 나타내는 명칭으로 보고 있다. 이는 (사)의 견해와도 일맥상통한다. 두레를 '두르다'에서 기원한 것으로 본다. (사)는 두레를 공동체 자체로 보고 있다. 두레를 '한국사회에서 독특하게 존재했던 공동노동을 위한 성인남자들의 작업공동체(Arbeits-gemeinschaft)'라고 보는 것이다. 더 나아가서 두레의 내용과 특질이 한국사회와 한국역사에서만 보이는 고유한 것이므로 '두레공동체(Dure-gemeinschaft)'라는 독립된 학술용어를 가질 수 있는 작업공동체였다고

보는 견해다.

　이들 견해들은 각각 약간의 변별성을 지니고 있다. 그러나 전체적으로 볼 때, 두레는 그 무언가 '조직'과 연관되고, 음악·무용·굿 같은 광의의 신앙적·놀이적 개념과 결부된다. 따라서 애초의 두레는 조직적 개념과 신앙적·놀이적 개념이 합치되어 있는 것으로 보인다. 실제로 두레풍장굿에서 농사조직적 기능, 풍농굿적 기능 양자를 가지며, 두레의 농기農旗와 마을굿의 신기神旗가 원래는 하나의 뿌리였음을 고려해야 할 것이다. 또한 두레는 돌아가면서 '윤번'으로 해줄뿐더러, 실제 김매기 관행조차도 논바닥을 둥글게 돌아가면서 하므로 어떤 원圓의 개념을 연상할 수 있다. 따라서 위 견해들은 모두 상호 보완적으로 이해할 필요가 있다.

### 한국 역사 속의 공동체 명칭들

　우리에게는 다양한 공동체적 조직들이 존재했다. 두레를 한국 사회에서의 전통적인 단체개념과 결부시켜 볼 경우, 계契·보寶·도徒·사社·회會·모꼬지·회치·대일이 등과 대비된다. 이들 명칭들은 모두 한국의 공동체적 조직, 혹은 공동체적 협업이나 공동체적 경제단위, 그도 아니면 상호부조하는 내용들을 지닌다. 어떤 것은 한 역사시기에나 존재하다가 수백 년 만에 사라진 것이 있으며 어떤 것은 오늘에까지 이어지고 있다. 그 장기 지속과 단기 지속, 그리고 장기 지속이라 해도 변화된 양태는 복잡 미묘하다. 이들을 간략히 살펴본다.

#### 보寶

　본디 고려시대에 사원에서 전곡을 대여해주고 그 이자를 취득하기 위해 설치한 재단으로 포鋪라고도 했다. 불교의 복전사상福田思想에 의하여 사원에 시납된 전곡을 기본재산으로 하여 불교행사 비용 충당 및 빈민구제·질병구제 등 사회사업에 임했다. 팔관회를 위한 팔관보八關寶, 왕실 재정을 위한 궁원보宮院寶, 홍수와 한발 등 재난에 대비하는 상평보常平寶 등 다양한 보들이 존재했다. 중국에서도 무진無盡이라 하여 크게 번성했다. 그런데 보는 후대에 일반에까지 확산된다. 보는 경제학적 측면에서는 전기적 자본으로서의 성격을 지니는데, 훗날 계의 식리殖利 기능으로 이관된다.[32]

### 도徒

『삼국지 위지 동이전』「삼한조」의 진한 풍속에는 '相呼皆爲徒'라 하여 집단개념으로서의 '徒'가 나타나고 있으며, 고려의 공동체적 조직인 향도香徒의 '徒'가 그 유제를 조선의 향두꾼 제도에까지 남긴다.

### 접接

본디 접은 고려시대부터 있던 유생들의 글놀이에서 비롯된 것으로 조선시대에 서당에서 연중행사로 글짓기 경쟁을 하면서 이를 접이라 불렀고 우두머리를 접장接長이라 했다. 그러나 접은 애초부터 여러 개의 묶음을 뜻하는 말이었을 것이다. 나무와 나무를 붙이는 것을 접목接木이라 부르며, 보부상무리를 '접'이라 한다. 글방이나 과거에 응시하는 유생들이 모여 이룬 동아리를 거접居接이라 불렀으며, 접의 조직적 개념은 조선 후기 동학조직의 북접北接·남접南接 등에 잘 드러난다. 접은 '묶음 단위'를 뜻하며, 전통적으로 과일이나 오이 등을 셀 때 '한 접, 두 접'으로 호칭함도 같은 뜻이다.

### 회會

회 개념은 좀더 적극적이어서 조선 후기의 향회鄕會 · 동회洞會 등 회의
체로서의 성격을 분명히 한다. 회는 근대로 접어들면서 회의, 회사, 집회,
학회 등의 근대적 용어로 재정의되며 오늘날까지도 가장 많이 쓰이는 장
기 지속적 명칭이다.

### 모꼬지

여러 사람이 놀이나 잔치 따위의 일로 모이는 일을 일컬었다. 16세기
에 '모ᇚ지'가 나타나는바, '모임'을 뜻한다. 20세기 들어와서 30년대부
터 '모ᇚ지', 혹은 '못거지', '못고지'가 '모꼬지'로 변했다.

### 계契

계는 20세기 후반까지도 가장 강력한 영향력을 발휘해왔다. 그 어느
것보다 복잡하고 다양한 발전을 해옴으로써 학계學契 · 보계洑契 · 혼계婚
契 · 우계牛契 · 농계農契 등 민중생활 전반에 걸쳐 나타난다. 여기서 농계
는 곧 '두레'의 한자식 이명異名으로 보인다. 그러나 모든 조직명을 두레
로 쓸 수야 없는 노릇이고 계契나 회會와 혼동도 생긴다. '契＝會＝
結聚＝聚會＝結稧'란 관점에서 보면, 會는 집회集會로서의 무을 · 몰 ·
모임이므로 聚와 같고, 會＝聚＝會聚는 가장 보편적인 형태를 취하고
있으며, 두레 · 풋굿 · 마지 등 각종의 단체성의 표현과 아울러 중요한 위
치를 점하고 있고, 그 기능은 완전히 契의 그것과 합치된 것이니 '契＝
會'란 주장도 있다.[33] 두레는 농업과 관련된 공동노동조직의 명칭으로 보
는 것이 무난할 것이다.

여기서 계의 명칭 문제는 되짚고 넘어갈 필요가 있다. 일찍이 정다산丁
茶山은 중인衆人이 회음會飮하는 것을 계稧라고 칭했는데 향촌에서 식리

를 하는 계契와 암암리에 분별했다.[34] 계禊와 계契는 애초에 출발이 달랐음을 암시한다. 백남운은 계禊의 종교신앙적 측면을 강조하고 '禊와 契'를 구별함은 무의미한 일이라고 하면서 통칭어로 '契'자를 주장했다. '契'에 신앙적 기능이 반영되어 있음을 암시하며, 이는 두레에도 같은 기능이 삽입된 것과 일치한다.[35]

> 계禊자는 불상不祥을 제거하는 일정한 예식을 말한 것이므로 소위 '푸닥거리 비손'은 조선의 계禊다. 이것은 제악除惡의 목적으로 음식을 진설하고 일정한 예식을 진행하는 종교적 집단을 의미하는 것이므로 계契의 사의辭意와 연원을 고증하는 데 중요한 재료가 된다.

이 장에서는 위의 다양한 견해들을 재정리하면서 다음과 같이 총괄하고자 한다.

첫째, 두레는 공동노동과 밀접하게 관련되어 발생한 언어임이 분명하다. 노동 중에서도 농업노동과 밀접하게 결부되어 발전했다. 용두레·맞두레 같은 농기구에 두레가 포함된 것이나 길쌈에 두레가 원용된 것 따위가 직접적 증거다.

둘째, 두레는 '윤번'으로 돌아가면서 농사를 지어주는 것이므로, 어원상으로 품앗이형에 가깝다. 사적 노동이 발생하면서 가장 먼저 생긴 노동관행이 품앗이 형태였으며, 이 품앗이 형태에서 두레가 후대에 분화된 것으로 여겨진다.

셋째, 두레는 계契·도徒·접接 따위의 한자식 조직명칭에 대응한 순수 국어의 조직명이었을 가능성이 높다. 애초에 '두르다'에서 나온 말로 공동체 자체를 의미했다. 거듭 위 견해들을 모두 상호 보완적으로 이해할 필요가 있다. 근세적 의미에서의 두레란 동리 단위, 또는 마을 단위로서 농사일을 공동으로 행하는 것을 의미하는 말로서 강제적인 성격이 강하고, 주로 중남부의 미작지대에 많이 보인다. 두레는 두레먹기가 꼭 따르게 마련인 것으로 보아 제초작업이 그 중심적 작업이었다. 또한 두레에는 반드시 풍물이 수반되었다. 이 같은 성격의 노동조직을 일괄하여 '두레'라고 규정지을 수 있다.

## 조선 후기 향촌사회의 촌계와 두레

### 장기 지속적 촌계, 향촌결계와 동린지계

20세기까지 존속하던 두레의 기원문제는 조선시대 초기, 좀 더 정확하게는 여말선초麗末鮮初로 소급된다. 두레는 국가나 읍성의 조직이 아니라 마을 촌계村契의 하나이니, 그만큼 민중적 하부단위의 조직이랄 수 있다. 역사적으로 우리가 알고 있는 두레의 제 모습이 확연하게 드러난 시점은 조선시대이다. 조선시대의 촌계란 글자 그대로 자연마을 단위에서 형성된 촌민村民들의 향촌 자치기구라고 할 수 있다. 촌계는 오촌계규吾村契規(江陵市 草堂洞 約令) 등 예로부터 전래되어온 용어이다.

촌은 대개 마을, 동네를 뜻하며 그 규모는 현격한 차이가 있지만 30~50호가 흔하다. 보통 마을의 정신적 상징인 마을굿을 모시며, 두레를 조직·운영하고, 동산洞山 등 공유재산을 거느리고 있으며, 촌회村會를 열어 공동의 일을 토의 결정한다. 사실 촌계의 '契'와 촌회의 '會'는 같은 뜻이므로, 촌계는 곧바로 촌회의 다른 이름(異名)이 된다. 다산도 일찍이

『아언각비雅言覺非』에서 '여럿이 회음하는 것을 모두 계라 부른다'고 했다. 일찍이 안확安廓은 그의 『조선문명사朝鮮文明史』에서 상민 중심의 촌회와 지배계급 중심의 향회鄕會 양자를 언급하면서, 촌회와 향회야말로 조선 자치제의 명확한 증거라고 했다.[36]

촌계는 향규鄕規·주현향약州縣鄕約·동계洞契 등과 공존하거나 하부조직으로 포섭되면서 얼마간 변질되면서도 해소돼버리는 일이 없이 장기 지속적으로 존재했다. 21세기까지도 이어지는 마을이란 조직의 내용 안에는 촌계 전통의 장기 지속적 이어짐이 다양한 형태로 녹아 있다. 마을의 공동 기금基金을 모으고 산신제 등 마을공동제의를 집행하며, 마을의 상례를 공동으로 부조하는 행위 등은 바로 전통시대 촌계의 전통에서 유전된 것이다. 그 촌계의 정의에 대해서도 두 가지 견해로 갈린다.

촌계류村契類라 하면서 복합적인 계들을 설정하는 경우가 있고, 이를 비판하면서 촌계는 단일한 것이라는 견해가 있다.[37] 이 책에서는 촌계를 단일한 것으로 보고, 촌계에서 행하는 가장 중요한 양대 축이 정신문화를 이끄는 촌제村祭(마을굿), 물질문화를 이끄는 농사農社(두레)라 본다.[38] 그밖에 학계學契·상포계喪布契 따위의 각종 목적계目的契도 마을 안에서 형성되므로 촌계이기는 하나 촌 자치제의 중심이 되는 계들은 아니다. 따라서 다양한 위상을 지닌 목적계들을 막연하게 촌계류로 포함시킬 것이 아니라, 자연촌 단위의 계금契金과 공동답共同畓의 물적 기초를 갖추고 있고, 국가적 세금납부에 대응하는 공동납共同納을 수행하는 계들을 중심에 내세워야 한다. 즉, 공동체의 안녕을 비는 당산굿·대동굿 등의 마을굿을 행하는 촌제村祭, 마을 경작지를 공동경작하는 두레를 행하는 농사農社의 이중 구조를 촌계의 핵심으로 설정함이 옳을 것이다.[39]

그렇다면 촌계는 어떻게 형성되었을까? 또한 촌계와 동계는 어떻게 다른 것일까? '촌村'과 '동洞'은 구별이 애매한 경우가 있지만 동계와 촌계는 크게 다르다. 촌계는 유구한 전통을 갖는 자생적인 것이며, 서로를 위해 협동하는 자치조직으로서 임진왜란 전에는 향촌결계鄕村結契니 향촌지회鄕村之會라고 운위되던 것과 연계되는 것이다. 시대의 변천에 따른 변이가 있겠으나 본질적으로 통시대적인 것이고, 상민마을에서 전형적인 모습을 볼 수 있는 민民을 위한 민중적인 것이었다.

조선 전기에 향약이 실시되면서 여씨향약呂氏鄕約의 계승을 늘 표방하고 나섰지만, 실상은 이어져오고 있던 고래의 향촌결계鄕村結契를 이어나가는 "吾洞流傳之古例"를 벗어날 수 없었다.[40] 오죽하면 『명종실록』에 보이는 대왕대비의 전지傳旨에, '향촌결계 같은 것으로 향약에 대신하면 어떠하겠느냐'고 했을까.[41] 이는 촌계가 널리 존재하고 있었음을 전제로 한 의견일 것이다.

조선 전기에 지배층이 향약을 보급한 이면에는 유교 통치이데올로기를 통한 민중의 교화와 통제에 있었지만 정작 향약 이전에 이미 민중들 사이에 강고한 조직들이 존재했으니 고래의 향촌결계가 그것이다. 향촌결계, 즉 촌계의 존재양상을 규명하기 위해서는 여말선초의 향도분화와 자연촌 형성과정으로 거슬러 올라가야 한다.

지금 항간에 본디 향도鄕徒의 약속이 있어 과실을 서로 바로잡고 예속禮俗으로 서로 사귀고 환난患難을 서로 돌보는 일들도 선유先儒의 향약이 끼친 뜻에 근본한 것입니다. 이제 신유가 증감한 절목節目에 따라 아름다운 뜻을 펼쳐 행하여 차차로 선도하면 인심이 맑아지고 세도世道가 회복될 수 있을 것입니다.

촌계는 당연히 '마을'을 근거로 존속했다. 우리 역사에서 마을형성 과정상 리里가 독자적 촌명村名을 지닐 정도로 성장하여 자연촌이 된 것은 여말선초로 여겨진다. 즉 개개의 자연촌 수개를 묶어야만 겨우 공동체의 질서 유지가 가능했던 것이 나중에는 '里'로 발전된 것으로 보인다.[42] '里' 발전과정에서 향도를 주목해야 한다. 『선조실록』에서 삼공대신三公大臣이 여씨향약에 대해 논의할 때, '민간의 향도가 존속'하고 있음을 좌상 박순朴淳이 밝히고 있다. 여씨향약을 들여올 것을 논하면서 박순은 이렇게 말했다.

> 우리나라 풍속은 안으로 서울부터 밖으로 촌마을까지 다 동린洞隣의 계契와 향도香徒의 회會가 있어 사사로이 약조를 세워서 서로 단속하려 하나, 각각 자기 뜻에 따랐기 때문에 엉성하여 질서가 없어서 기강을 세우기 위하여 의지할 만하지 못하고 또 그 약속이 조정에서 나오지 않고 사사로이 만든 것이므로 강한 자가 깔보고 악한 자가 무너뜨려도 끝내 바로잡지 못하니, 마을의 부로父老가 늘 한탄을 품으나 어찌할 수 없습니다.[43]

그가 비판적으로 말한, '사사로이 약조를 세운' 동린의 향도나 계(皆有洞隣之契 香徒之會)는 오랫동안 이어져온 향촌결계를 뜻한다. 또한 이수광李晬光도 모두 계를 만들어 이를 향도라고 일컫는다고 하여 곳곳에 향도가 존속했음을 알려준다.[44] 이상의 사료로 미루어보아 조선 전기까지 곳곳에 앞 시대의 유산인 향도의 향촌결계가 민중생활의 하부 단위에 탄탄하게 형성되고 있었다.

### 여말선초 향도의 분화와 두레

엄밀하게 따져서 향도는 신라시대의 유산으로, 당시는 화랑조직으로 나타났다. 고려에 들어와서 향촌은 일종의 사불祀佛행사를 행

하는 향도라는 공동조직으로 형성되었고, 이것을 통해서 각 지역단위에서의 공동체적 관계가 유지되었다. 촌락공동체로서의 향도가 여말선초에 이르러 자연촌 단위로 소규모화한 것은 결국 고려적인 향촌질서가 후기로 접어들어 그 구성원의 대변동으로 붕괴되고 그를 대신할 새로운 체제가 확립되지 못한 상태에서 그동안 성장해온 자연촌들이 저마다의 수호신을 가지고 각각의 공동체적 유대를 굳혔던 것으로 볼 수 있다.[45] 삼국시대부터 고려 전기까지 대개의 농민들은 성 안에서 취거하여 살았고 경지는 성 밖에 있었던 것으로 추정된다. 그러던 것이 몽고와의 장기전을 계기로 취락형태는 성 안 집주集住에서 점차 성 밖 산주散住로 변해갔다. 이런 변화에 따라서 거군적擧郡的 규모의 공동체 모습을 보이던 향도는 변질되게 마련이었고, 더욱이 향도 공동체를 낳은 불교가 여말에 이르러 사회적 역할이 크게 감퇴됨에 따라 불교와의 직접적인 관련을 상실

**향도**香徒**가 각인된 매향비**埋香碑

향을 묻고 미륵을 서원하던 여말선초麗末鮮初
매향비에는 향도들의 동향이 반영되어 있다.
1 사천 매향비 탁본
2 장흥 덕암 매향비 탁본
3 영암 엄길리 매향비 탁본

하고 자연촌마다 가지는 각각의 수호신에 대한 사신祠神 단체의 명칭으로 변화했다.

단편적으로 보이는 자료들을 유추할 때, 고려시기 향도들은 평민들이 결성했다기보다는 지배층의 산물이었다. 민간의 향도는 고려 말기로 짐작되며, 특히 고려말의 자료들은 민간화한 향도에 관한 비교적 생생한 자료를 보여준다.[46] 조선 전기의 향도조직은 불교의식과는 직접적으로 관련되지 않으나 '里' 단위로 사신祀神행위와 상부상조하는 장례 따위를 행하는 공동조직으로서 그대로 존속하고 있는 예가 당시의 기사에서 많이 보인다.[47] 이런 향도는 서로 가까운 평민들 상호간에 조직한 일종의 촌계다. 이들 향도는 대개 술과 노래, 상부상조와 장례, 사신행위 등이 어우러져 있다.

지금은 풍속이 날로 야박해져 있지만, 오직 향도香徒만은 아름다운 풍속
을 간직하고 있다. 대체로 이웃의 상민常民들이 모두 모여서 회합을 하
는데 적으면 7, 8, 9명이요 많으면 혹 100여 명이 되며 매월 돌아가면서
술을 마시고, 초상을 당한 자가 있으면 같은 향도 사람들끼리 상복을 마
련하거나 관을 마련하거나 혹은 횃불을 마련하거나 음식을 마련해주며,
혹은 상여줄을 잡아주거나 무덤을 만들어주며 사람들이 모두 시마복(먼
친척이 입는 상복)을 입으니 이는 참으로 좋은 풍속이다.[48]

요즘 각 도에서는 흉황凶荒으로 기아를 모면하기도 어려운데, 무지한 백
성들은 후환을 돌보지 아니하고 사신향도祀神香徒나 계내契內 등의 일로
낭비가 적지 않으니……원하옵건대 금년 겨울부터……금주禁酒시킴이
어떻겠습니까.[49]

외방의 백성들은 그 부모의 장일葬日에 인리隣里 향도를 모아 술 마시고
노래부르며 조금도 애통해 하지 않는다.[50]

지금 리里마다 사람마다 모두 향도를 맺고 죽은 사람을 매장하니……
원하옵건대 지금부터 가난한 자의 장례는 모두 향도에게 맡기소서.[51]

지금 경외의 양반부녀들이 혹은 향도라 하고 혹은 신사라 하여 각기 술
과 고기를 가지고 공공연히 취회聚會한다.[52]

**향도의 유습인 장례풍습**

(위) 전남 진도에서는 여자들도 상여에 참여하며, '엄숙해야 할' 장례식에서 노래와 춤으로
'전혀 엄숙하지 않게' 장례를 지낸다(1980년대, 진도에서 찍음).
(아래) 장례가 끝난 뒤 춤과 노래로 한을 풀어내는 제주도 풍습(1950년대, 홍정표 찍음).

위의 향도 같은 민간조직들을 장악할 수 있는 대응책으로 향약법鄕約法이 실시된다. 향약 실시는 지배세력을 공고화하기 위한 조치였다. 그러나 향약이 전국적으로 잘 실시된 것은 결코 아니었다. 양반들은 자신들의 권익보호 형태를 띤 향규鄕規나 족계族契 등을 통하여 생활했고, 민간에서의 상천민들은 고래로부터 향도香徒·계契 등으로 불리는 인보조직을 통하여 상호부조相互扶助·상호규검相互糾檢하는 생활을 영위해왔다. 따라서 향약이 실시된 지역에 따라 향도의 외적 측면이 다소 해소되었다고 하더라도 향도의 상부상조하는 내적 기능은 그대로 이어졌다. 지역에 따라 그 해소의 정도도 차이가 났다. 심지어 '이항인里巷人들이 향약을 맺는 것을 시속으로 향도로 일컫는다'[53]고 향약마저 향도라고 부를 정도로 향도는 당대까지 보편적인 명칭이었다. 앞의 선조시대 박순의 기사에서도, 향약을 보급할 당시에 벌써 당대에 향약을 흉내만 낸, 즉 본질은 전래 향도 그대로인 계들이 존재했으니 향약보급에 따른 저항과 혼란을 피하게 위해 '그 절차대로 따르지 않아도 무방'함을 표명하고 있을 정도다.

신의 어리석은 생각으로는, 지금 열읍列邑에 혹 이 약조를 대략 본떠서 각각 향도鄕徒를 둔 데가 있으니 이에 따라 중외中外에 이 글을 널리 펴서 의거하여 시행하되 반드시 그 절차대로 죄다 따르지 않아도 되게 한다면, 반드시 세상을 놀라게 하고 환난을 불러올 염려는 없고 장차 인륜을 도탑게 하고 풍속을 이룩하는 보람이 있을 것입니다.[54]

그러나 조선 후기의 향도는 여전히 상부상조하는 과거 전통은 이어받되 촌락사회에서 차지하는 역할의 축소·변질을 가져온다. 상부상조하는 일들은 동일하나 지배층의 향약 실시 문제와도 밀접히 관련을 맺고, 상두꾼조직이나 비밀결사적 특질도 보여준다. 유희춘의 일기를 보면 향도의 조직성이 약화된 모습이 드러난다.

> 지금 민간에는 본디 향도의 약속이 있으니 과실상규·예속상규·환난
> 상휼 등의 일은 또한 선유先儒 향약의 뜻에 그 근본을 두고 있습니
> 다.……또 우리나라 풍속에 안으로는 서울에서부터 밖으로는 향곡鄕曲
> 에 이르기까지 모두 동린지계洞隣之契나 향도지회香徒之會가 있어 사사
> 로이 약조約條를 세워 서로 검섭檢攝하고자 합니다. 다만 각자 자기 뜻
> 만 따르고자 하므로, 엉성하고 법도가 없어 망기網紀를 삼아 의지하는
> 데에는 부족합니다.[55]

여말선초로부터 조선 후기에 이르기까지 향도는 점차 축소·변질돼가
는 모습을 보여주었지만 상부상조하는 생활기풍만은 잃지 않았던 것으
로 보인다.

이상의 논의를 총괄하여 두레와 향도의 관련성을 정리해보면 다음과
같다.

첫째, 귀족적인 향도와 민간의 향도가 애초부터 달랐을 가능성이 높
다. 민간의 사회적 조직으로서의 향도는 불교나 유교와는 관련없이 발생
한 고유한 풍습으로 보인다. 고려 말기의 향도에 관한 기사에서 처음 보
인다고 하여 그 당시에 처음 발생한 것이라고 볼 수는 없다. 민간에 오랜
과거부터 있던 것이나 양반들의 관심 밖에 있었으므로 기록상에는 일찍
부터 나타날 수 없었을 따름이다.[56] 민간의 향도에는 공동노동적 성격이
강했을 것이다.

둘째, 두레가 발생하기 전의 모태로서 향도의 공동노동적 성격이 존재
했을 가능성이 매우 높다. 대개의 향도 관련 자료들은 사신祀神, 상장례喪
葬禮에 치중한 것처럼 서술하고 있고 공동노동에 관해서는 거의 다루지

않고 있다. 물론 사신과 상장례가 향도가 행하는 절대적 기능 중의 하나였음은 분명하나 향도의 중요한 기능에서 공동노동을 빼놓을 수 없을 것이다. 문헌상으로 공동노동에 관한 기록이 제대로 전해지는 게 드물 뿐이다. 향도의 공동노동적 성격은 이미 향도의 기원 자체에서부터 재검토할 필요성을 제기한다.

①나말 여초 향도가 분화되기 이전, 즉 신라시대와 고려시대 향도조직의 중요한 성격으로 공동노동집단적 성격이 존재했을 것이다.

②조선 전기의 한전旱田농업에서도 공동노동은 여전히 요구되었을 것이고, 이를 향도가 담당했던 것으로 보인다. 15·16세기 농업과 향도공동체를 언급하면서 이태진은 마을 농민들로서 함께 김매는 사람들은 이름을 적어 등록하라고 한 사실에서 바로 김매기 단위가 임의적, 일시적인 것이 아니라 일정한 고정성을 지니는 것을 의미한다고 보기도 한다.[57] 이를 가지고 향도가 바로 하나의 공동노동조직을 이룬 것으로 해석하기는 어렵지만, 촌락 안에 공동노동조직으로 농경자 집단이 형성되고 있었던 것만은 분명한 것 같다.[58]

셋째, 두레의 전신으로서 황두를 주목해야 한다. 20세기까지도 서북지방에 잔존했던 노동조직 황두는 향도에서 발생한 것으로 두레의 선행조직으로 여겨진다. 황두는 이앙법이 전면적으로 실시되기 이전에는 전국적으로 건답직파지역에 항존했을 것으로 추측된다. 황두를 가리켜 '황두로 품앗이한다'는 말에서 보이듯이 품앗이 정도로 파악할 수도 있으나, 일상적으로 행해지는 좀더 느슨한 형태의 품앗이는 아니었을 것이다. 물론 조직성과 강고성은 두레보다는 약했을 것으로 여겨진다. 두레가 남쪽으로부터 퍼져나가면서 차츰 새로운 문화인 두레문화가 북상하는 방식으로 전개되어나갔을 것이며, 황두는 자연 소멸을 면치 못했다. 황두에 관해서는 별도의 장에서 상세히 설명할 기회를 갖기로 한다.

## 조선 후기 동계의 변화와 촌계의 성장

촌계는 오랫동안 민중생활 하부단위에 존립하면서 마을을 이끌어왔다. 그렇지만 양난 이후 조선 후기 향촌사회는 많은 변화를 겪게 되었으니 중요한 변화의 하나로 동계洞契의 성립과 상하합계上下合契의 출현을 꼽을 수 있을 것이다. 이제 마을은 예전과는 다른 차원으로 변화하기 시작한다. 임란 후 동계의 출현은 양반층이 그들의 결속만으로는 하층민을 일방적으로 통제할 수 없음을 의미하는 것이었다. 전후 안동 예안禮安의 부포동夫浦洞에서 동약洞約을 실시하고 있었던 금란수琴蘭秀는 사족士族 중심의 약조約條와 족계族契를 미덕으로 보면서도 나날이 변하는 인심의 변화로 예전같이 매로만 다스릴 수 없음을 실토하고 있다. 그리하여 부포동약夫浦洞約에서는 상하인上下人이 함께하는 상하통행사上下通行使와 하인권징사下人勸懲事를 마련하게 된 실례가 잘 엿보인다.[59] 이와 같이 향반·상천이 함께 참여하는 상하합계 형태의 향약이 임란 직후 도처에서 출현한다는 사실은 향촌사회질서가 예전의 사족들로만은 도저히 감당하지 못했음을 의미한다.

임란의 폐해는 계속되는 기근, 경작지의 황폐화, 만연되는 전염병, 부족한 노동력 따위를 의미했다. 공동체적 유대가 허물어지고 예의를 다스릴 여가조차 없는 상황에서 상천을 회유하여 향촌복구에 참여시킬 필요성이 제기되었다. 따라서 '동포병생同胞幷生'임을 명분으로 부계일계不計一契'하여 생사길흉에 함께 상조相助할 것을 강조하고 있으며,[60] 양반·상천이 합력하여 참여하는 상하합계가 17세기에 출현하는 경향이었다.

김기金圻(1547~1603년)의 김기향약金圻鄕約에는 하인약조下人約條가 신설되어 하층민들도 동약지인同約之人으로서 호상규계互相規戒토록 정하여 하층민들도 지역사회의 공동체 일원으로 상부상조하면서 살아야 되며, 그러기 위해서는 사족의 솔선수범이 필요하다고 이사약민以士約民을 주장했다.[61] 1601년(선조 34년) 예천 고평동高坪洞의 「고평동동계갱정약문高坪洞洞契更定約文」은 하계서인下契庶人까지도 구성원으로 하는 새로운 동계를 출현시킨 전례가 되고 있다. 1641년(인조 19년) 황종해黃宗海가 목천현木川縣에서 시행한 동약에는 마을구성원의 의무적 참여를 요구하고 있으며, 동약에 들지 않으면 농사를 지을 수 없음을 공개적으로 통고하고 있다.

> 동내 상하인이 모두 약約에 들어와야 한다. 그 혹 참여치 않는 자는 순순히 깨우쳐주어 참여토록 하되, 끝내 참여하지 않는 자는 수화水火를 서로 빌려주지 말고 농사일에 서로 도와주지 말고 환난을 당해도 구해주지 말도록 하라. 그리고 다시 깨닫도록 기다려본 후 끝내 '약'에 들어오지 않으면 장杖을 가하고 그대로 따르지 않으면 출동黜洞한다.[62]

전체 동민을 결속하여 사족 중심의 상하질서를 강화해나가려는 목적에 따라 갖추어진 동계는 이처럼 소농경제의 안정을 바탕으로 한 신분질서 유지, 동네 부세 및 부역 문제 해결을 도모했다. 즉 동계의 특성은,

① 전 동민에게 영향력을 행사하면서 상上·하계下契로 구성
② 사족 중심의 동계는 몇 개의 자연촌, 또는 '里'를 포함하고 있었고 그 범위는 면 단위에 국한됨
③ 자체 내에 사법권과 관권과 타협 범위 내에서의 독자적인 행정기구를 갖추고 있었음
④ 이 같은 동계도 17세기 말, 18세기에 접어들면서 그 성격이 변하기 시작함[63]

즉, 동계도 17세기 후반 이후 18세기에 접어들면서 일정하게 변모한

合里役錢記
道洞
冬勿谷一 赴役
蜚羅谷 錢三兩五分
谷村 錢二十三兩七戔
濟川 錢六兩
弁村 錢七兩二戔
松谷 錢二兩七戔
技貢 錢三兩五戔
金冬於 錢三兩一戔五分
永耳谷 錢九兩四戔五分
眘乙山 錢五兩一戔五分
介川 錢十三兩三戔
平居 錢四兩八戔五分
新豊 錢三兩四戔五分
釷谷 錢二兩四戔五分
天坪 錢三兩
巴只 錢二兩七戔五分
大蟹 錢一兩六戔五分
沙月 錢三兩八戔
金伊萬 錢三兩五戔
新川 錢十兩三戔五分 晩今未收
馬洞 役錢三兩三戔五分 京賣錢移除
元堂 役錢一兩 未捧
水谷 役錢四兩五戔 未捧 金明伊
北坪 役錢四兩三戔內 四兩捧 三戔㐲乙
正水 役錢四兩二戔 未捧
靑巖 役錢十一兩七戔五分內 十兩六戔五分未捧 二勺仰土匠捧
三壯 役錢六兩七戔內 三兩五戔哲宗捧 三兩二戔 未捧
加西 役錢四兩三戔五分 未捧

**부역기**赴役記(조선 후기, 광주 양과정)
마을 단위로 부과된 노동력 동원에 관한 옛 문서. 마을
단위로 경제력과 인적 기반을 검토할 수 있다.

다. 동계의 구성원과 동 재정이 운영면에서 단적으로 드러나는데, 이는
당시 사회변동과 밀접히 관련된 것이었다. 18·19세기에 이르면 지배층
은 효과적인 수세收稅 행정의 일환으로 기존의 동계를 하나의 납세 단위
조직으로 재편하고, 그 내부의 구성원리를 온존시킨 채 공동납共同納을
강화하게 된다. 그 과정에서 기존 동계 성격은 바뀌게 되었으며 동민들
의 움직임 또한 커다란 변화를 보인다. 리정법里定法의 시행과정에서 사
족이 중심이 된 동계는 부세 수취의 단위가 되는 공동납제에서 그 위치
가 흔들리고 있었다. 상하간의 동역洞役 부담이나 경제배경이 각기 다른
자연촌 간의 이해관계에서 공동납세액의 조정과 부담의 문제들이 계층
간의 다양한 모습으로 표출되면서 18세기 후반 상계원上契員이 중심이
된 동계洞契에서 하계下契들이 분리·분동分洞되었다.

　하계가 이탈하여 촌계의 독자적 성장을 모색하는 것은 일반적인 현상
이 되었다. 분동되는 과정은 자연촌락이 성장해감에 따라 집촌화되지 않

고 산촌散村·소촌화小村化되어가는 것과 관련이 있는 것으로 보인다. 더욱이 요호부민饒戶富民같이 사회경제적인 부를 획득한 층을 중심으로 한 강력한 대항세력도 등장했다. 이제 사족의 동계를 통한 촌락지배는 불가능했고 사족은 향리 또는 수령守令과 결탁함으로써 부세 수탈賦稅收奪에서 제외되고 경제외적 강제를 보장받거나, 아니면 부세운영賦稅運營에 농민과 함께 참여하여 일정한 부담을 짐으로써 농민의 저항을 흡수하거나 능동적으로 대응하는 형태를 띨 수밖에 없었다. 조선 후기 촌락의 분화 과정에서 독립적인 마을로 성장해갈 가능성을 내포하고 있었다.

### 공동의 노동 · 재산 · 신앙

촌계는 자급자족적인 경영으로 자주성을 확보할 수 있는 방향으로 성장해나갔다. 마을 공동재산의 독립과 대동大同 계금契金의 운영, 자연마을 단위의 두레노동, 마을신을 모시는 마을굿 따위는 촌계의 자주성을 드러내는 가장 중요한 기준이 되었다.

① 촌계와 공유재산

조선 후기 공동납제는 마을 상호간의 부세부담의 불균不均을 심화시키고 있었다. 부세, 특히 잡역雜役은 집단동원을 수시로 요구했으며, 마을재산을 늘리기 위하여 동계에서 재산을 분리운영하는 일이 특징적으로 되었다. 촌락간의 불균형을 해결하기 위한 방편으로 분동이 거론된 것이다.

촌락 분화에 기여한 공동납제는 거꾸로 분동된 마을에서 부세를 공동 대처하기 위한 촌락민의 공동운명체 인식을 더욱 강화시켰다. 마을 공유 재산의 확대는 동중답洞中畓 같은 공동재산의 획득으로 이어졌다. 다음의 사례에서처럼, 마을 공동재산은 근현대에 이르기까지 보편적이었다.

북청의 청흥리는 김씨문중의 경제적 집단으로서의 동족부락이었다. 김씨 시조의 제향祭享을 목적으로 하는 제전祭田과 위토位土가 압도적 다수였던바, 2만 평을 시제계時祭契에서 유지했으며, 묘소 유지를 위하여 4개소에 약 100정보의 산림을 산당山堂과 함께 보유했다. 이들 토지는 거의 종계宗契의 절목 규정에 의하여 소작을 주어 그 수입으로써 조상 제향에 충당하고 나머지는 부락의 공동행사비에 충당했다. 또한 도청都廳과 서재의 경영과 유지를 위하여 공동경리를 수행했는바, 과거에는 이를 위한 공유재산이 있었으나 지주의 사적 소유로 넘어간 후 동족들의 일시적 거출에 의한 약간의 동산을 기금으로 양사계養士契에 의해 유지했다. 공동노동은 일제 때 파괴되었고 일부 경지에서 소겨리반을 기본으로 하는 품앗이가 유행했다. 한편 관계 시설의 공동경영을 위해서는 치월계治越契가 1920년 초 조직되었다.[64]

공유재산의 확대에서는 두레가 큰 역할을 차지했다. 두레성원들은 공동작업을 통하여 벌어들인 수익금의 일부를 계금契金에 넣어서 자산을 늘렸다. 두레가 분화된 이후에는 각자 노동의 대가를 찾아가는 방식으로 바뀌었지만, 조선 후기의 두레에서는 공동체적 강제가 강했기 때문에 반드시 일정 부분을 공동 적립시켜야 했다.

공동계금共同契金을 마련하기 위해서 두레패는 걸립패를 조직했다. 걸립은 자금을 마련하는 가장 효과적인 방법이었다. 걸립의 시초는 마을 안에서 부농층을 상대로 하는 초보적 단계였다. 두레풍물패의 기량이 뛰어나게 발전하면서 이웃마을로까지 걸립을 다니는 일이 생겨났다. 마을의 다리 보수 따위의 공공적 일을 추진하기 위하여 대대적인 걸립패가 구성되어 멀리 수십 개의 마을을 떠돌아다니는 일까지 생겼다. 조선 후기 유랑예인집단의 확산은 걸립패의 기량을 더욱 높게 끌어올렸다. 걸립을 통하여 두레꾼의 민속연희는 더욱 발전해나갔으며, 마을공동체문화에서 지신밟기·뜰밟기 따위의 걸립문화는 대단히 중요한 위치를 차지하게 되었다.

공동기금의 필요성은 마을굿을 준비하는 데서 드러났다. 제비祭費 염출은 동네 공동재산으로 전답에서 나오는 소출로 충당하는 경우가 원칙이었다. 당산답堂山畓이나 계조직을 갖고 공동적인 행사가 이루어지는 마을이 많았다. 분화된 상태이기는 하지만 1960년대의 상황만으로도 동전해洞田海 비율이 경기 9, 강원 52, 충북 13, 충남 15, 전북 44, 전남 108, 경북 242, 경남 337개소로 나타난다. 토지개혁 이전에 공유재산이 온전하게 보존되었을 당시에 제답祭畓 비중이 대단히 높았을 것은 자명하다. 그러나 차츰 마을굿에서 공유재산이 사라지면서 거의 갹출醵出에만 의존하는 방식으로 바뀌었다.[65]

### ② 촌계와 노동관계

촌계가 분화되기 이전에도 동계·동약은 상하 신분질서를 매개로 한 노동공동체의 역할을 수행하고 있었다. 공동체적 강제는 단순히 노동을 강조하는 데서 그치지 않고 어려운 사람을 도와주는 상부상조의 생활기풍이기도 했다. 동리인이 우환이나 질병으로 실농의 염려가 있을 때, 파종부터 제초, 수확에 이르기까지 일체 합심하여 도와주는 일을 문서로 명기하기도 했다.[66] 하회동계에서도 상하를 물론하고 질병과 수화水火의 재앙이 있으면 인력을 내어 경예耕藝하고 도와준다고 했다.[67] 즉, 농업경영이 어려울 경우 동계나 향약조직을 통해 농업노동력을 동원했다. 구체적으로 조직을 동원하는 사례도 보인다. 오희문吳希文은 을미년(1595년)에 이런 기록을 남겼다.[68] 즉, 농업경영이 어려울 경우 동계나 향약조직을 통해 농업노동력을 동원할 수 있음을 보여주는 것이다.

1595년 6월 21일 : 향약인鄕約人 등 13명을 모으고 한복漢卜·납은비納
隱婢가 아울러 15명으로 김을 매다.

1595년 7월 4일 : 향약장鄕約長에게 고하여 리인里人 13명을 모으고 한
복漢卜·대순大順이 아울러 15명으로 제언답堤堰畓, 노변답路邊畓, 내답內
畓의 김을 매다.

촌계에서 행하는 공동체적 규범 중에서 가장 중요한 것의 하나가 농업
생산이었다. 농사를 태만히 한 자를 체벌한 일도 문서에 보인다. 노동은
촌민의 의무요, 강제규범이기도 했다. 비단 농사일에만 그치는 것이 아
니라 마을의 도로 보수, 다리 축조, 제언 구축같이 집단노동이 아니고서
는 불가능한 일들을 공동으로 해결했다. 두레꾼들은 한 해 농사의 고비
인 김매기를 끝내고 나면 일제히 장마철에 패여나간 도로보수에 나섰다.
동네를 말끔히 청소하고 풀을 뽑았으며, 대동우물을 청소했다. 두레의
김매기노동 같은 농번기의 공동노동은 말할 것도 없었다.

촌계에서는 노동을 관장하는 공동휴식·공동모임의 장소를 건립하는
일이 보편적으로 되었다. 농청·목청 따위의 두레공동노동의 집회소는
촌계에서 노동이 중요한 일이었음을 말해준다.

아울러 호남지방을 중심으로 모정茅亭이 대대적으로 건립되어 노동의
휴식처로서, 더 나아가 마을의 공동집회소로서 기능했다. 모정은 마을공
동체문화의 중심이었다. 두레의 조직 및 운영과 밀접하게 관련을 맺고 있
는바, 아예 모정을 농정農亭, 혹은 농청農廳이라 부르기도 했다. 농기, 풍물
및 두레 성원의 의복을 보관하고 두레먹이는 곳으로서, 하루의 피로를 푸
는 장소이자 노동회의가 열리는 곳이 모정인데, 때로는 당산굿이 열리는
실제적인 신성공간으로도 사용되었으니, 모정은 곧 공동집회, 공동노동과
결부된 공동휴식, 오락 및 공동제전의 장소였다. 동시에 어떤 곳에서는 마

것과 같은 궤를 지닌다.

따라서 향약에서의 상하합계처럼 일정한 타협책이 마련된다. 가령 나무를 깎아 만든 남자의 성기를 걸어두었던 부근당付根堂을 적절하게 융합하여 부군당府君堂이라 한 것도 이와 유관하다. 『문헌비고文獻備考』에 "본조 풍속에 도하 관부들에는 으레 수호신을 모신 한 작은 숲을 두고 그 사당에 지전을 걸고 부군이라 일컫는다(本朝國俗 都下官府 例置 祠掛紙錢 號曰府君)"고 했으니 '부근'이 '부군'으로 바뀌었음을 알 수 있다. 그러나 여전히 민간에는 '음사'로서의 부근당이 통제 불가능할 만큼 널리 퍼져 있었다.[74]

후에도 음사에 대한 대비책은 성리학적 이념에 입각한 『삼강행실도三綱行實圖』·『소학小學』 등의 윤리서와 향사례, 향음주례의 보급운동으로 계속 이어졌다. 그러나 마을굿이 20세기에 이르기까지 그대로 존속되었다는 데서도 촌계의 독자성은 뚜렷했다. 가령, 함경북도 덕원군 적전리赤田里의 경우, 200호의 마을이 제사단체인 9개의 몽리蒙里로 나뉜다. 각각의 몽리가 각각의 제사를 지내면서 동시에 몇 개의 몽리가 합해져서 하나의 커다란 제사를 지낸다. 몽리는 바로 제의공동체의 성격을 보여준다.[75] 각각의 마을에서 행하는 촌계 성격의 제의와 연합으로 하는 제의가 병존하고 있음을 보여준다. 별신굿에서 수개의 마을이 공동으로 행하되, 평상시에는 각각 마을마다의 독자적인 마을굿을 지님과 같은 이치다. 이처럼 촌계의 전통은 장기 지속적으로 이어졌다.

위와 같은 촌계와 두레의 연관성은 다음의 두 가지로 정리된다.

첫째, 촌계는 18·9세기 시대적 산물로 간주된다. 그 이전에도 촌계는 있었지만 본격적인 분동이 유행처럼 된 것은 근세에 이르러서다. 공동납제는 거꾸로 촌계의 단결력을 강화시킨 결과를 빚었다. 조선 후기에 걸립굿이 발생했고, 걸립을 통하여 공동기금을 마련하는 일이 일반적 관행이 되었다. 두레의 정착은 풍물굿의 정착을 의미했고 걸립굿을 가능케 하는 원동력이 되었다.

둘째, 촌계의 양대 기능은 마을굿과 두레였다. 음사로 규탄받으면서도 마을마다 마을굿을 독자적으로 모셨다. 동시에 마을마다 1개의 두레를 두었다. 마을굿과 두레의 독자성은 촌계의 자주성을 상징하는 양대 축이었다.

### 21세기까지 이어진 촌계의 장기 지속 : 고양동 촌계의 동계문서 사례

촌계의 구체적 사례로서 지극히 자그마한 마을 하나를 샘플로 제시해본다. 고양동古陽洞, 행정구역상 서산시 음암면音巖面 탑곡리塔谷里에 속한 지극히 작은 자연마을이다. 마을에서 꼭두각시놀이(박첨지놀이)를 행하는 인근에서 알려진 마을이기도 하다. 그러나 야트마한 등성이에 논밭이 흩어져 있고 아랫녘에 저수지가 있는 전형적인 농촌마을에 불과할 뿐, 마을사를 재구성할 수 있는 중요한 단서는 거의 없다. 단서라고 해야 20세기에 만들어진 동계문서가 고작이다. 다행히 그들 동계문서를 통하여 이 작은 마을에 조선시대 촌계의 장기 지속성을 확인할 수 있을 것이다.[76]

지금은 육지 한가운데이나 예전에는 바다에 가까웠다. 덕지천德之川을 통하여 천수만으로 연결되는 뱃길이 없어졌으나 과거에는 부지런히 '한다리'까지 배가 닿았으며 지척에 염전도 많았다. 고양동에서 가까운 해미가 천수만을 배후로 성립된 읍성임은 두말할 나위가 없다. 예전에는 소나무가 우거졌던 숲이었으나 개척이 이루어져 오늘날 같은 논밭이 성립되었다. 즉, 조선시대의 고양동은 산등성이에 의지하여, 산자락 뒤편은 나무로 무성하던 숲이었다. 그러나 숲을 베어버리면서 경관이 변했다. 지금은 산등성이로 도로가 달리고 숲은 개간되어 마늘밭 등으로 변하여

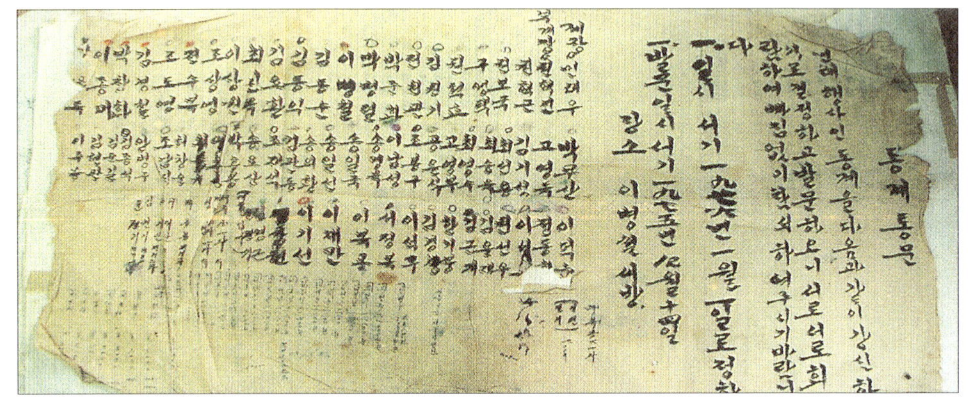

| 고양동 동계문서

아무도 숲이란 인상을 가지지 못한다.

고양동 취락은 산촌散村 형태이다. 살림집 입지에서 태안반도는 전형적인 산촌으로 학계의 주목을 받아왔다. 한국 서남부 촌락의 대부분이 집촌임에 반하여 태안반도의 산촌 형식은 특이하다. 산촌 경관의 전형이라 할 수 있는 가옥과 경지의 연접현상, 개척되다 남아 있는 도상島狀의 나무숲이 이곳에서도 눈에 띈다. 결국, 임야로 덮여 있던 곳에 인간집단이 뛰어들어가서 나무를 제거하고 거기에 살림집과 경지를 마련하는 과정에서 그 형성의 역사가 마련되었다. 서산지방에서는 최근까지도 나무를 제거하고 황무지를 개간하는 임야개척의 현장을 도처에서 흔히 목격할 수 있으며, 마을이나 가옥 주변에 개척되다 군데군데 남아 있는 도상의 잔존림殘存林, 그리고 이른바 산촌 경관의 특징이라 할 수 있는 살림집과 경지와의 연접현상이 잘 드러나고 있다.[77] 고양동도 예외가 아니다.

그렇다면 조선시대에 자연마을 단위인 고양동에는 얼마나 많은 사람들이 살았을까? 적어도 『여지도서輿地圖書』(1759년)의 면리 편제에 고양동이 등장하는 것으로 보아, 이미 이 당시에 마을이 형성되어 있음을 알 수 있다. 다만, 당시의 동음암면東音巖面 고양동은 호수 12, 인구는 남 19, 여 12 합계 31명으로 평균 이하 규모의 한미한 마을 수준이었다. 12호에 인구 31명이라면 당시의 평균 30여 호에 비하면 작은 마을이다. 마을에 는 동계문서가 전해온다.

고양동계문서는 두 가지로 전승된다. 하나는 한지로 작성된 두루마리 형 동계통문이며, 다른 하나는 일반 노트에 작성된 것이다. 두루마리는 1957년도 것이 최고이며, 1960년대 것은 남아 있는 것이 없다. 반면에 1970년대부터는 비교적 대부분이 남아 있다. 총 26년 치가 남아 있다. 모 두 한지로 작성되었으며 동계를 소집하는 고지문, 동계의 임원, 동계일 시 및 장소, 신입자의 신입조 납부, 동계금의 채무에 따른 납부사안, 총결 산 내역, 동계에서 소요된 경비, 그리고 전체 계원들의 명단과 각각 개인 별로 통문을 보았다는 날인(체크 형식)이 남아 있다. 사발통문 형식으로 마을민에게 고지하고 각각 보았다는 서명을 날인하게 하여 회의 성원을 원활하게 보장하려는 전통적 방식이 잘 담겨져 있다. 굳이 2000년대까지 이런 형식을 고집하는 것은 나름의 전통성을 확보하려는 장기 지속적 노 력으로 간주된다. 비록 20세기 후반의 고문서로 실상 고문서라 할 것도 없지만, 이들 문서는 조선 후기의 동계문서 전통에서 이어진 것이 분명 하기 때문에 마을사를 재구성하는 데 역사적으로 의미가 있다.

동계문서에서 사실 중요한 것은 노트에 적힌 문서이다. 동계통문을 보 내면서도 별도로 노트를 작성해두었다. 내용은 동계통문과 다를 것이 없 으나, 한지에 적을 수 있는 분량이 제한적이므로 별도로 자세한 내용을 적어두었다. 재미있는 것은 동계통문에서 볼 수 없는, 가을에 추수 끝내 고 행해지는 결산내역을 자세히 담은 '秋期本契講信錄'이 동계통문 다 음 순서에 기록되어 있다는 점이다. 1957년, 1960년, 1961년, 그리고 1972, 1977, 1978, 1982, 1983, 1984, 1985, 1986, 1988년 기록이 노트에 담겨져 있다. 컴퓨터 등이 발달하면서 최근에는 결산을 전산화하여 출력하여 복사물로 나누어주는 경향을 보여주며, 이는 반대로 동계 문서가 연속적으로 이어지지 못하게 하는 결과를 빚고 있다. 1957년 동계문서의 규약은,

1. 本會는 高陽洞契라 稱함
2. 本契會員은 本洞 在居住者 會員으로 契員을 함
3. 本契의 目的은 固有의 美風良俗을 守護强化하는 洞付契員中의 患難相救 融和親睦 勸善懲惡의 三代 要素로써 氏을 契規로 하고 左와 如히 任員을 定함

옛 전통을 현대식으로 재가공하여 전통을 이어온 것으로 여겨진다. 제3항의 기본 규약은 일반적인 동계의 전형성을 보여준다. 미풍양속 수호 강화를 위한 환난상구, 융화친목, 권선징악 등은 전통적인 동계의 내용들이었으며 그런 문구들이 고스란히 전해진다. 1957년의 확인된 전통은 비록 변하기는 했지만 2000년대까지 일관되게 이어진다.

동계의 운영에서 동계원은 가구 당 1명씩 나오는데 주로 남자가 나온다. 과부는 본인이 나오는데, 남자들 있는데 끼지는 못하고 전하는 말이나 듣고 돈만 내고 간다. 동계통문에 당해연도 계원 총 명단이 공개되며 일일이 본인이 직접 날인하여 확인시켜 회람시킨다. 신입자는 특별히 명단을 별도로 적어놓으며 그 옆에 신입조로 쌀이나 돈을 준비할 것을 사전에 공지한다. 신입례를 거침으로써 고양동에서 주민으로서의 신분을 마을 자체적으로 수용하기 시작하는 절차인 셈이다.

동계장은 동계날 주민들이 상의해서 선출한다. 다음해 동계장은 미리 뽑아두는 것은 아니며, 동계장의 임기는 보통 2년이다. 부계장과 임원도

마찬가지다. 동계장은 나이도 많은 연장자이지만 '까막눈'은 못 하고 글 좀 하는 똑똑한 사람이 맡는다.

옛날에는 '감사'가 없고 '문서文書'를 정했다. 문서가 다했다. 문서는 통문을 쓰기도 하고 지출수입 내역을 쓰기도 하고, 그 전에는 총무역까지 맡아서 했다. 지금은 잘 썼나 안 썼나 감사를 하는데, 감사가 생긴 지는 얼마 안 되었다. 역대 임원의 조직현황은 시기를 달리하면서 약간씩 차이가 난다.

1957년 : 계장 · 문서 · 간사 · 통수 · 통발유사 · 통발저울유사 · 농악유
　　　　사 · 차일유사
1972년 : 계장 · 그릇유사 · 상여유사 · 혼구유사 · 농악유사
1974년 : 계장
1975년 : 계장 · 부계장 · 문서
1976년 : 계장
1977~81년 : 계장 · 부계장
1982~96년 : 계장 · 부계장 · 문서
1997년~현재 : 계장 · 부계장 · 감사 · 문서

이상의 차이는 서류상의 착오일 수도 있다. 농악유사 · 차일유사 등은 계속 존재해온 것으로 보아야 하며, 단지 차일 등의 시대적 효용성이 떨어지면서 차츰 사라진 것으로 여겨진다. 상여유사는 상여, 혼례유사는 사모관대를 비롯한 일체의 비품, 농악유사는 악기를 관리하는 식이다. 당연히 인수인계가 이루어지며 인수품의 세목이 동계문서에 적기된다. 지금도 혼상구 도구가 있긴 하지만 다들 예식장에서 하므로 유명무실해졌다. 그에 따라 혼구유사의 역할이 사라진 것이다. 상여유사는 여전하

다. 꽃상여가 아니라 나무상여이다. 옛날부터 몇 번 개정되어 전해온다. 새로 동네 들어온 것이 아마 한 15년쯤 되었을 것이다. 상여집이 저수지 가에 있다. 문서에 따르면 1960년대의 경우에 유사들에게도 500원 정도의 노력비를 준 것으로 나타난다. 마을소임에 따른 현금 지불이 약간씩 이루어졌다.

이장이 행정적 측면에서의 '임명'된 조직체계라면, 동계의 임원은 많이 다르다. 물론 이장 선임과정에서 마을민의 선택의지도 개입되겠지만 결국은 면사무소의 행정적 관할을 받게 마련이다. 반면에 동계의 임원은 마을자치의 역사를 알려준다는 측면에서 마을의 자치적 합의, 더 나아가서 마을민주주의가 나름대로 작동하는 장치로 볼 수 있다.

동계는 오전 10시경부터 계장이 주도하여 시작한다. 동계문서에는 연도에 따라 주요 논의 사항이 기록된다. 예산과 결산이 가장 중요하다. 동계비용에서 지출된 비용, 즉 계금을 운영하여 마을민에게 대여하고 이자와 원금을 받는 일이 매우 중요하다. 일일이 이자와 원금을 적어서 합산하여 기록해둔다. 악기, 옷, 그릇, 혼상구용품 등의 재고현황을 유사들이 파악하여 품목을 제시하고 이를 인수인계한다. 동계에서 쓴 비용, 즉 중식에 쓴 백미, 술과 두부콩, 동태 구입 등의 비용이 적시된다. 신입자의 신입조 납부액과 이름이 명기된다. 마을유공자나 효부·효자에 대한 시상식도 이루어져 주발 같은 상품을 주게 되며, 이의 비용도 적는다. 마을찬조금이 있을 시에도 당연히 이를 적기한다. 물론 마을의 중요한 사업에 관한 기록들도 모두 담는다.

동계는 결산이지만 일종의 동네잔치이기도 하다. 동태를 사다가 찌개를 끓이고 두부콩으로 두부를 직접 만들었다. 할 만한 집에서 맡아서 콩을 갈아서 두부를 만들었다. 지금은 시장에 가서 음식을 준비해오는 방식이다. 옛날에는 돈이 없어서 돼지를 못 잡다가 어느 해인가 돈이 좀 생겨서 돼지를 잡기도 했다. 그렇지만 돼지잡기 같은 일은 좀처럼 이루어지기 어렵다. 이 마을에서 마을박첨지놀이를 오랫동안 지속시킬 수 있던 힘은 바로 이와 같은 동계, 즉 전형적인 촌계 전통에서 가능했을 것이다.

농악유사는 이 마을에 이어지던 두레의 농악기를 관리하던 유사였다. 표현만 동계를 쓰고 있을 뿐 촌계의 전형적인 모습이다. 촌계에서 두레를 행하고, 촌계의 농악유사가 악기를 관리할뿐더러, 이 마을의 전통인 마을박첨지놀이도 촌계에서 관장했다. 그리고 그런 사안들을 모두 동계 문서라는 형식으로 기록했다. 조선 후기 촌계에서 신앙, 놀이, 두레, 재산 관리 등을 두루 관장하던 풍습이 현대에까지 잔존된 모습으로 여겨진다.

# 두레와 농업생산력

인민의 생활풍습은 오랜 전통을 가지면서도 문헌에는 기록되어 있지 않고 인민생활 속에 산 기록으로 남아 있는 것이 많으며 그것은 문헌을 보충해주며, 역사적 사실을 해명할 수 있게 해주기 때문이다. 그러므로 역사민속을 연구함에 있어서도 직접적 관찰은 주요하다. 이제 와서는 그 존재의 의의를 상실하고 인민들의 생활 속에서 잔재로서 남아 있는 산 기록은 문헌을 보충하거나 또는 오직 그런 산 기록이 있음으로 하여 문헌에는 전혀 없다 하더라도 과거에는 이러저러했다는 것을 알 수 있는 것이 많다.……그리하여 민속학을 하는 사람들은 예컨대 함경도에서의 '향도-일종의 상여계', 청천강 하류 건갈이지대에서의 '황두-일종의 공동노동조직'에 관한 현지자료를 수집했을 때, 그것이 문헌에 보이는 과거 민간의 협조단체였던 향도(香徒, 鄕徒)와 어떤 관계가 있는가를 생각하게 되며, 『농사직설』에서 그루갈이(根耕)에 관한 기사를 보았을 때 그러한 경작풍습이 언제까지 어느 지방에 남아 있었는가를 알려고 한다. 이렇게 하여 민속학에서는 직접적 관찰에 의한 자료를 문헌사료 및 유물과 함께 광범위 이용한다. 말하자면 력사학은 문헌사료를 기본자료로 하고, 고고학은 유물을 기본자료로 한다면, 민속학은 인민생활 속에 보존되어 있는 산 기록을 문헌, 유물과 함께 기본자료로 하면서 그것에 의의를 부여하는 것이 방법적으로 력사과학의 다른 분야와 다른 중요한 특성이라고 할 수 있다.

_ 황철산, 「조선민속학의 목적에 관하여」, 평양, 1962

# 조선 후기 농법의 변화와 이앙법의 확산

**수백 년에 걸친 농민들의 열망이 이앙법을 확산시키다**

우리 농업기술사에서 가장 큰 2대 변화를 꼽는다면? 첫 번째 는 연작법이 아닐까 한다. 대략 10세기까지는 논밭을 1~2년씩 묵혔다가 다시 부치던 종래의 역전법이 계속되고 있었다. 그러나 11~12세기에 이 르면 논밭을 묵히지 않고 계속 부치는 밭계속부치기가 전국적으로 널리 퍼지기 시작했다. 인구가 늘어나면서 더 이상 그루바꿈법이 불가능해졌 기 때문이다. 역전법으로부터 밭계속부치기로 이행한 것은 토지 이용에 서 커다란 전환이었을 뿐만 아니라 영농방법에서도 새로운 전변을 요구 했으니 가을갈이와 깊이갈이가 그것이다. 두 번째 변화는 이앙법移秧法일 것이다. 이 책에서 다루는 두레의 농법은 바로 이앙법과 직결되는 것이 니 뒤에서 상세하게 설명하기로 한다.

어느 나라에서나 농업기술의 발전 수준은 곧 농법의 발전 수준이기도 하다. 모든 농법은 역사적으로 발전해온 자기의 고유한 발전단계를 가지 고 있는데, 그것은 사회발전의 매 단계에 따라, 생산력과 생산관계의 변 화에 따라 그에 상응한 변화를 가져온다. 농법이란 대체적으로 토지 이 용방식, 농지를 이용하는 작부체계, 혹은 농업기술체계를 가리킬 때도 있다. 즉 그 사회의 농업생산력 수준은 농법에 집적되어 나타난다고 할 수 있다. 따라서 농법은 사회구성체를 농법에 따라 규정하는 근거를 부

**세종의 『권농교문勸農敎文』**
농업 생산력을 증대시키고 농사를 효율적으로 관리하기 위해 정부에서 작성·반포한 것으로 각 시대, 각 지역의 농사에 관한 정황을 파악할 수 있는 자료이다.

여해주는 측면도 있다. 물론 이런 방식은 생산력 우위론이나 결과론적인 파악일 수도 있지만, 생산력 수준이 생산관계에 영향을 미치며, 양자의 결합방식이 사회구성체를 결정하는 측면에서 일정한 의의를 지닌다고 할 수 있다. 조선시대의 농법 변화는 농사관행에도 결정적 영향을 미쳐 두레가 전면화되는 토대를 마련했다. 즉 이앙법은 두레를 추동시킨 계기가 되었다.

조선 전기 『농사직설農事直說』의 벼 파종법은 건삶이, 물삶이, 묘종의 세 가지였다.[1] 당대에는 물삶이가 가장 많이 적용되었는데, 이는 무논판

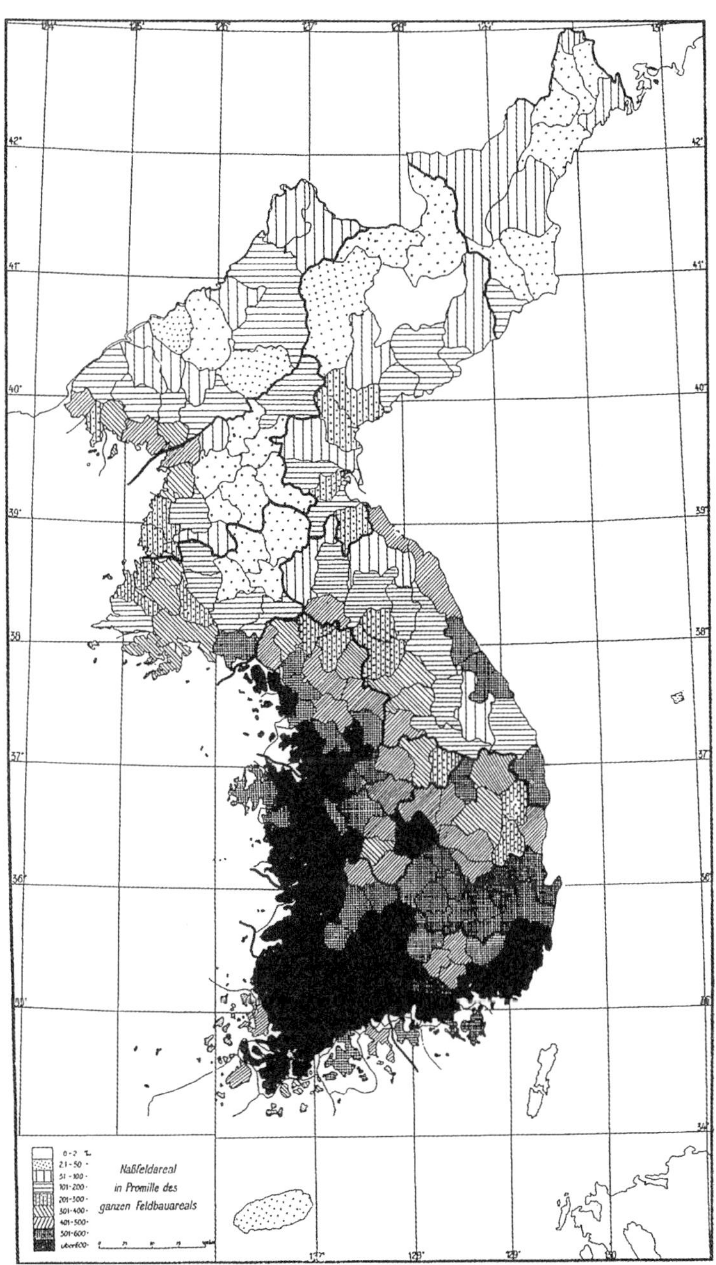


**군별 총경지면적에 대한 논의 비율**(1930)

논의 대부분이 남쪽에 밀집되어 있다(H. 라우텐자흐 지음, 김종규 외 옮김, 『코레아 Ⅱ』, (주)민음사, 1998).

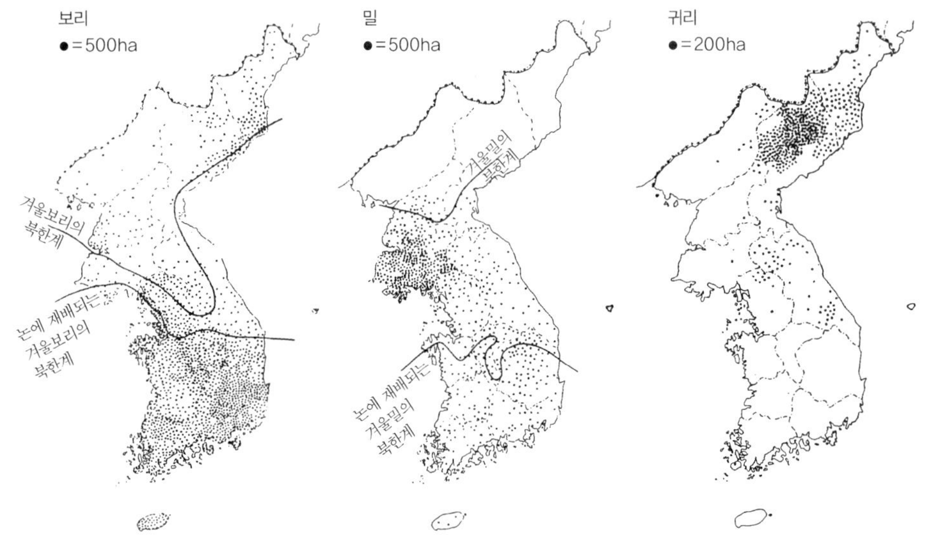


**주요 밭작물 재배면적 분포**(1930년과 1934년)

논에서 재배되는 2모작 농산물인 보리와 밀의 북방한계선. 밭작물인 귀리의
생산지는 북쪽임을 보여준다(H. 라우텐자흐 지음, 김종규 외 옮김, 앞의 책).

을 잘 정리한 다음에 종자를 직접 뿌리는 방법이다. 건삶이법은 물삶이
법을 적용할 수 없는 경우에 마른 포전을 정리한 다음에 씨를 뿌렸다가
모가 일정하게 자라났을 때 비가 오면 물을 대는 논농사법이었다. 15세
기 수전농법의 특징은 수경직파水耕直播였으며 묘종은 일부에서만 행해
졌다. 『농사직설』의 '종앙과 삽앙은 같다(種秧揷秧同)'로 미루어 모내기는
일찍이 확인되고 있다.

이앙법은 고려 말기에 고안되었다. 백문보白文寶가 삼남지방에서 이앙
을 하고 있음을 보고하고 있다.[2] 그러나 이 시기의 이앙이란 극히 제한적
인 상태였을 것이다. 『농사직설』에서도 '모내기로 재배하는 방법은 물이
있는 논을 가리되, 비록 가물어도 마르지 않는 곳이어야 한다'고 했다. 이
처럼 이앙법은 물 사정 때문에 매우 오랜 시기 동안 금지규정으로 법전

## 벼농사와 물과의 싸움

용두레로 물을 퍼올리는 모습과 가뭄에 갈라진 논바닥에서 넋을 잃고 앉아 있는 베트남 농민. 아시아 논농사 지대에서 벌어지는 '물과의 싸움'이다. 우리 농민의 삶과 매우 흡사하다(Asian Cultural Centre for Unesco, 『アジア悠久』, 1986).

에까지 등록된다. 이앙법을 희망하는 농민들의 욕구는 꾸준히 증대되어 나갔으나 이앙법 금제로 선진농법을 널리 보급하려는 창의성이 제대로 발휘될 수 없었다. 이앙법이 금지된 이유는 노동력이 절약되고 수확량이 높은 농법임에도 불구하고 자칫하면 한재旱災로 인해 이앙할 적기를 잃고 실농失農할 우려가 있다는 점이 가장 큰 이유였다. 불안전한 수리문제는 모내기를 일시에 할 수 없게 만들었다. 조선 전기뿐 아니라 조선 후기의 물 사정도 마찬가지였다.

우리나라에서 옛날에 만든 뚝과 똘 이외에도 지금 도랑을 파서 물을 끄는 것이 많습니다만 그 장소가 산이 많고 들이 적어서 물이 흐르기가 몹시 어렵습니다. 그리하여 혹은 내의 근원이 얕고 말라서 들 전체가 물을 받지 못하는 것이 10중에 6, 7은 됩니다.[3]

일제시대에도 사정은 쉽게 개선되지 않았다. 표에서처럼, 가장 보편적인 수도작지대인 전남의 경우 전국 평균에 못 미치고 있었다. 이앙법은 늘 수리문제 등과 결부되었으니 '禁亦難 不禁亦難'한 상태였다. 같은 마을에서도 논에 따라서 모내기 시기가 다른 경우가 비일비재했다. 모내기를 미처 끝내지 못한 시점에서, 일찍 낸 모는 벌써 김매기에 들어가는

### 수리안전답 비율(1916년)[4]

| 道 | 경기 | 충북 | 충남 | 전북 | 전남 | 경북 | 경남 |
|---|---|---|---|---|---|---|---|
| 안전율 | 15.38 | 58.33 | 15.06 | 40.85 | 26.94 | 38.83 | 16.38 |
| 道 | 황해 | 평남 | 평북 | 강원 | 함남 | 함북 | 계 |
| 안전율 | 20.74 | 6.25 | 46.68 | 46.23 | 34.44 | 55.66 | 28.01 |

수리안전답 비율은 관개설비가 되어 있는 면적을 관계설비가 없는 면적으로 나누었다.

**볍씨 뿌리기와 모판**
비닐하우스의 기계식 모판은 농사절기를
앞당기고, 생산량의 증가를 가져왔다.

경우가 많았다. 심지어 여름 장마철에 이르러서야 겨우 모를 내는 경우
까지 있었다.

따라서 봉건지배계급들은 비록 수확량이 적고 노력이 많이 든다 해도
차라리 확실성 있는 재래 농법이 유리하다고 판단했다. 그러나 조선 후
기 농민들은 생산력이 증가하는 이앙법을 요구하게 되었고, 부득이 국가
적으로도 이를 승인하지 않으면 안 될 지경에 이르렀다. 물론 물이 있는
논을 가리되 비록 가물어도 마르지 않는, 물이 풍부한 곳만 허락한다는
조건이었다. 이앙법에 대한 다양한 이견들을 고려하더라도 조선 후기 이
앙법의 전개는 다음과 같이 정리된다.

첫째, 제초 노동력의 절감을 꼽을 수 있을 것이다.

부종付種은 양곡 소출이 적은 데 반하여 주앙注秧은 양곡 소출도 배에
다가 공력은 반뿐인데 부종付種은 공력마저 배가 든다고 했으니,[5] 부종을
버리고 이앙으로 옮기는 것은 당연한 추세로 되었다. 작파법에서는 제초
작업이 어렵고 인력이 많이 요구되었기에, 노동력이 절대적으로 요구되

는 중경제초中耕除草를 편리하게 하기 위해서도 이앙법은 확산되지 않을 수 없었다. 즉 직파법이 4·5회의 제초작업을 필요로 한 반면에 이앙법은 1회 정도의 노동력 절약을 가져왔다.[6] 일제시대까지도 3~4회 제초가 일반적이었으므로 대폭적인 절감은 아니었고 약 1회 정도였을 것으로 보인다. 또한 농민들은 이앙이 불량모를 없애줄뿐더러 모든 농작물이 이식을 좋아한다는 사실도 과학적으로 깨닫고 있었다. 즉, 후대의 『천일록千一錄』을 보면 '모든 곡식은 이식을 좋아한다(凡穀皆喜移栽)'[7]라고 하여 이식의 유리함을 완벽히 이해하고 있었다.

둘째, 2모작의 가능성은 소출의 증가를 의미했기에 이앙법을 추동시키는 계기가 되었다.

17세기 초반(1610~1617년경)의 『한정록閑情錄』에 이르러서 답2모작畓二毛作이 등장한다. 이른벼를 수확한 후 이랑을 지어서 보리를 수확하라는 기록이 나타나는데, 이는 우리나라 농서상 답2모작이 최초로 확인되는 것이다. 허균許筠이 『한정록』에서 특히 관심을 가지고 지켜본 바는 직파법을 완전히 이앙법으로 전환시키고 논에 다시 한 번 보리를 심자는 것이었다. 그래서 이앙의 이利란 봄보리를 갈아먹고 물을 몰아 이앙으로 벼 수확을 하니 1년 2번 농사를 지을 수 있음이 그것이라고 했다.[8] 즉, 17세기 이래로 넓게 2모작이 확산되면서 2모작을 가능하게 하는 이앙법에 대한 농민들의 선호도가 높아졌음을 알 수 있다. 물론 그 전에도 밭에서 2모작을 하는 경종법은 실시되고 있었으나 17세기에는 물 원천이 넉넉할 때 먼저 기장이나 조를 심어서 수확하고 그 다음에 모를 내는 그루갈이법이 많이 적용되었다.

지배층의 금압을 이겨내면서 이앙법이 확산된 이면에는 4~5백 년에 걸친 농민들과 지배층 관계에서 생산대중의 요구가 관철된 자주적 흐름이 관통되고 있음을 주목해야 한다. 이앙을 계기로 광작경영廣作經營 농민층이 많이 생겨나면서 이앙법은 확산되고 있었다. 이앙법을 통해서 항상 유리한 입장에 있었던 것은 실상 부농층이었다.

이앙법 확산은 대략 17세기 후반이었다.[9] 물론 농업기술사적으로는 이미 조선 초기 『농사직설』 단계에서도 완벽한 수준의 이앙법이 완성되었다. 『직설』에 이르길, '2월 하순부터 3월 상순 사이에 논을 갈 수 있으며, 논마다 10분의 1은 모를 기르고, 나머지 10분의 9는 모를 심는다'고 했다. 그러나 이앙법이 확산되는 데는 수백 년이 걸렸다. 가령, 숙종 24년(1698년) 기사를 보면, 이앙은 노력을 조금 들여도 효과가 많으므로 각도에서 안 하는 곳이 없어서 이미 풍속을 이루고 있는데, 전에는 남중南中에서만 했으나 지금은 기내 백성들도 모두 본받고 배웠다고 했다.[10] 그러나 가뭄을 만나면 높고 건조한 논은 아주 실패하므로 금지시키자는 견해를 내놓고 있다.[11] 이 기사로 미루어 보건대, 17세기 말기에는 남부지방에서 경기도에까지 이앙법이 확산되었음을 알 수 있다. 김용섭은 확산과정에 관하여, 이앙법이 애초에 경상도나 강원도 남단南端에서 부분적으로 행해지다가 그 후에는 점차 호남지방이나 호서지방으로 전파되어나간 것으로 보았으며, 숙종·영조 연간 이후에는 중부는 말할 것도 없고 멀리 북부지방에서도 행해진 것으로 보았다.

『천일록』에 따르면, 18세기 중엽 밭과 논의 대비가 함경도 10:1, 평안도와 강원도 7:2, 황해도 6:1, 충청도 8:5, 경기도 3:2, 전라도 1:1, 경상도 10:7로 기록되어 있다. 전체 넓이를 보면 밭이 84만 5천여 결, 논이 50만 9천여 결로, 논이 농경지의 약 40%를 차지한다. 논은 경기지방과 충청도, 전라도, 경상도에 집중되어 있다. 즉, 이앙법이 보급되면서 전라도 평야지대를 중심으로 확산되면서 밭이 줄어들고 논이 급속히 늘어나기 시작했음을 보여준다.

1799년에 양익제梁翊濟가 지은 『응지농서應旨農書』에 이르면 직파直播

에 대한 언급이 하나도 없다.[12] 따라서 이앙법은 17세기 후반에 남부지방에는 거의 확산이 이루어졌고, 근 100년 뒤에는 직파에 대한 언급이 아예 사라지는 모습을 보여준다. 이앙법의 전국적 보급과 집약적인 농업생산은 두레의 체계화를 촉진했다.

### 이앙법의 정착과 두레의 조직화

이앙법은 벼농사 기술상 몇 가지 점에서 두레의 조직화를 요구했다.

첫째, 모내기와 김매기, 보리 수확의 노동력 정점기가 나타났다.

직파에는 없는 모내기가 끝난 상태에서 다시금 10여 일 있다가 김매기로 들어가자면 노력 부족이 늘 문제가 되었다. 모내기라는 노동력 투입의 최고 정점기와 김매기가 겹침으로써 두레 같은 단위 노동력의 집약적인 조직이 요구되었다. 제초 횟수는 줄어들었지만 실제 단기간에 투입되어야 하는 노동력의 총량은 강화되었다. 실기를 할 경우, 1년 수확에 절대적인 영향을 주기 때문에 1년 농사 중에서 가장 짧은 시일에 많은 노동력이 집중되어야 했다. 천수답이 대부분이었기에 물이 마르기 전에 빠른 속도로 모를 내야 했고, 다행히 일찍 모를 낸 곳의 웃자란 모는 김매기를 동시에 해나가면서 다른 논에도 모내기를 해야 한다는 논리가 성립되었다. 동시에 보리 수확이 겹쳐 있어 노동력 집중도는 더욱 심했다. 그래서 모내기철은 '고양이 손도 빌려쓰고 싶다'고 했으며, '모내기 때는 부지깽이도 뛴다'는 속담이 전해졌다. 따라서 두레같이 단 기간에 고도로 능률을 발휘할 수 있는 집약된 농사조직 없이는 농사경영 자체가 어렵게 되었다.

둘째, 김매기는 한 해 농사의 가장 중요한 일이 되었다.

『농사직설』에서 "곡식이 자라는 것은 오로지 매어 가꾸는 공에 힘입는 것"이라는 표현이나, 『금양잡록』의 "옛말에 이르기를 호미머리에 스스로 100본本의 벼가 있다 했고, 늙은 농부가 또한 말하기를 모는 사람의 공을 알아준다" 등의 기록은 모두 김매기의 중요성을 말함이다. 그러나 김매기가 집중되는 계절은 시기적으로 매우 더운 철이다. 따라서 뙤약볕에서 일시에 많은 논을 맨다는 것은 고통스런 일이었다. 일과 놀이를 결합하여 노동의 고통을 더는 농사 방식이 요구되었다. 두레풍장의 농사관행은 일의 고통을 경감하는 결정적 방식이 되었다.

집약농법을 의미했던 두레의 제초방식 자체가 집약적인 두레조직을 요구했다. 직파의 경우에는 불량 모가 많고 벼의 밀집도가 고르지 못한 반면에 이앙을 함으로써 불량 모가 사라지고 벼 포기 사이의 간격이 비교적 고르게 발전했다. 따라서 집단적 노동력을 일시에 투입하여 논바닥을 둥그렇게 돌아가면서 끝내버리는 방식이 도입되었다. 호미질과 훔치기라는 두 가지 방식의 제초방식이 유리한 조건에서 정착되었다. 섬세한 호미를 가지고서 인력 및 기술을 바탕으로 전개된 집약농법의 체계화로 두레는 조선 후기 농업생산활동의 중심축이 되었다.

셋째, 시비施肥와 풀베기도 중요했다.

이앙법만으로 조선 후기의 농법 발전이 완성될 수는 없었다. 풀베기는 바로 비료를 확보하는 중요한 작업이었다. 특히 2모작이 실시되면서 지력 소모를 극복할 수 있는 시비의 중요성이 더욱 부각되었다. '밥주발은 주어도 삼태기의 재는 줄 수 없다'는 속언이 그것이었다.[13] 시비의 가장 중요한 원천은 풀이었다. 특히 가을보리를 심게 되는 2모작과 더불어 보리풀의 중요성이 강조되었다. 중경제초를 끝내고서 비교적 한가한 여름철 휴한기를 통하여 두레조직이 그대로 풀베기 조직으로 이어져서 두레 풀베기를 행하는 전통이 수립되었다. 여름철 풀베기 두레의 출발이 바로 시비와 2모작에서 비롯된 것이며, 어디까지나 이앙법에서 가능해진 것이다.

따라서 효율적인 농사관리체계, 좀더 능률적인 집단노동방식, 이를 유기적으로 보장하는 농민문화의 조직화를 요구했으니 두레공동노동의 강고화는 필연적인 현상으로 되어 나갔다. 18세기 우하영禹夏永도『천일록』에서 농업이 발달한 지역을 주목하면서 그 농작農作이 공동노동으로 행해지는 데 대해서 주목하고 있다.[14] 공동노동이 그만큼 주목의 대상이 되었다는 말은 이전에는 없던 노동관행이 선진농법으로 이루어지고 있었음을 반영한다.

이상의 두레가 조직화될 수밖에 없던 시대적 배경을 총괄하면 다음과 같다.

조선 후기에 이르면 농민경영의 성장을 바탕으로 새로운 농촌공동체 결속이 가속화되었다. 농업생산력 발전에 따라 리里 · 동洞이 좀더 독자적인 자연촌으로 성장해갔다. 자연촌의 공동체적 결속은 사족士族이나 신향新鄕에 대응하는 힘이 되었고, 국가에 대한 저항까지 가능한 힘의 토대가 되었다. 공동납共同納은 마을의 공동체성을 더욱 강화시켰다. 조선 후기 자연촌의 여건은 마을문화에서 독자적인 발전경로를 모색하고 있었다. 노동관행도 마찬가지였다. 때마침 급성장을 거듭하던 조선 후기 이앙법의 확산이 향촌사회의 변화와 맞물렸다. 새로운 농법은 새로운 노동관행을 요구했으며, 선진 노동조직인 두레의 정착은 필연적이었다. 두레의 풍물굿은 바로 마을공동체문화가 독자적 성장에 도달했음을 의미했다. 두레는 수전농업지대의 대표적인 조직으로 자리 잡게 되었으며, 이른바 두레문화를 정착시킴으로써 조선 후기 마을문화의 대표격이 되었다.

# 건답직파법과 황두



1950년대 후반의 일이다. 북한에서 사회주의협동농장을 만들어가던 시절, 과학원 고고학 및 민속학연구소의 몇몇 민속학자들은 사라지고 있던 전래풍습을 조사 다니고 있었다. 당시 민속학연구실장을 맡고 있던 황철산은 청천강 건갈이(乾畓)지역 답사에 나섰다. 그는 문득 재미있는 현상에 주목하게 되었다. 왜 남쪽은 모내기를 하고 있는데 북쪽의 그곳은 너른 벌판임에도 불구하고 건답직파로 농사짓고 있을까? 민속학자로서 의심이 든 것은 당연지사다. 게다가 남쪽에서는 상부상조하는 두레로 농사짓고 있었음에 반하여 그곳은 '황두'라는 명칭의 별난 조직으로 농사를 짓고 있었다.

1950년대까지만 해도 북쪽의 청천강 인근에서는 여전히 모를 내는 이앙법 대신에 마른 땅에 직접 볍씨를 뿌리는 일명 건답직파법乾畓直播法으로 농사짓고 있었다. 안주·문덕·숙천·평원을 포괄하는 넓디 너른 '열두삼천리벌'이 바로 그곳이었다. 열두삼천리벌은 서해 바다에 접해 있는 청천강 하류로 가없이 넓고 기름진 땅이다. 이 벌은 안주·문덕·숙천·평원 등 4개 군의 500km²의 넓은 지역을 포괄하나 대단히 가물었다고 한다. 오늘날도 북한에서는 이곳에 연풍호라는 대규모 저수지를 만들어 한재에 대비하고 있다.[15] 황철산이 이곳에서 궁금증을 가지면서 조사를 거듭한 끝에 황두의 실체가 비로소 모습을 드러내기 시작했으니 대체로 아래의 풍습이었다. 이처럼 황두의 실체는 현재로서는 북한에서 연구된 연구성과에 전적으로 의지할 수밖에 없는 실정이다.[16]

황두는 해방 전후시기까지도 서북지방에 일부 남아 있던 공동노동풍습이었다.[17] 사실 황두와 향도는 밀접한 관계를 맺는다. 즉 '향도香徒'이 '황'으로, '도徒'가 '두'로 전음된 것으로 보인다. 그리하여 전래 향도는 노동조직 황두가 되었고, 다른 한편으로는 '향도-상두'로 변천되어 상두꾼에서 잔존된 향도의 유제를 남긴 것으로 파악된다. 황철산은 여진족의 잔존 풍습과 더불어 함경도 풍습이 잘 결합되어 함경도의 전래풍습이 비교적 완강하게 남아 있는 재가승在家僧 마을조사를 통하여 함경도 향도가 타 지역 향도와는 달리 전통성을 보존하면서 조직적 강제성을 가졌다는 사실을 밝혀냈다. 그는 향도와 황두를 다음과 같이 언급했다.

> 지난날 함경도 지방과 그에 인접한 강원도의 일부 지방에서는 대체로 다른 지방에서의 상여계에 해당하는 조직을 향도라고 했으며, 평안도의 열두삼천리벌을 중심으로 한 논벼를 건직파乾直播하는 소위 건갈이 지대에서는 농번기에 조직하는 김매기를 공동으로 하는 조직체를 황두라고 했다.[18]

즉, 향도, 황두, 상두, 그리고 두레와의 연관성 속에서 황두의 위상을 도출할 수 있을 것이다. 사실 황두는 조선시대 민중생활사를 이해하는 데 매우 중요한 고리다. 그러나 황두는 두레만큼이나 연구 자체가 매우 어렵게 되어 있다. 아직까지 황두를 구체적으로 언급한 고문헌이 없기 때문이다. 황두 역시 유사무서有史無書의 전통임을 잘 말해준다. 황철산의 주장은 계속된다.

> 왜냐하면 인민의 생활풍습은 오랜 전통을 가지면서도 문헌에는 기록되어 있지 않고 인민생활 속에 산 기록으로 남아 있는 것이 많으며 그것은

문헌을 보충해주며, 역사적 사살을 해명할 수 있게 해주기 때문이다. 그러므로 역사민속을 연구함에서도 직접적 관찰은 주요하다. 이제 와서는 그 존재의 의의를 상실하고 인민들의 생활 속에서 잔재로서 남아 있는 산 기록은 문헌을 보충하거나, 또는 오직 그런 산 기록이 있음으로 하여 문헌에는 전혀 없다 하더라도 과거에는 이러 저러했다는 것을 알 수 있는 것이 많다.……그리하여 민속학을 하는 사람들은 예컨대 함경도에서의 '향도-일종의 상여계', 청천강 하류 건갈이지대에서의 '황두-일종의 공동노동조직'에 관한 현지자료를 수집했을 때, 그것이 문헌에 보이는 과거 민간의 협조단체였던 향도香徒(鄕徒)와 어떤 관계가 있는가를 생각하게 되며, 『농사직설』에서 그루갈이(根耕)에 관한 기사를 보았을 때 그런 경작풍습이 언제까지 어느 지방에 남아 있었는가를 알려고 한다. 이렇게 하여 민속학에서는 직접적 관찰에 의한 자료를 문헌사료및 유물과 함께 광범위 이용한다. 말하자면 력사학은 문헌사료를 기본자료로 하고, 고고학은 유물을 기본자료로 한다면, 민속학은 인민생활 속에 보존되어 있는 산 기록을 문헌, 유물과 함께 기본자료로 하면서 그것에 의의를 부여하는 것이 방법적으로 력사과학의 다른 분야와 다른 중요한 특성이라고 할 수 있다.[19]

위의 주의주장은 1960년대 초반 북한민속학계의 방향을 바로잡는 가장 중요한 심포지엄 자리에서 발표된 것으로 '황두-향도'의 관련성 규명이 민속학 연구방법론의 좋은 사례로 적시되고 있다. 그가 향도를 구태여 '香徒, 鄕徒'로 이중 병기했음은 전자가 전통적인 만불향도萬佛香徒를 뜻한다면 후자는 향리에 존재했던 황두적인 향도를 의도했음직하다.

황두 자체의 본질적 속성을 거론해보면 건갈이 문제와 직결된다. 황두의 주 작업대상이었던 건갈이는 일찍이 『농사직설』에 향명鄕名으로 건사미乾沙彌(건삶이)로 표현된 농법이다. 건삶이는 물삶이로 심은 벼가 물을 대지 못하여 말라죽는다는 것을 알게 된 다음에 창안되었다. 수도水稻의 건파재배乾播栽培는 그 종자를 건답乾畓, 즉 육종답陸種畓에 파종하는 점에서 이를 육종陸種이라 칭하기도 했다. 건갈이는 이앙법의 계속적인 확산으로 18세기경에는 남부지역에서는 극히 제한된 지역에서만 건갈이가 실시되고 중부지방 일대에서도 부분적으로 적용되었으나 서북지역 일대에서는 전통적으로 건갈이를 했다.

건갈이는 중국이나 일본에서 널리 보급되지 않았다는 데서 조선시대 수도작의 매우 특징적인 일이었다. 건갈이 농법은 수도재배의 주류는 아니었으나 물이 귀할 때 그 대체로서 널리 채택되는 농법이었다.[20] 수도작에서 건갈이 방식이 아니면 곤란할 정도로 중요한 의미를 지니고 있었고, 수리시설이 빈약하기 그지없었던 서북지역에서는 반드시 직파를 하여 건갈이로 벼농사를 지을 수밖에 없었다. 따라서, 건갈이의 적용범위 변화에 따라 그에 적응된 노동조직의 보급지역도 변하지 않을 수 없었으며 20세기 초에는 서북지방에만 남게 된 것이다.

『천일록』에서 관서西關를 언급하면서 '논들은 대개 파종하고 모내기를 하지 않는다(畓皆播種 不注秧)'고 했음은 평안도 지역에 건답직파가 널리 행해지고 있었음을 말해준다. 또한 역농力農하는 남녀가 모두 힘을 합하여 공동노동으로 행하고 있었음을 보여줌으로써 황두노동의 실체를 증명해주고 있다.[21]

조선 후기에 건답 재배를 가장 집중적으로 다룬 농서인 『농정요지農政要志』(1838년)에서는 대한재大旱災를 방비하기 위한 대책을 논의하면서 서북지방에 광범하게 보급되고 있었던 직파법을 거론하고 있다.[22] 『농정요지』가 편찬될 당시에는 대한재가 들어서 이앙에 대해서 논란이 많았다. 그러나 이앙에 관한 논란이 많았다고 하여 이앙을 획일적으로 금지하는 것에 대해서는 대다수 사람들이 반대하고 있었다. 노동력 절약과 소출 증가라는 두 가지 이점은 이앙을 거듭 확산시키고 있었다. 그러나 늘 한재로 인한 실농失農의 위험이 상존했다. 이런 지경에서 『농정요지』는 예상되는 한재 예방책으로 기존의 건답乾畓에 주목을 표했다. 그 표본으로서 평안도지방의 농법을 다루었다.

서북지역은 땅이 저습하여 밭농사에는 불리했으나 논농사를 하기에도 관개시설의 미비로 물갈이나 이앙을 할 수 없던 자연적인 처지에 따라 건갈이가 오래 존속되었다.[23] 건갈이 기술은 가장 오랫동안 대대적으로 그 방법을 실시하여 온 청천강 하류 지역에서 발전했으며 완성되었다.[24]

독일의 지지연구의 대가인 헤르만 라우텐자흐(Hermann Lautensach)는 일제 강점기 한국을 8개월여 방문하고 1천여 건의 자료를 참조하여 「답사와 문헌에 기초한 1930년대의 한국지리, 지지, 지형」이란 부제가 붙은 『KOREA』란 불후의 업적을 펴냈다. 그는 일제 강점기 밭벼의 생산량을 추출하면서 다음과 같이 평안도를 주목했다.

1935년 밭벼의 생산량은 전체 쌀 생산량의 1/65에 불과했다. 단위면적당 생산량도 논벼 생산량보다 훨씬 낮다. 그럼에도 불구하고 밭벼는 현재도 전국에서 생산되는데, 특히 투수성透水性이 큰 석회암질 토양으로 인해 인공관계가 크게 제약받는 평안남도에서 가장 많이 재배된다. 평안남도에서는 전체 쌀 재배면적의 11.4%가 밭벼 재배지이다. 그러나 전국 평균은 2.5%에 불과하다.[25]

건갈이의 난점은 물이 나지 않거나 제때에 김매지 못 할 경우 잡초가 무성하여 실농하게 되는 것이었는데 이 지방에서는 일찍부터 잡초제거에 축력을 이용하는 방법을 창안했다. 즉 초벌 김은 '칼거'라고 하는 작

았다. 반면에 황두에서는 건답작업이므로 순서대로 할 뿐 그런 구별 자체가 불필요했던 것으로 보인다. 즉, 황두를 조직하는 데 힘들인 사람의 집부터 김을 매어주고 다음을 연령순, 그리고 논의 거리나 크기 등을 고려하여 정했다. 그들의 하루 작업량의 기준은 따로 정해져 있지 않았다.

황두꾼들이 일상적으로 가지고 다니던 것은 호미·늬역(짚, 혹은 장풍으로 나래식으로 엮은 비옷)·조삿갓(갈로 엮은 삿갓)·겨블(담배불) 등이었다. 비옷인 도롱이와 담배불인 마른 쑥 뭉치를 들고 다니던 두레풍습과 동일하다.

황두의 주 생산도구는 물론 호미였으며, 그 관리는 개별적으로 했다. 황두꾼들이 쓰던 호미는 남쪽의 두레꾼들이 쓰던 섬세한 호미와는 다른 모습을 하고 있었다. 건갈이지대에서 쓰였던 베루개 같은 호미는 평안도 지역의 고유한 호미들이다. 해방 당시를 기준으로, 북쪽에 널리 퍼진 호미는 대략 세 가지였다.[30]

유형 1 : 농호 당 경작면적이 많으며 이랑 사이를 넓게 두고 경작하는 함경남북도의 넓은 지역에 보급된 양귀호미와 외귀호미다.

유형 2 : 양귀호미 분포구역과 경계를 하고 남쪽으로 황주천과 남강을 연결하는 이북 전 지역에 보급되어 있던 평안도형 호미인데, 주로 땅을 긁어주며 곡식 어간을 깊이 잘 쪼아주는 것이 기본 기능이다. 이 호미 보급지대는 대체로 수전경작의 보급과 함께 후대에 변화된 것으로 추정되며 경지기, 곧지기의 변형이라기보다는 평안도형의 호미가 변화된 것으로 추정된다.

유형 3 : 남부 수전농업의 영향을 강하게 반영하고 있는 경지기·막지기·곧지기·주걱호미 등이 분포되어 있다.

제초작업도 두레와는 달랐다. 황두작업은 맨 땅이라 작업강도가 더 어려웠을 것이다. 따라서 기경작업만 아니라 제초작업에도 축력을 이용한 '칼거'가 등장했고, 다행히 중복 무렵에 비가 와서 물을 대게 되면 '물후 치질'을 했다. 작업장 이동은 계수의 지시에 의하여 박주라 소리에 맞추어 이동했다.

③ 황두의 대동놀이

두레는 농기를 들고다니면서 두레풍물을 쳤지만 황두는 그런 풍습이 약했다. 그렇다고 하여 악기가 전혀 없는 것은 아니었다. 두레의 나발에 준하는 박주라로 신호를 보냈고 선소리로 일과 놀이를 즐겼다. 황두의 음악은 다음과 같았다.

> 평안남북도의 건답 지대에서는 주로 논김, 밭김을 맬 때 빈농민들이 '황두'를 모아 돌려 가면서 품앗이김을 내는 풍습이 30~40년 전까지 있었다. 두레꾼들이 한패의 농악을 가지는 것과 같이 황두에서도 간단한 악기를 갖추었다. 논밭에 김이 무성해지면 여러 황두들은 서로 일손을 다투면서 김매기를 경쟁했다. 나이 많은 농민들은 이런 황두 김매기의 경쟁을 유쾌한 추억으로 회상하고 있다.[31]

두레보다는 간단하나마 악을 지녔음을 알 수 있다. 이로써 두레풍장굿은 이앙법의 확산과 더불어 새롭게 발전해간 조선 후기 문화이며, 이는 남쪽으로부터 발전하여 북쪽으로 이행해갔음을 알 수 있다. 황두는 농법상의 차이에도 불구하고 집단문화적 측면에서 선진적인 두레의 영향을 강하게 받고 있었음을 시사해준다. 민속학자 김일출의 앞 글에서 좀더 분명하게 거론된다.

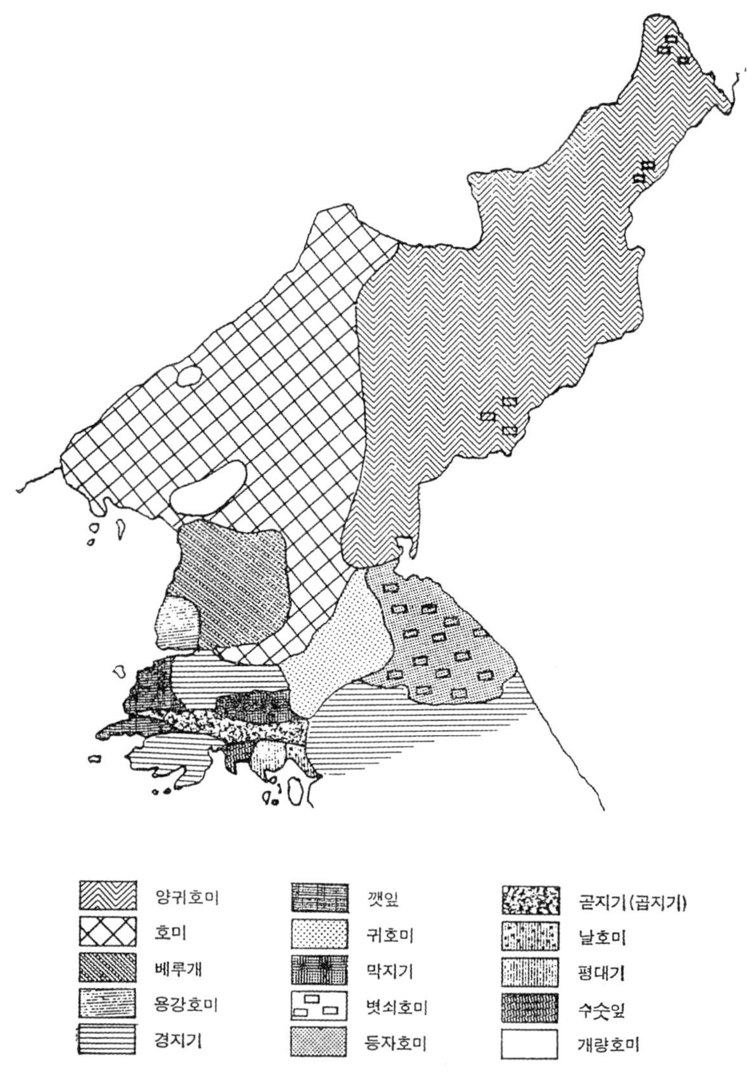


**호미의 형태별 분포도**(1920년경. 정시경, 「호미의 유형과 그 분포」, 『문화유산』 1960년 제1호, 평양)

| 북한지방의 다양한 호미들

| **여러 종류의 평안도 호미**
| 오른쪽 끝의 호미는 개량 호미(1935년경)

| **평후치**(평안남도 순안군 오산리)

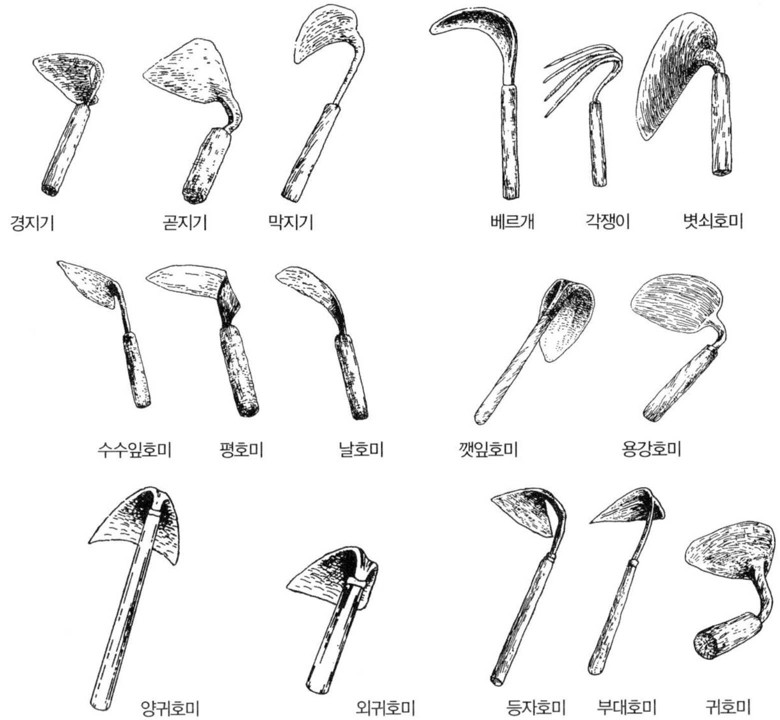

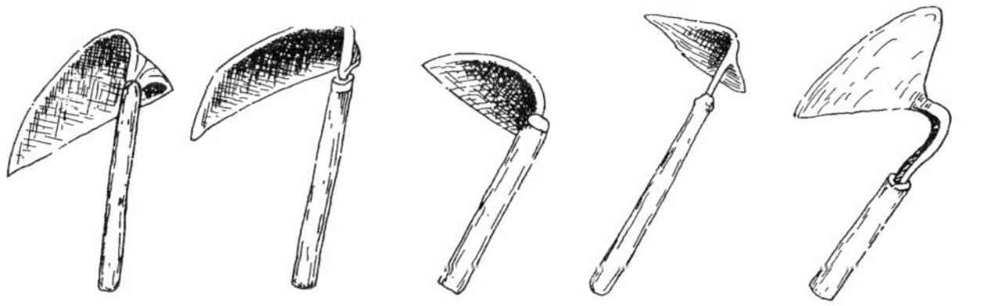

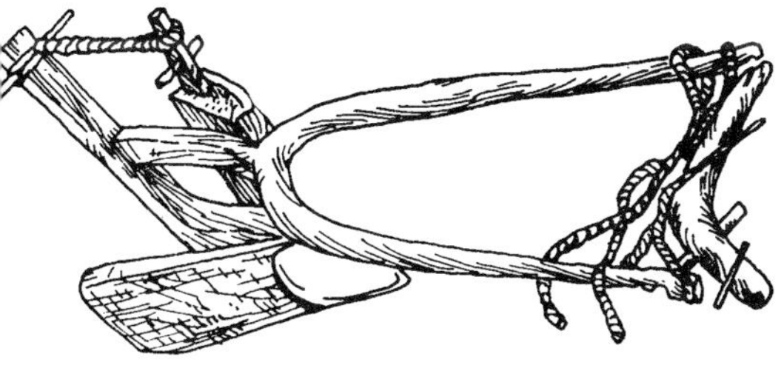

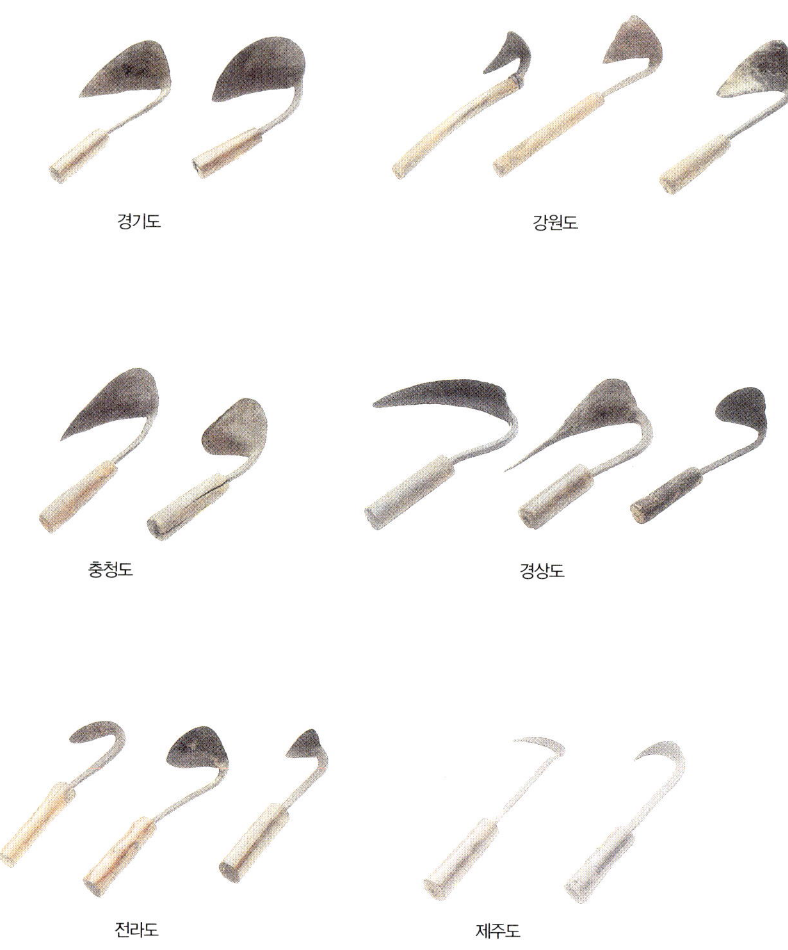


| 남한의 호미유형

황두에서는 오전 오후 한채(황두군들은 오전 오후 한결을 한채라고 했다)
작업이 끝날 무렵에 선소리꾼이 밭머리에 나와 노래와 춤으로 황두꾼들
의 사기를 돋구어 주었다. 한 채가 끝날 무렵이나 점심과 곁두리(곁노리)
가 나올 무렵이면 선소리꾼들은 북을 치면서 선소리를 먹이었고 모든
황두꾼들이 이를 받아 흥을 돋구었다. 풍물잽이는 꽹과리나 새납을 불
어 일꾼들의 사기를 돋구어주었으며 일꾼들은 응이나서 '어이- 어이'
소리를 지르며 일손을 다그쳤다. 두레에서 논북을 치면서 선소리 매기
는 것과 거의 흡사했으니 황두꾼들은 김을 매나가면서 '호메소리'를 불
렀다.


④ 황두의 공동식사

황두에서의 식사는 점심과 오후 한때, 즉 오후 3~4시경에 곁두리(참)
를 즐겼다. 일터에서 박주라 소리에 따라 집체적으로 식사를 했는데 두
레에서와 달리 식사는 각기 집에서 가져와야 했다. 식사를 각자 조달하
는 모습은 그만큼 집단적인 식량 문제 해결이 불가능할 정도로 곤궁했음
을 보여준다. 그러나 지방에 따라서는 공동식사를 조직하기도 하고 또
집으로 가서 먹기도 했다. 황두꾼들이 제각기 집에서 싸가지고 나오는
경우에는 점심과 곁두리는 수수했고 이따금 두서너 집에서 특별히 준비
한 한두 가지의 별식이 나오는 정도였다. 그러나 논밭의 주인이나 돌림
으로 공동식사를 준비하는 경우에는 생활이 넉넉하지는 못하더라도 성
의를 다해 푸짐하게 차려 내왔다.

공동식사에는 흰쌀밥뿐 아니라 팥이나 땅콩을 둔 차조밥, 팥고물을 묻
힌 차조떡과 찰수수떡, 미역국, 시금치무침, 두부찌개, 비지, 조기나 준
치, 생선, 강다리나 새우찌개, 바스래기나 백하젓, 구운 조기와 장대, 참
게장, 부루쌈과 배추김치, 풋마늘장 등이 광주리상에나 배보 위에 올랐

**북한 협동농장의 1950년대 풍물굿**

북한지역에서 두레는 제한적으로 전화되었으나, 풍물굿은 대부분의 지역에
전파되었다(『中國 朝鮮 モンゴル』世界の文化地理 第1卷, 1966).

다. 식사나 휴식이 끝나면 역시 박주라 신호에 따라 일제히 다시금 작업
이 들어갔다.

⑤ 황두의 대동회의

황두를 짜는 회의는 김매기 전이었을 것이다. 대략 계수를 뽑는 회의
가 있었을 것이고 작업을 마무리하는 회의가 있었을 것이다. 조선 후기
의 황두회의는 구체적으로 알 수 없으나 20세기 초에 와서는 대체로 김

매기가 끝난 다음에 했다. 그동안 매 황두꾼들이 지출한 노력일수와 김매기한 면적을 셈했으며 샀김으로 얻은 몫도 일한 몫에 따라서 분배했다. 공수셈에서 받은 쌀이나 돈은 더 일한 사람들에게 나누어주었다. 원래 황두는 조직 자체가 샀김을 매지 않았으나 근대시기에 샀김을 매어주고 쌀이나 돈을 벌어 공동으로 저축하거나 소비했다. 이때 샀김으로 얻은 몫(주로 낟알)은 노력일수에 의하여 분배되기도 했는데, 이는 황두조직이 쇠퇴해가는 변모과정을 보여주고 있다.

⑥ 황두의 변천

그럼 황두는 언제부터 쇠퇴했는가? 이는, "일제 통치기간에 자본주의적 생산관계가 농촌 경리에 침투됨에 따라 일반적으로는 (황두나 두레가) 고용노동으로 대체되었다. 그러나 노동력과 축력이 부족한 빈농민 사이에서는 작은 규모의 품앗이, 소결이와 같은 협소한 공동노동이 오래도록 그 생명력을 보존했다"는 언급으로 설명이 가능해진다. "(황두)김을 매는 풍습이 30~40년 전까지(약 1920~1930년대) 있었다"는 기록으로 미루어 황두는 대략 해방 이전에 일찍 소멸한 것으로 보인다. 이 점은 앞에 언급된 스즈키(鈴木榮太郎)가 보고한 바와도 일치한다.[32]

> 이곳에는 예부터 두레는 없다.……임금賃金 없이 노력봉공勞力奉仕하는 관행적慣行的 제도에 향도鄕徒와 부근附近이 있다. 향도는 사제四祭 시에 마을의 각 호에서 봉사하러 나가는 제도이다. 봉사받는 집에서는 술과 음식을 내어 후하게 대접한다. 10세 이하의 유아가 죽었을 경우에는 향도 대신에 부근으로 일을 치른다. 부근은 완전히 일방적 원조이며 도움받는 이가 그에 대해 보답할 필요가 없다. 향도는 술과 음식을 제공하는 것으써 어느 정도 고마움의 뜻이 표현된다.……순천군順川郡에서는 예

부터 두레는 없었으나 품앗이는 행해지고 있다. 공동 작업반은 군내에서는 일반적으로 그다지 행해지고 있지 않다. 평원군平原郡·안주군安州郡에는 14~15년 전까지만 해도 향토군鄕土軍이라고 하는 농업 노동대가 있었으나 현재는 없다. 향토군은 규율이 몹시 엄정한 노동대로서 대장의 명령은 절대 준수되어야 한다. 경지에 오고 갈 때는 각적角笛을 불며 기세를 올리고 도로에 관계없이 일직선으로 나아간다고 한다. 일손이 부족한 전주田主가 임금을 주고 이 노동대에 작업을 의뢰하는 것이다. 향토군 대원은 경지 없는 집의 자제가 참가하며 대개 20세로부터 35~36세 정도의 젊은 사람으로 구성되어 있다. 한때는 순천군에서 군청의 농업 지도원이 이 향토군의 제도를 농민에게 소개하기도 했으나 지금은 그런 일은 없다.

이로써 '열두삼천리벌'에 가까운 순천에는 공동노동 조직으로서 황두가 1930년대 초까지 존속되어 온 것을 알 수 있다. 향토군으로 표기된 부분이 바로 황두일 것이다. 이미 농촌 프롤레타리아로 전락한 빈농들이 지주들의 김매기 청부단체로 변질된 측면을 제시해 준다.

두레 역시 변화를 거듭하기는 했으나 해방될 때까지도 다수 남아 있던 것에 비하면 황두는 조금 일찍 퇴장했다. 그만큼 황두노동이 전통적인 노동관행이었을 것이란 추론도 가능하게 해준다.

# 이앙법의 확산과 두레의 민속지리적 계선

### 논농사와 밭농사지대의 계선

앞 장을 근거로 문화적인 경계선을 그을 수 있을 것이다. 즉, 두레와 황두의 계선界線이 가능하다. 두레는 삼남三南을 중심으로 형성되었으나 이앙법 확산과 더불어 차츰 북상했고, 심지어 일제시대에 이르기까지 북상을 거듭하고 있었다. 건갈이를 계속하고 있던 북쪽에서는 여전히 황두로 농사를 짓고 있던 반면에 남쪽은 선진농법에 입각한 이앙법과 두레로 농사를 짓고 있었다. 그 결과, 두레가 북상을 계속함으로써 황두권역과 일정한 경계를 형성했다.[33] 북한민속학계에서 현지조사한 자료에 따르면, 1950년대 중반을 기준으로 두레의 북방한계선은 동해안의 안변벌에서 서해안의 연안벌로 이어진다. 대략 임진강 줄기를 따라 판교·안협·이천·토산·금천·배천을 연결하는 선이 그어질 수 있다.

첫째, 황두·두레권역과 밭·논농사권역

황두권과 두레권이 갈라지는 계선은 논농사지대와 밭농사지대의 경계선과 일치한다. 아래의 3가지 농업지대에서 그 중간인 제2지역에 두레의 계선이 지나간다.

① 논농사지대

전라도와 경상도, 경기도, 충청남도를 포괄하는 남부지역은 쌀농사지대로 전·답을 통하여 2모작이 가능하다. 2모작은 전라·경상도·충청도에 집중되어 있고, 그 이북지방은 극히 일부가 이루어지고 있을 뿐이다. 헤르만 라우텐자흐가 작성한 지도에서 보이듯이 군별 총경지면적에

**벼베기**

대문으로 미루어 문전옥답이다(심사정
沈師正, 1707~1769년, 견본채색, 21.3×
11.5cm, 국립중앙박물관 소장).

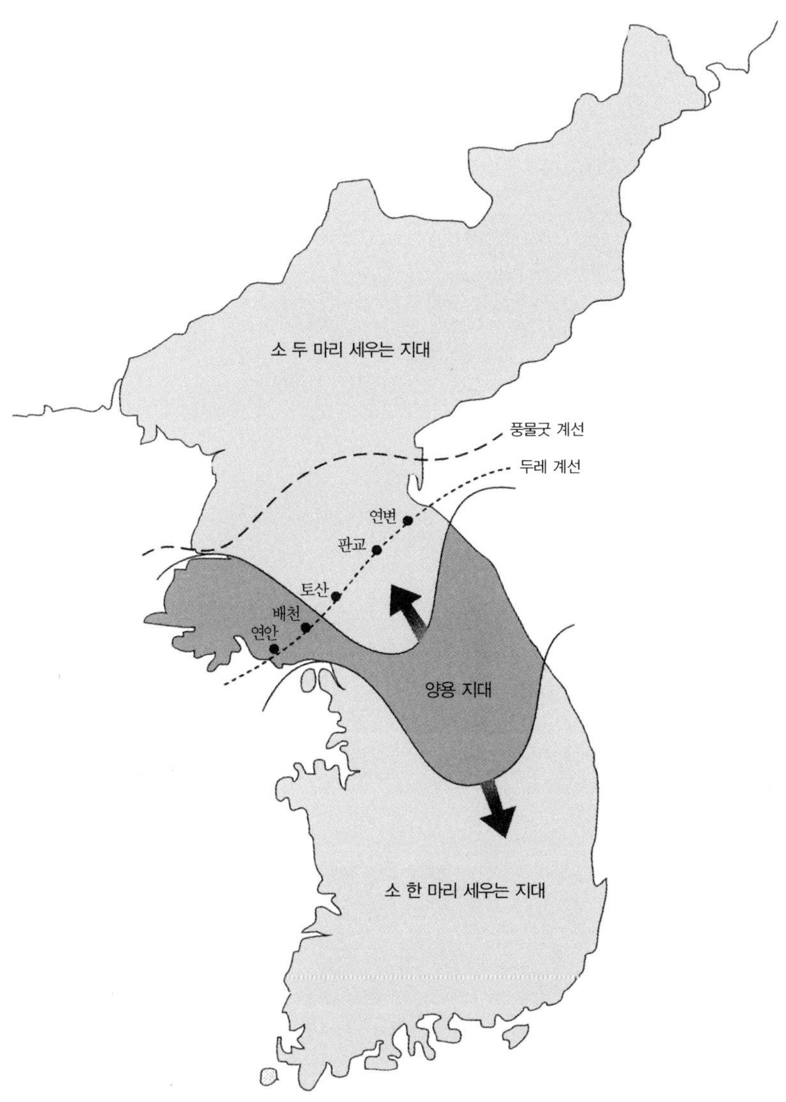


**두레와 두레문화의 분포 계선**

근거 자료 :
정시경, 「우리나라 재래 농기구의 유형과 그 분포」, 『문화유산』, 평양, 1959년 2호.
전장석, 「두레에 관하여」, 『문화유산』, 평양, 1957년 2호.
주강현, 「두레연구」, 경희대 박사논문, 1995.
村山智順, 『朝鮮の鄕土娛樂』, 朝鮮總督府, 1941.

**수전水田과 한전旱田지대의 2모작과 부종법付種法 비교**

| | | 전남 | 전북 | 경남 | 경북 | 충남 | 충북 | 경기 | 강원 | 황해 | 평남 | 평북 | 한남 | 함북 |
|---|---|---|---|---|---|---|---|---|---|---|---|---|---|---|
| 沓 | 1모작 | 50 | 61 | 42 | 51 | 83 | 73 | 98 | 97 | 99 | 99.9 | 100 | 99 | 100 |
| | 2모작 | 50 | 39 | 58 | 49 | 17 | 27 | 2 | 1 | 1 | 0.1 | · | 1 | · |
| 稻 | 수도 | 70.3 | 55.4 | 64.2 | 60.7 | 70.0 | 52.2 | 66.0 | 47.2 | 47.2 | 35.7 | 53.4 | 37.7 | 19.7 |
| | 육도 | · | · | · | · | · | · | · | · | · | 2.7 | · | · | · |

대한 논의 비율(1930년)에서 벼농사의 남고북저南高北底 · 서고동저西高東底의 비율을 보여준다.[34] 논에 재배되는 겨울보리의 계선, 즉 겨울보리를 심고 수확한 그 자리에 논벼를 심는 2모작에 의한 계선이 지도에서 보이듯이 두레의 계선보다 조금 아래이다.

앞의 도표에서 무엇보다 수도水稻와 육도陸稻가 전체 곡식생산에서 차지하는 비율에서 평남에만 유일하게 2.7%로 나타나고 있다.[35] 이는 결국 건답지역이 일제시대에도 그대로 존속하고 있었음을 말해준다. 황두풍습이 건답지역에 잔존하고 있었음은 말할 것도 없다.


② 혼합지대

충청북도와 황해도, 강원도를 포괄한 중부지방의 대부분은 답 · 전 혼합지대다. 답 비율이 20~50%며 미곡과 잡곡의 비중이 거의 균등하다. 전답지대와 답작지대의 중간이다. 『연려실기술燃藜室記述』에 이르길, '대개 논은 하삼도下三道가 비옥하고, 경기 · 황해도가 다음이며, 강원 · 함경 · 평안도가 그 다음, 그리고 밭은 비옥의 정도가 대개 같다'고 했다.[36]


③ 밭농사지대

함경남북도와 평안남북도로 답 비율은 20% 이하다.

둘째, 두레 계선의 북상

두레의 계선은 근대에 이르기까지 북방으로 계속 움직이고 있었다. 따라서 두레의 분포는 전파 정도에 종속되었다. 황해도에서 두레가 있을 성싶은 재령·신천벌에는 정작 없고 산간벽지인 신계·곡산에 있는 것은 신계·곡산이 두레 분포지역과 서로 근접하고 있기 때문이다.『천일록』당시에 해서海西지방은 모두 파종을 하고 이앙을 하지 않고 있었다. 따라서 이앙이 넓게 퍼진 것은 19세기 이후다. 북한에서 조사한 자료들은 황해도(해주·신천·송화·신계·곡산 등)와 강원도 북부에 전파된 두레가 이남으로부터 왔다고 밝히고 있다. 따라서, 19세기 말기에 이르도록 두레는 남쪽 중심이었음을 알려주며 두레가 북쪽으로 확산된 것은 최근대의 일임을 알려준다.[37]

개풍군 광수리 최승록(70)·삼성리(74)·삼성리(74)의 증언에 의하면, 60년 전만 해도 신해방지구에서조차 건파농사를 했으며, 두레는 그다지 보급되지 않았다 한다. 홍기문 동지의 증언에 의하면 북강원도의 농악은 일제 강점 초기에 남조선에서 들어왔다고 하며, 리상춘 동지에 의하면 개성 이북 황해남도에 두레가 파급된 것이 그다지 오래지 않다고 한다.

일제 강점 말기(1944. 3. 13) 국민총력조선연맹의 좌담회에서 두레의 노력동원책을 강구하면서 이런 대화가 이루어지고 있다. 일제 강점기 당시의 두레의 분포권을 구체적으로 알려준다는 점에서 흥미롭다. 즉, 철원의 경우, 일제 강점기 말년에 들어와서야 남쪽에서 전파된 것으로 확인된다.[38]

重松中山 : 북부지방에서는 행해지지 않는 것이 무슨 까닭입니까?

宋錫夏 : 주로 수전농업이 덜 발달되어서 그렇지요. 농번기에 손 부족 때문에 이 제도가 발달되었다고 봅니다.

桐生 : 평안남북도에서는 보지 못했지만 황해도는 연백서 보았습니다.

宋錫夏 : 철원에도 있는데 여기는 옛적에 없던 것이 남선南鮮서 농민들이 이주하는 바람에 따라간 것 같습니다.


셋째, 농기구 및 축력 이용과 연계된 두레 계선

논농사와 밭농사 경작에 따르는 경영상 차이는 소와 보습 사용에 그대로 반영되어 있다. 보습경작에서 소를 한 마리 세우는 지대와 두 마리 세우는 지대와의 구별은 영농방법상 노동조직에 따른다. 주로 논농사 경작에서는 축력보다 인력에 의거하는 경향이 더 강하다.

18세기 『천일록』을 보면, 축력 이용도가 둘로 나뉜다. 기순畿旬의 이남과 한성부漢城府, 강화부江華府, 영남嶺南 남부, 호서湖西와 호남湖南의 평야를 제외한 지역은 2우경二牛耕이었다. 북관北關 · 서관西關 · 해서海西 · 관동關東은 2우경이고, 호서湖西와 호남湖南 · 영남嶺南의 산간山間도 2우경이었다. 한수 이북지방에서 강원도를 연결하는 선은 두 마리를 세우는 지역이고, 이남에서도 충북이나 경상 · 전라도의 산곡은 두 마리 지대였다.[39] 이 같은 분포는 일제시기까지 이어졌다.


### 두레와 도작문화의 계선

두레의 계선과 도작문화 계선은 일부 일치하면서도 전반적으로 볼 때 도작문화의 계선이 조금 더 북상한 형국을 보여준다.[40] 즉, 두레가 이루어진 곳에서는 어느 곳이나 풍물굿 · 호미씻이 · 백중놀이 · 줄다리기 같은 두레문화가 보급되었다. 그러나 두레가 퍼지지 않은 지역에도

**도별 풍물굿 · 호미씻이 분포도**[41]

| 지역(도) | 경기 | 충북 | 충남 | 전북 | 전남 | 경북 | 경남 | 황해 | 강원 | 평북 | 평남 | 함북 | 함남 | 계 |
|---|---|---|---|---|---|---|---|---|---|---|---|---|---|---|
| 총 지방 수 | 22 | 10 | 14 | 15 | 22 | 23 | 19 | 17 | 21 | 15 | 17 | 12 | 16 | 223 |
| 풍물굿 | 13 | 7 | 12 | 15 | 19 | 22 | 19 | 7 | 17 | · | 4 | 1 | 2 | 138 |
| 호미씻이 | 19 | 10 | 12 | 14 | 19 | 23 | 17 | 10 | 17 | 2 | 2 | · | 1 | 146 |

두레문화가 확산되었다. 따라서 두레의 계선이 두레의 문화적 분포와 그대로 일치되는 경우도 있고, 일치되지 않는 경우도 있다. 이는 농법상으로는 이앙법이 전개되지 못했거나 전개되기 어려운 북한쪽 산간지역에도 두레의 풍습, 즉 두레풍물굿 같은 문화적인 것들이 다수 전파된 데서 비롯된다.

①풍물굿의 계선

경기 · 강원 · 황해를 잇는 선이 미작지대로, 그 이북은 일부 지역에서만 호미씻이와 풍물굿이 나타난다. 전라 · 경상 · 충청은 100%로 이루어지고 있다. 호미씻이 지역은 두레분포지역과 거의 일치한다. 반면에, 풍물굿만 있는 지역은 훨씬 북으로 올라가서 대동강과 영홍강을 연결하는 지대를 포함한다. 두레 노동조직이 보급되지 않았는데도 풍물굿이 전해진 지역은 문화전파의 결과로 보인다. 함주나 정주, 청진과 같은 지방에 풍물굿이 있는 것은 이주민에 의한 전파로 해석된다.[42]

②황두 잔존의 계선

평북의 경우, 과거 황두 계열의 노동이 반영되어 있는 것으로 보인다. 가령 평남 순천지방에서 5 · 6월에 청년들이 계를 조직해서 계원집의 김매기를 돌아가면서 해주는데, 휴식 시간에 북소리에 맞춰서 노래를 소리

1 <table><tr><td>2</td></tr><tr><td>3</td></tr><tr><td>4</td></tr></table>

1 줄을 옮기는 변산반도 우반동 사람들(1988년 정월 대보름)

2 영산 줄다리기와 흡사한 오키나와 나하那覇의 줄다리기(『沖繩戰後史』, 1986)

3 우리의 줄과 다를 바가 없는 오키나와의 줄. 비녀목을 끼워놓았다(오키나와에서 2006년 1월 찍음).

4 이웃 대마도의 모내기(民俗學硏究所 編, 『日本民俗圖錄』, 1955)

높여 부르고 춤도 추면서 즐겁게 공동작업을 한다는 대목이 나온다. 무라야마(村山)의 보고서에서 언급하고 있는 계는 특성상 황두로 봄이 정확할 것이다.

### ③ 기타 도작문화의 계선

미작지대인 남부에는 줄다리기, 이북에는 석전 등이 성행한 것으로 보아 줄다리기와 농경문화와의 관련이 두드러지고 있다. 오키나와나 규슈에는 한반도의 줄다리기와 너무도 흡사한 줄다리기들이 널리 분포되어 있다. 이는 도작문화 분포권역이 곧바로 줄다리기 분포권역과 일치함을 말해준다. 마찬가지로 두레권역 역시 도작문화권역과 곧바로 일치한다. 풍농·점풍에 관계된 거북놀이 등이 풍물과 결부된 길놀이형식으로 경기·충청도에, 소놀이는 황해도 일대에 자주 보고되고 있다. 줄다리기와 금줄의 상한선은 바로 두레 계선과 일치한다. 따라서 호미씻이, 금줄, 줄다리기 등은 전형적인 도작문화의 소산으로 두레 계선과 일치함을 알 수 있고, 풍물굿은 농경작업을 떠나서 하나의 농촌오락적 기능으로도 쓰였기 때문에 두레 계선 이상으로 북상하고 있었던 것으로 판단된다.

# 수천 년을 이어온
# 농민들의 민속지식

북방 촌락에 흔히 호미로 김을 매는 서사鋤社를 만들어 혹 10집이 1개 품앗이를 정하고, 먼저 한 집의 전답을 공동작업하되, 음식준비는 주인이 하며, 차례로 10일 사이에 전 농가의 김매기를 끝낸다. 또한 서로 앞장서서 영도하여 노력하니 일이 빨리 이루어지고 서로 게으름 피우는 일도 없으며, 간혹 병으로 앓는 자가 있으면 합력하여 돕기 때문에 전답이 묵을 일도 없이 풍작을 이룬다. 가을에는 돼지고기와 막걸리로 돌려가면서 축배를 드니 이를 서사라 했고, 가히 권장할 만하다.

_연암 박지원, 『과농소초課農小抄』

# 두렁거리에 담긴 두레의 참뜻



두레는 여러 가지 종류가 있지만, 그 핵심은 '농사두레'이다. 농사두레의 정의와 명칭도 다양하다. 두레를 조직하는 일은 '두레 짠다, 두레 꾸민다, 두레 차린다, 대동 선다, 대동 차린다, 질 짠다' 등으로 부른다. 두레 자체와 두레굿 명칭의 다양성, 작업에 따른 변별성에도 불구하고 대표적 미작지대인 중부 이남에서 널리 불리는 두레란 명칭을 전체적인 범칭凡稱으로 쓰는 데 큰 무리는 없다.

(가) 모든 동리, 모든 부락의 전식田植·이앙移秧·제초除草 같은 작업에서 공동으로 행하는 것을 두레라 한다. 농사農社·농청農廳·농기農旗 등이라 칭하고, 혹은 걕사醵社·농계農契·목청牧廳 등으로 칭하는 지방도 있다.[1]

(나) 두레의 기능과 특성으로 보아 마을민들의 공동노동과 관련하여 생긴 말임은 이론이 없다. 호남지방에서는 여자들의 집단적 길쌈을 '두레'라고 하며, 중부조선에서 '두레'라고 할 때는 '농악'을 먼저 연상하게 되고, 공동노동은 흔히 '품앗이'라고 한다. 충청도일대에서는 '제리(게리)'라는 말이 광범히 통용되고 있으나, 영동지방에서

**두레의 김매기**(홍성 결성두레)
세벌매기의 손으로 훔치기다.
두레는 김매기가 주업이었다.

는 비교적 적게 쓰이고 있다. 또한 '공굴'이라는 말도 쓰이고 있는
데, 전라도에서는 특히 '백중놀이'(호미씨시)의 비용조달을 위하여
품값을 받고 지주땅을 제초하는 것을 말한다. 이와 같이 부락민의
공동노동에 대하여 농민들은 '두레' 외에 '제리', '품앗이', '공굴'이
라는 말을 흔히 쓰고 있다. 또한 '농기'(장호원), '동네논매기'(대
구), '향두품어리'(안주), '돌개기음'(함북), '계청'(재가승부락)과 같
은 말들도 쓰고 있다.[2]

(가)의 견해는 이후에 줄곧 두레 명칭을 논하는 데 정설로 되어왔다. (나)는 각 지방마다 다른 이름이 있음을 밝히고 있다. 명칭의 다양성은 두레가 그만큼 다양한 지역적 삶에 기초하는 탓이다. 위의 명칭에서 재미있는 것은 '향두품어리'다. 이는 건답지대의 향도에서 분화된 황두 계열 명칭으로 여겨진다. 특징적인 것은 (나)의 문헌에서, '근년에 와서는 대외적인 공용어로 두레를 보통 계契 · 청廳 · 사社와 같은 결사를 표시하는 한자를 붙여 농계農契 · 농상계農桑契 · 농청農廳 · 공청公廳 · 농사農社 등과 같이 부르고 있다'고 한 점이다. 전장석은 '근년에' 와서 '社' 같은 한자를 붙였다고 했으나 사실과 다르다. 가령, 박지원의 『과농소초課農小抄』에 이미 서사鋤社란 명칭이 등장하기 때문이다. 아울러 현지조사 결과, 이들 명칭은 문자를 쓰는 계층에서는 간혹 써도 일반 농민들은 대부분 쓰지 않음이 확인된다.

농청 · 공청 등은 집회소 성격을 뜻한다. 청廳은 곧 일을 보는 기관, 즉 행정기관을 뜻하며, 비단 두레에만 붙여진 것이 아니다. 가령, 영천永川의 「망정향약안望亭鄕約案」에 상청上廳 · 중청中廳 · 하청下廳을 두고 있는 바, 이는 양반 중심의 '廳'이다.[3] 반면에 농청은 농민들의 '廳'이었다. '廳'은 신앙적인 요소도 지닌다. 가령, 도청都廳은 훗날 도당都堂굿에 그 잔재를 남기고 있다. 현지조사 결과를 바탕으로, 두레 유형을 사례별로 살펴본다.

사례 1 공주군 수실두레(資5-2)
두레는 '농사짓는 단체'라고 한다. 여타 '부락단체일 하는 것'도 의미한다.

### 사례 2 공주군 하신리두레(資5-3)

두레라는 것은 '동네사람이 전부 나와서 일제히 김매는 것'을 의미했다.

### 사례 3 화성군 고온리두레(資2-33)

두레를 일명 '두렁거리'라 했는데, 두레농사가 이논 저논 관계없이 다니기 때문에 붙은 이름이다.

첫째, 두레의 어의語意는 단체적 성격(사례 1), 공동으로 노동을 하는 행위(사례 2) 따위를 모두 포함한다. '두렁거리'란 말에는 마을의 전 경영지를 총유적 경영대상으로 간주하는 두레의 성격이 잘 드러난다(사례 3).

### 사례 4 밀양군 감천두레(資3-1)

'풋굿'이나 '초연草宴'이란 말을 쓰지 않았다. 보통 논매는 것을 '두레논맨다'고 불렀다. 모심기는 품앗이라 했고 논매기를 두레한다고 했다. 품앗이와 두레는 전혀 틀린 말이다.

### 사례 5 임실군 상필두레(資4-6)

두레를 세벌에만 썼다. 그러나 모내기에 풍물이 동원되는 경우도 있었다. 그렇다고 하여 모내기의 품앗이 성격이 변한 것은 아니었고, 두레는 반드시 세벌에만 조직되는 성격을 지녔다.

### 사례 6 김제군 원대동두레(資4-2)

공동작업이라고 모두 두레라 부르지는 않았다. 지심맬 때 함께하는 것을 두레라고 불렀다. 품앗이란 두레와 달라 절대로 풍물치는 법이 없었다.

'두레한다' 하면 김매기를 같이 하는 것을 일컬었으며, 모심기에는 해당 되지 않았다.



두레와 품앗이는 분명하게 틀린 말이었다. 품앗이는 개인적으로 '소소 하게 끼리끼리 모여서' 하는 것임에 비해, 두레는 '모두 덤벼서 하는 일' 이었기 때문이다. 두레 농군들이 모이는 곳을 회당이라 불렀으니, '모인 다'는 뜻을 강하게 품고 있었다.

둘째, 위의 사례에서 보듯이 두레의 목적은 김매기에 있었다.

'두레한다' 하면 김매기를 같이하는 것을 일컬으며, 모심기에는 해당되 지 않았다. 두레가 고문헌에 분명하게 못 박혀 나온 것은 『과농소초』이니 여기서도 두레의 역할이 김매기임을 명시하고 있다. 서사鋤社는 곧 두레 를 뜻함이니 조선 후기에도 두레의 목적은 김매기에 있었음을 보여준다.

북방 촌락에 흔히 호미로 김을 매는 서사鋤社를 만들어 혹 10집이 1개 품앗이를 정하고, 먼저 한 집의 전답을 공동작업하되, 음식준비는 주인 이 하며, 차례로 10일 사이에 전 농가의 김매기를 끝낸다. 또한 서로 앞 장서서 영도하여 노력하니 일이 빨리 이루어지고 서로 게으름 피우는 일도 없으며, 간혹 병으로 앓는 자가 있으면 합력하여 돕기 때문에 전답 이 묵을 일도 없이 풍작을 이룬다. 가을에는 돼지고기와 막걸리로 돌려 가면서 축배를 드니 이를 서사라 했고, 가히 권장할 만하다.[4]

사례 9 화성군 고잔두레(資2-26)

두레란 풍물의 명칭으로서 지금껏 쓰이고 있다. 즉 농사짓는 일과 풍물 노는 일까지 일체 두레로 불렀음을 알 수 있다. 농악이란 말은 일제시대에 생겼다.

사례 10 서산군 장리(資5-32)

두레를 '두레논다'고 불렀다. 두레에는 필히 풍물이 수반되었으므로 '두레논다'는 뜻은 곧 두레를 짜서 공동으로 농사짓는 것을 뜻했으며, 동시에 농군들이 풍물을 두드리고 노는 것도 '두레논다'고 불렀다. 따라서 '두레논다'는 명칭은 공동노동행위 그 자체일 뿐 아니라 풍물놀이까지 포괄하는 개념이었다. 동시에 두레는 '똘똘 뭉치는 것'이었으며, "야 우리 한번 두레 놀아보세" 하면 모두 덤비란 뜻이었다. 즉 일상적으로도 무언가 대동단결하는 뜻으로 두레란 용어가 쓰였다.

사례 11 서산군 독곳두레(資5-33)

두레에서 노는 굿을 '두레굿'이라 했다. 또 두레를 '풍물'이라고도 하고, 굿치는 것을 '두레논다'고 했다. 농악이란 말은 원래 없었다. "두레 놀테니까 풍물갖고 오라"는 소리처럼 풍물은 곧 '풍장'이다. '두레굿한다'는 뜻은 곧바로 '두레논다'는 뜻이었다. 굿이나 노는 것이나 다 같은 뜻이다. '고사꽃반'도 곧 두레굿이라 했다. 여럿이 노는 것이 곧 굿이다. 즉, 사람들이 모여서 하는 걸 모두 굿이라 한다. 말하자면 굿이란 '많이 모여서 하는 것'을 일컫는다. 지금도 아이들이 심하게 놀 때 '두레굿 논다'고 한다. 당제에서 치는 풍물도 두레라고 불렀다.

셋째, 두레란 명칭은 그 자체 노동조직 명칭이기도 하고, 풍물굿을 지칭할 때도 있다(사례 10).

　풍물굿도 두레라고 부르는 경우가 많음을 볼 때, 풍물굿이 없는 공동 노동은 두레라고 부를 수 없음을 알 수 있다. 두레는 공동모임·공동노동·공동놀이의 3요소를 모두 포괄하고 있는 말뜻을 지닌다.


　　사례 12 부여군 증각골(資5-30)
　'일이 밀릴 때 두레가 난다'고 한다.


　　사례 13 부여군 탑동두레(資5-31)
　'일을 추기 위하여, 겸해서 동중에서 돈을 벌어 하루를 놀기 위해서' 두레를 짰다.


　　사례 14 옥구군 신방마을두레(資4-3)
　협동단결하여 일을 빨리 하기 위하여 두레를 짰다. 동시에 두레의 수익으로 동네 술멕이 경비에 쓰기 위해 조직했다.


　넷째, 힘든 일을 한꺼번에 해치우기 위해서 두레를 조직했다.

　1943년에 충남 아산의 두레를 조사한 자료에 따르면, 임금을 지불하고 농업노동력을 조달할 수가 없었던 한말에 논매기를 위한 노동력의 부족현상이 심각한 문제로 제기되었고, 양반층이 이와 같은 노동력 부족현상을 타개하기 위하여 논매기작업을 공동노동의 방법으로 수행할 수밖에 없었다고 했다. 또한 공동노동의 능률을 극대화하기 위하여 군율에 버금가는 엄격한 규칙과 계급조직이 요구되었다고 했다.[5] 공동노동 그 자체보다도 두레에서 벌은 돈으로 두레먹기에 쓰기 위해서 두레를 조직하는 경우도 많았으니 공굴(사례 14), 둥그레먹기(사례 13) 따위가 그것이다. 궁글

면 안 되었던 사정을 보여주는 것이다. 모둠차례는 고지형태의 임노동으로서, 집단적으로 고지를 먹고, 대농가의 모내기를 모방고를 치면서 대신해주었던 상황을 설명하고 있다. 모둠차례를 '대두레'라 호칭한 것은 전적으로 잘못되었다.


### ② 자연마을두레와 합두레

두레는 원칙적으로 1개 자연마을에 1개씩 조직된다. 이에 반하여, 합두레는 여러 개의 자연마을이 합동으로 두레를 짜는 것을 의미한다. 지역적으로 붙어 있는 마을들이 뭉쳐서 하나의 두레가 되는 것이다. 합두레는 두 가지 경우에 조직한다. 통상적으로 합두레라면 아래 첫 번째 경우를 말한다.

첫째, 넓은 들판같이 농경지를 공유하는 경우에 이웃 2개 마을이 하나의 합두레를 짜는 사례가 간혹 있다. 두 마을의 힘이 대등할 때 이루어진다.

둘째, 자연촌의 규모가 독립적인 두레를 조직하기 어려울 정도로 호구수가 작을 때, 본 마을의 두레에 편입되어 함께 두레를 조직한다. 조선 후기에 작은 민촌民村들이 독립 촌락을 이루었을 때, 본동에 편입되어 하는 합두레는 일반적인 관행 중의 하나였을 것으로 짐작된다. 그러나 인구증가와 촌락 간 결산 따위의 번거로움을 피하기 위하여 자연마을 단위로 분화되어가는 추세를 보여주었을 것이다.


### ③ 어른두레와 소동두레

원칙적으로 성인이 중심이 된다. 그러나 아이들이 행하는 소동小童두레도 별도로 있었다. 두레의 심부름을 하거나 소를 돌보는 역할, 풀 베는 역할을 맡았다. 두레의 청년 중에서 한 명이 소동두레를 이끌었다. 소동

**봄의 낙엽 채취**

소동, 즉 어린이들은 이 같은 다양한 협업을 통해 훈련되었다. 농사일에
서는 소동두레를 꾸렸다(『일본지리풍속대계』, 조선편, 1932).

두레의 성원들은 '진서' 의식을 거쳐서 어른두레로 들어가게 된다.


④ 두레와 품앗이두레

두레에는 원칙적으로 풍물굿이 수반된다. 풍물굿이 없는 두레는 이미
두레가 아니다. 두레가 소멸되기 직전에 두레적 공동체성은 어느 정도

간직하고 있되, 풍물이 없는 두레가 잠시 이어졌다. 풍물이 없는 두레는 이미 두레가 아니었으니 아래 사례 1 · 2는 그 과도기적 양상을 잘 보여준다. '벙어리두레', '소리 없는 두레', '품앗이두레' 따위로 불렸다. 이들 두레는 품앗이 성격을 지닌다. 두레먹기 자금마련을 위해서 행해지던 두레들도 과도기적 존재였다(사례 3).

사례 1 화성군 큰당 · 작은당 두레(資2-20)

'소리 없는 두레'는 일명 '품앗이두레'라 부르며, 악기가 수반되지 않는다. '소리치는 두레'는 전통적인 두레를 뜻하며 반드시 악기가 수반된다.

사례 2 대전시 정생동 두레(資5-16)

큰 두레와 소 두레로 나뉜다. 큰두레는 마을대동으로 모두 참가하는 두레를 말하며, 소두레는 나중에 생긴 것으로 품앗이 대용으로 약 10여 집만이 참가했으니 풍물이 없다. 소두레는 기존 두레가 약화되면서 풍물이 없는 소두레로 잔존된 것이다.

사례 3 부여군 회곡리 두레(資5-26)

반드시 논매기에만 두레가 동원된 것이 아니다. 풍년 들었을 때, 하루를 즐기기 위해서 두레를 조직했다.

# | 호미질 한 번에 벼 백 포기가 달렸으니

### 잡초와 전쟁하다

러일전쟁을 취재하기 위하여 1904년 한반도에 들어왔던 스웨덴 출신의 신문기자 아손 그렙스트(W. Ason Grebst)는, "코리아에서는 아직 농경기술이 발달되지 않아 모든 일을 정성과 솜씨를 다해 손으로 처리한다"고 했다. 그의 눈에 '손으로 처리'하는 것이 원시적으로 보였을지 몰라도 그들 농부의 손노동이야말로 두레노동의 핵심이었다. 그렙스트는 한국 농민들의 근면성에 관해서는, "이들의 끝없는 인내와 성실, 복종심과 겸손함은 짝을 찾기 힘들다. 여름철에는 하루 종일 일터에서 보내고 겨울 동안에는 집에 들어앉아 자질구레한 일을 처리한다. 시간을 조금도 헛되이 보내지 않는 것이다"[7]고 했다. 실제로 그랬다. 두레 일만 해도 그러했으니, 뙤약볕에서 아주 성실하게 손노동으로 두레를 모두어갔다.

두레노동은 손으로 매가는 김매기가 주 작업대상이었다.[8] 김매기뿐 아니라 모내기에 쓰인 경우도 있었으나 주종은 역시 김매기였다. 모내기는 '집단 품앗이'로 이루어지며 작업 성격상 풍물굿 대신에 논북만 치는 모방고로 이루어졌다. 두레의 풍장굿을 활용한 작업방식은 모내기에 부적합했다. 김매기의 두레풍장굿은 논에 들어가 둥그렇게 휘몰아가는 방식을 썼다. 모내기에는 풍장굿이 불필요하며, 다만 모방고에 맞추는 모내기노래로 충분했다. 따라서 두레에서 가장 중요한 작업은 김매기의 호미질이다.

예부터 '호미질 한 번에 벼 백 포기가 달렸다'고도 했다. 『금양잡록衿陽雜錄』에는 농가가 힘써 하는 일은 호미질에 달렸으므로 잠시만 쉬어도 마

자료 4 김매기 작업대상별 노동관행과 두레 이용도[9]

| 자료<br>번호 | 두레명 | 김매기 구분 | | | | 두레 이용 | 토양 |
|---|---|---|---|---|---|---|---|
| | | 초벌 | 두벌 | 세벌 | 네벌 | | |
| 1-1 | 강릉시 유천 | 손 | 손 | 손 | | 초벌 · 두벌 · 세벌 | |
| 2-1 | 안양시 안날미 | 호미 | 손 | 손 | | 초벌 · 두벌 · 세벌 | |
| 2-2 | 안양시 뱀말 | 호미 | 손 | 손 | | 초벌 · 두벌 · 세벌 | 찰흙 |
| 2-3 | 안양시 부림 | 호미 | 손 | · | | 초벌 · 두벌 | 모래 |
| 2-4 | 안양시 벌말 | 호미 | 손 | · | | 초벌 · 두벌 | 보통 |
| 2-9 | 화성군 큰마을 | 호미 | 호미 | 손 | | 초벌 · 두벌 · 세벌 | 强 |
| 2-10 | 화성군 들목 | 호미 | 호미 | 손 | | 초벌 · 두벌 · 세벌 | 무름 |
| 2-11 | 화성군 서원말 | 호미 | 호미 | 손 | | 초벌 · 두벌 · 세벌 | 强 |
| 2-13 | 화성군 수영 | 호미 | 호미 | 손 | | 초벌 · 두벌 · 세벌 | 찰흙 |
| 2-15 | 화성군 원막 | 호미 | 호미 | 손 | | 초벌 · 두벌 · 세벌 | |
| 2-16 | 화성군 문기동 | 호미 | 호미 | 손 | | 초벌 · 두벌 · 세벌 | |
| 2-19 | 화성군 물미 | 호미 | 호미 | | 손 | 초벌 · 두벌 · 세벌 | |
| 2-23 | 화성군 쌍정 | 호미 | 손 | 손 | | 초벌 · 두벌 · 세벌 | 弱 |
| 2-27 | 화성군 삼밭골 | 호미 | 호미 | 손 | | 초벌 · 두벌 · 세벌 | 보통 |
| 2-28 | 화성군 매굴 | 호미 | 호미 | 손 | | 초벌 · 두벌 · 세벌 | |
| 2-30 | 화성군 장안 | 호미 | 호미 | 손 | | 초벌 · 두벌 · 세벌 | 찰흙 |
| 2-32 | 화성군 원안동 | 호미 | 손 | 손 | | 초벌 · 두벌 · 세벌 | 弱 |
| 2-33 | 화성군 고온리 | 호미 | 호미 | 손 | | 초벌 · 두벌 · 세벌 | 强 |
| 2-35 | 화성군 맹곶 | 호미 | 호미 | 손 | | 초벌 · 두벌 · 세벌 | |
| 2-36 | 화성군 물언리 | 호미 | 호미 | 손 | | 초벌 · 두벌 · 세벌 | 보통 |
| 2-37 | 화성군 수리재 | 호미 | 호미 | 손 | | 초벌 · 두벌 · 세벌 | 보통 |
| 2-38 | 화성군 한두골 | 호미 | 호미 | 손 | 손 | 초벌 → 네벌 | 强 |
| 2-40 | 화성군 동천 | 호미 | 호미 | 손 | | 초벌 · 두벌 · 세벌 | 좋음 |
| 2-6 | 파주군 쉰우물 | 호미 | 손 | (손) | | 초벌 · 두벌 | |
| 2-7 | 파주군 아랫가 | 호미 | 손 | (손) | | 초벌 · 두벌 | |
| 4-1 | 고창군 상평리 | 호미 | 손 | 손 | (손) | 초벌 → 만두레 | |
| 4-2 | 김제군 원대동 | 호미 | 손 | 손 | (손) | 초벌 → 만두레 | |
| 4-3 | 옥구군 신방 | 호미 | 손 | (손) | | 두벌 · 만두레 | |
| 4-4 | 익산군 웅포리 | 호미 | 손 | (손) | | 두벌 · 만두레 | |
| 4-5 | 익산군 행동 | 호미 | 손/호 | · | | 두벌 | |
| 4-6 | 임실군 상필 | · | · | 손 | | 만두레 | |

| 번호 | 지역 | | | | | | 강도 |
|---|---|---|---|---|---|---|---|
| 5-1 | 공주군 서원 | 호미 | 손/호 | · | | 두벌 | 强 |
| 5-2 | 공주군 수실 | 호미 | 손 | · | | 두벌 | |
| 5-3 | 공주군 하신리 | 호미 | 손 | (손) | | 두벌·(세벌) | |
| 5-4 | 공주군 | 상신리 | 호미 | 손 | (손) | 초벌 | |
| 5-5 | 공주군 학봉리 | 호미 | 손 | · | | 초벌·두벌 | |
| 5-6 | 공주군 소룡 | 호미 | 호미 | 손 | | 초벌·두벌·세벌 | 强 |
| 5-7 | 공주군 오미 | 호미 | 호미 | 손 | | 두벌 | |
| 5-8 | 공주군 하대 | 호미 | 호미 | 손 | | 초벌 | |
| 5-9 | 논산군 운천 | 호미 | 호미 | 손 | | 두벌 | |
| 5-10 | 논산군 대명 | 호미 | 호미 | 손 | | 초벌·두벌·세벌 | |
| 5-11 | 논산군 | 양지뜸 | 호미 | 호미 | (손) | 초벌·두벌 | |
| 5-12 | 논산군 메꽃 | 호미 | 호미 | 손 | | 두벌·세벌 | 弱 |
| 5-13 | 논산군 채운리 | 호미 | 호미 | 손 | (손) | 두벌·세벌 | |
| 5-14 | 당진군 가학리 | 손 | 호미 | 호미 | 손 | 초벌　　→　만물 | |
| 5-15 | 당진군 월곡리 | 호미 | 호미 | 손 | | 초벌·두벌·세벌 | |
| 5-16 | 대전시 정생 | 호미 | 손 | 손 | | 초벌·두벌·세벌 | |
| 5-17 | 대전시 웃말 | 호미 | 손 | | | 초벌·두벌 | |
| 5-18 | 대전시 버드네 | 호미 | 호미 | 손 | | 초벌·두벌·세벌 | |
| 5-19 | 대전시 가목정 | 호미 | 손 | | | 초벌·두벌 | |
| 5-20 | 대전시 삼괴 | 호미 | 손 | | | 초벌·두벌 | |
| 5-21 | 대전시 소리 | 호미 | 호미 | 손 | | 초벌·두벌·세벌 | |
| 5-22 | 대전시 송촌 | 호미 | 호미 | 손 | | 초벌·두벌·세벌 | |
| 5-23 | 대전시 산 뒤 | 호미 | 손 | 손 | | 초벌·두벌·세벌 | |
| 5-24 | 대전시 새뜸 | 호미 | 손 | | | 초벌·두벌 | |
| 5-25 | 유성구 아랫관들 | 호미 | 호미 | 손 | | 초벌·두벌·세벌 | |
| 5-26 | 부여군 회곡리 | 호미 | 호미 | 손 | | 초벌 | |
| 5-27 | 부여군 신대리 | 손 | 호미 | (손) | | 두벌 | |
| 5-28 | 부여군 은산리 | 호미 | 호미 | 손 | | 초벌·두벌·세벌 | |
| 5-30 | 부여군 증각골 | 호미 | 호미 | 손 | | 두벌 | |
| 5-32 | 서산군 장리 | 호미 | 호미 | 손 | 손 | 초벌　　→　만물 | |
| 5-35 | 홍성군 고들미 | 호미 | 호미 | 손 | | 초벌·두벌·세벌 | |
| 5-36 | 청원군 묘암리 | 호미 | 손 | | | 초벌·두벌 | |
| 5-37 | 청원군 본마동 | 호미 | 손 | | | 초벌·두벌 | |
| 3-1 | 밀양군 감천 | 손 | 손 | | | 두벌·세벌 | |
| 3-2 | 밀양시 신촌 | 손 | 손 | 손 | | 두벌 | |

침내 잡초가 우거질 것이라고 했다.[10] 『농가집성農家集成』에는 반종법反種法이 등장하여 김매기의 어려움을 말해준다. 무논에 물이 없고 잡초가 무성하여 제초가 어려울 때는 물을 대고 모를 뽑아 모내기할 때와 같이 상하지 않도록 묶어 놓고 아예 논을 갈아엎고 다시 모를 심음으로써 김매기 노력을 생략할 수도 있다고 했다. 또한 화누법火耨法이라 하여, 벼의 본 잎이 6매 정도 나왔을 때, 논물을 뺀 다음에 마른풀을 물 위에 고르게 펴놓아 불을 지른 뒤, 곧 물을 다시 대면 잡초들이 모두 죽는다고 했다.[11]

『과농소초』를 보면, "호미(鋤)로 맨 뒤에 다시 풀을 매주어 서예鋤芸하는 일을 완성하는 것이다. 대체로 가래나 바라귀·피 따위가 벼 포기와 섞여서 나면, 서예한 뒤에 줄기와 벼 잎이 자라야만 분별할 수 있는 것이니, 이를 제거하는 것을 만물이라 한다"고 했다.[12] 조선 후기 김매기에 대한 인식이 근현대의 김매기와 다를 바가 없음을 보여준다. 『농가월령가』에서는 "젊은이 하는 일이 기음매기뿐이로다. ······날 새면 호미 들고 긴긴 해 쉴 새 없이 땀 흘려 흙이 젖고, 숨막혀 기진할 듯"하다고 김매기의 소중함과 어려움을 노래했다. 『천일록千一錄』에서는 다음과 같이 김매기의 적절한 시기가 중요함을 강조했다.

김매기에서도 오늘 매지 않으면 내일은 풀이 무성하고 곡식은 풀에 잡히게 된다. 반대로 어제 김을 맨 곳은 오늘 모가 깨여나기 시작하여 줄기가 무럭무럭 자라기 시작한다. 자연과 인간의 일은 미리 예측하기 곤란하다. 큰 비를 만나게 되면 논은 물이 깊어 김을 매기가 곤란하게 되며, 밭은 질어서 호미를 댈 수 없게 된다. 혹시 사람의 집에 사고가 생겨 하루 이틀 김매기가 늦어질 수 있다. 결국 이는 농사에서 실패하는 결과로 된다.[13]

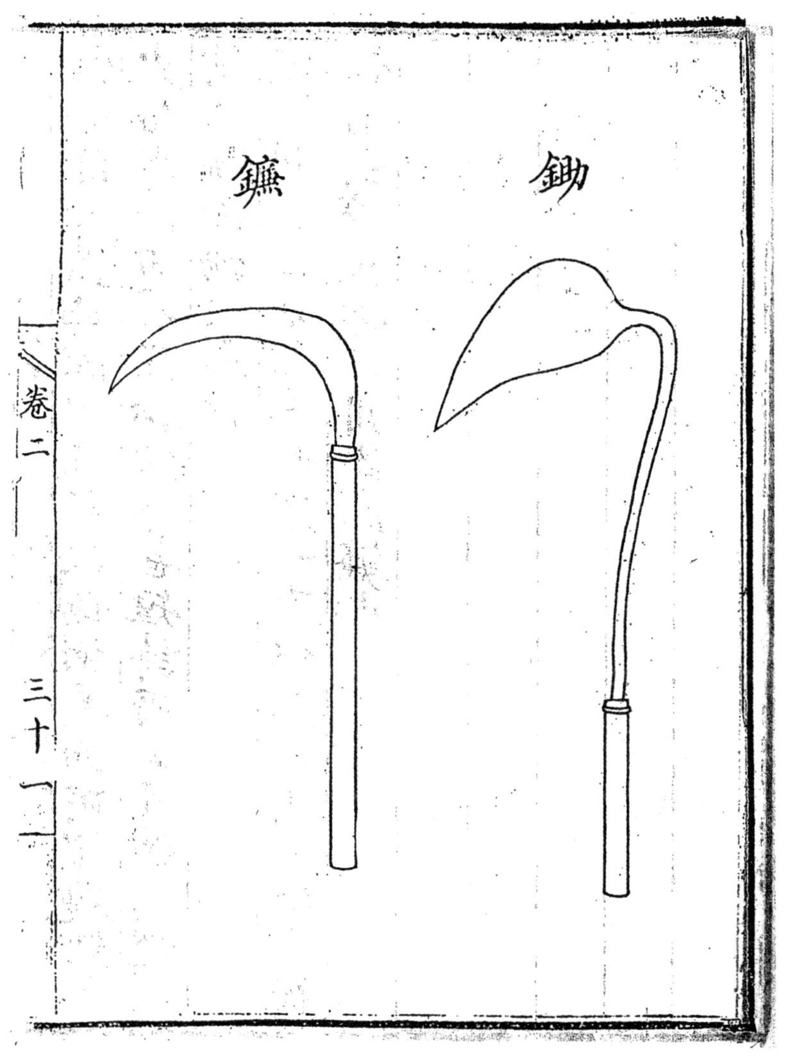


**호미와 낫**
벼농사 집약농법의 대표적인 손도구로 한국 농업에서
빠질 수 없는 농기구다(『해동농서海東農書』).

중경제초中耕除草의 목적, 특히 호미질의 목적을 알기 위해서는 벼의 일생부터 되짚어볼 필요가 있다. 벼는 일년생 작물이다. 볍씨 발아부터 성숙까지 대체로 120~130여 일 걸린다. 수도水稻 생육과정은 새끼치고, 잎·뿌리·줄기가 무성하게 자라는 몸 자람 때(營養生長)와 생장 후에 이삭이 성숙해가는 씨 불림 자람 때(生殖成長期)로 가를 수 있다. 몸 자람 때는 묘대기苗垈期·착근기着根期·새끼치기 때로 가른다. 묘대기는 못자리에서 옮겨 심는 것을 말하며 튼튼한 묘의 육성과 못자리 일수 등 중요한 의미를 갖고 있다. 착근기는 이앙하고서 새 뿌리가 내리는 기간인데 5~10일 정도가 걸린다. 착근된 모는 한동안 새끼치기가 급속히 급증하여 대서大暑 때에 최고에 이른다. 중경제초는 모가 착근되자마자 하게 된다.

첫째, 중경제초는 뿌리의 성장을 돕는다.

벼 뿌리는 땅 속에 들어가 식물체를 받들고 양분과 물을 섭취하여 줄기·잎·이삭 등의 지상부에 공급하므로 뿌리는 생장에 대단히 중요하다. 따라서 벼 재배에서 활력이 왕성한 뿌리를 성숙기까지 많이 확보한다는 것은 등숙률을 높여 수량을 많이 낼 수 있는 비결이다. 벼의 뿌리는 호흡작용으로 양분을 흡수하려면 계속적으로 호흡 기본물질인 포도당과 산소가 공급되어야 한다. 따라서 호미질로 땅을 엎어 산소 공급량을 급격히 늘려 벼의 성장을 돕는다. 또한 옆으로 뻗친 잔뿌리를 잘라주어 벼 뿌리가 올곧게 깊숙이 자라도록 유도하여 땅속 깊이에서 영양분을 섭취할 수 있도록 도와준다. 예부터 벼농사는 '땅 만들기 마련'이라는 말이 있듯이 벼의 생육과 수량은 토양상태에 따른다. 토양은 보수력이 크고 통기 및 양분의 분해가 잘되며 벼 뿌리 발달이 용이하게 이루어져야 하므로 중경제초가 중요한 이유도 여기에 있다.[14]

둘째, 중경제초의 효과는 말할 것도 없이 잡초 제거다.

모내기 후 15일경에 애벌매기를 실시할 경우, 벼의 착근기와 겹치며 잡초들이 막 자라나기 시작한 시기와도 겹친다. 어린 잡초를 흙덩이째로 덮어서 제초효과를 높인다. 예로부터 농사는 가히 '잡초와의 전쟁'이었다. 계절풍 기후권이므로 생태적으로 남방형 잡초가 많다. 논의 상태, 지방, 시기에 따라서 잡초도 차이가 있다. 대개 가래·돌피·마디꽃·방동사니·물질경이·보풀·물달개비·쇠털골 등이 많이 났다. 중경제초의 효과는 다음과 같은 다목적성을 지녔다.[15]

① 토양중의 수분 및 양분에 대한 작물과의 경합을 없앰
② 햇빛 받는 수광량의 감소를 막음
③ 통풍을 도와줌
④ 수온·지온 및 작물의 체온을 높여줌
⑤ 병충해 서식지, 또는 중간숙주가 되는 것을 막아줌
⑥ 잡초 종자가 생산물에 섞여 그 품질이 저하되는 것, 또는 독초의 혼입 등을 막아줌

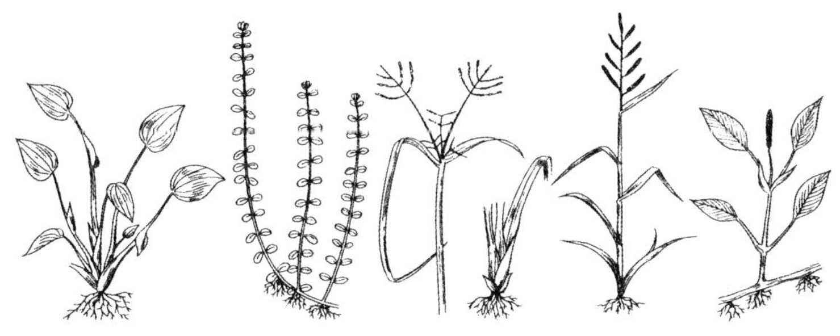

| 논에 많이 나는 잡초들

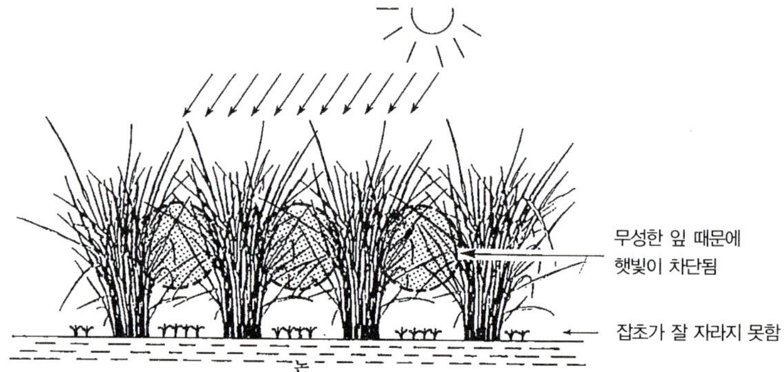



**재래종 벼의 초기 생육의 번무와 잡초**(李鍾薫·太田保夫,
『벼와 쌀의 지혜』, 한국방송통신대학교출판부, 1994)

이런 지식은 이미 한 세기 전에도 일반적이었으니 일제강점기에도, 제초는 잡초 제거와 동시에 토지를 부드럽게 하고 공기를 땅 속에 인도하여 지온地溫을 높이고, 비료 분해를 촉진하여 속히 썩게 하며, 벼 뿌리를 자유로이 퍼지게 하여 벼가 자라는 것을 도와준다고 했다.[16]

### 호미로 열 번을 매주면 곱절의 쌀을 얻는다

중경제초에서 가장 중요한 도구는 말할 것도 없이 호미였다. 조선 후기는 물론이고 조선전기에도 호미는 제초의 기본 도구였다. 수전농업이 발달하면서 호미는 매우 섬세하게 발전을 거듭하여 집약농법을 대표하는 농기구가 되었다. 박지원은 『과농소초』에서 작은 호미의 놀라운 힘을 다음 같이 서술했다.

대체로 오곡을 매주는 데는 오직 작은 호미로 매는 것이 좋다고 했다. 작은 호미로 매주면 곡식 싹의 뿌리와 줄기를 상하지 않으며, 따라서 결

실하는 데도 이로운 것이다.……그런 까닭에 열 번을 매주면 곱절의 쌀
을 얻는다는 속언이 있다.


① 한국형 집약농업의 최대 무기, 김매기호미

호미는 지역에 따라서 호미 · 호매이 · 호무 · 홍미 등으로 불린다. 호미
사용은 전 조선시대를 걸쳐서 일관된 것이었다. 조선 전기 『농사직설』에
서도 모가 반쯤 자랄 때, 호미로 김을 매야 한다고 했다.[17] 사육신의 한 사
람인 하위지河緯地(1387~1456년)가 남긴 유권遺卷에 따르면,[18] 쟁기 3, 괭
이 6, 쇠스랑 2, 호미 6, 낫 1, 작두 2로 호미의 중요성이 나타난다. 일제
강점기에 이르기까지 소농경영상태에서 농기구 보유량이 현격한 변화를
가져오지 못한 상태에서 호미의
중요성은 사라지지 않았다.

오늘날에 보듯이 작은 호미로
발달하기까지 긴 시간이 필요했
다. 『훈몽자회訓蒙字會』에서는
작은 호미와 괭이를 구분하고
있다.[19] "钁 호미확 大曰一頭
鋤 호미서 小曰一"에서 보이듯
钁(괭이)은 호미의 원리를 이용
하여 만든 농기구다. 중국의 장
병長柄이 괭이 같은 역할을 하고
있음을 고려해야 한다. 우리의
호미는 중국의 호미처럼 긴 호
미가 아니었다. 토양이 굳고 사
력질이 많은 자연조건에 적합하

**중국에서 많이 쓰이던 장병長柄**
오늘날에는 개량 호미로 불리며, 남한쪽에도
제법 널리 보급되어 있다.

게 창안되었다. 뾰족한 호미날은 중경제초에 유리하게 만들어졌다. 특히 호미자루가 짧고 끝이 뾰족한 것은 일찍부터 집약농법이 발전한 사실에서 기인한다. 제한된 토지에서 고수확을 올리기 위하여 정밀한 중경제초가 필요했다는 증거다.[20] 호미질이 집약농법의 최대무기임에는 틀림없으나 여간 고통스런 일이 아니었다.

> 농기農器를 보더라도 우리나라의 호미라는 것은 자루 길이가 불과 반자이고, 날이 좁고 끝이 날카로워서 새부리 같다. 이랑 사이에 앉아서 잡풀을 뽑는 것인데, 쓰기에 편리하다.……대저 중국은 흙이 두터워 밭일이 그리 고되지 않은데, 우리나라는 땅이 메마른데다가 논농사를 하여 그 노동하는 고됨이 반드시 밭보다 곱절이나 힘을 들여야 수확을 바라게 된다. 이로써 우리나라 농민들의 괴로움을 알 수 있다.[21]

호미는 쌀농사와 밭농사에 따라서 지역특성을 나타낸다. 호미의 기능 및 작용에 기준을 두면서 외형상 형태를 참작하여 다음 같은 분류가 가능하다.[22]

①유형 : 토양을 찍어 완전히 뒤집는 기능을 수행하는 호미로서 벗이 있는 점이 공통적이다. 경지기 · 곧지기 · 막지기 · 베루개 · 벗쇠호미가 속한다.

②유형 : 흙을 긁는 기능, 또는 흙을 쪼는 기능을 가진 호미들로서 그 형태는 다양하다. 가장 대표적인 것은 평안도호미다. 형태에 따른 명칭인 수숫잎호미 · 깻잎호미 · 평호미 · 날호미와 지방 명칭인 용강호미가 있다.

③유형 : 흙을 끌어올리거나 끌어내리는 데 쓰이는 호미로서 형태상으

로는 자루가 길고 양귀가 특징이며 함경남북도에 보급되었다.

논농사와 특히 관련이 있는 호미는 ①유형이다. 이들 호미는 일명 '찍는호미'로서 땅을 뒤집는 데 유리하게 만들어진 호미들이다. ①유형의 호미는 남방에서 시작되어 수도작의 북상과 더불어 북쪽으로 올라갔다. 두레의 계선界線이 황해도에서 멈추었듯이, ①유형의 호미도 북상을 멈추었다. 대단히 섬세하여 외국인들도 감탄해마지 않았으니, 호미 제초작업이 특히나 꼼꼼하여 군산 거류지 부근의 일본인들이 제초한 것은 초생草生이 빨랐고, 한인이 제초한 것은 초생이 더디다고 일본인들이 관찰한 보고가 있을 정도였다.[23]

②마을과 장터의 대장간과 대장장이들

쇠가 귀했던 시절에 내구성 있는 철제농기구는 집안의 중요한 재산목록이었다. 교통이 불편했던 조선시대에는 직접 마을대장간에서 간단한 농기구를 자체 생산했다. 물론 그 농기구 생산 수준은 빈약하기 그지없는 것이었으나 조선 후기 상업자본의 일정한 성장을 예고하는 것이었다.

보편적으로 큰 동네는 대장간이 있었고, 작은 동네는 이웃동네의 대장간을 이용했다. 동네대장간의 넓은 분포는 철제농기구 제작이 마을에서 행해질 정도로 확산되었음을 말해준다. 대장간은 마을민이 직접 운영했는데, 돈으로 수고비를 주기보다 봄·가을에 보리와 쌀을 주었다. 일제강점기부터 돈으로 지불했다.

마을대장간과 더불어 장시의 발달로 인한 장터대장간도 중요하다. 5일장 확산은 장터대장간을 곳곳에 정착시켰다. 특히 조선 후기 상업의 발달로 민간 분야에서 철제수공업이 발달했으며, 이에 따라 농기구생산도 급증했다. 마을대장간과 장터대장간은 유기적인 연관관계를 지니면서

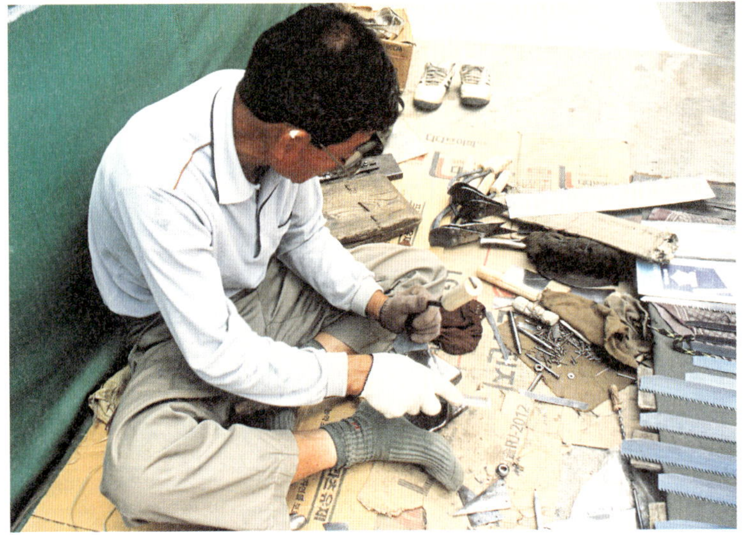

|   |
|---|
| 1 |
| 2 |
| 3 |

**1 대장간의 호미들**

**2 호미의 날을 달이는 장돌뱅이**(충남 부여
군 은산면 은산장터)

**3 농가의 호미 보관**
충분한 양의 호미를 확보하고 있는 것으로
보아 호미야말로 손도구의 으뜸이다.

| 날이 거의 다 닳은 호미

(위) **날을 달인 호미**(충남 부여군 양화면 수원리)
(왼쪽) **호미 날달임**(앞면)
(오른쪽) **호미 날달임**(뒷면)

대장간은 농기구 생산만 전담하는 곳이 아니었다. 해마다 김매기가 시작되기 전에 농민들은 호미를 들고 가서 '날달임'을 했다. 호미의 닳아버린 부분을 수선해서 쓰는 날달임은 두레의 사전 준비작업으로 중요한 관행이었다. 조선호미는 대장간에서 수공업적으로 생산되었기에 튼튼할뿐더러 날달임을 하여 재생해 쓸 수 있으므로 반영구적이었다.

대장간들은 해방을 기점으로 사라졌다. 특히 한국전쟁을 거치면서 다수가 사라졌다. 1970년대 초반까지도 마을에 대장간이 이어진 경우가 있으나(資2-3), 산업화로 인한 대량생산체제에 밀려 소멸을 면치 못했다. 마을대장간이 사라진 다음에도 시장 대장간은 명맥을 유지하다가 그나마 상품화된 농기구에 밀려 사라졌다. 동네대장간이 사라지고 난 다음에, 즉 해방 이후에는 동네를 돌아다니면서 날을 '리벳' 등으로 갈아주는 떠돌이 대장장이들도 등장했다. 대장간의 불을 이용한 것이 아니라 리벳을 두드려 날을 달아놓은 호미도 등장했다.

참고로, 김매기호미의 형태를 살펴보자. 김매기호미는 여성들이 쓰는 밭호미보다 컸다. 흙을 떠서 엎기 위하여 크게 만들었다. 논에서 쓰는 조선호미는 나무손잡이 없이 짚을 감아서 쓰는 짚호미가 일반적이었다. 짚호미는 손잡이 부분을 나무로 쓰지 않고, 짚을 감아 올려서 만들어 썼다. 손이 아프지 않게 하고, 노동력 증대를 기했던 것으로, 나무손잡이호미(대개 가벼운 오동나무)는 개량호미로서 일제 말에 보급되었다. '호미' 하면으레 짚호미를 지칭했다. 짚호미 제작은 대장간에서 호미를 사다가 끝이 동그랗게 말린 곳에 작은 나무심지를 박아서 감은 짚이 빠지지 않게 하고서 짚을 감아 올려 고정시켰다.

사례 1 논산군 채운리(資5-13)
짚호미 만들기는 쉬우면서도 어려운 기술을 요구하여 마을 안에서 잘

**손잡이에 짚을 감은 논호미**

(오른쪽) 경기도 화성 한두골(경희대박물관 소장, 필자 1988년 수집)
(왼쪽) 충남 당진 가학리

만드는 사람이 도맡았다. 그 사람은 호미자루 만드는 일만 했다. 나무로 만들면 물에 미끄러지는 탓으로 논매기호미는 반드시 짚으로 만든 것이다. 호미날이 망가지면 날을 벼리는 것은 마을 자체에 있는 대장간에 가서 '호맹이날 잇는다'고 수리해서 썼다. 채운리의 대장간에서는 주로 호미, 소시랑, 괭이 같은 소소한 농기구를 만들었다.

### 사례 2 논산군 양지뜸(资5-11)

논매기호미는 밭매기호미보다 컸다. 손잡이 부분은 짚으로 감았다. 나무손잡이는 손이 아팠기에 반드시 짚으로 감아썼다. 짚손잡이는 물이 묻어도 잡기가 좋았다. 호미손잡이를 짚으로 감으려면 기술이 필요했기에 각자 감는 일은 없었고 호미자루를 감아주는 이들이 별도로 있었다. 호미자루를 감아주는 사람은 일손이 딸려 잠도 제대로 못 잤다. 호미자루를 잘 감아 주는 사람이 마을에서도 몇 안 되었다. 호미날이 닳면 날달임을 인근 용화리의 마을대장간에서 해결했다. 그 대장간은 두레가 소멸하면서 같이 없어졌다. 그 후에는 논산장으로 나갔다.

### 사례 3 화성군 동천(資2-40)

두레호미는 짚호미라고 불렀는데 손잡이를 짚새끼로 모아서 쉽게 잡히게 만들었다. 그러나 왜정 말년에 오동나무로 만든 호미가 나와 그 때부터 그것을 이용하게 되었다. 호미날은 매년 봄에 모내기를 바로 끝내고 대장간에서 날을 벼리는 '날달임'을 해서 날카롭게 하여 썼다.

### 사례 4 화성군 한두골(資2-38)

모를 매는 호미는 보통 짚으로 만든 논호미를 썼다. 밭호미는 크기가 조금 작았고 논호미는 날이 뾰족했다. 논맬 때는 나무자루를 쓰지 않고 반드시 짚으로 감아서 썼다. 호미 끝을 말아서 나무를 끼워 짚이 빠지지 않게 했고 짚은 감아 올려서 고정시켰다. 짚을 쓴 것은 손이 아프지 않게 하기 위해서였다.

### 농사의 절반은 땅이 알아서 해준다

논의 상태는 두레의 제초방식을 결정하는 중요 요인 가운데 하나였다. 물 사정에 따라서 모내기 시기가 결정되었으니, 이에 따라 제초시기도 달랐다. 또한 땅이 딱딱하다거나 무른 정도에 따라서도 두레의 제초방식이 달랐다. '농사의 절반은 땅이 알아서 해준다'는 속언이 있을 정도로 논 그 자체가 중요했다. 전통적으로 전田은 경작할 수 있는 땅을 총칭하는 말이며, 수전水田과 한전旱田이 있는데 서로 다른 것이라고 했다. 답畓은 수전水田을 뜻했다. 고래로 상답上畓은 스스로 물이 나오는 논이고, 천동직天動直 혹은 봉천직답奉天直畓은 물을 끌 수 없는 논을 말했다.[25] 이처럼 물의 상태를 보아서 논을 구분하는 일이 보통이었다. 그러나 논의 생김새에 따라서도 얼마든지 구분이 가능했다. 일찍이 17세기 초반 『한정록閑情錄』에서, '물 솟는 곳은 벼재배가 마땅하니 이것이 이른바 토양에 따른 작물재배를 이름이라'고 했을 때, 적지적작適地適作은 적기적작適期適作만큼이나 중요했음을 깨닫고 있었다는 증거다.[26] 농학적인 분류에 따른 논의 구분은 다음과 같다.[27]

건답乾畓 : 물대기와 물빼기의 구별이 명확한 논으로, 물을 대면 논으로 이용되고 물을 빼면 밭으로 이용된다. 보리 2모작이 많이 이루어지므로 보리논(麥畓)이라고도 부른다.

천수답天水畓 : 빗물에 의해서만 이용되는 논이다.

저수답貯水畓 : '물잡이논'이라 하며, 벼를 수확한 후 이듬해 벼농사를 위해 겨울 동안 물을 저장해두는 논이다.

건도답乾稻畓 : 이른바 마른벼를 재배하는 논으로 7월 장마철에 들어서서 비로소 물을 넣어 무논으로 하여 논벼와 같이 재배를 한다.

윤답輪畓 : 답작과 전작을 몇 해 만큼씩 걸러서 교체하여 재배하는 논이다.

간석답干拓畓(갯논) : 갯벌을 막은 논으로 서해안에 많다.

습답濕畓 : 민갈이 논으로 물대기를 안 해도 늘 물기가 남아 있는 안 좋은 논이다.

누수답漏水畓 : 모래 · 자갈이 많아 물의 지하 침투량이 과다하여 물저장 상태가 안 좋다.

냉수답冷水畓 : 산골 논에 많으며 찬물받이라고 찬물이 스며 나오는 안 좋은 논이다.

그밖에 있는 위치에 따라 골짜기에 있는 고래논(谷畓), 산에 있는 산골논(山畓) 등 각 지방에 따라 여러 가지로 구분된다. 현지조사에 의하면 다음과 같이 나타난다.


① 물에 따른 논의 구분

물에 따른 구분은 크게 건답乾畓과 수답水畓으로 나뉘었다. 대략 수답 · 고래실논 · 샘논 · 천수답 · 고답 · 건답 · 하늘바래기 · 하늘받이 · 봉천지기 · 한답 · 구렁배미 · 깊은논 · 두렁논 · 수렁논 · 엇답 같은 이름이 확인된다.


천수답 : 물이 없는 논으로 고답 · 건답 · 하늘바래기 · 하늘받이 · 봉천지기 · 한답이라고도 부른다(資2-1 · 2 · 27). 잘 안될 경우에 기장 · 서숙 등 잡곡을 갈아 버리는 논이기도 했다(資5-16).

수답 : 물이 잘 나오는 논으로 고래실논, 샘논이라고도 한다(資2-1 · 5).

수렁논 : 지표가 낮고, 물이 많은 논으로 둠벙배미 · 구렁배미 · 진논 · 깊은논이라고도 한다. 소가 잘 빠지는 논으로 일하기가 힘들다. 예전에는 수렁논을 높게 쳤으나 지금은 낮게 친다(資2-1 · 2 · 5, 5-20 · 26 · 28).

엇답 : 물이 나오는 정도가 중간 수준의 논을 말한다(資5-21).


② 모양새에 따른 논의 구분

모양새에 따른 구분은 악기 · 농기구 · 달 · 동물 같은 사물에 빗대어서 지었다. 멍에논 · 삿갓논 · 두멍논 · 둥근뎅이 · 장대논 · 갓모배미 · 장대배미 · 긴논 · 진논 · 진배미 · 실거리 · 메물논 · 장구배미 · 반달배미 · 보십배미 · 뱀꼬랑지논 · 갈치논 따위가 확인된다.

멍에논 : 소의 멍에같이 생긴 논. 멍에처럼 휘어졌다(資2-1, 5-16 · 20).

삿갓논 : 삿갓같이 생긴 논으로 갓모배미라고도 한다(資2-1, 5-16 · 25).

두멍논 · 둥근뎅이 : 둥근 형태의 논(資2-2).

장대논 : 장대같이 기다란 논으로 장대배미 · 긴논 · 진논 · 진배미 · 실
    거리라 부른다(資2-2, 5-16 · 25 · 28).

메물논 : 메밀국수가락처럼 세모진 논(資5-28).

장구배미 : 장구처럼 양쪽이 퍼지고 가운데가 오목한 논(資5-20 · 25).

반달배미 : 반달처럼 초승달 형상을 지닌 논(資5-20).

보십배미 : 삼각형으로 생긴 논으로 보습같이 생겼다고 이름 붙여졌다
    (資2-5).

뱀꼬랑지논 : 뱀같이 길게 생긴 논(資2-5).

갈치논 : 갈치처럼 긴 논.


### ③ 기타 구분

개간답 : 강변 모래밭의 논을 막아서 심는 하답下畓이다.

간석답 : 간척지의 논으로 염기가 올라오므로 하답으로 쳤다.

엇답 : 벌판의 물이 귀한 곳에 있는 하답이다.

넓은배미 : 넓은 들판의 논이다(資5-26).

들논 : 넓은배미에서 약간 높은 논이다(資5-26).


### ④ 표본사례 : 충남 서산시 음암면 고양동의 경우

하나의 마을을 표본으로 삼아서 논 명칭을 분석해본다. 다음의 논 명칭
은 논의 토속적 원형질을 잘 말해준다. 물 사정, 들판의 크기나 모양새, 소
유주의 이름, 높낮이의 자리매김 등등에 따라서 논 명칭이 구전되고 있다.
논 명칭은 적어도 수백 년 이상을 전승해온 농민들의 땅에 대한 인지체계

를 말해준다. 그러나 일찍이 농지정리가 이루어지면서 이들 고유명칭은 구전으로 전승될 뿐 현재의 지도에 정확하게 찍기란 곤란하다. 대략적인 위치를 확인할 수 있을 뿐이다.

· 가락부리 : 사슴머리의 끄트머리 밑으로 있던 밭

· 구렛들 : 도당천이 흘러내리는 쪽의 깊은 논.

· 군모루들 : 흔히 그전부터 논매고 두레할 때는 주로 이 끄트머리에 기
세워두고 쉬는 장소다. 성암저수지가 예전에는 군모루벌판이었다.
용대기 꽂고 농악도 다 모여놓고 논매고 점심먹고 쉬고 하던 장소다.

· 대추나무배미 : 대추나무 있었다고 지은 이름.

· 덕수자리 : '사람이름＋자리'. 권씨가 샀더라도 예전부터 짓던 논이니
까 알기 쉬우라고 덕수자리라고 불렀다. 언드리 밑.

· 동산배미 : 산처럼 높은 곳에 있다고 동산배미라 부름.

· 동산배미 : 진걸 위.

· 마당배미 : 새잔걸 옆.

· 미끄리배미 : 미꾸라지처럼 생긴 논.

· 박첨지자리 : 박첨지가 부쳐먹던 논. 가락부리 밑의 논.

· 보시배미 : 보습처럼 생긴 논. 덕수자리 위.

· 사슴머리 : 수렁치기 위 옆으로 탑곡리3구에 생긴 모양이 사슴머리같
이 생겼다고 붙여졌다.

· 새잔걸 : 논 이름인데 배미로 3배미 잔거리로 쪽 있다고 붙여짐. 동산
배미 밑.

· 새장거리미

· 수렁치기 : 논에 수렁이 많다. 수렁치기 논에는 상답이다. 지하수가
막 솟구친다.

· 수박지水薄地 : 물이 아주 핍박한 땅. 물의 근원이 아주 없다고, 물이
　없는 마른땅이라는 뜻. 아주 없는 사람만 살던 곳.

· 언드리배미 : "여기서 부르기를 언드리라고 했는데, 이름은 농조에서
　보 이름 지을 적에 조금 이상하게 부르더라" 한다. 논이 5마지기도
　넘는다.

· 연꽃배미 : 연꽃처럼 생긴 논.

· 장밭들 : 들은 넓은 들인데 옛날에는 높은 지대라서 안 좋은 논이었
　다. 지금은 저수지에서 물이 내려와서 좋은 논이 되었다. 옛날 좋은
　논은 다 성암저수지 속으로 들어가버리고 안 좋던 장밭들이나 남았
　는데 이제는 그곳에도 물이 내려와서 좋은 논이 되었다.

· 장화배미 : 장화처럼 생긴 논.

· 진걸 : 땅이 질어서 진걸이라 했음.

· 한배미 : 소중리에 있었다. 소중리 끄트머리 서낭 있는 너머로 한배
　미들.

· 회귀자리 : 9마지기＋5마지기＝14마지기. 물이 사방천지로 샘에서도
　솟구치고 물이 아주 좋아서 좋은데, 물이 많은 날에는 물이 너무 좋
　아서 벼가 썩어버리니까 주인이 "회～" 하면서 뒤로 나자빠진다고
　해서 붙여진 이름. 물이 너무 좋아서 논이 소용없고, 장밭들처럼 물
　이 너무 없어도 소용없는 곳도 있다.


이상 논의 종류가 제초에 미치는 영향관계는 다음과 같이 정리된다.

첫째, 두레의 제초작업은 '두렁넘기' 방식으로 이루어졌기 때문에 두
레꾼들은 마을의 모든 경작지를 정확히 알고 있어야 했다. 마을의 모든
논에는 각각 이름이 붙어 있었다. 따라서 두레꾼들은 농사지을 땅이 어
떤 상태인지를 잘 알고 있었기에 각각의 논에 부합되는 방식으로 농사를

지었다. 가령, 삼각형논과 긴 논을 매 나가는 방식은 차이가 났다. 좌상座
上이나 영좌領座같이 농사 경험이 풍부한 지도자들은 논의 특성을 잘 알
기에, 적절한 통솔이 가능했다.

둘째, 잡초의 과다와 토질에 따라서 제초방식도 달랐다. 풀이 적은 논
은 그만큼 제초 횟수가 줄었다. 잡초의 특성 자체에서 김매기방식도 달
랐다. 피 같은 잡초는 초생草生일 때는 잘 구분이 되지 않는다. 피가 웃자
라고 나면 식별이 용이해지므로 그때 가서 호미가 없이 맨물로 간단히
피 뽑기 정도로 해치우는 경우가 많다.

셋째, '막모·줄모·자모'의 상태에 따라 두레의 일 방식이 차이가 났
다. 막모(또는 한산모)는 서너 사람이 가로로 한 줄씩 서서 기준으로 삼을
만한 못줄이나 못자도 없이 눈짐작으로 포기 사이의 간격을 5~6치 정도
로 모를 꽂으며 뒤로 나가는 방법이다. 이 방법은 못줄을 치고 못자를 옮
기는 것과 같은 품을 들이지 않으므로 모 꽂는 속도는 상대적으로 빨랐
으나 포기 사이의 간격과 포기의 줄이 바르지 못하여 김매기에서 불편한
점이 있었다. 줄모는 이미 17세기 후반기 이전에 널리 보급되었다.『후생
록』에는 모 꽂기 방법에 대하여, "모는 한 포기에 4~5대씩 꽂아야 하며
포기 어간은 약 5~6치 되게 하는 것이 좋다. 줄과 줄 사이는 곧바르게
하여 발을 자주 옮기지 말아야 한다"고 했으니,[28] 수준 높은 줄모 방법이
모내기풍습과 더불어 널리 보급되던 정황을 설명한다. 자모는 현대적인
기계모가 나오기 전까지 가장 널리 적용되던 모내기법으로 못줄과 못자
를 이용했으며, 한반도 서부와 남부 들판에서 많이 성행했다.

논이 딱딱하다거나 무른 정도를 보아서 호미질과 손으로 훔치기가 결
정되는 경우가 많았다. 무른 땅은 세벌을 모두 손으로 훔치기도 했으며,
땅이 딱딱하면 세벌을 모두 호미로 매기도 했다. 같은 마을이라고 하더
라도 논의 상태가 달랐기 때문에 두레의 노동관행에서 차이가 났다.

즉, 호미 매기와 손작업의 구별은 초벌·두벌·세벌의 차이뿐 아니라 토질에 따라서 구별되었다. 현지조사 사례를 살펴보면, 맨손으로 풀을 뽑는데 손에 대나무 따위로 만든 깍지를 끼고서 매어 나간다(사례 1·2). 낙동강가처럼 무른 땅에는 초벌부터 세벌까지 모두 깍지로 하는 경우도 있었다(사례 3). 무논은 호미가 없어도 손으로 잘 들어갔으나 손가락이 벗겨지고 피가 나오며 팔이 벼에 스쳐서 토시를 하고 일을 해나갔는데도 피가 흐를 정도로 힘들었다.

사례 1 대전시 소리두레(資5-21)
손 훔치기에서 손가락에 골무(느생이짚으로 만듬)를 꼈다.

사례 2 고창군 상평두레(資4-1)
초벌과 두벌은 물을 완전히 빼고서 호미로 파엎는 방식이다. 세벌은 손으로 풀을 잡아서 논에 묻는 방식이다. 풀 뽑는 방식이 아니라 땅에 밀어넣어가는 방식이 쓰인 것이다. 팔뚝에는 대나무로 만든 토시를 끼고, 손가락에는 닳지 않도록 대롱 혹은 골무를 끼고서 작업에 임했다. 세벌에 만두레를 하는 경우도 있었으나 네벌에 주로 만두레를 했다.

사례 3 밀양군 수산두레(資3-3)
두렛일에는 호미를 쓰지 않았다. 낙동강이 늘 범람하여 모래흙이 쌓인 관계로 땅이 무른 편이었기에 손에 고동을 끼고 했다. 고동은 대나무를 깎아서 둘째와 셋째 아픈 손가락에만 꼈다. 손가락으로 땅을 파는 격이어서 손가락이 망가지지 않게끔 하는 정도였다.

## 초벌 · 두벌 · 세벌 · 만두레의 노동관행

### 두레도 두레 나름

두레가 김매기에 쓰였음은 전국이 동일하다. 다만 김매기의
초벌, 두벌, 세벌에서 모두 두레가 쓰였던 것은 아니다. 김매기 전 과정을
통해서 두레가 쓰이거나 아니면 일부 작업에만 쓰이는 식으로 지역과 마
을에 따라서 약간의 차이가 있다. 기본은 초벌 · 두벌 · 세벌매기였다. 토
질의 경질여부와 잡초 상태, 노동력 부족 따위에 따라서 여러 가지 다양
한 양상이 드러났다. 두레 활용도가 편차가 나는 이유는 다음 몇 가지로
볼 수 있다.

첫째, 김매기 시기는 전적으로 이앙 시기에 달렸다.

벼의 생리상 늦벼와 이른 벼로 구분되는 게 원칙이지만 불안전한 수리
사정은 적기 이앙을 힘들게 했다. 관행적으로 '하지 전 3 일 후 3일 모내
기'란 말이 채록되며, 이는 일제가 만든 규정과도 거의 일치한다.[29] 참고
로, 일제 강점기 이앙 시기를 살펴볼 필요가 있다. 1906년 경기도 수원에
권업모범장勸業模範場이 설립된 뒤, 1930년까지 정립된 표준경종법을 농
사시험장 답작계畓作係 설계세목에서 보면, 5월 1일 파종에 6월 15일 이
앙으로 되어 있다. 남선지장南鮮支場(현재 호남작물시험장)에서도 1930년부
터 1970년까지 이앙기가 같다. 이와 같이 70여 년간 지속되어온 이앙기
는 1970년대 초에 보온못자리용 비닐의 개발과 냉해에 약한 통일형 품종
의 확대보급으로 약 15일 당겨졌다. 따라서 근현대시기의 초벌 제초시기
는 이앙 날짜로부터 10~15일 이후로 계산하면 된다. 현지조사 사례에
기초한 김매기 일정표는 다음과 같다.

**김매기 일정표**

| 초벌 | 두벌 | 세벌 | 만물 | 비고 |
|---|---|---|---|---|
| 25~30일 후 | 10일 후 | 1주일 후 | 1주일 후 | 사례 2 |
| 25~30일 후 | 10일 후 | – | – | 사례 3 |
| 20일 후 | 1주일 후 | – | – | 사례 4 |
| 1달 후 | 1주일 후 | – | – | 사례 5 |
| 20일 후 | 15일 후 | 10일 후 | – | 사례 6 |

현지조사 결과를 살펴보면, 김매기 시기가 다를 수밖에 없는 이유가 명백해진다. 가령, 사례 3에서 초벌을 두레로 하지 않은 이유는 모내기 시기와 관계가 깊었다. 물 사정이 좋아 모를 일찍 낸 논은 벼가 부쩍 자라나 시급히 김매기를 해야 했으나, 모내기를 늦게 끝낸 논은 그만큼 김매기 시기를 기다려야 했기에 일제히 두레로 초벌매기를 할 수가 없었다. 두벌시기에 이르면 하루 이틀 늦는 것이 큰 지장이 없으므로, 두벌만큼은 일제히 두레로 해결했다(사례 1 · 2).

사례 1

논에 따라 모내기 날짜가 다르므로 김매기도 달라졌다. 따라서 초벌은 놉 · 품앗이로 하고 두벌만 두레를 썼으며, 세벌도 두레를 쓰지 않았다 (資5-6).

사례 2

아시매기는 모심기가 끝나면 그대로 들어가며, 두벌은 아시매고서 약 10여일 있다가 들어가고, 세벌은 보름여 있다가 들어간다. 모내기를 늦게 한 곳은 김매기를 곧바로 해버린다. 약 보름여 차이가 나는 탓으로 모내기 끝나는 순간에 바로 들어가는 것이다. 즉, 중간에 심은 논은 중간에 매게 된다(資3-2).

둘째, 두레도 두레 나름이다.

공동체적 강제가 사라지면서 두레가 분화했고, 일제히 두레를 쓰지 않고 여건에 따라 선택적으로 활용하는 방식으로 노동관행이 바뀌었다. 공동체적 두레노동, 고지형의 임노동, 품앗이 등이 상호 간에 얽힌 구조로 마을경작이 이루어졌다. 두렛일이 거칠기 때문에 부농에서 놉을 사서 김매는 경우(사례 5 · 6 · 8), 고지를 청부받아 이를 두레에 넣어서 집단적으로 해결하는 경우(사례 7), 두레가 소멸되면서 남게 된 품앗이형의 어깨품앗이(사례 3) 따위의 여러 경우가 있었다. 전통적인 두레의 강제성이 약화되고 노동관행이 다변화되는 경향을 보여주었다.

사례 3

초벌은 두레, 두벌 · 세벌은 어깨품앗이로 해결했다. 어깨품앗이는 풍물 없이 15~20명 정도로 두레와 비슷한 숫자가 움직이는 공동노동이다(資2-23).

사례 4

소농의 경우, 초벌은 두레 없이 품앗이로 해결했다. 세벌이 없으면 그대로 만두레로 들어갔다(資4-4).

사례 5

초벌은 놉을 얻어서 해결하고 두벌만 두레로 해결하는데 두벌조차도 개인이 놉을 얻어서 하는 경우가 있었다(資4-5).

사례 6

초벌은 품앗이로 하고 부농은 품앗이 말고도 놉을 썼다(資5-4).


사례 7

아시는 품앗이, 두레는 두벌 때 했다. 고지논도 두레에 넣어서 하는 경우가 많았다. 이는 형식은 두레이되 내용은 고지노동이었다(資5-9).


사례 8

초벌은 꼼꼼하게 품앗이, 두벌 · 세벌에만 두레를 썼다(資3-1).


셋째, 만두레 적용범위는 지역에 따라 달랐다.

초벌 · 두벌 · 세벌을 끝내고 네벌을 만두레라 부르는 경우, 초벌 · 두벌 끝내고 세벌에서 행하는 경우로 대별된다.[30] 만두레는 대개 손으로 훔친다. 손으로 훔치기는 꼼꼼하게 할 경우와 피사리 정도로 끝내는 경우도 많다. 남도의 한 가지 사례로서 광주지역의 경우, 논매기는 초벌 · 한벌 · 굼벌 · 만드리(만두레)순서로 4번 매기가 보통이다. 만두레는 마지막 논매기로 논상태를 보아서 적당한 날 매는데 풀이 없으면 생략하기도 한다. 풍년이 든 해의 만드리 때는 마을의 모든 일군들이 일렬로 모여 논 소유와 관계없이 들의 이쪽에서 저쪽 끝까지 논두렁을 넘어 논을 매는데 이를 '질지심'이라고 한다. 굼벌이나 만드리 때는 고생한 일군들을 달래는 풍장놀이가 벌어지는데 장원례 · 만드레 · 호미씻이 등으로 불린다.

초벌 · 두벌에 두레는 하지 않는 마을도 세벌이나 네벌을 만물로 삼고, 만물에 집중적으로 두레를 일으켜 세운 사례가 많다. 김매기를 파하는 만물두레를 통하여 한해 농사를 완결짓고, 만물두레에서 나온 두레자금은 7월 두레먹기에서 비용으로 쓰는 경우가 많았다. 부여지방 남부에서

순전히 두레를 먹기 위하여 만물에 두레를 조직하는 '둥그레먹기', 전라
남도에서 두레먹기 비용을 위한 '공굴' 따위가 대표적인 사례일 것이다.

### 호미질이냐 훔치기냐

김매기는 크게 호미질과 훔치기로 나뉜다. 두레작업 방식의
기본형은 초벌 호미 · 두벌 호미 · 세벌 손, 혹은 초벌 호미 · 두벌 손 · 세
벌 손을 이용했다. 그러나 같은 마을에서도 땅이 딱딱한 경우에는 손과
호미를 번갈아 쓰는 방식으로 토질에 따라 작업이 달랐다. 아예 땅이 무
른 논의 경우, 전적으로 손으로 매게 된다. 꼼꼼하게 하는 집은 네벌까지
매었으나 노동력 부족으로 네벌은 드물었다. 일제 강점기에는 아예 다음
같은 도표로 교육을 시키고 있었다. 그러나 이 같은 네벌 매기는 권장사
항이었을 뿐, 노동력 부족으로 쉽지가 않았다.[31]

첫째, 호미 매기 방식을 살펴본다.

호미 매기는 논물을 자작자작할 정도로 뺀 상태에서 매게 된다. 물이
없으면 땅이 굳어 논매기가 힘들고, 물이 많으면 흙탕물이 되어 잡초 제
거가 어렵다. 흙을 덩어리째로 찍어서 뒤로 넘기면서 앞으로 전진하는
방식으로 매게 된다. 한 칸씩 건너뛰면서 찍은 흙더미를 뒤로 덮고 난 다
음에 발로 밟고 지나감으로써 잡초가 올라오지 못하도록 하는 방식이다.
실제로 장풍장을 치면서 호미로 찍다 보면 건너뛰기(혹은 도둑뎅이라 부름)

| 제1회는 | 심은 후 | 열대엿새 | 호미로 |
|---------|---------|----------|--------|
| 제2회는 | 1회 후  | 5~6일    | 손으로 |
| 제3회는 | 2회 후  | 10일     | 손으로 |
| 제4회는 | 3회 후  | 15일     | 손으로 |

라고 하여 대충 지나치는 경우가 많았다. 그래서 꼼꼼하게 초벌을 매려고 하는 집에서는 두레에 넣지 않고 놉을 얻어서 하는 경우도 많았다. 초벌을 매고 나면 다시 물을 넣었다. 물을 넣지 않으면 어린 모가 여름 햇볕에 타 죽을 염려가 있었다.

둘째, 훔치기 방식을 살펴본다.

손으로 훔치기는 벼 포기를 두 손을 돌려서 풀을 뽑아 발로 밟고서 흙으로 묻어 놓고 한 간격씩 나가는 방식이다. 풀을 옆으로 쳐 놓으면 자연히 흙덩이도 골라져서 추수 때 낫질이 편해진다. 이때 물을 적당히 뺀 상태에서 자작자작하게 해놓고서 매어나갔다. 물이 많으면 모가 미끄러져 잡을 수가 없었던 탓이다.

사례 1  화성군 한두골두레(資2-38)

일 잘하는 사람은 '삭파'라고 해서 간격없이 파나가는 방식으로 김을 매었는데, 약 15cm 정도로 떠 갔다. 뒤처지면 한 번 호미로 떠서 덮어버리고 갔는데 이를 '밥 덮는다'고 했으며 '논 더럽게 맨다'고 했다. 일을 시작할 때는 앞 두렁에 좌상이 들어가고 약 1m 정도(6포기 간격, 넓게는 8포기 간격)로 사이를 벌려 매어나갔다.

사례 2  당진군 가학리두레(資5-14)

아시매기 : 물을 빼서 약간 자작자작한 상태에서 '아기더듬이'라고 부르는 방식으로 손으로 풀을 뜯어나갔다. 세세하게 벼 포기 사이를 매가는 방식이었다.

두벌매기(이듬) : 호미로 잡초가 있는 흙덩어리를 파 엎어 찍어나가는 방식이었다.

세벌매기 : 두벌에 웅덩이진 곳을 다른 흙덩이로 메우는 방식이었다. 흙

1 | 2<br>3

**손으로 훔치기**

1 세벌매기(홍성 결성두레)
2 만물매기(논산 대명리두레)
3 논에서 나오기(논산 대명리두레)

을 흐트러뜨리기 위하여 두벌보다는 물이 좀더 많아야 했다.

만물 : 손으로 더듬어 훔쳤다. 완전히 물을 빼고서 손으로 더듬어 잡풀
　　을 흙 속에 집어넣었다.


### 사례 3 홍성군 고들미두레(資5-35)

모내기 끝내고서 25~30일 정도에 초벌을 매었고, 두벌은 약 10일 있다
가 했다. 초벌과 두벌은 일꾼들이 전진해 나가면서 흙을 엎어서 잡초를
덮어나가는 방식이었다. 물을 적당히 뺀 상태에서 호미로 땅을 찍어 뒤
로 넘기면서 전진했다. 풀뿌리가 다시는 엉키지 못하게 호미로 끊는 방
식이다. 세벌은 8월 초순에 하는데 피를 드문드문 뽑는 피사리 정도였
다. 이를 만물이라 부른다.


### 사례 4 부여군 신대리(資5-27)

아시매기는 논을 돌아다니면서 풀을 드문드문 뽑는 방식으로 작업하며,
'글명'(혹은 걸망)이라고 부른다. '글명'을 하고서 일주일 이상 있다가 두
레가 나서 호미로 두벌을 매게 된다. 본격적인 김매기는 두벌에 시작됨
을 알 수 있다. 세벌은 매는 사람도 있고 지나치는 사람도 있다.


### 사례 5 청원군 묘암리(資5-36)

초벌은 호미로 찍어서 흙덩이를 엎어놓아 풀이 땅으로 들어가게 했다.
두벌에는 묻힌 풀이 되나오는 것을 손으로 뭉개면서 논바닥을 다듬었
다. 모난 풀은 땅에 묻고 논두렁 가까운 풀은 논 밖으로 집어던졌다. 초
벌에는 물을 어지간히 대놓고서 했다. 물이 너무 많으면 텀부덩 하니 힘
들었던 탓이다. 초벌을 매고 나서는 물을 1주일에 담갔다가 물을 빼면서
훔치게 된다. 물을 대어놓으면 흙덩어리가 물렁하게 되어 작업이 수월

했다. 세벌은 없었으며 간단히 피사리 정도나 나중에 했다.

사례 6 익산군 행동두레(資4-5)

모내기는 음력 '보리망종'에 하고 모내기의 '마름갈이'는 하지에 했다. 초벌(아시)은 물을 빼고서 맸으며, 비료를 넣고서 호미로 매었다. 땅 상태에 따라서 땅이 걸고 좋은 데는 초벌을 호미로 매고 두벌에 손으로 매나, 땅 상태가 안 좋은 곳은 두벌도 호미로 맸다. 두벌에도 거름을 다시 주어가면서 했다. 초벌에 웅덩이 진 곳을 흙으로 몰아넣어 평평하게 하면서 일을 하는데 아시매기보다는 손쉬웠다. 초벌은 놉을 얻어서 해결하고 두벌도 잘된 논은 개인이 사람을 얻어서 놉으로 했다. 두레로는 놉을 하지 않은 여타 논을 하게 되는데 이 경우는 반드시 호미로 매게 된다.

**전쟁을 치르듯 마을의 논두렁을 타고 넘어 쌈싸기로**

두레 노동관행의 대표적 성격은 두렁넘기와 쌈싸기에 있다. 전자는 두레의 공동체성을 가장 잘 웅변해주는 것이며, 후자는 두레의 농법과 관련된 것이다.

첫째, 두레의 모든 경작지는 두렁넘기 방식으로 맨다.

두렁넘기란 마을의 경작지는 소유와 관계 없이 모조리 매어나가는 방식을 말한다. 마을 전체를 하나의 경작지로 간주하면서 두렁을 타고 넘는다. 두레의 공동체적 경영방식을 가장 잘 드러내주는 사례이기도 하다. 따라서 좌상·영좌 같은 두레의 역원은 노련한 농사 경험을 살려서 두렁넘기를 효율적으로 할 수 있도록 작업 순서를 잘 배치해야 했다. 아래 사례에서 보듯, 마을 전체를 하나의 논으로 보고서 일괄적으로 작업한다.

사례 1 화성군 동천두레(資2-40)

일하는 방식은 '두렁넘기'라고 해서 한 골짜기에서 그대로 훑고 나갔다. 즉, 내 것 남의 것을 따지지 않고 마지기 당으로 비용을 계산하게 되므로 모두 두렁을 넘었다.

사례 2 공주군 하신리두레(資5-3)

마을의 위에서부터 아래로 쭉 매어나갔다. 논을 타고 훑으면서 밑으로 내려갔다. 논 임자와 상관없이 모조리 매었다.

사례 3 당진군 월곡리두레(資5-15)

논매는 작업방식은 두렁넘기였다. 논 주인을 가리지 않고 동네 논 전체를 두렁을 타면서 매나갔다.


둘째, 두레농법의 가장 특징적인 일은 둥그렇게 돌아가면서 매는 방식이다.

두레는 풍물과 민요를 발전시키면서 음률에 맞추어 작업했다. 작은 논은 그대로 일렬로 열을 지어 매나갔다. 장방형의 큰 논이라도 충분히 많은 사람들이 매어나갈 때는 일렬로 나갈 수도 있었지만, 임의적으로 생긴 논에서 가장 빠르게 작업을 진척시키는 방식은 능숙한 사람이 앞장서서 주도하는 가운데 뒷사람이 따라붙는 방식이었다. 앞잽이 · 선두잽이 · 벼루잽이(사례 8) 따위가 바삐 돌아가면 뒷잽이들이 힘겹게 따라붙는 방식이다. 그래서 '뺑뺑이지심'(사례 4), 혹은 '화리돈다'(사례 8)고 했다. 처음에는 천천히 매어나가다가 바쁘게 원을 그리면서 쌈을 싸게 된다. '쌈싸기'는 지심쌈 · 몬들쌈이라고도 하며 '몬들소리'를 하게 된다(사례 9). 지역에 따라서는 '모듬쎗'이라고도 한다(사례 13). 두레의 쌈싸기는

## 두렁 넘기

'내 논, 네 논'을 따지지 않고 두렁을 타고 넘어 농사를 짓는
두레 관행은 공동체적·공유적 경영의 구체적 실례이다.

두레노동의 속도감을 설명해준다. 단, 벼가 웃자라면 뺑뺑이지심을 하지 못하고 앞으로 밀기만 한다(사례 4).

### 사례 4 고창군 상평두레(資4-1)

'뺑뺑이지심'은 마구 돌면서 매는 방식으로 일이 마무리될 때, 혹은 일을 급히 따라붙을 때 매는 방식이다. '시악지심'은 왔다가 갔다가, 혹은 돌아갔다가 다시 나가고 하는 식이다. 일직선으로 갔다가 왔다가 하면 누구든지 따라붙지 않을 수 없어 작업이 대단히 어려웠다. 처음에 '벼루'가 일부를 내어가게 하다가 대개 몰아주어 한 바퀴를 돌아주게 하면 따라가는 것이 상당히 어려워진다. 말하자면 시악지심은 누구든 일을 악착같이 효율적으로 하게끔 하는 뛰어난 지심 방식이었다. 앞으로 밀기는 주로 만두레에 한다. 벼가 웃자란 탓으로 뺑뺑이지심은 못하고 앞으로 미는 방식으로 한다.

### 사례 5 익산군 웅포리두레(資4-4)

대각선으로 전진해야 발을 다치지 않았다. 농사경험이 많은 사람이 선두와 끝을 이끌고 모는 역할을 했다. 종료가 가까워지면 논자락 끝에서 "우이-" 소리를 지르며 쌈을 싸며 호미를 쓰지 않고 발로 그대로 짓밟았다.

### 사례 6 당진군 월곡리두레(資5-15)

반듯한 논은 일렬로 간격을 맞추어서 매들어간다. 작은 논은 상관이 없으나 큰 논은 돌아가는 방식을 썼다. 가령 열 마지기 논이라면 40여 명이 다 못 잡으므로 끝에 가서 둘러서 되짚어서 매들어간다. 비스듬히 들어가서 파진 데를 다시 되돌아가면서 돌아가는 방식이다. '되받아야 한다' 하면 약간 밀어주고 숫구쳐 둘러싸서 매나간다. 논의 맨 끝에서는

**김매기의 마지막은 쌈싸기**

동그랗게 원을 그리면서 일을
끝낸다(위 : 홍성 결성두레, 아래 :
당진 가학리두레).

동그랗게 모아진다. 이때 공원이 덩어리소리를 매긴다. '어하 덩어리' 하면서 동그랗게 매들어가며, '둘러쳐라' 하면 둥글게 바삐 서둘러 매나간다. 가장 빠르게 하는 쪽은 앞에 선 사람으로 대개 기운 좋은 꽁배를 앞장세워서 한다. 다 매면 매기는 사람이 '얼카뎅이' 하면서 활짝 일어서며 끝낸다.

### 사례 7 당진군 가학리(資5-14)

먼저 북수가 논에 들어가서 북을 '덩덩' 치면 일하는 신호가 됐다. 이어서 풍물패가 들어가고 일꾼들이 일렬 횡대로 섰다. 공원의 지시로 '화리'라고 하여 따라가면서 돌았다. 마지막에는 '몬들'이라고 부르는 소리를 하면서 동그랗게 에워싸서 끝마무리했다. 이때 '장풍장'을 치면서 신명을 돋구면 벼 포기가 쓰러지고 난리판이 되었다.

### 사례 8 논산군 양지뜸두레(資5-11)

'벼루잽이'라 부르는 일을 잘하는 사람을 선정하여 쭉 따라갔다. 직선으로 가기보다는 대각선으로 갔다. 작업이 완료되면 일꾼들이 달라붙어 '우이' 하면서 빙 둘러서 소리를 하면서 끝마무리를 했다. 이때는 좁은 면적에 사람이 바글바글하는 탓으로 호미를 못 쓰니까 발로 밟아서 풀을 쑤셔 박았다.

### 사례 9 논산군 메꽃두레(資5-12)

좌상이 '저리 가서 붙어라, 이리 가서 붙어라, 아무렇게 하는 것이 아니다'는 식으로 지시했다. 좌상은 일손을 잘 알아서 어디서 시작하여 어디에서 끝이 나는지를 잘 알고 있었다. 풍물이 앞으로 전진하면 일꾼들도 따라갔다. 전진방식은 '앞잽이'가 선두에 서서 한쪽으로 돌아나아가면 선두를 따라가고, 선두가 반듯이 나아가면 그 뒤를 그대로 따라갔다. 선두가 어지간히 나아가서 작업종료가 다가오면 '지심쌈'을 싼다. 동그랗게 쌈을 싸서 바짝 앞으로 나가면서 마주치게 되면 자진마치가락을 치게 되고 두레꾼들은 만세를 부르게 된다. 이를 '몬돌쌈'이라 부른다. '몬들'이란 '동그랗게 모은 것'을 말한다. '몬들'에서는 '우어' 하고 일제히 소리를 지른다.

### 사례 10 대전시 웃말두레(資5-17)

'앞잽이'가 나가면 뒤를 따라서 논을 매었고 끝에 가서 "싸 버리는" 식이었다. 선소리꾼 1명이 소리를 메겼으며 그는 일을 다소 적게 했다. 악기 치기는 교대로 패를 갈라서 쳤으며, 다시 다른 패가 악기를 잡고 일을 하고 나서 쉬는 방식으로 일과 놀이의 교환이 이루어졌다.

### 사례 11 대전시 삼괴두레(資5-20)

정방형 논은 일렬로 해나갔으나, 굴곡진 논은 지그재그로 해나갔다. 줄을 맞추어 할 수가 없는 탓에 빈 공간을 채우면서 해나갔는데 이를 "밀어준다"고 했다. 일을 잘 지시하는 이를 '두레주'라 불렀다.

### 사례 12 화성군 한두골두레(資2-38)

논 끝자락에서 타원으로 한번에 훑고 지나갔는데('하나비'라 함) 논이 넓으면 몇 번씩 돌아서 갔다. 일을 끝낼 즈음 '우겨라' 하면 바짝 들어 붙어서 함께 끝냈다.

### 사례 13 밀양군 감천두레(資3-1)

마지막으로 뺑 돌아 나가서 끝으로 모으는 것을 '모듬씻이'라고 했다.

## 두레꾼의 노동 총량은 1일 1명 1마지기

두레의 노동 총량은 대개 1명 당 1마지기(200평)였다. 호미로 매기는 힘이 들기 때문에 1마지기였으나 훔치기는 1마지기 반, 혹은 2마지기를 맸다. 노동 총량은 어디까지나 토질의 강약, 풀의 다과, 초벌·두벌·세벌의 시간차에 따라 달랐다.

과거 두레를 경험한 노인들이 참여한 가운데 실험된 두레 현장에서의 결과를 검토해본다.[32] 이 산술계산은 1992년 8월 당진군 송악면 가학리에서 두레패 29명이 참가한 가운데 측정된 산출치다. 작업 총량은 대개 1명 당 1마지기로 나타난다. 호미로 매기와 손으로 훔치기의 차이가 나서 호미노동은 1마지기, 훔치기는 1마지기 반 정도다. 논의 지력, 풀의 빈도수에 따라 일정한 편차는 존재했으나 '1명 1마지기'가 정상이다.

두레꾼들이 보통 아침 8시에 일을 시작하여 저녁 7시경에 끝이 났으므로, 총 노동시간은 11시간이었다. 그 중에서 점심시간 1시간과 참시간 2회를 각각 30여 분으로 잡아 총 2시간을 제하면 총 노동시간은 9시간이 보통이었다. 경우에 따라서 일이 많으면 8시경까지 일하는 경우도 많았고, 낮잠을 1시간여 자는 경우도 많았음을 감안해도 1일 평균 9시간 여의 고된 노동이었음을 계산해 낼 수 있다. 1명이 9시간 노동을 하는데 1마지기를 해낸다면,

1시간 노동량 = 1/9마지기(22평 정도)
1명 당 1일(9시간 기준) = 1/9×9 = 약 1마지기(약 200평)

따라서, 전국적인 두레꾼 평균수인 20~30여 명으로 기준 잡아 1개 두레패가 하루 동안 해낼 수 있는 논일은 약 20~30마지기 정도였다고 본다. 대개 초벌하고서 1주일 간격으로 두벌과 세벌을 했으므로 최소 20일

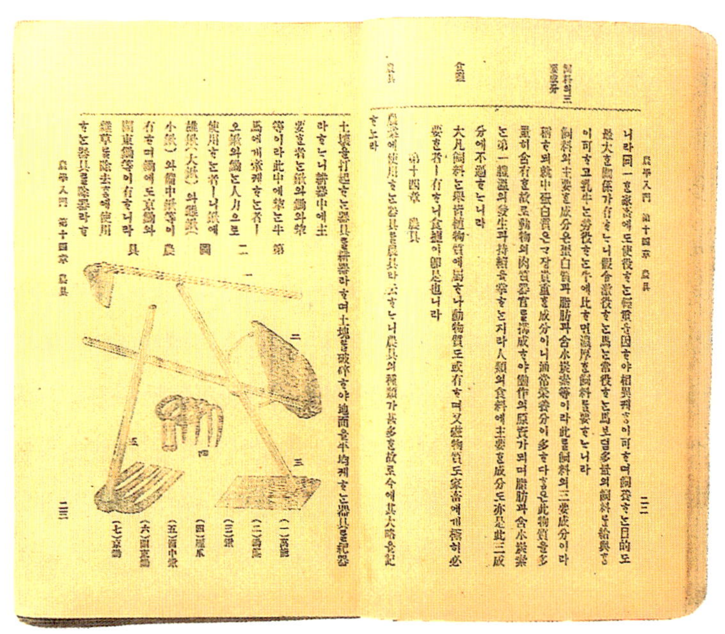

『**농학입문**農學入門』[普成館編輯部譯纂, 普成館, 隆熙 2年(1908년)]
개화기에는 농학에 대한 관심이 기술 개발 측면에서 중요시되었다.
전근대사회의 농업은 기록보다는 농민들의 '민속지식'으로 운영되었다.

에서 최고 30일 가량이 집중적인 노동주기가 된다. 네벌매기라고는 하나 대개 세벌매기였다. 네벌은 풀이 많은 경우에만 해당됐다. 1일 평균 25마지기로 기준 잡으면 약 30일 동안 750마지기를 해내는 편인데, 손으로 훔치기에서 일손이 쉬우므로 대략 1,000마지기 이상은 쉽게 해내는 것으로 계산이 이루어진다. 한 달여에 3번 정도의 김매기를 30명 정도가 1,000마지기 정도 해치운다는 결론이 나온다. 두레가 없더라고 하기만 한다면야 품앗이 노동으로 추진 못할 것도 없으나 작업이 고되고 능률이 오르지 않는다는 점을 감안하면 두레 공동노동의 효과는 산술적인 계산 이상이 될 법하다.

# 풍물굿과 두레풍장,
# 논두렁에서 순환하는 일과 놀이

선두가 앞서 나가면 후미가 뒤따랐다. 선두잽이가 둥글게 원을 잡으며 선을 그리면서 매어나갔으며, 각자 자기가 논을 맬 만한 거리를 유지하면서 매어 나갔다.

선두잽이가 선두에서 선소리를 매기었다. '헤야하─' 하면 일꾼들은 선소리꾼을 따라서 소리를 맞추었다. 선소리꾼이 '양쪽 일꾼들이 호미에 다치지 않게 잘 돌아라' 하면서 지시도 하게 된다. 논을 거의 다 매게 되면 풍물이 잘게 가락을 쳤다. 한창 작업 도중에는 풍물이 박자만 맞추다가 작업 종료가 가까워지면 풍물을 자주 쳤다. 마지막 신명을 돋우려고 선소리잽이가 다시 소리를 매기게 되며, 일 끝나가면서 풍물은 다시 논에서 나가는 가락을 치며 일단 한 논을 끝냈다.

_논산군 양지뜸 두레

땅바닥에 퍼질러 앉은 채 한가하게 점심식사를 하는 조선인들의 모습이 눈에 띄었다. 모두를 나무나 금속으로 만드는 스푼에 숟국, 혹은 일본식의 젓가락을 사용하고 있었다. 식단은 그리 화려하지 않았는데, 모두들 함께 음식을 나눠 먹은 뒤 귀가 얼얼할 정도로 시끄러운 음악회를 한 판 벌임으로써 식사를 끝내는 것이었다. 어찌나 요란한지, 누구나 한 번 들으면 결코 잊을 수 없는 음악이었지만, 그렇다고 해서 그와 같은 현장감 넘치는 시골음악이 하이든의 전원교향악보다 나은 것은 결코 아니었다.

_샤를 루이 바라(Charles Louis Varat) *"Duex Voyages en Corée"* (『조선기행』)

# 두레 때문에 탄생한 풍물굿

**1799년이 저물어가는 저녁 무렵**

풍물굿은 왠지 힘이 솟구치게 만든다. 왜 그럴까? 한국인들이 유난히 '시끄러운' 소리를 좋아해서 그런가? 풍물굿의 비밀이 바로 논두렁에서 자라난 두레에 있기 때문이다. 풍물굿은 기본적으로 들판에서 생성되고 발전되어 오늘에 이르렀으니 놀이이자 춤이고 소리이다. 20세기의 부르크하르트(J. Burckhardt)라고 일컬어지는 탁월한 문화사가 호이징가(J. Huizinga)는 '놀이하는 인간'을 다룬 『호모 루덴스(*Homo Ludens*)』에서 이렇게 말하고 있다.

> 우리는 아주 당연하게 음악은 놀이의 영역 안에 포함된 것이라고 여길 수밖에 없다. 음악을 만든다는 것은 발단부터가 놀이 고유의 형식적 특징을 모두 갖고 있기 때문이다.

풍물굿이 그러하다. 풍물굿은 '음악으로서의 농악'이 아니라, '풍물'을 가지고 노는 풍물 '놀이'이자 풍물 '굿'이다. 풍물굿의 음악성조차도 놀이 속에서 배태되는 것이며, 그 놀이적 음악성, 혹은 음악적 놀이성은 두레의 일과 놀이에서 주어지는 것이다. 즉, 풍물굿에 대한 시각 중에서 가장 저해한 시각이 풍물굿을 가락 중심으로 바라보는 점이다. '풍물굿'에

| 마을풍물굿의 풍물들

서 '굿'을 떼어내고 '풍물'이란 말을 자주 쓰는데, '풍물'은 실상 악기를 뜻함을 감안한다면 잘못된 용례다. 백 번 옳은 지적이니 앞으로는 집단적인 굿을 뜻하는 '풍물굿'과 악기를 뜻하는 '풍물'만큼은 가려서 쓸 일이다.

악기로서의 풍물의 기원은 언제부터일까? 선사시대의 사슴가죽북, 삼국시대 사찰의 징, 고려시대 청자, 장구……이들 악기 유물로만 보면 선사·고대로 올라간다. 그러나 오늘날의 풍물굿 원형에 접근한 문헌기록은 아무래도 후대로 내려온다는 게 학계의 일치된 견해이다.

조선 후기의 가장 보편적인 농민연희는 풍물굿이다. 두레는 농법상의 변화뿐 아니라 풍물굿의 발달을 촉진했다. 풍물굿의 발전과정은 여러 가지로 논의된다. 풍물굿의 원형은 매귀희魅鬼戲의 발달과 화반花盤, 걸공乞供의 발자취에서 살펴볼 수 있을 것이다. 조선 전기인 16세기 초반(1525년), 경주에서 출간된 『용재총화慵齋叢話』에서 성현成俔의 진술을 몇 줄로 요약하면 이렇다.

> 섣달 그믐날 밤에 관상감에서는 어린애 수십 명을 모아 궁중에 들여보내 북과 피리를 갖추고 새벽에 되면 방상씨方相氏를 쫓아내던 풍습이 있었고, 이를 민간에서 모방하여 북과 방울을 울렸으니 방매귀方枚鬼라 불렀다.[1]

방매귀는 '악귀 쫓기'로 보이니 집집을 돌아다니며 지신밟기·뜰밟이로 행해주는 매귀굿의 원초형이 아닐까. 섣달 그믐에 행하던 나례儺禮의식에서 매埋굿 등이 시작되었고 풍물굿의 모태가 되었을 가능성을 보여주고 있다. 그로부터 1세기 뒤인 17세기 중엽(1648년), 김육金堉이 쓴 『송도지松都誌』를 보면, 사태가 분명해진다.[2] 12월 하순에 북을 치면서 염리를 돌아다니며 쌀을 얻고 복을 빌어주는 대목이 나온다. 오늘날의 걸립굿과 기능은 유사한데 정월 대보름이 아니라 12월 하순이라는 것, 꽹과리·장고·징 등에 대한 언급이 없이 북을 치면서 돌아다녔다는 차이는 있다. 이 역시 섣달 그믐의 악귀를 쫓는 나례 전통과 유사하다. 사실 걸립의 역사는 이미 고려시대에도 확인된다. 광대·재인·수척 따위의 예인들도 걸립을 놀았음이 분명하고, 『조선왕조실록』 곳곳에서 걸립乞粒·걸량乞糧 등이 확인된다. 그러나 오늘날 우리가 보는 방식의 완성된 걸립풍습은 풍물굿이 좀더 세련되고 화려해진 후대가 아닐까.

성현의 시대로부터 150여 년 뒤인 18세기의 마지막 해(1799년), 이옥李鈺의 『봉성문여鳳城文餘』를 보면 사태가 분명해진다. 12월 29일에는 매귀

| 춤추는 사당과 거사들(경국사慶國寺 감로탱甘露幀, 1887년, 견본채색絹本彩色, 166.8×174.8cm)

희매鬼戱를 하고, 정월 12일에는 화반花盤을 했다고 쓰여 있다. 조선 전기에도 행해지던 섣달 그믐날의 악귀 쫓던 나례의 유습이 이어지는 가운데, 정초의 걸립이 새롭게 출현했음을 보여준다. 이름 또한 매귀희, 화반으로 나타난다. 꽹과리 3명, 징 2명, 소고 7명이 종이꽃을 꽂고 집집마다 돌아다니며 쌀을 문 밖에 내놓는 것을 화반이라고 했다.[3] 쌀과 돈을 얻으러 다니는 것은 걸공乞供이라고 불렀다. 매귀희는 매귀굿, 종이꽃은 고깔, 화반은 꽃반, 걸공은 오늘날의 대보름 걸립이 아닌가.

이옥이 누구인가. 그의 세계관은 '탈모화적 민족문학', '조선적 문학'·'고유문화 옹호' 등으로 압축할 수 있다.[4] 실제로 그는 시정잡배의 생활, 사당이나 영등굿·걸립굿 따위의 서민문화에 대해 깊은 애정을 표했으니, 그는 '한국민속학사'의 머리를 장식했던 주체적 인물군이다. 18세기 후반의 연암그룹이나 다산그룹과는 그 문학세계가 판이했던 김려金鑢 그룹의 대표적 인물이었다. 김려는 누구인가. 1801년(순조 1년)에 천주교를 신봉하여 진해에 유배되었던 인물로 문명이 높았으며, 『가수재전賈秀才傳』, 『삭낭자전素囊子傳』, 『장생전莊生傳』 등의 소설이 전해지고 있다.

김려의 영향을 받아서인가. 이옥 역시 소설에 능했다. 사문난적으로 몰렸던 박연암처럼 '불순한' 소설 따위를 쓰면 불우한 처지가 되고 마는가. 그의 인생살이도 한마디로 불우했다. 성균관 유생으로 있던 33세 때, 그는 소설문체로 과거에 응시하여 논란을 일으킨다. 『봉성문여』의 「추기남정시말追記南征始末」에 의하면, 그의 나이 36세 때 정조는 문체가 괴이하다고 하여 삼가현三嘉縣의 군적軍籍으로 편입시켜 쫓아보낸다. 다시 고향으로 돌아왔으나 40세 되던 해, 삼가현에서 재차 소환을 받아 그해 10월에 내려간다.

삼가현 서문밖에서 남의 방을 빌어서 기거하고 밥을 사먹으면서 지낼 때 보고 들은 인정과 풍물을 그대로 기록했으니 『봉성문여』로 전해진다. 18세기의 마지막 황혼이 저물어갈 때, 저녁밥 짓는 냄새를 맡으면서 기록을 남겼으리라. 그의 나이 41세 되는 해, 2월 18일에 귀경했으니 삼가현에 머물렀던 기간은 1799년 10월 18일부터 만 118일 동안이었다.

그 이전 시기에 풍물굿의 완벽한 모습을 보여주는 문헌을 아직은 못 찾았다. 물론 이옥의 시대인 18세기 말 이전에도 풍물굿은 있었을 것이며, 그 태동의 역사는 『송도지』의 매귀희 기록이 17세기 중엽인 것으로 보아 1600년대 중반기까지 소급되는 것으로 보인다. 그러나 좀더 완벽한 형태의 풍물굿이 완성되기까지는 일정한 시간이 필요했을 것이다. 그가 애써 다음 같은 기록을 남긴 이유는 이옥이 살던 당시에 걸립굿이 막 시작되었다는 결정적 증거물이 아닐까.

매귀희가 유행하는 촌락에서는 쌀과 돈을 구하러 다니는 사람들이 있으
니, 이름하여 걸공이라고 한다.

위 기사로 미루어, 아직은 '유행하지 않는' 촌락이 많다는 추론이 가능
하다. 그간 막연하게 매귀희로 표현되거나, 소박한 개념의 금쟁金錚 · 고
鼓 따위로 표현되던 차원에서 벗어나, 『봉성문여』에 이르면 아주 구체적
으로 매귀희 · 화반 · 걸공 등이라 했다. 18세기 말의 기록과 현행 민속의
매귀 · 꽃반 · 걸립 따위가 완전 일치한다. 이옥과 같은 시대인 영조 14년
의 기록에 농민들의 민물民物(농악기)이 문제가 되고 있고, '백 년 민속'으
로 표현된 것으로 미루어 이미 17세기경에는 풍물굿이 어떤 완성된 체계
를 갖추고 있음을 알 수 있다.[5]

즉, 17 · 18세기는 현행 민속에서 보이는 풍물굿이 그대로 정착되고 있
었다. 매귀희, 화반, 걸공은 이미 당대 풍물굿이 상당한 수준에 이르렀고,
기능분화도 이루어졌음을 의미한다. 풍물굿이 질적으로 전환되는 배경
에는 당대 향촌사회 변화를 주목하지 않을 수 없다. 무엇보다 사회경제
적 측면에서 이앙법 확산으로 말미암아 농법이 전환되고, 두레의 체계화
로 풍물굿 자체도 체계화를 이룬다. 두레는 노동관행상 늘 풍물굿이 수
반되게끔 요구했다. 두레꾼들의 조직화는 곧바로 마을풍물패의 조직화
를 의미했다. 이상을 재정리하여 풍물굿의 역사를 간략하게 쓰자면 다음
과 같다.

김육이 『송도지』를 쓴 1648년은 병자호란이 끝나고 사회가 새롭게 재
편되던 조선 후기의 첫머리다. 이옥이 『봉성문여』를 남긴 시대는 18세기
를 마감하고 19세기로 넘어가는 시점이다. 임란 이후부터 19세기에 이르
기까지 농업생산력의 발전과 민중의 성장이 이루어지고 있었다. 따라서
평안도농민전쟁, 임술농민항쟁, 동학농민전쟁 등 변혁의 시대였던 19세

기가 시작되는 바로 그 즈음에 풍물굿이 힘차게 꿈틀대고 있었다. 1799년이 저물어가는 18세기의 마지막 저녁 무렵, 한사寒士 이옥은 서문 밖에서 밥 사먹으면서 풍물굿이 시작되던 당대의 정황을 정확히 포착하고 있었던 셈이다. 지금으로부터 불과 200여 년 전의 일이었다.

### 곳곳으로 확대 · 전파되어 완성된 풍물굿

풍물굿의 기원으로 논의되는 신앙기원설 · 노동기원설 · 군악기원설 · 연예기원설에서 가장 앞선 것은 신앙기원설로 보인다. 매귀魅鬼가 가장 대표적인 예다. 그러나 현행 풍물굿의 모태로서 풍물굿을 사실상 완성시킨 것은 노동기원설, 즉 두레노동이다. 두레와 풍물굿의 체계화는 다양한 농민문화를 창조했다. 자연촌뿐 아니라 장시場市 유통의 발달로 말미암은 장시를 근거지로 다양한 유랑예인집단의 활동이 이루어졌다. 유랑예인집단도 조선전기와 달리 자체 분화를 거듭하면서 다양한 공연종목을 선보였다.[6] 그들의 공연에서 풍물굿이 빠질 수 없었다. 유랑예인집단의 확산은 바로 향촌사회의 해체를 암시하고 있으며, 그들의 공연은 역으로 향촌사회의 풍물굿에도 영향을 주어 판굿에서 보이듯 풍물굿의 기량을 최대한 끌어올려주는 상호작용을 거듭하게 된다. 마을에서도 뛰어난 걸립패가 출현했으니, 이전 시기에는 이루어지기 힘든 일이 보편화되고 있었다.

물론 두레가 풍물굿의 토대라고 하여도 그 밖의 다양한 요소들이 무시되는 것은 아니며, 제반 요소들이 합류되어 하나의 풍물굿문화를 형성해낸 것으로 보인다. 풍물굿은 타악기를 중심으로 편성된, 전투적이고 2~3박자 리듬을 기초로 한 길군악 · 만장단 · 다드래기 · 굿거리 · 중모리 같은 장단과 고대 진법을 상징한 필진도 · 집진법을 대담하게 배합했다.

무당들의 굿가락과 법고·중광대 같은 불교행사도 들어감으로써 무불융합巫佛融合도 이루어졌다. 비나리 고사반 같은 종교적인 요소를 끌어들여 레퍼토리 자체를 풍부히 했다. 이제 풍물굿은 그 자체 복잡다단하면서도 뛰어난 음색까지 지니게 되었다. 『악서樂書』에서도 다음과 같이 이르고 있으니, 쇠와 가죽과 대소리의 조화를 풍물굿은 완벽하게 지니고 있는 것이다.

> 쇠소리는 갱鏗하니, 그 갱한 소리는 호령을 일으키고 호령은 기운이 가득하게 하고 기운이 가득하면 무武를 일으킨다. 가죽소리는 훤諠하니, 훤한 소리는 동하게 하고, 동하면 군중을 진발進發시키니 군자가 북과 도의 소리를 들으면 장수의 신하를 생각한다. 대소리는 남濫하니, 남한 것은 합회合會를 일으키고, 합회는 군중을 모은다.

그리하여 이름도 단순한 매구굿에서 벗어나 다음과 같은 다양한 이름을 지니게 되었다.

> 풍물굿 : 농악·두레·풍장·지신밟기·풍년무·농신무·풍년놀이·농제계·풍년제·풍년기豊年祈·메구·매귀·매굿·풍장·걸궁·액불厄拂·걸군乞軍·글입·금고金鼓·농공제農功祭·농악회·농부놀이·농상계農桑契 등

명칭들은 다양함은 기능과 역할이 중층적임을 암시한다. 두레 자체의 악으로는 '두레풍장굿'이 가장 올바른 명칭일 것이고, 보편적으로는 '풍물굿'이다. 농악계열의 이름은 일제 강점기에 생긴 명칭이다. 매귀 따위는 연말과 정초에 악귀를 쫓던 행사에서 유래한 것이다. 걸립은 걸립패

를 뜻한다. 풍년놀이 따위는 일반적으로 막연하게 놀이를 뜻하는 개념으로 보인다. 그밖에도 두레풍물 자체의 의하여 도들이풍장·재넘이풍장 등으로 구분되기도 한다.

한편으로 두레의 북상과 더불어 풍물굿도 관북·관서지방에 이르기까지 북상을 거듭했다. 풍물굿의 북상은 일제시대 초기에까지도 이루어졌을 정도였다. 그리하여 두레가 미처 퍼지지 않거나 퍼질 수 없는 조건인 함경도 산악지방까지 풍물굿이 확산되었다. 한편, 풍물굿은 남쪽으로 제주도에도 퍼졌다. 제주도에 '걸궁'이 근대에 들어와서야 시작되었다는 것은 본토의 풍물굿 역사도 오래지 않음을 말해 준다. 제주도 성읍城邑에

**제주도 걸궁**(송당 마불리제의 도청돌기)
제주도에는 남도의 풍물굿이 유입되었으나 현재는 다양한 가락들이 뒤섞인 채 쓰인다.

서 행해졌던 걸궁은 원래부터 있던 것이 아니라 육지인들이 이를 시작하여 재미있게 놀고 수입금을 유리하게 쓰는 모습을 보고 이를 모방하여 시작했다고 한다. 20세기 초반에는 9대진사進士·꽹과리·북·징·포수 등이 주요 멤버였다고 한다. 걸궁방식은 집집이 돌아다니면서 치는 걸립굿과 같았다.

> 성읍에서는 원래부터 걸궁이 있었던 게 아니라……걸궁은 걸립과 원질적으로는 같다. 부분적으로 변질적인 양태를 띠고 있을 뿐이다. 본토인들이 걸궁을 시작할 때에는 그 경비를 자담했었으며 공공기금을 마련했거나 이익을 분할했었다. 성읍 원주민들이 걸궁을 하는 경우는 대체로 마을의 공동비용이 필요한데도 리민 각 호에 분담 징수가 너무 번거롭거나 거의 불가능할 경우, 합의에 따라 음력 정초에 걸궁을 벌인다.……맨 처음 본토인들이 이 걸궁을 시작할 무렵에는 성읍에서 차린 다음 성읍마을은 물론이요 성읍 주변 마을을 뱅뱅 돌아다녔다.[7]

이처럼 풍물굿은 북상뿐 아니라 남하를 거듭했다. 참고 도표에서 보듯이 각 지역별 풍물굿 편성을 살펴보면, 지역마다 다소간의 차이는 있을지라도 꽹과리·징·장고·북·벅구의 정연한 악기편성체계를 공통으로 갖추고 있으며, 무동놀이의 흥겨움이 반드시 곁들여져 있다. 무엇보다 농기·영기가 어느 풍물패에게나 있어 두레의 농기·영기 전통이 고스란히 풍물패에 옮겨온 것으로 확인된다. 다만 잡색놀이 같은 보다 연희적인 요소들이 판굿 형식의 놀이에 가미되어 풍물굿을 논두렁에서의 두레풍장보다도 더 다채롭고 화려하게 발전시켰을 뿐이다.

를 뜻한다. 풍년놀이 따위는 일반적으로 막연하게 놀이를 뜻하는 개념으로 보인다. 그밖에도 두레풍물 자체의 의하여 도들이풍장·재넘이풍장 등으로 구분되기도 한다.

한편으로 두레의 북상과 더불어 풍물굿도 관북·관서지방에 이르기까지 북상을 거듭했다. 풍물굿의 북상은 일제시대 초기에까지도 이루어졌을 정도였다. 그리하여 두레가 미처 퍼지지 않거나 퍼질 수 없는 조건인 함경도 산악지방까지 풍물굿이 확산되었다. 한편, 풍물굿은 남쪽으로 제주도에도 퍼졌다. 제주도에 '걸궁'이 근대에 들어와서야 시작되었다는 것은 본토의 풍물굿 역사도 오래지 않음을 말해 준다. 제주도 성읍城邑에

**제주도 걸궁**(송당 마불리제의 도청돌기)
제주도에는 남도의 풍물굿이 유입되었으나 현재는 다양한 가락들이 뒤섞인 채 쓰인다.

<table>
<tr><td>1</td><td rowspan="2">4</td><td>5</td></tr>
<tr><td>2</td><td>6</td></tr>
<tr><td>3</td><td>7</td></tr>
</table>

## 풍물굿의 다양한 얼굴들

1 용인 민속촌의 일명 '민속촌 농악대'
2 위도 원당굿에서의 치배들
3 벌교 대포리 당산제의 치배들
4 위도 진리 장승제의 치배들
5 부안 우반동 줄다리기에서의 치배들
6 두레를 끝내고 마당굿치기(논산 대명리)
7 사물놀이로 진화된 풍물굿(은산 별신굿마당)

서 행해졌던 걸궁은 원래부터 있던 것이 아니라 육지인들이 이를 시작하여 재미있게 놀고 수입금을 유리하게 쓰는 모습을 보고 이를 모방하여 시작했다고 한다. 20세기 초반에는 9대진사進士·꽹과리·북·징·포수 등이 주요 멤버였다고 한다. 걸궁방식은 집집이 돌아다니면서 치는 걸립굿과 같았다.

성읍에서는 원래부터 걸궁이 있었던 게 아니라……걸궁은 걸립과 원질적으로는 같다. 부분적으로 변질적인 양태를 띠고 있을 뿐이다. 본토인들이 걸궁을 시작할 때에는 그 경비를 자담했었으며 공공기금을 마련했거나 이익을 분할했었다. 성읍 원주민들이 걸궁을 하는 경우는 대체로 마을의 공동비용이 필요한데도 리민 각 호에 분담 징수가 너무 번거롭거나 거의 불가능할 경우, 합의에 따라 음력 정초에 걸궁을 벌인다.……맨 처음 본토인들이 이 걸궁을 시작할 무렵에는 성읍에서 차린 다음 성읍마을은 물론이요 성읍 주변 마을을 뱅뱅 돌아다녔다.[7]

이처럼 풍물굿은 북상뿐 아니라 남하를 거듭했다. 참고 도표에서 보듯이 각 지역별 풍물굿 편성을 살펴보면, 지역마다 다소간의 차이는 있을지라도 꽹과리·징·장고·북·벅구의 정연한 악기편성체계를 공통으로 갖추고 있으며, 무동놀이의 흥겨움이 반드시 곁들여져 있다. 무엇보다 농기·영기가 어느 풍물패에게나 있어 두레의 농기·영기 전통이 고스란히 풍물패에 옮겨온 것으로 확인된다. 다만 잡색놀이 같은 보다 연희적인 요소들이 판굿 형식의 놀이에 가미되어 풍물굿을 논두렁에서의 두레풍장보다도 더 다채롭고 화려하게 발전시켰을 뿐이다.

**자료 지역별 풍물굿 편성**[8]

| 지역 | 편 성 |
|---|---|
| 평택 | 영기수 · 농기수 · 나팔수 · 호적수 · 상쇠 · 부쇠 · 종쇠 · 징수(2) · 설장구 · 부장구 · 삼장구 · 북 · 상벅구 · 부벅구 · 종벅구 · 꼬리벅구 · 상무동 · 종무동 · 삼무동 · 칠무동 · 중애(사미) |
| 강릉 | 농기수 · 호적수 · 상공원(상쇠) · 부쇠 · 상쇠 · 징수 · 장고수 · 큰북수 · 소고수(상소고-8소고) · 법고수(상법고-끝법고) · 무동(상무동-끝무동) · 화동花童 |
| 부여 | 영기잽이 · 농기잽이 · 나팔수 · 호적수 · 상쇠 · 부쇠 · 징 · 장구 · 북 · 법고 · 꽃나비 · 잡색 |
| 임실 | 영기수 · 나팔수 · 대포수 · 창부 · 조리중 · 양반 · 농구 · 각시 · 화동 · 상쇠 · 중쇠 · 끝쇠 · 수징 · 부징 · 설장구 · 부장구 · 끝장구 · 수북 · 부북 · 수법고-끝법고 · 무동 |
| 화순 | 영기 · 포수 · 창부 · 호적수 · 나발수 · 상쇠 · 종쇠 · 삼쇠 · 끝쇠 · 수징 · 부징 · 설장고 · 수북-끝북 · 수법고-끝법고 · 조리중 · 양반 · 할미광대 · 비리쇠 · 무동 |
| 이리 | 영기잽이 · 대포수 · 쇄납 · 상쇠-끝쇠 · 수징 · 부징 · 수장고-끝장고 · 수법고-끝법고 · 창부 · 조리중 · 무동 · 양반 |
| 영광 | 대포수 · 영기잽이 · 상쇠 · 수종쇠-끝쇠 · 설장고 · 부장고 · 통북쟁이 · 설법고-끝법고 · 양반 · 참봉 · 할미 · 조리중 · 비리쇠 · 창부 |
| 청도 | 천왕기잽이 · 나발잽이 · 고동잽이 · 상쇠-끝쇠 · 설징 · 종징 · 설북-끝북 · 설장고-끝장고 · 설버구-끝벅구 · 색시 · 양반 · 포수 |
| 대구 | 농기수 · 상쇠 · 종쇠 · 징(5) · 장고 · 북 · 법고 · 목덩강(나팔) · 양반포수 · 색시 |
| 부산 | 영기잽이 · 농기잽이 · 호적잽이 · 양반 · 상쇠-끝쇠 · 수징 · 부징 · 수장고-끝장고 · 수대북-끝대북 · 수법고-끝법고 · 상법고-종법고 · 양반 · 까시 · 포수 · 화동 |

### 풍물굿의 원조는 논두렁에서 시작된 두레풍장

그렇다면 풍물굿의 토대를 마련한 두레, 좀더 정확하게 표현하여 '논두렁'에서는 어떤 일이 벌어지고 있었을까? 모든 두레에 반드시 풍장이 딸렸다. 두레풍장 · 장풍장으로 불리는 풍장굿은 일반적인 풍물굿과는 달랐다. 노동에 편하게끔 간편하게 조직하는 것이 보통이었다.

첫째, 농기와 영기를 앞세우고 꽹과리 · 징 · 북 · 장고의 사물과 소고가 딸렸다. 일하러 나가는데 번잡스럽게 판굿을 차릴 수는 없는 일이었다. 사물은 필수지만 소고는 상황에 따라 선택적이었다. 지역에 따라 농사일에 번잡스럽다고 소고를 쓰지 않는 경우와 소고를 쓴 경우로 나뉜다. 법고는 3법고, 6법고 따위가 원칙이었다. 돌무도 돌리는 경우와 안 돌리는 경우로 나뉘었다. 모든 두레에 나발은 필수였다. 호적은 장풍장에서는 쓰지 않았다.

둘째, 초벌 · 두벌과 만두레의 풍장굿은 당연히 차이가 났다. 만두레굿을 치게 되면 우선 치배가 늘어나고 무동을 태우는 식으로 놀이가 가미되었다. 일반적 의미에서의 판굿은 두레풍장과는 구분된다.

대부분의 두레패들은 들에 나갈 때 질굿(길굿)을 치고 김매기에서는 쇠를 치지 않거나 치더라도 판굿 그밖에 다른 굿에서 치는 것을 그대로 치기 때문에 두레음악과 별반 차이가 없다. 그러나 지역에 따라서는 두레음악이 독자적인 성장을 거듭하고 있었다. 김제 · 부안 · 정읍 · 고창 · 영광 같은 호남 서부지방에 한해서 '두레풍장'이라고 김맬 때 쇠가락이 별도로 있어 왔다. 가령, 정읍군 태인면 태흥리의 경우, 만두레를 하게 되면 농기와 영기를 세워놓고 당산에 와서 쇠를 치고 난 다음에 질굿을 치며 들로 나간다. 논에 이르면 영기를 논두렁에 꽂아놓고 자진가락을 잠깐 친 뒤에 농군들은 김을 매고 쇠군들은 풍물을 치는데 지심맬 때 치는 풍물을 '두레풍장굿'이라 하고 약하여 풍장굿, 또는 풍장이라 한다. 쇠꾼들이 논에 들어갈 때는 '들풍장'을 치고, 김맬 때는 '지심풍장'을 치고, 논에서는 김매기가 끝날 무렵에 '날풍장'을 치고, 이동할 때는 '재넘이풍장'을 친다.[9]

셋째, 두레풍장의 악기편성은 10명을 넘는 경우가 드물었다. 두레총원

**두레풍장**

두레풍장은 꽹과리, 장고, 징, 북의 사물로 이루어진다(논산 대명리 두레).

30여 명에서 10명 미만이 풍장을 쳤다. 사물 4명, 법고 3명을 포함해도 7명 규모였다. 그러나 농기 4명(1명은 기잡이, 3명은 줄잡이), 영기 2명을 포함하면 10명이 넘었다.

넷째, 두레는 풍물을 치기 위한 역할분담과 더불어 풍물을 운영하기 위한 조직도 지녔다. 아래의 경우, 좌상·영좌 같은 조직과 더불어 풍물만을 위한 조직체계가 정연하게 서 있었다.

사례 1 서산군 장리 두레(資5-32).

이 마을에서 실제로 위의 역할을 담당했던 이로 전해지고 있는 유명한 인물로는 김도선(영좌, 대략 1870년생), 이동복(논공원, 대략 1880년생), 안구병(밥공원, 대략 1890년생) 등이 구전되고 있으며, 이 마을 두레의 최후의 증언자인 김현군 옹은 돌무지를 잘 돌렸다고 한다. 잽이로는 북에 공양군, 상쇠 방봉권, 징에 최대중, 꽃나비에 가춘옥(승아僧兒 역할), 신중박이 잘 놀았다고 전해진다. 요컨대 대략 19세기 말의 인물들이 뛰어난 두레꾼이었으니 두레조직은 그들의 전성기인 청장년까지도(대략 1910~1920년경) 활발했음을 알 수 있다. 논으로 두레를 나갔을 때의 역할과 풍물패 자체의 역할이 달랐으니, 이 같은 경우는 고제古制로 여겨진다.

두레풍물 시의 소임 : 두레풍물을 동반하여 공동작업을 수행할 때나 두레 농사의 행군 시에 치는 악기 구분에 따라 소임을 정했다.

상쇠 : 풍물패의 총지휘자

징수 : 징잽이

고수 : 장고와 북으로 편성. 수장고는 설장고라고도 불렀음.

무동 : 12명의 무동으로 편성

법고 : 12법고로 편성

돌무 : 상모를 돌림

호적 : 일명 날라리, 새납이라 부름

화중 : 중 잡색

총쟁이 : 포수 잡색

거지 : 걸인 잡색

풍물패 자체의 소임 : 악기편성과는 다르게 풍물꾼을 운영하기 위한 나름의 역할에 따라 소임을 정했다. 식화주, 벌화주 등은 매우 일찍이 사라진 명칭들이다.

식화주 : 풍물꾼들이 밥 먹는 것을 건사했으며, 식사 때를 판단하여 먹을 것을 내놓을 수 있도록 주선하는 역할을 담당했다.

벌화주 : 걸립 시 섭외를 맡았다.

짐꾼 : 걸립 시 거두어들인 쌀 등을 갖고 다니거나 걸립패의 여타 소지품을 들고 따라다니는 역할을 했다.


사례 2 고수면 상평리 두레(資4-1)

상쇠 · 중쇠 · 끝쇠 · 상징 · 하징 · 상고 · 중장고 · 하장고 · 법고, 그밖에 북을 칠 사람을 선정한다. 다음으로 도청을 선정하는데 도청은 굿치는 총지휘자 겸 두레의 통솔자다. 도청은 두레의 모임공간인 도청都廳을 연상케 한다.


사례 3 김제군 원대동 두레(資4-2)

두레풍물패 역원은 악기를 중심으로 편성되었다. 즉 두레판굿을 짜는 경우를 중심으로 하면,

상쇠 : 풍물패를 지휘.부쇠 · 종쇠 · 끝쇠가 붙음

수징 : 부징과 더불어 고깔을 씀

수장고 : 부장고 · 종장고 · 끝장고가 따라 붙음

수북 : 부북과 더불어 쇠옷에 고깔을 씀

수법고 : 종법고 · 부법고 · 끝법고가 따라붙음

영기잽이 : 영기를 들고 다님

대포수 : 바랑을 짊어지고 나무총을 맴

쇄납 : 두루마기에 갓을 씀

창부 : 노란 두루마기난 패랭이를 씀

무등 : 쾌자에 고깔을 씀

양반 : 도포를 입고 정자관을 씀


# 일과 놀이는 하나


## 논으로 출발할 때

일과 놀이의 순환은 두레노동의 가장 뚜렷한 특징 중의 하나다. 일과 놀이가 하나가 되어 노동이 곧 즐거운 유희고, 일터가 곧 놀이터가 되도록 하여 노동의 중압감을 중화시켰다. 두레굿은 이미 단순 오락이 아니고, 농사꾼이 쇠꾼이고, 놀이패가 두레패이며, 일과 놀이가 어우러지는 매체였다. 어떻게 이런 일이 가능했을까?

엄밀하게 말해 삼복 더위에 불로 지지듯이 뜨거운 뙤약볕 아래에서 세벌 김매기를 하노라면 그 고통은 말할 수 없었다. 호미 한 자루에 운명을 내맡기듯 한 덩이씩 흙덩이를 뒤엎어 잡풀을 묻어가면서 앞으로 전진하자면 앞잽이 선소리꾼과 논북에 의지하여 전진할 수밖에 없었으며, 일이 어느 정도 끝나서 마무리를 할라치면 한바탕 논두렁에서 놀아버려야만 그나마 고통을 덜 수 있었다. '결과적으로'는 일과 놀이의 순환이었지만, 기실 '내용적으로'는 노동의 고통을 최소화하려는 민중의 지혜로운 전략이었다. 양반지주가 감농監農을 하면서 담뱃대를 입에 물고 서 있고, 옆에서 논북을 치는 가운데 농꾼들은 일을 하고 있다. 모내기의 '모방고'를 묘사하는 그림일 것이다. 김매기도 마찬가지 사정이었을 것이다. 이런

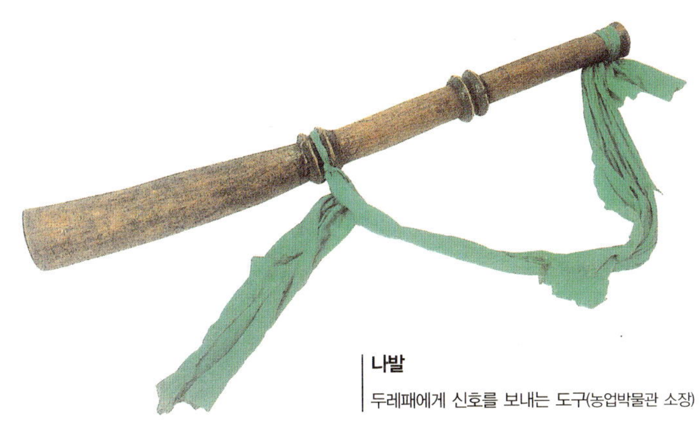



조건에서 농꾼들은 사실 조금 심하게 말하자면, 술에 취하여 논두렁을 짓밟으면서 대충 잡초를 논에 처박고 일을 끝내는 경우까지 있었다. 그래서 '장풍장치면 논 베린다'는 말도 나왔고, 어떤 지주들은 두레로 일을 하고 난 다음에도 별도로 일손을 얻어 뒷거리로 손질을 보았다. 이런 사정이 두레노동의 또다른 '이면적 주제'였다.

두레가 차려지는 여름 아침이면 일찍 동이 튼다. 두레는 일출·일몰 시간에 맞추어 이루어졌다. 동이 훤하게 트기 전부터 두레꾼들이 모였다. 늦게 일어날 것을 염려하여 공동취침까지 하는 사례에서 두레의 공동체성이 드러나기도 한다(사례 3). 두레가 분해되기 전에는 농청農廳·도가 같은 장소에 모였다(사례 3·4). 농청이나 도가 같은 명칭이 구전되는 것은 조선 후기 이래의 풍습이 유전되는 것으로 여겨진다. 정자나무, 부농의 집마당, 회당, 그날 두레농사를 지을 땅주인의 집마당 따위도 많이 모이는 곳이다. 혹은 '악기를 보관하는 집' 앞에 모였다. 모이는 신호는 '종고'를 울린다거나 징을 쳐서 알렸고, 두레꾼이 모이면 그대로 풍물을 치기 시작했다. 농기를 세우고 농기고사를 행하는 경우도 많았다. 이렇게 하여 하루 노동의 첫출발을 마을 전체에 알렸다.

한바탕 풍물을 울림으로써 하루 일과의 시작을 알리고 기세를 돋구면서 길군악에 맞추어 일터로 갔다. 농기와 영기를 세우고, 상쇠가 앞장서서 장관을 이루며 행군하는 길군악은 곧 공동노동조직의 위세를 나타내기도 한 것이며, 마을 공동체에서 가장 중요한 일을 해내는 일꾼들의 작업장 행진곡이었다. 동네 꼬마들이 따라나서고 심지어 동네 강아지들까지 뒤따라갔다. 일터 이동거리는 대개 10리를 넘지 않았던 것으로 여겨진다. 마을단위 두레로 농사지었던 탓으로 최대 10리를 넘지 않는 가까운 반경에서 작업했다.

사례 1 임실군 상필 두레(資18-1)

아침 8시 정도에 회관에 모여서 질굿(길굿)을 치면서 나갔다. '굿거리장단'이 많이 쓰였으며 '자진모리형'과 '혼합박자'도 '길굿'에 쓰였다. 굿거리형 길굿은 3분박, 좀 느린 4분박으로 '개갱-갱-깽, 갱지갱 갱-깽', '갱-깨, 응깽깽, 갱기래깽, 갱갱갱' 하고 치며, 징은 '징 ―, ―, ―, ―' 하고 한 장단 첫 박에 한점만 친다. 이는 느린 질굿으로 풍류굿과 비슷하고 잦은 중중모리나 느린 굿거리장단에 맞는다. 길굿의 구음은 '징길산, 돈닷닷, 돈닷닷, 돈닷돈', 혹은 '징길산, 돈닷돈 징기리산, 돈닷돈'이라고 부른다. 질굿의 특징은 느리면서도 힘찬 박자로 행진하는 위풍을 보여주는 것이다.

사례 2 논산군 메꽃 두레(資5-12)

징을 쳐서 집결시켰다. 사람 모으는 가락은 사박자 갱지갱가락으로 '갱지갠/ 갱지갠/ 갱지갠/ 갱지갠' 을 치다가 많이 모이면 자진마치를 '겐지/ 겐지/ 겐지/ 겐지' 로 올려쳤다. 일하러 갈 때는 질굿은 늦은마치로 '갱지게 갱갱 /갱지게 갱갱/ 갱지갠 갱갱' 두마치를 쳤다.

### 사례 3 화성군 한두골 두레(賓2-38)

도가집이나 일해 줄 집의 마당에서 종고를 울리고 출발함이 관례다. 집에서 자면 늦는다고 큰 집에 합숙시키기도 했다.

### 사례 4 화성군 고잔 두레(賓2-26)

매일 아침 해가 오를 새(해돋기 전) 마을 중심에 자리 잡은 도가집 마당에 모여 '종고'를 울렸다. 대개 도가가 징이나 북을 교대로 울리는 첫소리를 종고라 불렀으며, 이 소리에 맞추어 모두 모였다.

### 사례 5 서산군 장리 두레(賓5-32)

농사 지을 순서가 정해진 약속에 따라서 매일 아침 일하러 나갈 때 동네회당에 모였다. 회당이라 부르던 마을공동회관에는 동네기가 보관되어 있었다. 집에서 아침을 먹고 모여서 채비를 갖추면 8시경이 되었는데, 회당 앞에서 한바탕 풍악을 치면서 신명을 돋구고 일을 나갔다.

## 논두렁에서

일터에 도착해서는 일단 농기를 꽂을 만한 적당한 공간을 물색하는데 대개 마을의 논마다 기를 꽂는 장소는 '관습적으로' 정해져 있었다. 제법 널찍한 논둑, 정확하게 말하면 논 귀퉁이에 있는 비교적 넓은 공간에 농기를 내어 꽂고 기 앞에서 풍물고사를 지낸 후 작업에 들어갔다. 풍물고사는 기를 둘러싸고 일꾼들이 장단을 먹이는 것으로 간단히 대체했다.

영좌나 좌상은 그날 김을 매야 할 논의 순서를 잘 알고 있었기에 체계적인 농사기술, 물론 그 체계성은 농민들의 민속지식에서 주어지는 경험

을 바탕으로 지시를 했다. 논으로 들어가면 일노래와 풍장으로 노동과 능률, 노동과 휴식을 조절했다. 노동에서 오는 피로를 감소시키고 흥을 돋구어 능률을 극대화시키는 역할을 했다. 신명을 통하여 현실의 고통을 극복하고 노동력을 고양시켜 나갔다.

풍장과 선소리는 상호 관련성을 지녔다. 풍물의 숫자는 사물을 기본으로 했으며, 논에 북만 들어가서 선소리를 잡는 경우(사례 1), 풍물 전체가 들어가는 경우가 있었다. 천천히 일을 해나갈 때는 선소리가 작업을 주도했으나, 일이 빨라지면 풍물이 주도했다(사례 2). 아예 '장풍장 친다'고

**두레풍장**
신명을 돋우며 일과 놀이를 순환시킨다(왼쪽 :
홍성 결성두레, 오른쪽 : 논산 대명리두레).

논바닥에서 휘젓고 다니면서 발로 밟아 김매기에 대신하기도 했다(사례
3). 선소리꾼은 반드시 신명 좋고 잘 노는 인물로 선정했다. 일 상태를 보
아서 늘어지게 한다거나 빠르게 한다거나 완급을 조절했으니, 좌상과 더
불어 작업을 이끄는 역할도 했다.

사례 1 밀양군 수산리 두레(資3-3)
악기를 놓고서 물옷(삼베옷으로 다 떨어진 작업복)을 입고 들어갔다. 논둑
에서 북수가 북 하나를 들고 앞에서 소리를 맞추었다. 뒤에서는 꼴머슴

이 따라다니면서 땀냄새를 맡고서 살을 뚫고 달려드는 쇠파리를 나무로
훑어 주었다.

### 사례 2 논산군 양지뜸 두레(資5-11)

선두가 앞서 나가면 후미가 뒤따랐다. 선두잽이가 둥글게 원을 잡으며
선을 그리면서 매어나갔으며, 각자 자기가 논을 맬 만한 거리를 유지하
면서 매어나갔다.

선두잽이가 선두에서 선소리를 메겼다. '헤야하-' 하면 일꾼들은 선소
리꾼을 따라서 소리를 맞추었다. 선소리꾼이 '양쪽 일꾼들이 호미에 다
치지 않게 잘 돌아라' 하면서 지시도 하게 된다. 논을 거의 다 매게 되면
풍물이 잘게 가락을 쳤다. 한창 작업 도중에는 풍물이 박자만 맞추다가
작업 종료가 가까워지면 풍물을 자주 쳤다. 마지막 신명을 돋우려고 선
소리잽이가 다시 소리를 메기게 되며, 일 끝나가면서 풍물은 다시 논에
서 나가는 가락을 치며 일단 한 논을 끝냈다.

### 사례 3 서산군 장리 두레(資5-32)

풍장은 북 하나만 들고 한다. 장풍물은 모두 악기를 메고 들어가서 벼를
짓밟고 놀았기에 '장풍물 논다'면 '논 베린다'고들 했다. 즉, 논북 치는 풍
장은 작업이 느슨하고 졸음이 올 때 속도를 내게 하기 위해 쳤고, 장풍물
은 술 한 잔 먹고 기분이 좋을 때 쳤다고 한다. 논을 다 매고 옆으로 옮겨
갈 때는 기분대로 놀았으며 춤도 추고 법고도 쳤다.

### 사례 4 화성군 맹곶 두레(資2-35)

등걸이 잠뱅이옷을 입고 삼색 띠 없이 일을 나갔다. 논에 도착하여 낭대
를 꽂아 놓고, 가락을 친 후 악기를 낭대 옆에 두고 일에 들어갔다. 이때

지 노는 풍물판은 마을대동의 단결을 도와주는 마당(場)이었고, 아이들에게 풍물이 전수되는 마당이기도 했다.

특히 세벌 김매기가 끝나는 만두레에는 어사화 꽂은 상머슴을 소에 태워 검정칠을 하고, 풍물치는 일꾼들은 제멋대로 뛰놀고 주인집에 가서 지신을 밟고 밤새도록 마을 곳곳에서 놀이판을 펼쳐 피로를 씻어냈다. 남도에서 장원례로 불리는 만두레 행사는 일하는 농민대중의 기백이 넘치는 화려한 축제였다.


사례 1 화성군 맹곶 두레(資2-35)

길가락을 치면서 들어오다가 거의 다 들어와서는 양산도드래기를 쳤다. 그날 식사를 준비한 집에 가서 저녁을 먹은 후 그 집이 잘되라고 고사까지 해주고 한바탕 놀았다. 밤에는 동네 남녀노소가 모두 나와서 어울렸다. 밤 9~10시까지 1시간 여를 놀다가 각자 돌아가서 잤다.


사례 2 서산군 장리 두레(資5-32)

들어올 때는 '날당'에 맞추어 빠른 장단으로 들어왔다. '껭메 게겡메 게껭/껭메 게겡메 게겡/겡메 게겡메 게겡' 하는 장단에 맞추어 아무리 땀을 흘리고 지쳤어도 소리를 지르며 '궁둥방아춤'을 추어대며 신나게 돌아왔다. 늦은밥을 먹고 나와 또다시 풍물을 치고 놀았다. 진하게 모깃불을 피우고 하루 종일 지친 피로를 신명으로 풀어내었다. 동네 남녀노소 모두 몰려와 구경을 했고, 아이들이 '아무개 아버진 저렇게 쳤어' 하면서 악기를 따라 배웠다. 특히 만물에는 온 동민이 다 몰려나와 풍물을 쳤다.

### 들밥 나눔, 휴식과 오락의 한때

두레의 공동식사 관행은 풍물굿과 더불어 가장 대표적인 공동체문화였다. 들밥을 내다 먹는 풍습은 두레가 발생하기 이전에도 있었으나 공동노동이 체계화되면서 들밥 풍습도 체계화되었다. 조선 전기 『금양잡록』을 보면,[11] "비용을 많이 들여서 사람을 고용하여 농사를 짓는 사람은 반드시 고용된 사람에게 밥을 먹일 수 있는 그릇 5개를 갖춘 뒤라야 하며, 그렇지 않으면 일꾼이 병을 일컬어 일을 하지 않는다. 그릇 5개란 밥 세 그릇, 국 한 그릇, 나물 한 그릇인데, 각각 다섯 그릇씩 주게 되면 잠깐 동안에 욕심껏 다 먹어버린다. 먼저 먹은 사람은 옆에서 미처 먹지 못한 사람보다 더 먹게 되므로 가장 욕심껏 먹는 사람은 모름지기 다섯 그릇으로도 오히려 부족하다. 이로써 그 모양은 초겨울 빈 그릇에 굶주린 가을파리와 같다"고 했다. 김령金坽(1577~1641년)은 여름철에 밭을 갈고 김을 매면서 들밥을 먹는 모습을 그리면서, "숲에서 들밥 먹고 한숨 자고 나니 남은 두렁 높아만 보이고, 벗어놓은 도롱이는 종일토록 잠만 자네. 해질 때까지 북소리에 맞추어 일제히 격양가를 부르는데, 곡중에 다시 풍년 들기를 노래하네"라고 했다.[12] 들밥을 먹고 나서 악기를 울리면서 민요를 부르던 아련한 모습이 이미 그의 시대인 17세기 초반에도 보편적이었음을 시사한다. 이처럼 들밥 전통은 매우 오랜 것이었다.

첫째, 두레의 공동식사는 참과 식사로 구분된다.

참은 정식으로 먹는 밥과 달리 술이 주종이다. '오전참-점심-오후참'의 3번 공동식사가 일반적 관행이다. 경우에 따라서는 오후참이 1번 더

**들밥 내오기**

아낙들은 물론이고 어린아이까지 들밥을 지고 나온다(『일본지리풍속대계』 조선편, 1930).

추가되어 4번도 있다(資2-34, 5-16). 참은 새참 · 새밥 · 새 · 샛거리 · 곁
드리 따위로 불린다. 아침참은 보통 9시경, 9시 30분경, 10시경에 먹는데
10시경이 제일 많다. 지역에 따라서는 아침참을 '한참 · 첫참 · 쉴참'으로
부르는 경우도 있다. 오후에 먹는 참은 대개 '오후참 · 오후새'로 부르며
간혹 저녁참으로 부르기도 한다. 점심식사 후에 잠시 눈을 붙이고서 잠
을 깨라고 주는 '깰참'도 있으며(資5-24), 해가 넘어가기 전에 주는 '깔딱
참'(資2-38)도 있다. 식사는 점심을 말하는데 아침 일찍 작업을 나가는 경
우에는 일단 논에 나가서 1시간 여를 일하다가 아침밥을 내다 먹기도 한

**들밥 내오기**

(왼쪽) 논산 대명리
(오른쪽) 대전

다. 이 경우에 '아침·아침새참'을 먹고서 점심을 먹는다(資5-20). 점심
은 12시경, 늦으면 1시경에 먹는 것이 일반적이다.

식량 사정이 극도로 악화되고 두레가 분화되면서 점심은 원칙적으로
각자 해결이 원칙이었다. 개인이 품을 얻어서 일을 시키는 경우는 밥을
주지만 두렛일은 개인별로 집으로 돌아가서 먹어야 했다. 일터가 먼 경
우에는 지게에 도시락을 실어서 내오는 식으로 해결했다. 참도 여유가

없으면 줄 수가 없었기에 굶으면서 일을 해야 하는 경우도 있었다. 논임자가 밥을 주면 일값에서 감하는 방식으로 밥값을 계산하는 경우도 있었다. 참을 논임자가 낼 힘이 없으면 두레에서 상부상조하여 대신 내는 경우도 있었다(資5-1). 일본인 땅을 경작하는 경우에는 참조차 나오질 않았다(資5-17).

둘째, 공동식사 차림새는 매우 빈약했다.

판소리의 농부가에 조금 화려하게 등장하는 들밥의 '메뉴판'은 노래가 사일 뿐이다. 밥인 경우에는 꽁보리밥이 보통이었다. 쌀밥은 구경하기 어려웠다. 꽁보리밥은 먹을 때는 배가 불러도 쉽게 허기지게 만들었다. 국수 · 수제비 · 감자국 · 오이냉국 · 밀장국 등을 많이 먹었다. 오이냉국은 미역과 오이로 시원하게 만들었다. 밀장국은 밀가루 반죽을 수제비로 띄워 호박과 감자를 넣고 끓인 국으로 '누른국'이라고도 불렀다. 바가지에 보리밥과 늙은 오이를 채 썰어 놓은 오상채를 고추장으로 비벼 먹는 '바가지밥'도 널리 성행했다. 들밥은 어떤 정연한 상차림으로 생각하면 안 된다. 바가지에 이것저것 넣고 비벼먹는 밥으로 생각해야 한다. 반찬은 김치가 주종이고, 북어 · 고등어자반 정도가 오르면 상등이었다. 밀가루조차 귀하여 겨수제비국도 해먹었으며, 일제 말기 군수물자 공출이 심해지면서 식량 사정은 더욱 악화되어 만주에서 들여온 돼비지 같은 콩밥을 먹으면서 해나갔다.

참에서 가장 중요한 것은 술이었다. 술은 대개 텁텁한 보리술을 먹었다. 쌀막걸리는 밀주금지 등의 조건 말고도 먹을 쌀도 없는데 상상조차 할 수 없었으니 보리술을 몰래 담그기도 했다. 술을 논 주인이 내는 경우도 있었으나, 두레로 농사지을 경우에는 대개 두레에서 공동으로 양조장에서 가져다 먹고 결산했다. 농사철에 술을 많이 마시면 칠월달에 두레먹을 경비가 준다고 절약을 하기도 했다. 두레농사일은 '술힘으로 한다'

는 말이 있을 정도로 술은 중요했다. 밥을 제대로 먹지 못하던 시절에 술 힘에 의지하여 일을 해나갈 수밖에 없던 절박한 처지였다.

두레의 공동식사共同食事[13]

사례 1 안양시 안날미(資2-1) : 아침참(10시경) · 점심(12시경) · 저녁참 (3~4시경)

사례 2 안양시 벌말(資2-4) : 아침참(9시 30분경) · 점심(12시) · 오후참(3~ 4시경)

사례 3 안양시 방죽말(資2-5) : 오전새참(10시경) · 점심(12시 30분경) · 오후새참(4시경) · 들어갈참

사례 4 화성군 원막(資2-15) : 아침(9시 30분경) · 점심(12시 30분경) · 새 참(3시 30분~4시경) · 저녁(7시 30분경)

사례 5 화성군 지끔이 · 반율(資2-21) : 아침참(11시) · 점심(12시) · 저 녁참(3시경)

사례 6 화성군 육일(資2-22) : 아침새참(8~9시경) · 점심(12시) · 새밥 (저녁새참: 5시경)

사례 7 화성군 한두골(資2-38) : 아침(7시경) · 참(10시경 : 아침곁드리) · 점심(12시경) · 참(3시경 : 저녁참) · 참(해질 무렵 : 깔딱참)

사례 8 화성군 동천(資-34) : 참(10시경 : 아침곁드리) · 점심(1시경) · 저녁 곁드리(3시경) · 깔딱참(6~7시경)

사례 9 파주군 쉰우물(資2-6) : 아침참(9시경) · 점심(12시경) · 오후참(3 시 반경)

사례 10 대전시 정생(資5-16) : 새참(9시경) · 아침새 · 점심(12시경) · 참(3시경) · 저녁새

사례 11 대전시 웃말(資5-17) : 새밥 · 점심 · 새밥

사례 12 대전시 삼괴(資5-20) : 아침·아침새참·점심·새참

사례 13 대전시 송촌(資5-22) : 새·점심·새

사례 14 대전시 산뒤(資5-23) : 새·점심·새

사례 15 대전시 새뜸(資5-24) : 세참·점심·깰참·새참

사례 16 대전시 아랫관들(資5-25) : 아침(8시경)·새·점심(12~1시경)·새

사례 17 공주군 수실(資5-2) : 첫참(10시경)·점심(1시경)·오후참(3~4시경)

사례 18 공주군 학봉(資5-5) : 샛밥(10시경 : 아침새)·점심(12시경)·오후참(2시)

사례 19 공주군 소룡(資5-6) : 아침새(10시경)·점심·오후참(3시경)

사례 20 공주군 하대(資5-8) : 아침새·점심·저녁샛밥

사례 21 논산군 양지뜸(資5-11) : 오전새(10시경)·점심·오후새(3시경)

사례 22 논산군 메꽃(資5-12) : 오전새(10시경)·점심(12시)·오후새(3시반~4시경)

사례 23 논산군 채운(資5-13) : 샛거리(10시경)·점심(12시경)·샛거리(4~5시경)

사례 24 논산군 탑동(資5-31) : 오전참(10시경)·점심(12시)·오후참(3시반~4시경)

사례 25 당진군 월곡리(資5-15) : 새참(10시)·점심(12시)·오후새참(3시반~4시반경)

사례 26 홍성군 고들미(資5-35) : 아침새(10시경)·점심(1시)·저녁새(4~5시경)

사례 27 익산군 신방(資4-3) : 한참(9~10시경)·점심·참(3시경)

사례 28 익산군 행동(資4-5) : 오전참·점심·오후참(4~5시경)

1 | 3
  | 4
2 | 5

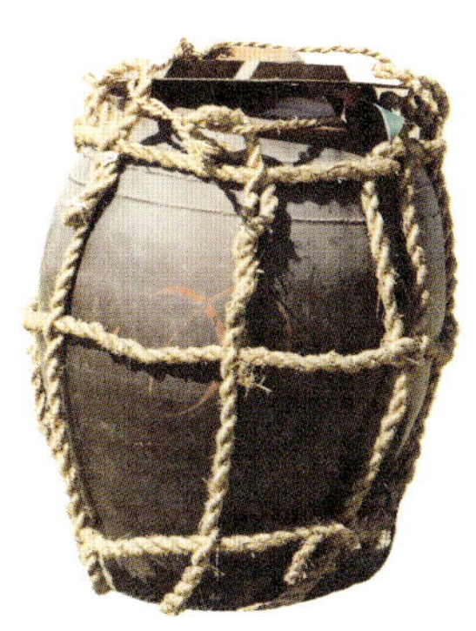

**두레에서의 술과 참**

1 바가지로 술 마시기
두레의 그릇은 대개 바가지였다.
2 휴식의 한때
막걸리와 김치 안주로 휴식을 즐기고 있다(재현된 대전두레, 1997년).
3 새끼로 얽은 술독
운반하기 쉽게 단단히 여미었다.
4 현대식 술통(1950~60년대의 막걸리통)
5 술병
전형적인 술병이다(높이 28.2cm, 입지름 8cm, 광주 시립민속박물관 소장)

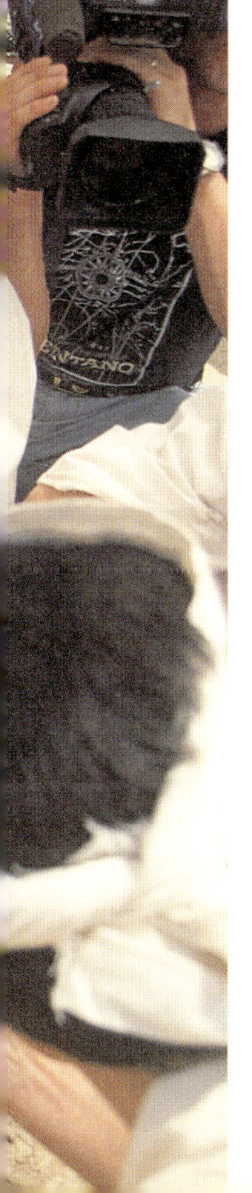

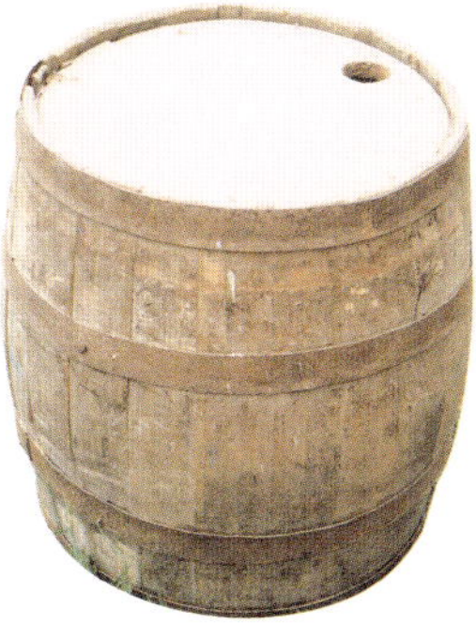

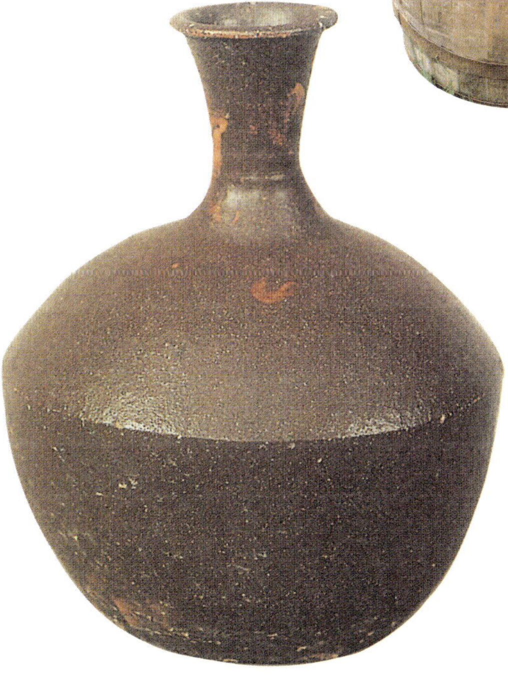

(위) **새참을 먹는 모습**(1960년대)

바쁘게 일손을 놀리다 논밭 한가운데에서 허전한 배를 채우는 새참의 맛은 최고다(『옛 사진으로 엮은 속초의 발자취』, 속초시·속초문화원, 2001).

(아래) **숲그늘의 휴식**(1990년대)

재현된 두레에서 예전과 같은 방식으로 숲그늘에서 들밥을 돌렸다 (대전 유성구).

사례 29 임실군 상필(資4-6) : 오전샛거리 · 점심 · 오후샛거리

사례 30 밀양군 감천(資3-1) : 쉴참(10시경) · 점심(12시반경) · 오후참(5
시경)

사례 31 강릉시 유천(資1-1) : 첫참(10시반경) · 점심 · 오후참(4시경)


셋째, 공동식사는 여자들과 두레패의 심부름꾼이 맡았다.

많은 장정들이 일시에 들밥을 먹는 것 자체가 큰 일이었다. 논임자네
아주머니가 직접 가지고 오거나, '꽁배'를 시켜서 지게에 보냈다. 수십
명 분의 밥을 일시에 준비할 만한 노동력이 부족하므로 품앗이 형식으로
분담했다(資5-31). 식사시에는 필히 동네 나발장부가 길게 나발을 불었
는바, 아낙들은 나발소리만 듣고도 어느 두레인지 알았다. 식사를 알리
는 나발을 불면 농군들은 신나게 일을 재촉했다(資1-1). 충청도의 경우,
새참이 보이면 선소리꾼이 '얼카뎅이야' 하면서 '새골(새참)이 떴다'를 외
쳤으며 모두 발빠르게 움직였다(資3-8).

넷째, 공동식사의 중요한 기능은 식사 자체에만 국한되지 않았다.

참과 점심의 한때를 이용하여 휴식을 취하고, 술을 마심으로써 일시나
마 노동의 피로를 풀어내는 쉴참이었다. 휴식시간에는 잠시 노래를 부르
기도 했으니 두레문화가 꽃피우는 또 하나의 현장이었다. 공동으로 일하
고 공동으로 나눔의 자리를 가짐으로써 두레꾼 내부의 단결을 도모했다.
두레가 사라지면서 들밥풍경도 간단한 참 형식으로만 잔존되게 되었다.


### 밥그릇에 대한 모독과 경외

두 마리 소에 쟁기를 맨, 즉 우이경牛二耕의 '쌍멍에'를 맨 소
가 논밭을 갈고 있는 가운데 고목나무 아래에 여덟 명의 장정들이 저마

(왼쪽) **횃대 만들기**

　담뱃불을 붙이기 위해 마른 쑥을 엮는다(당진 가학리).

(오른쪽) **담배 한 모금**(대전)

다 커다란 주발을 3개씩 챙기고 앉아 있다. 아마 밥그릇, 국그릇, 막걸리 잔으로 여겨진다. 장정 한 명은 장정이라고 하기에는 조금 어린 축으로 여겨지며, 한쪽 구석에 일을 도와주는 듯한 소년이 밥 한 그릇을 먹고 있다. 그 소년에게는 술잔이 없다. 새참을 내온 아낙네는 잠시 아기에게 젖을 물리고 있다. 커다란 밥 함지가 보이고 그 옆에 국그릇으로 여겨지는 단지가 있으며, 커다란 술동이가 놓여 있다. 이 같은 풍경은 들밥 전통을 매우 설득력 있게 말해준다.

단원 김홍도도 들밥 전통을 놓치지 않았다. 뒤 쪽의 그림에서 보면 웃통 벗은 여섯 장정이 식사도 하고 술도 마시고 있는데 그릇이 매우 커 보인다. 옆의 소년이 술동이를 껴안고 언제라도 따를 채비를 갖추고 있다. 아낙네는 돌아앉아 아기에게 젖을 물리고 있으며 그 옆의 어린아이도 밥그릇 하나를 챙겼다. 그릇을 담아온 듯한 광주리가 놓여 있고 아낙을 뒤따라온 개 한 마리도 우두커니 구경하고 있다.

조영우의 그림에도 일곱 남자가 등장한다. 그런데 여섯 남자는 일꾼임이 분명한데 갓 쓴 남자는 그날 일을 부리는 땅 임자 지주 같다. 아낙이 광주리에 담아온 밥을 열심히 먹고 있는데 일꾼 하나가 자신의 아이에게 자신의 숟가락으로 밥을 먹이고 있다. 혹시나 '제 몫'을 나누어주는 것이나 아닐는지.

조선시대의 많은 화공들이 들밥풍경을 그림으로 그렸음은 그만큼 당대의 보편성을 지녔다는 증거이다. 공동으로 일하고 공동으로 나눔의 식사를 하는 모습은 일제강점기는 물론이고 1960~70년대까지도 이어졌던 풍습인데, 개인적 임노동이 완벽하게 밥그릇 가격에까지 매겨지면서 사라지고 말았다. 화공들이 이런 그림을 그린 데는 반드시 외경심까지는 아니더라도 민의 풍습에 대한 정겨운 감정이 잘 녹아 있다. 그러나 한말에 이 땅을 방문한 외국인들이나 일제 강점기에 두레의 공동식사를 묘사한 대목을

| **새참**(조선 후기. 『단원 김홍도 풍속화첩風俗畵帖』, 국립중앙박물관)

보면, 국외자 입장에서는 이렇게 비하되기도 했다.

> 조선 농부들의 일하는 모습은 매우 소란스럽다. 그들은 깃발을 세우고
> 무리를 지어 논에 나가며, 해가 높이 뜰 때까지 잠깐 일하는가 하면 외
> 국인의 눈에 비친 30년 전의 조선에 나와 있는 것처럼, 비숍 여사를 놀
> 라게 할 정도로 많은 양의 식사를 한다. 그 후에는 브루너 교수도 억지
> 로 눈이 뜨이지 않는다고 한 오후 한낮까지 잠을 잔다. 일어난 뒤에도
> 일을 하는가 싶으면 적당한 때에 일을 끝내고는 막걸리를 마신다. 어처
> 구니없는 일이라고 하지 않을 수 없다.[14]

어처구니없다니! 위 관찰자의 눈에는 '어처구니없는 일'로 보여졌으
나, 실은 김매기철이 가장 무더운 복중이므로 점심 식사 후에 낮잠을 잠
시 자지 않을 수 없었던 사정을 모르는 시각이다. '많은 양의 식사'를 하
는 것이 아니라 식량 사정이 여의치 않았기에 식량 대신에 술을 마시지
않고는 일을 할 수 없었음을 고려해야 하며, 끈기없는 꽁보리밥은 양만
많아 보이지 쉬이 꺼지는 탓에 배고픔을 달랠 길이 없다. 프랑스 여행가
이자 지리학자, 민속학자로 1888년부터 1889년에 거쳐 조선을 다녀갔던
샤를 루이 바라Charles Louis Varat(1842~1893년)는 점심을 먹고 난 다음에
한바탕 치는 두레풍물을 보고 이런 기록을 남겼다.

> 땅바닥에 퍼질러 앉은 채 한가하게 점심식사를 하는 조선인들의 모습이
> 눈에 띄었다. 모두들 나무나 금속으로 만든 스푼에 중국, 혹은 일본식의
> 젓가락을 사용하고 있었다. 식단은 그리 화려하지 않았는데, 모두들 함
> 께 음식을 나눠 먹은 뒤 귀가 얼얼할 정도로 시끄러운 음악회를 한 판 벌
> 임으로써 식사를 끝내는 것이었다. 어찌나 요란한지, 누구나 한 번 들으

**들밥 내오기**
김을 매는데 두 아낙이 들밥을 내오고 있다(조선 후기,
『KOREA Art Book 민화 Ⅱ』, 예경, 2000).

면 결코 잊을 수 없는 음아이었지만, 그렇다고 해서 그와 같은 현장감 넘
치는 시골음악이 하이든의 전원교향악보다 나은 것은 결코 아니었다.[15]

시끄럽다니! 두레꾼의 식사 후의 흥거운 오락의 한때를 정확하게 묘사
한 것은 좋은데 들판에서의 활달한 풍물굿을 굳이 하이든의 전원교양곡
에 비할 필요가 있을까. 이처럼 외국인들은 두레의 공동식사 전통에 놀

라움을 표하면서 결코 호감은 가지 않는 기록을 여러 곳에 남겼다. 일제 강점 말기의 전쟁상황에서 두레를 이용한 노력동원의 방도를 모색하기 위한 좌담회(1944. 3. 13)에서 경성제대의 아키바秋葉隆는 '다만 (두레의) 결점으로 말할 수 있는 것은 음식을 많이 차려내야 한다는 것입니다. 음식이 한 판 벌어져야 두레가 성립할 수 있다면 여기에는 개선해야 할 여지가 있다 하겠습니다'고 했다. 이에 민속학자 송석하는 이렇게 말했다.

연맹에서 착안한 것같이 사실에서 어느 정도까지는 오락이 있어야 합니다. 너무나 긴장만 시켜놓으면 생산증진은커녕 도로혀 위축되지 않을까 합니다. 이렇게 생각한다면 농촌오락이란 결코 아무렇게나 보아 넘길 것이 아니라 생각합니다.……음식 이야기가 나왔지만 물론 너무 과용한다면 폐해가 있겠지만 먹고 춤추겠다.……하루의 노고를 잊겠다-는 데서 음식물을 빼놓고 생각할 수 없을 것입니다. 더구나 이거는 음식을 먹겠다고 한 번 집에 갔다가 다시 모아드는 것이 아니고, 집으로 돌아갈 때에 예의 '農者天下之大本'이란 깃발을 날리면서 기세를 올리고 한잔 하는 것입니다. 언젠가 대학에서 조사한 것처럼 일종의 '契'라고 하겠습니다. 그러니 만침 비용도 분담되는 것이고 비용이래야 얼마 아닐 것입니다.[16]

두레에서 먹고 마시면서 노동하는 풍습에 관한 일본인의 우려에 찬 시선과 이에 관한 송석하의 옹호를 통하여 두레의 음식문화에 관한 당대 시각의 일면을 엿볼 수 있을 것이다. 두레의 나눔의 잔치가 과연 낭비였을까? 누구의 입장에서 낭비였을까? 농민의 입장, 아니면 지주의 입장, 그도 아니면 일제 통치배의 입장? 농민들의 신성한 밥그릇을 모독하다니!

# 두레와 민요, 일과 노래의 순환

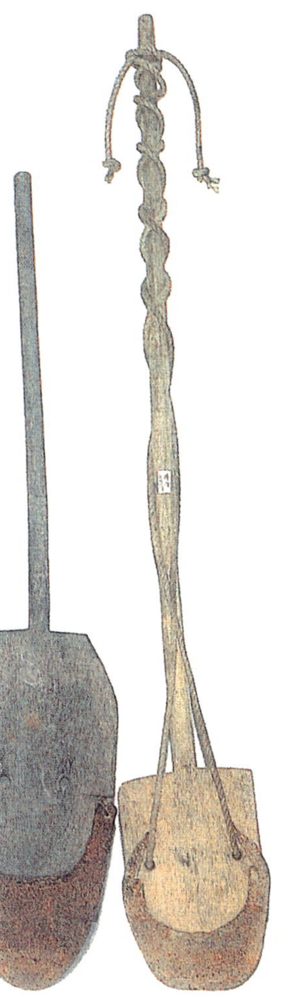

어-하-굼실-단허리야

단허리 단참에 넘어를 간다

서 마지기 논배미가

반달만큼 남았구나

초생달이 반달이냐

보름달이 단허리냐

단허리 단참에 다 넘어가네

어-하-굼실-단허리야

여보세요 농부님네들

우겨라-우겨-

서 마지기 끝났으니

단허리 단참에 다 넘어갔네

어야 굼실 단허리야

우겨라 우겨라 우겨-

_화성 한두골두레, 「훔칠 때 소리」

# | 신진농법 모내기에서 탄생한 새 민요

### 모내기 노래의 지리적 분포

새 술은 새 부대에 담는 법이다. 전에 없던 모내기라는 새로운 노동이 창안되었다면, 그에 걸맞은 새로운 노래가 창안되는 것은 당연한 일이었다. 즉, 이앙법의 등장으로 이앙가移秧歌가 새롭게 창출되었다. 이 책의 3장에서 살펴보았듯이 이앙법의 역사는 이미 고려말로 소급된다. 고려 말의 여러 시문詩文에 이앙법이 등장하고 있다.[1] 그러나 고려 말에 이앙이 시문에 더러 보인다고 하여 이앙법이 실시된 구체적인 정황은 제대로 보이지 않는다. 이앙법은 14세기 전후부터 남부지역에서 발전하기 시작한 선진농법이었다. 이앙법 발생 초기의 이앙가는 박효수朴孝脩의 시에 잘 나타난다. 경북 성주星州의 임풍루臨風樓에서 「삽앙가揷秧歌」가 들려온다고 했으니, 당시 경상도에는 일부나마 이앙법이 실시되고 있었던 것으로 추측된다.

누樓 아래 사는 사람들이 웃음과 말로 떠드는데
그림다리 흐르는 물에 버들그늘이 짙다.
최호崔顥의 방초芳草를 쓸 수 없는 것이 한이다.
누가 등왕각藤王閣을 위하여 낙하落霞를 읊으리!
산 비는 새벽에 대순을 구워 먹는 흥을 재촉하고

논북을 치는 가운데 공동 모내기를 하고 있다. 모방고 풍습이 잘 드러난다
(조선 후기, 8곡병曲屛 중 일부분, 독일 게르트루드 클라센 소장).

들바람은 때로 모심는 노래를 보낸다.

억지로 졸한 글귀를 써두니

참으로 운치로구나!

벽에 가득히 용처럼 날치는 취한 붓이 비꼈다.[2]


이렇듯 모내기노래는 14세기에 발아적 형태로 경상도를 중심으로 한 남부의 극히 일부지역에서 발생했지만 대규모 확산이 안 된 채 16세기로 넘어가게 된다. 경상도에서 이앙법이 가장 먼저 확산되었을 가능성은 당시를 기준으로 하여 그나마 제언堤堰 보급률이 타도보다 높았다는 점을 꼽을 수 있을 것이다.

조선 전기 농법을 대표하는 『농사직설』의 벼 파종법은 건삶이·물삶이·묘종의 세 가지였음은 앞장에서 살펴본 바와 같다.[3] 15세기 수전농법의 특징은 수경직파水耕直播였으며 묘종은 일부에서만 행해졌다. 그러나 불안전한 수리사정은 이앙법 확산을 더디게 만들었다. 심지어 조선 후기에 이르도록 모판이 마르고 모내기를 못해 농부들이 모를 뽑아버리는 일도 비일비재했다. 정다산丁茶山은 그의 시 「발묘拔苗」에서, '모를 뽑아버리면서 울지 않는 사람이 없다'고 했고, '곡성이 들에 가득했다'고도 했다. 어디까지나 '후세에 발명된 묘한 방법'이었다는 연암의 『과농소초』 기록은 조선 후기에 와서야 이앙법이 전국적으로 보편화되었음을 시사해준다.[4]

임진왜란 이후, 특히 17세기 후반에 들어오면서 이앙법은 남부는 물론이고 기내畿內까지 확산되고 있었다. 이앙법은 17세기 후반에는 남부지방에 거의 확산이 이루어졌고, 근 100년 뒤인 1799년 양익제梁翊濟의 『응지농서應旨農書』에 이르면 직파直播에 대한 언급이 아예 사라지는 모습을 보여준다. 그러나 여전히 불안전한 수리사정과 지형적 조건은 지역에 따라 다른 여건을 보여주었다. 『응지농서』와 같은 시기의 『천일록千一錄』[5]
을 살펴보면 구체적으로 드러난다.

    ① 호남·영남·호서 : 대개 만도晚稻는 주앙注秧을 하나, 일부 조도무稻
      에 한해서 파종한다.
    ② 해서·서관·북관 : 대개 파종을 하고 주앙을 하지 않는다.
    ③ 기순畿旬 : 파종과 주앙이 반반이다.
    ④ 관동 : 파종이 많고 주앙이 적다.[6]

    위 ①로 보아서 삼남三南은 대개 이앙법이 실시되었다. 반면에 ②의 이
북지방은 여전히 이앙법이 실시되지 않고 있었다. 관서는 물론이고 해서
지방도 『천일록』 당시까지만 해도 이앙을 하지 않고 있었다.[7] 반면에 ④
의 강원도는 산간지방이 많은 탓에 파종이 많은 한전지대의 특질을 잘
보여주면서도 이앙법이 확산되고 있는 모습도 동시에 보여준다. ③의 경
기도는 지대에 따라서 파종과 주앙이 이루어지고 있다는 점에서 이앙법
이 확산되는 과도기 양상을 보여주었다. 따라서 당시의 모내기노래는 위
남부의 ①지역에서 발생하여 ③, ④의 중부지역으로 북상하고 있었다.
이앙법과 파종법이 혼재된 경기도의 양상을 살펴보면 당시의 과도기적
정황이 분명하게 드러난다.[8]
    당시에 경기도 서쪽은 건파乾播와 이앙이 반반이고, 동북쪽은 파종이
많았다. 여주·이천·안성 같은 도성 이남은 이앙이 많고, 바닷가 쪽인
화성부는 직파가 많았다. 강화는 땅에 따라서 다르며, 개성은 반반으로
이루어지고 있었다. 남쪽에서 올라온 이앙법이 경기도를 하나의 계선界
線으로 혼재되고 있는 과도기적 양상을 보여준다. 모내기노래도 이 같은
계선을 중심으로 움직여나갔을 것으로 추측된다. 따라서 19세기 초반 모

내기노래의 분포 계선은 경기도와 강원도를 잇는 선으로 여겨진다.

이앙가의 출발은 전혀 새로운 것이었다고만 할 수는 없었다. 종래에 없던 모내기가 출현했다고 하여 노래까지 갑작스레 새롭게 창작했을 리는 없다. 애초에는 모내기 발생 이전에 불렀던 노래의 많은 요소들을 차용함으로써 전래의 농요전통을 이어받으려 했을 것이다. 그러나 모찌기와 모내기로 이앙가 자체가 분명하게 구획되고 모내기노동에 알맞게 새로운 노래가 요구되었을 것은 분명하고, 그런 작업공정상의 요구에 의하여 자연스럽게 본격적인 모내기노래가 발전해나갔을 것이다.

그러나 그 발전 시기, 즉 모내기노래의 세분화된 발전은 역시 조선 후기로 그 과업을 넘기지 않을 수 없었다. 이는 당대의 사회생산력 단계가 모내기노래의 보편적 확산을 보장하기 어려웠던 까닭이다. 더우기 대한 재大旱災에 의한 실농失農을 우려한 지배층의 이앙법 금제禁制로 이앙법의 확산이 어려웠던 경제외적 강제를 무시할 수 없기 때문이다.

동시에 북부 밭농사지대(旱田地帶)의 노래는 상황이 달랐을 것이다. 밭농사지대에서는 전혀 이앙가가 불리지 않았고, 밭농사에 알맞게 품앗이류 노래가 불리고 있었다. 이 같은 상태는 조선 후기까지 그대로 이어졌을 것이다.

### 이앙법의 확산과 김매기노래의 변모

가장 오래된 노래는 역시 김매기노래였다. 김매기노래는 고대사회는 물론이고 조선시대에 이르기까지 노동요의 맨 위를 차지했다. 두레의 전신前身이라 할 만한 황두 공동노동집단도 김매기노래를 불렀을 것이다. 호미는 전통적으로 가장 중요한 김매기 손도구였으므로 그에 부합되는 호미소리가 매우 일찍이 존재해왔을 법하다. 그러나 사대부들의

**경직도**耕織圖
4명의 사내가 김을 매는데, 지주가 들에 나와 감농
監農하고 있다(필자 미상, 견본채색, 291.5×131.8cm,
국립중앙박물관 소장).

시문에 등장하는 노랫말을 제외하고는 당대 김매기노래의 실체를 알기
는 어렵다.

다행히 조선 전기 김매기노래는 강희맹의 『금양잡록衿陽雜錄』에 그 성
격이 상세하게 드러나고 있다. 물론 그 노래들은 어디까지나 두레 발생

이전의 김매기노래들이다. 가령 16세기 후반 허봉許篈(1551~1588년)이 엮은 『해동야언海東野言』을 보면,[9] 군신들이 왕에게 양녕대군讓寧大君의 허물을 논하는 자리에서 양녕이 태종이 승하한 지 겨우 20일이 지나서 이천현사利川縣舍에 가서 사람들을 불러다 김을 매면서 농가를 부르고 즐겁게 놀았음을 비판하는 대목이 나온다. 조선 전기에도 김을 매면서 농요를 부르는 일은 매우 보편적이었음을 알려준다. 물론 그 형식은 두레김매기와는 달랐을 것이다.

이앙법의 확산과 두레의 정착으로 김매기노래의 존재 양상도 조선 전기와는 다르게 변하고 있었다. 영호남과 호서지방에서는 이미 확연하게 두레농법에 기초한 새로운 김매기노래가 정착되었다. 호남에서는 김맬 때나 씨 뿌릴 때 들판에 남녀가 무리를 이루면서 농구農謳를 제창齊唱한다고 했다. 또한 힘을 합해 앞으로 나아갈라치면 징을 두드리고 북을 쳐서 노고를 달랜다고 했다.[10] 두레풍장에 맞추어 집단적 두레김매기를 행하던 풍습이 정착되었음을 볼 수 있다. 두레풍장굿이 김매기에 동원되었음은 김매기노래가 완전한 정착을 보고 있었음을 증명한다. 남부지방에

**김매기와 모내기노래의 변천과정**

| | 고려 중기 | 여말선초 | 조선 후기 |
|---|---|---|---|
| 김<br>매<br>기 | 황두형<br>김매기노래 | 황두형<br>김매기노래 | 두레형<br>김매기노래<br>(두레 풍장굿)<br>(황두형 노래 잔존) |
| 모<br>내<br>기 | (직파법) | 직파법<br>(이앙법의 발생)<br>(모내기노래의 발생) | 이앙법 확산<br>모내기노래의 정착<br>(모방고) |

넓게 두레형 김매기노래가 정착되었을 것이고, 경기지역은 이앙법이 과도기적 양상을 보여주는 것과 마찬가지로 아직은 김매기노래도 과도기적 상황에 있었을 것이다.

조선 후기 노동관행을 기준으로 모내기노래와 김매기노래를 판정하는 데서 하나의 유의점이 있다. 농법이 퍼져나가는 분포 계선보다 풍물굿이나 노래 같은 문화적 계선이 앞서가고 있었음을 주목해야 한다. 3장에서 분석했듯이 19세기 말기에 이르도록 두레가 퍼지지 못한 이북지방에도 호미씻이나 풍물굿 같은 두레문화가 일부지역에서나마 퍼지고 있었음이 그 실례다. 앞의 도표는 노동요가 이행하는 과정을 보여주고 있다.

## |『금양잡록』에 나타난 조선 전기 노동요

### 『금양잡록』의 농서적 의의와 조선 전기 사대부의 농민생활 체험

모내기가 발생하기 전의 노동요 구연 상황을 알려주는 자료가 거의 없는 조건에서 『금양잡록』은 매우 중요하다. 조선 전기의 농서에 당대 농경풍습과 노래를 부르는 농민들의 모습이 잘 묘사되어 있기 때문이다. 저자 강희맹姜希孟〔세종 6(1424)~성종 14년(1483)〕은 국가적인 편찬사업뿐 아니라 평민문학에도 깊은 애정을 지녔다.[11] 농서를 엮게 된 것은 저자 자신의 금양현 생활과 관련 깊다.[12] 『금양잡록』은 일반 농사작물에 관한 체험적 농서다.[13] 이 책은 조위曹偉의 「서문」을 비롯하여 「농가 1農家一」, 「곡품穀品」, 「농담 2農談二」, 「농자대 3農者對三」, 「제풍변 4諸風辨四」,

「종곡의 5種穀宜五」,「농구農謳」및「화분和噴」,「발문跋文」등 10개 분야 58면으로 이루어진다.[14]

조위는「서문」에서 농사의 중요성과 어려움, 그리고 강희맹의 실학에 대한 존중과 저술에 대한 찬양의 뜻을 담고 있다.「곡품穀品」에서는 작물의 품종해설을 하고 있는데, 취급된 품종 수는 벼 27, 콩 8, 팥 7, 녹두 2, 동부 2, 완두 1, 기장 4, 조 15, 피 5, 수수 3, 보리 4, 밀 2 등 모두 80여 품종에 이른다. 당대 작물분류의 세심한 분화양상을 잘 드러내준다.[15]

「농담農談」은 '일찍 심기'를 강조하고 있으며 본인 스스로의 농사체험이라는 사실을 전해준다.「농자대農者對」는 농업기술 내용이 없으며,「제풍변諸風辨」에는 물과 가뭄, 바람 등 농업 기상에 관한 이론이 서술되어 있다.「종곡의種穀宜」항은 적기적파適期適播를 설명하고 있다.「농구農謳」항은 농촌생활, 농작업, 풍년, 농주 등 농업과 관련한 농민의 애환을 잘 드러내준다.「화분和噴」항은 농구의 제작 동기를 다시 설명한 것이다.

사실 세종조에 간행된『농사직설』은 일정한 한계가 있었다. 편찬이 삼남三南 중심이었고 중국 농서를 참조하지 않으면 안 되었다. 따라서 당시의 농학적 요구로 볼 때『농사직설』을 보완할 수 있는 농서를 편찬하지 않으면 안 되었다.『금양잡록』과『사시찬요초四時纂要抄』가 출현하게 된 까닭이다.[16] 이 농서의 의의를 재정리하면 다음과 같다.

①『촬요신서撮要新書』나『농사직설』과 더불어 15세기 우리 농법을 소상히 알려주는 농서다.

②기술서적 성격을 지니면서도 우리 농학의 원류가 되어 준다.

③자신의 직접경험을 통한 농서라는 점이다.

④벼 품종을 특성별로 빠짐없이 기록하여 육종학상으로도 중요하다.

⑤이후에 일본농학에도 영향을 주었다.

『금양잡록』에서 민요와 직접적으로 연관되는 부분은 「농구農謳 14장」
이다. 농구는 후대에도 뛰어난 시로 인정될 정도로 재인용되기도 했다.[17]
잡체시雜體詩로 분류되어 『속동문선續東文選』에 넣었으며, 허균은 『국조
시책國朝詩刪』에 이를 넣어 평가했다. 허균의 평에 의하면, 극치에 이르고
이치에 통달해서 강희맹이 지은 시 중에 이보다 나은 것이 없다고 했다.
따라서 조선 전기 민요의 양상을 검토해보는 하나의 전범으로서 『금양잡
록』의 농구를 분석함은 충분한 의의를 지니는 것이다.

조선 전기 민요의 양상은 『금양잡록』에서처럼 모두 한문으로 1차 채록
되었다. 농민들의 노래를 채보하는 형식은 일찍이 『시경詩經』에서 선보인
이래로 동양의 오랜 전통이었다. 『시경』은 채시제도采詩制度에 의해 수
집·편찬되었다. 『시경』에서도 가치 있는 작품으로 평가되는 「국풍國風」
의 일부 시는 월령가月令歌 형식으로 1년 사계절을 하루도 쉬지 못하고
노동에 시달리며 허덕이는 농민현실을 진실되게 묘사하고 있다.[18] 우리
의 경우도 예외가 아니어서 『삼국사기』, 『삼국유사』, 『고려사』, 『악학궤
범』 따위와 개인문집 속에 많은 민요가 전해지고 있다. 세종도 『농사직
설』을 반포하면서 동시에 농요수집도 지시했으니, 노농老農에게서 농법農
法과 노래의 실상을 직접 들어서 채보했던 것이다. 즉 『금양잡록』의 민요
수집은 『농사직설』의 민요 수집 전통과 하나의 맥락으로 이해된다. 위항
시인委巷詩人들의 『소대풍요昭代風謠』, 『풍요속선風謠續選』, 『풍요삼선風謠
三選』을 필두로 정약용, 위백규 등의 다양한 채보행위가 이루어졌다. 『동
국통감東國通鑑』, 『무릉잡고武陵雜稿』, 『해동야언海東野言』 같은 자료에서
도 민요 채보가 엿보인다. 특히 민요시라 할 수 있는 시적 양상도 두드러
졌다. 한시가 민요에 근접되게 하자는 노력은 고려 후기 이래의 애민시愛
民詩에서 거듭되었으며, 강희맹의 『금양잡록』, 임제의 『전가원田家怨』 같
은 것들은 특정 민요를 거의 그대로 옮겨놓았다.

　그러나 조선 전기와 중기까지의 민요를 알려주는 자료는 상당히 엉성하다. 조정에서 새로운 왕조의 문물을 정비한다는 정치적 목적으로 악관樂官이 중심이 되어 민요 수집 계획을 세우기는 했으나 결과물이 제대로 나오지는 않았다.[19] 조선 후기에 와서야 사태가 달라진다. 민요인식이 새로워졌으며 밑으로부터의 동력이 질적인 변화를 가져왔다.[20] 따라서 조선 전기의 민요를 알려주는 자료는 극히 제한적임을 알 수 있다. 그런 면에서 조선 전기 『금양잡록』은 중요한 위치를 차지한다.

　『금양잡록』은 '늙은 농부의 말을 간추린 농법이 농사짓는 집에는 제일'이라고 하여 노농老農의 말을 직접 채록한 것임을 분명히 했다.[21] 「화분和噴」에서 이르기를, "어리석은 농민들이 알지 못하여 그 가사를 잊어버리고 다만 그 곡조에 잡된 다른 노래를 섞어 부르게 되었다. 이제 곡명이 남아 있는 것을 채록함에 있어서 이미 엮었던 뜻을 곡명으로 삼고 빠진 데를 보충하여 가사로써 그 아래에 붙였으며 농가가 하는 모든 일을 갖추어보니 무릇 14장이 되었다"고 했다. 「금양별업衿陽別業」에서는 다시 이르기를, "또한 농요를 채집하여 가사를 제정하셨는데 해가 다하도록 힘을 다하며 부지런히 농사를 거두는 농부의 괴로운 모습을 잘 형용하셨다. 그 내용은 「농자대農者對」, 「종곡의種穀宜」 등의 편에 은연중 표현되었으나 살피어 나아가고 물러가는 기작 등이 비단 농가의 지침서만이 아닐 것이다"고 했다. 따라서 오늘날의 입장에서 본다면 강희맹의 노동요채록 행위는 민속학, 혹은 구비문학 현지조사방식을 그대로 구축한 것으로 보인다. 노동요 채록은 민요의 4대 기능인 '노동적 기능, 정치적 기능, 종교적 기능, 자웅도태적 태도'에서 노동적 기능을 담당한 저술로 평가된다.[22]

# 「농구」에 나타난 조선 전기 농민생활사

「농구農謳」편이 농요의 채록편에 해당한다면 「화분和噴」편은 이의 해설이라고도 할 수 있다. 화분을 중심으로 『금양잡록』「농구 14장」의 세계를 살펴본다.


## 1일 우양약一日雨暘若

한 해의 풍흉이 비오는 때에 달렸으며 풍년 들어 좋은 일이 임금께 돌아가도록 하자는 신하와 백성의 뜻을 나타냈다. 하늘에 의지하여 농사짓는 농부의 심정을 그리면서 하늘에 의지하여 땅을 갈고 파거나 할 수밖에 없는 농부의 심정을 그렸다. 당시 관개시설의 불안정을 보여준다.


## 2일 권로二日捲露

매일 밭에 나갈 때 반드시 새벽이슬을 맞는 것이 하루 일 중 가장 먼저라는 뜻임을 나타낸다. 농부가 일 나가는 시간은 날이 밝기 전 새벽이다. 호미를 매고 나가는 것으로 보아 제초작업이 가장 중요했음을 말해준다.


## 3일 영양三日迎陽

밤에는 밤이슬에 잠기고 아침이면 떠오르는 햇살에 곡식이 무럭무럭 자라난다. 해가 솟아올 때의 김매기하는 과정을 그렸다.


## 4일 제서四日提鋤

농가가 힘써 하는 일이 오로지 호미질에 달렸으므로 잠시만 쉬어도 마침내 잡초가 우거질 것이라는 내용이다. 힘겨운 김매기의 어려움을 술로 해결하던 풍습이 전해지며, 후대의 들녘참 풍습과 일치한다.

### 5일 토초五日討草

여름에 잡초가 무성하여 곡식을 해치므로 농가는 마땅히 살피어 호미질에 힘써야 한다는 내용이다. 잡풀과 곡식포기를 잘 가려야 함도 역설하고 있다.

### 6일 과농六日誇農

사농공상士農工商 중 오직 농사가 가장 괴로우니 심성을 다하지 않고 어찌 근본이 이에 있음을 알 수 있을 것인가를 반문한다. 장사의 이윤을 추구하는 상인도 조금은 반성해야 된다는 내용을 담고 있으며, 농사가 '모든 일의 근본'임을 노래하고 있다.

### 7일 상권七日相勸

근면을 꺼리고 편안함을 즐겨, 혹 게으르게 됨을 경계하며 상부상조할 것을 권장하고 있다.

### 8일 대엽八日待饁

하루 가운데 반나절을 일하면 시장하므로 점심을 먹어야 한다는 내용이다. 시어머니와 며느리가 합심하여 들밥을 짓는 분주한 모습과 점심을 기다리는 심정이 잘 드러난다. 조선 전기 소농경영에서 여인들의 들밥 지어내는 역할을 보여준다.

### 9일 구복九日扣腹

한 번 배부른 뒤 배고픔을 잊고 다시 힘을 내어 일한다는 내용이다. 보리밥과 국으로 차린 들밥 풍경을 통해 들밥이 당대에 보편적 농사관행이었음을 보여준다.

**농부의 비옷 차림**

도롱이를 걸치고 나막신을 신은 한 농부가 들로 나서고 있다. 이런 차림새는 조선 전기에도 거의 같았을 것이다(20세기 초반, 국립중앙박물관 유리 원판).

10일 망추十日望秋

보리가 다 익어 먹을 것이 있으므로 배불리 먹은 뒤 돌아오는 가을을 바라보는 인정의 통상을 말한 것이다. 곡식을 추수하고 나서 양이나 염소를 잡아먹던 풍습도 보여준다. 15세기 당시 2모작(水田二毛作)이 극히 일부 선진 농민들 사이에서만 적용되었을 뿐 광범위하게 보급되지 못했다. 따라서 이 대목의 보리는 2모작논의 보리라고 보기보다는 윤작제의 보리농사로 간주함이 옳을 것이다.

### 11일 경장무十一日竟長畝

찌는 듯이 더운데 간장같이 짠 땀을 흘리면서 사래 긴 밭을 가는 모습을 보여준다. 노인은 견디기 어려운데 젊은이는 강하기에 지척을 다투느라고 일이 힘들다.

### 12일 수계명十二日水雞鳴

점심 마련하는 사람이 항상 술을 내오되 비오리 우는 소리로 때를 맞추고, 또 늦비오리가 울면 역시 술을 내온다는 내용이다. 술을 마시면서 일하는 모습이다.

### 13일 일함산十三日日啣山

김을 다 맨 뒤에 집으로 돌아갈 때 노래부르며 천천히 돌아감을 말한 것이다. 해 저물어 농사짓고 돌아오는 풍경을 보여준다.

### 14일 탁족十四日濯足

농가의 일이 하루하루 조금도 빈틈이 없어 언제나 바쁘고 고생스러움을 말한 것이다. 짧은 여름밤에 잠도 제대로 못 자고 일하는 현실을 말해준다.

「농구」의 묘사대상은 김매기 풍경이다. 호미로 김매기가 농가의 가장 중요한 일임을 보여준다. 이앙에 대해서 언급이 없으니 조선 전기 농법에 충실한 것으로 보인다. 금양현이 오늘의 시흥 방면임을 미루어볼 때, 『천일록』의 분석을 따르면 금양현은 18세기에 이르도록 이앙보다는 파종을 했을 것으로 짐작된다.

노소가 함께 김을 매고 있고, 아낙들이 점심밥을 들로 내오는 것으로 보아 공동노동의 양상이 보인다. 다만 품앗이류, 혹은 농계農契의 노동관행일 뿐 두레같이 강고한 조직은 아니었다. 당연히 풍장굿에 대한 언급이 한 줄도 없다. 그러나 들밥, 술 따위가 등장함으로써 조선 후기의 두레에서 이루어지는 관행들의 편린이 이미 조선 전기에서 엿보인다. 저자는 '농가農歌를 들으며 화답하는 자가 있으면 그 소리가 비장하여 일반 마을의 노래와 같지 않다'고 하여 주고받는 농요의 비장미를 나타내 주었다.

이런 『금양잡록』에 나타난 당대 농민들의 생활은 전형적인 소농경영小農經營 그대로였다. 조선 전기 재지사족의 농장경영에 사용된 대농법大農法을 주로 서술했던 『농사직설』에는 반드시 두 마리의 소가 한 세트로 작업에 동원될 정도로 풍부하게 사용되었음에 반하여, 당시 경기도지역 소빈농층의 농법을 기술한 『금양잡록』에서는 '100집이 사는 마을에 농사일을 맡을 수 있는 소가 겨우 몇 마리뿐이다'는 현실을 보여준다. 즉 『금양잡록』에는 '소 없는 농가'에서 소 대신에 사람의 힘으로 쟁기를 끌게 한다는 힘겨움을 말해주고 있으니, 이때 9명의 힘이 한 마리 소의 힘을 대신한다고 했다.

소농경영은 농장 직영지 경영과는 반대로 농민의 존재형태가 『금양잡록』 「농담 2農談二」에서처럼 바로 '굶주린 가을파리'처럼 혹심했다. 당시 농촌사회는 『농사직설』 농법과 『금양잡록』 농법으로 대비되는 노동생산성 중심의 대농법과 토지생산성 중심의 소농법이 공존했으며, 『금양잡록』은 소농법을 수행하던 농민현실을 보여준다. 『금양잡록』에 등장하는 농민들은 대단히 불우한 처지였다. "농사가 부실하여 추수하여도 국가 세납액도 채 되지 못하는 형편인데 설상가상으로 사채의 독촉이 성화같다. 집에는 한 알의 곡식도 없는 농절은 부득부득 다가오니 농민들은 부득이 국고에서 종자를 채용할 수밖에 없다"고 할 만큼 뿌릴 씨앗조차 없을 정도로 가난했다.

## 「농구」의 문학사적·음악사적 가치

강희맹은 『금양잡록』을 써서 당대의 농학적 수준과 당대 농민들의 처지를 드러내주었다. 동시에 이는 당대 전원문학으로서의 위치를 차지한다. 저자는 음악적 측면도 놓치지 않았다. 조선 전기 농요의 음악적 측면을 전해주는 자료가 귀한 터에 『금양잡록』은 그 자체 음악 해설자료로서도 의미가 있다. 여기서 다룬 곡조는 빠른 가락과 느린 가락 두 가지다. 현재의 전승민요에서 김매기노래가 느린 가락과 빠른 가락으로 대별되는 것과 똑같다. 이로써 이미 조선 전기에 노동에 따른 곡조의 빠르고 느림이 완성된 상태였음을 알려준다. 두레농법에서 보이는 '쌈싸기'라거나 '몬들소리' 같은 양식이 아직은 나타나지 않고 있다. 저자 자신이 해설한 두 가지 측면을 살펴본다.

느린 곡조 : 우양약雨暘若에서부터 대엽大饁까지를 느린 곡조로 만들어 점심먹기 전, 반나절에 부르게 했다. 느린 가락은 신음하듯 화답하는 것이며 지리자地利者는 마을사람들이 서로 부를 때 반드시 형세를 일컬어 친절함을 말했다.

빠른 곡조 : 고복鼓腹에서 탁족濯足까지를 빠른 곡조로 만들어 점심을 끝낸 뒤 반나절에 부르게 했다. 빠른 가락은 두드러진 늙은 농부가 사리를 살핌을 화답하는 가사로서, '슬기 있는 자는 오직 옛 늙은 농부'라고 했다. '이른바 뽑는 사람이 노래를 그치면서 반드시 기운을 토하고 입술을 떨치면서 머리를 흔드는 것은 농부들이 그 소리를 돕는 형세이다'고 하여 선창과 후창의 어우러짐을 말했다. '느린 가락으로 시작하여 빠른 가락으로 옮기게 함은 가락을 즐겁게 하자는 것이다'고 하여 일과 놀이의 함수관계도 말해준다. 후대의 김매기노래 역시 점심바구니가 들어오기 전의 느린 가락과 일을 끝낼 무렵이 가까워지면서 가락이 차츰 빨라지

는 조건과 일치된다.

농구 구연口演방식은 되받아 부르기, 메기고 받아 부르기, 주고받아 부르기, 혼자 부르기 중에서 주고받아 부르기 형식일 가능성이 짙다.[23] 선창자가 앞소리를 부르면 후창자가 거기에 대를 맞추어 뒷소리를 받아 부르는 형식임이 "농부들이 그 소리를 돕는 형세이다"는 표현에서 유추해 볼 수 있다.

강희맹의 농요가 노농老農의 노래를 직역한 것으로는 보이지 않는다. 따라서 잡체시雜體詩란 명칭이 붙은 것이다. 실제 민요는 아니지만 민요의 소재와 시상을 차용하고 곡조를 흉내내어 지은 잡체시로서의 성격을 분명히 해준다. 그러나 강희맹이 민요의 맛과 형식을 살리기 위하여 무던히 애를 썼음을 알 수 있다. 즉 빠른 후렴구가 아지리阿地利, 느린 곡조는 확자고노농確者古老農이라 지적한 다음에 농부들이 그 노래를 선창 후창으로 부르는 점을 설명했다.[24] 강희맹의 문학사적 가치는 바로 섬세한 감각을 지닌 문인이었으면서도 농민이 전승하고 있는 민요에 깊은 관심을 가져 관인문학의 고답적인 세계에서 벗어나려 한 것이다. 조선 전기 관인문학의 전통에 입각해 있으면서도 농촌현실에 더 뿌리박은 문학세계를 펼쳐 보인 것이다.[25]

또한 그가 관심을 표명한 농촌의 민요수집방식은 후대에까지 일정한 영향을 미쳤다. 『속동문선』과 『국조시책』에 전부가 실렸거니와 조선 후기에 이르러 신경준申景濬에 의해 강희맹의 농구 형식과 표제를 그대로 수용한 「농구農謳 14편」으로 귀결되었다.[26] 더 나아가 이런 전통은 후대의 이른바 농민시라고 하는 시적 전통의 앞선 시기를 차지한다는 점에서 시사적詩史的으로도 주목할 가치가 있다. 강희맹의 『금양잡록』은 사회경제사적 농서로서만 평가를 받아왔으나, 문학적 측면에서의 민요, 민속학적 측면에서의 농민생활을 상세히 밝혀주고 있는 것이다. 또한 조선 전기 김매기노래의 존재 양상을 구체적으로 보여준 실례가 된다.

## 문학사회집단인 두레패

### 강력한 노동집단, 눈물겨운 신세타령

두레는 조선 후기에 새롭게 태어난 문학사회집단이기도 했다. 두레는 그동안 있었던 어느 문학사회집단보다도 강력했다. 생산자 농민의 집체성은 문학 자체에서도 집체성을 띠게 했다. 두레가 한창 새로운 노래집단으로서 성장을 거듭하고 있던 시기에 『북새잡요北塞雜謠』, 『소대풍요昭代風謠』, 『풍요속선風謠續選』, 『풍요삼선風謠三選』 같은 풍요風謠가 출현했다.[27] 이는 조선 후기에 민요가 그만큼 성행했다는 단순한 증거 말고도 그들 민요를 생산하고 향유했던 민중의 힘이 성장했다는 측면으로 여겨진다. 문학사회집단으로서의 두레의 성격을 밝혀본다.

첫째, 두레는 강력한 '두레류 노동요'의 출현을 의미했다

두레가 출현함으로써 향촌사회에는 비로소 강력한 노동집단이 완성된 셈이며, 그에 따라 이전에는 기대할 수 없던 가장 강력한 문학사회집단이 출현하게 되었다. 길쌈노래, 가래질소리, 타작노래 같은 '품앗이류 노동요'를 부르다가, 마을 전체가 동원되는 집단노동이 아니면 해결될 수 없는 농업상의 요구로 인하여 두레형 노래가 출현했다.[28]

둘째, 두레는 전국 곳곳에 공통적인 요소를 지닌 문학사회집단을 생성

시켰다.

일반 농민들을 기반으로 하고 있기 때문에 여느 문학사회집단보다 가장 광범위하게 조직되었다. 마을 단위에서 공동노동을 수행하는 집단으로 두레 이외에 품앗이류가 존재했지만, 품앗이는 임의조직인 까닭으로 생활상의 요구에 의해 다양한 형태로 조직될 뿐이었다. 반면에 두레는 강제성에 기초하여 각 마을마다 조직되었다. 적어도 18세기까지는 황해도와 강원도 일부를 포함한 중부 이남지방에 대개 두레가 확산되었다. 따라서 각 마을단위의 두레라는 문학사회집단이 존재한 셈이다.

셋째, 두레는 문화조직을 별도로 보유하고 있었으니 풍물굿이 그것이다.

풍물굿은 노동을 활력 있게 해주었으며, 들일에서 김매기소리를 받쳐주는 결정적 역할을 했다. 조선 후기 향촌사회에서 가장 뛰어난 예술적 기재인 풍물굿과 두레의 농요가 결합되었다. 또한 문학사회집단으로서의 두레는 진서턱 같은 행사를 통하여 늘 새로운 인원을 충원할 수 있었다.

넷째, 두레에서는 노동요뿐 아니라 일반 잡가도 널리 불렀다.

두레에서 선소리꾼을 뽑았으며, 노래의 전승도 자체 내에서 자연스럽게 이루어졌다. 두레는 그 자체 복합적 문화조직이었으니 두레의 복합적 성격을 잘 드러내는 두레타령에 잘 드러난다.[29]

두레꾼들이
두레풍물 치머
두레두레 모여
두레농사 짓네.
두레꾼들이
두레타빼기 마시며
두레두레 모여

두레지심 매네.
두레꾼들이
두레타작하여
두레샘물로
두레밥 지어
두렛상에 앉아
두루두루 먹네.

두레의 공동식사풍습은 휴식의 한 때, 노래의 열려진 공간이 되기도
했다. 노동요를 부르는 시기를 첫째 일할 때 부르며, 둘째 일하다 쉴 때

| 두레의 공동 식사 준비(대전 유성두레)

부르며, 셋째 집단적 힘을 발휘하고자 할 때 부르는 것으로 본다면,[30] 들밥을 먹으면서 농주에 젖어서 휴식의 한때를 노래로 보내는 풍경은 매우 인상 깊은 순간인 셈이다. 정다산의 『농가農歌』에서 "상치잎에다 보리밥을 싸서 파와 고추장 쌈 싸먹세" 대목은 바로 들밥 풍경의 전형적인 모습으로 보인다.[31] 휴식의 한때에는 당대에 유행하던 잡가, 즉 당대의 유행가가 노래되었으니, 경기도의 경우에는 『방아타령』이 잡가로서도 존재하는 동시에 노동요로서도 불렸다.

다섯째, 두레노래는 농업생산력과 향촌사회의 변동을 현실적으로 반영하는 문화였다.

예컨대 두레의 담당계층은 소빈민층이 다수였으니, 두레노래의 신분적 기초는 조선 후기 변혁운동을 담보하고 있었던 층이었다. 아래 노래에서처럼, 때로는 신세한탄요로 일관되기도 했으나 당대 농민계층의 처지를 잘 드러내고 있다.[32]


　(가)일을 하세 일을 하세

　　힘을 모아 일을 하세

　　어떤 사람 팔자 좋아

　　호의호식 잘사는데

　　이내 팔자 어이하여

　　이내 신세 못 면하나

　　일을 하세 일을 하세(전북 김제지방)


　(나)이 농사를 얼른 지어

　　나라에 상납하고

　　부모처자 먹고싶고

세세얼널널 상사디여(충남 청양지방)


(다)하늘님은 농부답게
　　농일밖에 더 있는가
　　에이으아오
　　농부를 다리고
　　오뉴월 삼복염날에
　　에이으아오
　　논을 허비자니
　　근력인들 오작들겠는가
　　에이으아오(경북 봉화지방)


(라)물고 철철 물 실어놓고
　　주인양반 어디를 갔나
　　문어전복 오리나 들고
　　첩의 방에 놀러들 갔네(경남 함양지방)


　이들 노래에는 한평생 토지에 긴박되어 노동의 고달픈 비애를 한시도
벗어날 수 없는 농민들의 생활이 반영되어 있다. (가)노래는 신분과 가난
이 세습되는 신분계층의 신세한탄요로 볼 수 있는데, 이들 신세한탄이
변혁기에는 또 다른 힘으로 바뀌기도 했다. (나)는 유교적 충효사상이 반
듯하게 들어간 사설로 보아야 하지만, 농사를 지어봐야 나라에 상납해야
하는 수탈적 구조에 대한 자탄이기도 하다. (다)는 복중 더위에 김매기에
지친 농부들의 심정을 달래고 있다. (라)에 이르면 일을 시켜 놓고 유흥
에 빠진 주인에 대한 비판이 나타나 있다. 그러면서도 노동을 지속시킬

수밖에 없는 두레 공동노동 성원들의 집단적 견해가 일과 놀이의 민요적 매개물에 잘 반영되어 있는 것이다. 아래의 노래 (마)는 신분적 분노를 표현하고 있다. 수확마당에서 장죽을 길게 빼물고 누워서 구경하는 양반의 비생산성을 담은 조선 후기 민화들과 더불어 늘 수탈당하는 기층농민의 비애를 담아내고 있다.

> (마)이 보리가 옹헤야
>
> 뉘 보린고 옹헤야
>
> 원님의 보린가 옹헤야
>
> 아전의 보린가 옹헤야
>
> 어절씨구 옹헤야– 에헤 옹헤야
>
> 사령의 보린가 옹헤야
>
> 이내 보릴세 옹헤야[33]

### 두레 김매기노래의 구연

두레의 김매기는 초벌과 두벌, 세벌, 만물로 이어진다. 세벌에서 그대로 만물이 이어지기도 한다. 두레는 모든 김매기 과정에 전일적으로 쓰인 것은 아니었다. 물 사정이 좋지 않은 탓에 초벌을 일제히 두레로 할 수 없는 경우도 많았다. 두레가 분화되면시는 고지雇只, 품앗이 등이 모두 두레노동에 개입되는 복잡한 환경이 조성되었다. 제초방식도 손으로 훔치기, 호미로 매기 등 토질, 잡초 상태, 김매기 횟수 등에 따라 달랐다.

두레의 본질적 속성은 노래와 풍장굿을 함께했던 일과 놀이의 수미일관된 순환구조에 있다. 논에 일단 도착하면 풍장굿을 치면서 두레꾼들은 일렬로 선다. 좌상座上의 지시에 따라 풍물꾼이 먼저 논에 들어가는데 꽹가리·징·장고·북 정도의 사물四物 정도였다. 소고나 호적이 들어가는 경우는 없었다. 두레가 작을 경우에는 논북만 들어갔으며 다른 악기는 쓰지 않았다. 논북만 치는 것은 모내기의 모방고와 흡사하다. 일찍이 100여 년 전인 1906년도의 보고서에도 다음과 같은 내용이 등장한다.[34]

한국농법에서 놀라운 것이 있다면 소를 이용하는 것과 공동노동이다. 공동노동은 한국에서 현재 행해지는 농법으로 삽앙과 제초 등에 널리

**중국의 김매기와 논북**
중국에서도 논북을 치며 가락에 맞춰 김을 맸다(청말. 翁連溪 編著, 『淸代宮廷版畵』, 2001).

행해진다. 특히 논호미를 찍어서 제초하면서 음악을 연주하고 노래를 불러서 흥을 돋우는 것을 보게 된다.

선소리꾼은 별도로 뽑는 경우도 있고, 아니면 상쇠가 선소리꾼을 겸하기도 한다. 선소리꾼이 '소리를 메기는 사람'이라면 두레꾼은 '소리를 받는 사람'이다. 선창자先唱者가 사설을 하면 후창자後唱者는 여음으로 받는다. 두레의 논매기소리는 두 가지로 구별된다.

① 노래와 노동이 일치하지 않는 경우

선소리꾼이 노래를 부르기는 하나 일하는 사람들은 소리를 받을 뿐, 노동동작이 각각이다. 목도질에서 노동요와 노동 그 자체가 완전한 일치를 보는 것과는 다르다. 따라서 선소리꾼은 유연하게 노래를 부를 뿐이고 노래의 사설도 복잡한 문학적 양상을 담게 된다.

② 노래와 노동이 일치하는 경우

선소리꾼의 노래가 빨라지면서 노동의 동작도 빨라진다. 이때는 노래의 사설이 대폭 축소되어 여음만 남게 되며, 노동의 음률에 맞추어 여음만으로 이끌게 된다. 몬들소리 같은 경우에는 아예 사설이 완전히 사라진다. 이때 노동을 주도하는 것은 풍장굿이다. 풍장굿을 치면서 장단에 맞추어 노동과 노동요의 여음만이 이루어진다.

다음의 표처럼 느릴 때와 빠를 때에 따라서 소리가 바뀐다. 소리가 빨라질수록 문학적 내용은 감소하고 노동의 음률만 강조되는 경향으로 나간다. 반면에 느리게 부를수록 문학성은 풍부해진다. 두레가 끝나갈 때는 둥그렇게 에워싸기 때문에 사설은 사라지고 여음만 남은 상태에서 두레풍장굿이 주도권을 잡게 된다. 사례별로 구체적으로 살펴본다.

**두레 논매기노래의 변화 양상**

| 두 레 | 느릴 때→빠를 때 | 끝날 때 |
|---|---|---|
| 임실군 상필(資4-6) | 방개소리→파접소리 | 에엄소리 |
| 화성군 한두골(資2-38) | 긴방아→자진방아 | 쌈소리 |
| 공주군 수실(資5-2) | 상사디여→얼카뎅이 | 쌈소리(몬들소리) |
| 강릉시 유천(資1-1) | 오독떼기 | 싸대소리 |

사례 1 임실군 상필 두레(資4-6)


가 1(방개소리)

노세 노세 젊어서 노세

늙어지면 못 노나니

에에헤야 아- 아- 아-

에헤이여어 나어어인데 -

노호라아 -

일락서산에 해 떨어지고

월출동령에 달 솟아오네


나 1(에엄소리)

에엄을 둘렀네

이 논배미에다

에엄을 둘렀네

어이여라 싸워

소쿠리장사는 해두었네

어이여라 싸워

망건장사는 골탱이 쌈

어이여라 싸워

땀죽땀죽 싸넘기소

어이여라 싸워

운봉면장은 해후쌈

어이여라 싸워

우리농부들은 상투쌈

오므랴 --


사례 2 화성군 한두골 두레(資2-38)


가 2(긴방아소리)

에-헤-에히이야-방고-

여보세요 농부님네들

이내 말쌈을 들어나 보소

농사일은 천하지대본

농사밖에 더 있는가

여보세요 농부님네들

이내 말쌈을 들어들 보게

천하어디 대본인디

농사밖에야 더 있는가

에-헤-에-우겨라-방-어

여보세요 농부님네들

이내 말씸을 들어들 보게

서 마지기 논배미가

반달만큼 남았구나

왔다갔다 다 됐으니

모듬차례로 들어들 보세

우겨라-우겨-우겨라-우겨라-

(자진방아소리)

에-헤-라-방-아

여보세요 농부님네들

이내 말쌈을 들어들 보게


다 1(훔칠 때 소리)

어-하-굼실-단허리야

단허리 단참에 넘어를 간다

서 마지기 논배미가

반달만큼 남았구나

초생달이 반달이냐

보름달이 단허리냐

단허리 단참에 다 넘어가네

어-하-굼실-단허리야

여보세요 농부님네들

우겨라-우겨-

서 마지기 끝났으니

단허리 단참에 다 넘어갔네

어야 굼실 단허리야

우겨라 우겨라 우겨-

사례 3 논산군 메꽃 두레(資5-12)


가 3 (상사소리 느리게)

어하 어하 상사디야

달아달아 밝은 달아

임의 창에 밝은 달아

여기도 꽂고 저기도 꽂고

쥔네 마누래 볼기짝에도 꽂고

이 논배미를 얼른 심고

장구배미로 넘어가자

니가 무슨 반달이냐

초생달이 반달이지

이 논배미를 어서 져서

조상봉양 이룩하세

월출동령에 달이 솟으니

이 논배미 부자되리

(상사소리 빠르게)

어하 어하 상사디여

여기도 꽂고 저기도 꽂고

어아 어하 상사디여


사례 4 강릉시 유천 두레(資1-1)


가 4

이슬아침 만난동무 석양전 이별일세

머리야 좋고 실한 처녀 줄줄 뽕낭게 글 앉았네

강릉이라 남대천 물 빨래 망치 둥실 떴네

팔도라 돌아들어 가네 쪽쪽 내집일세

모학산에 자란 처녀 한양낭군 찾아가네

남문을 열고 파레를 치니 계명산천이 밝아오네

요 질을 매고 저 질을 맬제 임의 논질을 매여주세

지여를 가네 지여가네 점심참이 지여가네

해는 지고 저문날에 어린 선비 울고가네[35]


(싸대소리)

에 헤이루 싸데야 에루 에헤이루 싸데야

싸데 소리는 늘어지오 에루 에헤 에헤이루 싸데야

에루 에헤이야 에- 우우우 쌈싸세 에헤이야 에- 우우 쌈싸세

손돌려 주게 손돌려 주게 요 논밭에 손돌려 주게

에 에헤루 싸데야, 에 에헤루 싸데야


사례 5 서산시 장리두레(資5-32)


가 5(얼카뎅이)

얼카뎅이 어어뎅이야

잘 넘어간다

어두뎅이야 얼카뎅이

잘 넘어간다 얼카뎅이

얼카뎅이 길게 뜨면은

얼카뎅이 가래뎅이고

얼카뎅이 둥글게 뜨며는

얼카뎅이 수박뎅이다

얼카뎅이 어두뎅이다

얼카뎅잉 잘 넘어간다

얼카뎅이 어두뎅이야

얼카뎅이 아이뎅이

얼카뎅이 일락은 서산에

얼카뎅이 해떨어지구요

얼카뎅이 월출 동녘에

얼카뎅이 달솟아 오누나

얼카뎅이 어어뎅이야

잘 넘어간다


나 3 (몬들소리)

아-아-뎅이 아-아-뎅이

잘 넘어간다

일러차 얼러차

일러차 얼러차

일러차 얼러차

일러차 얼러차아아 ―


다 2 (만물소리)

오-오-오-호야

어허리넘차 너화느화

골골마다 저녁 연기만 나는데

**논북과 만물소리**
선소리꾼이 논북을 치면서 소리를 메기면 두레꾼들이
소리를 받아치면서 천천히 나아간다(대전 유성구).

일락서산 해는지고 월출동녁에 달솟는다

가세가세 어서가세 이배미를 다매고 빨리 가세

장구배미는 다 매가는데 수박배미는 언제매나

모심을 때는 엊그제더니 이제는 금년도 다 매간다

오-오-오-호-야

어허리넘차 너화느화


첫째, 논에 도착하면 두레풍장이 들어가고 두레꾼들이 따라서 들어갔
다(사례 1). 방개소리(가 1)는 매우 느리게 불렸다. 가 2의 경우, 천천히 부
르면서 호미질로 나갔기 때문에 선소리꾼은 부르고 싶은 가사를 마음껏
담아냈다. 보통 긴방아타령을 부르면서 김을 매다가 자진방아로 끝낸다.

**화리돌기**

둥글게 원을 그리면서 전진하고 있다.

가 3의 경우, 모심기소리가 두레김매기에 그대로 들어온 경우다. 노동요에서 모심기소리가 가장 풍부한 서정성과 문학성을 보여주면서 김매기노래와 모심기노래가 상호 호환되는 사례다. 충청도지방에서 폭넓게 불리는 김매기노래인 상사소리는 실상 모방고로 부르는 모심기소리와 똑같다. 따라서 천천히 부르는 김매기소리는 다음의 몇 가지로 정리할 수 있다.

①천천히 부를 때, 선창자의 문학성이 반영되어 풍부한 문학성을 내포한다. 천천히 일을 풀어 나가기 때문에 노동의 기능적 요구와 무

**쌈싸기 직전**
가락이 차츰 빨라지면 쌈을 싸기 직전이다.

관할 수 있다.

② 천천히 부를 때는 김매기소리에 모내기소리가 그대로 차용되는 현상도 보여준다. 상사소리가 대표적인 예다.

③ 노래를 부를 때는 두레풍장굿이 북으로 장단을 맞추는 정도에 그친다. 음악과 노래는 상호 보완적이지만, 음악이 강해지면 노래를 부를 수 없기 때문에 느리게 부를 때는 두레풍장이 약해지거나 없어진다. 논매기노래의 문학성을 살릴 수 있는 방향으로 환경이 조성된다.

둘째, 일을 하다가 둥글게 에워싸면서 끝을 내갈 때는 소리도 당연히 빨라진다. 조선 후기에 장흥長興에서 은거하던 위백규魏伯珪의 시조「농가9장農家九章」의 첫 수 '미논다로 미오리라'도 바로 논매기소리다. 세 번째 수의 '둘너내자 둘너내자 긴츠골 둘너내자'는 에워싸는 두레의 쌈싸기를 연상시켜준다.[36] 나 1에서, 선소리가 짧고 빠르게 던져지고 받는소리도 여음으로 반복된다. 선소리꾼은 '땀죽땀죽 싸넘기소', '해후쌈', '상투쌈' 따위의 구체적인 쌈을 지적함으로써 둥글게 쌈을 모아가는 상태를 지시하고 있다. 문학성보다는 구체성을 띤 작업 지시적인 기능요로서 작용하고 있다. 나 2에서도, 여음만 반복되며 '손돌려주게'라고 하는 구체적인 작업지시가 들어 있다. 나 3은 몬들소리의 막바지로서 '일러차' 같은 단순 구음만 남게 되면서 논매기를 마감하게 된다. 몬들에서 부르는 김매기소리는 다음의 몇 가지로 정리가 가능하다.

① 일이 빨라지면서 두레꾼들은 둥글게 화리를 돌면, 노래도 문학성을 표출할 수 있는 여유를 잃어간다. 작업지시형의 기능요로서 힘을 발휘하게 된다.

② 천천히 부를 때 호환될 수 있었던 모내기소리가 개입할 여지를 완전히 상실한다.

③ 노래가 쇠퇴하는 대신에 두레풍장굿이 본격적으로 활용된다.

셋째, 호미질노래와 달리 손으로 훔치는 노래는 유장하면서 약간 빠르게 진행된다.[37]

다 1에서, '어-하-굼실-단허리야'로 넘어가면서 천천히 풀어낸다. 다 2에서도 '어허리넘차'로 넘어간다.

① 호미질은 두레꾼 1명 당 1일 1마지기를 넘지 못한다. 반면에 손으로 훔치기는 조금은 가벼운 노동이다. 양손으로 벼 포기 주위를 돌려서 풀을 뜯어나가면서 가을 추수에 유리하도록 흙덩이를 편편하게

고르면서 나간다. 따라서 일의 진행 속도가 약간 빠르게 진행되며 노래도 유연하게 흘러나가게 된다. 따라서 문학성이 충분히 보장될 수 있게 된다.

② 훔치기에서는 논북이나 사물 정도에 맞추어 유연하게 노래를 부른다. 훔치기에서도 몬들소리는 역시 존재하며, 훔치기가 끝날 때 둥글게 에워싼다.

③ 훔치기는 대개 작업이 끝나는 때이므로 만물과 그대로 일치하는 경우가 많다. 마을에 따라서는 만물에만 두레를 활용하는 경우도 많다.

넷째, 만두레가 나면 풍장을 치며 논을 밟고 다닌다. 이때 부르는 노래는 풍장노래·혹은 장원질소리라 할 수 있다. 한 해의 가장 힘든 고비가 끝나는 날이기에 농사장원農事壯元을 뽑아 소나 가교에 태우고 기세등등하게 마을로 들어오다. 아래 사례 6에서처럼 노래가 씩씩하고 밝다.

사례 6 진도군 지산면 인지리 독치

**길꼬내기**
헤헤헤헤 헤헤야 얼시허 어허얼사 지와자자 어어얼시구나 지와자자자
어얼사 좋네
에헤헤야 헤헤야 알시허 어허허얼사
지와자자 어어허얼시구나 지와자자자
얼사 좋네
오동에 추야 달도나 밝고
임으야 생각 허어 내가 절로만 나는구나 야
에헤헤야 헤헤야 알시허 어허허얼사
지와자자 어어허얼시구나 지와자자자

얼사 좋네

뽕따러 간다 뽕따로 간다

뒷동산 성들로 내가 뽕따로 가는구나 야


　힘겨운 농사를 다 끝낸 홀가분함과 더불어 두레의 단합된 힘이 그대로 표출되면서 길굿을 벌이며 부르는 노래다. 마을에 도착하면 집집마다 돌아다니면서 술 마시고 춤추면서 하루를 보내게 된다. 만두레풍장은 보통 때 하던 소박한 두레풍장굿과는 다르다. 조금은 풍성하게 치배를 배치하여 만두레에 임하게 된다.[38]




## 황두의 건답직파 농요

 **두레의 문화전파**

　그렇다면 두레가 퍼지지 않은 북쪽지방에서는 어떤 노래를 부르면서 김을 매고 있었을까?

　18세기를 기준으로, 관북과 관서·해서지방 모두 직파를 하고 있었다. 따라서 북쪽에서는 직파농법에 따른 모내기노래는 없었고, 김매기노래만이 이루어지고 있었을 것이다. 『천일록』을 보면, 넓은 들에서 남녀가 무리지어 아침부터 저녁까지 호미질에 매달리면서 노래부르는 모습이 등장한다.[39] 이들 노래는 분명 건답직파에 따른 김매기노래로 두레에서 부르는 노래는 아니었다. 현재로서 이들 김매기를 주동한 노동조직이 무엇이었는지를 알려주는 자료는 없다. 그러나 황두노동이었을 개연성은 충분히 인정된다. 황두 역시 김매기 노래, 즉 '황두형' 호미노래를 다수 남겼을 것이다.

> 빙혈냉수 길어다가 시원하게 먹자구나
>
> 에-헤이야 에-헤이야 호-호메가 논다.
>
> 어떤 사람 팔자좋아 금의호식 잘 먹고 잘 쓰는데
>
> 이 녀석의 팔자는 왜 이다지도 곤궁한고
>
> 에-헤이야 에-헤이야 호-호메가 논다(평안북도 박천군 형팔리).[40]

위 노래는 조선 후기 논농사지대의 노래와 유사하다. 황두의 노래가사 만큼은 두레노래와 별 다른 차이가 없었다고 보인다. 여기서 문화전파 과정의 시차를 고려해야 한다. 농법상으로는 두레가 관서는 물론이고 해서지방에서조차 근대에도 일부에만 보급되었다. 그럼에도 불구하고 당시의 문화구조상 우성인 두레문화가 수도작농업이 이루어지지 않는 곳에까지 그 풍습을 넓게 퍼뜨렸음을 고려해야 한다.

『천일록』시대에 해서지방에서 매년 가을 추수 때 소 잡고 술 빚어 악기를 울리며 들판에서 흥겹게 노는 장면이 나오고, 8도 농장 가운데서도 장관이라 했으니, 풍물이 이미 해서지방에 까지 넓게 퍼져 있었음을 알려준다.[41] 두레의 호미씻이는 두레를 하지 않는 곳에까지 전파되었다. 조선후기에 이르어, 심지어는 일제 초기에 이르도록 두레풍습은 점차 북상을 계속해 갔다. 이런 점에서 황두의 노래도 두레의 영향권에 있었음은 분명할 것이다.

그러나 황두노래는 두레계열 노래와는 질적으로 다른 차원도 지니고 있었을 것이다. 두레노래는 이앙을 한 논이라 줄을 지어서 논을 돌려 가며 '에워싸는' 방식으로 원을 그리면서 일을 해나갔다면 건갈이농법의 황두노래는 돌려가면서 매어나가기에 여러 가지로 어려웠을 것이다. 두레의 농법이 물이 있는 논을 '리드미컬하게' 활용해 에워싸는 방식으로 빠르게 제초작업을 해나가며, 호미뿐 아니라 손으로 훔치는 방식으로 작업했다. 이렇듯 두레풍장굿은 휘몰아가는 방식이었다. 그러나 이것은 건답직파 환경에서는 불가능한 방식이었다. 따라서 노동의 차이 때문에 장단과 후렴에서 차이점을 지니고 있었다.

### 황두노래의 잔존

처음에는 황두문화권이었으나 19세기 후반에 이르러서야 두레문화가 침투했을 법한 지역인 대동강 하류 용강龍岡의 노동요 「용강기나리」를 검토해보면 양 문화의 교섭현상이 잘 드러나고 있다.[42] 「기나리」는 평안남도의 대표적인 노동민요로서 용강에서 발생하여 점차 강서, 온천, 증산, 대동군 일대는 물론 순안, 숙천지방에까지 보급되었다. 한정동韓晶東은 평안도 용강·강서江西의 민요에 대하여 다음과 같이 말하고 있다.[43]

이 지방의 민요는 타령, 기나리, 메나리 3종이 일반 농요인 동시에 그 주가 되어 있다. 그런데 타령과 기나리는 대략 가사는 같고 곡조는 퍽 다르나 다같이 성행하는 것으로 어린 목동들까지라도 잘 노래하고 있으며, 메나리는 농요이면서도 가사가 길고 곡조가 힘든 까닭인지 모르거니와 지금에 와서는 간혹 불리나 쇠퇴하는 감이 없지 않다.

순안·숙천지역은 건답지역으로서 이앙과 관계가 없었으며, 모내기노래도 불필요했을 것이다. 반면에 용강은 순안·숙천보다는 이앙이 빨리 시작되었던 지역이며, 모내기노래도 일찍 보급되었다. 따라서 기나리가 보급되는 추세는 조선 후기 남부 두레노동요가 북상을 거듭하여, 마침내 그 영향이 건답지대까지 미쳤던 것으로 파악된다.

「용강기나리」는 모내기나 김매기 때는 물론 풀베기, 물레질과 일상생활에서도 불려졌다. 노래는 느리고 길게 부르는 기나리와 흥겹고 유창한 타령으로 이루어졌다. 그러므로 「용강기나리」라 할 때 좁은 의미에서는 기나리만을 의미하지만 넓은 의미에서는 기나리와 타령을 합쳐 부르는 말이다. 다른 노동요처럼 한 마디씩 주고받는 것이 아니라 절을 단위로 주고받는다.

느리고 길게 부르는 기나리에는 생활에서 체험한 농민들의 정신세계가 많이 반영되어 있다. 짧막한 가사에는 농민들의 생활상과 소박한 염원이 담겨 있다. 끊임없이 주고받으며 이어가는 타령에는 작업과정 내용이 비중을 차지했다.


연분홍 저고리 남깃소매
너 입기 좋구 나 보기 좋드라
(후렴)얼씨구 절씨구 지화자 좋구나

옥토벌 전야에 풍년새 날구
우리네 살림엔 웃음꽃 피누나

한 줌 두 줌 모를 내니
노래소리가 저절로 나누나

내일도 모래도 우리 김 매는데

건넌말 젊은이들 김매러 오려마


조개는 잡아서 젓절이고

가는 님 잡아서 정들이자


어저께 왔소 그저께 왔소

열에 두석 달 잘 있다 왔소


고대광실만 바라지 말고

초가삼간이라도 정만 깊어라


여울의 차돌은 부대껴 희고

이내 몸 달뜬 건 그 누가 알가


갈밭에 뜬 달은 기러기 알지요

이내 속 달뜬 건 그 누가 알까

(후렴)얼씨구 절씨구 지화자 좋구나


기나리와 타령은 비록 하나의 노래로 연결하여 부르기는 하지만 속도
와 장단, 그리고 조식이 서로 다른 데서부터 노래의 정서적인 차이가 있
다. 자유박자체로 길고 느리게 부르는 기나리는 밝고 우아하고 유창하면
서도 서정적인 정서로 일관되어 있다. 기나리의 조식은 서도민요에서 많
이 찾아볼 수 있는 '솔'음을 주음으로 하여 형성된 '5음조'식이다. 일명
'평조'라 부른다. 타령 굿거리 장단을 타고 가볍게 흐르는 이 노래의 선

율은 매우 흥겹고 낙천적이며 건드러진 정서로 일관되어 있다. 이 같은
조식의 기능적 특성은 용강의 고유한 성격적 음조다. 타령에서는 '레'를
강조하면서 선율을 아래위로 전개시키고 있는 것이 특징이다. 선율 진행
의 특징은 반복 진행이 많다.[44]

  밑에서 이앙법이 북상하면서 두레도 북상했고, 노동요·풍물굿 같은
두레문화도 함께 북상했다. 이들 선진문화는 문화적 우성優性이었던 관
계로 북쪽의 토착적인 문화와 결합하여 평안도 특유의 독특한 문화를 생
성시킨 것으로 보인다. 기나리는 밑으로부터의 영향을 받으면서 끊임없
이 인근 지역으로 퍼져나갔던 것이다. 반면에 같은 평안도지역에도 여전
히 건답농법에 부합된 노래가 존속하고 있었다. 평북 운전의 「호미타령」
을 하나의 실례로 살펴본다.[45]


에헤야 호메로다
호메 잘도 논다


에헤야 호 호메야
우리 계원 많아도 소리는 적소
에헤야 호메야


가까운 사람 보기 좋게
먼데 사람 듣기 좋게
에헤야 호메로다


웃논에 찰벼를 심었구나
아랫논앤 메배를 심었구나

에헤야 호메로다(후략)

　둘째 단락의 '우리 계원'은 조선 후기에 넓게 쓰이던 공동노동조직원 명칭을 뜻함이 분명하다. 일제시대에 이르기까지 두레가 이곳에 북상을 하지 못했고, 운전도 황두문화의 본거지인 청천강 인근 삼천리벌에서 근역임을 고려한다면, 황두의 잔존된 노래로 여겨진다. 황두도 두레보다는 못하지만 간단하나마 악기를 지녔다. 황두는 농법상의 차이에도 불구하고 집단문화적 측면에서 선진적인 두레풍습의 영향을 강하게 받고 있었음을 시사해준다.

　요컨대, 두레와 황두의 대비를 통하여 노동요, 특히 '현행 김매기소리'의 직접적 기원은 조선 후기로 소급된다는 사실이 분명해진다. 물론 수도작농법에 기초한 김매기노래의 발생은 이미 훨씬 앞선 시기에 이루어졌음이 틀림없지만, 그 확산과 지역적 보편성 획득은 훨씬 후대에 이루어졌다고 본다. 조선 전기에 강희맹의 『금양잡록』에서 언급된 소리들이 직파법의 김매기소리였다면, 조선 후기에 들어와서는 이앙법에 기초한 두레의 확산과 더불어 두레김매기노래로 그 양적인 변화를 이루었을 것이다. 동시에 북서지역에 자리 잡은 황두문화권에서는 황두노래로 일관했을 것이며, 후대에 이르러 두레문화의 영향을 받았을 것이다. 따라서 현존하는 두레형 김매기소리가 넓게 퍼진 시기를 애매하게 설정할 것이 아니라 이앙법이 확산된 조선 후기 17세기 말 이후로 잡는 게 무리가 없다.


### 상두꾼의 향두가에 남아 있는 황두 전통

　황두는 비단 노동요만이 아니라 상두가에도 그 유제遺制를 남겼다. 여말선초부터 분화를 거듭한 향도는 전문적인 상두꾼 제도를 출현시켰다. 향도 같은 마을공동체적 강제에 의해서 이루어지던 상례喪禮은 상포계喪布契 따위의 계조직으로 축소되었으며, 상례를 집행할 상두꾼의 출현을 요구했다.

향도가 전문 상두꾼으로 나아갈 조짐은 조선 후기 기록에 이미 여럿 나타난다. "향도香徒는 우리나라 방언이다.……내가 30~40년간 보니 서울의 민간에서 쌀로써 식리하는 것을 향도미香徒米라 이름하며, 또 향도계香徒契란 칭호가 있는데, 이는 상도계라 해야 할 것으로서 상장제구를 빌려주고 상여를 메는 담군擔軍의 터전을 삼기 때문에 향도계라 한 것이다"고 하여 향도계, 즉 향도가 상도계로 자리 잡고 있다.[46] 구림대동계鳩林大同契에서도 상역喪役과 결부되고 있으니, "과내의 사상四喪 영장永葬 시에 본 향도는 상가의 묘자리 만드는 일꾼을 내고 나머지 향도는 담군을 차출하되……"라는 표현이 보인다.[47] 북쪽지방이라고 예외는 아니었다. 19세기 말 「경원부존행사목慶原府尊行事目」을 보면, 향도의 변화된 모습이 잘 드러나고 있다. 상례에서 향도 계원들이 행해야 할 덕목을 세세한 대목까지 명문화하고 있다.[48]

① 향도회의 때에 이유없이 참가하지 않는 자와 참가하여 명령을 지키지 않으면서 어른에게 순종하지 않는 자에게는 체벌을 가한다.

② 공회公會의 결정으로 갖가지 물종을 나누어 배정한 후 계원契員 중에서 자의로 시비논단하는 버릇을 고치지 않는 자에 대하여는 체벌을 가한다.

③ 장사 역사役事 때에 계원 중에서 사고 있다고 하면서 늦게 오거나, 또는 오지 않는 자에 대해서는 벌로서 정율正栗 두 말씩 징수한다.

④ 조운운하漕運運下 시에는 매호 조 한 섬 한 말씩 운반하고 남은 것이 있더라도 대호大戶·소호小戶·여호餘戶 할 것 없이 모두 다 가서 운

반한다.

⑤ 회격을 쌓을 때는 음식물이 없을 수 없는바, 회를 운반하는 날에는 떡 너 말, 탁주 한 동이씩 모아 음식하고, 회를 쌓는 당일에는 떡 열 말, 탁주 네 동이씩 하는 것을 정식으로 한다.

⑥ 개장改葬은 3년 후에 하고, 이때의 음식물은 떡 닷 말, 탁주 세 동이씩 하는 것을 정식으로 한다.

⑦ 염병으로 사망한 경우, 장사는 5리의 거리까지 하고, 그것을 넘는 거리에는 행상하지 못한다.

⑧ 출가한 딸 및 동생이 파가하고 합가한 사람이 죽었을 경우에는 원계원과 같이 취급하는 것을 정식으로 한다.

조선 후기에는 『주자가례朱子家禮』의 보급과 상장례喪葬禮의 교화敎化로 전래 장례관습과 유교적 관습이 상호 복합적으로 결합되었다. 원래 전통적 상장례풍습은 음주가무가 곁들인 놀이식의 장례방식이었을 가능성이 높다. 유교적인 『주자가례』 예법을 보급시키려는 한도에서는 늘 이들 상장례풍습이 관찰의 대상이 될 수밖에 없었다. 따라서 이 과정에서 향도의 장례기능이 자주 언급될 수밖에 없었다.

그렇다면 『주자가례』가 강화되기 이전에 이미 성립되었을 것이 틀림없는 축제형식의 장례풍습은 어디서 기원하는 것일까? 『수서隋書』 「고구려전」을 보면, '처음 상을 당했을 때는 곡을 하고 울지만, 장사를 지낼 때는 북을 치고 풍악을 울리며 장례를 치른다'고 했다. 후대의 유교식 장례와는 완전히 배치되는 민족 고유의 전통이었다. 그로부터 천여 년이 흐른 뒤, 조선왕조 『태조실록』(권15)에 이르길, "외방 백성들은 부모의 장례일에 인근 향도를 모아 술 마시고 노래부르며 조금도 애통해 하지 않는다"고 했다. 향도의 전통을 잘 말해준다.[49]

조선왕조가 세워진 지 2개월 후인 태조 원년 9월에 가묘家廟를 세우고 음사淫祠를 엄단할 것을 도평의사사都評議使司의 배극렴裵克廉·조준趙浚 등 대신이 왕에게 올린 것을 효시로 하여 그 후에 풍속을 규정하는 소임을 맡은 사헌부가 중심이 되어 『주자가례』의 보급을 추진했다. 당시에 음사라고 하면 오신娛神행위와 야제野祭를 통한 재화예방災禍豫防이 대종을 이루었다.

오신행위는 장례 전일에 무격巫覡을 초청하여 밤낮으로 음주작락飮酒作樂케 했으니 그것은 조상신을 위로하는 것으로서 당시 세속에서는 그 같은 행사를 하지 않으면 부모를 박대하는 불효로 간주되었다. 세종 13년 사헌부의 장계에 따르면,

무식한 무리들이 요사스런 말에 혹하여, 질병이나 초상이 나면 즉시 야제를 행하며, 이것이 아니면 이 빌미를 풀어낼 수 없다고 하여, 남녀가 무리를 지어 무당을 불러모으고 술과 고기를 성대하게 차리고, 또는 중의 무리를 끌어오고 불상을 맞아들여 향화香花와 다식茶食을 차려놓고 노래와 춤과 범패가 서로 섞여 어울려서, 음란하고 요사스러우며 난잡하여 예절을 무너뜨리고 풍속을 상하는 일이 이보다 심함이 없으니 수령들로 엄하게 다스리되…….

향도의 장례기능은 축소변화를 거듭하면서도 상두꾼제도에 그대로 전승된다. 충효를 근본으로 삼는 조선시대의 통치정책에서 상장례는 매우 중요했으나, 막상 대규모 인원이 요구되는 양반층의 산역山役을 치를 때 동원될 수 있는 인력은 전래 향도에 의존할 수밖에 없었던 셈이다. 따라서 전래 향도는 분화되면서 상민집단이 중심이 된 상두꾼에 강력한 유제를 남겼다.

상두가가 애초에 향도에서 출발했음은 향도 자체가 일종의 집단놀이적 기능을 담당하고 있었던 데서 비롯된다. 이미 조선 전기에, "외방 백성들은 부모의 장일葬日에 인리隣里 향도를 모아 술 마시고 노래부르며 조금도 애통해 하지 않는다"고 했으니, 유교적 장례의 엄숙함과 판이함을 보여준다.[50] 장례에 참가한 향도꾼들이 애통해 하기는커녕 즐겁게 놀고 마신다는 사실을 알려준다. 그렇다면 오늘날에까지 이어지는 장례풍습은 다분히 유교적인 관습에 의하여 이 같은 장례놀이풍습이 약화된 것으로 보인다. 근자에 이르기까지 각 지방에는 장례일에 먹고 노는 풍습이 이어지고 있었으니 유교적인 교화책과는 반대로 민중들의 풍습에서는 연연이 가무하는 장례풍습이 이어지고 있었음을 알 수 있다.[51] 장례 시에 행해지던 향도꾼의 상사일과 놀이풍습은 그대로 상두꾼의 상사일과 놀이풍습에 이어진다.

전래 향도풍습이 현재까지 전래된 하나의 표본사례로서 제주도 경우를 살펴본다. 제주도에는 근현대까지 향도 전통이 면면히 이어져왔다. 제주도에서 가장 오래된 계인 차일장계 책녹에 보면 장막과 상여 등 장제기구를 보관하는 계로서 강희 46년(1707년)의 기록으로부터 오늘에 이르기까지 차일장계의 책임자인 포좌감이 10여 세대에 걸쳐 지금껏 내려오고 있고 면임面任과 리임里任, 집강執綱 등의 직함이 나온다.[52]

제주도의 상례조직은 '골'이라고 부르는 강력한 장례계로 이루어진다. 보통 30호 정도의 단위로 이루어지는데, 이전에는 지방에 따라 100호가 넘을 만큼 자연마을 전부가 참가했다. 같은 마을 같은 골에 장사가 생기면 으레 노력을 부담하는 것을 서로의 엄격한 의무로 알고 있다. 장지가 너무 멀거나 산담까지 쌓아야 할 경우에는 두 골을 동원하는 수가 있지만 보통 한 골로서 장례를 치르는 게 상례다. 상두꾼들은 장례날 아침 상가에 초치되어 조반부터 대접받는데 돼지고기 석 점을 짚끄나풀로 꿰어

**제주도의 장례풍습**

'골'이라는 강력한 장례계로 조직적인 장례가 치러진다(1950년대, 홍정표 찍음).

나눠 받는 통례가 있다. 장지에서는 상가 측에서 식사를 마련하고 하관 후 점심을 상두군들 및 복친服親들에게 접대하는 게 보통이지만 지방에 따라서는 당일 친척들이 장지에까지 마련해온 부조떡, 곧 '고적떡'을 나눔으로써 식사를 대신하는 경우도 있었다.[53]

제주도 성읍城邑의 장례조직은 강제적 성격의 향도가 어떻게 분화되었는가를 알려주는 소중한 사례다. 성읍에서는 마을단위의 장례조를 '골'이라 일컫는다. 성읍은 '상골·하골·동골·서골'의 4개 골로 나뉘었으며, 골 안에 장례가 생기면 누구든 1명씩을 내야 한다. 마을 안 전 가구를 동원하는 경우가 극히 드물지만 유전되고 있었는데, '도향都鄉 부린다'고 불렀다. 도향은 1가구에 장정이 없다면 여자라도 1명씩 내야 했을 정도로 강제성이 강했다. 도향 관습은 1940년까지 전승되고 있었다고 한다.

도항을 부린 집에서는 황소 한 마리를 잡아서 문상객을 맞이하고 '향도'를 접대했다고 한다.[54] 향도란 말을 쓰고 있고, 누구든 강제적으로 상부상조해야 했다는 성격으로 보아 상당히 강한 향도전통이 이어진 것으로 보인다. 조선 전기 마을 장례에서의 상부상조 관행이 이어진 것으로 여겨진다.

진도의 경우, 양반집 초상에 상민마을 사람을 불러다 상여를 매게 하고 단골이 소리를 메겼다. 민촌에서는 마을공동체의 구성원들이 상두꾼이 되어 상여놀이를 한다. 앞소리꾼은 전반적인 상여 운상의 과정을 소리로 인도하며 유능한 앞소리꾼은 상가의 형편에 맞게 소리를 이끌어간다.

완도의 경우, 작은 마을에서는 마을사람들 모두가 참여하지만 큰 마을에서는 30호 단위로 반을 편성하여 상사를 치르며 상두꾼에 의해 상여소리가 연행되고 있다.[55] 공동체적 요소가 강한 향도가 향도계 같은 품앗이 형식으로 축소되었다.

만가晩歌는 상례의 절차에 따라서, 혹은 노래의 내용에 따라서 각기 그 명칭이 부여되고 있다. 크게 나눈다면 출상 전에 망자의 넋을 위무하고 상주에게 망자의 부탁을 당부하는 축원 소리계, 혹은 관음 소리계와 발인제를 지내고 출상과 운구 과정에서 불리는 상여 소리계, 장지에 이르러 마지막 하관下官 · 성분成墳 시에 불리는 달구질 소리계, 혹은 회다지 소리계로 분류된다.[56] 만가를 포괄할 수 있는 용어로 향두가香頭歌를 주목할 수 있다.[57]

향두香頭는 향도香徒에서 앞장선 사람이 선소리를 잡으면서 상례를 치렀던 데서 머리 '頭'자가 붙은 것으로 보인다. 즉, 향도가 분화되면서 한 가지 맥은 노동조직인 황두로 갈라져 나갔으며, 다른 한 가지 맥은 전문 상두꾼으로 이어져서 향두가에 옛 향도의 유제로 남게 되었다.

조선 전기에는 마을민 모두가 결합된 '향도결계香徒結契'에서 이루어진 상례가 차츰 전문 상여꾼의 등장으로 변해가면서 한층 세련된 음악적 구성을 지니게 되었다. 특히 조선 후기 재지사족을 중심으로 한 동족마을의 번성은 양반과 상민마을의 구분을 뚜렷하게 했으며, 상례는 전적으로 상민의 몫이 되었다. 양반들은 유교적 가치관으로 『주자가례』를 논하고 있음에 반하여, 상민들은 전래 향도 전통을 이어왔으며 양반들의 상례를 도맡아 처리했다.

이런 까닭에 향두가에는 다분히 상민들의 세계관이 그대로 반영되어 있다. 상례 자체가 노동이기 때문에 달구질, 회다지, 가래질 같은 노동요 성격의 향두가를 발전시켰다. 이들 향두가는 단순하게 향두가로만 끝나는 것이 아니라 일상적인 노동요로도 사용되었다. 반대로 일상적인 생활에서 불리던 노동요가 그대로 향두가에 전용되었다. 가령 진도지역의 경우, 상례에 반주악기로 풍물이 동원된다. 해남군 문내면 용암리 원동마을의 경우에도 풍물로 상여소리를 하는데, 장지에서 돌아올 때 '질꼬내기'도 부른다. 이 노래는 논매기를 마치고 부르는 풍장소리와 같다. 반대로, 상여소리를 그대로 논매기소리에 가져다 쓰는 경우도 많다.[58] 산역山役의 가래질소리가 그대로 농사에서의 논두렁 붙이는 가래질소리와 전혀 다를 바가 없다. 즉, 향두가와 여타 민요는 노동을 축으로 하여 상호 호환되는 구조를 지니게 되었다. 분화되기 전, 향도의 중요한 기능의 하나로서 신앙적 측면 이외에 노동적 측면이 있었거니와, ㄱ 전통이 ㄱ대로 이어져 내려온 것으로 추측된다.

그렇다면 두레가 아닌 일반적 품앗이 노동에 따른 노래들은 어떤 방식으로 존재했을까?

정조 연간의 실학자 이송李淞은 노동요 한 수를 한역하는데 이 노래는 당시 농촌에서 널리 쓰이던 품앗이류 노동을 잘 말해준다. 품앗이류 노동은 글자 그대로 '품'을 '앗이'하는 노동관행이다. 아래 시의 작중인물이 서로가 일거리를 교환하고 게으름 피우지 말 것을 강조하고 있다. 그러면서도 우리 싹이 어리니 먼저 함이 옳다고 양보하는 데서 상부상조하는 생활기풍이 엿보인다.

오늘은 자네 콩밭 호미로 김매고
내일은 우리 밭을 김매자!
오늘은 자네 수수를 베고,
내일은 우리 오이를 따자!
오늘 내 부지런히 일했으니
내일 자네도 게으름 피지 말게나.
자네 밭이 황폐하니 먼저 함이 옳고
우리 싹이 어리니 조금 늦게 하자.
묻노라! 한양 사는 놈들
무슨 일로 밤낮 싸움이나 하는지.[59]

품앗이 노동은 두레와 달리 품앗이에 알맞은 노래를 만들었다. 품앗이 노동의 대표격은 모내기노래와 밭김매기노래, 타작노래, 길쌈노래다. 그 밖에도 소겨리와 수눌음의 각각의 노동관행에 따라서 품앗이류 노래가 존재한다. 품앗이류 노래와 두레노래의 차이는 다음과 같다.

첫째, 두레노래는 하나의 문학사회집단으로 존재했다. 그러나 품앗이 노래는 품을 '앗이'하는 관계로 설정되었기 때문에 하나의 문학사회집단으로 여길 수 없다. 다만 해당 노동요를 부르는 소모임 정도이다.

둘째, 두레노래는 자체의 악대를 지녔다. 두레의 풍물굿은 다른 노래집단에는 없었다. 품앗이는 음악적 기재가 없었다. 단, 모내기품앗이에는 논북을 썼다.

셋째, 두레노래는 1년 중에 김매기를 많이 하는 여름철에 집중적으로 불렀지만, 품앗이류 노래는 시기·장소 제한 없이 널리 쓰였다.

넷째, 품앗이류 노래도 계契 같은 조직에서 주관하는 경우가 있었다. 연자매계에서 수행하는 연자매노래 따위가 대표격일 것이다. 이 경우에 강고한 조직성은 요구되나 공동체적 연희조직으로서의 의미보다는 노동을 하기 위한 간단한 수준의 조직이었다.

다섯째, 두레의 김매기노래는 철저하게 남성들의 노래였다. 그러나 품앗이노래에는 여성들의 밭김매기, 여성들의 길쌈 등 여성들의 노래가 상당히 많다.


① 모찌기와 모내기소리

모내기소리는 김매기소리와 더불어 노동요 중에서 으뜸을 차지한다. 모내기소리의 기원이 이앙법의 실시와 더불어 시작되었음은 의심의 여지가 없다. 조선 후기에 이르러 모내기소리 역시 이앙법과 더불어 가장 일반적인 노래가 되었다.

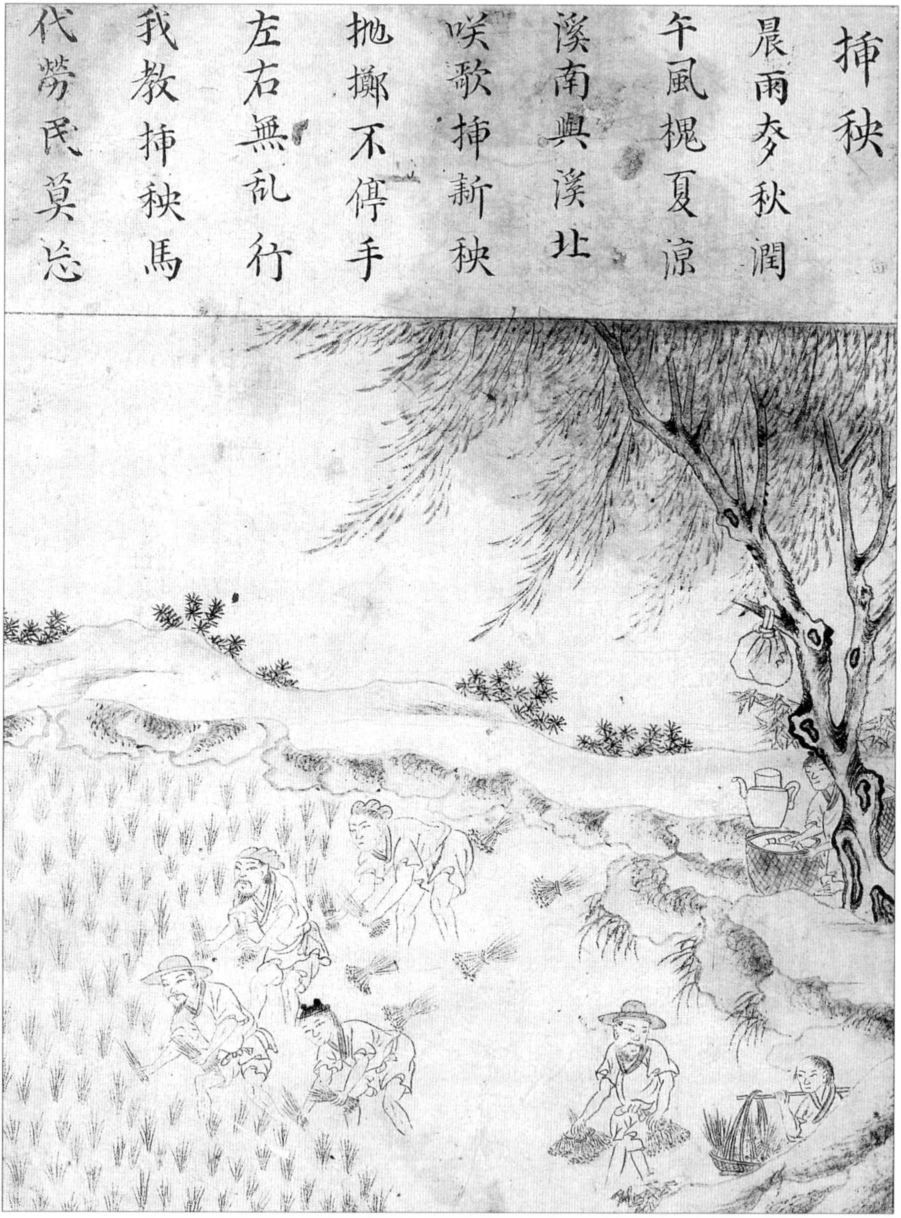

挿秧

晨雨麥秋潤
午風槐夏涼
溪南與溪北
咲歌挿新秧
抛擲不停手
左右無乱行
我教挿秧馬
代勞民莫忘

**누숙경직도**樓璹耕織圖

소년이 모판에서 모를 옮기고 있고, 사내들은 부지런히 모를 심고 있다. 한쪽에서는 참을 준비한다(필자 미상, 지본담채, 18세기, 33.6×25.7cm, 국립중앙박물관 소장).

조선 후기의 모내는 풍습을 가장 정확하게 알려주는 것은 역시 그림들이다. 수많은 경직도들이나 풍속화에는 집단적으로 모를 쪄내고 모를 내는 풍습이 잘 드러나 있다. 한쪽에서는 연신 모를 져나르는 가운데 논북을 치고 있고 장정들이 논에 들어가 모를 심고 있는데 논둑을 따라서 점심바구니를 머리에 인 아낙들이 줄지어 온다. 이들 풍속화의 세계에는 어려운 노동의 고통을 놀이로써 풀어내려는 당대 민중들의 열망과 정서가 잘 드러나고 있다. 송석하宋錫夏는 이앙가移秧歌를 전적으로 남부문화의 소산으로 보았다.

> 남부 조선에는 특수한 이앙가가 있고 북부엔 그렇지 못하다. 남방 이앙가는 못자리에서 모를 찔 때와 모심을 때가 다르며 시간에 따라서도 다르다. 또 같은 점심때라도 일의 잔여 정도가 많으면 '짜른체바지', 여유 있으면 '진체바지', 이 같은 소리의 조자調子로써 노동의 능률, 피로, 권태 등을 조절했다.[60]

즉, 노동과 소리와의 상관관계를 잘 설명해주고 있다. 문제는 품앗이류 노래에서 이앙과 두레 관계다. 여타의 품앗이류 노래와 달리 이앙요는 두레조직과 밀접한 관련이 있다. 이앙요는 원칙적으로 품앗이노래다. 불안정한 수리사정이 이앙을 두레로 할 수 없도록 만들었다. 무엇보다도 두레의 휘돌기 방식이 모내기에는 부적합했다. 모내기는 꼼꼼하게 하나하나 심어 나가는 방식이었던 탓이다.

그러면서도 내용적으로는 두레와 밀접한 관련을 맺고 있었다. 양자는 노래에서 주고받는 관계를 설정하고 있었다. 가령, 모심기의 상사소리가 두레김매기에 쓰이는 따위다. 선소리꾼도 겸하는 경우가 많고, 논북은 전적으로 김매기에서의 북장단과 일치했다. 무엇보다 이앙법의 확산과 두레의 발생이란 같은 기원을 지니고 있었기에 김매기노래와 모내기노래는 불가분의 관계를 지닐 수밖에 없다. 그러나 일단 두레가 정착되어 나가면서 두레김매기는 두레풍장굿을 중심으로 독자적인 김매기노래를 창조해나갔으며, 모내기노래 역시 모방고를 중심으로 나름의 음악성을 정착시켜나갔다.

이학규李學逵의 「이앙5장移秧五章」을 보면, 모심기에 예쁘고도 예쁜 새 각시와 시누이 올케가 손을 잡고 법도도 정연하게 나아가고 있다. 남자는 앞에 서고, 여자는 뒤를 따라한다. 두레가 풍장굿에 더욱 의존함으로써 풍물굿의 발전을 가져왔다면, 반면에 모내기는 논북에 장단을 맞출 뿐 남자와 여자의 호흡을 맞추어 유장한 모내기문화를 가져왔다. 풍물굿이 뙤약볕에서 수행하는 남성적인 힘의 표출이라면, 모내기는 초여름의 따스함이 느껴지는 계절에 뛰어난 노동요를 만들었던 셈이다. 고정옥도 민요의 중심은 노동요이고, 노동요의 핵심은 역사적·지역적으로 보편적인 모심기노래라고 했으며, 보리타작노래가 그 노동의 리듬을 쫓아 빠른 템포인 것과 반대로 대단히 유장하다고 그 특징을 지적한 바 있다.[61]

### ② 밭매기와 밭매기소리

밭매기의 기본도구는 호미였다. 제초기와 제초제가 등장하기 이전까지 오랜 세월 호미는 밭농사는 물론이고 논농사에까지 두루 김매는 도구로서 효용을 인정받았다. 호미는 대략 논호미와 밭호미가 달랐고, 지방에 따라서도 달랐다. 품앗이가 많이 이루어지는 여성들의 밭호미는 논호미보다 약간 작은 크기였다. 예리한 호미날은 중경제초에 유리하게 발전했다.

밭매기는 전국 어디나 있는 노동이지만, 특히 밭농사지대에서 많이 발달했다. 북쪽의 산간지방에서 가장 많이 발달했으며, 밭농사지대의 노동은 모두 품앗이, 혹은 품앗이의 범주인 소겨리였다.

호미는 세 종류의 유형으로 갈라서 생각해볼 수 있다. 첫째 유형은 토양을 찍어 완전히 뒤집어엎는 기능을 수행하는 호미로서 형태상으로는 많은 경우에 볏이 있는 점이 공통적이다. 둘째 유형은 흙을 긁는 기능, 또는 흙을 쪼는 기능을 가진 호미들로서 그 형태는 다양하다. 셋째 유형은 흙을 끌어올리거나 끌어내리는 데 쓰이는 호미로서 형태상으로 자루가 길고 양귀가 있는 점이 특징이다. 함경남북도에 보급된 호미를 들 수 있

**▎제주도의 밭 밟기**
▎무거운 양태를 굴려 밟아 주어야 한다(1950년대).

작업이 되며 가족내의 노동으로서만 아니라 이웃간의 품앗이노동으로서 존속하게 된다.

#### ④ 길쌈과 길쌈노래

길쌈노래는 품앗이류 노래다. 길쌈노래는 두말할 것 없이 전적으로 여성들의 노래이다. 길쌈은 단조롭고 지루하기만 한 노동의 피로를 품앗이로 돌려가면서 해결하는 노동방식이기 때문에 두레처럼 강력한 노동조직을 필요로 하지 않는다. 길쌈두레의 원형은 일찍이 고대사회의 「회소곡會蘇曲」에서 기원한다. 가족경영이 본격화되면서 소농경영의 현실에 부합되게 품앗이가 발생했으며, 품앗이로 행하는 길쌈은 매우 오랜 전통을 지녔다.

공동길쌈은 지방에 따라, 또는 길쌈재료에 따라 조직하는 시기와 규모 등이 달랐으나 공동길쌈을 진행하는 과정에서 집단적으로 모여서 유쾌한 놀이를 하는 일은 거의 공통적이었다. 길쌈놀이는 삼남지방에서 특히 성행했다. 온 동네 부녀자들이 남자 장정들이 조직하는 두레와 같은 형태의 공동길쌈을 조직하고 길쌈 재간을 경쟁했다. 여러 집 것을 돌려가며 해나갔으며, 길쌈을 전부 끝낸 다음에는 결산하면서 유쾌하게 놀았다. 공동길쌈이 끝난 날에만 이런 오락이 벌어진 것이 아니라 길쌈을 공동으로 하는 동안에도 여러 가지 재미있는 이야기와 민요들을 불러 작업의 피로와 단조로움을 덜었다. 길쌈노래에는 봉건사회에서의 고부간의 갈등과 고된 노동, 길쌈노동에서 발휘하는 근면성, 남편에 대한 생각들이 표현되고 있다.

길쌈노동은 같은 자리에서 일하는 사람들의 행동의 통일을 필요로 하지 않는다. 노동요가 지닌 중요한 기능의 하나가 일하는 사람들의 행동통일을 유지하는 것이고, 그러기 위해서는 노래가 선후창이나 교환창으로 부르는 게 보통이다. 논매기노래는 선후창의 좋은 예이고, 모내기노래는 교환창의 좋은 예다. 그러나 길쌈노동요는 선후창이거나 교환창일 필요가 없다. 길쌈노동요가 노동의 박자와 노래의 박자가 꼭 일치하지 않는다는 사실 또한 중요한 의미를 지닌다. 행동의 통일이 불필요하기 때문에 길쌈노동요는 서사민요敍事民謠가 성립될 수 있는 조건을 갖추고 있다.[65]

길쌈노래는 여성들이 행하는 가장 보편적인 품앗이형 노래였으나 복식에서 옷감의 변화로 말미암아 자연스럽게 길쌈노래도 사라졌다. 더욱이 일제시대에 기형적인 음악문화가 들어오면서 자생적이고도 생산적인 길쌈노래는 기반을 잃어버렸다.


⑤ 가래질과 가래질소리

가래는 가장 중요한 정지整地용구로서 종래의 삽에 새로운 창안을 가하여 완성된 농구였다. 우리의 가래는 중국의 철가래와 달리 속명으로 '가리'라고 불렀다.[66] 지형이 경사지고 수전이 많은 비중을 차지하고 있을뿐더러 수전의 수평을 보장하기 위해서는 많은 논두렁을 만들어 논을 정리하지 않으면 안 되는 조건에서 가래가 발전했다. 가래는 이처럼 논두렁 정리작업에서 결정적 의의를 지니는 농구였다.[67]

가래는 외가래와 쌍가래로 나눌 수 있는데, 외가래만도 3명, 쌍가래는 6명 정도의 노동력을 요구했다. 봄이 오면 으레 무너진 논두렁을 수리하거나 객토작업, 농지정리 등으로 가래질이 시작되었고 가래질노래가 들에 퍼져나갔다. 따라서 가래질은 3명, 혹은 6명이 동원되는 품앗이 방식으로 이루어졌으며, 그에 따른 가래질노래가 이루어졌다. 가래질노래의 문학사회집단은 3명 이상, 혹은 6명 이상으로 이루어진 셈이다. 가래질노래는 전적으로 남성들의 노래였다.

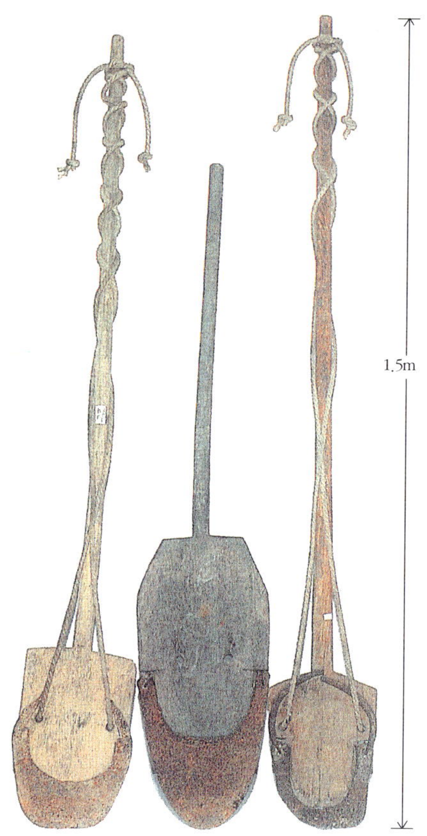

**가래**

논둑을 쌓거나 깎을 때, 그리고 도랑을 치거나 흙을 떠서 던지는 데 쓰인다(조선시대, 19세기, 동진농지개량조합 수리민속박물관 소장).

하나의 예를 들어보면, 서산군 독곶마을의 경우에 봄이 오면 가래소리라고 해서(두렁가래소리, 즉 위 논물이 밑으로 새지 않게 수리할 때 부르는) 양쪽에서 3명씩 6명이 줄을 잡아당기며 한 사람은 북을 쳐가면서 두 사람은 보습을 대어 가래소리에 맞추어 한 장씩 떼를 뜨는 공동노동소리가 전해진다. 후대로 오면서 북치기가 사라졌으나 옛 가래질은 북을 쳤던 것으로 짐작된다(資5-33).

어야 능청 가래로다

어야 능청 가래로다

에화도 넝청

능청 능청 가래질이

에화 능청 가래로다

어화 능청 가래질이냐

에화 능청 가래로다

능청 능청 가래질이다

어서들 떼 뜨고 또 한잔 먹어보세

에화 능청 가래로다

능청 능청 가래질이다

⑥ 연자매, 혹은 디딜방아소리

방아는 고구려 고분벽화에 등장하는 것으로 미루어 이미 고대로부터 널리 이용되던 중요한 도정도구였다. 디딜방아는 두 갈래로 갈라진 큰 나무 밑둥에 공이를 장치한 후에 그 밑에 돌확을 묻고 갈라진 곳에 지주를 세운 다음에 2~3명의 부녀자들이 한 발로 방아다리를 내려디디면서 도정하게끔 되어 있고 다른 한 사람은 부지런히 곡식을 확에 넣어주어야 하기 때문에 으레 공동작업이 요구된다. 따라서 품앗이는 필연적이다. 큰 방아는 5~6명, 혹은 7~8명의 공동노력을 요구했으니 당연히 노동의 단조로움과 피로를 풀고 일의 작동에 따른 노동음률을 요구했다. 디딜방아의 역사는 고대로 올라가므로 당연히 디딜방아소리도 그 시기부터 있었음을 쉽게 간파할 수 있다. 디딜방아소리는 방아 중에서 가장 오래된 것이 된다.

연자매는 디딜방아보다는 훨씬 늦은 시기에 출현했다. 박지원이 『과농소초』에서 지적한 바에 따르면, 18세기까지는 거의 보급되지 않은 것으로 된다. 따라서 18세기 이후의 것이 된다. 보급은 늦었으나 보급속도는 빨라서 이후로는 전국적으로 활용된다. 연자매는 소를 이용하는 탓으로 노동력투입은 훨씬 적었다. 소를 모는 1명과 알곡을 넣어 주는 1명, 도합 2명이 했고 때로는 혼자서 감당하기도 했다. 따라서 디딜방아에서 불렀던 노래와는 그 성격이 달랐다.

# 논두렁에서 두레를 실험하다

논은 비교적 장방형의 반듯한 마지기 반 정도였다. '다랭이논'이라 위아래 논두렁이 격차가 났다. 선소리꾼만 북을 메고 대개 도롱이를 등에 걸쳤다. 논에 들어가기는 일렬로 서서 들어갔다. 선소리를 천천히 잡는 가운데 선소리꾼이 북을 치면서 앞장을 서서 움직이면, '얼-카-덩-어-리'를 하면서 논을 헤쳐나가는 방식이 뒤따랐다. 호미로 땅을 찍어 흙덩이를 뒤로 덮어나가는 방식이었다. 일렬로 진행하면서 1개 논이 끝나면 방향을 틀어서 '두렁넘기'로 이내 들어가서, 다시 일렬로 헤쳐나갔다. 일렬로 헤쳐나가는 방식은 앞잽이와 뒷잽이의 차이가 있어 앞잽이가 바빠 앞서 나가면 뒷잽이가 돌려서 따라붙는 방식이다. 원의 중심에는 늘 선소리를 메기는 북잽이가 자리잡았다. 돌려 잡는 과정까지는 그대로 '얼카덩어리'로 이어졌다. 마지막에는 호미를 든 채 손을 들고 "와" 하는 소리와 함께 끝을 내었다. 이때 '장풍장'을 치면서 신명을 돋우면 실상 벼 포기가 쓰러지고 난리판이 되기 일쑤였다. 이어서 논두렁을 차례로 기어오르면서 일단 해당 작업이 끝났다.

_ 당진군 송악면 가학리 두레

고고학자들은 과거를 대상으로 '실험'하기를 아주 즐긴다. 18세기 이래 고고학자들은 석기를 만들거나 뗏목을 타고 대양을 항해한다거나 과거를 재창조해보려고 노력해왔다. 그들의 업적 중에는 놀랄 만한 것도 많다. 석기시대 고고학자로 유명한 루이스 리키는 초기 호미니드 유적들을 발굴했을 뿐 아니라 여러 해 동안 석기 제작 기술을 연마해서 숙련된 기술자가 되었다. 그는 선사시대의 주먹도끼를 완벽하게 만들 수 있었고, 그것으로 양의 껍질을 단 몇 분 안에 벗길 수도 있었는데, 이를 학술회의에서 즐겨 시연했다. 또한 석기의 날에 나타나는 마모흔磨耗痕 같은 현상을 재현하는 데 주력해왔다. 이 접근법은 이제 어떤 도구가 나무를 쪼개는 데 쓰인 것인지 아니면 식물을 베는 데 쓰인 것인지, 혹은 뼈에서 살코기를 벗겨내는 데 쓰인 것인지를 분별할 수 있을 정도로 충분한 신뢰성을 갖추었다. 마모흔 분석은 특히 몸돌(core)부터 떨어져나온 격지들을 다시 맞추어보는 되맞추기(refitting) 연구와 결합할 때 주목할 만한 성과를 거두기도 한다.[1]

한편으로 사람들은 그동안 덴마크의 빽빽한 산림을 돌도끼로 개간해보기도 했고, 미국 남서부에 여러 세기 전과 똑같은 조건 아래 선사시대의 작물들을 길러보기도 했다. 이 실험은 17년간이나 계속되어 가뭄 때문에 어린 작물이 죽어버렸던 2년 동안을 제외하고는 풍작을 거두기도 했다. 선사시대 생활방식으로 살아보려는 실험은 특히 영국과 덴마크에서 인기를 끈 바 있는데, TV방송국이 '선사인'으로 살아보려는 장기 실험에 지원한 사람들에게 재정적 지원을 해주기도 했다. 영국에서의 한 실험은 작물과 가축을 제공받은 몇 가족이 기원전 200년경의 철기시대가 복원된 마을에서 고립되어 생활하는 것을 중심으로 진행되었다. 그들은 그곳에서 자력으로 1년간을 살았는데, 유일하게 허용된 현대 물품은 항생제와 피임약뿐이었다. 이런 실험은 과학적 가치에서는 의심스러울 수도 있지만 선사생활에 대한 피상적인 지견이라도 제공한다.

위와 같은 실험고고학은 취락고고학 영역에서 중요한 역할을 했다. 고고학적 물질문화로 나타나는 각종 취락형태의 원래 모습을 민족지적 상황과 같은 여러 근거에 입각하여 복제하는 과정에서, 과거 행위에 대한 추론의 타당성을 평가해볼 수 있는 취락고고학의 중요한 연구방법으로 실험고고학이 적용되었다.[2] 이런 실험적 연구는 주거형태를 복제한 후에 소각시키면서 나타나는 현상과 실제 고고학적 현상으로 남아 있는 상황과 비교·고찰해볼 수 있다는 측면이 있다. 뿐만 아니라, 장기간(20년, 혹은 그 이상) 복제한 상황을 그대로 둔 채 지속적인 관찰과 기록을 통해 그 주거형태의 구조가 자연적 요인에 의해 어떤 과정을 거치면서 어떻게 부패되는가를 관찰하는 민족고고학 연구와 더불어 고고학 자료(취락 유형)의 형성과정을 이해하는 데 주요한 취락고고학의 방법론적 근거를 제공하고 있다.[3]

고고학에서 적용된 이런 방법론이 불과 수십 년 전에 사라진 두레를 분석하는 데 적용될 수는 없을까? 즉, 사라진 두레를 오늘에 와서 다시 볼 수는 없을까? '전국민속예술경연대회'(민속예술축제)의 운동장에서 울리는 북소리가 아니라 논두렁의 진짜 두레를 다시 볼 수는 없을까? 더 나아가 학문적 입장에서, 두레풍습과 같이 전근대사회의 여울복에서 사라진 민속을 어떻게 과학적으로 접근할 것인가? 과연 얼마 전까지 보편적으로 이루어지던 일상생활이었으나 소멸하여버린 민속, 문헌에도 거의 남아 있지 않고 연구조차 거의 되지 않은 민속자료를 어떻게 연구할 것인가? 더 나아가서 두레풍습 말고도 여타 민속들의 과학적 접근방식을 어떻게 모색해야 할 것인가? 두레를 생각하면서 '실험'에 관한 질문을 거듭했다. 두레의 경우, 현지관찰이 전혀 불가능하고, 문헌도 극히 제한적이며 물질자료도 거의 없을뿐더러 선행연구조차 일천했다. 연구대상으로서는 '최악의 조건'을 갖추고 있는 셈이었다. 그럼에도 불구하고 두레는 가장 일상적인 농민생활이었다.

필자는 앞서 구체적인, 실증적이고도 과학적인 방법론으로서 '실험'이라는 명제를 제시한 바 있다.[4] '사라져버린 민속'을 올바르게 접근하기 위해 하나의 실험방식이 추가될 수 있겠다는 결론이었다. 이 책에 서술된 다양한 이론적 근거들은 이 같은 실험에서 얻은 두레 간접체험의 결과에 힘입었다. 민속학 입장에서는 민속학연구의 다양한 방법론을 개발하는 차원에서도 '실험'이라는 방식이 추가되길 희망했다. 기왕에 고고학에서처럼, 적절하게 제어된 환경 하에서 과거의 행위를 유추하여 얻은 결론으로 과거의 행위와 그 산물을 이해하려는 분석방법인 실험분석이 민속학의 경우에도 충분히 가능하며, 의당 그런 방식이 학문의 과학성을 제고하기 위해 동원될 수 있다는 입장이었다.

첫째, 실험방식이 가장 잘 부합되는 대상은 대개 물질문화분야일 것이다.

정신문화는 대개의 경우 형식모방은 가능하나 행위주체의 심성에 도달하기 어려운 경우가 많다. 물질문화 분야 역시 행위주체의 심성이 배제될 수는 없으나, 정신분야에 비해서는 좀더 과학적인 추론을 유도해낼 수 있을 것으로 기대된다. 더욱이 두레는 사라졌어도 두레를 증언해줄 마지막 세대가 생존해 있었기 때문에 가능하다. 두레는 물질문화의 전형이기 때문에 두레의 실험은 두레의 노동관행과 두레풍장굿, 그리고 노동요의 존재양상을 정확하게 규명해 줄 것으로 기대된다.

둘째, 그렇다면 왜 이 같은 연구방법을 굳이 '실험민속학적 방법론'이라 명명했을까?

실험민속학이라 명명한 것은 '복원'과 '재현', '실험'이 각각 다르다는 데서 출발했다. 사실 '복원'과 '재현'은 어찌 보면 같은 말일 수도 있다. '복원'은 문자 그대로 없던 것을 근접되게 만들어보는 방식이다. 불에 타 버린 목탑을 다시 만듦은 분명히 '복원'이라 말한다. 그러나 고고학자들이 선사인들이 고인돌을 인력으로 옮겼던 방식과 비슷한 환경을 만들어내 21세기에 고인돌을 다시금 옮김은 '복원'이 아니다. 비슷하게 반복하므로 '재현'이라고도 할 수는 있지만 보통은 '고고학적 실험', 혹은 '실험고고학'이라고 한다. 고고학자는 단순한 참여관찰자가 아니라 행위를 조직하고, 수미일관 측정·계산하여 평가보고서를 써서 논문을 마무리하기 때문이다. 일상적으로는 '재현'이라는 말을 많이 쓰고, 실제로 비슷한 표현이기는 하다. 그렇지만 '실험'이 좀더 부합될 것이다.

좀더 부연 설명하자면, 농민들 당사자 입장에서 이루어진 두레의 '재현'도 이를 조직한 학자의 입장에서는 하나의 '실험'으로 보아야 할 것이다. 앞의 고인돌 이동실험과 비슷한 경우이다. 사전에 농민들을 만나 토론과 대화를 통하여 과거 수십 년 전에 사라진 두레의 기억을 되살리고 이를 근거로 행위가 이루어지고, 연구자는 재현되는 과정을 참여관찰하면서 이론화시켰기 때문에 이를 단순 '재현'이 아닌 '실험'이라 명명하는 것이다. '실험'을 애써 바꾸어 말한다면, '직접적 면담방식에 의한 연구조사자료들을 총화하면서 연구자가 참가한 가운데, 행위경험자들에 의하여 새롭게 재현되는 과학적 검증작업이다'고 명명할 수 있을 것이다.

셋째, 두레가 실험될 수 있는 조건은 무엇일까?

대개의 어떤 무형문화도 사람만 있다면 '실험'은 가능하다고 본다. 두레같이 전체 마을집단으로 이루어졌던 문화틀은 오래 전에 사라졌음에도 불구하고 그 공동체적 특질로 인하여 마을의 연로한 어른들이 생존하고 있으므로 쉽게 실험의 통로가 열려 있다. 그러나 개인적으로 전수되던 무형문화는 그 개인의 기억력이나 능력 등에 따라서 여러 가지로 변형을 가져오기 십상이며 또한 이를 검증할 길이 막연하다. 탈춤을 '복원'한 경우에도 당사자의 말을 듣고 고증을 거쳐 다시 만들었지만 실제로 그런지는 의심스러운 대목이 한둘이 아니다. 개인의 작의성이 개입될 여지가 많고 그것에 대한 검증 방법이 없기 때문이다. 그러나 두레같이 마을집단으로 이루어졌던 문화틀은 보는 눈이 많고 공유적인 문화이기에 검증이 확실하다. "아니야, 그렇지 않았어", "그런 경우는 특별한 경우지요. 보통 때는 그리 안 했어요", "그때 우리들이 실제로 우물굿을 했걸랑요", "점심밥은 개똥이네서 제일 잘 만들었어요" 식의 증언이 속속 이루어진다.

넷째, 그동안 이루어졌던 몇 가지 사례를 비판해본다.

두레연구가 별반 이루어지지 않았던 것에 반하면, 이 분야만큼 여러 방식의 재현이 이루어진 분야도 드물 것이다. 이른바 백중놀이·만두레놀이·농악놀이·풍물굿 따위 명칭들이 바로 그것인데, '문화재굿'으로 만들어져서 공설운동장으로 끌고나온 경우가 여전할뿐더러, 당분간은 지속적으로 그럴 것이다. 물론 그런 '악역'은 예나 지금이나 민속학자들이 도맡아 하고 있다. 가령 백중놀이의 경우, 두레노동에 기초한 총체적 농민문화에서 연행적인 요소만을 추출하여 '판에 박힌 연출'로 경연대회의 마당으로 끌고나온다. 이른바 무형문화재의 상당수가 이 지경이다. 두레에서 풍물굿만 뽑아오거나, 때로는 민요만 뽑아오거나, 기싸움·들돌놀이 · 농신제 따위만 발췌하거나, 이 밖의 것을 적절히 결합하여 하나의 '현대적 전통극'을 만드는 것이다. 대본과 연출, 제한된 공연시간, 심판관, 출연배우인 농민이 존재하는 방식이다. 과연 농민의 생활문화로서 이루어졌던 두레를 현대화된 운동장 연행예술로만 정리하는 행위는 그 자체로 하나의 편향이자 오류이다.

비록, 사회경제적 토대 변화에 따라 농사관행의 질적 방향전환이 이루어져 두레가 소멸했다고는 해도, 두레를 놀던 선험자들이 다수 존재하는 마당에 이를 옛 방식 그대로 재현시키고 농촌의 문화거점으로 진지를 구축해주는 방향으로 문화정책의 가닥이 잡혀야 옳다. 그런 점에서 두레풍습을 매개로 만들어져온 수많은 놀이들이 연출되었음에 반하여, 두레풍습에 대한 올바른 과학적 현지조사가 거의 무시되었다는 것은 하나의 아이러니이다. 이 실험은 이런 문제점에 대한 전면비판과 학문적 대응의 성격을 지닌다.

다섯째, 두레의 실험은 민속연구의 총체성을 보장한다.

민속학 내지 구비문학, 혹은 민속음악 분야에서 늘 이루어지던 연구방식이란 대개 민요, 풍물굿, 노동행위, 생활관습 따위를 분리시켜내서 각자의 필요에 따라 필요한 만큼만, 필요한 만큼의 시각으로 정리해내는 데 익숙해져 있다. 민중의 생활은 총체적인데 학문영역에서는 정작 이를 분리시켜 바라본다면, 사실 접근방식 자체가 대단히 제한적일 수밖에 없다. 가령 두레의 논매기소리는 두레가 이루어지는 방식에 따라 무수한 양상으로 변화한다. 따라서 두레를 풍물굿, 민요, 신앙, 놀이 등 각각 분할된 양식으로 찢어서 사고하고 연구하는 잘못된 민속학 연구방법은 비판받아 마땅하다. 그래서 이 실험을 통해 얻어진 유무형의 경험은 두레에 그치는 것이 아니라 여타 민속연구에도 적용될 수 있을 것이다. 부가적 수확으로, 두레의 실험에서 얻어진 사진 · 녹음 · 비디오테이프 등 영상기록물은 그 자체가 두레의 마지막 모습으로서 아카이브(archive)적 가치를 지닌다.

그동안 두레에 관한 실험은 여러 차례 행해졌다. 1992년 7월의 계룡산 대명리 두레, 1993년 여름의 당진 가학리 두레, 그리고 홍성과 대전에서도 논두렁에서 두레를 선보였다. 이 책에 실린 사진들의 대부분은 그들 현장에서 찍은 것들이다. 그 중에서도 초기에 작업했던, 가장 의미가 있던 두 마을의 두레 실험노트를 들추어본다.

## | 실험노트 1 – 논산군 상월면 대명리

### 대명리가 실험마을로 선정되다

1991년 2월 12일에 논산군 상월면上月面 대명리大明里를 방문한 적이 있다. 한국역사민속학회 계룡산종합학술조사사업의 일환이었다. 계룡산 향적봉 일대를 조사하면서 대명리의 '검정개마을'로 들어갔다. 작은 내를 건너서 차로 20여 분을 들어가니 산 밑에 척박하지만 너른 농토가 나타났다. 1992년 당시에는 마을 및 두레에 관한 조사를 끝내고 마을신앙인 산신제에 대해서 조사한 연후에 인근 마을로 옮겼다. 대명리는 계룡산 국사봉 자락에 안긴 산골마을이다. 산골이기는 해도 널찍한 들이 펼쳐져 있어 두레를 꾸리기에 손색이 없었다. 두레가 상당히 강하다는 인상을 받았다. 이듬해 다시 산골마을을 찾았다.

두레를 실험할 만한 마을을 찾던 차에 호기심이 작동했다. 대명리 두레는 6개 마을이 연합해 150여 명이 동원되는 대규모 두레였다. 또한 두레의 원형을 보존하고 있는 드문 마을이었다.

마을 주민들은 사라져간 두레를 다시 한 번 해보자는 제의에 처음에는 거부반응을 나타냈다. 비용문제도 있었고 사람 동원도 만만치 않았기 때문이다. 그러나 주민들은 그들 스스로 사라져간 두레를 다시 한 번 되살려봄으로써 한여름의 무료한 생활을 일신해보고, 그 옛날 상부상조하던 두레를 '죽기 전에 한 번 해보는 것이 꿈'이라는 몇몇 노인들의 견해에

동의했다. 당시만 해도 두레가 끊긴 지 불과 수십 년밖에 되지 않아 경험자가 많았던 것도 실험 가능성의 한 실마리였다.

일은 일사천리로 진행되었다. '수십 년 동안 끊겼던 두레'가 시작되었다.[5] 마을의 유병일(남, 당시 71세, 농업, 검동마을 거주) 옹이 주관하여 행사를 이끌었다.[6] 유옹은 체계 있는 농사지식을 지닌 유능한 농사경험자였고, 20마지기의 농사를 짓고 있었다. 날짜는 7월 17일 제헌절로 잡혔다. 국경일이라 학생들도 쉬는 날임을 감안한 것이다. 그러나 역시 비용이 필요했다. 마침 주간 〈시사저널〉의 이문재 기자(시인)가 신문사 창립기념을 겸하여 특집 독점보도를 내기로 하고 약간의 후원경비를 내놓았다. 어떤 정치적인 이슈나 경제적 대가가 주어지는 행사가 아니었음에도, 〈시사저널〉 측이 선뜻 동조하고 나선 것이다. 그만큼 일찍 사라져간 두레가 논에서 다시 열린다는 데 대한 호기심과 기대치, 사진과 기사가치를 평가한 것 같았다. 일정을 재정리하고 준비상황을 점검했다. 그동안의 조사경험에 비추어

**'40년 만의 두레' 실험을 마치고서**
마을 두레기를 앞세운 대명리 두레꾼들(1992년 7월)

논의를 정리했고 노인들은 충분히 나름의 방식, 즉 그들이 놀던 그대로의 논의를 이끌어냈다. 준비는 충분했다. 병오년丙午年(1906년)에 만든 농기가 두레실험에 쓰였다. 마을주민들만이 모인 자리에서 아침부터 점심녘까지 행사는 천천히 진행되었다.

마을 개괄은 대략 다음과 같다. 대명리는 국사봉과 향적산 아래 마을로 산줄기가 휘돌아간 가운데 대명리나 상도리 같은 마을들이 넓게 펼쳐진다. 해방 당시에는 약 150여 호였으나 감소되어 약 130여 호가 산다. 대명리는 뱃바우(양암), 강거름(강 입구라는 뜻), 벌듬(벌판이란 뜻), 깊은구렁(함덕굴이라는 뜻으로 범을 잡으려고 함을 팠다는 뜻), 검은점(검동이라고도 부르며 거문고 뜯는 마을이란 뜻), 긴등(등이 길다는 뜻), 점말(점촌)의 여섯 동네다. 박씨네가 다수 모여살며 마을에는 국사봉 탓에 유도회를 믿는 도인들이 다수 살고 있다. 향적산과 국사봉에서 발원하는 주천注川과 세천細川을 따라 쇠점·아랫진동·윗진동·검정저수지 등 여러 개의 저수지가 있다.

교통편은 마을입구 강거름에서 연산을 거쳐 논산이나 대전 유성으로 빠진다. 향적산의 멘재를 통하면 불과 한 시간여 만에 건너편 신도안에 닿는다. 가까운 길이기는 하나 가파른 길이라 대단히 넘기 힘든 고개이며 군부대(육군본부)가 들어와 초소가 지키고 있다. 장시권은 예전에는 불과 10리 길의 경천장을 많이 이용했으나 버스가 들어오면서 논산장을 주로 이용하고 있다. 자주는 아니지만 버스가 여러 번 다니고 있으며 논산 등으로 통학하는 학생들도 많다. 인근에 대명초등학교가 있다.

## 옛 두레 채록

### ① 두레조직

여섯 동네이기는 하지만 두레는 1개로 조직되었다. 총수는 무려 150여 명이 되었다. 두레의 우두머리는 좌상으로, '두레나면은 제일 어른이여'라는 표현이 말해주듯 권위가 있어 좌상이 지시하면 무조건 들어야 했다. '총각좌상'은 장가 못간 사람을 말했다. 총각은 일하던 도중에 어떤 사람이 불편하다고 하면 이를 관리해준다. 호미를 가지고 다니면서 바꿔주기도 했다.

### ② 두레노동

5월 하지 전 모를 내고, 초벌은 15일 뒤에 한다. 두레는 초벌에 모아진다. 초벌은 흙을 찍어서 뒤집는 것이고 물이 자작자작한 상태에서 맨다. 두벌은 초벌하고서 10일 이내에 하고 호미로 초벌 맨 흙덩어리를 헤친다. 만물은 두벌 끝내고 10일 후에 한다. 세벌 때는 물을 빼서 손으로 마구 문대는 식으로 김을 맸다. 호미날은 가까운 경천장에 가서 버렸다.

### ③ 두레놀이

예로부터 풍물이 유명했다. 논산의 향토축제인 '놀매축제'에 논산군 15개면 중 상월면 대표로 나갈 정도다. 두레꾼이 모이는 장소는 강거름 동네의 정자나무 밑이다. 풍장을 치면 다 모이게 된다. 모여서 좌상영감이 두레매는 것을 지시한다. 매일매일 해야 할 일을 지시하는 것이다. 큰 기는 마당 복판에 꽂아둔다. 논으로 나가서는 일일이 이동하지 않고 다만 영기만 가지고 다닌다. 큰 기는 끝에 꿩장목이 있고 그 밑에는 칡껍질을 벗긴 총을치를 달아 멋을 내고 깃폭은 위에서 아래로 길게 늘어진 형태이며 깃폭에는 '농자천하대본'이라 썼다. 기에는 마을이름을 써서 어느 마을 두레인지를 밝혔다.

영기는 푸른색 깃폭으로 2개였고 끝에 삼지창이 달렸다. 이동할 때는 맨 앞에 영기가 갔다. 참여 악사는 꽹과리 2개, 징 1개, 장고 2개, 북 2개, 소고 3개 정도이며, 소고는 돌무를 돌렸다. 논에 도착하면 논두렁에 가서 한 번 치고 좌상영감이 지시를 하게 된다. 좌상이 일터 사정을 감안하여 시작할 논을 지정해주면 일꾼들이 논두렁으로 들어가며 이때 풍장도 들어간다. 풍장꾼들은 앞에 서서 치고 나가며 논매는 사람들이 뒤따라 나간다.

일하다가 다른 동네 두레와 두레싸움도 많이 했다. 예전에는 대명리 두레를 당할 사람이 없었다. 두레를 매러가다 보면 이웃 논에도 가게 되며 이웃두레도 이 마을로 두레를 오게 된다. 큰 두레에게 상대편 두레의 깃발이 와서 고개 숙이듯 인사를 한다. 이때 인사를 안 하면 싸움이 나게 된다. 같이 풍물을 치다가 소리가 밀릴 경우에도 시비를 붙여 싸움이 일어난다. 상호간에 시비가 붙어 싸움이 나면 논맬 생각은 염두에도 두지 않고 격렬한 싸움이 펼쳐진다. 호미로 찍는 등 마치 '전쟁판'을 연상시켰다. 그리고 항복을 받아야만 끝이 난다. 그러나 워낙 대명리 두레가 풍장을 잘 쳤기에 이 동네에서 치면 다른 동네 사람들이 대개 항복했다.

두레놀이의 으뜸은 모여서 술 먹고 노는 7월 백중놀이다. 이날은 큰 기를 세우고 동민이 전부 모여서 기 옆에 가서 영기를 꽂고 술 한 잔 붓고 놀게 된다. 음식 마련은 마을돈으로 준비한다. 이날 진행은 마을의 도유사가 했다. 도유사는 동네에서 유사노릇을 하며 동네일을 도맡아하는 사람이다. 반면에 구장은 행정일만을 했다.

④ 두레회의

모내기 끝내고 김매기 전에 두레를 짠다. 이때 좌상과 총각을 뽑았다.
두레 결산은 백중 전에 마지기 당으로 셈을 보았다.


⑤ 두레의 변천

비교적 근래에 들어와 사라졌다. 약 20여 년 전까지도 두레로 농사를
지었다. 1970년대 초에 사라진 것이다. 두레가 소멸한 이유는 농민이 축
소되면서 농촌의 왜소화 때문이다. 물론 대두레는 일찍이 해방 정국에서
사라진 것으로 보아야 한다. 1970년대까지 남아 있던 두레는 좀더 축소
된 형식의 두레였다. 그러나 여타 마을에 비하면 두레가 완강하게 전해
진 마을이다. 현재 대명리에는 노인회원이 30여 명이 되며 그들 모두 풍
물을 잘 친다. 최근까지도 악기 전승은 여전한 것으로 미루어 두레전통
이 인근 마을과 비교해볼 때 늦게까지 남은 마을로 보인다.

 **옛 두레 실험**

노트 1

노인들이 회의를 소집했다. 두레를 다시 한 번 제대로 차려 사라진 여
름풍습을 한 번 재현하자는 데 의견일치가 이루어졌다. 역할을 나누고
논의가 분분한 가운데 예산이 50만 원으로 짜여졌다. 맨 처음으로 발언
을 꺼낸 유옹이 총책임을 맡고, 과거 두레에서 경험 많은 분들이 나서고,
이장과 새마을지도자 등 마을 일꾼들이 역할을 나누었다. 동네 아낙들이
들녘밥을 내가던 방식으로 음식과 술 조달을 맡기로 했다. 농촌에서 색
다른 일을 꾸미려면 의견이 분분한 편인데 그런 대로 잘 수습되었다. 지
금은 생활에서 이루어지지 않지만, 과거에 일상생활로 이루어지던 두레

인지라 쉽게 의견의 일치가 이루어졌다. 농민생활사에서 일상적으로 이루어지던 풍습들은 오랜 세월이 흘러도 집단적 유전물로 전해지는 까닭에 거의 근접한 실험이 가능하다는 판단이 옳았다.

1주일여에 걸쳐 낮에는 정자나무와 마을회관에 모여 악기를 맞추었고, 예전 방식의 두레회의로 실험작업을 점검했다. 연습이 필요함은 당연했다. 충분히 악을 알고 있음에도 그전 같지는 않았던 때문이다. 유용 이외에도 이웃집의 박명종(남, 당시 64세, 농업, 검동 거주) 옹이 많은 도움을 주었다. 농사 경험이 많으며 민요를 잘 부르는 박명종 씨가 좌상을 맡았다. 두레가 다시 가능한 것은 그만큼 마을에 두레 전통이 잘 살아 있다는 증거이다. 악기 편성은 상쇠 임영재(73세), 부쇠 최정봉(57세), 장고 박만원(53세), 박재영(72세), 북 박평길(55세), 징 박종두(59세)로 꾸려졌다.

30여 명에 이르는 많은 일꾼들이 참가했으며 아낙들이 음식을 장만했다. 청소년 시절의 두레 경험자도 있었고, 임옹처럼 18세에 두레에 들어가 근 15년 동안 두레에 가담해본 익숙한 경험자도 있었다. 좌상은 삿갓을 쓰고 논 가운데 들어가 두레꾼들 앞에서 선소리를 메기면서 두레를 지휘했다. 비록 '실험'된 두레였지만 일꾼들은 좌상의 말에 일사불란하게 움직였다. 좌상의 말에 의하지 않고는 단체행동 자체가 이루어지지 않았다. 조직 안에서의 민중적 경험 축적에 의해 그 권위가 인정되었음을 확인할 수 있었다. 좌상으로 인정된 사람의 지시가 처음부터 끝까지 정확하게 수용되는 것을 확인했다. 다만, 현실적으로 실제의 두레농사가 아니었던 탓에 과거에 행하던 방식처럼 정자나무 밑에서 순번을 정하거나 일품을 정하는 것 따위는 검증할 수 없었다.


노트 2

전날 장에 나가서 중돼지 1마리를 잡아왔다. 과거에는 두레에서 돼지를 잡는 것은 상상할 수도 없는 일이었지만, 동네잔치를 겸하여 돼지를 잡았다. 유옹 집에서 아낙들에 의해 음식 준비가 이루어지는 동안 시간이 흘러 아침 10시경이 되었다. 30여 명의 노인과 청장년들이 기를 들고 마을 공터에 모였다. 두렛일을 잘 모르는 청년들도 일부 참가한 것은 악기 칠 사람이 부족한 탓이었다. 2/3 이상이 노인층이었으므로 고증에는 별다른 문제가 없었다. 바람이 몹시 불었다. 비가 올 것같이 먹구름이 끼다가 이내 비가 내렸다. 모이는 장소는 검정개마을의 공터였다. 지금은 집들이 들어서고 다소 좁아진 상태였지만 예전에 논을 맬 때는 바로 그곳에서 모였다고 했다. 동네아이들도 몰려나와 구경을 했다. 예전에도 두레 나갈 때면 아이들이 나와서 구경했다고 한다. 두레풍장을 배우는 학습의 마당이었음을 확인할 수 있었다.


노트 3

동원된 기는 실상 이 마을의 기가 아니었다. 인근의 상월면 노곡리에서 빌려온 것을 나중에 알았다. 마을민의 설명으로는 노곡리보다 대명리의 깃발이 근 10년은 더 되었던 것인데, 전쟁통에 없어졌다고 했다. 지금은 현대화된 '농자천하지대본'기가 있을 뿐이다. 그래도 제대로 차리는 행사인데 오늘날의 기를 보여줄 수야 없다고 하여 인근 마을에서 빌려온 것이다. 기 형태가 노곡리 것과 똑같은 생김새였으므로 것이라 실험에는 문제가 없었다.

노곡리의 기는 마을에서 보관해오던 농기로 병오년이 기록된 것으로 보아 1906년, 즉 2006년을 기준으로 잡으면 꼭 100년 된 기였다. 노곡리보다 10년이 앞섰다는 주민들의 구전으로 추정해보면, 대명리 두레기는 대략 갑오농민혁명기 직후로 추정되는 시기에 만들어졌음을 알 수 있다.[7] 끝에는 꿩털을 묶은 꿩장목을 달았다. 장목은 요즘에 새로 만든 것임을 알 수 있었다. 꿩털은 자주 빠지는 관계로 보존연한이 오래가지 않는 탓이다. 그 밑에 '총을치'를 달아 멋을 냈는데 이 역시 폴리에틸렌 실로 너풀거리게 만들었다. 과거의 칡껍질로 만든 총을치는 아니었으나 바람에 나부끼는 형상은 비슷하다고 느꼈다.

깃폭은 가로 2.5m, 세로 4.1m였다. 세로가 긴 편이라 가로·세로 비율은 5:8로 직사각형이다. 깃폭은 광목천을 세 줄로 연결하여 손바느질로 마감했다. 보관상태는 그런 대로 좋은 편이었으나, 귀퉁이가 좀이 슬어 해진 상태였다. 기에는 '신농유업神農遺業'이라 썼으며, 과거에는 모두 이같이 썼다고 했다. '농자천하대본農者天下大本'도 '신농유업'과 혼용되어 쓰였을 것이나 '신농유업'이 옛 것임을 다시 한 번 확인할 수 있었다. 특히, 유교사회의 농민통제책의 일환으로, 일제가 들어오면서 '농자천하대본'이 널리 쓰였을 가능성을 보여주었다.

깃폭은 검정테를 두르고 검정지네발로 장식했다. 장대는 길이가 약 7m 정도 되었고 대장대가 쓰였다. 예전 장대는 사라졌으나 실험에 이용된 직경 10cm 가량의 장대보다 더 굵고 더 길었다고 했다. 기는 바람이 불면 나부끼지만 보통 때는 축 처져서 장대에 말아쥐고 다닐 수 있었다. 기에는 새끼줄로 세 가닥을 들여 말뚝으로 고정했으며 이동 시에는 이를 붙들고 다녔다.

영기는 흰색·청색 2개가 동원되었다. 각각 창과 삼지창으로 만든 쇠붙이장식이 달려 있었다. 예전에는 전부 삼지창이었다고 하는데, 마을에 남아 있는 삼지창 1개는 예전 것이라고 했다. 주물상태로 보아 대량생산된 것으로 보이며, 큰 기를 만들던 시기인 1896년경, 아니면 일제 강점 초기에 만들어진 것으로 보였다. 영기는 큰 기 옆에 좌우로 벌려 꽂아두었다.

좌상이 막걸리를 한 잔 부어서 큰 기 주위에 뿌렸다. 예전에도 이같이 떠나기 전에 막걸리를 큰 기 주위에 부었다고 했다. 이어서 풍물패가 상쇠를 선두로 해 큰 기 주위를 20여 바퀴 돌면서 일종의 농기고사를 올렸다. 농기고사는 특별한 뜻은 없고 늘 떠나기 전에 행하는, 기에 대한 하나의 관례였다.

참고로 참에 대해서 덧붙인다. 참은 보통 독에다 옮겨온 막걸리, 광주리에 이고 온 풋고추, 된장 정도였다. 참에 식사가 곁들여지는 경우는 밀가루로 수제비를 떠서 호박을 넣고 된장으로 끓인 밀장국 정도였다. 참은 오전과 오후에 각각 한 번씩 나왔다. 참 준비는 품앗이로 여자들이 동원되어 옮겨왔다. 참이 끝나면 담배를 한 대씩 피우면서 노랫가락을 즐겼다.

노트 4

비가 심할 정도로 뿌렸다. 좌상은 세벌 두레 즈음에는 으레 비가 오는 법이라고 했다. 두레패가 늘 도롱이를 준비했음은 바로 두레 김매기가 가장 혹독한 혹서기와 더불어 장마철과도 잇닿아 있음을 말해준다. 따라서 도롱이가 조선 후기 그림에 다수 등장하는 것으로 보아 당시의 농사력에서 김매기가 장마철과 잇닿아 있음을 증명한다. 이는 조선 후기에는 농사력의 일정한 체계가 이미 실험된 두레에서 보이는 것과 같이 잡혀 있음을 말해주며, 이는 이앙법의 절기문제와 결부된다.

두레꾼들은 비 따위는 아랑곳하지 않고 일을 나갔다. 맨 선두에 영기 2개가 앞장섰으며 큰 기가 따라갔다. 예전에도 가까운 논은 큰 기도 같이 갔다. 그러나 먼 논은 보이는 곳에 세워두었다고 한다. 영기는 일종의 길잡이였으며, 글자 그대로 영을 전달하는 향도 역할을 했다. 꽹과리 2개, 징 1개, 장고 2개, 북 2개가 따랐으며 소고는 없었다. 예전에도 두레를 크게 차릴 때만 소고가 따랐고 보통의 두레에는 소고가 사용되지 않았다.

악기편대는 약 10여 명을 넘지 않는 규모였다. 가락은 전형적인 충청도 웃다리가락의 길군악으로 일관했다. 약 200여m 거리의 논으로 이동하는 데 10여 분밖에 걸리지 않았다. 이동 시 가장 힘든 것은 역시 큰 기 옮기기였다. 큰기잽이는 어깨에 걸쳐서 복부로 모아진, 짚으로 만든 멜빵 같은 기 받침에 기를 세우고 두 손으로 깃대를 잡고 나갔다. 세 방향에서 3명이 줄을 당겨 평형을 유지하면서 나아갔다.

노트 5

일터에 도착하자 맨 먼저 일할 논으로 달려가 논둑에 영기를 꽂아두었다. 일하는 공간을 설정해두는 것이다. 큰 기는 비교적 편편한 곳에 꽂아두었다. 세벌 마지막 두렛날이라고 임의 설정하면서 이루어진 실험이었으므로 바로 기고사가 시작되었다.

큰 기 앞으로 풍물패가 둘러서서 악을 잡았다. 들녘밥을 내오는 소반에 풋고추, 고추장, 막걸리 잔을 놓고서 좌상이 무릎 꿇고 술 따르고 절을 두 번 했다. 풍물패가 그때마다 악을 쳤다. 비가 심하게 와서 악기소리가 둔탁하게 들렸다. 첫 잔은 주위에 뿌렸고 나머지 잔을 바가지로 퍼서 각자 한 잔씩 음복으로 대신했다. 10여 분 큰 기 주위를 돌면서 풍물을 치다가 막걸리를 나누어 마셨다. 이내 일로 들어갔다. 이 같은 방식은 예전에도 같았다고 하며, '기고사'라고 불렀다.

비가 오므로 이내 논으로 들어갔다. 예전에는 술추렴이 끝나면 준비한 불화로로 담배를 나누어 피우고, 노랫가락으로 놀다가 논으로 들어갔다고 한다. 그때 부르는 노래는 일노래가 아니라 당대 유행가인 '잡가'였다.

악기는 논두렁 옆의 공터에 벗어두었다. 정해진 논은 어렵사리 구했다고 했다. 논 주인이 벼 포기가 쓰러짐을 우려한 탓이다. 예전에는 '산포식'으로 모를 심었기에 두레가 이동해도 문제가 없었으나 '못줄'로 심는 탓으로 벼 포기가 밟힐 가능성이 많았던 탓이다. 두레의 휘돌이 작업방식은 오늘날의 못자리 방식과는 맞지 않는다. 두레의 휘돌기는 조선시대의 산포식 못자리에 적합하게 만들어졌다.

먼저 초벌매기가 이루어졌다. 정해진 논은 정방형의 큰 논이었다. 좌상은 버드나무가지를 들고 지휘하면서 논두렁 중간에 섰다. 앞잽이가 앞장서서 논두렁 끝으로부터 일—자로 들어서자 모두 일렬로 따라 들어갔

1 | 2 | 3

1 두레기를 세우고 한바탕 울린다.
2 두레기와 영기를 앞세우고 논으로 간다.
3 채소를 씻으며 두레꾼들의 참을 준비하는 아낙들

<table>
<tr><td>5</td><td colspan="2">6</td></tr>
<tr><td colspan="2">7</td><td>8</td></tr>
<tr><td>9</td><td></td><td></td></tr>
</table>

5 사물을 치며 풀 뽑기

6 앞으로 일렬로 나아가기

7 풍물패 쪽으로 바짝 조여들기

8 둥글게 쌈싸기

9 두레를 끝내고 돌아와서 집굿 치기

다. 거의 일렬이 될 정도가 되자 앞으로 전진했다. 앞잽이는 왼쪽으로 돌
았고 끝잽이는 부지런히 따라나섰다. 반원형을 그리면서 나아가게 되었
다. 앞에서 풍장이 부지런히 울렸고 이에 따라 일노래가 느릿느릿 불려
졌다. 상사소리를 불렀다. 논두렁에서 보통 속도로 천천히 일을 해나갈
때는 상사소리를 부른다고 한다. 상사소리는 대개 다음과 같은 가사로
이루어졌다.

얼럴 상사디여 허어
얼럴 상사디여
이 논배미 매고서
저 논배미로 가세
얼럴 상사디여

얼씨구나
얼씨구나
아—헤-에
아—헤-에
저-건너 갈미봉
아—헤-에
휘몰아 들온다
우장을 하여라
헤라-헤에라
아-헤-에
오오디여나-아-헤-에
아—헤-에

상사소리에 얹혀지는 소리는 주로 다음과 같은 방식의 일반적 가사들
이었다.


　　이 논배미를 심고 저 논매로 가세

　　일출동령에 해 솟는다 월출동령에 달 솟는다

　　이 논배미를 심고서 저 논매미로 가세


조금 빠르게 전개되면서 가운데로 원이 모아져나가자 '얼카산이냐'를
불렀다.


　　얼카산이냐

　　얼카산이냐

　　오작교 다리가

　　얼카산이냐

　　더덜석 무너져

　　얼카산이냐

　　건너 갈길이

　　얼카산이냐

　　망연도 하구나

　　얼카산이냐


즉, 일 진행은 일렬로 진행하다가 둥그런 타원형을 그리면서 앞으로
나온다. 이때 풍장은 계속 악을 치면서 논두렁으로 빠지고 두레꾼들은
원을 그리면서 쌈을 싸게 된다. 최대한 공간폭을 넓히면서 논 전체를 훑
어나가는 방식이 일관성 있게 구축되었다. 논두렁으로 빠져나와서는 골

물에 호미와 발을 대충 씻었다.

　잠시 쉬는 동안, 일노래의 차이를 보여주느라고 여흥을 겸하여 모내기 소리를 불렀다. 모내기에는 '모방고'라 하여 북을 치면서 선소리를 아래와 같이 매겼는데, 모방고는 모 심는 소리라고 부르며 남녘소리와는 달랐다. 제보자는 늦은마치와 잦은마치로 다음과 같은 소리를 재현했다. 잦은마치는 초두에 '얼럴럴러 상사디여'를 반복하고 나서 이를 받는 소리로 불렀다.


　　　　이-논배미를-모를-심어서
　　　　장미비 훨훨 영화로다
　　　　어-허-어-허-아-아
　　　　어-허-어-허-아-아-상-
　　　　어허디여(늦은마치)

　　　　얼럴럴러 상사디여
　　　　얼럴럴러 상사디여
　　　　얼럴럴러 상사디여
　　　　얼럴럴러 상사디여
　　　　저 달은 떠서 대장이 되고
　　　　얼럴럴러-상사디여
　　　　견우직녀는 우군이 됫네
　　　　얼럴럴러-상사디여


　논을 옮겨서 '만물'이 시작되었다. 만물 때 하는 '지심논두렁'에서 보통 속도로 천천히 일을 해나갈 때는 '상사소리'를 불렀다. 상사소리는 대개 다음과 같은 가사로 이루어졌다.

> 얼럴 상사디여 허어
> 얼럴 상사디여
> 이 논배미 매고서
> 저 논배미로 가세
> 얼럴 상사디여

만물 김매기소리는 특별히 '바심소리'라 불렀다. 이 소리는 김매기 만물에만 쓰이는 것이 아니라 가을에 곡식을 털 때 괴상을 치면서 부르는 소리기도 했다.

> (주는 소리)왔나
> (받는 소리)왔네
> (주는 소리)참나무 괴상에
> (받는 소리)아―헤-에
> (주는 소리)달받쳐놓고서
> (받는 소리)아―헤-에
> (주는 소리)닭잡아 술먹자
> (받는 소리)헤-에-아
> (후렴)헤-아-헤나-아-아-헤
> 오-오-오디-여라―

일 끝내는 과정에서는 '쌈소리'를 불렀다. 빙 둘러서서 '후이' 하고 모여드는 것으로 '마지막 쌈소리'라고 했다. 이때 '우이 하아, 우이 하아'

하는 '후이' 소리를 내면서 모아들었다. 이상의 실험 결과, 대명리 두레에서 다음의 몇 가지가 확인되었다.

첫째, 김매기 노동현장에서 잡가가 광범위하게 쓰였다. 경기도지방의 경우처럼 「방아타령」 따위의 잡가가 중요한 일노래로 불렸다. 당대의 유행가인 잡가가 노동요로 널리 쓰였던 관행이 설명된다.

둘째, 두레김매기의 농사관행은 원을 그리면서 휘돌기를 하는 방식이다. 따라서 줄모로 심은 모는 웃자랄 경우에 원 그리기가 불리하다. 20세기에 들어와 두레가 소멸된 이유 가운데 하나다.

셋째, 휘돌기는 일꾼들이 좌우로 벌려서 방향을 달리하면서 가는 방식이다. 전진하면서 해나가는 방식이었기 때문에 상사소리를 천천히 울렸다. 좌상, 혹은 선소리꾼은 앞에 서서 작업을 지시하는 노래가사를 상황에 따라 삽입시켰다. 김매기노래는 어디까지나 노동작동에 따라 이루어졌다.

넷째, 상사소리의 가사는 농민의 생활과 애환을 다루는데, 대개 일반적인 가사들이다.

다섯째, 일이 빠르게 진행되면서 충청도 특유의 '얼카산이냐'로 전환되었다. 가운데로 둥글게 모아나가는 방식이다. 쌈소리는 초벌이나 만물이나 늘 있었다.

여섯째, 모방고는 남녘소리와 차이가 난다. 남부의 영향을 받아서 충청도식으로 후대에 만들어진 것으로 보인다.

일곱째, 만물 김매기소리는 상사소리가 쓰이고 있다. 천천히 일을 해나갈 때의 소리는 모방고와 유사한 편이다. 그러나 만물의 독자적 성격은 바심소리에서 잘 드러나며, 괴상일에도 같이 쓰였음을 알 수 있다.

일이 끝나자 바로 논의 구덩이에서 손발과 호미를 씻었다. 동네로 돌아오는 방식은 떠날 때와 마찬가지로 이루어졌다. 농기를 앞세우고 풍물패가 따르고 일꾼들이 뒤따르는 방식이었다. 마을에 도착해서는 마당에 농기를 세우고 기 주위를 돌면서 굿을 쳤다. 이어서 농기를 그대로 세워둔 채 마을우물로 갔다. 간단한 고사덕담으로 우물굿을 쳤다. 예전에 만 두레에는 우물고사가 상당히 컸다고 한다. 우물고사가 끝이 나자 바로 유옹 집에서 집굿을 쳤다. 집굿은 꽃반을 내온 대청 앞에서 먼저 이루어졌고, 이어서 집 뒤의 터주, 부엌의 조왕 순서로 이루어졌다. 집굿에서 음식을 차려내어 모두 배불리 먹었다. 예전 식으로 따져 논 임자네 집에서 이루어졌던 것이다.

## 실험노트 2 – 당진군 송악면 가학리

### 가학리가 실험마을로 선정되다

계룡산 대명리에서 두레를 재현했다는 소문이 신문보도를 통해 당시 민속계에 널리 퍼졌다. 당진 거주 사진작가 송봉화 선생이 자신이 살고 있는 동네에서도 한 판 벌이고 싶은데 고증을 해줄 수 있느냐는 연락을 해왔다. 지역은 당진군 가학리였다. 당연한 일이지만 당진지역의 두레도 일찍이 소멸하여 현존 두레는 없었다. 다만 송학리 인근에 기지시가 있는 관계로 격년으로 이루어지는 기지시 줄다리기에 가학리 사람들이 풍물패로 참여하고 있었다. 치배들의 수준도 높거니와 풍물패를 꾸리기 위한 장비도 고루 갖추고 있었다. 더욱이 마을 안에는 10여 명의 독립적인 걸립패 성격의 굿패도 상존하고 있어 유난히 풍물굿과 두레에 관심이 많은 마을이었다. 그들 10여 명은 늘 악기연습을 할뿐더러 군내의 다양한 행사에 참여하여 기량을 선보이고 있었다. 그들 치배의 계모임에서 부회장을 맡은 김대진이 가학리에 살고 있기에 가학리는 풍물굿이 온전하게 살아 있는 지역으로 손꼽혔다.

그런 배경을 지니고 있는 터에 가학리 이장이 적극적으로 나섰다. 서울에서 미술대학을 마치고 낙향한 젊은 이장이 두레에 관심을 보였다. 서해안개발로 인해 인근에 공장지대가 들어서면서 송전탑이 마을 복판을 지나가게 되어 상당한 소란이 벌어지고 있었으니, 안승민 이장은 어떤 사명감을 가지고 마을의 단합과 철탑폐지운동 및 보상운동을 모색하고 있는 중이었다. 따라서 마을민 단합을 도모하는 여러 방도를 모색하고 있는 차에 두레를 좋은 기회로 삼고자 했다. 이에 따라 필자는 마을에 머물면서 조사에 착수했고 고증에 임했다. 지역신문인 당진뉴스가 일정한 후원을 하고, 대전MBC에서 독점 촬영하는 것으로 논의가 이루어져 약간의 자금이 마련되었다. 드디어 1992년 8월, 다시 한 번 두레가 '실험'되었다.

당진군 송악면은 서해바다에 인접한 지역이다. 당진읍내에서 기지시 방향으로 약 10리 길 정도에 위치한다. 기지시 줄다리기로 널리 알려진 기지시에서 바닷가 쪽인 한진 방향으로 가는 중간에 위치하며 바닷가까지는 1시간 이상 거리다. 전적으로 농업에 의존한다. 자연마을은 당고개, 쇠악골, 덕덕골, 공덕골, 가사울, 고머리, 서쪽말, 동쪽말 등 여러 마을로 구분된다. 가학리는 쇠악골(쇠앗골이라고도 하며 예전에는 소학골임)과 가사울의 '가'와 '학'을 따서 가학골이라 불렀다. 마을 복판을 가로질러 한신으로 가는 국도가 있으며 그 길을 중심으로 샛골과 텃골로 양분된다.

1992년 8월 당시, 총 가구 수는 246호(농가 171호, 비농가 75호), 총인구 1,114명(남자 550명, 여자 564명)의 상당히 큰 마을이었다. 마을 총면적은 412.2ha, 경지면적은 총 166.3ha(밭 76.3ha, 논 90ha), 임야 245.9ha, 기타 10.1ha이다. 전체 면적의 상당부분을 임야가 차지하므로 경지면적이 좁은 편이다. 임야는 높은 산은 없고 적당한 구릉을 끼고 도는 산야다. 호당 평균경지는 불과 1ha에 지나지 않는다. 길가에 자리 잡은 마을회관에는 '가학리새마을회관, 가학리사무소, 가학리부녀회, 가학리경로정, 가학리번영회' 등의 간판이 붙어 있어 마을 자치행정조직들이 잘 움직이는 편임을 알 수 있다. 원래 농경지였으나 인근에 공업단지가 조성되고 서해안고속도로 건설이 이루어지면서 산업도시, 공업도시, 농업도시의 어중간한 양상을 보여주고 있는 지역이었다.

## 옛 두레 채록

① 두레조직

두레는 당고개 · 가사울 · 도고머리 · 서쪽말에 각각 1개씩 있었고, 동쪽말 · 덕적골 등을 합하여 1개의 두레로 구성되었다. 이로써 가학리는 여러 마을인 만큼 총 5개의 두레권으로 구분된다. 이들 두레 중에서 가장 큰 두레는 아랫가사울두레로 총 호수 50여 호에 숫자도 50여 명에 이르렀다. 모내기가 끝나면 두레 역원을 뽑았다.

· 좌상 : 마을의 어르신으로 농사경험이 많은 지도자. 좌상의 말은 그 누구나 들어야 했다.

· 공원 : 부좌상 역할을 담당했다. 좌상이 명령을 하면 공원이 실제적으로 일 처리의 실무를 담당했다. 즉, 두레의 실무 총책임자다.

· 문서 : '문서기록잽이'로 논의 등급을 매겨서 상·중·하로 평가하
고, 논의 인원 오고가기, 인력명단 등을 기록한다. 후에 두레
결산에서 중요한 자료근거를 남겼다.

· 꽁배 : 심부름꾼을 말하며 두레에 갓 들어온 어린 사람이 도맡아했
다. 영기를 들고 다니며 담뱃불로 쑥을 말려서 단을 만든 횃
대를 길게 만들어 담뱃불을 준비했다. 불이 귀했던 시절이라
그 불을 꺼트리면 단단히 혼이 났다.


② 두레노동

가학리 두레도 모내기를 끝내고 난 김매기철에 조직되었다. 두레노동
의 각 노동주기별 차이는 다음과 같았다.

· 아시 매기 : 모내기 끝내고 약 15일 후에 물을 빼서 약간 자작자작하
게 해놓은 상태에서 '아기더듬이'라고 부르는 방식으로
손으로 풀을 뜯어나갔다. 세세하게 벼 포기 사이를 매나
가는 방식이었다.

· 두벌 매기 : 이듬은 아시 매고서 1주일 뒤에 호미로 맸다. 호미로 잡
초가 있는 흙덩어리를 파 엎어 찍어나가는 방식이었다.

· 세벌 매기 : 이듬 후에 1주일 지나서 두벌매기와 동일하게 맸다. 두
벌에 웅덩이진 곳을 다른 흙덩이로 메우는 방식이었다.
따라서 흙을 흐트러뜨리기 위하여 두벌보다는 물이 좀
더 많아야 했다.

· 만물 매기 : 세벌 후에 일주일 지나서 손으로 더듬어 훔쳤다. 완전히
물을 빼고서 손으로 더듬어 잡풀을 흙 속에 집어넣었다.

두레꾼들은 아침 일찍 7시경이면 모였다. 징을 쳐서 각 집에서 밥을 먹
게 하고, 다시 징을 치면 두레꾼들이 기물을 보관하는 유사집에 모였다.

용대기는 유사집 지붕에 기대어 눕혀놓았다. 일단 모든 두레꾼들이 다 모이면 떠날 때 풍물을 한바탕 치면서 기에다가 술 한 잔을 부어 예우를 갖추었다. 일터로의 행군은 영기가 먼저 가고 두레기가 따라가고, 상쇠·부쇠·징·장고·북 순으로 갔다. 소고는 놀 때나 있었지 두레작업 자체에는 없었다.

일단 논에 도착하면 두레기의 세 줄을 말뚝에 매어서 논자락에 꽂았다. 논에 들어갈 때는 가장 먼저 북수가 들어가서 북을 '덩덩' 치는데, 이는 일하는 신호가 된다. 이어서 풍물패가 들어가고 일꾼들이 들어가서 일렬로 섰다. 일꾼들은 횡대로 섰으며, 공원의 지시로 '화리'라고 하여 따라가면서 돌았다. 마지막에는 '몬돌소리'를 부르며 동그랗게 에워싸서 끝마무리를 장식했다. 이때 '장풍장'을 치면서 신명을 돋구면 실상 벼 포기가 쓰러지고 난리판이 되기 일쑤였다.

두레의 또 다른 의미는 참에 있었다. '샛거리'는 오전 오후에 각기 1번씩 먹었는데 주로 술로 나왔다. 안주라야 호박, 김치 정도가 고작이었으나 먹고살기 힘든 시절에 술기운을 통하지 않고는 두렛일을 할 수가 없었다. 당시 그릇은 '종그락 바가지'를 이용했으며, 여자들이 광주리에 담아 머리에 이고 왔다.


③ 두레놀이

두레놀이에서 중요한 장비는 두레기와 영기였다. 두레기는 '용대기'라고 부르는 것으로 맨 위에는 꿩장목을 달고, 그 밑에 칡껍질을 벗겨서 하얗게 총채처럼 만든 총을치를 달았다. 바람에 나부끼면 아름다운 모습을 연출했기에 '두레수염'이라고도 불렀다. 깃폭 형태는 왼쪽에서 오른쪽으로 길게 된 형태였고, 검정색 지네발과 길다란 검정색 끈 2개로 장식했다. 높다란 장대에는 새끼줄을 세 가닥 매달아 바람이 불 때, 두레기가 받는 하중을 견디게끔 했다. 줄에는 말뚝을 매달아 논둑에 꽂았다. 영기는 빨강색, 파란색 2개였다. 끝에는 삼지창을 꽂았으며, 논에 영기를 꽂아서 일터를 표시하는 기능을 했고, 두레기를 인도하는 역할도 했다. 두레꾼들은 길군악을 치면서 나아갔다. 호미를 꽁무니에 차고서 논으로 갔으며 복장은 배잠방이를 입었다. 비가 올 때는 도롱이로 우장을 썼다.

논바닥에서의 두레놀이와 별도로 두레싸움도 벌였다. 두레싸움은 마을 사이의 세력 다툼이다. 연조가 오랜 두레를 만나면 기를 숙여 인사를 하는데 아우 및 제자 두레가 기를 숙여 좌우로 흔들면서 인사를 하면, 형 및 선생 두레의 풍물패는 악을 쳐서 인사를 받았다. 술을 부어 상대편의 좌상이나 공원에게 올려서 인사를 갖추기도 한다.

두레놀이의 으뜸은 칠월에 문서잽이집에서 열린 회의를 마치고 하는 놀이다. 두레에 처음 들어온 꽁배는 이날 술동이를 내서 인사를 했다. 놀이는 술이 떨어지지 않는 한 칠월 백중 때까지 오래도록 계속된다. 백중에는 개도 잡고 술추렴을 했다.

### ④ 두레노동

일과 놀이가 어우러지는 신명의 판으로, 선소리는 일노래로서 중요한 기능을 했다. 대표적인 노래들은 아시노래, 만물소리 등이다. 노래형식은 선창과 후렴답창으로 이루어진다. 후렴은 대개 '에-헤-헤-에-헤 / 어허 넘차 에헤호' 식으로 노동의 빠르기에 따라 바뀐다. '얼카뎅이'가 반복되는 것은 충청도 김매기소리의 전형이다. 마지막에는 몬들로 몰며 바쁘게 치닫는다. 대개의 가사는 일정한 전형성을 갖는다기보다 그때그때 판의 상황에 따라 매기는 즉흥성이 강조된다. 인생의 희로애락을 서정적으로 읊으면서 노동의 고통을 달래주는 가사가 주종을 이룬다.

사례 1 느리게 일할 때

명년 춘삼월 봄이 오면 가신 님이 돌아오나

임아 임아 정든 님아 날 버리고 어디를 가나

월출동령에 해 솟는다 일출동령에 달 솟는다

(후렴)에-헤-헤-에-헤

　　어허 넘차 에헤호


어려워도 어렵다 마시오

부지런하게만 매여나 봅시오

일월서산에 해 떨어지고요

월출동령에 저 달이 솟누나

(후렴)어-어-하-

　　어-허-어-리


사례 2 조금 빠르게 일할 때

가운데는 천천히

상으로 돌아요오

손발 챙기고

이 논배미를 얼른 매고서

저 논배미로 넘어갑시다

전후좌우를 둘러보며

놀아봅시다 놀아봅시다

이 논배미를 놀아봅시다

(후렴)얼카덩어리

사례 3 끝마무리 몬들로 갈 때(손으로 더듬는 소리)

얼카뎅이

얼카뎅이야

얼거차 뎅이

어야 어허리

어하 여허리

얼카 덩어리요나아

(후렴)얼카-덩어리

　　얼카뎅이-뎅이-뎅이-

　　뎅이-어-!


어-허-허-허-호-호

에-헤-넘차 -헤-에호

야—


　만물소리의 경우, 맨 마지막을 '만가소리'로 끝내는 경우가 보통이다. 기본은 '얼카덩어리'로 불리나 '호미로 찍는 소리'와 '손으로 더듬는 소리'로 갈라지며, 똑같은 노동체계에서도 '빠른 소리'와 '느린 소리'에 따라 달라진다. 가사는 그때그때 지어서 부르기도 하나 많이 불리는 가사는 대개 다음과 같은 '신세한탄요'들이다.

　노세 노세 젊어 노세

　늙어지면 못 노리라

　청춘 하날에 별도 많고

　요 내 가슴에 수심도 많아

이팔청년 소년들아

백발을 보고 웃지 마라

우리네도 늙어지면

너이가 같이 되리라

명사십리 해당화야

꽃핀다고 서러 마라

우리네도 늙어지면

다 그와 같이 같을 게다


⑤ 두레회의

두레회의는 전후로 두 번 열렸다. 전에는 두레를 짜기 위하여 두레꾼들이 모여 좌상 등의 역원도 뽑고 두레 논일의 수순도 정했다. 대개 모내기를 끝내고 아시매기 전에 이루어졌다. 후에 하는 회의는 일종의 결산 회의로 문서잽이집에서 아침부터 오후 늦게까지 열렸다. 대개 두레를 끝내고 열렸는데 이날은 꽁배가 술 심부름을 했다. 많은 논들을 일일이 상·중·하로 갈라서 셈을 보아 남는 것은 돌려주고 모자라는 것은 받는 식으로 마지기 당 계산을 하노라면 꽤 긴 시간이 걸렸다. 회의를 끝내고 나면 놀이판이 벌어진다.


⑥ 두레 변천

해방 되고서 몇 해를 하다가 이내 사라졌다. 사라진 연도는 1948년경이라 한다. 그러다가 1992년에 두레가 다시금 한 번 재현되었다. 실로 40여 년 만의 일이다.

# 옛 두레 실험

## 노트 1

두레를 준비할 때, 당진 군단위 풍물모임에서 도움을 줄 겸 일정 부분 참여하길 희망했다. 그러나 주민들의 반응은 차가웠다. 마을의 김대진이 군 단위 풍물모임의 부회장을 맡은 관계로 걸립꾼들을 개입시키고자 했으나 주민들, 특히 이장을 비롯한 마을지도자들이 강력히 반대했다. 두레를 마을 단합의 계기로 삼자는 마을민의 의도가 관철된 것이다. 물론 김대진은 유능한 풍물꾼으로 시종일관 준비와 진행을 도맡아 했다. 여러 마을의 풍물패가 모여서 마을행사답지 않은 잡색행사가 되지 않을까 걱정했던 우려가 자연스럽게 해결되었다.

행사의 뒷바라지는 안재민(당시 41세) 이장과 이상휘(41세) 새마을지도자, 남경란(56세) 부녀회장이 맡았다. 이어서 두레 역원과 치배들이 결정되었다. 과거 두레에서 직접 일을 했거나 어릴 적 두레에 참여해본 사람들은 대개 50대까지였다. 그러나 두레에 전혀 참여하지 못했던 30대 후반도 넣어주기로 했다. 단합을 도모하는 자리이기도 했으며, 경험자들이 다수인 이상 문제가 없었기 때문이다. 마을의 칠순 이상 되는 노인들은 악기를 다룰 힘이 없는 대신 조언을 아끼지 않았다. 일반두레에는 '8법고'가 없었고, 마지막 '만물' 정도에나 법고를 띄워서 화려하게 차렸던 것인데, 동네잔치를 겸하여 제대로 된 '8법고' 풍물판을 차리기로 했다.

공원 김대진(59세), 대장 김대진(59세), 총무 심의규(50세), 기수 이규선(48세)·홍창선(52세)·김한경(51세), 영기 심봉기(66세), 상쇠 조일랑(56세), 부쇠 성찬모(56세), 징수 이성희(41세)·안환(61세), 장고 안준영(41세)·안선환(41세), 부수 방선홍(61세)·노봉환(52세), 상모(8법고) 이완수(52세)·홍균표(41세)·김엉식(52세)·안당(45세)·윤영하(37세)·안응환

(41세) · 안승찬(40세), 호적 안병근(75세) · 김의석(74세).

　1주일 전부터 마을회관에서 모임이 계속되었다. 낮에는 들일하고 저녁에 모여서 악기를 맞추었다. 풍물은 기지시 줄다리기 행사에 자주 참여해 맞추었던 관계로 별 문제가 없었으나 노래가 문제였다. 실로 오랜만에 김매기노래를 불러보는 자리였다. 다행히 김대진을 비롯하여 선소리에 밝은 사람이 여럿 있어 연습량만 문제가 되었다. 부녀회에서는 음식 장만으로 부산을 떨었다. 두레가 벌어지는 전날 밤, 마을회관에서 풍물과 노래를 점검하는 최종연습이 있었다. 오랜만에 두레를 재현하는 사람들로서는 당연히 거쳐야 할 관문이었다. 한편 노인들은 짚으로 도롱이를 만들어주었다. 무엇보다 힘들었던 일은 논 정하기였다. 모가 웃자랐을 뿐 아니라 과거와 같지 않게 농약을 쓰기 때문에 모가 여린 탓으로 논임자들이 논을 빌려주려고 하질 않았다. 다행히 마을 뒤편의 새왓골이라 부르는 '다랭이논'이 실험 장소로 결정되었다.


　노트 2

　아침부터 비가 내리기 시작했다. 전형적인 여름비였다. 다행히 비는 얼마 안 지나 금방 멈추었다. 마을회관에서 간단한 식순이 있었다. 국기에 대한 경례도 있었는데 물론 두레에는 없던 식순이나 범 마을행사인 관계로 어떤 공식성을 부여하려는 의도로 보였다. 기지시 줄다리기 보존회장인 예능보유자 이우용 옹이 나와서 두레가 다시금 마을단위로 이루어지는 데 대한 격려사도 했다. 음양이 조화되어야 하기 때문에 줄다리기가 산세형국의 음양조화를 위해 이루어졌다는 기지시 줄다리기 소개와 어느 나라나 문화가 발전해야 나라가 발전한다는 요지의 내용이었다. 다들 이옹을 잘 알고 있었다. 선거에서 표를 얻어야 하는 군의원 등 정치인들도 다수 얼굴을 내밀었다. 김천홍 도의원이 인사를 했고, 〈중부

매일〉신문의 김현기 지사장도 한마디했다. 대전MBC의 임성재 PD도 인사를 했다. 필자도 고증에 따른 약간의 당부성 인사를 했는데, 가능한 한 예전에 했던 그대로 해달라는 취지였다. 이 같은 공식행사는 어떤 마을 행사에도 늘상 있는 관례이기 때문에 두레를 실험하는 데 방해가 될 성질은 아니었다. 마을 부녀회에서 상추 등 야채를 올리고 돼지고기를 삶아서 내놓았다. 국수를 끓여내고 막걸리도 한 잔씩 돌렸다. 다행히 비가 그쳤다.

마을회관에서 줄꼬기가 벌어졌다. 짚을 세 겹씩 꼬아서 길게 만들어 농기에 매달았다. 농기 2개가 동원되었는데 1기 당 3줄씩 꼬았다. 꿩장은 별도로 달았고, 그 밑에 비닐로 만든 술을 달았는데 예전에는 칡껍질을 벗겨서 술을 만들었다. 상쇠를 필두로 '모듬굿'을 쳤다. 한편에서는 쑥 말린 것을 길이 1m 가량 묶어서 담뱃불을 붙일 '횃대'로 만들어두었다. 호미손잡이는 짚으로 감싸 '짚호미'로 만들어두었는데, 과거에는 나무손잡이가 아닌 짚호미를 썼지만 이번에는 시장에서 사온 호미의 손잡이에 겉만 짚으로 감는 방식으로 준비했다. 호미는 허리춤에 찼는데 악사들의 호미는 거추장스럽지 않게 일꾼이 지게에 이고 따라나섰다.

노트 3

기를 앞세우고 산 넘어 동네로 행군을 시작했다. 예전에도 으레 기를 앞세우고 다녔다. 갈 때는 길군악 가락을 잡으면서 갔다. 기가 쓰러지지 않도록 세 명이 줄을 잡고 갔으며, 농기를 맨 사람은 배 부위로 짚멜빵을 하여 깃대를 받쳤다. 과거에는 농기 이동거리가 먼 경우는 10리 길이 되는 경우도 있었다고 하지만, 대부분 반경 2km 이내의 거리에서 농사를 지었다. 두레의 이동반경은 대개 마을 단위로 이루어졌다. 새왓골논까지는 약 1km 정도가 되었다. 1km 정도를 걸어가는 데 실제로 20여 분이 소요되었다.

　논에 도착하자 논이 가장 잘 보이는 평지에 기를 세우고 세 줄에 막대를 매달아서 고정시켰다. 현재는 '농기'라고 부르나 원래는 '용대기'로 불렀다. 용대기는 오래된 마을 유물로 근 100여 년 된 물건이었다. 그동안 마을에 잘 간수되어오다가, 1981년 여의도의 '국풍 81'에 참가하면서 가지고 갔으나 추진위에서 헌 기 대신에 새 기를 내주었다고 했다. 이로써 과거의 기는 사라졌다. 대신 '국풍81추진위원회 贈'이라 쓴 기가 2개 있다. 깃폭은 위에서 아래로 내리지른 형태이며, 위의 가운데 탈 문양을 그려넣고 좌우로 용이 두 마리 그려졌으며, 가운데는 '농자천하지대본'이라고 쓰여 있다. 전혀 엉뚱한 기가 된 것이다. 기 꽂는 면적은 삼각형으로 계산하여 한 변이 약 12보 정도 되었다. 그런 면적이 요구됨은 기 꽂는 장소가 넓은 장소여야 함을 의미했다. 기가 꽂히는 장소는 모든 두레꾼들이 모여서 참을 먹을 수 있을 정도의 넓은 공간이어야 했다. 풍물패가 원무를 그릴 수 있을 정도로 넓어야 했다.

　갖고 간 영기는 놋쇠 삼지창이 달렸으며, 그 밑에 광목을 감았다. 기는 삼각형으로 모두 흰색 바탕이지만, 하나는 청색 지네발에 붉은 글씨, 다른 하나는 붉은 지네발에 청색 글씨로 '令'이라 썼다. 영기를 이동할 때는 흔히 오른쪽 어깨에 기대고서 이동했다.

　기를 세우고서는 풍물패들이 빙빙 돌면서 굿을 쳤다. 공원 김대진 씨가 깃대 앞에 술을 부어놓고 엎드려 삼 배 했다. 막걸리를 깃대 주위에 뿌리고 나서 풍물을 잡히는 것으로 간단히 '기고사'를 끝냈다. 과거에도 논에 도착하여 기를 세우면 기고사를 행하고서 들어갔다.


노트 4

　논은 비교적 장방형의 반듯한 모양으로 마지기 반 정도였다. '다랭이

일시 환영에 등극하여

삼각산 기봉하여

봉황의 운치가 생겼구나

봉황루에 터를 잡아

봉황루에 걸립할제

당진 송학면 가학리 소야골

봉죽살이 없을소냐

부모 돌아가 봉사살

봉상입어 거사살

동네방네 회살살

이웃간에 화살살

부정난데 실물살

산나무 목심살

죽은나무 동티살

바깥마당에 저닥살

안마당에 회룡살

지붕마루에 용총살

마루에는 성주인데

건너방에는 건넌살이요

안방살강 접어들어

일엽속에 겹밖살

내이지간에 공방살

애기난데 삼신살

횃대끝에 넝마살

거리거리 서낭살

만경창파 뜬 서낭을

무지개살로 막아다가

온강에 소멸하니

여기오신 여러분들

만사가 여의하고

재수가 존당에도

백사가 여의하니

만사뜻과 적선대로

소언성취 발원이다.


　마을회관에 돌아와 마당에서 20여 분 굿을 치다가 이내 뒤풀이로 들어
갔다. 예전에는 그날의 논임자집 마당에서 저녁 늦도록 놀다 들어갔다고
전해진다.

# 두레의 조직체계와 회의 공간

두레는 공동생활의 중심처로 공동건물(농청·공청·공회당)을 가지고 있었다. 농민들의 집회소뿐으로서만이 아니라 실내 노동장소, 또한 두레성원들의 취침과 휴식장소, 농구農具·악기樂器·농기農旗 같은 공동소유물의 보관장소 등으로 쓰였다. 원칙적으로 이곳에서 침식을 공동으로 하며 공동집회소는 장중한 울타리로 방위되어 있으며, 출입구에는 감시대를 설치하여 윤번으로 입초를 세워서 출입자 단속, 방화·기상 등을 신호하는 감시, 연락 책임을 담당케 했다. 농한기에도 단절되지 않아 농청農廳을 중심으로 강원도 남부 일대에서는 섣달 그믐날 대방이 이듬해 여름철 노동에 필요한 소(牛)고리 1개, 삼태기 1개, 밧줄 1장, 고삐 1장, 우장 1개, 짚신 1죽, 중태 1개 등을 분담시켜 준비하게 했다. 작업량을 할당받은 두레꾼들은 농청 내에 자리를 정하고 경쟁적으로 각자의 책임량을 마친 후에 완성품은 대방을 통하여 농청에 보관했다가 이듬해 농사 개시와 함께 다시 각자에게 돌려주었다. 이 같은 두레 활동은 노동활동의 집중도에 따라 강약은 있었다. 그러나 공동체적 연대관념과 상호부조 의식은 붕괴되어 가는 두레를 묶어세우는 마지막 지주로 작용했다.

_선상석, 「두레에 관하여」, 『문화유산』, 1957

# 두레는 어떻게 조직되는가

### 자연마을 단위의 조직

　　조직이란 무엇일까? 사실 사회생활에서 조직만큼 중요한 것이 없을 것이다. 두레는 두말할 것 없이 마을의 주요 조직이었다. 계 같은 조직도 있지만, 그런 계들은 직접 노동에 종사하지는 않는다. 반면에 두레조직은 일상적으로 움직이고, 함께 악기를 치고, 밥을 먹고, 술을 마신다. 그야말로 조직다운 조직이다.

　　두레조직은 자연마을을 기반으로 조직했다. 자연마을에서 1개의 두레가 조직되는 것이 보편적이라는 역사적 증거들은 두레 발생이 촌계村契의 발달과 더불어 나왔다는 결정적 증거이다. 두레의 노동력 동원방식은 강제성을 지녔다. 강제성은 두레의 공동체성을 뜻하며 강제성이 약화되면서 두레도 사라졌다. 두레 조직권역組織圈域의 기본형은 자연마을 단위이며, 이의 확장형은 여러 마을이 묶인 형태의 합슴두레다. 현지조사 자료에 의하면, 대개의 마을두레들이 1개 자연마을을 단위로 하는 자기 완결적인 조직관행을 보인다.

　　조선 후기의 리里·동洞·촌村의 정황을 동계와 두레조직에 비추어 검토해볼 필요가 있다. 임진왜란 이후에 사족 중심의 동계는 보통 자연촌락 2~3개를 아울러 조직되었다. 규모가 클 경우는 한 마을로 구성하지만, 대리大里를 중심으로 몇 개의 소리小里를 묶어 하나의 동계에 편입시키기도 했다.

원칙적으로는 리와 동은 그 밑에 촌을 거느린 상급 단위지만 실상은 그렇지도 않았다. 혼동되어 쓰이는 경우가 많았다. 자연촌自然村이 대촌大村인 경우에는 동보다 더 클 때도 있었다.

사족 주동의 동계와 달리 두레는 촌을 중심으로 조직되었다. 동계가 소리小里를 포괄하는 조직임에 반하여, 두레는 소리라고 하더라도 독자적으로 이루어졌을 가능성이 높다. 당대의 마을 발전 상태로 보아 소리 중에는 잔촌殘村에 가깝게 10호 미만의 소리도 있었다. 소리가 워낙 작을 때는 대리大里에 붙여서 조직했을 것이다.

일제 강점기의 대전시 유천동柳川洞을 하나의 표본으로 살펴본다(資5-18). 유천동은 유향계柳鄕稧를 12동네가 조직하고 있었으며, 계문서稧文書는 1990년대까지 이어지고 있다. 유천동계는 12마을을 엮어서 하나로 조직했음에 반하여 두레는 각각 12두레로 일제 강점기까지 이어왔다. 100여 호에 이르는 대촌大村인 중평中坪(버드네), 두 번째 큰 마을인 상평上坪과 하평下坪을 비롯하여, 천근·과래·용머리·숯뱅이·들말·마골·도마다리·복수·당뒤 등 12개 마을에 각기 자연촌 단위 두레가 존재했다. 12마을은 마을공동제의를 준비하는 제비추렴도 각각 냈다. 말하자면, 12마을의 독자성이 보장되는 가운데 하나의 동계를 구성했던 것이다. 유향계는 현재도 12개 마을민이 가입하고 있으며, 매년 11월이 되면 보문산에서 산신제를 지내는 것에 그 목적을 두고 있다. 예전에는 가마계·상례계도 있었으나 소멸하고 산제계山祭契로만 귀착되었다. 외지인은 잘 받아주지 않으며 본토박이도 출향出鄕하면 자동 탈퇴시킬 정도로 엄격하게 유지되어온 덕분에 지금껏 이어진 특이한 경우로 생각된다.

유향계규약柳鄕稧規約은 총칙·임원 및 역원 따위로 이루어진다. 향사관계철鄕祠關係綴·재산철財産綴 등 다양한 마을문서가 남아 있는데 유향계가 시대적인 흐름에 맞추어 스스로 변화하면서 오늘에까지 살아남았다. 소리小里를 묶어서 1개의 동계를 묶던 전형적인 동계 성격을 잘 보여주고 있다.[1] 이상을 정리하면 다음과 같다.

첫째, 두레는 철저하게 마을 단위로 이루어짐으로써 공동체성을 강하게 확보할 수 있었다. 각 자연마을 조직화는 공동체적 인적 결합을 의도했다. 마을 간 배타성은 합굿 같은 연대행사를 통하여 적극적으로 해소하고자 했을 것이다.

둘째, 자연촌이 중심이 된 소계小契 형식의 두레는 동계洞契같이 사족들이 주도권을 잡는 조직과는 달리 민중적인 성격을 지녔다. 두레는 구성원 자체에서 민중적 속성을 간직할 수밖에 없었다.

따라서 대부분의 두레는 1개 자연마을이 독자적으로 두레를 조직했다. 행정구역명으로 되어 있는 리 단위는 어디까지나 일제 강점기에 강제적 행정구역 개편에 의해 재편된 것들이므로 두레조직의 구성과는 무관하다. 다음 쪽의 표에서 볼 수 있듯, 1개의 리 안에 여러 개의 자연마을이 있었으며, 각각의 마을마다 별도의 두레가 조직되었다. 결론적으로 하나의 리는 여러 개의 두레로 조직되었다.

자연마을 단위로 두레가 조직되려면 몇 가지 구성요건을 갖추어야 한다. 무엇보다 마을 규모가 적절한 크기를 유지함으로써 독자적인 두레를 조직할 만한 기반을 갖추어야 한다. 최소한 10여 명 이상의 두레꾼을 내올 수 있는 마을 규모를 의미한다. 조선 후기에 처음 형성된 자연마을의 경우, 마을 규모가 작았기에 이웃마을과 합하여 두레를 형성했을 것이나 인구증가에 따라 차츰 자연촌의 확대발전이 이루어짐으로써 자연마을 단위로 독자적인 조직화가 가능해졌다.

정조正祖대의 전국의 면리수面里數와 호수戶數가 기록되어 있는 호구총수戶口總數를 기초로 리 당 평균호수를 계산해보면, 50호 이하로 구성되

**1개 리(동) 안에서의 자연마을 두레 편제**

| 사 례 | 지 역 | 두 레 | 자료번호 |
|---|---|---|---|
| 사례 1 | 안양시 관양동 | 뱀말두레 · 부림동두레 | 資2-2 · 3 |
| 사례 2 | 화성군 매송면 야목리 | 가무내두레 · 들목두레 · 당곡두레 · 빈정두레 | 資2-10 |
| 사례 3 | 화성군 봉담면 동화리 | 역말두레 · 반고개두레 · 새말두레 | 資2-12 |
| 사례 4 | 화성군 남양면 남양리 | 상동두레 · 하동두레 · 수직동두레 · 문판동두레 | 資2-18 |
| 사례 5 | 화성군 송산면 삼존리 | 물미두레 · 문산두레 | 資2-19 |
| 사례 6 | 화성군 송산면 용포리 | 큰당뫼두레 · 작은당뫼두레 · 용수동두레 | 資2-20 |
| 사례 7 | 화성군 송산면 쌍정동 | 복우물두레 · 흰돌재두레 · 쌍정두레 | 資2-23 |
| 사례 8 | 화성군 송산면 고정리 | 고잔두레 · 배머리두레 | 資2-26 |
| 사례 10 | 화성군 우정면 매향리 | 고온리두레 · 양지편두레 | 資2-23 · 24 |
| 사례 11 | 화성군 우정면 이화리 | 맹곶두레 · 뱃골두레 · 덕묵두레 · 안곡두레 | 資2-35 |
| 사례 12 | 화성군 향남면 화리현리 | 수리재두레 · 양석골두레 · 청덕골두레 | 資2-37 |
| 사례 13 | 화성군 팔탄면 구장리 | 동천두레 · 서천두레 · 마골두레 | 資2-40 |
| 사례 14 | 옥구군 나포면 나포리 | 원나포두레 · 원장산두레 · 신방두레 | 資4-3 |
| 사례 15 | 익산군 웅포면 웅포리 | 강변두레 · 곰계두레 | 資4-4 |
| 사례 16 | 익산군 함라면 함열리 | 행동두레 · 수동두레 · 교동두레 · 안정두레 · 천남두레 · 옥한두레 | 資4-5 |
| 사례 17 | 공주군 반포면 공암리 | 서원두레 · 수실두레 | 資5-1 |
| 사례 18 | 공주군 계룡면 중장리 · 하대리 | 갑골두레 · 대찬이두레 · 마루골두레 · 오미두레 · 농바우두레 · 삼거리두레 | 資5-7 · 8 |
| 사례 19 | 논산군 강경읍 채운리 | 새터두레 · 곰돌두레 · 건넌말두레 | 資5-13 |
| 사례 20 | 대전시 중구 금동 | 양지뜸두레 · 음지뜸두레 · 새뜸두레 | 資5-17 |
| 사례 21 | 대전시 중구 유천동 | 버드네두레 · 상평두레 · 하평두레 · 천근두레 · 과래두레 · 용머리두레 · 숯뱅이두레 · 들말두레 · 마골두레 · 도마다리두레 · 복수두레 · 당뒤두레 | 資5-18 |
| 사례 22 | 대전시 대덕구 장동 | 산뒤두레 · 진골두레 · 새뜸 | 資5-23 · 24 |
| 사례 23 | 대전시 유성구 관평동 | 윗관들두레 · 아랫관들두레 | 資5-25 |
| 사례 24 | 서산군 서산읍 덕지천리 | 앞굴두레 · 뒷굴두레 | 資5-34 |
| 사례 25 | 청원군 문의면 마동리 | 본마동두레 · 동막두레 · 묘암두레 | 資5-37 |

는 읍이 충청도 44, 전라도 48, 경상도 49로 삼남三南 전체 읍의 79%를 차지한다.[2] 심지어 조선 후기에 국가적으로 억제하고자 했던 잔촌殘村조차도 후대에 들어오면서 어느 정도 독자적인 마을로 성장했을 것이다. 자연마을 단위 두레 조직화의 구체적 사례를 검토해보기로 한다.

넓은 평야지대에서는 집촌集村을 중심으로 자연스럽게 독자적인 자연마을 두레를 조직했다. 가령, 논산의 채운평야彩雲平野에는 전형적인 농촌마을이 있어 5화지지五花之地라 불렸으니, 메꽃(화산리)·용꽃(용화리)·들꽃(야화리)·배꽃(이화리)·장화꽃(장화리)의 5개 마을이 있어 왔다. 조선 후기에 생성된 이들 마을은 적절한 거리를 유지하고 있으며, 마을과 마을 사이에 경작지가 분할되어 있다. 따라서 5개 마을은 채운평야를 중심으로 각자 자기의 조직을 지니고 농사를 지었다. 다만 경작지는 지주 소유관계에 따라서 같은 장소에 겹쳐 있는 경우도 있었기에 외형적으로 보기에는 5개 두레가 비슷한 장소에서 농사짓는 결과를 보여주었다 (資5-12).

사례 4의 경우, 경기도 화성군 남양리南陽里는 조선 후기부터 일제시대를 거쳐 현금까지 행정·교통의 요지였던 탓으로 인구밀도가 높다.『생활상태조사生活狀態調査』를 보아도 남양은 당시 음덕면陰德面 소재지로서 호구수가 무려 370이다. 음덕면 15개 리의 총호구수 1542, 평균 호구수 103에 비하면 +267로 나타난다.[3] 따라서 두레도 당연하게 각 마을별로 짰다.

사례 16의 경우, 전북 익산군 함열리咸悅里는 사례 4와 비슷하게 인근 일대의 행정·교통 중심지다. 함열을 구성하는 6동네는 각각 비슷한 규모와 세력을 자랑했기에 평상시에는 각기 6개의 두레로 나뉘어 작업을 했고, 1년에 1번씩 정초에 두레싸움을 벌이면서 6동네의 마을 간 싸움을 통하여 우의를 다지기도 했다.[4] 송석하가 1936년에 조사한 보고서에서 확인된 여섯 동네 두레의 실체를 60여 년 뒤에 다시 재조사했다. 그 결과 60년 동안의 간극에도 불구하고 여섯 두레의 실체가 그대로 일치하고 있다.

사례 18의 경우, 중장리와 하대리는 같은 두레권역을 형성했다. 중대리와 하대리는 원래는 한 동네로, 옛 이름(舊名)으로 '열두대장'이라 불릴 정도로 큰 열두 동네였다. 두레도 갑사·섬거리·농바우·대찬이·오미·대댕이·방아다리·하대리·안터·뱃사울·만학골·마루골, 12개 두레로 나뉘었다. 이 지역의 두레권역은 여러 면에서 특별하다. 현재의 중장리는 일제 강점기에 중장교를 중심으로 크게 둘로 나뉘었다. 현재 하대리에 속한 쪽도 같은 마을이었는데 갈라진 것이다. 즉, 중장리 일부를 떼어내서 하대리로 편입시킴으로써 행정구역상으로 공동체성이 약화되게 만들었다. 중장교 북쪽으로 붙은 갑골과 대찬이에 각기 두레가 있었고, 다리 아래쪽으로는 마루골·오미·농바우·삼거리에 두레가 있었다. 아래쪽에서는 마루골이 형님이고, 그 다음은 현재 마을회관이 자리 잡은 오미가 동생, 셋째는 농바우, 넷째는 삼거리였다. 같은 지역임에도 내를 중심으로 두 개의 두레권역이 자리 잡은 것이다.

사례 21의 경우, 대전시 유천동柳川洞은 열두 동네를 이루고 있으며 두레도 도합 12개가 각기 조직되었다. 오늘날 유천동은 대전시내에 속하여 농경지 흔적을 찾아보기 불가능하나 예전에는 12동네가 모여 사는 대단위 마을이었다.


### 몇 개 자연마을이 묶인 1개의 두레

마을 규모가 독자적인 두레를 조직하기에 호구수가 작은 경우에는 2개의 자연마을, 혹은 그 이상의 자연마을을 묶어서 1개로 조직했다. 각 사례를 살펴본다.

**두레 조직의 규모**

실험된 두레에서도 치배 4~5명, 두레꾼 25명 등 도합 30명 안팎이다.


사례 1 화성군 어천리 : 안말두레 · 바깥말두레(資2-8)

사례 2 화성군 비봉면 양노리 : 미력동두레 · 바리골두레(資2-14)

사례 3 화성군 송산면 천등리 : 등곡두레 · 동편말두레 · 안말두레 · 새

　　　　말두레(資2-24 · 25)

사례 4 공주군 계룡면 내흥리 : 아랫난댕이두레 · 소룡두레(資5-6)

사례 5 논산군 두마면 향한리 : 종평두레 · 운천두레 · 웃말두레(資5-9)

사례 6 당진군 송악면 가학리 : 당고개두레 · 가사울두레 · 도고머리두

레 · 동쪽말두레(資5-14)

사례 7 홍성군 결성면 형산리 : 원형산두레 · 구수동두레(資5-35)

사례 1의 경우, 현재 행정구역상으로, 어촌 1리를 구성하는 안말의 안말두레와 어촌 2리를 구성하는 바깥말과 비늘치마을을 묶어서 1개의 두레로 구성한다. 안말은 독자적으로 1개의 조직구성이 가능한 데 반하여, 바깥말과 비늘치는 호구수가 작기 때문에 2개 마을을 묶어야만 두레가 가능한 경우다.

사례 2의 경우, 늘무니 · 신안이 · 미륵골 3개 마을이 미륵골을 중심으로 묶여서 1개의 미력동두레를 형성했으며, 바리골은 독자적으로 두레를 형성했다. 지역적으로 바리골은 조금 떨어져 있는 탓으로 함께 묶이기가 어렵다.

사례 3의 경우, 천등1리의 각골 · 서소리 · 등곡 3개 마을이 1개의 등곡두레로 합쳐져서 조직되었고, 반면에 2리의 안말과 동편말, 3리의 새말은 각각 독자적인 두레를 형성했다. 등곡은 비단 두레작업의 중심처로서만이 아니라 호미걸이 시에 마을의 천등산에 인근 일대의 농민들이 모여드는 중심지이기도 했다.[5]

사례 4의 경우, 아랫난댕이는 독자적인 1개의 두레, 소룡두레는 소룡마을과 웃난댕이를 합하여 조직되었다.

사례 5의 경우, 향한리는 총 12개 마을로 이루어지는 반면에 두레는 3개로 통합되었다. 몇 개씩의 작은 마을을 모아서 3개로 두레를 조직했다. 반면에 두레 기만큼은 향한리 전체에 1개 있었다. 외부와 단절된 산간마을로 자연마을이 흩어져 있다고는 하나 실제적으로는 1개의 커다란 지역공동체를 형성하고 있는 탓으로 두레기가 1개만 있는 셈이다. 다만 두레꾼 숫자가 너무 많으므로 두레를 3개로 나누어서 짠 것으로 여겨진다.

사례 6의 경우, 각각 자연마을 단위로 조직되었으나 동쪽말은 호구수가 적어 덕적골과 합하여 1개의 두레를 조직했다.

사례 7의 경우, 원형산은 주교와 구수동으로 갈리며, 구수동은 큰말·산밑·넘말·음산말의 4개 뜸으로 갈린다. 구수동두레는 4개 뜸이 1개로 합하여 조직되었다.


### 합두레, 혹은 분할두레

몇 개 자연마을이 연대한 1개의 합두레가 있다. 자연마을을 벗어나서 지역적인 연합체를 결성하는 경우는 드물다. 두레는 원칙적으로 1개 자연마을 단위로 조직되는 것이 상례인 탓이다. 합두레로 작업을 하는 경우에도, 마을마다 소규모 두레를 자체적으로 조직하는 것이 상례이다.

합두레 시에도 각 마을두레가 대열을 지어 합두레를 이루어서 작업을 하고 난 다음 다시금 각자 마을두레로 되돌아가는 방식을 취했다. 이 경우에 합두레는 연인원 100명 이상의 대규모 조직을 의미했다.

사례 1 논산군 상월면 대명리
뱃바우·강거름·벌듬·깊은구렁·검은점·긴등·점말 등 6동네로 이루어진다. 두레는 늘 1개의 합두레로 구성되었다(資5-10).

사례 2 논산군 논산읍 등화리
골말·양지뜸·등말·아랫말(예전에는 앞실마을로 분리되어 2개마을이었음)·어설미 등 6동네로 이루어진다. 원래는 한 동네였다. 6동네가 합한 두레를 합두레라고 불렀다(資5-11).

사례 3 논산군 강경읍 채운리

원칙적으로 각각의 마을마다 두레가 별도로 있었다. 새터두레·곰돌두레·건넌말두레가 그것이다(資5-13).


그렇다면 왜 이런 합두레를 했을까? 사례 1의 경우, 지역적인 여건이 산으로 둘러싸인 산촌으로 독립적인 자연경관인데다가 좁은 농경지를 공유하고 마을 규모가 작을뿐더러 마을 간의 거리가 짧은 점 등이 합두레를 가능케 했을 것이다.

사례 2의 경우, 자연마을 안에서 각자 하는 작은 두레도 별도로 있었다. 그러나 등화리에서는 두레라 하면 원칙적으로 합두레를 지칭했다.

사례 3의 경우, 두레를 각기 조직한 것은 합해서 두레를 하면 숫자가 많아 통솔이 힘든 탓이었다. 그러나 3개 마을이 합두레를 하는 경우도 있었다. 세 번 김을 맬 때(만두레) 한 번은 합두레로 움직였다.

그런데 정반대의 경우도 있으니, 1개의 자연마을을 몇 개로 나눈 분할두레가 그것이다. 물론 '분할두레'라는 명칭은 이 책에서 편의상 만든 명칭이다. 마을이 지나치게 커서 1개의 단독의 두레로 묶을 경우, 능률이 오르지 않을 것에 대비하여 몇 개의 두레로 나누어 짠다. 소규모 두레로 나누어 작업하면 좀더 효과적이라고 판단될 경우에 해당되며, 마을에 따라서는 두레꾼 숫자가 많더라도 한꺼번에 두레를 내는 경우도 많다. 이같은 사례는 그다지 많지 않다.


사례 1 강릉시 지변동 유천마을 : 아랫말두레·웃말두레(資1-1)

사례 2 김제군 만경면 대동리 원대동 : 원대동두레(동것·아랫것·사랑것)·소동두레·동산동두레·내죽두레(資4-2)

사례 3 부여군 은산군 은산리(資5-28)

사례 1의 경우, 본래 1개 동인데 단지 웃말·아랫말로 나누어져 있을 뿐이다. 모내기는 2개로 나누어서 하고, 김매기는 합하여 작업을 하는 이중적인 방식이 활용된 특이한 경우다. 원칙적으로 1개의 두레를 운영하는 사례로 보아야 한다.

사례 2의 경우, 4개 자연마을이 4개의 두레로 각기 구분된다. 다만 원대동마을은 삼두레라고 하여 동것·아랫것·사랑것으로 세분화되어 3개의 두레가 별도로 운영되었다. 같은 마을을 3구분하여 20여 명씩 조직했다.

사례 3의 경우, 은산리는 조선 후기 이래로 은산장이 서는 매우 번화한 동네다. 총 호수 200여 호가 1개의 두레를 이어 오다가 일제시대에 접어들면서 호구수가 늘어나면서 일하기가 곤란해지자 2개의 두레로 갈라서 조직했다. 이는 후대에 인구증가에 따라서 1개의 두레를 2개로 갈라서 조직한 사례다.

## 강제적 참여와 『진세책』

두레조직은 공동체적 강제성에 기초한다. 두레는 자연마을 단위인 관계로 마을에서 동원할 수 있는 일꾼 개개인에 대하여 상세한 정보를 알고 있으며, 이에 따라 전 마을민을 최대한 노력동원시킨다.

첫째, 최대한 노력동원시킨다는 사실은 마을공동체적 공동운명에서 주어진다. 마을 전체의 농사를 짓는데 모든 사람이 동원되는 마당에 개인적으로 불참한다는 일은 있을 수 없고, 공동체적인 상부상조하는 생활기풍에서 당연한 일이었다.[6] 전장석은 강원도 일대의 현지조사를 바탕으로 분화되기 전의 두레가 공동체적 생활을 영위했다고 보고하고 있는데, 입초를 세우는 식의 지나치게 공동체적으로 서술한 점은 비약 같지만 두레의 강고한 형태를 잘 보여주고 있다. 두레의 노력동원은 애초에는 호구 당 노동력 있는 장정은 모두 나오는 원칙이었을 것이다. 그러다가 일제 강점기로 들어오면서 노동력에 대한 이해타산이 생기면서 자본주의적 가치관이 들어온 탓으로 호구 당 1명만 나오는 방식으로 이행되었다.

사례 1 공주군 하신리두레
두레는 "동네사람이 전부 나와서 일제히 김매는 것"이다. 동네에서 호당 한 명씩 나와서 모조리 매는 것이다. 제보자의 표현으로는, "일정 때 세금이 많았기에 세금을 공동으로 마련하기 위하여 두레를 했지 개인이 하는 것은 두레를 쓰지 않았다"고도 한다(資5-3).

사례 2 논산군 양지뜸두레
두레는 각 집에서 한 명씩만 나오는 것이 아니라, 노동력에 따라 1명부터 2~3명까지 나왔다(資5-11).

사례 3 대전시 산뒤두레
두레는 집마다 장정을 있는 대로 내야 한다. 근년까지 행한 두레는 강제성은 없었으나 으레 참가해야 하는 것으로 알았다(資5-23).

사례 1의 경우, 일제시대에 잡세雜稅를 공동으로 내던 관행 때문에 두레를 하지 않을 수 없던 사정과 강제성을 보여준다. 조선 후기 공동납 전통이 일제시대까지 이어진 공동체적 강제성, 혹은 공동체적 운명이란 각도에서 파악해야 할 것이다.

사례 2의 경우, 호구 당 노동력 있는 장정은 모두 참가하는 고래의 전통으로 여겨진다.

사례 3의 경우, 사례 2와 마찬가지로 누구나 참여해야 하는 강제성을 보여준다. 그러나 대전지역 전체 표본조사에서 나타나듯이 일제시대에 이르면, 호 당 1명씩만 참여하는 방식으로 두레 참가방식이 바뀌었다.[7] 이는 공동체적 질서를 강조하던 강제성이 무너지면서 화폐경제가 침투한 결과이다.

둘째, 두레에서 동원 가능한 노동력은 성인 남자만을 의미했다. 여성들과 어린아이, 노인층은 배제되었다. 조선 후기 풍속화에는 흔히 남자들만 참여하는 노동관행이 정확히 묘사되어 있다. 조선 후기 조영우나 김홍도의 풍속도에도 들밥은 남자들만이 먹는 모습으로 그려진 것으로 보아 당대사회에서도 들일은 남성들만의 전유물이었다.[8] 여성들이 논김매기에 투입된 것은 일제 강점기 노력동원의 결과다. 조선시대에 여성들은 모내기에는 투입되었으나 김매기에는 투입되지 않은 것으로 확인된다. 대신에 여자들은 밥을 조달하는 역할을 맡았다. 일시에 많은 일꾼들의 공동식사를 준비하고 들로 나르는 일은 그 자체로 커다란 일이었기에 여성들과 남성들의 역할분담이 이루어졌다. 또한 가내노동은 물론이고, 밭일과 길쌈 따위도 여성들의 몫이었기에 여성들의 노동량은 결코 작지 않았다.

셋째, 과붓집이나 노인 층만 있는 집, 환자집같이 노동력이 없거나 있더라도 극히 부족한 경우에는 두레에서 대동으로 농사를 지어주는 방식으로 상부상조하는 전통이 이어졌다. 일정한 품값을 내놓는 방식으로 셈을 계산했다.


사례 1 강릉시 유천두레(資1-1)
아버지가 없거나 부모가 없는 집의 아들은 비록 일이 서투르다 해도 도와주는 의미에서 8례에 참여시켜준다. 어른들이 나이 어린아이를 받아

준 보답으로 서낭당 앞의 시원한 솔밭에서 막걸리를 내오고 떡을 준비
하여 좌상 앞에다가 놓고 절을 한다. "여러분이 저를 도와주셔서 일을
하게 되었습니다"고 인사를 하게 한다.

### 사례 2 화성군 큰당·작은당뫼두레(資2-20)

과부 등 노동력이 없는 집은 일을 해주고 품값으로 계산했다.

### 사례 3 공주군 수실두레(資5-2)

과붓집같이 두렛일에 못 나오는 집은 좌상이 통솔하여 '아무개 집은 일
손이 없으니 그냥 매어주자'고 결의를 보았다. 다행히 먹고살 만하면 돈
을 조금 냈으나 빈곤한 경우에는 무상으로 처리했다. 이 같은 상부상조
는 일손 여유가 있었던 탓도 있고, 인심이 후한 탓도 있었다.

사례 1의 경우, 어린아이를 두레에 넣어서 동등한 권한을 주는 방식을
보여준다. 부모 없는 아이는 노동력이 부족함에도 불구하고 특별한 경우
로 인정되어 하나의 온전한 품삯으로 두레에 참여하게 된다. 두레 전체
로서는 그만큼의 노동력 손실을 공동체의 협력으로 벌충해주게 되는 셈
이다.

사례 2의 경우, 과붓집의 일은 해주되 품값은 받는 계산방식을 보여준다.

사례 3의 경우, 노동력이 없고 빈한한 집을 배려하는 두레의 상부상조
하는 생활기풍을 잘 보여준다.

넷째, 두레에 들어가는 사람은 일정한 통과의례를 거쳐야 했다. 무엇
보다 어린아이들이 성장하면 입사식入社式에 준하는 의례를 거쳐서 두레
의 일원이 되었다. 술을 한턱내는 진서턱 같은 의례는 가장 보편적인 절
차였다. 그밖에도 이사온 사람은 이사턱을 내야 했다. 진서는 조선 후기

에도 가장 보편적인 두레의 행사였다.

진서턱이라는 풍습이 더러 발견되는 문헌에서는 진세進貰라고도 한다.[9] 충청남도 남부인 금강 접경지대인 부여나 논산지방으로부터 전라도 일원에 걸쳐 넓게 분포되어 있는 풍습으로 가장 전형적인 두레가입식으로 인정된다. 진서턱의 내용을 기록한『진세책進貰冊』은 대개 두레의 책임자인 좌상 이름을 필두로 두레에 참가하는 신참자新參者 및 마을 유지들이 내놓은 술동이를 명기하는 방식으로 극히 간단하게 쓰였다. 그러나 개중에는 농무農務 전반을 관장하는 내용이 적혀 있기도 하다. 참고로 영암군 시종면始綜面 봉소리鳳巢里『진세책』을 검토해본다. '진세책'이란 구전으로 전해지는 '진서'의 한자식 표기일 것이다. 원래 농민들이 부르던 이름은 진서였을 것이다.

책의 작성연도는 1928년경이며, 당시 진세원進貰員은 105명으로 나타난다. 봉소리『진세책』은「진세원씨명록進貰員氏名錄」부터 시작된다. 1928년 결의사항은 호 당 2엔円 45전錢의 회비를 부담했으며, 이어 농무건農務件이 기록되어 있다. 농사에 소용된 임금賃金을 책정한 것이다.[10]

① 畓 1斗落 耕賃 80錢

② 産賃 1日 20錢

③ 畓移種賃 每斗落 30錢

④ 水畓移種賃 40錢

⑤ 除草賃 每斗落 40錢

⑥ 1日耕賃 人夫倂條 2名

⑦ 田除草賃條 10錢

⑧ 打麥時 用酒 全無

⑨ 移種時 依用飯 每日 3時

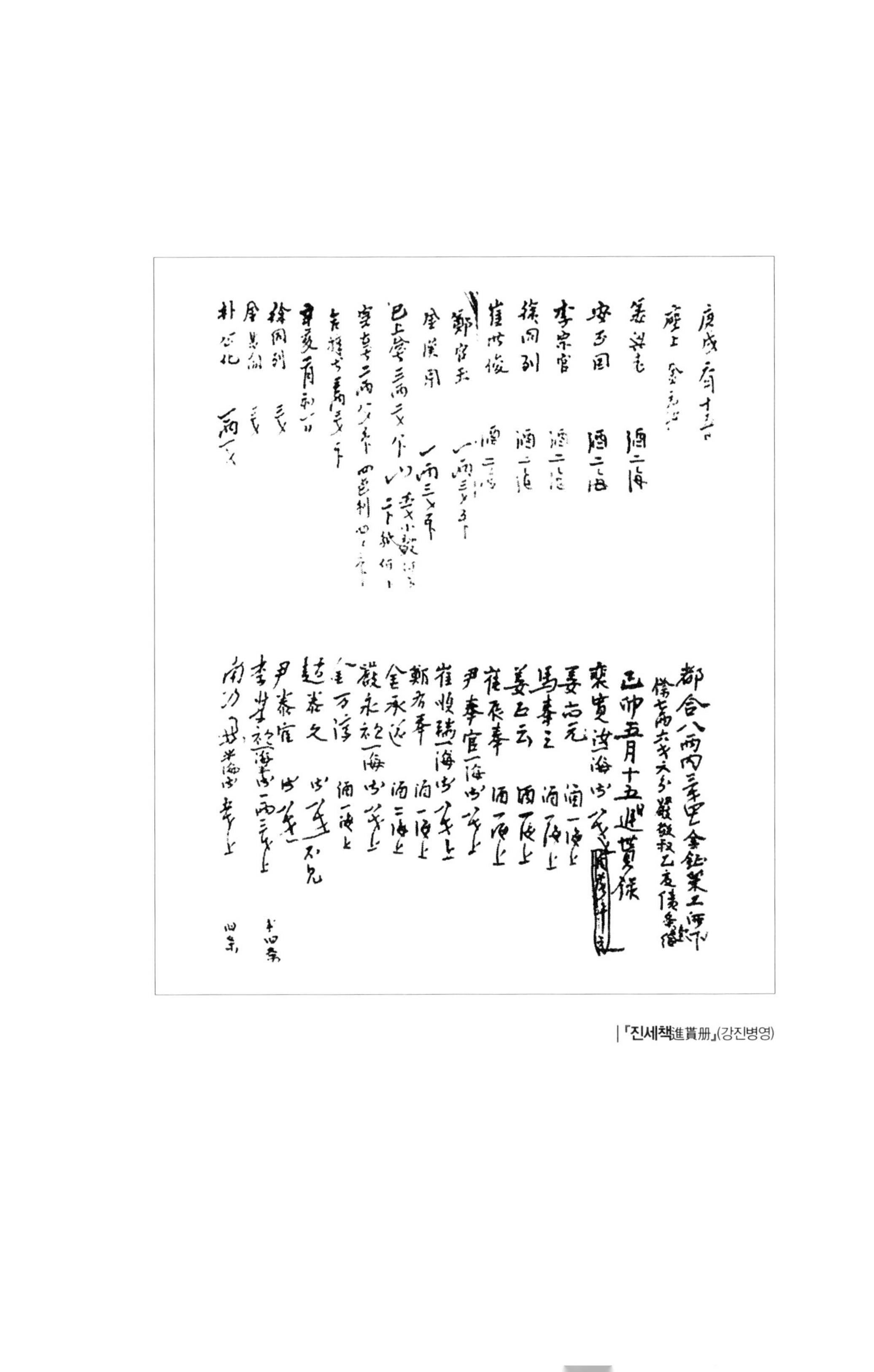

「**진세책**進貰册」(강진병영)

⑩除草時 依用飯 每日 2時

⑪秋收秋耕時 用飯 每日 3時

『진세책』에서 다루고 있는 임금은 제초에 그치지 않고 이앙, 타맥打麥에 이르기까지 전 노동관행을 다룬다. 두레작업이 비록 김매기에 국한되었다고 하더라도『진세책』에 전 노동과정이 나와 있는 것으로 보아 두레가 모든 작업의 중심체와 같은 역할을 했음을 알 수 있다.『진세책』은 심지어 소나무 보호와 밀주금지, 규정을 어긴 사람에 대한 벌칙금까지 명기하고 있다. 두레가 마을생활에서 상당히 중요한 위치를 차지했음이 드러난다.

『진세책』은 비록 일제시대 문서이기는 하나 조선 후기의 전통이 그대로 이어져온 것으로 판단되며 조선 후기 두레에서 진서턱이 차지하는 위치가 상당했음을 말해준다. 진서턱은『진세책』이란 장부에 등재됨을 의미하며,『진세책』에 오름으로써 명실상부하게 당당한 1:1의 노동력을 인정받게 되었다. 문서화된『진세책』의 존재는 두레가 일시적 조직이 아니라 항구적 조직이었음을 증명한다.

### 두레의 조직규모

두레는 자연마을을 기초로 하여 호 당 1명, 혹은 그 이상의 노력동원을 통하여 조직되므로 두레의 규모는 자연스럽게 자연마을의 평균호수에 따라 판단해볼 수 있다. 그렇다면 조선 후기와 일제 강점기의 평균 호수를 살펴볼 필요가 있다. 경기도 화성지역을 하나의 표본으로 검토해본다.

『여지도서輿地圖書』의 경우[11], 총 면수面數 50개, 총 호수戶數 14,696호,

### 두레 역원의 종류

두레 역원은 각 지방마다 달랐고, 같은 지방에서도 두레에 따라 편차를 보인다. 현지조사결과에 따른 역원 명칭의 차이는 다음의 두 경우이다. 첫째, 제보자들이 실제로 행했던 두레들이 일제시대 두레로 이미 상당부분 분화되었음을 반영한다. 두레의 책임자로 구장이나 진흥회장같이 행정조직의 책임자가 담당하는 사례도 있을 정도다. 둘째, 제보자가 두레 역원의 세세한 명칭까지를 정확하게 기억하지 못하는 경우도 있을 것이다. 물론 두 번째보다는 첫 번째 이유가 가장 타당한 것으로 보인다.

그러나 조선 후기의 두레는 각 지방마다 차이는 존재했을지라도 정연한 체계를 지니고 있었을 것으로 유추된다. 사전 회의를 통하여 두레조직은 생산활동 자체를 체계 있게 수행하기 위한 작업체계 및 문화조직체계를 나누어 짰다. 두레노동의 실질적인 지휘계통은 작업체계를 관장하는 조직선이었으며 문화조직은 보조적 성격을 지녔다. 두레의 조직체계를 조선 후기 향촌조직의 체계와 비교하여 검토해볼 필요가 있다.

조선시대 두레의 역원에 대해서는 전해지는 문헌이 거의 없다. 『진세책』에서 좌상座上이란 말이 확인되는 정도다.[19] 양반 사대부 층의 기록이 거의 없는 탓이다. 방계문헌에서 유사한 조직명을 찾아서 대비하는 방법으로 근원을 추적해야 한다.

향촌의 지배층인 사족들은 거군적擧郡的 규모의 향계鄕契(향회鄕會)를 조직하고 지도력 있는 3~4명을 좌상으로 뽑았다. 영암靈岩 향교鄕校에서 소장하고 있는 향약에 따르면[20], 집강執綱에 공사원公事員·장의掌議·유사有司 등이 있었다. 이로써 향촌 사족들이 즐겨 쓰던 용어에 우두머리를 나타내는 좌상, 그 밑의 공원·유사 따위가 등장한다. 이들 명칭은 그대로 두레의 우두머리를 나타내는 좌상, 실무책임자를 뜻하는 공원·유사에 전이되어 나타난다. 일제 강점기 두레에 이르기까지 명칭이 그대로 전승되는 지속성을 보여준다.

그렇다면 왜 향촌지배층의 우두머리를 상징하는 좌상 같은 말들을 두레에서 그대로 가져다 썼을까? 첫째, 민중들은 향촌지배세력의 역원명을 그대로 가져다 씀으로써 두레 내부에서 좌상의 권위를 높이고 외부에도 시위하려고 의도했을 혐의가 짙다. 둘째, 공원·유사 등은 비단 향회뿐 아니라 두레, 더 나아가 마을굿에서도 두루 쓰이는 보편적인 명칭이었다.

임진왜란 이후에 본격화된 상하합계上下合契 형태의 동계洞契는 대개 도약정都約正(존위尊位), 부약정副約正(부존위副尊位), 유사有司(상유사上有司·하유사下有司), 고직庫直, 사령史令 등으로 조직되었다. 존위는 덕망 있고 나이 많은 이(年高)가 추대되어 큰 일이 없으면 반영구직이고, 부존위는 사족을 규찰하고, 상민常民은 유사가 규찰하되 1년 임기로 교체되고, 상하유사로 나누어 있는 경우에 상유사는 양반을, 하유사는 상천常賤을 담당했다. 동리의 일은 유사·공원들이 상존위댁上尊位宅에 모여 경중에 따라 징치하는 것이 좀더 일반적인 일이었다. 동계는 원래 관가官家와는 상관없는 자치적인 것이고, 만약 일상적인 일에 중대사가 있을 경우 이정里正을 통하여 관에 고하고, 이정은 유사시 면유사面有司에게, 약정約正은 관에 고했다.[21] 동계문서에서 유사·공원이 확인된다.

『천일록千一錄』에서는 각 동중洞中에서 스스로 동중제회洞中齊會라 하여 대소민인大小民人이 모여서, 일동 가운데 나이가 있고 학덕이 높은 사람 1

명을 동헌洞憲으로 삼고, 또 곧고 바르며 배운 사람 2명을 집강執綱과 공원公員으로 삼는다고 했다.[22]

그러나 두레 현지조사에서 채록될 수 있는 다양한 민중적 명칭들은 상하합계上下合契로 이루어진 동계나 여타 문헌에도 나타나질 않는다. 따라서 두레의 역원은 전적으로 순수한 촌계의 역원으로서 민중적 성격을 분명히 하고 있음을 알 수 있다.

**두레의 역원**

사례 1 강릉시 유천두레 : 영좌

사례 2 안양시 안날미두레 : 영좌

사례 3 안양시 뱀말두레 : 영좌

사례 4 안양시 벌말두레 : 영좌

사례 5 안양시 방죽말두레 : 영좌

사례 6 파주군 쉰우물두레 : 영좌 · 부영좌

사례 7 파주군 아랫가마을두레 : 영좌

사례 8 화성군 서원말두레 : 영좌 · 조사

사례 9 화성군 수영두레 : 좌상 · 부좌상

사례 10 화성군 미륵동두레 : 좌상 · 영좌

사례 11 화성군 원막두레 : 영좌 · 좌상

사례 12 화성군 문기동두레 : 좌상 · 영좌

사례 13 화성군 고잔두레 : 영좌 · 이좌

사례 14 화성군 큰당뫼 · 작은당뫼두레 : 영좌 · 조사

사례 15 화성군 쌍정두레 : 영좌 · 이좌

사례 16 화성군 등곡두레 : 영좌 · 이좌

사례 17 화성군 동편두레 : 좌상 · 영좌 · 이좌

**두레의 역원**

'실험'된 두레에서 왼쪽에 서 있는 이가 영좌이다.

사례 24 밀양군 감천두레 : 좌상 · 우상 · 무상 · 나발장부 · 수총각

사례 25 고창군 상평리두레 : 영좌 · 도청

사례 26 김제군 원대동두레 : 좌상 · 부좌상

사례 27 옥구군 신방두레 : 공좌상(원좌상) · 좌상 · 총각좌상

사례 28 익산군 웅포리두리 : 좌상 · 문서잽이

사례 29 익산군 행동두레 : 좌상 · 영좌 · 부영좌 · 조사머슴

사례 30 임실군 상필두레 : 영좌 · 총각대장

사례 31 공주군 서원두레 : 좌상 · 부좌상 · 소동

사례 32 공주군 수실두레 : 좌상

사례 33 반포면 하신리두레 : 공좌상 · 부좌상 · 총각대방

사례 34 공주군 상신리두레 : 좌상 · 총각대방

사례 35 공주군 학봉리두레 : 좌상 · 유사 · 총각대방

사례 36 공주군 소룡두레 : 좌상

사례 37 공주군 오미두레 : 좌상

사례 38 공주군 하대두레 : 좌상 · 공원 · 총각좌상

사례 39 논산군 운천두레 : 좌상

사례 40 논산군 대명두레 : 좌상 · 총각좌상

사례 41 논산군 양지뜸두레 : 좌상 · 공원 · 총각대방

사례 42 논산군 메꽃두레 : 공좌상 · 서기 · 총각대방

사례 43 논산군 채운리두레 : 좌상 · 총각대장 · 심부름꾼

사례 44 대전시 정생두레 : 좌상 · 총각대방

사례 45 대전시 웃말두레 : 좌상

사례 46 대전시 버드네두레 : 좌상 · 총각대방

사례 47 대전시 가목정두레 : 총각대방

사례 48 대전시 송촌두레 : 좌상 · 집사

사례 49 대전시 산뒤두레 : 좌상 · 부좌상 · 총각대방 · 공원

사례 50 대전시 새뜸두레 : 좌상 · 공원

사례 51 유성구 아랫관들두레 : 좌상 · 부좌상 · 공원 · 총각대방 · 회계

사례 52 부여군 회곡리두레 : 좌상 · 공원 · 총각대방 · 사령

사례 53 부여군 신대리두레 : 좌상 · 공원 · 총무

사례 54 부여군 은산리두레 : 좌상 · 공원 · 총각대방 · 집사

사례 55 부여군 십자가두레 : 좌상 · 총각대방

사례 56 부여군 증각골두레 : 좌상 · 수머슴 · 총각대장

사례 57 부여군 탑동두레 : 공원좌상 · 수머슴 · 총각좌상

사례 58 당진군 가학리두레 : 좌상 · 공원 · 문서 · 꽁배

사례 59 당진군 월곡리두레 : 좌상 · 상공원 · 공원 · 꽁배

사례 60 서산군 장리두레 : 영좌 · 공원 · 총각대방 · 식화주

사례 61 서산군 독곶두레 : 고문 · 사무 · 총각

사례 62 서산군 덕지천리두레 : 영좌 · 공원(논공원 · 밥공원) · 꽁배

사례 63 청원군 묘암리두레 : 구장

위 현지조사에 의하여 채록된, 일제시대까지 전승되어 온 두레 역원
명칭으로는 영좌領座 · 좌상座上 · 총각대방總角大方 · 공원公員 · 유사有
司 · 문서文書잽이 따위가 가장 많다. 그러나 자연마을 단위의 역원이기
때문에 지역마다 다른 이름(異名)이 많고, 같은 명칭이 상호 중복되거나
달리 사용되는 경우도 있다.

그럼에도 불구하고 몇몇 연구에서 역원의 명칭이 전국적으로 통일된
것처럼 서술하는 것은 대단한 오류이며, 이는 강정택姜鋌澤의 연구결과를
그대로 재인용한 데서 비롯된다.[23] 사실 강정택이 보고한 역원 명칭은 일
제 강점기 울산蔚山의 한 사례일 뿐이다. 그는 농청農廳의 역원 수효와 역

명을 행수行首 1명, 도감都監 1명, 수총각首總角 1명, 조사총각調査總角 1명, 유사有司(서기書記) 1명, 방목감放牧監 2명 등 도합 7명으로 보고한 바 있다. 행수는 전체를 통솔하며, 도감은 그의 보좌역, 수총각은 작업 진행 겸 기수旗手다. 조사총각은 수총각의 보좌 겸 농청農廳지기, 방목감은 소먹이 감시역을 맡았다. 이상과 같이 단지 1개 지역에 대한 보고만을 수행하고 있다. 그럼에도 불구하고 그의 연구가 흡사 전체 두레 역원을 명시한 것처럼 잘못 인용되는 사례가 많다.

현재 현지조사를 통한 노인층의 면담조사에서 확인되는 두레는 일제 강점기의 것으로 이미 두레가 상당부분 분화된 시기의 것이기에 조직 자체도 불분명해진 경우가 많은 것이다. 그런 제한성을 인정한다고 하더라도, 좌상·영좌·총각대방 같은 명칭이 중부와 그 이남 전역에 균일하게 나타나고 있다. 각 두레가 지역성을 뛰어넘는 횡적인 유대를 갖지 못했음에도 불구하고 이 같은 명칭상의 통일성이 나타났음은 대단히 주목할 만하다. 각 자연마을 두레들이 전국적인 차원에서 체계화된 조직으로 성장했음을 반영한다.

### 두레의 지도자인 좌상과 영좌

좌상과 영좌는 두레의 총지휘자다. 마을의 연로한 사람 가운데 농사경험이 많은 사람을 뽑았으며, 절대적인 권위를 지니고 있었다. 영좌는 두 가지 의미를 지닌 것으로 보기도 한다. 가장 먼저 탄생한 두레를 말할 때도 '영좌領座두레'라 불렀으며, 마을 자체의 두레 지휘자도 영좌라고 불렀다. 영좌란 말 그대로 우두머리라는 뜻이다(資2-4 : 안양시 평촌동 벌말두레).

첫째, 좌상과 영좌는 같은 개념으로 쓰이거나 전혀 달리 쓰이기도 했다.[24] 좌상과 영좌를 똑같은 말로 보는 경우(資1-1, 2-7 · 32), 좌상이나 영좌 어느 한쪽이 다른 한쪽보다 높은 위상을 갖춘 것으로 보는 경우도 있었다(資2-15). 그러나 전국적인 통계로 볼 때, 좌상이 가장 보편적이면서 널리 쓰였던 지휘자 명칭이었던 것으로 판단된다.[25] 좌상은 공원좌상 · 공좌상 · 원좌상 같은 식으로 불리기도 했다(資4-3, 5-12, 5-31). 그런데 지역에 따라서, 즉 강원도에서는 좌상보다는 영좌가 많이 쓰였다. 강원도 횡성군 우천면 정암리의 경우, 영좌 · 부영좌 · 총각대방 · 비방으로 이루어졌으며, 영좌는 두레운영의 지휘감독, 동리 안의 상하질서나 규율문제를 바로잡는 역할을 했다. 이처럼 지역별 차이가 존재할 수밖에 없다.

둘째, 좌상이나 영좌 선출은 두레성원의 자발성에 기초하여 이루어졌다. 연장자 서열을 중시하여 연로한 사람 가운데 선출하되, 연장자라고 누구나 맡을 수는 없었다. 두레원들 상호 간에는 나이 서열이 가장 중요했다. 청년층과 장년층이 함께 같은 장소에서 일하는 관계로 나이에 따른 예절을 중시했다. 농사경험 · 지도력 따위가 늘 요구되었으니, 두레의 최고 지도부는 농사를 가장 잘 아는 사람이기도 했다. 한 번 선출되면 특별한 일이 없는 한 연장됨으로써 두레의 조직적 체계는 그대로 해마다 이어지는 방식이었다(資5-31).

셋째, 좌상이나 영좌에게 농사를 총괄하는 막중한 임무가 주어졌다. 두레에서 관장하는 작업순서 결정, 제초작업의 현장지도, 작업량 점검, 작업장에서 군기통솔, 심지어 두레의 놀이, 다른 동 두레와의 대외적인 교섭도 이들이 맡았다. 일단 두레꾼들이 논에 들어가면 노동력이 한 군데로 쏠리는 경우도 있기에 이를 균일하게 지도해야 했고, '논 부치기'에 따라서 농사일을 효과적으로 할 수 있었기에 영좌나 좌상의 지시는 절대적이었다. 좌상이나 영좌는 직접 논에 들어가지 않고 논둑에서 어떻게 효과적으로 일을 마무리 지을 것인가를 판단해야 했다. 일이 일제히 끝나야 효율적이고 불만이 없었기 때문이다. 농사경험자가 책임자를 맡았기에 매우 합리적인 일 처리 방식이 될 수밖에 없었으며, 두레 성원들이 지시에 무조건 복종했던 것도 이 지도력에서 주어진 것이다.

넷째, 좌상이나 영좌는 비단 두레뿐만 아니라 두레농사가 끝난 다음에도 마을의 어른으로서 대접을 받았다. 이는 두레의 조직적 규율성이 마을 안에서 평상시에도 공인을 받았다는 증거가 된다.[26] 비단 두레에서 잘못한 사람뿐 아니라 마을에 패악을 끼친 사람도 영좌와 좌상의 지시를 내려서 벌을 주었다. 화성군 향남면 백토리 한두골두레의 마지막 좌상은 최용희 씨로 살아 있다면 120세(1980년대 출생)를 넘었을 것이다. 대략 19세기 마지막으로부터 20세기 초반까지의 두레가 채보되었는데, 좌상의 권위가 막강해서 좌상의 허가가 있어야만 악기를 쓸 수 있을 정도였다고 한다(資2-38).

> 사례 1 파주군 쉰우물두레(資2-6)
> 영좌를 선출하는 기준은 나이를 따져서 뽑았는데 평상시에도 영좌님이라고 불렀다.

> 사례 2 공주군 하신리두레(資5-4)
> 두레는 농사만 짓는 조직이 아니었다. 가령 동네에서 젊은이가 어른에게 불경하다거나 하면 두레농사 지을 때를 이용해서 그 사람을 불러다가 회유를 시키기도 하고 심지어는 매를 들기도 했다.

다섯째, 부영좌 · 부좌상 · 이자 · 삼좌 · 우상 식으로 보조해주는 사람을 옆에 두어 함께 일을 처리했다. 총각좌상이란 말에서 엿보이듯, 총각의 책임자로 좌상을 꼽았다(資5-8). 좌상·영좌란 말은 그 자체 책임자를 뜻하는 의미를 지녔던 셈이다.

여섯째, 두레조직이 분화되어 나가면서 많은 역원들이 유명무실해졌고 축소되는 과정을 밟았다. 일제 강점기 말기의 구장區長, 해방 이후의 이장·반장 같은 말단 행정책들이 두레를 관장하는 경우도 자주 나타난다. 그러면서도 유독 영좌와 좌상만큼은 완강한 지속력을 보여주었다. 두레가 소멸될 당시까지 가장 오래도록 지켜지던 역원이 바로 영좌와 좌상이라는 데서 두레에서 이들의 중요성이 확인된다.

### ■ 좌상과 영좌[27]

사례 1 김제군 원대동두레(資4-2)

좌상 : 농사 경륜이 많은 어른이 담당했다. 머리도 있고 셈도 바른 사람이 했으며 좌상의 말은 두레에서 큰 권위가 있었다. 일거리를 붙일 줄 알아야지 잘못하면 능률이 떨어지므로, 사실상 농사기술 지도까지 했다. 즉 어디서 초두(처음 일)를 붙이면 어디로 끝날 것인가, 어디로 일의 방향을 잡고, 언제 쉴 것인가 등을 예리하게 판단해야 능률을 올리고, 일의 호흡이 끊기지 않았다. 동시에 '도리깨품'이라고 해서 일 상태에 따라 일값을 가감하는 계산도 담당했다.

사례 2 옥구군 신방두레(資4-3)

공좌상 : '원좌상'이라고도 부르며, 일을 직접 하지는 않고 가가호호 다니면서 일 나오라고 지시를 하거나 인원을 챙긴다. 두레에서 가장 웃어른으로 동네일을 좌지한다. 공좌상의 말을 안 들으면 데려다가 패기도 했다. 그만큼 권한이 막강했다.

좌상 : 공좌상과 같이 두렛일을 책임 맡은 사람이다.

사례 3 논산군 대명두레(資5-10)

좌상 : 두레의 우두머리로 '두레 나면은 제일 어른이여'라는 표현이 말
　　　해주듯 권위가 있어 좌상의 지시는 누구나 들었다.

사례 4 논산군 메꽃두레(資5-12)

공좌상 : 나이도 지긋하고 말마디나 하고, 농사경험도 많은 사람으로 뽑
　　　으며, 공좌상이 지시를 내리면 누구나 지시를 따랐다.

사례 5 부여군 회곡리두레(資5-26)

좌상 : 두레의 가장 높은 어른으로 총괄 지휘를 도맡았다. 권위가 막강
　　　하여 지시를 따라야 했으며, 40여 세 되는 장년이 맡았다.

사례 6 부여군 신대리두레(資5-27)

좌상 : 가장 높은 사람이다. 두레꾼 중에서 말마디라도 할 줄 아는 사람
　　　으로 연령은 30~40세가 조금 넘은 사람이 맡았다.

사례 7 부여군 은산리두레(資5-28)

좌상 : 가장 높은 지휘자로 당시 기준으로 60세 안쪽의 나이 많은 사람
　　　이 했다. 농사경험도 많고 통솔력 있는 사람으로 좌상이 직접 김
　　　매기를 하지는 않았다.

사례 8 부여군 증각골두레(資5-30)

좌상 : 일머리를 잘 알고 나이가 지긋하여 50이 넘는 사람으로 공좌상 ·

공원좌상이라 불렀다. 인원 확보, 술 먹기 등을 총괄했다.


사례 9 부여군 탑동두레(資5-31)

공원좌상 : 나이 많고, 일 잘하는 사람이 맡았다. 공원좌상의 말은 두레
　　　　　꾼이라면 누구나 들어야 했다. 매년 좌상을 새로 선출하기는
　　　　　했으나 한번 하면 본인이 싫다고 하기 전까지 오래했다.


사례 10 서산군 장리두레(資5-32)

영좌 : 흔히 나이를 많이 먹은 어른 가운데 뽑았으며, 노인층이 많이 담
　　　당했다. 실제 일은 하지 않았으며 돌아다니면서 지도자 자격으로
　　　두레를 총지휘했다.


사례 11 화성군 문기동두레(資2-16)

좌상 : 가장 나이가 많은 사람을 지도자로 모셨다.

영좌 : 좌상보다는 약간 아랫사람으로서 농사를 좌우했다.


사례 12 화성군 맹곶두레(資2-35)

영좌 : 나이가 지긋하고 통솔력 있는 사람을 뽑았다.

좌상 : 영좌와 함께 농사를 지도할 수 있는 사람으로 뽑았다.


■ 부좌상과 이좌

사례 1 화성군 쌍정두레(資2-23)

이좌 : 풍물보수 책임자로 이좌를 별도로 두었다.

사례 2 화성군 동편두레(資2-25)

이좌 : 두레패가 품 팔러 갈 때, 계산도 하고 비용도 산출해내는 역할을
했으므로 이런 면에 능한 이로 뽑았다.

사례 3 김제군 원대동두레(資4-1)

부좌상 : 좌상을 도와 뒷일을 맡았으며, 흔히 부좌상을 제대로 거쳐야만
좌상이 될 수 있었다.

사례 4 익산군 행동두레(資4-5)

부영좌 : 영좌를 도와 두레를 지휘하며 매일 일감을 계산하고 품을 적어
둔다. 그날 해야 할 일감을 염두에 두고 일을 배치하기도 한다.

### 행정책임자인 공원과 유사, 문서잽이

영좌 · 좌상을 도와서 농사일을 효율적으로 이루어지게끔 협
조하는 직책, 즉 행정책임자 직책이 전국에 있었다. 이들은 주로 토질, 잡
초 상태, 투입 노동력과 농지소유 따위를 따져서 일일이 기록에 올려놓고
한 여름철 두레먹기 직전에 셈을 보았다. 마지기 수를 따져서 품을 많이
투입한 사람은 가져가고 농지가 넓은 사람은 품값을 더 내는 방식이었다.

공원은 두렛일을 시키는 실무책임자로 볼 수 있다. 실무책임자인 관계
로 총각대방과 역할이 혼동되기도 한다(資5-25). 일제 강점기로 접어들
면, 서기 · 총무 같은 식의 근대식 이름도 선보인다(資5-12 · 14). 밥공
원 · 논공원 방식으로 역할이 세분화되기도 한다(資5-32). 문서잽이는 좌
상 밑에서 기록을 맡는 직책으로 노동결산의 중요한 근거가 되는 논일값
을 기록했다.

사례 1 공주군 학봉리두레(資5-5)

유사有司 : 젊은 사람 가운데 총각으로 뽑는데 실무 일꾼이다. 먹는 것이
라든지 일거리, 즉 '내일은 어디서 낸다', '어디를 맨다' 등 논
의 방향을 따져서 농사일을 챙겼다. 매일매일의 작업량과 논
을 셈하여 결산볼 때 조정역할도 했다.

사례 2 공주군 하대리두레(資5-8)

공원公員 : 좌상 밑에서 도와주는 사람이다.

사례 3 논산군 양지뜸두레(資5-11)

공원 : 좌상 밑의 사람으로 두렛일은 으레 좌상과 공원이 상의하여 이루
어졌다. 논 부치는 일도 공원과 상의를 했다.

사례 4 당진군 가학리두레(資5-14)

공원 : 부좌상 역할을 했다. 좌상이 명령을 하면 공원이 실제적으로 일
처리 실무를 담당했다. 즉 두렛일의 실무책임자였다.

사례 5 당진군 월곡리두레(者5-15)

상공원上公員 : 대개 상쇠를 상공원이라 불렀다.

공원 : 어느 논이 어디에 있고, 어느 논이 풀이 많고 적은지를 잘 아는
농사경험자를 공원으로 뽑았다. 말하자면 공원은 농사일의 최고
실무자였다.

사례 6 대전시 산뒤두레(資5-23)

공원 : 총무격으로 좌상과 상의하여 술 먹는 일 등 두레의 여러 잔일을
　　　처리했다.


사례 7 대전시 새뜸두레(資5-24)

공원 : 일꾼을 데리고 다니며 일 시키는 사람이다.


사례 8 대전시 아랫관들두레(資5-25)

공원 : 직접 두레꾼들을 데리고 다니면서 일을 시키는 사람으로 장가를
　　　가지 않은 총각 가운데서 우두머리를 뽑았다.


사례 9 대전시 아랫관들두레(資5-25)

공원 : 좌상을 도와 농사일을 지휘했으며, 임무는 논값 매기기였다. 풀
　　　의 다소, 토질의 경중을 따져 마지기 당 계산했다.


사례 10 부여군 신대리두레(資5-27)

공원 : 좌상 밑에서 일을 책임지는 사람으로 '그저 좌상이 무어 하라고
　　　하면 심부름하는 사람'이었다


사례 11 부여군 은산리두레(資5-28)

공원 : 좌상 밑에서 대개 '일할 만한 사람'이 했다. 공원의 주임무는 '아
　　　무개가 얼마를 매었다 하면 얼마를 매기는' 식으로 적당히 따져서
　　　돈으로 일값을 계산했다. 좌상보다는 나이가 적은 사람이 했다.

사례 12 서산군 덕지천두레(資5-34)

공원 : 논공원과 밥공원으로 업무를 분담한다. 논공원은 논매기의 실제
　　　적인 책임자로 논 주인들과 작업 대금을 조정하고 계약하는 일을
　　　맡는다. 지질에 따라서 논매기가 나쁘면 품삯을 더 쳐서 받아야
　　　하는 탓으로 논공원이 필요한 것이다. 밥공원은 공동식사 준비를
　　　담당했다. 많은 인원이 일시에 밥을 먹자면 쉬운 일이 아니었던
　　　탓에 밥공원은 중요한 직책이었다.

사례 13 서산군 장리두레(資5-32)

공원 : 밥공원과 논공원 두 명으로 구성했다. 밥공원은 작업시 식사(참
　　　시간)를 조정함으로써 작업의 능률(적당한 시간에 쉬고 다시 일하
　　　는 것은 매우 중요한 것이었음)을 도모했고, 논공원은 땅의 상태(무
　　　르다·딱딱하다 등)를 판별하여 품이 많고 적음에 따라 논값(일값)
　　　을 판정함으로써 결산 시 근거가 되게 했다.

식공원食公員 : 식화주라고도 했다. 밥을 나르는 역할을 맡았다. 흔히 마
　　　을 아낙네들이 직접 지고 오는 경우도 있었지만 큰 두레작업에는
　　　술동이같이 무거운 짐을 져나르는 일을 했다.

■ 문서

사례 1 양군 감천두레(資3-1)

무상務上 : 문자 해독자로 주로 문서를 만졌다.

사례 2 익산군 웅포두레(資4-4)

문서잽이 : 좌상의 지시를 받아가면서 장부를 기록했다. 논에 몇 마지기
　　　씩 품이 들어갔는가 등을 산출하여 기록했다.

사례 3 논산군 메꽃두레(資5-12)

서기 : 마을 농사일의 모든 과정을 기록했다. 논매는 날짜를 적고 받은
품삯과 미지불된 품삯을 기록하여 결산 근거로 이용했다.


사례 4 당진군 가학리두레(資5-14)

문서 : 문서기록잽이라 불렀으며, 논의 등급을 매겨서 상·중·하로 평
가하고 논의 인원 오고 가기, 인력명단 등을 정리하여 기록한다.
후에 두레결산에서 중요한 근거가 됐다.


사례 5 부여군 신대리두레(資5-27)

총무 : 논일값을 계산하거나 술값 등 제반경비를 적어두는 회계역할을
했다.


### 주력군인 총각대방과 후보군인 소동

두레에는 장가들지 못한 젊은 층도 상당수 있었다. 두레에 들
지 못하는 아이들도 두레를 도와주는 나름의 소동小童 역할을 하면서 총
각대방의 지시를 받으며 따라다녔다. 이들은 농사기술은 부족했으나 젊
은 기운으로 두레의 주력꾼으로 활동했으며, 아이들은 잡일을 도와주면
서 두레의 후비대 역할을 맡았다.

첫째, 젊은 혈기가 있는 이들을 통제하여 효율적인 농사일이 되도록
총각대방을 뽑아 자체 통제했다. 총각 중에서 기운이 세고 일을 잘하는
청년으로 뽑았다. 일꾼 중에서 힘이 세고 머리가 영리한 사람(資5-32), 혹
은 '우스갯소리도 잘하는 사람'을 뽑았다는 사례도 있듯이(資5-25), 두레
를 능히 통솔할 만한 지도력이 있는 사람을 선출했다. 총각대방은 머슴

들의 군기를 잡고, 좌상의 지시를 받아 잘못하는 일꾼의 체벌도 담당했
다(資4-3, 5-11·12·13·32).

둘째, 총각대방은 총각·수首머슴·총각대장總角大將·총각좌상總角座
上 따위로도 불렸다. 총각좌상이란 좌상 같은 높은 권위가 총각에게도 주
어졌음을 말해준다(資4-3, 5-8). 수머슴이란 두레의 주력 성원들이 머슴
들이었음을 반영한다(資5-30·31).

셋째, 총각대방은 두레의 잔일과 심부름꾼 역할도 도맡아했다. 총각대
방의 역할이 약화된 상태를 보여주는 것이기도 하다(資4-3, 5-8·11·
30·31).

넷째, 총각대방에게는 소동도 딸려서 아직 두레에 들어오지 못한 소동
패들이 해야 할 일들을 관장하는 경우도 많았다. 조사·소동·꽁배·집
사 따위가 그들이다. 소동들은 나름의 소동두레를 꾸려서 두레의 예비대
로서 역할을 담당했다. 소동두레는 두레를 하는 동안 소를 먹이고 감시
하는 중요한 역할도 맡았다. 조사·소동·꽁배는 각각 지역적인 명칭일
뿐 같은 역할을 담당했던 것으로 보인다.

### ■ 총각대방

사례 1 옥구군 신방두레(資4-3)

총각좌상 : 노총각 중에서 통솔력 있는 사람이 맡았으며 두레의 잔일을
총 지휘했다. 머슴들이 들에 나가서 일할 때 군기를 잡는 역
할도 했으며 화롯불이나 부싯돌이 불편했기에 약쑥을 들고
다니면서 담뱃불을 제공했다. 일을 잘 챙겨야 했기에 말 잘
듣는 사람으로 선정했다. 일을 제대로 하지 않으면서 게으름
을 피우거나 술 먹고 패악을 부리는 자가 있으면 무르팍을
꿇리고 혼을 냈다. 실제로 때리지는 않았고 '이놈, 고얀놈'

식으로 혼을 냈다.


사례 2 밀양군 감천두레(資3-1)

수총각 : 돌매 삿갓을 뒤집어쓰고 띠우장을 거꾸로 입고 얼굴에는 황칠
　　　　을 한다.


사례 3 임실군 필봉두레(資4-6)

총각대장 : 나이가 젊은 사람 중에서 힘센 자를 시켰다. 총각대장은 두
　　　　　레를 움직이는 소장층을 대표했으며 풍물도 도맡아했다.


사례 4 공주군 하대두레(資5-8)

총각좌상 : 장가 안 간 사람으로 2명을 뽑았다. 총각좌상이 나발로 신호
　　　　　하면 집합했다.

총각부좌상 : 화로를 들고 다녔다.


사례 5 공주군 하신리두레(資5-3)

총각대방 : 두레농사의 심부름을 도맡아 했다. 담배를 피우기 위하여
　　　　　'때방대'라고 쑥대를 말린 회를 총각대방이 들고 다니면서
　　　　　담뱃불로 준비했다. 약 20세의 노총각이 맡았다.


사례 6 논산군 대명두레(資5-10)

총각좌상 : 일하던 도중에 어떤 사람이 불편하다고 하면 이를 관리해주
　　　　　고, 호미를 가지고 다니면서 바꿔주기도 했다.

사례 7 논산군 양지뜸두레(資5-11)

총각대방 : 총각대장이라고도 불렀다. 약 30여 살 가깝도록 장가 안 간
총각을 뽑았다. 젊은이들이 젊은 혈기로 말을 듣지 않으면
총각대방이 혼을 내는 등 군기를 잡는 역할도 했다. 말하자
면 총각대방은 그들 세대의 지휘자였다. 총각대방의 또 다른
중요한 역할은 불을 책임지는 일이었다. 성냥이 귀했던 시절
이라 화롯불도 들고다니고 '쑥방맹이(횃대)'도 들고다녔다.

사례 8 논산군 메꽃두레(資5-12)

총각대방 : 장가도 안 가고 말마디나 하고 '그 사람 말이라면 숭배할 만
한 사람'이 맡아했다. 통솔 능력이 있어야 했으며, 잘못하는
사람을 잡아다가 혼도 내주고 두레의 큰 기를 내다꽂는 등
기운이 당차야 했다.

사례 9 논산군 채운리두레(資5-13)

총각대장 : 좌상이 일동을 전부 지휘한다면 총각대장은 주로 젊은 사람
을 책임졌다. 말을 듣지 않으면 좌상의 지시를 받아 총각대
장이 회초리로 볼기를 치곤 했다. 25~30세 정도의 노총각
이 맡았다.

사례 10 대전시 아랫관들두레(資5-25)

총각대방 : 우스갯소리를 잘해야 했기에 옷도 우습게 입혀 데리고 다니
기도 했다.

사례 11 부여군 은산리두레(資5-28)

총각대방 : 아이들을 데리고 다니면서 심부름시키는 사람이었다. 총각
대방은 약 20세 정도의 장가 안 간 사람이 했다. 젊은애들의
군기를 잡는 것은 총각대방이 책임졌다. 집사도 지휘했다.


사례 12 부여군 증각골두레(資5-30)

수머슴 : 좌상의 지시를 받아 일머리를 시키는 사람으로 일을 잘하는 능
숙한 일꾼이 뽑혔다. 수머슴은 머슴 중의 우두머리로 통솔력이
있어야 했다.

총각대장 : 20대 중반 이후 30세 정도의 노총각을 뽑았다. 총각대방은
두레의 잔심부름도 도맡아했다. 담뱃불이 귀했던 시절이라
부싯돌이나 화롯불을 직접 들고 다니거나 나이 어린 축들에
게 들고 다니게끔 감독했다.


사례 13 부여군 탑동두레(資5-31)

수머슴 : 동네 두렛일 하는데 실제로 일을 시키는 작업지휘자였다. 마을
에 머슴이 많았고 이들에 의하여 농사일이 주도된 탓이다.

총각좌상 : 노총각 중에서 통솔력이 있는 사람으로 화롯불 심부름 따위
의 잡일을 지휘했다. 담뱃불로 쑥 말린 방망이를 만들어 어
린축들에게 들고 다니게 했다. 불을 꺼트리면 좌상에게 총각
좌상이 혼이 났다.


사례 14 서산군 장리두레(資5-32)

총각대방(소임) : 두레의 크고 작은 잔일을 도맡았고, 게으르거나 술 마
시고 행패를 부리는 자를 삼대(저름대)로 때려서 군기

잡는 역할도 했다. 일꾼 중에서 힘이 세고 머리가 영리
한 사람이 담당했다.


### ■ 소동

**사례 1 화성군 서원말두레(資2-11)**

조사 : 가장 나이 어린 사람이 심부름도 하고 잔일을 거들었다.


**사례 2 익산군 행동두레(資4-5)**

조사머슴 : 두레의 심부름꾼으로 나이 어린 사람이다. 여름철이라 갈증
에 마실 물도 떠나르고 술도 조달했다. 담뱃불 화롯불을 들
고 다니는 등, 자잘한 심부름을 도맡았다.


**사례 3 공주군 서원두레(資5-1)**

소동小童 : 심부름을 맡아했다. 성냥이 귀한 시절이라 담뱃물로 '때방
대'라고 개울에 난 풀을 바짝 말려서 짚으로 묶으면 쉽게 타
들어가지도 않아 하루 종일 들고 다닐 수 있었다. 일 못하는
아이들이 들고 다녔다.


**사례 4 당진군 가학리두레(資5-14)**

꽁배 : 심부름꾼을 말하며 두레에 갓 들어온 어린 사람이 도맡아했다. 영
기를 들고 다니고 담뱃불로 쑥을 말려서 단을 만든 횃대를 길게
해가지고 담뱃불로 준비했다. 불을 꺼트리면 단단히 혼이 났다.


**사례 5 당진군 월곡리두레(資5-15)**

꽁배 : 나이가 어린 청년을 말하며 약 20살 정도였다. 꽁배를 1년 거치

면 '장자품앗이'가 되어 1:1 노력교환이 인정되었다.


사례 6 서산군 덕지천두레(資5-34)

꽁배 : 최연소자를 뽑아서 담배 화로불을 들고 다니게 했다. 꽁배는 일
종의 심부름꾼이었다.


사례 7 홍성군 고들미두레(資5-35)

꽁배 : 조그만 아이들은 화로를 들고 다니고 한 번 화로를 들고 다니면
불이 안 꺼지게 하기 위하여 조심을 했다.


사례 8 부여군 은산리두레(資5-28)

집사 : 총각대방 밑에서 심부름하는 애들을 말하며 총각대방이 일을 시
켰다.


사례 9 대전시 아랫관들두레(資5-25)

사령 : 좌상 · 공원 · 총각대방처럼 체계 있게 정해진 역할은 아니었으
나, 총각대방을 도와 두레의 심부름꾼 역할을 했다.


그렇다면 이상의 역원들만 존재했을까? 그렇지는 않다. 두레는 지역적
성격을 강하게 지니고 있는 자연마을 단위조직체이기 때문에 독특하게
지역마다 부르는 명칭들이 많다. 이들 명칭은 좌상 · 총각 따위처럼 전국
적인 공통성은 지니지 못한다. 그러나 '도가'처럼 잔존된 흔적이 극히 일
부에서 보일 뿐이나 조선시대에는 대단히 보편적인 직책이었을 것으로
추정되는 역원도 있다(資2-26 · 7). 좀더 조사하면 더욱 다양한 명칭이 나
타날 것으로 생각된다.

사례 1 밀양군 감천두레(資3-1)

나발장부 : 밥 먹을 시간의 결정, 어느 장소로 일하러 갈 것인가 등의 시
간을 알려주고 지시하는 일을 맡았다.


사례 2 화성군 한두골두레(資2-38)

짐방꾼 : 좌상 밑에서 우장 · 호미를 지게에 져나르는 사람으로, 풍물을
못 노는 사람들 중에서 신체 건장한 사람을 시켰다.


사례 3 화성군 고잔두레 · 삼밭골두레(資2-26 · 27)

도가 : 풍장과 호미 등을 보관하는 집의 주인이다. 나이 불문하고 책임
감 강한 사람으로 정했다.


### 두레 역원의 노련한 농사기술과 민속지식

두레의 역원이 수행하는 가장 중요한 역할은 역시 농사기술
지도였다. 역원의 오랜 경험으로 마을의 공유적 경영에서 각각의 논 특
성을 잘 알고 있었기에 효율적으로 농사계획을 세울 수 있었다. 공유적
경영에서는 '두렁타기'로 전체 마을 논을 훑고 지나가야 했기에 어디서
시작하여 언제 어디로 이동하고, 어디쯤에 가서 그날 일을 끝내야 효율
적인가를 잘 판단해야 했다. 동시에 논에 들어가서는 앞잽이와 뒷잽이
가 따라붙도록 지도했다. 일꾼들이 막상 논에 들어가면 구부린 상태에
서 벼 포기에 가려서 방향감각을 잃을 수도 있었기에 역원의 농사지도
는 절대적이었다. 역원의 높은 위상은 그들의 경험 자체에서 나오는 것
이었다.

사례 1 고창군 상평리두레(資4-1)

논에 들어가서 장화가 신명을 돋우는 동안에 선소리에 맞추어 일을 하게 된다. 가장 중요한 것은 '배루는 일'이다. 두레꾼 중에서 가장 일을 잘하는 수머슴 같은 사람을 지명하여 일을 요령 있게 하는 방식이다. 머리가 영리하여 사람 숫자를 잘 따져서 공간을 배치하고 작업을 지시하게 된다. 논다랑이를 보아 가면서 각각의 논 실정에 알맞게 일이 떨어져야 효율성을 기할 수 있다. 배루는 가장 가생이에서 끌고 다니는 사람으로 길잡이를 말한다. 그 다음에 선 사람은 개머리라고 부르는데 지시사항 하달은 개머리가 내린다. "밀어줘라", 혹은 "간격을 조정하라"는 식으로 일 간격을 지시해준다. 밀어주고 적당히 조정하는 것에 따라서 작업능률이 뚜렷하게 드러난다.

사례 2 김제군 원대동두레(資4-2)

논일의 시작은 초두라고 해서 '내일 누구네가 초두다', '초두에 모이자' 하면, 거기서부터 계획성 있게 작업을 진척시켜 나갔다. 초두를 제대로 잡아서 능률 있게 풀어나가는 일은 좌상의 몫이었다.

사례 3 공주군 서원두레(資5-1)

일터에서 좌상은 매우 중요했다. 사람이 많은 탓에 지휘를 잘해야 했던 탓이다. 좌상은 좌상대로, 일하는 사람은 일하는 사람대로 규칙적으로 움직여야 했다. '우측은 빨리 돌아라, 좌측은 느리게 돌아라, 빨리 따라 붙어라' 식으로 지휘했다. 논의 지형에 따라 '이렇게, 저렇게' 좌상의 지휘에 따라 알아서 매었다. 좌상은 논두렁 가까이 서서 지휘했다. 저녁에 마을로 들어와서도 좌상 이하 지도자들은 내일 일을 상의했다. 아무리 피곤해도 언제든지 계획하고 일감 신청도 받았다.

사례 4 공주군 수실두레(資6-2)

아침에 일 나가기 전에 좌상이 '오늘은 누구네 논이 첫 참이고, 두 번째 참은 누구네 논이다'는 식으로 결정을 내렸다. 작업 순번뿐 아니라 효율적으로 논매기를 하기 위하여 '아무개 논에서 아무개 논으로 해나가라'고 작업지시를 하게 된다. 논의 거리를 잘 따져서 작업의 수순을 정하는 것이다. 이동 시에도 좌상이 지시를 했다. '첫 참을 어디 가서 먹느냐' 식으로 장소를 물색하게 된다. 이런 지시를 일괄하여 좌상이 도맡아했기에 일터에서 좌상의 권위는 막중했다. 일하다보면 좌상이 못된 사람을 앉혀 놓고 종아리를 때리는 경우도 있었다. 좌상에게는 '벌벌 기어야 했다'고 한다.

사례 5 공주군 상신리두레(資5-4)

좌상은 일하지 않고 지휘만 했다. 일하는 방식은 '오늘 이 들을 시작하면 여기서 어디까지 맨다'고 작정을 하여, '오늘은 어디까지 끊는다', '오늘은 더디 가도 된다' 등으로 작정했다.

사례 6 부여군 탑동두레(資5-31)

풍물이 먼저 들어가고 그 다음으로 일을 시키는 수머슴이 들어갔다. 논배미를 어디서 시작해야 쉽게 매느냐 하는 것을 수머슴이 잘 판단해서 해야 했다. 수머슴이 일을 잘해야지 잘못하면 일이 쉽게 풀리지 않았기에 기술이 필요하다고 본다. 수머슴은 손가락 같은 회초리를 들고서 일꾼들 앞에서 진두지휘하면서 '이리 가라 저리 가라' 지시를 내렸다.

사례 7 논산군 양지뜸두레(資5-11)

좌상은 논둑을 돌아다니면서 김매기를 감독했다. '저리 가라, 저리 가

라'라고 지시하거나, '저기로 앞질러라'는 식으로 김매기 작업공간의 빈
틈을 메우고 능률적으로 일할 수 있도록 지시했다.


## 두레회의에서는 무엇이 논의되는가


### 공동체적 공유경영과 개인의 간극

두레는 민주적인 회의체로서의 성격도 지니고 있었다. 두레를
하기 전에 열리는 사전회의와 두레가 끝나고서 열리는 결산회의가 있었
다. 두레회의는 두레를 운영하기 위한 노동회의로서만이 아니라, 촌계를
지탱하는 마을회의와 더불어 중요한 촌락 자치회의였다.[28]

두레회의는 두레성원들 상호간의 민주적인 통로였다. 조선 후기 마을
회의는 대개 리회里會·동회洞會·촌계村契·촌약村約·소계小契 따위로
나타나며, 일괄하여 마을회의, 혹은 촌회村會라 부를 수 있다. 조선 후기
에 리里·동洞·촌村은 같은 뜻으로 사용되고 있는 탓이다.

촌은 마을, 동네를 의미하며 규모가 뚜렷한 차이가 있지만 대체로 30～
50호 정도가 흔하다. 리와 동은 그 밑에 제촌諸村·각촌各村을 거느린 지
역촌地域村으로서 대개 촌의 상급 단위지만, 자주 혼동되어 쓰였다. 더우
기 대촌大村인 경우에는 소동小洞보다도 호구가 많은 경우도 있어 규모만
으로 동과 촌을 구별하기 어렵다. 이와 같이 촌과 동은 그 구별이 애매하
다. 그러나 동회와 촌회는 그 출발부터 다른 것이다.

임진왜란 이후에 동계가 주로 반상班常 혼거混居마을에서 상민지배, 향

권 유지, 체제수호 등을 위하여 양반 주도로 만들어졌다면, 촌회는 애초부터 민중생활에 기반을 두었다. 촌회는 조선 전기에도 이미 있었다. 조선 후기 두레회의는 이 같은 촌회 전통을 이어받은 것으로 여겨진다. 양반들이 주도하거나 양반과 상민이 상하합계 형태로 이루어지는 대계大契가 아니라 소계小契 형태로 민중들 스스로의 문제를 해결하는 방식으로 두레회의가 존속되어온 셈이다.

자연마을에서 이루어지는 가장 중요한 회의는 두 가지다. 하나는 마을굿의 제의나 두레굿의 제의와 결부된 대동회의로서 파제罷祭 후의 음복과 더불어 열리는 회의를 들 수 있고, 다른 하나는 제의와 상관없는 정기적·부정기적 마을회의를 꼽을 수 있다. 대규모 마을회의는 연초의 신년제의와 같은 시기에 걸쳐있는데, 마을굿 회의가 곧바로 전체 대동회의와 같은 것으로 여겨진다.[29] 두레굿 회의는 농업생산에 관계된 구체적인 노동회의로서 별도의 의미를 갖는 것으로 본다. 즉 후대에 가서는 통상적으로 동회라 불리는 대동회의는 마을굿의 의례가 끝나고 열리는 대규모 마을회의를 일컫는다. 동회가 정신적 면에서 결속된 일종의 행정적 공동체회의라면, 두레회의는 육체적 면에서 결속된 일종의 노동적 공동체회의다. 전자는 농한기, 후자는 주로 농번기에 구체화되었다. 두레의 대동회의는 노동회의로서 농업경영, 공동노동, 역원 선출, 회계결산, 상호부조, 두레풍물, 품앗이, 두레굿의례, 놀이 등 농업과 결부된 대소사를 다뤘다.

첫째, 마을 안 개개의 공유지를 공동체의 공유적 경영 대상으로 간주하고 운영하기 위한 노동회의로서, 마을공동체의 낙후된 기술 가운데 생산기술의 공동체적 요구에 부응함으로써 생산관계의 모순을 극복하기 위한 회의였다. 마을 경지는 개개 경영자의 이해에 의해 경영되고 있는데 반해, 두레의 공동작업은 마을의 전 경지를 대상으로 했다. 이런 모순은 두레의 운명을 예시하고 있었다. 그러나 수전농업의 특수성과 농업생

**정자나무와 모정茅亭**

마을마다 이와 같은 집회소를 두어 자치적으로 마을일을 해결했다(전남 함평군 대동면 덕산리, 1991년 찍음).

산력의 미발달 등 영농 여건의 압박으로 인해 두레와 같은 공동작업의 현실이 유지되었다. 마을공동체 성원 전체가 일치되어 일단 작업을 공동으로 하고, 그 결과를 각 농가에 합리적으로 분배하는 방향으로 모순을 극복코자 한 것이다.

이는 땅을 지닌 자와 없는 자 등 생산자로서의 농민과 토지 점유자 사이의 노동력과 생산물의 분배라는 문제를 보완하기 위한 회의였다. 예를 들면, 전혀 토지가 없는 농민도 피고용자의 입장에 놓이지 않고, 일반 성원과 동등한 지위를 보존하면서 공정한 분배에 참여한다는 데 큰 특징이 있었다. 그러나 계급분화의 진전과 더불어 두레 자체가 부농에게 유리하

게 편성되는 경향이 나타났으며, 두레회의는 그런 모순까지도 해결해야
하는 어려움에 부딪혔던 것으로 보인다.

둘째, 노동행위 자체의 일관된 총체적 진행을 위하여 농민들 스스로
위계질서를 세우고 강력한 규율과 벌칙을 통한 공동노동의 단결성을 확
보하기 위한 조직회의였다. 역원 선출을 민주적으로 결정하여 농사가 차
질 없도록 역할을 분담했으며, 역원들에 의해 꼼꼼한 결산이 이루어졌
다. 강한 공동체적 규제도 가해졌으니 규율을 어기거나 게으름을 피울
경우에는 곤장까지 치는 경우가 있었고, 이는 곧 노동조직의 강력한 규
율과 단결성을 의미하는 것이었다.

셋째, 두레회의는 여타 협동관행인 계·보洑·품앗이 등도 함께 논의
되는 농업생산을 위한 상호부조 회의였다. 과부나 노약자 등이 소유한
경지는 무상 경작해주고, 쓰고 남은 수익금은 마을 계금契金에 넣어 혼상
구婚喪具 구입, 악기 구입 및 보수, 농청農廳 보수 등에 활용케 하는 자치
회의였다. 지금도 걸립패의 공동기금 마련 걸립에서 이 같은 성격이 이
어지고 있다.

넷째, 노동의 중압감을 일과 놀이의 순환적 고리로 풀어내는 놀이를
위한 회의였다. 사당연희패가 연희적이고 직업적·흥행적·전문적 조직
임에 반해, 두레패는 생활적·자급자족적·비전문적·놀이적·축제적
조직이었으니, 이는 전적으로 일과 결부된 두레적 삶의 속성에서 말미암
았다. 공동으로 악기를 구입하여 농청에 보관하고 연습도 하면서 성원
간의 단결과 화목을 꾀하고, 노동의 힘겨움을 풍물과 농요로 풀어내버리
는 연행패의 조직회의였다. 연행조직이 그대로 노동조직으로 전화되는
일과 놀이의 유기성을 지녔다. 특히 호미씻이의 대규모적인 축제는 농민
예술의 절정으로서 그 힘과 뛰어난 기예는 단연 농민 축제의 한 전형을
이루어냈고, 생산계급의 활력과 도전을 의미하는 것이기도 했다.

**(왼쪽) 마을 당산과 모정**

모정이 마을 당산과 같이 있
는 경우도 많다(전북 고창읍
죽림리).

**(오른쪽) 여름철의 모정 풍경**

모정은 동네 사람들이 모여
한가롭게 담소를 나누는 공간
이기도 하다(전북 정읍군 원백
암마을).

## 두레 시작 전에 회의하다

두레농사 전 회의는 실제적 농사준비를 시작하는 예비모임이
다. 무엇보다 두레 재조직 및 역원 선출, 경지 순서 결정, 두레셈 기본 원
칙, 농악기 보수 및 구입, 악기 연습 따위가 이루어졌다. 볏가리 뉘기, 농
기고사農旗告祀 따위의 의례와 놀이가 곁들여졌으며, 호미를 농청에 모으
는 호미모둠도 지역에 따라 이루어졌다.

회의 명칭은 '두레공론'(資5-31), '두레공사'(資5-12), '김매기모임',
'김매기회의', '두레짜기', '질짜기'(資1-1) 등 다양하다. 현지조사에 따르

면, '두레짜기'가 보편적이다. 그러나 '두레짜기' 같은 관용어 성격의 명
칭뿐 아니라 '두레공론'·'두레공사' 따위도 조선 후기의 명칭이었을 것
으로 비정된다. 회의 시기는 사전 회의의 성격에 따라 다르게 나타났다.
두레농사가 끝나고 하는 회의가 순전한 두레행사인 두레먹기에 결부되
어 이루어짐에 반하여, 사전 회의는 중첩적으로 나타난 결과일 것이다.


사례 1 화성군 고잔두레(資2-26)

음력 섣달 그믐날 회의가 열렸다. 당제회의라 부르는 것인데, 걸립을 준

비하여 당제를 예비했다. 이와는 달리 '대동회의'라고 해서 1년에 2번 (정월, 추수 끝난 뒤) 남녀노소가 모두 모여 마을 대소사를 논의했다. 여기서 영좌 등의 역원이 결정되었고, 마을의 대소사가 토의·평가되었다. 실제 두레농사에 직접 관계된 사전 회의는 모내기가 끝나고 열렸다. 일명 '김매기회의'라고 하여 영좌 주도 아래 김매기 순서를 결정했다.

사례 1의 경우, 마을굿회의·대동회의·김매기회의의 3단계가 각기 다른 시기에 각기 다른 성격을 가지고 열리는 중첩된 성격을 드러낸다. 마을굿회의는 순전히 마을굿만을 준비했고, 대동회의는 정기회의로서 두레 역원뿐 아니라 마을의 모든 대소사를 함께 결정했으며, 김매기회의는 영좌 주동으로 순수하게 두렛일만을 다루는 복합구조를 보여준다. 다음의 세 가지 회의는 각기 다른 시기에 이루어지거나 겹치는 경우가 있다. 그러면서 각기 어느 정도 두레와 연관을 맺고 있다.

첫째, 시기적으로 정초부터 대보름까지는 신년제의新年祭儀가 열리는 기간이다. 제의가 끝나면 음복을 곁들여 1년 동안 마을 대소사를 논의하는 마을회의가 열린다. 마을회의에서 다루는 주요 안건은 제의결산이다. 정초에 두레논의가 포함된 회의는 별도의 모임에서 이루어졌을 가능성도 남겨놓고 있다.

사례 2 밀양군 감천두레(資3-1)

정월 보름에 '동네회의' 혹은 동회洞會를 열었다. 보洑 수리, 다리 보수, 혼상구 수리 및 구입 등이 논의되었다. 동신제洞神祭가 끝난 뒤라 음복을 곁들여 신년 계획을 마무리했다. 회의장소는 동사洞舍로 이정이 사는 집이었다. 구장을 비교적 학식 있는 사람으로 뽑는다면 이정은 대개 상민 출신으로 동네 전답을 부치며 구장 밑에서 마을 잔일을 보는 사람이었다. 이정은 동네답畓으로 살면서 마을공동기금으로 일부 내놓아 대소사에 쓸 수 있도록 했다.

### 사례 3 안양시 뱀말두레(資2-2)

정월 보름 안에 회의를 열었다. 주로 공청公廳에서 악기 연습을 겸하여 두레를 짰다.

### 사례 4 서산군 독곶두레(資5-33)

정월 초순에 '두레 짠다'고 해서 농사회의를 고문 주도로 열었다. 1년 농사지을 큰 계획들을 모두 결정했으며, 셈하는 원칙이나 악기 보수, 두레 논일 순서 등을 논의했다.

### 사례 5 대전시 유천동(資5-18)

유향계柳鄕契란 동계가 있다. 유향계에는 유천동을 구성하는 12마을이 조직하며, 산제山祭와 동네 재정을 마련하는 데 주목적을 두고 있다. 매년 11월 초사흗날 산제를 올리고 난 연후에 이튿날 결과보고를 겸하여 회의를 하게 된다. 이날 음복을 하면서 마을의 대소사를 논의하게 된다.

### 사례 6 공암리 수실

수실의 두레회의는 모두 동계에서 이루어졌다. 겨울 동짓달에 동계를 모아 여타 마을일을 거론하면서 그 자리에서 두레의 제반 문제를 거론했다. 좌상 선출은 물론이고 두레결산도 동계에서 이루어졌다.[30]

사례 2의 경우, 동신제가 끝난 뒤에 열리는 전형적인 동회다. 그러나 사례 3·4의 경우처럼, 정월 보름 안에 두레만을 위한 회의가 별도로 있었다. 한편 사례 5의 경우, 마을 제의가 연초年初가 아니라 후반기에 열리는 경우도 있어 회의 시기가 다르게 나타나기도 한다.

둘째, 음력 2월 1일은 하아드렛날·노비일·머슴날이라고 하여 한 해 농사가 시작되는 출발점이 된다. 새경을 정하고 품앗이·두레조직 따위가 거론되기도 한다.

### 사례 7 서산군 장리두레(資5-32)

음력 2월 초하룻날을 '농군의 날'이라고 불렀으며, 두레가 시작되는 날이기도 했다. 그날 볏가래를 뉘였다. 볏가래 앞에 술동이와 안주를 받쳐놓고 풍물을 울리며 농사 잘 짓게 해달라고 빌었다. 뉘인 볏가래를 시비 없는 곳에 버려서 기풍祈豊한 뒤, 회당會堂에 모여 한 해 농사를 상의하고 중요한 결정들을 내렸다. 이로써 한 해 농사가 실제로 시작되었다.

### 사례 8 홍성군 고들미두레(資5-35)

2월 1일 마을민이 모여 용대기를 삼거리에 세워놓고 용대기고사龍大旗告祀를 행한다. 이어서 마을계(마을회의)를 열어 1년 농사지을 일을 결정하고 임원선정에 들어간다. 마을계에서는 공동기물을 보수하는 문제도 결정했으니 혼상구는 물론이고 두레에서 쓰일 악기 보수와 교체도 결정했다. 마을계는 어디까지나 신년의 농사준비모임 같은 성격이었다. 가을 추수가 끝난 뒤에 본격적으로 행하는 대동계는 10월 말이나 동지 초승에 열렸다.

### 사례 9 김제군 원대동두레(資4-2)

원대동은 김씨 동족촌同族村으로 종중계宗中契가 대동계大同契 역할을 했으니 음력 2월 초하루날 큰사랑에 모여서 품삯조정·농사순서결정

따위를 논의했다. 큰 잔치도 동시에 벌어졌으며 종중계(혹은, 종중회의)라 불렀으니 종중모임이 곧 생산회의였다.

사례 7의 경우, 2월 1일 볏가리풍습과 '농군의 날'은 『동국세시기東國歲時記』 기록과 일치한다. 사례 8의 경우, 두레의 상징인 용대기고사와 마을회의가 함께 이루어지는데, 동네계는 두레가 주목적이었다. 사례 9의 경우, 똑같이 2월 1일에 농사 관련 회의가 열리되 동족마을인 관계로 종중회의 성격을 띠고 있다. 샘에서 이루어지는 편성작업은 간략한 모임 같다.

셋째, 모내기 후, 김매기 직전에 하는 회의는 전적으로 두레와 연관된다. 오로지 두레작업을 하기 위한 회의인 탓이다. 일제시대에 이같이 나타난 현상이 조선 후기에도 그랬을 것으로 단정하기는 곤란하다. 정초회의가 두레 및 마을 공동체생활 자체가 약화되면서 모내기 후의 회의만 남았을 가능성도 배제할 수 없다.

모내기를 끝낸 뒤에 마을의 정자나무나 모정茅亭에 모여 두레를 짜는 것이 보통이다. 구체적인 실무회의적인 성격을 띠고 있어 역원 구성뿐 아니라 작업 순서, 악기 준비 따위를 하게 된다. 사전에 동회 따위에서 역원이 선출되었을 경우에는 실무적인 일만을 상의하게 되는 셈이다.

회의 시기는 바로 모내기 완료 여부에 달렸다. 대개 '망종亡種 지나 모내기 끝난 뒤', '망종 전이나 초복', '6월 초순' 따위로 표현되는 시기에 두레를 짰다. 모내기가 5월 그믐이나 6월 초순, 심지어는 6월 말까지 연장되는 경우도 있었기에 두레 짜는 모임도 일정할 수 없었다. 전적으로 모내기 일정에 좌우되었다.

사례 10 김제군 원대동두레(資4-2)

작업 편성은 모내기날 각 두레지역의 샘에서 이루어졌다. 작업 도중에
도 좌상 집에서 수시로 모여서 논의를 했다.


사례 11 채운면 메꼴(資5-12)

아시 논매고서 두벌 맬 때 '두레공사'라 하여 두레 날짜 결정, 두렛일 신
청, 작업 순서 결정, 역원 선출 등을 결정했다. 음력 6월 초순에 정자나
무 밑에서 짰다. 이날 공좌상, 서기, 총각대방 등이 뽑혔다.


사례 12 부여군 십자가두레(資5-29)

두레는 초벌에는 없고 두벌에 이용됐으며 두레짜기 역시 아시 나고서
동네회의에 부쳤다. 구장집에서 열었으며 좌상, 수머슴, 총각대방을 뽑
았다.


앞의 사례 1에서처럼, 동회와 별도로 '김매기회의'가 병존하고, 사례
10의 경우처럼 2월 1일의 대동계에서 큰 사안은 논의되고 실제 작업편성
은 임박해서 하는 예외도 있다. 사례 11·12의 경우, 두레가 초벌에 쓰이
지 않고 두벌부터 쓰이는 경우에는 아예 아시를 매고서 두레를 짰다. 두
레공사公事 같은 명칭으로 보아 전통적 방식 같다.


### 두레 후에도 회의하다

두레농사 후에 하는 회의는 결산모임이다. 김매기를 종료하
고, 음력 7월 칠석이나 백중을 전후하여 호미를 씻으면서 회계결산을 했
다. 한해 농사의 정확한 셈을 가렸으며, 악기 보수, 마을 대동살림 해결,

마을 대소공사(길 닦기, 풀베기 등) 등 노력동원에 대한 결산과 노동의 피로를 풀어내는 놀이가 함께 어우러졌다. 지역에 따라서는 우물고사도 이루어졌다. 동시에 두레에 처음 가입하는 신참자에 대한 신입례新入禮도 이때 했다.

회의 명칭은 호미걸이 · 호미씻이 · 두레먹기 · 두레결산 · 두레셈보기 · 두레셈 · 회계하기 · 심보는모임(資2-25) · 결산모임 · 두레공사(資4-5) · 질먹기(資1-1) 등 다양하다.

회의 장소는 무더운 여름철이라 시원한 둥구나무 밑, 산중턱 따위가 이용됐다. 마을공터나 야산 숲그늘같이 전망 좋고 시원한 장소에서 이루어졌다. 간혹 두레 도가집(資2-22)에서 회의를 하거나 개를 잡는 복다림 행사에서 함께 이루어지기도 했다(資2-33). 성황당 앞마당의 시원한 그늘숲에서 이루어지기도 했다(資1-1). 어떤 경우에도 복중 더위를 피하여 시원한 곳을 찾아서 회의가 이루어졌다.

대개 낮에 회의를 했으나 마을에 따라서는 밤에 모깃불을 펴놓고 심야 회의로 이루어지는 경우도 있었다. 마을에 따라서는(資4-6) 농청農廳에서 열렸다. 당산제를 올릴 때, 매굿을 칠 때, 두레김을 매러 나갈 때도 으레 농청에 모였고 두레회의도 농청에서 이루어진 셈이다. 호남지역에서는 모정도 결산모임에서 대단히 중요했다.

두레농사 전의 회의가 상당히 중첩적인 데 반하여 두레농사 후의 회의는 대개 칠월 칠석이나 백중날, 혹은 그 날을 전후하여 이루어졌다. 7월 초순부터 대략 7월 중순 무렵에는 두레먹기가 완전히 끝이 났다.

첫째, 백중과 칠석으로 대별되었다. 백중놀이로 알려져서 대개 백중날 하는 것으로 알고 있지만 실상은 달랐다. 칠석두레도 많이 먹었다.

둘째, 놀이와 결산이 겹쳐지지 않도록 오전에 셈을 보고 나서 놀기 시작했다. 마을에 따라서는 혼선이 없도록 '두레먹기' 전날이나 며칠 전에 미

각각 예시해본다.

### 사례 1 화성군 고잔두레(資2-26)

세벌 김매기가 파하고 호미걸이 전에 '심본다'는 회의가 있었다. 호미걸이가 있기 직전 농사일이 대충 끝이 났을 때 셈을 계산했다. '심본다'는 뜻은 일에 비하여 품삯이 많은 사람은 돈을 내놓고 적은 사람은 돈을 찾는 것이었다. 품삯은 약 35푼으로 쌀이 아닌 돈으로 계산했다. 계산원칙은 일 상태에 따라서 영좌가 계산했다. 1명 당 1마지기 정도 하루 노동을 하는 것으로 해서(여기서는 1마지기를 150평으로 간주) 땅의 경질 여부, 풀의 과다 여부를 판정근거로 삼았다. 일이 되다 함은 풀 많고 딱딱한 땅을, 일이 쉽다 함은 풀이 적고 무른 땅을 일렀다. 과부 등의 노동력 없는 집의 땅은 두레가 농사지어 주고 이 날에 품계산을 했다. 여기서 생긴 잉여는 '품 팔았다' 하여 공동기금 원칙으로 악기 보수에 쓰거나 술잔치에 사용하기도 하고, 더러는 나눠 갖는 경우도 있었다. '심본다'는 회의는 농사 전 과정의 결산회의였으니, 곧이어 열릴 호미걸이 결산과 연계되었다.

### 사례 2 밀양 감천두레(資3-1)

결산모임은 백중 전에 다 끝을 보았다. 동사洞舍로 쓰인 이정집이나 사랑방에 모여서 회계를 보았는데 노동분량을 기준으로 셈을 했다. 두레 농사를 1명 당 2마지기로 잡되 아시 논매기는 꼼꼼하게 하면 1명 당 1마지기로 셈했다. 당시(1930년대 기준) 1명 당 15~20전(1일)을 계산했으며, 과부같이 노동력이 없는 집은 돈으로 셈했다. 총액에서 제하고 남는 우수리는 마을 공동기금, 특히 악기 보수 등에 유용하게 썼다. 바로 이 계산이 완전히 끝나고야 백중놀이가 준비되기 시작했다. 즉 계산은 백중날하는 것이 아니었다. 백중은 그야말로 '머슴의 날'로 먹고 마시고 노는 날이었다.

사례 3 김제군 원대동두레(資4-2)

7월 중순에 술멕이 날이라 해서 회의와 더불어 큰 놀이판이 벌어졌다. '세마리술'이라고 해서 소주를 한 동이씩 내고, 돈 많은 사람이 특별히 큰 술을 내야 했다. 진서가 된 사람은 진서턱으로 세 통을 냈다. 도리깨 품이라고 해서 가령 세 시간 반이라면 반품을 떼내어 축적시키는 방법으로 잉여를 모아서 술로 내었다. 결산 원칙은 합의에 따르되 평소에 좌상이 계산해둔 일값을 정리하는 자리였기 때문에 아무도 이의를 걸지는 않았다. 품계산은 좌상이 작업시간을 계산하여(참을 기준으로) 셈했다. 풀이 많이 나는 논, 덜 나는 논, 땅이 억센 논, 무른 논 등을 평가하여 '어느 정도 욕봤다' 하면서 결산했다. 두레의 남은 돈을 적립시키지 않고 먹는 데 쓴 이유는 먹고살기 힘들었던 탓에 그 날이라도 배불리 먹어보자는 뜻이었다.

사례 4 서산군 장리(資5-32)

칠월 그믐 피사리 때, 혹은 칠월 백중이나 스무날에 식공원 집에 모여서 결산회의를 했다. '회계 닦는 날', '회계허는 날'이라 불렀으며, 식공원 집을 택하여 술과 안주를 내오곤 했다. 영좌와 앉은공원(남의 이름자를 쓸 만한 사람)이 주도하여 돈으로 셈을 보았다. 평소에도 매 두레가 끝날 때마다 적어둔 기록을 근거로 품값을 돈으로 결산했다. 회계원칙은 움팡집이라도 굴뚝나는 집은 모두 굴뚝 수대로 몫을 나누어놓고(이를 '굴뚝 모켕이마다 나눈다'고 했다), 논이 없는 사람들은 품삯을 받아가는 방식이었다. 일한 대가가 조금이라도 손해를 안 보게끔 공평히 나누었으며, 동네 사람이라면 누구나 혜택을 보게 회계를 했다. 일부 금액은 필히 남겨서 악기를 보수하는 데 사용했다. '대동大同 꺼니깐' 악기보수비는 당연히 제해놓았다. 두레 시에 먹었던 음식값 같은 제반경비도 물론 제해놓았다. 열 사람이 열 마지기를 매었다면 그날 술값 등을 제하고서 열로 나누되, 맨 나중에 농사 많이 진 사람은 더 내놓기도 하고, 거기서 떨어진 돈으로 고기도 사다 먹곤 했다.

## 마을 공동집회소인 농청 · 도청 · 도가 · 모정

태평양의 팔라우에는 오래된 바이(Bai)가 전해진다.[31] 바이를 이해함은 이곳 문화를 이해하는 지름길이란 생각이 든다. 바이는 여러 형태로 세워졌다. 공동집회소로 세워진 거대한 바이, 그리고 영혼의 집으로 세워진 자그마한 바이도 있다. 그러나 지금은 공동집회소만 남아 있을 뿐이다. 바이의 실내는 아름다운 채색으로 치장된다. 굄돌을 주춧돌로 놓고 기둥을 세운 다음에 마루를 깔고 창문을 2개 달았다. 바이에서 중요한 건 정면의 벽화다. 몇 개의 단을 나누고 외곽에 물고기 · 상어 · 거북이 등을 배치했다. 바이는 민주적인 집회소로 공공의 토론이 이루어져 공론이 모아지고 주요 결정이 내려진 유서 깊은 곳이다. 시대가 흘러 더 이상 족장사회는 사라졌으나 박물관뿐 아니라 정부 청사 주변의 집회소에도 바이는 흔하다. 팔라우의 대통령궁 건너

편의 의회·법원 같은 공공건물이 군집한 넓은 광장에 현대적 바이들에 많은 이들이 모여 앉아 쉬고 있다. 호텔의 휴게소, 의회건물 입구, 하다못해 스쿠버 숍에도 바이를 세우거나 바이 형식의 그림들을 그려두었다.[32]

바이는 오래된 흡사 정자나무 아래서 마을일을 공론에 부치고 휴식을 취하던 모정에 비견된다. 팔라우의 바이들은 그 공동체성을 소멸하고 건물의 잔존양식에서 집회소의 유제를 남기고 있는 듯 싶다. 먼 태평양의 바이를 이야기함은 그런 '바이적인 공간'이 한반도에도 존재했기 때문이다.

두레의 공간도 위의 '바이'처럼 농민들의 집회소였다. 두레의 회의장

| 우리나라의 모정과 흡사한 바이(Bai, 2000년 1월 팔라우에서 찍음)

소는 시기에 따라 다소 달랐다. 모내기 이후의 더운 철에 열리는 회의는 시원한 나무그늘(정자나무)이 쓰였다. 호남의 경우에는 모정도 활용되었다. 마을의 유력한 집의 큰 사랑방도 악기 보관과 집회장소 따위로 중요했다. 일제시대로 들어오면 행정책인 구장집도 모임처로 활용되었다. 공청(公廳, 資2-2), 농청(農廳, 資4-6), 회당(會堂, 資5-32), 동사(洞舍, 資3-1) 따위가 조선 후기 이래의 전형적인 집회소였을 것이나 일부에서만 확인된다. 공청에서 청년들이 악기 연습을 하면서 두레를 짰다는 사례는 중세사회 청년집회소의 생활기풍과도 유사하다(資2-2). 전장석은 강원도 일대의 현지조사를 바탕으로 분화되기 전의 두레가 공동체적 생활을 영위했다고 보고하고 있다.[33]

두레는 공동생활의 중심처로 공동건물(농청 · 공청 · 공회당)을 가지고 있었다. 농민들의 집회소뿐으로서만이 아니라 실내 노동장소, 또한 두레성원들의 취침과 휴식장소, 농구農具 · 악기樂器 · 농기農旗 같은 공동소유물의 보관장소 등으로 쓰였다. 원칙적으로 이곳에서 침식을 공동으로 하는데 공동집회소는 장중한 울타리로 방위되어 있으며, 출입구에는 감시대를 설치하여 윤번으로 입초를 세워서 출입자 단속, 방화 · 기상 등을 신호하는 감시, 연락 책임을 담당케 했다. 농한기에도 단절되지 않아 농청農廳을 중심으로 강원도 남부 일대에서는 섣달 그믐날 대방이 이듬해 여름철 노동에 필요한 소(牛)고리 1개, 삼태기 1개, 밧줄 1장, 고삐 1장, 우장 1개, 짚신 1죽, 중태 1개 등을 분담시켜 준비하게 했다. 작업량을 할당받은 두레꾼들은 농청 내에 자리를 정하고 경쟁적으로 각자의 책임량을 마친 후에 완성품은 대방을 통하여 농청에 보관했다가 이듬해 농사 개시와 함께 다시 각자에게 돌려주었다. 이 같은 두레활동은 노동활동의 집중도에 따라 강약은 있었다. 그러나 공동체적 연대관념과 상호부조 의식은 붕괴되어 가는 두레를 묶어 세우는 마지막 지주로 작용했다.

　두레의 총책임자로 도청都廳이란 명칭이 쓰이는 곳도 있다. 도가와 더불어 마을생활에서 어떤 문화적인 중심처 기능을 했던 것으로 판단된다 (고창군 상평리두레, 資4-1). 도청은 농청農廳과 더불어 두레의 공동집회소를 뜻하는 것으로 추정된다. 도가는 두레뿐 아니라 마을굿에서도 제물을 준비하는 중심이었다. 이들 촌계村契의 기관은 대개 문헌에는 나오지 않으나 조선 후기에는 마을에서 중요한 역할을 했을 것으로 여겨진다.

　함경도 북청 같은 지방에는 '도가'라 불리는 공공건물이 있어 마을의 제의·노동·놀이 따위를 관장했다. 도가라는 말뜻에는 공동집회소로서의 도가 전통이 살아 숨쉰다. 도청은 함경남도 북청 일대에 오랫동안 남아 있던 마을의 공동건물을 뜻하며 다른 지방에서는 공청, 농청, 동사 등으로 부르기도 했다. 북청사자놀이도 도청을 중심으로 벌어졌다. 김일출은 북청의 죽상리를 현지조사한 결과, '정월 보름날 밤에 사자놀이에 나올 모든 사람들이 동리사람들과 함께 도청에 모인다. 초저녁에는 우선 도청 안에서 장단이 잡히고 소리와 춤으로 놀음을 시작한다'고 했다.[34] 뒤쪽의 사진은 현재까지 전해지고 있는 도청의 실제 모습으로 예전에 초가집이 즐비하던 시절에 이와 같이 우람한 기와집으로 지었음을 알 수 있다. 도청의 기능은 대략 다음과 같았다.

　　도청은 마을공동소유의 토지, 또는 공동으로 이루어놓은 재산의 일부
　　자금으로 보통 마을의 중심이나 경치 좋은 곳에 크게 지었다. 도청의 내
　　부는 많은 사람이 들어가 이용할 수 있도록 보통 간벽이 없이 하나의 큰
　　방으로 되어 있거나 두 칸으로 되어 있었다. 한 방인 경우에는 윗목과
　　아랫목을 문턱으로 나누고 아랫목은 노인층, 윗목은 젊은이들 차지였

다. 한쪽을 서당으로 꾸린 곳도 있었다. 도청은 동회나 계를 조직하여 관리·운영하던 곳이기도 하다. 도청관리는 마을회의에서 선출된 감관, 차지 등이 책임졌으며 그밖에 난방관리, 조명, 청소, 음료수 준비 등은 마을사람들의 돌림순서에 따라, 혹은 도청지기를 두어 맡아하도록 했다. 어떤 도청에는 글 읽는 방, 일하는 방, 놀이방이 따로 있었다. 마을

**함경도 북청의 도가**
관아 건물처럼 매우 크고 웅장하게 기와를 올린 마을 공간이다. 마을의 각종 대소사가 이곳에서 벌어졌다(『조선의 민속전통』, 과학백과사전출판사, 평양, 1992).

사람들은 일상적으로 도청에 모여 소설 읽기, 바둑, 장기 등 문화오락도 진행했으며 또한 젊은이들에게 생산에 필요한 지식과 예의, 도덕을 가르치는 장소로 이용했다. 또한 마을의 집단생활규범과 도덕을 어긴 사람들을 불러다 처벌도 하고 때로는 송사를 들어 시비를 가려주기도 했다. 이밖에 도청은 지나가는 길손들이나 마을사람들의 숙식 및 마을의 공동소유물인 사자탈, 북, 피리, 장고 등을 보관하는 장소로도 이용되었다. 북청 일대에는 해방 전까지만 해도 도청이 무려 764개소나 있었다. 광복 후에 도청건물은 민주선전실, 사무실, 학교 등으로 널리 쓰였다. 도청은 지난날 마을사람들의 공동생활을 유지하며 그 과정에 그들의 단결과 협조, 화목을 도모하는데 일정한 역할을 수행했다.[35]

남한쪽에 분포된 모정도 두레의 집회소로 중요하다. 그러나 위의 도청과는 성격이 다르다. 도청은 역시 추운 지방에 설립된 공공시설답게 구들이 있어 난방이 되는 항구적인 건물이다. 반면에 모정은 호남을 중심으로 분포되며, 벽이 없는 개방형 구조의 건물이라 겨울철에는 사용이 어렵다. 굳이 따지자면 앞에서 예로 든 팔라우의 개방형 바이와 비슷한 구조다.

모정은 시정詩亭·유산각·농청農廳·농정農亭·동각洞閣·양청凉廳 같은 명칭이 두루 쓰이나 역시 대종은 모정이다. 시정 같은 표현들은 후대에 모정과 누정樓亭 문화가 일부 섞이면서 등장한 신식 명칭이지 순수 '모정혈통'은 아니다. 누정이 어느 정도는 유유자적 '관음의 문화'라면, 모정은 '노동의 문화'다. 무더운 여름철 양반들은 누정을 찾아들어 죽부인을 껴안고 낮잠을 잘 수 있어도, 농민들에게는 어림없는 일이었다.

해마다 음력 2월 1일(머슴날, 혹은 하아드렛날) 모정에서 마을회의가 열려서 품앗이, 다리 보수, 공동 혼상구 준비 따위의 1년 대소사가 결정된다. 그러나 모정이 제 역할을 십분 발휘하는 시기는 역시 한여름철이다. 김매던 농군들이 점심을 먹고 잠시 불볕 더위를 피해 눈을 붙이는 요긴한 장소로 쓰인다. 굽이치는 들녘을 바라보며 이야기꽃을 피우는 사랑방 구실도 하고, 모깃불이 사위어가도록 밤 더위를 피하는 곳이기도 하다.

드넓은 벌방지대에 가보면 막상 쉴 만한 곳이 마땅치 않다. 오뉴월 뙤약볕에서 세벌 김매기에 허리를 펴지 못하다가 점심바구니가 들어오면 술추렴에 한시름을 잊는다. 점심 먹고서는 너무도 더웠기에 차라리 한잠을 자야만 했다. 이때 모정이야말로 뙤약볕을 가려주는 유일한 공공장소가 아닌가! 모정은 당산굿이 치러지는 종교중심터이기도 했다. 호남의 넓은 들판마다 마을이 있고, 그 마을마다 당산나무가 서 있다. 해마다 당산나무에 금줄을 두르고 풍물굿을 친다. 느티나무같이 가지와 잎이 많은 활엽수가 무성하게 그늘을 만들면 여름철의 피서지가 된다. 반대로 겨울에는 신성한 제의공간이 된다. 당산나무는 홀로 서 있는 경우도 많지만, 나무그늘에 모정을 지어서 여름을 나기도 한다. 성聖과 속俗이 계절적으로 교차하는 공간이 아닐 수 없다. 최재율의 보고에 따르면, 모정이 민중의 문화였음이 분명해진다.[36] 양반들이나 노약자들은 설령 모정에 나가고 싶어도 한창 농군들이 일할 때는 조심해야 했다. 일군들이 들로 나간 연후에야 잠시 쉬는 정도였다. 모정이 노동의 산물이었음이 분명해지는 대목이다.

그렇다면 그 밖의 다른 곳은 공동집회소가 없었을까? 평촌신도시가 건설되기 직전에 안양시에서 민속조사를 의뢰받고 평촌을 조사한 적이 있다. 오늘날은 평촌신도시가 들어서서 완벽한 아파트단지로 변한 곳이다. 그러나 1990년대 초반까지만 해도 글자 그대로 넓은 들이 펼쳐졌던 서울 인근의 드문 곡창지대였다. 그 평촌을 둘러싼 여러 마을에는 일제시대까지만 해도 '동청'이 존재하여 두레꾼들의 집회소로 기능했음이 확인되었다. 안양의 관양동 뺌말두레에서는 논일의 시작이 공청에서 시작되었다. 공청에 보관된 악기를 2~3명이 끄집어냈다. 공청은 마을집회소로 주로 젊은이들이 노는 장소였다. 일하고 나서 늦은 시간에도 모여서 놀기도 하고, 대소사를 서로 의논하는 장소이기도 했다. 반대로 마을 사랑방은 노인네들이 모이는 장소였다. 이 마을에서는 두레회의도 음력 정월 보름 안에 공청에서 열었는바, 두레를 짜고 농사일을 의논했다. 공청에서는 악기를 연습하여 친목을 도모하는 공간이기도 했다.[37] 이처럼 젊은 두레 꾼들이 모이는 공청과 두레와 무관한 사랑방을 구분했음이 확인된다.

　이런 사례로 미루어, 오래 전에는 이 같은 공동체적 집회소가 전국 곳곳에 존재한 것으로 추정된다. 공공적 장소가 사라지면서 마을의 큰 사랑방, 잘 사는 집의 사랑 등을 이용하다가 나중에는 공회당, 회당, 회실 같은 20세기형 건물에 악기를 보관하기도 했다. 그도 아니면 악기를 각자 개인이 보관하는 경우도 생겨났다. 이는 공동체적 집회소의 기능이 무너진 이후에 생겨난 현상들로 추정된다. 그리하여 이들 공동체적 집회소들은 너무 오래 전에 소멸되어 그 잔흔마저 거의 사라지고 지극히 일부에서만 구전으로 전승되고 있는 것이다.

# 두레와 변혁운동

평민이 선두에서 나이 십사오 세쯤 된 아이 한 명을 업고 진 앞에 나섰는데, 아이는 푸른색 홀기를 쥐고서 마치 지휘하는 것 같았고, 그 뒤를 뭇 적들이 뒤따라왔다. 앞에서는 날라리를 불고 그 다음에 '仁'과 '義'자를 새긴 깃발 한 쌍이, 그 다음에는 '禮'와 '智'자를 새긴 한 쌍이, 또 다음에는 흰색 깃발 두 개가 뒤따랐는데, 그 가운데 하나는 보제普濟라 썼고, 다른 하나에는 안민창덕安民昌德이라 썼는데 모두 전서체로 쓰여 있다. 다음의 황색기 하나에는 해서로 보제중생普濟衆生이라 쓰여 있었고, 나머지 깃발에는 각 고을의 이름이 쓰여 있었다. 다음은 갑옷에 투구를 쓰고 말을 타고 검무를 추는 자가 한 명, 그 다음에는 칼을 가지고 걷는 자 네다섯 쌍, 다음에는 피리를 불고 북을 두드리며 붉은 관복을 입은 자 두 명, 다음에는 두 명이 또 날라리를 불고, 다음의 한 명은 벼슬아치들의 관모를 쓰고, 우산을 가지고 도인의 복장을 하고 나귀를 타고 있었다. 그리고 소매가 좁은 옷을 입고 관모를 쓰고 우산을 가진 대여섯 명이 나귀를 타고 있는 사람의 주위를 에워싸고 따랐으며, 그 다음에는 두 줄로 만여 명의 총수銃手가 뒤따르는데 모두 머리에 수건을 두르고 있었다.

_ 황현黃玹, 『오하기문梧下記聞』

# 19세기 향촌사회의 동향과 변혁운동

### 촌락의 변모와 농민의 힘

축제로서의 혁명, 놀이로서의 변혁운동은 가능한 것일까? 물론 불가능하다. 농민들이 억압에 눌려, 참기 힘들 정도가 되어 드디어 쇠스랑 들고 터져나온 마당에 무슨 축제가 가능할까? 그러나 어떤 혁명도, 어떤 변혁운동도 그 집단 에너지 안에는 축제의 성격이 매개되어 있다. 물론 여기서 말하는 축제는 '반역의 축제'를 의미하는 것이니, 때로는 노동조직이자 놀이조직이었던 두레의 농민 동력이 변혁의 마당으로 나아가기도 했음을 주목하고자 한다. 변혁운동에서의 놀이를 다루는 시각은 프랑스혁명에서의 축제에만 머무는 것이 아니다. 변혁운동에 쓰였던 조직들, 그 조직들이 움직였던 신명나는 악기들, 그리고 동학의 칼춤처럼 퍼포먼스에 가까운 변혁적 놀이들이 조선 후기를 화려하게 장식했다. 동학의 검결劍訣에서 "시호시호 이내시호"라고 노래하면서 칼춤을 출 때, 그 칼춤은 변혁의 제의이자 놀이였다. 조선 후기 변혁운동을 다루는 무수한 글들은 어느 하나도 이들 제의, 축제, 의례적 성격을 주목하지 않거니와 이 장에서는 기왕의 견해와 많이 어긋날 수도 있는 변혁의 요소들을 점검하고자 한다.[1]

한말의 다음 사진을 유심히 보자.[2] 1888년 가을부터 1889년 초에 서양인으로 최초로 서울을 출발하여 경상도를 거쳐 부산까지 내륙을 횡단했

**무장한 향토 방범대**

병농일치兵農一致 사회의 전형적인 풍경이다(1892년, 〈르 뚜르 드 몽드〉, 백성현·이한우 편, 『파란 눈에 비친 하얀 조선』, 재인용).

던 샤를 바라가 부산에서 직접 목격한 '무장한 향토 방범대가 군가를 부르며 행진하는 모습'으로, 1892년에 나온 프랑스 여행 월간지 〈르 뚜르 뒤 몽드(세계일주)〉에 실려 있다. 북을 치면서 도리깨, 호리 같은 농기구를 그대로 들고나와 군가를 부르는 모습은 병농일치의 모습을 그대로 전해준다. 지배층의 동원책으로 이용당하면서, 동시에 유사시에는 그대로 군대로 전환되었으며, 민란에서도 이와 같았음을 유추할 수 있을 것이다. 이들은 양가성을 지닌 집단들임을 쉽게 알 수 있다. 사진을 깊게 들여

다보면 농민동력에 관하여 많은 생각을 하게 해준다.

돌이켜보면, 19세기는 1811년 평안도농민전쟁平安道農民戰爭, 1862년 농민항쟁農民抗爭, 그리고 1894년 동학농민혁명東學農民革命 등 시기 차이가 있는 3개의 큰 사건으로 상징화된다. 주목받은 이들 사건들의 저변에는 그에 못지않게 촌 동네에서 이루어졌던 무수하게 작은 사건들이 밑거름으로 작용했음이 분명하다. 19세기 민의 저항은 이미 17~18세기에 축적된 힘에 의한 것이었음은 두말할 것도 없다.

농민층의 소박한 저항운동은 계급사회적인 현실 못지않게 더욱 정의롭고 평등한 사회체계에 관한 '신화'를 바탕으로 한다. 이런 신화들은 과거의 정의롭고 평등했던 요순堯舜시대를 다시 이룩하자는 상고적尙古的인 것도 있고, 현실을 완전히 혁명적으로 변화시켜 이땅 위에 새로운 질서를 이룩하자는 미래지향적인 것도 있다. 11세기 이후 유럽에서의 혁명적인 천년왕국운동, 19세기 스페인의 무정부주의 봉기, 중국에서의 태평천국의 난 같은 것도 마찬가지다.[3] 위의 변혁운동들도 이 같은 연장선에서 이해함이 옳을 것이다.

조선 후기에 이앙법을 기초로 한 농업생산력 증강은 곧바로 농촌에서의 계층분화를 촉진시켰으며 수공업과 상업의 발달도 의미했다. 5일장을 중심으로 한 장시場市의 확장, 선상船商을 중심으로 한 전국적인 유통망 확장이 이루어졌다. 사족士族의 지배질서는 무너지고 있었으며, 요호부민饒戶富民의 증가는 농민의 성장을 의미했으니 경제력을 바탕으로 한 신분관계의 해체 양상도 뚜렷해졌다.

향촌사회에서 마을의 자주성 확대는 이미 임란 이후부터 일관되게 예견되어온 흐름이었다. 농민층 분해가 계속되면서 두레 같은 새로운 조직이 성장하고 있었다. 그렇지만 그 어떤 조직도 촌락을 이끌어나갈 만한 새로운 지배논리로 전화되지는 못한 단계였다. 농민층의 성장만큼이나 수탈의 정도도 더 가혹해져서 오히려 농민들은 더욱 심각하게 내몰리는 지경이었다. 가령, 정다산의 「전간기사田間紀事」를 보면, '큰 가뭄이 들어도 대책이 없어 모를 뽑아버리면서 울지 않는 사람이 없으니 곡성이 들판이 가득하다'고 했다. 흉년이 들어 남편이 자기 처를 버리고 어미가 자기 자식을 버린 일도 있었으니, 일곱 살 난 여자애가 동생을 데리고 길가에서 방황하며 제 엄마를 잃어버렸다고 우는 모습을 다산은 애절한 시로 썼다. 이와 같은 자연적인 흉년은 물론이고 풍년이 온들 가렴주구 때문에 농민들은 견딜 재간이 없었다.

이와 같은 절박한 조건에서 저항은 필연적인 것으로 되어가고 있었다. 이처럼 19세기 전반기 조선사회는 다양한 세력권으로 길항관계를 거듭하고 있었다. 당시에 포진되어 있던 세력은 다음과 같이 정리할 수 있을 것이다.

① 정치세력에 인접해 있는 층
② 새로운 정치적 지향을 갖고 성장, 상승을 시도하던 층
③ 정치적 저항 움직임이 선명하지는 않으나 새롭게 자각하면서 서서히 정치적 지향성을 드러내는 층[4]

①의 주류는 중앙정치무대에서 소외되어 가고 있던 사족집단士族集團, ②는 요호부민과 중인中人, 서얼庶孼, 심지어 노비도 포함되며, ③은 대다수 농민들을 의미했다. 이 가운데서 ③유형에 속한 소농이나 빈농 등 광범위한 기층민은 권력의 합법적인 상승은 고사하고 각종 수탈에 방치되어 있었다. 이들은 저항을 통해 맞설 수밖에 없음을 깨달았으며, 16·7세기 소빈민층처럼 단지 '권력행사의 대상'이 더 이상 아니었다. 이런 변화는 19세기 기층민들의 정치적 위상이 정태적·수동적인 위치에 머문

**마을 창고 벽에 드러난 농민항쟁의 외침**
1980년대를 풍미한 벽화·걸개그림 등에서 이 같은 모습을 자주 볼 수 있다.

것이 아님을 의미했다.[5] 당시 향촌사회의 제 세력들은 몇 개의 통로로 상호 지양적인 발전을 통하여 변혁의 길을 모색해온 것으로 보인다.

첫째, 지배세력의 통치이념에 준거하여 조직화된 여러 지배조직의 민중조직으로의 질적 전환현상이다. 동계와 향회를 하나의 실례로서 분석해볼 경우, 질적 전환현상이 엿보인다.

규약規約(동계洞約·동규洞規·동헌洞憲·입의立議 등)에 의하면, 사족 중심의 동계는 일찍이 16세기의 산물로 이해된다. 동계는 관권과 타협을 통해 재지사족 지배질서의 기반이 되었으며, 그것이 촌락조직에 미친 영향은 절대적이었다. 이런 동계도 17세기 후반 이후 18세기로 접어들면서 일정하게 변모했다. 그 변화는 동계의 구성원과 동 재정의 운영에서 단적으로 드러나는데, 이는 당시 사회변동과 밀접히 관련된 것이었다. 이제 18 · 9세기에 이르면, 지배층은 기존의 동계를 하나의 납세 단위로 한 공동납제를 강화한다. 그 과정에서 기존 동계의 성격은 바뀌었으며, 동민들의 움직임 또한 크게 변화했다.

향촌사회 지배층들의 결속을 위한 모임이었던 향회鄕會의 전환이 포착된다. 물론 기존의 향회가 전이된 경우, 아니면 향회라는 명칭만 같을 뿐 완전히 별개의 성격을 지닌 역사적 산물로서 '새로운 민의 자치기구'인 향회가 속속 만들어진다. 물론 저항조직으로 변모하는 것은 새로운 자치기구로서의 향회였다.[6]

두 번째 통로는 기존 민중조직 자체의 연대과정으로서, 이는 곧바로 생산농민들의 자주적 조직이 자리 잡는 조직적 위상이다. 기존 민중조직들은 '村村有契 家家有契'에서 보이듯,[7] 도처에 얽혀 있던 계를 기반으로 하여 자주적으로 존립해오다가 상부지배의 틀로 흡수되기도 했지만, 여전히 일정한 힘을 상실치 않았다. 여기서 새롭게 성장하고 있었던 두레조직을 주목해야 한다. 향회 · 동계 등이 향촌사회의 민중조직으로 전화되어나갔다면, 그 전화의 주도적인 힘은 당대사회를 떠받치고 있던 대다수 기층농민들에서 나왔을 것이기 때문이다.

그 생산농민들의 중심체가 바로 두레였고, 두레의 일꾼들이야말로 당대 사회에서 가장 많은 수탈을 직접적으로 받고 있던 소빈민층이었으니 두레를 중심으로 한 저항의 기반도 강해질 수밖에 없었다. 독자적인 성장을 거듭하고 있던 자연촌 단위의 촌계에서 두레는 청장년들이 모인 가장 강력한 조직이었기 때문에 자연스럽게 두레가 저항의 기초가 될 수밖에 없었다.[8]

세 번째 통로는 향촌에서 유리되어 떠돌던 계층과 그들의 본거지였던

**향회 운영방식**(조선 후기. 『지도군총쇄록智島郡叢刷綠』)
지배층 중심의 향회도 19세기로 넘어오자 민중적 성격이 강해졌다.

장시를 살펴보아야 한다. 향촌에서 유리된 계층도 대개 소농빈민 출신이었다. 때로는 소농빈민도 떠돌이를 하다가 향촌으로 되돌아가는 일도 많았다. 19세기에 이르면 놀랄 만한 장시유통의 발달로 시장을 근거지 삼아 생활을 영위하는 자들이 많이 생겨나고 있었다. 이미 18세기 말에 전국에 1천여 개소의 향시鄕市가 개설되어 있었다. 장시유통과 수공업의 발달, 화폐경제의 일정한 발달 같은 사회배경은 떠돌이 계층의 유력한 근거지로 작용했다. 시장을 근거로 공인貢人과 객주客主, 여각旅閣, 보부상褓負商, 선상船商 등 다양한 상인층이 성장하고 있었다. 이들 시장을 주목해야 한다.

### 두레회의가 변혁의 토양이 되다

두레 같은 농민조직의 성격에 대해서는 두 가지 상반된 견해가 존재해왔다. 즉 해체되어야 할 봉건구조 속의 수탈·계급모순이라는 측면과 이의 해체가 곧 식민지배나 지주소작관계로 심화된다는 측면의 상반된 견해다. 결국 이와 같은 상반된 관점은 향촌사회조직의 본연적 구조와 기능을 좀더 정확히 파악해야 할 필요성을 말해준다. 문제의 핵심은 중세의 봉건적 사회구성이 변동·해체되어가는 시기인 조선 후기에 변혁의 주체세력으로 성장해가고 있던 농민들의 두레조직이라는 관점에서 논의가 이루어져야 할 것이다. 즉 소농민경영의 성장 가능성을 제약하는 중세사회의 장벽을 타파해가고 있었던 농민항쟁의 동력으로서 두레조직을 설정할 수 있다고 본다.

두레의 변혁성에 관한 일정한 반론도 존재한다. 두레가 농민들의 의사결집의 기반으로서 농민항쟁의 조직기반이 될 수 있는 개연성은 충분히 상정할 수 있지만, 향촌사회 권력 구조 안에서의 노동조직의 위상을 실증적으로 규명할 수 없다면 공허하다는 주장이 그것이다.[9] 일면 타당한 주장이다. 같은 두레라고 해도 자작농이 중심이 된 두레가 있는 반면에 반상구조가 명백하여 '머슴'에 가까운 두레도 존재하기 때문에 일률적으로 정의할 수 없다. 그러나 이런 주장은 결국 불가지론에 빠질 수밖에 없는바, 이 책에서 다루는 두레의 전반적인 실태를 규명해본다면 두레의 건강하고도 힘찬 모습이 드러날 것이다. 그동안 두레의 실체규명은 문헌으로는 불가능했으며, 구술사의 힘으로만 가능하기 때문에 문헌만으로는 재단할 수 없을 것이다.

조선 후기의 두레조직 이전에도 공동노동은 있었을 것이다. 그러나 이들 공동노동은 어디까지나 생산력 발전의 미약한 상태에서 순전히 노동력 부족을 보충하기 위한 장치였을 뿐이다. 조선 후기의 두레 역시 노동력 동원책이라는 과제를 안고 있었지만, 마을 안의 개개의 공유지를 공동체의 공유적 경영대상으로 간주하고, 낙후된 기술 가운데 생산기술의 공동체적 요구에 부응함으로써 생산관계의 모순을 극복해나갔던 제한적 범위에서의 선진성을 갖추고 있었다. 두레에 의무적으로 참가하는 모든 농민들은 자신들의 실생활에서 맹아적인 변혁의식을, 비록 미약하고 비체계적일지라도 주체적으로 만들어냄으로써 변혁운동에 나설 내적 준비를 갖춰나갔음을 주목해야 한다. '맹아적 변혁의식'은 농민층의 열악한 조건에서 비롯되는 것이며, 이런 토대가 일정한 계기와 만날 때 외부로 표출되는 것이다. 즉 두레는 나름의 조직과 회의를 상시적으로 운영하고 있었으므로 그 자체로 변혁적인 토양을 제한적으로나마 확보하고 있었다.

첫째, 두레조직의 관행은 두레의 자주성을 드높이는 데 이바지했다.

자연마을 단위의 조직화로 인한 인적 결합, 매년 새로운 장정을 받아들이고 역원을 뽑음으로써 최고의 노동력 수준을 유지시켜주는 조직갱신, 민주제에 의한 회의, 노동조직체계와 더불어 풍물굿을 중심으로 한 문화체계의 성립, 농청農廳·공청公廳·모정茅亭같이 일정한 회의장소에서의 자주적 통로 따위는 두레의 최대 강점이었다. 무엇보다 두레의 성원들이 신분 및 경제적 처지에서 균질적이었고 중세사회의 모순을 떠받치고 있는 상황이었다. 늘 최고의 노동력을 집결시키고 민주적 회의에 의해 조직의 틀을 전개시켜나가면서 노동생산을 수행해나갔음은 이전에는 없던 일이다.

둘째, 두레농민들의 자치적인 회의체는 그 자체, 변혁의 힘을 기르는 데 기름진 토양을 마련해주었다. 마을에는 마을굿(村祭)과 두레농사農社를 계기로 한두 가지 축의 회의가 각각 열리고 있었다. 마을굿의 회의는 촌락자치로서 동회洞會와 불가분의 관계에 있었으며, 마을굿을 전후해 벌이는 동회는 가장 핵심적인 마을회의에 해당되었다. 두레의 성원들도 반드시 마을의 마을굿 회의에 참여했을 것이다. 그러나 두레 성원들은 별도로 나름의 독자적 회의를 열고 있었다. 물론 마을굿회의에서 결정되는 경우도 있으나 두레의 회의는 순수한 노동회의로서 대개 농업경영 · 공동노동 · 공동조직관리 · 회계결산 · 상호부조 · 두레풍물 · 품앗이 · 두레굿의례 · 놀이 등 농업생산과 결부되었다. 향촌사회의 최말단 생산주체만의 노동회의임을 알 수 있다. 가령, 공동납共同納 문제가 대두되었을 때, 촌계에서 운용하던 공유 계금契金으로 충당하는 사례가 많았으며, 그 계금의 상당부분은 두레꾼들이 벌어들인 자금이었다.

회의와 조직에서 길러진 힘은 외침이나 내침이라는 조건에서 무장적 전투조직원으로 나아갈 수밖에 없던 농민 동력이 배태되는 밑바탕이었다. 즉 가장 왕성하게 전투력을 보유한 세대가 청장년 남자들이라고 한다면, 그들은 바로 두레조직의 공동노동 성원에 의무적으로 가입되어 있었으니 유일하게 생산농민들 사이에서 평상시에 조직력과 규율을 갖추고 있는 회의체는 두레밖에 없었다고 보아야 할 것이다. 두레꾼들이 상쇠의 꽹과리에 맞추어 일사불란하게 움직이는 모습을 단순한 연희로만 평가할 수는 없다. 그 집결도와 통솔력, 친목과 조화, 신명과 전투력의 상승효과는 풍물굿의 핵심이며, 허다한 민란에서 풍물굿이 동원되었던 이유도 이런 집단성에 있었다.

반봉건항쟁의 주력에서 빈농을 주축으로 한 농민의 조직화가 기존의 향촌사회를 바탕으로 이루어졌다고 볼 때, 향촌사회에서 생산농민인 두레꾼들이 연대해나가는 과정은 대단히 중요한 것이다. 실제적 전투능력이 있는 무장세력으로 전화되기 위해서는 마을 단위의 농민군 동원이 필수적이었으며, 그 농민군들인 청장년층이 의무적으로 두레에 가입되어 공동노동 자체를 통한 연대감이나 노동문화를 통한 정서적 통일 등을 유지하고 있었다. 즉 두레는 공동체적 기풍을 철저하게 담보하고 있던 강고한 조직이었다. 이앙법의 확산과 더불어 두레에 편승하여 성공적인 정착을 보았던 당대의 선진문화였던 풍물굿은 마을문화에서 절대적 위치를 차지하고 있었다. 즉 마을 내부의 문화에서 외부로 나아갈 고리를 마련해주었던 것이다.

조선 후기 민중들의 정신적 유대감은 마을의 공간배치에서 우선적으로 출발했다. 풍수신앙은 막연하게 신앙으로서만이 아니라 마을을 보위하는 방어체로서 기능하고 있으며, 마을의 수호신을 모시는 마을굿은 마을성원들을 유대 · 결속시키는 공동체 의례의 주축이 되었다. 마을 입구의 장승이나 서낭당, 탑 등은 공간방어적 기능도 지니고 있다. 이런 공간배치는 마을공동체의 요구에 따라 외부적으로는 수호신적 기능의 방어 공동체적 성격을, 내부적으로는 공간적 결속을 통일시키는 데서 출발했다. 공간구조의 공동체성은 풍물굿패의 지신밟기(뜰밟이 · 마당밟이)에서 구체화되었다. 즉 당산굿 · 샘굿 등 마을 대동의 공간을 눌러주고 집돌이(가가순방家家巡訪)에서는 여러 집안신격을 눌러준다. 이는 곧 임란 이후에 새롭게 두레와 더불어 강하게 조직화된 풍물굿이 마을 전체를 문화적으로 묶어 세워주는 데 많은 기능을 하고 있었음을 말해준다. 이제 당대의 선진문화였던 풍물굿은 이웃마을과의 합굿을 통하여 마을 외부로 나아갈 바탕을 갖춘 셈이 되었다.

# 향촌사회의 모의투쟁과 범지역적 연대

### 싸움과 놀이의 모의투쟁

마을은 자체로 보면 폐쇄적인 자급자족적 공동체생활로 여겨진다. 그러나 실상은 달랐다. 가장 대표적인 교류활동은 놀이를 통한 모의투쟁에서 비롯된 것이었다. 마을들은 평상시에는 각자 자기 생활에 몰두하다가도 신년이 되면 대대적인 싸움과 놀이를 통하여 집단의 힘을 확인했다. 농민들이 이웃과 관련을 맺는 방식은 비단 우리나라만이 그랬던 것이 아니다.

농민공동체 사람들은 지속적 교류를 위해서라도 서로 의지하게 된다. 앞날을 내다볼 수 있게 하고 생활을 의미 있게 하는 것이 바로 이런 지속감인 것이다. 그래서 우리는 농민공동체들에서 의례가 사람들을 공동체의 일원으로서 포용하고 공동의 사회질서를 지탱하고 무질서를 추방하고 통합감을 간직하게 하는 것을 보게 된다. 세계 각자의 농민들은 여러 가지 축제를 통하여 자기네의 유대감을 드높이고 이 유대감에 금이 가지 않도록 규율을 지킬 것을 다짐한다.[10]

이런 조건 아래에서 마을 사이의 집단적 싸움의 축제는 놀이 자체가 이미 싸움이었다는 역사적 사실에서 유래한다. 사실 싸움과 놀이의 문제는 곧 '싸움적 놀이', '놀이적 싸움'이란 통일된 범주로 정리된다. 보편적으로 쓰는 '놀이'라는 용어 속에는 본질적으로 싸움이라는 성격이 강하게 내재되어 있다. 싸움의 축제는 이미 '놀이적 생산', '생산적 놀이'이

**두레기들의 합굿**
여러 마을에서 모여든 마을 연합 세력

다. 이는 한 공동체가 집단적 통과제의를 거치면서 겪는 시련으로서의 편싸움이며, 사회적 계급의 갈등이나 공동체 사이의 갈등을 해결하고 성의 갈등까지 해결코자 한다. 신구의 교체가 이루어지는 분기점, 또는 그 같은 대립이 첨예화되는 시점에서 베풀어지는 통과제의가 그 대립들을 인간행위로 담았을 때 각종 편싸움이 생겨난다. 동편과 서편 마을의 싸움을 통하여 암줄이 이기면 풍년이 든다는 줄다리기 같은 편싸움은 생산력의 유감주술을 통하여 남녀의 성의 대결, 동과 서의 마을간의 갈등 등을 극복코자 하는 것이다. 대개의 대동놀이에서 생산력의 증대를 편싸움을 통하여 해결하는 것도 마찬가지 맥락이다. 석전石戰 사례를 통하여 살펴본다.[11]

석전 · 변전邊戰 · 편전便戰 · 투석投石 · 척석희擲石戲 · 석척石擲 등의 다양한 이름으로 불리어온 돌싸움의 경우, 이미 선사시대부터 있었을 것이며 고구려에서도 국왕 친임하에 대동강변에서 실전연습으로서 연중행사로 실시했다. 『수서隋書』에 이미 세시의례로 패수浿水에서 석전을 벌였음이 전해진다.[12] 고려시대에 이르러서는 여진 정벌의 핵심적인 군사편제인 별무반의 석투반石投班 · 석투군石投軍으로도 기능했다. 조선조에 들어와서도 돌싸움은 여전히 민중의 무술로서 기능했다. 세속에서는 세시풍습의 하나로 널리 속행되었으니 심지어 일제시대까지 석전의 유제가 남아 있었다. 그 극심한 싸움의 정도는 늘 전쟁을 방불케 했다. 이미 16세기 후반 자료에도 경상도에서 행하던 석전이 생생하게 나타나고 있다.

> 대저 이 풍속은 고려시대부터 시작되어 본조에 들어온 것으로 상원절上元節을 기하여 시골의 장정이나 어린이가 모여 편을 갈라 서로 대결하는데, 혹은 돌을 던지고, 혹은 목봉을 사용하여 동서로 충돌하고 고함치면서 죽음을 생각하지 않으며, 또 눈이 부어오르고 눈알이 빠져나오며 머리가 깨지고 뇌장腦漿이 흘러도 무서워하지 않으면서, 모래와 돌을 날리면서 기세를 타 상대를 짓밟고 하나가 선창하면 여럿이 호응해서 기회를 보아 용맹을 뽐낸다.[13]

싸움이 일단 시작되면 손에 쥐어진 것은 돌멩이뿐이어서 있는 힘을 다하여 숨을 몰아쉬고 땀을 뻘뻘 흘리면서 누구보다도 용감하게 가로치닫고 앞으로 돌진하고 마치 미치광이처럼 날뛴다. 던질 때는 반드시 남보다 먼저 던지고, 싸움도 혹시 남보다 뒤질세라 자식이 아비에게, 아우가 형에게, 척속이 척속에게, 이웃이 이웃에게 마구 돌팔매질을 퍼붓는다. 이미 너와 나로, 원수로 갈린 이상 반드시 상대와 맞서고 상대를 이겨서 내가 장해지고 내가 올라서고자 하는 것이다. 그러기에 머리가 깨져 피가 흐르고, 살갗이 찢기어 살이 드러나고, 머리를 싸매고, 발이 갈라지고, 기가 죽고, 넋이 빠지고 하여…… 그 돌싸움이 있게 된 것은 유래가 있다. 신라의 도읍이 바다와 가까이 있어 섬 오랑캐들이 자주 침범하기 때문에 미리 돌팔매질이라도 익혀 음우에 대비하자는 것이었다.[14]

『송도지松都誌』(1648년)에는 정월 1일 여자아이들은 축구를 하고 남자들은 돌 던지기를 하는데 사상자가 나도 불문에 부쳤고 이는 고려 이래의 유풍으로 석전이라 했다.[15]

석전은 이미 놀이 이전에 무예였다. 석전이 전쟁과 서서히 멀어짐에 따라 단순한 돌싸움으로 잔재하게 되어 연중행사의 놀이로 남게 된 것이라는 사실을 알 수 있다. 조선 후기 문헌에서 확인할 수 있는 장치기, 줄다리기, 횃불싸움, 동채싸움 같은 마을 간 놀이는 격렬한 운동이 요구되는 싸움적 놀이였다. 따라서 마을 간에 교류가 없어서 단절되기는커녕 민중들은 매우 중층적으로 엮이면서 놀이를 통한 집단적 연대훈련連帶訓練을 거듭하고 있었다. 그러므로 조선 후기에 두레를 중심으로 새롭게 대오를 정비하고 농법에 알맞게 연희패를 조직해낸 두레패도 마을 간 대동놀이에서 주역을 담당하게 되었다. 한말에 한국을 방문한 프랑스 외교관 이폴리트 프랑뎅(H. Frandin)은 석전을 구경하고서 놀라운 심정으로 다음과 같은 관전평을 남겼다.

봄과 가을에 한국의 서민들은 그 계절에 경의를 표하기 위해 축제를 여
는데, 이 대중적 축제는 그야말로 가장 미개한 것이다.……사내아이들
도 한 몫 낀 가운데 남자들은 짚으로 큰 똬리를 틀어 장식한 모자를 쓰
고 돌질과 몽둥이질을 하며 상대편을 공격한다. 그러나 이 싸움은 잠시
후 벌어질 피비린내 나는 전투의 전주곡에 지나지 않는다. 첫 싸움에 흥
분한 남자들은 편을 갈라 전투 진형을 짜고는, 많은 사람들의 무리로부
터 흥건히 흘러나오는 피를 보고 도취된 나머지 큰 소리로 고함을 치고
맹렬하게 서로를 공격한다. 이 와중에서는 맞는 사람이나 때리는 사람
이나 아무 구분이 없이 마구 뒤엉켜버린다. 부상을 당하지 않았거나 가
까스로 죽음을 모면한 사람들도 흉측한 기쁨에 겨운 채 널브러져버리지
만, 그 흉측한 기쁨을 누리기 위해 다음에 또 돌싸움을 시작하게 마련인
것이다. 전쟁의 신에 대한 시위로 여겨지는 이런 놀이는 때로 수백 명의
인명 살상을 대가로 치르기도 한다. 이런 끔찍한 민속놀이를 금지시키
기 위해 국왕이 엄격한 포고령을 내리기도 했지만 별 효과는 없었다. 요
컨대 어떤 권력도 이 놀이를 금지시킬 수 없었던 것이다.[16]

한갓 민간의 세시풍속으로만 알고 있는 석전은 단순한 놀이가 아니다.
이미 싸움적 놀이, 놀이적 싸움으로서 전투성을 유감없이 보여준다. 그렇
지만 석전은 분명히 놀이임에 틀림없다. 실제의 전투는 아닌 것이다. 이
는 석전이 놀이적 맥락 안에 전쟁적 요소를 포함하고 있음을 역설적으로
말해준다. 호이징가도 '싸움은 놀이의 가장 집중적이고 정력적인 형식이
며, 동시에 가장 생생하고 원색적인 놀이형식이다'고 정의한 바 있다. 호
이징가에 의하면, 현대사회에서 '총력전' 이론이 출현함으로써 전쟁의 문
화적 기능이 축출되었고, 전쟁 안에서의 놀이 요소를 마지막 흔적까지 소
멸시켰다고 한다.[17] 전통시대의 전쟁은 어떤 전쟁이건 간에 놀이적인 요

소를 간직하고 있었으니, 세시풍속으로서의 피비린내 나는 돌싸움, 혹은
돌 던지기놀이가 전쟁, 혹은 민란의 형식으로 바뀌었을 때 그 놀이적 속
성을 간직한 상태에서 엄연한 하나의 전투로 질적 변화를 모색하는 것이
다. 아래의 사진을 보자.[18] 그야말로 피가 홍건히 흐를 정도로 싸움이 한
창인데 언덕에 빼곡하게 구경꾼들이 앉아 있다. 구경꾼이 앉아 있다는 말
은 이 돌싸움이 제 아무리 치열한 전투라고 해도 놀이에 속함을 역설적으

**| 편싸움 석전石戰**
석전은 '싸움적 놀이', '놀이적 싸움'의 가장 전형적인 모습을 보여준다(1902년
2월 8일, 영국 「그래픽」 화보. 백성현·이한우, 『파란 눈에 비친 하얀 조선』, 재인용).

로 말해준다. 이런 상황이 민란으로 옮겨진다면, 이제 구경꾼이 사라진 상태에서 질적으로 다른 전투성을 확보하게 되는 것이다.

우리가 자칫 간과하는 것 가운데 하나, 즉 공동체 간의 싸움에서 반드시 거론하고 넘어가야 할 것은 물싸움이다. 물싸움의 주역도 두레꾼들이었다. 이앙법이 확산되어 나가면서 늘 문제가 되었던 것은 물이었다. 규모를 갖춘 제언堤堰을 설치하지 못하는 대다수 농민들은 손쉽게 보洑를 만들었다. 따라서 보를 둘러싼 싸움은 필연적이었다. 마을 간에 가장 치열한 싸움으로 보싸움이 자리 잡게 된 것이다. 평상시의 이런 전투력조차도 유사시에는 필연적으로 변화했다.

두레와 직결되는 또 다른 중요한 놀이는 합合굿과 풍쟁싸움이었다. 두레는 마을 간에 서열을 정하여 기세배를 하면서 합굿을 쳤으며, 마을 간의 세력 조정이 제대로 되지 않을 때는 풍쟁싸움을 벌였다. 기세배와 풍쟁싸움은 가히 전국적인 분포를 보이고 있는 두레의 마을간 화합과 싸움의 마당이었다. 합굿은 연례행사로 귀착되어 향촌사회의 세력 균형과 연대를 확인하고 있었다. 이들 행사는 향촌에서 가장 많은 사람들이 모여드는 행사이기도 했다. 합굿은 다음의 두 가지로 나눌 수 있다.

① 윗마을·아랫마을, 동편·서편마을 식으로 2~3개 마을이 치는 합굿
② 선생두레·형두레 따위의 어른두레를 중심으로 여러 개, 심지어는 10개 이상의 두레가 모여서 행하는 합굿

풍쟁싸움이란 두레싸움을 말한다. 이들 싸움은 두레의 기를 빼앗는 데 목적을 두었다. 핵심이 되는 농기農旗는 각 자연마을 단위의 두레조직의 깃발이다. 농기에 대한 멸시는 두레와 자신이 속한 마을에 대한 공격이었다. 이들 농기는 다분히 군사적인 의장기에서 영향을 받은 것으로 보

## 대동놀이

수천 명이 참여하는 대동놀이를 통해 대동의
힘이 주기적으로 모아졌다(기지시 줄다리기).

인다. 즉 농기는 유사시에 군사훈련의 상징으로 전환되었다.

자연마을 단위의 여러 마을공동체는 각각 두레의 조직성을 견지해나가면서 이와 같은 모의투쟁과 합굿을 통하여 일상적인 연대를 지속시키고 있었다. 바로 평상시의 이런 여러 연대는 민란이나 외세와의 싸움에 당면해서는 신속히 각각의 농기를 중심으로 결집하여 거대한 향촌사회 연합을 만들어낼 밑바탕을 축적시켜주는 것이었다.

가령, 익산의 금마면과 왕궁면에서 세시풍속으로 정착된 기세배는 무려 12개 마을씩 도합 24개 마을이 참여하는 범향촌사회의 기세배로 두레가 주동이 되었다. 이 지역도 19세기 농민운동의 근거지 가운데 하나였음을 고려할 때, 두레의 연합틀로서 귀중한 기세배 사례라 할 수 있다.

주로 정초에 마을의 상징인 용당기(두렛기)를 앞세워 인근 여러 마을 풍물패가 회동한 자리에서 마을의 서열에 따라 기를 수그려 인사하는 의식을 '기세배'라고 한다. 이 유래는 옛 군기와 연관이 있다. 즉, 농기는 군기의 역할도 했고 대장기에 대하여 군소기들이 행하는 절을 군례軍禮라고 부르는 사실만 보아도 짐작이 갈 만하다. 사실 과거 사회에서 농민은 재향군인적 구실을 해왔으며 풍물패는 동시에 군령 전달 및 장정 소집 등에 있어 적합한 존재였다. 동시에 기세배는 백중 전후의 '술멕이' 풍습과 연관되어 있다. 즉 마을 간의 단합과 협동정신을 배양하고 일면 선의의 경쟁의식을 유발함으로써 건강한 싸움을 놀았다. 금마면과 왕궁면의 기세배 참가마을을 살펴보면,
금마면 : 대장리(선생마을), 옥동(부선생마을), 건지리, 구정리, 서계리, 누동, 교동향교골, 신촌, 도천동, 행정, 원촌, 황복골 등 12개 마을.
왕궁면 : 능지울(선생마을), 후촌, 용남, 하오개, 사곡, 상암, 중리, 방죽안, 쟁골, 연봉정, 안동리, 새터 등 12개 마을.

참가 구성원은 좌상·공원·총각좌상·총각·머슴·사령·기받이·여
타 풍물굿 등 30여 명으로 구성된다. 기물은 꿩장목이 달린 농기와 소동
기, 삼지창이 달린 영기, 여타 악기가 준비된다.[19]

## 장시, 지역촌 연대의 새로운 별천지

지금도 남아 있는 5일장 제도는 17세기 말과 18세기 초에 걸쳐
확립되었으며, 그 이후로도 속속 불어났다. 당시 전국의 농촌 장시 1천여
곳을 넘어섰으니, 군 총수를 330여 개로 잡을 경우에 군당 3개소에 장시
가 개설된 셈이다. 즉, 농민들은 도처에서 열리는 장시와 언제나 하루거
리 안에 접촉할 수 있었다. 또한 각 장시는 개별분산적으로 존립하지 않
았으니 일정한 지역적 범위 안에서 하나의 큰 장시가 형성되었고, 작은
장시는 큰 장시를 중심으로 한 통합·연맥관계에 있었다. 그리고 큰 장시
를 상호 연결하면서 전국적 규모의 유통체계가 조직되었다. 큰 장시의 경
제력을 지닌 객주나 탄탄한 조직력을 갖춘 부상 등은 장시들을 긴밀하게
연결시키고 있었다. 이런 장의 기능은 무엇보다 물품교환장소라는 주기
능 말고도 정보전달 및 향촌사회의 통합적 기능, 대중집회의 장소기능 등
을 겸하고 있었다. 이는 변혁운동과 많은 관련이 있다고 본다.

첫째, 장은 농민이 좀더 큰 사회에 참여하는 가장 중요한, 그리고 어쩌
면 유일한 공간이다. '장날 만나세'라는 말과 같이 일상적 '약속의 장소'
이다. 장은 향촌사회의 여론이 형성되고 집산되어 확산되는 시발점이 된
다. 각 자연마을의 대소사는 장을 통하여 전파되어 나간다. 즉, 장은 모든
여론이 조정·전파되는 정보전달의 구심점이 된다.

둘째, 장은 농민의 공동체적 삶이 촌락을 벗어나 동일 공동생활권으로
확산되는 공간이다. 장은 사회적 상호작용을 가능하게 하고 지역사회의

구심점으로서 공동생활권을 결속시키는 사회적 기능을 가진다. 각 지역의 두레꾼들은 합굿 같은 놀이적 요소로만 연대하는 것이 아니다. 장을 통하여 만나고, 술도 마시고 삶을 공유하게 된다. 가령 백중에는 백중장이 들어서서 각 지역의 두레꾼들이 모여서 힘자랑을 하면서 씨름 등을 즐기는 풍습이 해방 이후에까지 이어졌다.

셋째, 장은 공동생활권의 구심점이자 정보전달의 중심지가 됨으로써 자연스럽게 공공적 집회가 열리는 대중집회소가 된다. 장이 열리는 곳은 으레 넓은 공터가 있게 마련이고 많은 사람들이 집결하므로 유사시 대중집회장소로 적당하다. 특히 남사당패, 초라니패, 걸궁패 등 유랑예인의 공연도 벌어지기 때문에 공공적 집회는 자연스럽게 이루어진다.

넷째, 장은 여러 신분 계층이 모이게 마련이다. 장터의 구성원인 고정적 장꾼뿐만 아니라 떠돌이 장꾼 및 소상인, 천민층, 다양한 농민층이 모두 접촉되는 다양한 신분이 망라된 집결지다.

이와 같은 이유로 장은 각 자연마을 단위의 공동체 연대 수준에서 범지역연합으로 가는 매개적 공간이었다. 각 마을의 여론이 집결되고, 여러 신분층이 모여서 대중집회를 열 수 있는 공간이었다. 특히 시장권과 통혼권이 일치한다는 사실은 전체 향촌사회가 장을 중심으로 얼마나 강고하게 인적으로 엮어지고 있었는가를 시사해준다. 친인척이 중시되던 신분사회에서 통혼권이 교차하는 공간이었음은 장시가 향촌사회를 내적으로 단단하게 엮는 공간이었음을 말해준다.

이와 같은 민중들의 실생활이 구체적으로 변혁운동에 연계된다고 본다. 실제 많은 민란의 시발점이 장시에서 비롯된 경우가 많고, 장시에서 대중집회가 열렸다. 농민들이 집결된 장은 이제 단순한 하층 농민뿐 아니라 토지에서 유리된 각 유민들, 천민층, 소상인까지를 망라하는 범변혁주체세력이 집중되었다. 임술항쟁에서 장날을 기해 도회都會를 열었고,[20] 동학농민혁명에서 원평집회가 열린 곳도 바로 시장이었다.[21] 이를 현장조사 사례로 규명해보기로 한다.

원평에는 동학농민전쟁 직전 큰 집회가 있었고, 남접 전봉준 쪽의 총본부가 있었다. 당시의 사발통문은 9·28 수복 직후에 없어졌다. 사발통문으로 버선본을 뜨곤 했다는 말이 나돌 만큼 통문이 많이 남아 있었다. 동학 때 머리에 부적을 붙이고 다녔다. '자네 뭐하러 그러나'고 하니, '자네 모르나? 우금치에서 다 죽었는데 부적 때문에 안 죽었다'고 했다 (당시 원평사람 양갑선梁甲善이 그랬음). 원래 원평은 용호리 구미앙龜尾仰이다. 우금치에서 싸우고 다시 원평에서 싸웠다. 냇가 쪽으로 새까맣게 왜놈들이 밀려들어와 싸우다 모두 죽었다. 가옥 40여 채가 거의 소각되었다. 금구 쪽에서 구미마을로 와서 불지르고 기관총으로 갈겨댔다. 지금도 토성이 남아 있고 납탄알이 발견된다. 원평에 남접 도회소가 있었음은 이 지역이 교통의 요지요, 큰 장이 서는 곳이어서 농민들의 재정적 뒷바라지가 유리했기 때문에 설치된 것이 아닌가 한다. 이 지역 출신으로 김덕명 장군이 있고 당시 무명의 농민 30여 명이 죽은 무덤도 있다. 원평은 원래 풍수 등의 비결에 의해 사람이 모여드는 곳이고, 태인·정읍·전주·임실 등으로 가는 길목이다.

집회장소는 원평시장이었다 한다. 우시장이 자리 잡은 공터 옆이 당산으로서 유목정(버드나무)이라 부른다. 당목은 소나무로 10여 년 전에 죽었다. 바로 그 산기슭 당목 아래 공터인 우시장과 원평천 바닥에서 큰 집회가 열렸다. 원평천 건너편은 장승백이라고 장승이 있었으니 전주로부터 들어오는 길목이었다. 으레 중요한 모임은 당산에서 열리는 전통이 있었으니, 아마도 그런 관례에다가 넓은 시장이 긴 공터였던 관계로 큰 집회가 모두 거기서 열리지 않았나 한다. 집강소는 지금의 삼거리 택

시정거장 자리가 아니었나 한다. 그 자리는 삼거리에 자리 잡은 교통의 요충지였다. 지주의 마을금고 근처엔 마방이 있었고 금평리 184-3번지에 있는 원불교와 면사무소 자리가 도회소가 아니었나 한다.

위의 원평 사례에서 보듯이 교통의 요지에 장시가 발달해 있고, 전통적 대중집회가 열려온 당산 앞이 유사시에도 향촌사회 집회 공간으로 전환되었음을 알 수 있다. 이는 민중들의 일상적 삶에서 관철되어온 촌계의 민주주의적인 회의·집회 방식에서 유래했다고 볼 수 있다. 이를 좀 더 구체적으로 집강소 문제로 설명해보자. 집강소의 실체적 주도권은 농민군에게 있었다. 전라도 53개 군·현에서 빠짐없이 설립된 집강소는 농민군의 모집, 군수물자의 비축·지원 등을 총괄하고 일체의 지방권력을 장악했다. 그러나 무엇보다 집강소에서는 실질적인 신분 평등이 실현되었으니, 집강소를 운영하고 통치하는 힘의 원천은 농민군의 자생적 집회로부터 나왔다. 이는 곧바로 농민군의 주축을 이루는 생산주체들의 일상적인 단결된 조직훈련, 민주적 회의방식에서 축적된 것이다. 위의 원평 사례를 보더라도 원평을 에워싼 각 자연마을 단위의 민중들이 장시를 중심으로 힘을 집결시키고 집회를 꾸려나간 생활사적 측면을 규명해볼 수 있을 것이다.

즉, 조선 후기 변혁운동의 최고의 결정이랄 수 있는 집강소의 농민민주주의적 성격은 바로 오랫동안 축적되어온 농민들의 자주적 집회방식 및 조직방식들에 그 기원을 두고 있으며, 그런 힘이 동학의 조직논리와 일치하면서 더욱 효과적으로 기능했다. 역으로 동학의 조직논리는 농민의 심성과 평상시의 생활사적 안목에서 배태된 것이다.

물론 이상의 문제제기에서 몇 가지 문제는 남는다. 변혁주체의 규명을 생산주체에만 그대로 적용시킬 수 있는가 하는 문제이다. 이는 이미 중국에서도 역사동력논쟁으로 문제가 제기되어 왔거니와, 이 책에서는 그 부분을 해결하고자 하지는 않았다. 여기서는 다만 생산주체가 매개된 조직과 회의의 자주적 힘을 규명하는 데 집중했다. 앞으로는 역사동력 문제와 관련하여 이와 같은 생활사 연구가 좀더 본격적으로 연계되어야 할 것이다. 연구방법에서나 방향에서 생활사연구의 원칙은 아직 초기 단계이다. 이것은 워낙 광범위하고 포괄적인 문제이므로, 자칫하면 연구의 틀이 모호해지거나 혼돈을 빚을 가능성이 충분하다. 그러므로 그런 조건을 감안하면서 이 장에서는 역사민속학적 연구방법론에 입각하여 문제제기를 하는 데 그쳤다.[22]

## 농민항쟁과 두레의 힘

### 풍물굿과 군악, 농기와 군기

두레굿에서 두레풍물패가 곧바로 민란의 주력군으로 동원될 가능성은 여러 가지로 짐작된다. 앞에서 조선 후기 농민생활풍습에 기초를 둔 시각으로 일상적인 훈련과 단합된 관습이 유사시에 전투조직으로 전환될 가능성을 강조한 바 있거니와 구체적 사례를 통하여 검증해본다.[23]

첫째, 두레 깃발은 군사적 깃발에 원형을 두고 있다. 조선시대 어가행렬御駕行列에서 쓰는 군기軍旗와 관계되는 것으로 보인다. 덕수궁 소장유물을 중심으로 살펴볼 경우에, 두레와도 밀접한 관련이 있는 용기龍旗·영기令旗가 등장한다. 황룡기黃龍旗는 용기·용대기龍大旗·화룡대기畫龍

大旗 · 교룡기蛟龍旗 · 황룡대기黃龍大旗 등으로 불리며, 군대 친열親閱 때 각 영營에 명령했다. 청룡기靑龍旗는 진영陣營의 왼편 문에 세워서 좌군左軍 · 좌영左營, 혹은 좌위左衛를 지휘하는 데 쓰였다. 청룡기 깃대는 15자로 기에는 영두와 주락, 장목이 달려 있다. 장목은 바로 두레의 농기에서도 가장 소중한 부분이었으니 두레싸움은 바로 장목을 빼앗는 싸움이었다.

영자기令字旗는 군령軍令을 전하는 데 쓰던 기로 푸른 바탕의 사각 깃발에 '令'자, 혹은 적색 바탕에 청색으로 '令'자를 써넣었으며 깃대 끝은 창인槍刃으로 되어 있고 그 아래 직경 3치의 납작한 방울을 달아 비녀를 꽂아놓았다. 기를 흔들면 소리가 나므로 일명 '쩔렁기'라고도 했다. 대가大駕 앞에서 명령을 거행했으며 13쌍이었다.[24] 대한제국 이후에 사용되었던 『진연의궤進宴儀軌』의 의장기에는 황룡대독黃龍大纛 · 취화기翠華旗 · 오운기五雲旗 등이 삼각형으로 두레의 영기와 흡사하다. 병농일치兵農一致 시대에 무장력을 지닐 수 있는 생산주체들의 조직체계가 곧바로 전투단위로 편성될 수 있는 실례를 군기에서 쉽게 확인할 수 있다.

국가적인 행렬, 특히 군사적 의미를 지니는 용기와 영기가 두레의 상징이 되었음은 두레 통솔을 위한 방편이었을 것이다. 물론 많은 군기 가운데 유독 용을 상징하는 용대기가 두레에 채택되었음은 용이 상징하는 것, 즉 수도작에 절대적으로 필요한 물의 중요성을 의미한다. 영기는 그 자체 두레의 명령을 전달하는 전령기였다. 농사지을 때도 영기를 논에 꽂아두면 농사가 시작되었으니, 두레는 다분히 군사적인 대오를 갖추고 있었던 셈이다. 그밖에도 풍물패 복식에서 전복, 전립 같이 군사적인 복장을 갖추고 있다.

둘째, 풍물굿은 군악軍樂 및 진법陣法과 밀접한 관계가 있다. 풍물굿이 곧바로 군악으로 재편성되었다는 사실은 모든 풍물굿에 여러 진법이 설정되어 있고, 그 진법은 곧 일상적 풍물진풀이가 군사훈련의 한 방편일 가능성을 충분히 입증하고 있는 셈이다. 예를 들면 호남 좌도굿의 경우, 도둑잽이굿은 군영軍營의 기강을 바로잡기 위한 굿이다. 영기를 둘로 갈라 세우고 치는 쌍방울진·방울진·가시진은 군사훈련의 진법과 흡사하다. 호남 우도굿의 경우, 전원이 호호굿 가락을 치면서 돌아가는 호호굿이 군법軍法의 하나인 암호暗號로 행해졌다는 설도 있다. 대개의 풍물굿에 삼방진·오방진 등 진굿

(혹은 진풀이)이 뒤따르고 영기가 개입되고 있다. 그밖에도 전국의 모든 풍물굿판에는 반드시 삼방진·오방진 등 진굿(혹은 진풀이)이 뒤따르고 영기가 개입되고 있다.

셋째, 1738년(영조 14년)의 기록은 두레의 변혁성을 잘 설명해주고 있다. 부안지역에서 농악기를 압수하려는 논란을 통하여 두레의 '변혁성'이 확인된 바 있다.[25] 영조가 신하들과 호남어사湖南御使의 계啓를 논하면서 전 부안현감이 빼앗은 민물民物(농악기農樂旗) 처리를 공론公論했다.

상上이 말하시다.

"원경하元景夏 어사御使 때 속공屬公해둔 것은 사중寺中 기치旗幟였는데 지금 이 서계書啓에 민간의 쟁고錚鼓 기치를 민간에 돌려주자는 요청이 있는데 민간에 이런 물건이 이전부터 있었던가?"

1<br>
—<br>
2 | 3

**궁궐의 용 깃발**

1 청룡기(덕수궁 궁중유물관 소장)
2 황룡기(덕수궁 궁중유물관 소장)
3 환어행렬還御行列
　「화성릉행도병華城陵幸圖屛」
　(김득신 외, 1795년, 견본채색,
　151.5×66.4cm, 국립중앙박물
　관) 중 일부분으로, 가운데의
　용기는 두레의 용기와 매우
　흡사하다.

①초군과 나무꾼

초군을 글자 그대로 풀면 나무꾼이 된다. 그러나 그들은 일반농민과 다를 바가 없었다. 남해南海의 경우, 산에 오르면 초군이고 들로 나가면 농부라고 했다.[28] 이는 소빈민층으로서 농업에 종사하고는 있지만 산에서도 나무하는 일 같은 무언가를 하고 있음을 말해준다.


②초군과 무토농민

함양咸陽의 경우, 영슈을 들고 찾아온 고노용부雇奴傭夫를 초군이라고 부르고 있다.[29] 무토농민無土農民들이 초군의 주력부대임을 말해주는 대목이다. 이들 무토농민들은 품을 팔아 먹고살았다. 물론 그 품팔이 속에는 주인을 대신하여 두레에 들어가 노력동원에 참가하는 방식이 포함되었을 것이다.


③초군과 한글 통문

진주의 경우, 초군이 동 단위로 편제되어 있었고, 초군동원에 면임(面任, 풍헌風憲)과 동임洞任 및 마을의 두민頭民이 역할을 했다. 또한 초군을 동원하기 위해 한글로 된 초군통문이 사용되기도 했다. 조직적 동원이 되고 있음을 알 수 있는데, 초군이 마을의 공동체적 생활에 긴박되어 있는 존재임을 알려준다. 초군이 남자들이었고, 노동력 있는 청장년층이었다면 그들은 의당 두레에 들어가 있었을 것이다. 한글 통문은 동원에 응하는 대상들이 대개 식자층이 결코 아니었음을 말해준다. 진주를 비롯하여 여러 곳에서 자신들의 면리 이름을 쓴 기치旗幟를 내걸고 참여하고 있는 점도 조직적 동원임을 말해준다.

| 땔감을 팔러 가는 초군들(20세기 초반)

따라서 초군들은 모두 두레에 속한 불안전한 생활상태에서의 빈농들이었으며 항시 사회적 모순에 대하여 저항을 준비하는 처지에 있었다. 초군은 어디까지나 두레로 조직된 농민들이었을 것으로 여겨진다.[35]

### 동학농민혁명과 두레

강진 작천에 거주했던 박기현(1864~1913년)이 남긴 '일사'가 있다. 다음과 같은 기록이 등장하고 있으니, 1890년대 들어와 장흥 강진 일대에 동학이 널리 포교될 무렵에 향촌사회의 유생들의 대응이 드러난다. 그네들은 화급히 향약계를 만들고 있었다.

> 향약계鄕約契를 만들기 위하여 하고재下古齋에 면사람들이 모였다. 나 역시 가서 참여했다. 계에 들고자 하는 모든 사람들은 문서에 이름을 적고 그 이름으로 계전 1량 1전씩을 거두었다. 저녁에야 집에 돌아왔다.[36]

향약계를 조직하고자 하는 이유는 명확히 밝히고 있지 않으나 이단異端 사설로 간주되는 동학이 널리 전파되고 있던 당시 상황과 무관하지 않다. 이듬해 12월 동학농민군들이 장흥부와 강진현을 들이칠 때 박기현 등이 수성군을 조직하여 대항했다는 사실을 고려한다면, 이들이 주도하는 계사년의 향약계 창안은 이 지방을 중심으로 널리 전파되던 동학을 배척하고 금하기 위한 대응방안으로 여겨진다.[37] 매천梅泉 황현黃玹(1859~1910년)의 『오하기문』에도 민영준이 거론하기를, '동학이 번진 것은 풍속이 무너진 데 그 원인이 있다'고 하면서, 경상·전라 두 지방에 공문을 보내어 향약법을 시행하게 하고 경상지방에서는 향음주례鄕飮酒禮를 시행하게 했다. 그래서 '지방수령들은 모두들 무더위가 한창인 6월에 향약과 항음을 행하느라 땀을 흘리며 꿇어앉아 절을 했고, 돈을 걸고 먹을 것을 조달하느라 농사일을 방해하고 직무에 지장이 있었으므로 백성들이 몹시 불편해했다'고 했다.[38] 동학이 들불처럼 번지고 있던 당시에 이처럼 유생들의 향약은 민중들의 조직과는 다른 방향으로 움직이기도 했다.

반면에 두레는 임술항쟁에서 본 것처럼 항쟁의 참가자를 동원하는 중요한 동력으로서 활용되었다. 또한 두레의 문화적 성격, 즉 두레가 주동이 되는 풍물굿은 선전대의 역할을 했을 것으로 여겨진다. 동학농민혁명에서 농민을 동원하는 일에 대한 두레의 역할에 대해서는 재론의 여지가 없을 것이다.[39] 두레의 조직과 회의, 나아가서 향촌사회의 모의투쟁의 저력은 그대로 동학농민전쟁에도 활용되었다.[40]


① 농민군과 문화선전대적 기능

농민군이 이동할 때, 반드시 영기 따위를 들고 다녔을 것이며 호적·북 같은 악기가 수반되었을 것이다. 농민군들은 악기 소리의 차이만 갖고도 자기 진영을 알아볼 수 있었을 것이다. 이들 악기와 연희적인 요소들, 가령 길군악 같은 요소들은 바로 일상적인 생활에서 단련된 것이었지만 유사시에는 군악대의 역할 같은 성격도 보여주었다.

아래에 인용한 글은 동학농민군이 남도의 성읍을 잇달아 장악할 때의 정황이다. 흡사 풍물패 길군악을 보는 듯한 인상마저 주는 농민군 행진기록이 다수 확인된다. 풍물패의 역동성이나 농악기들, 또 하나의 잡색놀이를 연상케 하는 칼춤, 진풀이 등의 모습을 찾아냄은 결코 어려운 일이 아니다.


평민이 선두에서 나이 십사오 세쯤 된 아이 한 명을 업고 진 앞에 나섰는데, 아이는 푸른색 홀기를 쥐고서 마치 지휘하는 것 같았고, 그 뒤를 뭇

적들이 뒤따라왔다. 앞에서는 날라리를 불고 그 다음에 '仁', '義'자를 새긴 깃발 한 쌍이, 그 다음에는 '禮', '智'자를 새긴 한 쌍이, 또 다음에는 흰색 깃발 두 개가 뒤따랐는데, 그 가운데 하나는 보제普濟라 썼고, 다른 하나에는 안민창덕安民昌德이라 썼는데 모두 전서체로 쓰였다. 다음의 황색기 하나에는 해서로 보제중생普濟衆生이라 쓰여 있었고, 나머지 깃발에는 각 고을의 이름이 쓰여 있었다. 다음은 갑옷에 투구를 쓰고 말을 타고 검무를 추는 자가 한 명, 그 다음에는 칼을 가지고 걷는 자 네 다섯 쌍, 다음에는 피리를 불고 북을 두드리며 붉은 관복을 입은 자 두 명, 다음에는 두 명이 또 날라리를 불고, 다음의 한 명은 벼슬아치들의 관모를 쓰고, 우산을 가지고 도인의 복장을 하고 나귀를 타고 있었다. 그리고 소매가 좁은 옷을 입고 관모를 쓰고 우산을 가진 대여섯 명이 나귀를 타고 있는 사람의 주위를 에워싸고 따랐으며, 그 다음에는 두 줄로 1만여 명의 총수銃手가 뒤따르는데 모두 머리에 수건을 두르고 있었다.[41]

집회에서의 기치도 중요하다. 오지영은 『동학사東學史』에서 보은집회를 거론하면서, 수만 명의 사람들을 정돈하기 위해 각 포 각 접마다 기를 세워 표치를 나타내고 넓은 벌판에 죄차를 정했는바, 그 형식이 매우 질서가 정연하여 한 번 봐도 가히 그 수효를 헤아릴 수 있었다. 물론 여기서 쓰인 기는 글자 그대로 포와 접을 드러내는 기였을 것이나 기를 중심으로 집결하는 농민들의 심성을 잘 보여준다. 물론 마을에서 쓰이던 두레의 영기 따위가 반드시 동원되었을 것이다. 모든 농민들은 마을을 상징하는 두레기를 보고서 일치단결하여 집결하는 훈련에 익숙했다.

보은집회에서는 각종 깃발이 난무했다. 큰 기에는 '척왜양창의'라 쓰여 있었으며, 5색으로 된 작거나 중간치의 깃발이 다섯 방향에서 각각 나부끼고 있었다. 작거나 중간치의 기에는 "忠義·善義·尚功·淸義·

水義·廣義·洪慶·靑義·光義·慶義·咸義·竹義·振義·沃義·茂義·龍義·楊義·黃豊·金義·忠岩·江慶" 따위의 글자가 쓰여 있었으며 셀 수 없을 정도로 작은 깃발도 많았다.[42]

농민군 봉기에 풍물굿이 동원된 사례가 자주 발견된다. 고부에서 봉기가 일어났을 때, 주모자들은 10일(양력 2월 15일) 밤 배들평을 중심으로 10여 마을의 풍물을 동원하여 예동禮洞에 걸꾼(乞軍) 수천 명을 모았다.[43] 이 자리에서 전봉준은 아녀와 노약老弱 이외에 누구든 탈출하는 자는 처참하리라고 호령하고 조병갑의 학정을 일일이 들어 선언하고 나서 고부관아로 쳐들어갈 것을 역설했다. 그리하여 이날 밤 전봉준은 대오를 둘로 나누어 고부관아로 향했다.

음력 1월 10일은 정초에서 대보름 사이이므로 한창 걸립굿을 놀았을 시기다. 10여 개 마을의 걸립꾼이 모였으니 1개 마을 당 약 30여 명의 걸립꾼으로 헤아려 걸립꾼만 300여 명이 모였음직하다. 그 밖의 동리사람을 합한다면 수천의 사람은 되었음직하다. 범지역촌 합굿이 이루어진 것으로 보아야 한다.


② 농민군 토지분작 강령의 이론적 근거였던 두레

다산茶山의 토지개혁안은 『경세유표經世遺表』의 정전제井田制와 여전제閭田制에서 개진되었는바, 그의 전제 개혁사상은 1894년 동학농민군의 강령의 하나가 되었다.[44] 이 같은 다산의 혁명적 개혁안은 당시 농촌의 공동노동조직인 두레조직에서 영향받았음을 알 수 있다. 그것은 두레조직의 원칙과 여전제를 비교하면 쉽게 이해된다.[45]


농사짓는 사람들이 토지를 얻고 농사짓지 않는 사람들은 토지를 얻지 못하도록 하려면 여전閭田의 법을 행해야 한다. 왜 그런가? 여전은 산과

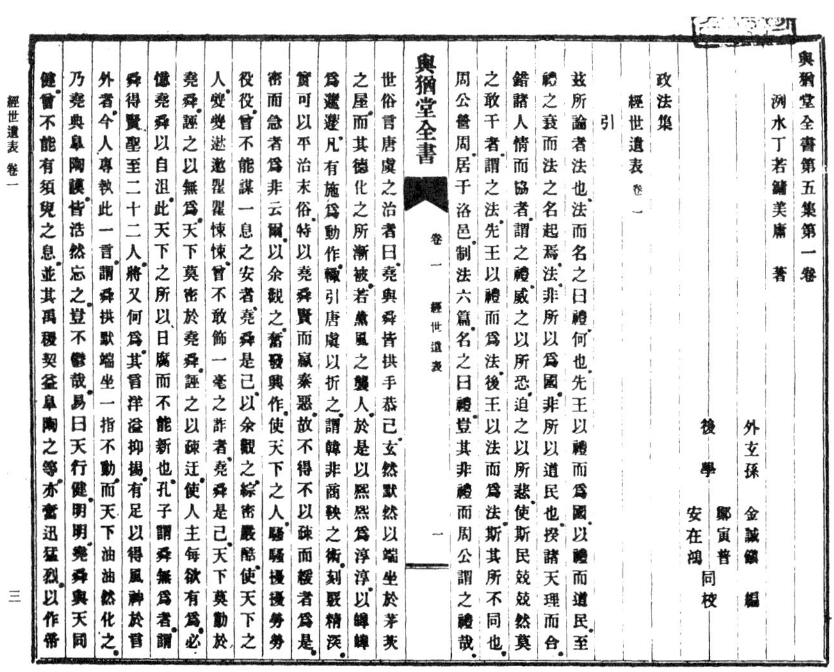

『**경세유표**經世遺表』(광문회본)

냇물의 형세에 따라 경계를 정한다. 이를 이름하여 여閭라 한다. 여 셋을 리里로 만들고 이 다섯을 방坊으로 만들고 방 다섯을 읍으로 만든다. 여마다 여장을 둔다. 한 여 안의 토지는 그 여 안에 사는 사람들이 공동으로 경작한다. 그 여 안에서는 따로 경계를 긋지 말고, 여장의 지시만을 따른다. 하루하루 일할 때마다 여장이 치부책에 적어둔다. 추수한 곡식은 모두 여장이 관리하는 창고에 모은다. 먼저 나라에 낼 조세와 여장의 봉급을 제하고 나머지를 일꾼들에게 치부책에 적힌 대로 나누어준다.[46]

신용하는 오지영의 『동학사』를 분석하면서 폐정개혁안의 토지평균분작土地平均分作을 '두레농장'으로 보았다. 농민전쟁 시기 집강소는 균작均作과 공동노동에 기초한 두레농장제도·두레협업농장제도에 의거하여 토지문제와 농업문제의 해결을 추구했던 것으로 해석하고 있다. 또한 이 것이 다산의 여전제·정전제와 관련 있다고 보았다. 이이화는 다산의 이론화 작업이 두레에 바탕을 두었다고 보았다.

정약용은 두레작업을 보면서 토지에 대한 자신의 견해를 정리해나갔을 것이다. 정약용은 벼슬살이를 하면서 가끔 마재(馬峴)에 있는 집에 다녀왔다. 도성에서 마재까지의 거리는 100여 리가 조금 넘는 하루걸이였다. 그는 양수리에서 배를 타고 뚝섬을 거쳐오기도 했으나 말을 타고 망우리를 넘어오는 경우가 더 많았다. 여름철에도 찌는 더위를 아랑곳하지 않고 망우리 고갯길을 즐겨 다녔다. 그럴 만한 이유가 있었다. 그는 주변의 논밭을 지나면서 '농자천하지대본'이라고 쓴 깃발이나 용을 큼직하게 그린 깃발이 펄럭이는 가운데 농부들이 김매기하는 모습을 눈여겨보았다. 가끔 새참을 먹거나 낮잠을 자다가도 북이나 나팔이 울리면 일제히 일어나 논으로 들어가는 모습도 볼 수 있었다. 정약용은 공동노동 현장을 지날 때면 자주 구종驅從에게 말을 멈추게 해 그 정경을 바라보며 깊은 상념에 잠기곤 했다. 그는 공동노동이 거의 두레조직을 통하여 이루어지고 있음을 잘 알고 있었다. 그는 토지개혁과 노동 문제에 남다른 관심을 가졌다. 당시 양반 토호들은 광대한 토지를 소유하고 탈세 등 온갖 부정을 저지르는 데 반해 농민들은 작은 규모의 토지를 경작하면서 힘겹게 조세를 부담해야 했다. 정약용은 이 모순을 타파하는 방법으로 자신의 전제 개혁 구상을 제시했다.

그는 토지의 공동소유와 공동경작, 공동분배를 강조했다. 여전론은 토지 사유를 인정하지 않는 이론이다. 공동소유와 공동노동과 공동분배를 하려면 집단농장의 형태를 띠게 된다. 어떤 사람은 이 이론을 공상적 사회주의, 농민적 사회주의라고도 일컫는다. 만일 나라에서 이 이론을 따랐다면 사회경제적으로 엄청난 변화가 일어났을 것이다. 당시 사회구조와 지배세력의 의식으로 볼 때 공상에 가까운 이론이기는 하지만 한국사에서 가장 획기적인 토지개혁론이었다. 이 아이디어가 바로 두레에서 나왔다고 해도 무리는 없을 것이다.[47]

## 지배층의 농민 동원수단으로 이용된 두레 : 경복궁두레

두레는 지배층이 농민을 동원하고, 대상화하는 조직수단이기도 했다. 반면에 농민들 스스로가 동력이 되어 힘을 모아가는 조직수단이기도 했으니 역사발전에 긍정적·부정적 역할을 모두 지니고 있었다. 고종연간의 경복궁 역사 때, 다수의 두레패들이 동원된 사례가 그 구체적인 예다.

부역에서조차 두레기를 앞세우고 서울로 향했던 것이다. 동원된 두레에서 으뜸두레와 열세인 두레의 서열이 분명했을 것이다. 민중동원의 방식으로 두레를 지배층에서 이용하기도 했다는 사례가 된다. 이런 힘은 거꾸로 유사시에는 민란에 집단적으로 참여하는 계기로 뒤바뀌었을 것이다. 가령 작은 규모의 민란에서도 금쟁金錚 같은 악기소리를 내면서 동원했던 사례를 자주 살펴볼 수 있다. 동학농민군이 집결되는 초기 단위에서도 먼저 금쟁이 쓰였을 것이고, 이런 금쟁이 범지역촌 연대로 나아

갔던 것으로 판단된다. 이제 안성지역의 경복궁두레를 구체적인 예로 들어본다.[48]

'경복궁두레'란 일종의 신조어이며, 경복궁 중창 때 동원되었던 두레들을 지칭하는 말이다. 경복궁 공역工役이 시작된 것은 고종 2년(1865년) 4월 13일이었다. 인부는 한양 도성 사람들과 근기近畿의 농민들이 자진 부역 명목으로 동원되었다. 중건은 궁성 축조와 내전 건축에 이어 외전·경회루·별전 등의 순서로 진행되었다. 고종 2년 4~5월에 물자 반입이 이루어지고 6월 20일부터 본격적인 공사가 진행되어 신무문이 그해 9월 22일, 광화문 등이 10월 11일, 이듬해 1866년 2월에 만춘전의 상량이 있었고, 6월에 정전인 근정전과 사정전 축대공사가 있었다. 고종 4년(1867년)에는 중건공사가 활기를 되찾아 총 800만 냥을 들여서 완공했다.[49]

흥선대원군은 고도의 정치력을 발휘하면서 단기간 안에 공사를 완성해 나갔다. 중건공사는 불과 3년여였지만 그동안에 국내정세는 여러 가지로 어려움이 많았다. 즉, 인부 동원, 자재 공급, 국고 탕진, 물가 앙등 등이 공사에 지장을 주었다. 자금문제가 심각했던 만큼, 인력동원도 만만하지가 않았다. 국가적으로 근기의 농민들을 동원하면서 매우 조직적인 동원책이 강구된 것 같다. 처음에는 일부 자발적 참여도 있었으나 결국은 강제부역이었으므로 민폐가 심했고 원성도 자자했다. 나라 안이 떠들썩했던 만큼 노랫가락도 떠들썩하여 일명 「경복궁타령」이 널리 불려졌다.

경복궁 농민동원에 관한 구체적인 사료는 남아 있지 않다. 그러나 여러 정황으로 미루어 농민의 자치조직이라 할 수 있는 두레패를 적극 원용한 증거가 발견된다. 조선 후기에 남도에서부터 북도로 급성장하면서 올라가고 있던 두레공동노동조직을 거꾸로 이용하여 지역의 많은 장정들을 동원하고자 두레가 원용된 것이다. 국가적 부역에서 두레기를 앞세우고 서울로 향했던 것이다. 두레의 집약노동성과 문화적 기재들은 국가

입장에서 볼 때는 노력동원의 유효한 대상으로 간주되었을 것이다. 경기도 일원, 심지어 충청남도에서도 농민들이 한양으로 향했다. 두레패의 행진에는 으레 농민의 자부심의 상징이었던 농기(혹은 용기龍旗·용당기龍堂旗·농상기農桑旗)와 영을 집행하는 영기가 앞장섰으며, 풍물패가 뒤를 따랐다. 여러 동의 두레들이 합쳐져서 일정한 대오를 갖추고 서울로 향했을 것이다. 당연히 도보로 걸었으며 비교적 일사불란하게 한양으로 전진했을 법하다. 동원된 두레에서 으뜸두레와 열세인 두레의 서열이 분명했다.

전국 두레를 조사한 결과에 의하면, 경기도는 물론이고 충남 일대에서 더러 경복궁두레라는 명칭이 확인된다. 민속상으로 현지조사를 통하여 충청·경기지방에 넓게 일명 '경복궁두레'라는 명칭이 붙은 두레가 얼마 전까지 구전되고 있었다. 경복궁 역사에 갔다왔기 때문에 선생, 혹은 형 두레로 인정을 받는 두레들이다. 경복궁 역사에 징발될 정도로 두레가 강했다는 증거도 되며, 아니면 국가적 대사에 참여했기 때문에 향촌사회에서 그 공로를 인정받은 경우일 것이다. 경기도 화성의 경우, 두레에서 농사일을 하다보면 두레싸움이 잦았는데 이것도 경복궁과 연관된다.

사례 1 화성시 문기동두레
두레싸움에서 '선생을 몰라본다'는 말은 구한말 경복궁을 다시 지을 때부터 전해지는 말인데 그 당시 먼저 지경갔던 두레가 형이고, 나중에 갔던 두레가 동생이었다는 것이다. 경복궁을 지을 때 바가지쪽이라도 먼저 들고 간 사람이 형인 셈이라는 것. 혹은 두레를 먼저 꾸민 동네가 선생이고 뒷차 탄 두레는 제자라고 전한다. 따라서 싸움이 붙으면 서로 선생이라고 주장하면서 깃대의 꿩장목을 빼앗아가는 등 난리가 났다.[50]

사례 2 부여시 시르메두레

시르메의 경우(현 부여군 석성면 증산2구), 웃선생두레는 시르메(원증산, 현재 증산2구)두레였다. 시르메두레는 나라에서 기와 나발을 받아와 준비했다고 전해진다. 석성면 일대에서 '슈' 받아온 데는 시르메두레뿐으로 윤진사가 나라에서 영을 받아왔다고 한다. 그에 따라 인근 일대의 두레가 모두 시르메를 선생두레라 호칭하고 예의를 갖추었다.[51]


사례 3 안성시 돌우물두레

돌우물두레패(현 안성읍安城邑 석정동石井洞 풍물패)가 고종 2년(1865년) 대원군으로부터 '관자기冠子旗'와 '상좌上座두레'라는 칭호를 받았다. 다른 동네의 농기는 늘 돌우물두레에게 인사를 하여 상좌두레 대접을 해야 했으며 대원군에게 받은 관자기를 1923년까지도 보관하고 있었던 것으로 확인된다.[52] 안성에서 돌우물두레가 강했으며 지금도 풍물이 강한 곳임에 비추어볼 때, 주도적인 두레로서 한양까지 갔다온 것임을 알 수 있다. 『안성기략』의 원문을 다시 살펴보면,

"농기 이앙 시, 또는 수전의 제초 시에 수십 농무가 공동작업으로 회집하여 '농자천하지대본'이라 쓴 기를 게양하고, 기 밑에서 종고를 두드리며 가무했다. 농기는 역군집합의 기이나 읍내면 석정리 농기는 거금 60년 전 고종 2년(1865년) 4월 경성 경복궁 개축 시에 당지 역군이 출역할 제에 사용하던 것으로 상금 농민이 보관하고 농기에 대하여 타동 농기가 경의를 표하니라."


이상의 민속학 현지조사 및 문헌자료에 비추어 한양에는 근기에서 올라온 농민들이 두레별·지역별로 깃발을 내세우고 각각의 소임을 맡아 집단적으로 노역에 봉사했음직하다. 1940년대에 농촌경제사학자로서 농

민문제 및 두레 등에 정통한 인정식印貞植이 조사한 자료에도 실제로 경복궁두레가 널리 분포되어 있었다.[53] 그가 예로 든 마을은 바로 안성의 두레였다.

일례로 경기도 안성군의 한 마을에서 필자가 직접 견문한 바에 의하면, 그 마을의 농기는 예로부터 부근 마을의 농기에 대해 압도적인 우위를 점하여왔다.……어떤 이유로 이 마을의 농기가 압도적인 우위를 점하게되었는가에 대해 이 마을의 농사農社에서 행수를 지냈던 한 노인은 다음과 같이 말하고 있다.

'옛날 이조 말기에 경성에서 경복궁을 지을 때, 이 마을에서 나간 봉사대가 다른 무리보다 뛰어나게 일하여 국왕으로부터 공로표창을 받았고, 또 농기에도 상을 주었기 때문에 자연스럽게 특별한 우위를 점하게 되었다.' 이것은 하나의 실례에 불과하나, 여하간 어떤 연구가 원인이 되어 농기와 농기 간에 권위상의 등급이 정해졌던 것이다."

1923년의 『안성기략』뿐 아니라, 10여 년 뒤인 1930년대에 '농사에서 행수를 지낸' 사람에게 직접 채록한 인정식의 자료에서도 똑같이 안성의 두레가 등장하는 것으로 보아, 안성두레가 다수 경복궁 노역에 동원되었음이 당대 민중들에게 널리 각인되고 있었음이 분명하다. 물론 당시 안성에서 얼마나 되는 숫자가 동원되었는가에 관한 자료는 없다. 그러나 위의 자료만으로도 안성의 두레들이 농민을 동원했다는 결정적 증거로 충분하리라 믿는다. 하고 많은 '경복궁두레' 가운데, 인정식이 굳이 안성군을 예로 들었음은 공정한 역사서술을 위해 참으로 다행이 아닐 수 없다.

수많은 장정들이 밤낮없이 노동을 하다보니 '위안잔치' 성격의 가무잡기가 없을 수 없었을 것이다. 당시 노역에 불려온 농민층 사이에 경복궁 노역과 관련된 구체적인 사료가 하나 있다. 1865년(고종 2년) 4월 고종은 경복궁 중건 시 궁궐 밖에서 역민役民들이 잡투雜鬪를 했다고 해당 동洞의 두민頭民과 3소임三所任을 잡아들이라고 명령한다. 잡투란 그야말로 난장판으로 놀아버리는 것을 뜻하는바, 어떤 지역인지는 알 수 없으나 과감히 놀아버린 동이 있었던 것 같다. 조정에서는 역민들의 잡회를 금할 것을 청하면서 왕과 대신들이 논의하게 된다. "일하는 장소에서 북을 쳐서 일을 돕는 것은 없을 수 없으나 그 밖의 장소에 어찌 유희를 하는가" 하고 왕이 묻자 다음과 같이 말하고 있다.[54]

정범조鄭範朝 : ……요즈음 역민役民들이 길거리에서 유희하는 습속은 처음에는 즐거이 일에 나아가서 수고로움을 잊고 일을 돕기 위한 뜻이 었습니다만 (지금) 오로지 유희의 짓거리만 하기에 이르니 과연 당치 않

|안성 남사당패(이기원 찍음)

습니다. 북을 치는 것은 그만둘 수 없으니 예로부터 동공董工의 도구이기 때문입니다. 따라서 북을 쳐서 일을 돕는 것은 가可합니다. 그러나 그 밖의 유희의 짓거리는 다시 명하여 금지토록 함이 마땅합니다.

이응하李應夏 : ……방민坊民들 가운데 기꺼이 스스로 원하여 부역하는 자들이 날로 많아져서 깃발을 세워 무리를 구분하고 북을 쳐서 힘을 쓰도록 하니 일이 저절로 됩니다. 그리하여 스스로 깨닫지 못한 채 길거리에서의 잡스런 놀이가 이르지 않는 곳이 없게 되었습니다. 깃발과 북은 비록 없을 수 없으나 잡스런 놀이로서 지나친 것을 엄히 금단禁斷하면 백성이 비록 어리석으나 알아서 멈출 것입니다.


'깃발을 세워 무리를 구분'함은 앞에서 설명한 일명 '경복궁두레'를 설명하는 셈이다. 논북을 치면서 농기 등을 앞장세우고 일과 놀이에 열중하는 것까지는 묵인해줄 만하지만 길거리에서의 잡스런 놀이까지는 묵인할 수 없다는 식의 논란이 이루어진다. '잡스런 놀이'란 다름이 아니라 신명나게 노는 서민대중의 놀이방식일 뿐, 별달리 특별한 '잡스러움'은 아니었으리라. 이처럼 두레는 거꾸로 농민을 동원하는 통로로도 이용되었을 것이다.

# 농민해방의 축제, 칠석과 백중

어찌하여 호미씻이(洗鋤)라고 하는가. 내가 농부에게 물었네. 농부가 나를 향하여 말했다네. 농사짓는 늙은이는 한 해의 수고가 끝났다고 7월 칠석이 되면 비로소 김매기가 끝나네. 밭과 들의 일이 그치게 되니, 호미자루의 흙을 씻네. 집집마다 들에서 술 마시고 북을 두드리며 춤을 춘다고 하네.

_임억령林億齡, 『석천선생집石川先生集』

농가에서는 김매기가 끝나면 남녀노소가 모여 마시고 즐기는데 이것을 세서라고 한다. 내가 농촌에 있을 때 그 일을 목격했으므로 시로써 기록해둔다. 농부는 하얀 죽립을 쓰고 부녀자는 푸른 베치마를 입었네. 박을 삶고 오이를 썰어 새우를 천신하고, 오래된 질그릇 동이에 기장술을 가득 담았네. 잔디 덮인 언덕의 뽕나무 그늘 아래에서 사방으로 둘러앉아 농사 이야기로 떠들썩하네. 이 집 김매기가 저 집만 못하다 하고, 낮은 데 논은 벼가 고른데, 높은 데 논은 무성하다 하네. 소년은 술을 가지러 가고 어른들은 취하여 소매 걷고 일어나 덩실덩실 춤을 추네. 1년 간 고생 끝에 이날 하루 즐거우니, 농가는 이날 저녁 모든 근심을 잊네. 그대는 보았는가. 지난해 아전이 색조索租하러 왔을 때, 늙은 할미가 바삐 마련하라 3일이나 굶는 것을. 농가의 즐거움이 어찌 쉽게 얻어지겠는가. 급한 일이 없거든 그대로 실컷 먹고 취해보게나.

_장유張維, 『계곡선생집谿谷先生集』

# 아시아 벼농사지대의 농경세시

### 농사의 근본은 자연의 시간을 읽는 것

시베리아의 겨울은 길고도 잔인하다. 온도계가 얼어붙을 지경인데다가 햇빛은 빛나고 추운 공기는 삐걱거리는 소리를 내는 듯하며, 온 세상이 다 죽은 듯하다. 시베리아인들이 가장 기다리는 계절은 역시 봄이다. 짧은 봄이야말로 야성적이며 색깔들로 가득 찬다. 6월이 오면 시베리아 사하(Saha) 사람들은 그들의 축제인 사크흐라(Yhakh)를 시작한다. 일망무제로 열려진 벌판으로 저마다 민족의상을 입고 모여든다. 여름을 축하하는 노래가 선창자를 따라 즉흥적으로 이어지며 함께 춤을 춘다. 젊은 축들은 말타기경주를 경쟁하고 전쟁에 쓰이는 커다란 장대를 들어올리며 씨름에 참가한다. 높이뛰기 겨루기도 연출된다. 부인들과 젊은 소녀들은 저마다 스스로 지어입은 아름다운 민족의상을 겨룬다. 축제는 놀라운 식사로 장식되는데 전통적인 접시들과 시원한 쿠미스(Koumiss)가 곁들여진다. 사하족의 조상들은 쿠미스를 남쪽 스텝에서 이동할 때부터 가져왔다. 모든 부족들이 가축을 키우면서 쉬어진 말젖으로 술을 만든다. 쿠미스는 스텝의 역사를 증거하는 상징이니, 사크흐라축제에서 중요성을 가지게 되었다. 쿠미스 술잔을 높이 드는 것은 봄이 도착했음을 알리는 신호다.[1]

많은 민족지학자와 여행객들이 사크흐라 축제에 관심을 표명했고, 많

| **사하**(Saha) **공화국의 사크흐라**(Yhakh) **축제**

은 글들을 남겼다. 이미 1736~37년에 야쿠츠크를 방문한 그멜린(I. G. Gmelin)은 제2차 캄차카 탐험보고서에서 이를 서술했으며, 미덴도르프(A. D. Middendorf)와 그 밖의 많은 저술가들이 이 축제를 다루었다. 방외자의 입장에서 떠들썩한 축제에 관심을 보이는 것은 당연하다. 그러나 유심히 살펴본다면, 그네들의 축제는 그네들 나름의 환경에 맞는, 즉 유목사회의 시후時候를 반영하며 자연에 대한 순응을 의미한다.[2] 사하족에게 1년은 둘로 나뉜다. 5월부터의 짧은 여름과 10월부터의 기나긴 겨울이다. 혹심한 추위에 떨다가 모처럼 풀이 자라는 여름을 맞이했으니, 아름답고 풍요로운 여름이 당도했음을 민족축제인 사크흐라로 빛내는 것이다. 축제시

| 에도시대의 **경직도** 耕織圖(19세기, 비단과 금실, 로스앤젤레스예술박물관 소장)

대중적인 농사의 여신 매 포솝(Mae Phosop)(높이 27cm, 태국. UCLA Fowler Museum, *The Art of Rice: Spirit and Sustenance in Asia*, 2003)

**(위) 머리에 벼이삭을 얹은 샤먼의 춤**
　(인도네시아 스프라, 2004년 10월 8일
　찍음)

**(아래) 하라노쯔지**(原の辻)**의 금줄**
　신에게 바치는 붉은 쌀로 논 앞에 세운
　금줄(2005년 6월 아키에서 찍음)

기는 암말이 새끼를 배는 때다. 유목민에게 말만큼 소중한 자산이 없다. 봄의 축제인 사크흐라는 목축 생산 의례로 여겨도 무방하다.

왜 생뚱맞게 유목민족의 축제를 이야기했을까? 이동하는 유목민족도 절기별로 축제를 즐기는데 하물며 정착생활을 하는 농경민족의 축제는 더 말할 나위도 없기 때문이다. 한국뿐 아니라 베트남, 타이, 필리핀, 일본 등 쌀농사를 주로 하는 벼농사지대에서는 노동에 따른 제의와 놀이, 그리고 시간적 주기가 절대적으로 중요하다. 위 일본의 그림은 모내기하고, 새를 쫓고, 추수하고 도리깨질하여 알곡을 내어 저장하는 일련의 노동주기를 보여준다.[3] 이들 노동주기 곳곳에 축제가 개입되어 있음은 새삼 강조할 필요가 없다.

한국의 농경세시 역시 이런 아시아적 벼생산지대의 경우와 하나도 다를 바 없다. 구한말에 한국을 방문했던 외국인들도 수많은 기록을 남겼다. 단편적이고 악의적이기까지 한 관찰기록도 많지만 나름대로 설 풍경이라거나 대보름의 다양한 놀이 등 명절풍습에 지면을 할애하고 있다. 그네들이 관찰한 민의 풍습은 두말할 것 없이 사계절이 분명한 농경생활의 주기적 표현을 포착한 것이다. 앞의 사크흐라가 오로지 둘로 나뉘는 절기구분에서 이루어지는 유목민의 봄 축제라면, 설과 대보름은 넷으로 나뉘는 절기구분에서 이루어지는 농경민의 봄 축제이다. 정확하게 말한다면 만물이 소생하는 기운이 뻗치기 시작하는 설 무렵의 입춘으로부터 축제가 시작되고 본격적인 봄을 맞이할 채비를 갖춘다. 설과 대보름은 농경의 준비기, 그리고 단오 무렵이면 눈코 뜰 새 없는 농번기, 칠석과 백중 무렵이면 중경제초가 끝난 상태에서의 여름철 휴한기, 추석이 오면 수확기로 접어들고, 10월 상달이면 추수를 끝내고 여유롭게 상달고사로 천신한다. 각각의 세시들은 농경의 진척과정을 반영하고 있다.

세시의 외적 표현이 놀이와 음식 등이 포함된 축제와 제의, 아니면 그

밖의 번거롭거나 각별한 모습의 속신 등으로 드러난다고 해도 그 내적 밑바탕은 사계절 변화에 따른 생업의 변화에 있다. 따라서 농경생활에서 농사력農事曆의 중요성은 늘 강조되어왔다. 농사짓기에서 적기적작適期適作은 가장 중요한 원칙이다. 연암燕巖 박지원朴趾源은 『과농소초課農小抄』에서, '농사짓는 데 시기보다 더 중요한 것은 없다'고 했다. 1년 내내 곡식이 생장할 시기에 심고, 사장死藏할 때에는 거두어들여야 함으로, 천하에는 시기와 지력이 재화를 생산하게 하는 것이라 했다.⁴ 『증보산림경제增補山林經濟』에서는 치농治農의 근본을, "농사란 업은 또한 묘리妙理가 있는 법이니, 지역을 고찰하여 종자를 심되, 건조한 곳과 습한 곳에 마땅한 것을 맞추어 심고, 철이 이른 것과 늦은 것도 맞추어서 심어야 바야흐로 이익을 내어 생활에 의존할 수 있다"고 하여 적기적작을 강조했다.⁵

따라서 모든 농경생활은 농사력에 기초하여 이루어졌다. 농사력에 따라서 절기마다 세시풍속이 관행적으로 이루어졌다. 계절변화에 따른 농경사회의 순환은 절기에 따른 세시풍속을 의미했고, 생업기술의 변화에 따라 세시풍속도 변화했다. 특히 조선시대 생업기술은 전기에서 후기로 옮겨가면서 변화양상이 사뭇 달랐기 때문에 세시풍속의 변화도 놀랄 만했다.⁶

### 마을굿 · 두레굿의 이중구조

조선 후기에 이르러 이앙법移秧法이 선진농법으로 널리 자리 잡게 되자 모내기로부터 김매기에 이르는 장기간의 힘겨운 노동이 사실상 끝나는 지점에서 두레는 대대적인 행사를 치르게 되었다. 물론 조선 전기에도 한여름철에 농민들이 휴식을 취하고 놀이를 즐기는 일은 여전했다. 그러나 놀이의 성격과 집단적 힘의 강도가 달랐다. 모내기부터 김매기에

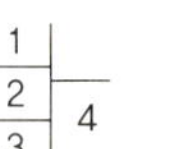

**농기農旗와 신기神旗**

농기는 신기로 쓰임으로 양자는 깊은 관계가 있다.
1 농사에 쓰이던 풍물패가 신당에도 들어간다(위도 원당제).
2 구리시 갈매 도당굿의 신대 받기
3 은산 별신제에서 농기 세우고 신 받기
4 서울 용산 원효로 남이당제의 신기 걸립

리의 호미걸이와 진도 대동굿에서 농기를 세우고 당제를 지내는 것도 농기를 신대로 하여 농신을 내리는 예다. 태인면 태흥리 술멕이와 같이 당산에서 호미걸이를 하는 경우는 말할 것도 없고, 호미걸이를 당뿔에서 하지 않고 언덕이나 큰 마당에서 하는 경우에도 홍성군 결성면 형산리 두레먹기의 경우와 같이 농기를 세워놓고 술 붓고 굿을 이루고 절하는 것처럼 농신을 받는 의식이라 하겠다. 이때 '덩덩덩덩' 하고 굿을 이루는 경우가 많은데, 굿을 이루는 '덩덩덩덩' 하는 쇠가락은 본디 굿에서 신을 받는 가락과 같다. 김제군 대동리 두레굿의 경우와 같이 김매러 갈 때, 당산에 농기를 세우고 굿을 이룬 다음에 농기를 앞세우고 들로 나가는 것이나, 홍성군 형산리 두레굿의 경우와 같이 동구에 농기를 세워놓고 두레패들이 굿을 이룬 다음에 농기를 들고 들로 나가는 것도 모두 농신을 내리는 의식이라 할 수 있다.[10]

셋째, 두레굿의 정착은 기왕에 있던 마을굿과 더불어 촌계의 이중구조를 보여준다. 촌락 자체에서 가장 중요한 일이 촌제와 두레라면 양자는 상호 독립적이면서도 상호 보완적인 성격을 보여주고 있다. 그 결과, 조선 후기에는 정초에 행하는 마을굿과 한여름의 두레굿이 병존하는 양상을 보여주었다. 그 이전 시기에는 없던 변화였다. 『동국세시기』를 보자.

· 정월 : 정초(내농작 · 농점), 대보름(볏가리 · 마을굿 · 쥐불놀이), 입춘(입춘방)

· 2월 : 초하루(머슴날 · 콩볶기 · 풍신제)

· 3월 : 삼짓날 · 청명 · 한식 · 곡우

· 4월 : 초파일

· 5월 : 단오(천중부적 · 익모초 · 그네뛰기 · 씨름)

· 6월 : 유두(유두연), 삼복(개장국)

(위) **단오풍물놀이**(1971년, 이광삼 촬영, 『신도안 1953~1983』, 1991)

(아래) **농가월령가**農家月令歌
일제시대의 신新민요집. '두레노래패'라고 쓰여 있다.

· 7월 : 칠석(칠석놀이), 백중(백중놀이)

· 8월 : 벌초, 추석, 보리풀

· 9월 : 중구, 단풍놀이, 추수

· 10월 : 시제, 김장, 추수

· 11월 : 동지(동지팥죽)

· 12월 : 납일, 제석

동계 휴한기인 정월과 하계 휴한기인 칠월의 풍습이 두드러진다. 정초의 마을굿과 여름에 행하는 두레굿(칠석놀이·백중놀이)이 그것이다. 정초에 마을 대동의 공동체적 신격을 모시는 마을굿과 두레에서 행하는 하절기의 두레굿은 두 축을 형성하는 조선 후기 마을문화로 정착되었다.[11]

넷째, 일제시대에 들어오면 또 한 번의 변화를 겪는다. 일제 초기에는 마을굿과 두레굿의 병존 양상이 그대로 이어졌다. 그러나 마을굿은 차츰 축소되었고 두레는 아예 소멸하는 방향으로 나아갔다.

① 마을굿과 두레굿이 모두 소멸한 경우

마을굿과 두레굿이 모두 소멸했다. 전반적으로 두레굿 소멸이 빨랐으나, 마을에 따라서는 마을굿이 일찍이 사라진 상태에서 농업노동상의 필요에 따라 일정 기간 두레굿이 존속되다가 두레와 함께 사라졌다.

② 마을굿만 잔존된 상태에서 두레굿은 소멸한 경우

대부분의 마을에서 나타난 현상이다. 두레가 사라지면서 두레굿이 함께 사라졌으나 마을굿만은 여전히 남아 있다. 두레가 소멸했음에도 불구하고 마을굿은 여전히 잔존하고 있는 마을도 많다.

### 농민축제가 된 2월 1일 머슴날

음력 2월 1일은 '머슴날', '노비일', 혹은 '하아드렛날'이라고 불렀다. 지역에 따라서 명칭의 차이가 있지만, 이날은 농민의 날로서 농사가 시작되는 기점이 되었으며, '볏가리 쓰러뜨리기'가 곳곳에서 행해졌다. 삼남지방을 중심으로 이날은 농민들이 모여서 1년 농사의 대소사를 논의하는 중요한 계기가 되었다. 대보름 축제가 끝나면서 이날을 마지막으로 농사철에 돌입했다.

조선 후기의 「전가낙사도田家樂事圖」를 보면, 쟁기와 소도 보이고 지게를 지고 가는 이들이 그려져 있는데 집집마다 장대에 짚으로 만든 신대가 서 있다. 본격적인 농사가 시작되기 전에 세웠던 신대로 여겨진다. 오늘날까지 이어질뿐더러 문헌상으로도 정확한 신대는 볏가리대다.

볏가리는 지역에 따라 '유지방·유지봉·유지·오지봉·유지방이·유구지·횃대·보름대' 등으로 불린다.[12] 영등할머니를 모시는 풍신風神과 연결짓기도 한다. 실제로 볏가리 쓰러뜨리는 날은 영등할머니가 오는 날이기도 했다. 이에 관해서 송석하는 화간禾竿의 입간민속立竿民俗으로서의 기풍祈豊을 영등할머니 풍습과 연관 있는 것으로 보았다. 또한 평안북도 강계에서 쥐저리(낫가리 꼭대기에 세우는 것)를 장대에 꽂아서 마당 여러 장소에 세워두고 행하는 기풍이 남한의 볏가리와 같다고 했으며, 『경도잡지』의 화적禾積이 같은 종류라고 보고한 바 있다.[13]

영등할머니는 농사에 극히 해로운 '2월 바람'과 관계가 있다. 당대 농민들은 푄(Föhn) 현상을 구체적으로는 몰랐을지라도, 그런 현상이 계절

「**전가낙사도田家樂事圖**」(지본채색, 75x36.5, 서울 개인 소장)

| **볏가리대**(충남 서산에서 찍음)

적으로 일어난다는 사실은 이미 체득하고 있었다. 농민들은 농사에 피해를 주거나 고기잡이배를 뒤집어버리는 바람같이 인간 생존을 위협하는 자연에 대해 준비를 게을리 하지 않았다. 그 대응책이 영등신靈登神이다. 『동국세시기』에는 이렇게 기록했다.

영남지방 풍속에 집집마다 신을 제사 지내는데 영등신이라 한다. 무당이 영등신이 내렸다고 마을을 돌면 사람들은 다투어 맞이하여 즐긴다. 이달 초하루부터 사람을 꺼리어 교접하지 않는데, 15일 혹은 20일까지 간다.

제주도 풍속에는 2월 초하룻날 귀덕歸德 · 금녕金寧 등지에서 장대 12개를 세워 놓고 신을 맞이하다가 제사를 지냈으니, 이를 영등이라고 했다. 조선 후기의 이옥李鈺은 영등신影等神이라 표기하고 나서 이렇게 적었다.

매년 2월 길일에 집집마다 영등신에게 제사를 지내는데, 3일 전에 문에 붉은 흙을 깔아 사람을 들어오지 못하게 하고, 그날 닭 울기 전에 집 식구들이 새 옷을 갈아입고서 마당에 밥 · 국 · 인절미 · 떡 · 술 · 어육 · 나물을 정갈하게 차려놓고 제사 지낸 곳에 대나무 하나를 세우고 그 위에 찬물을 올리고 매일 아침 새 물로 바꾸기를 15일까지 한다. 집안에 질병이 없고 풍년이 들며 재물이 느는 것은 모두 신이 내려준 것이라 한다. 영남 읍민 모두가 제사를 지낸다. 그 지방 사람들의 말에 옛날에 영등신을 섬기기를 매우 엄히 하여 고을 원님이 고을을 위해 복을 청하는데 원의 부인이 방 가운데 앉아서 기다리고 있으면 밤중에 분명히 느끼는 것이 있어, 신이 가고 나면 땀이 옷에 젖었다. 대개 옛 두두리류豆豆里類로 음사淫祠의 귀신이다.[14]

이들 영등은 그 지역 명칭에 따라 영동할만네·영동할맘·영동할마니·영동할마시·할마시·영동바람·풍신할만네·영동마고麻姑할마니 등 여러 명칭이 존재했다.[15] 이렇듯 민간에서 그토록 2월 1일이 중요했던가는 영등신과 바람으로 말미암아 좀더 분명해진다. 그렇다면 볏가리풍습과 2월 1일 풍습은 조선 후기에 이룩된 것일까? 무엇보다 조선 전기의 내농작內農作이 바로 민간의 볏가리와 유사함을 알 수 있다. 『연려실기술燃藜室記述』에서 내농작에 관해, "우리나라 풍속에 정월 보름날 볏짚을 묶어서 곡식 이삭처럼 만들고, 비를 매달아 열매가 많이 맺은 형상을 만들어 나무를 세우고 새끼로 얽어매서 그 해의 풍년을 비는 것이 있다. 대궐 안에서는 나라의 풍속으로 인하여 약간 그 제도를 번잡하게 해『시경詩經』「7월편」에 실려 있는 대로 인물의 형상을 모방하여 밭 갈고 씨 뿌리는 형상을 만들어놓았다고 적혀 있다. 처음에는 기교를 자랑하려고 한 것이 아니고, 역시 근본

| 영등굿판의 심방

에 힘쓰고 농사를 중히 여기는 뜻이었다"고 했다.[16] 이로써 조선 전기의 여러 기록에서 국가적인 내농작 풍습이 궁궐에서 행해졌음을 알 수 있다.

현존 문헌 가운데 볏가리에 관한 한 가장 오래된 확인 가능한 자료는 이자李耔(1509~1516년)의 『음애일기陰崖日記』다. 이삭 달린 비를 결박하여 나무에 걸어 기풍祈豊하던 주술적 행사라고 했으니 후대의 화간禾竿과 비슷하다고 했다.[17] 일기 내용은 연산군 시대의 것으로, 200여 년 뒤 이광사李匡師(1705~1777년)의 문집에서 다시 등장한다.

영조 38년(1762년) 전남 신지도로 귀양 가서 죽은 이광사가 읊은 섬의 여러 풍속 중에 볏가리대에 관한 시가 전해지는 것이다. 농한기면 사람들이 모여서 볏가리를 세우고 이웃을 청하여 웃어른으로 삼는데 구경꾼이 모여들고 동네잔치가 열린다. 과거급제하려는 사람이 없으며 순박하게 살아가고 있음을 높이 평가하고 있다. 볏가리풍습이 오래도록 이어져 왔다(流風久相襲)고 했다.[18]

이광사의 기록에서 몇 십 년이 경과한 시기인 『경도잡지京都雜志』(1779년)에도 노비일奴婢日이 등장한다. 보름날 세웠던 화간을 내려 솔잎을 겹겹으로 깔고 떡을 만들어 노비에게 먹인다고 했다. 나이대로 먹이므로 속칭 이날을 노비일이라 했다. 농사일이 이때부터 시작되므로 노비들에게 먹이는 것이라고 했다.

조수삼趙水三(1762~1849년)은, '정월 15일에 긴 장대를 뜰 가운데 세우고 그 꼭대기에 고개藁稭를 다는데, 이를 화균禾囷이라 한다. 이날이 되면 송병으로 제사를 지내고 장대를 치우는데, 이것으로 한해의 풍년을 축원할 수 있다'고 했다. '고개'는 짚으로 주머니를 만들어 그 안에 오곡을 넣어 점풍을 행함을 뜻하며, 화균은 볏가릿대를 뜻한다.[19]

유만공柳晩恭의 『세시풍요歲時風謠』에도 긴 장대를 세워 쌀주머니를 걸고 볏짚으로 묶어 씌워 높은 창고를 만들어서 비는 것을 화간이라고 했

| **농신대**(한국민속촌)

다. 여종들로 하여금 나이에 따라서 먹게 하는데, 이날을 이르기를 종날
이라 하면서 집안 먼지를 털어낸다고 했다.[20]

하얗게 깎아 세운 화간이 하늘을 찌를 듯하니,

시골 농가에서 멀리 풍년을 기원한 것이다.

집집마다 곡식 쌓기를 능히 원하는 바와 같이 한다면,

만 길이 되어서 장차 석름봉石廩峰과 같을 것이다.

농사를 짓는 길한 날에 처음 볕이 따뜻하니 장대 머리에서 흰밥주머니
를 내린다. 늙은 여종들은 부지런히 물 뿌리고 쓰는 것을 사양하지 마

라. 가장 많이 덕을 나누어주어 주린 창자를 배불리 해주마.

『동국세시기』(1849)에도 '俗稱是日爲奴婢日'이라고 하여 송편먹기, 볏가리(禾竿) 쓰러뜨리기 행사가 보인다.

보름 전날 짚을 묶어 깃대 모양으로 그 속에 벼·기장·피·조의 이삭을 집어넣어 싸고, 또 목화의 터진 열매를 긴 장대 끝에 매단다. 집의 곁에 이것을 세우고 새끼를 팽팽히 쳐서 고정시킨다. 산간지방 풍속으로는 가지를 많이 친 나무를 외양간 뒤에 세우고 곡식의 이삭과 목화를 걸어둔다. 그리고 아이들이 새벽에 일어나 이 나무를 싸고돌면서 노래를 부른다. 이렇게 하다가 해가 뜨면 그만둔다. 고사故事에 정월 보름날 대궐 안에서 『빈풍豳風』「7월편」의 경작하고 수확하는 형상을 본떠서 좌우로 나누어 승부를 겨룬다. 대개 풍년을 기원하는 일이다. 항간에서 화적을 함은 곧 이 행사의 일종이다.

『동국세시기』에서는 정월 보름날에 세워두었던 화간에서 벼를 내려 흰 떡을 만들어 먹는데 큰 것은 손바닥만하게, 작은 것은 달걀만 하게 해서 모두 둥근 옥의 반쪽 모양으로 만들었다. 찐 콩으로 소를 하고, 시루 안에 솔잎을 겹겹이 깔고 찐 다음 꺼내어 물로 씻고 참기름을 발랐는데, 이를 송편松餠이라고 했다. 종들에게 나이 수대로 송편을 먹인다고 했다. 농사일이 이때부터 시작되므로 일꾼에게 먹이는 것이라고 했다.[21]

권용정權用正(1801~?)의 『세시잡영歲時雜永』에는 10자 가량의 긴 장대가 사람처럼 서 있고 꼭대기에 묵은 풀이 바람에 날린다고 묘사하면서, 당대 민중들의 입장을 대변하고 있다.

10자의 긴 장대 사람처럼 서 있고 꼭대기에 묶은 풀 바람에 날린다. 부 잣집 사들인 땅 대부분 기름지니 해마다 곡식이 잘 익기를 기원한다. 달 구지에 실어온 볏단 집안에 가득하여 닭이나 개조차 먹을 만큼 넉넉하 다. 가난한 집 송곳 꽂을 땅도 없으니 지붕 위에 어떻게 장대를 세우리 요. 부잣집 닭과 개에게도 미치지 못하니 종일토록 일을 해도 먹지를 못 한다. 가난한 사람들아 부잣집 장대를 부러워 말라. 눈 깜작할 사이에 입장이 바뀐다. 지난해 동쪽 집에 세운 장대가 올해 다시금 서쪽집 지붕 에 있네. 해마다 장대는 세우고 내리지만 평생 바라는 일 뜻대로 되지 않구나 어느 때에나 다시 균전법均田法이 행해져 마을마다 집집마다 장 대 높이 세울까나.

즉 부잣집이 사들인 땅 대부분이 기름지니 해마다 곡식이 잘 익기를 기원한다면서, 달구지에 실어온 볏단이 집안에 가득하나 가난한 집은 송 곳 꽂을 땅도 없으니 지붕 위에 어떻게 장대를 세울 수 있으랴고 한탄한 다. 화간 풍습은 전면적이되 어디까지나 있는 집에서나 세웠던 것임을 암시하고 있다. 권용정의 기록은 매우 중요한 의미를 지닌다. 볏가리대 는 어느 집에서나 세우는 것으로 알고 있었지만, 그의 기록을 통해 보면 무토농민이나 소작 빈농층은 이런 풍습에서 제외되었음을 알 수 있다. 매우 중요한 기록이다.

이로써 최소한 16세기부터 19세기 문헌에 걸쳐 2월 1일 풍습이 나타나 는 것을 알 수 있다. 『산림경제』에 이르길, ‘동짓날 오곡의 종자를 요량하 여 각각 한 되씩을 헝겊주머니에 담아 북쪽 담장 밑의 그늘진 곳에 묻고 밟지 않도록 했다가, 50일이 지난 뒤에(어떤 때는 입춘날이라 했다) 파내어 살펴보면, 가장 많이 부풀어 있는 것이 다음해에 합당한 것이다. 땅 기운 은 곳에 따라 맞는 것이 다른 법인데, 어디서나 시험해보면 그대로 맞는다'고 했다.[22] 볏가릿대에 오곡을 넣어서 불은 상태를 검증하는 것이나, 『산림경제』처럼 동짓날에 오곡을 묻어두는 것이나 모두 풍흉을 점치는 목적을 가지고 있었다. 『산림경제』의 방식이 통상적인 농업관행이었다면, 볏가릿대는 이를 축제화시킨 결과이다.

조선 후기 자료에는 2월 1일이 한결같이 '노비일'이라고 표현되고 있다. 노비들을 위로하던 풍습에서 비롯되었음이 짐작된다. 후대에 노비가 공식적으로 해방되면서 차츰 머슴날이 등장하고 노비일이란 명칭은 사라진다. 즉, 후대 자료를 살펴보면, '머슴일'로 등장하며, 전라도에서는 '하아드렛날' 같은 고유의 명칭과 행사를 마을 전체에서 열고 있다. 일제시대의 민속지나 해방 이후의 민속지에서도 2월 1일 풍습은 여전한 것으로 확인된다. 조선총독부의 무라야마村山智順가 일제 말기에 조사한 자료에는 충남지방뿐만 아니라 강원도지방에서도 2월 초하루 풍습이 나타난다.[23]

연기지방 : 정월 보름, 벼 12되를 포대에 넣어 긴 장대에 매달고 새끼줄을 세 가닥으로 당겨매서 쓰러지지 않도록 한다. 2월 초하룻날 벼를 내린다. 이때 농악을 연주하고 술과 음식으로 함께 하며 서로의 풍년을 기원한다.

홍성지방 : 농악 치면서 마을의 유복한 집을 찾아간다. 짚단을 단 긴 장대를 화적禾積을 찾아간 집의 처마 끝에 세워놓고 농악을 치면서 풍작을 축원하며 마당돌기를 한다. 화적이 세워진 집에서는 마을사람들에게 술과 음식을 접대하며, 이날 하루를 농악 치면서 즐겁게 보낸다.

서산지방 : 정월 보름, 마을의 큰 마당이나 넓은 밭에 높이 9m 정도의 장대를 세워서 그 끝에 짚단을 매달고 아래에 벼이삭을 늘어

진 것처럼 보이도록 새끼줄을 여러 개 달아매서 사방으로 뻗
치게 한다.

횡성지방 : 신년화적新年禾積으로 각종 곡식의 모양을 만들어 마당 한
구석에 세워둔다.

이미 아키바(秋葉隆)가 거제도에서 입간立竿을 보고하고 있으므로 경
기·강원을 한계선으로 하는 중남부 벼농사지대의 보편적인 관습이었음
이 확인된다.


사례 1 당진군 월곡리(資9-2)

마을에는 여러 샘이 있었다. 가까운 사람이 대동샘에 쌀 세 홉, 백지를
가지고 간다. 긴 대를 세우고 꼭대기에 백지에 싼 쌀을 달아맨다. 부잣
집에서는 나무 근처에도 '나무를 위한다'고 볏가리를 세운다. 볏가리는
소나무를 세우되 위는 잘라 내고 맨 위에 쌀을 말아서 넣고 짚을 거칠게
꼬아 일종의 '날개'로 세운다. 이때 쓰는 날개는 동아줄을 짚으로 틀면
서 거칠게 지푸라기를 늘어뜨린다. 목적은 풍년을 기원하기 위해서이
다. 볏가리를 세울 때 풍물을 치면서, "금년에 아무 이상 없이 물 많이
주셔서 풍년들게 해달라"고 빈다. 술 한 잔을 부어놓으며 고사덕담은 간
단히 끝낸다. 2월 초하룻날부터 며칠씩 걸려 쓰러뜨리는데, 이 마을만
해도 15개 정도를 세운 탓이다. 맨 먼저 세운 집의 볏가리부터 쓰러뜨린
다. 술을 대접하고 백무리떡을 쪄가지고 가서 한바탕 샘굿을 친다. 용왕
님이 잘해 달라고 치고서 "백에 백 명 우물물 먹고사는 도중에 아무 탈
없게 해달라"고 하면서 볏가리를 쓰러뜨린다. 볏가리에 매단 곡식을 풀
어 보아 쌀이 불었으면 풍년이 든다고 한다. 그냥 매단 쌀인데도 풍년이
들 것 같으면 이상하게도 쌀이 불어 있고, 흉년에는 쌀이 그대로 있다.

그 쌀을 각자 집으로 가지고 와 밥을 해먹는다. 볏가리는 해방되고서도 한두 해를 더 하다가 사라졌다.

### 사례 2 서산군 독곶마을(資5-33)

정월 보름날이면 '볏가래 세운다'고 가가호호 돌면서 샘굿 · 마당돌이 · 집안굿 등을 놀았다. 동아줄을 묶어서 짚풀을 세세히 끼어놓고서는 볏가래에 조그맣게 주머니를 해서 벼 · 콩 · 보리 · 수수 등을 넣어 매달고, 볏가리 꼭대기에 짚을 수술처럼 묶어서 매달았다. 2월 초하룻날 '볏가래 쓰러뜨린다'고 풍물치고 놀면서 볏가래를 뜯어서 볏섬에 담아 광에 붓곤 했다. 동아줄은 태워서 논에 뿌렸다. 이는 풍년이 든다는 믿음에서 하는 놀이였다. 이날을 '머슴의 날'이라고 불렀다.

### 사례 3 대전시(資16-25)

2월 초하루는 '머슴날'이다. 윷도 놀고 잡곡밥도 해먹으며 하루를 즐긴다. 액막이로 콩 볶아 먹는 풍습이 예로부터 있어 왔기에 '콩 볶아 먹는 날'이라고도 부른다. 이날 바람이 불면 닭이 안 된다고 하는 속신도 있었다. 또한 2월에는 영등할머니가 지상으로 내려온다고 한다.

### 사례 4 안양시 벌말마을(資2-4)

2월 1일에는 '나이떡'이라고 하여 나이대로 쌀을 준비하여 떡을 만들어 먹는다. 대보름놀이가 모두 끝나고 한 해 농사를 시작하게 될 즈음에 나이떡을 먹으면서 본격적으로 농사철을 준비한다.

사례 1 · 2는 정월 대보름에 세운 볏가리를 2월 1일에 쓰러뜨리는 풍습이 근현대에까지 이어졌음을 증명한다. 충청 서해안인 아산 · 서산 · 당진·예산 등에는 근년까지도 볏가리 풍습이 이어져왔으며, 향토문화진흥 차원에서 '서산 볏가릿대마을' 식으로 이어지고 있다. 사례 3은 충청 내륙지방도 머슴날 풍습이 이어졌음을 보여준다. 사례 4는 경기·강원의 머슴날을 말해준다.

아래 사례 5·6은 전라도지방의 '하아드렛날' 풍습이다. 마을 회의를 열어서 농사작업을 결정짓는 전형적인 회의체로서의 '하아드렛날'은 호남을 중심으로 넓게 퍼진 것으로 보인다. 두레가 활성화된 상태에서 농군들만의 순수한 회의가 열렸던 적극적인 계기를 마련하게 된 것으로 보인다.

사례 5 김제군 원대동마을(資4-2)

음력 2월 초하룻날 큰 사랑에 모여서 품삯 조정, 농사 순서 등을 논의했다. 큰 잔치도 벌어졌으며 회의와 더불어 셈이 치러졌다. 모심기·보리타작·등짐지기 등의 계산원칙을 정했다.

사례 6 임실군 상필마을(資4-6)

2월 1일을 '하아드렛날'이라 한다. 콩을 볶아 먹고 썩은 새끼로 목매달아 액막이를 한다. 정초부터 시작된 놀이가 끝나는 날이기도 하다.

### 칠석과 백중

일반적으로 설과 대보름만을 최대의 명절로 알고 있지만 꼭 그렇지도 않다. 농민 입장에서는 설과 대보름이 최대의 명절이기도 하지만, '보릿고개'로 시련을 겪는 '최악의 계절'이기도 하다. 그런 점에서 여름 내내 힘겨운 세벌 김매기노동에서 해방된, '어정 칠월, 건들 팔월'보다 더 귀한 명절이 어디에 있을까. 그리고 추수의 기쁨을 만끽하는, 설령 소작료 등으로 모두 빼앗기고 남은 것이 없다손 치더라도 추수철에 접어 드는 추석은 매우 중요했다.

농민들의 여름명절인 칠석과 백중은 두레의 가장 큰 행사가 펼쳐졌던 절기다. 칠석보다는 백중이 더 중요한 행사로 취급되었으며, 농민의 명절로 인식되었다. 오죽하면 17세기 전반의 인물인 이명한李明漢(1595~1645년)이 노래하기를, '농촌에서 중원절이 가장 좋으니, 백반에 향기로운 막걸리로 으뜸 명절을 만든다(村家最重中元日 白飯香 作佳絶)'고 했을까.[24] 백중이 농민명절로 자리 잡았다는 뜻이리라. 또한 백중의 중요성은 불가의 우란분재于蘭盆齋에서 유래한다.[25]

칠월 칠석과 보름풍습은 실로 오랜 역사를 지닌다. 중국세시기의 효시에 해당되는 6세기 종름宗懍의 『형초세시기荊楚歲時記』에도 이미 칠월 칠석과 칠월 보름이 등장한다. 7월 7일은 견우직녀가 만나는 날이다. 칠월칠석 부녀자들은 오색 실로 칠공七孔의 바늘(金·銀·鍮石)로 바느질을 한다. 이 날 정원을 깨끗이 청소해놓고 주포酒脯·시과時菓를 차려 하고河鼓와 직녀織女에게 개인적으로 제사하여 복을 비는 걸교乞巧 풍습이 있다. 7월 15일은 승니僧尼 도속道俗으로 제불諸佛에게 분盆을 공양한다. 목련目蓮이 지옥에 떨어진 어머니를 구하기 위해 시아귀회施餓鬼會를 베풀었는데, 이것이 오늘날 우란분회의 유래가 되었다고 하며 중원절中元節이라고 부른다.[26]

우리의 민간에서도 견우직녀를 기리는 속설은 여전한 것 같은데 정작 칠석날은 칠석 기자祈子신앙 외에는 특별한 풍습이 전해지지 않는다. 민간에서는 기자신앙으로 수명장수를 의미하는 칠성을 칠석날에 모시는 경우가 많으나 농군들 풍습은 문헌상으로는 약하다. 분명히 백중날 이외에도 칠석날에 모여 술 마시고 놀던 풍습이 보편적이었을 터이나 문헌상의 기록이 약하다. 그러나 칠석날 한가롭게 하루를 즐기던 모습들이 더

**백중의 당산제**
예전에는 여름에도 당산제를 올렸다(남원시 보절면 괴양리에서 찍음).

러 엿보이기도 한다.

이안눌李安訥(1571~1637년)은 「7월 7일 마을사람들이 대천가에 모여 마시다(七月七日 里中諸人邀飮大川上)」는 시를 써서, '7월 7일 어랑리漁郎里에서 동쪽 서쪽의 이웃 열여섯이 모였네. 동이 속의 거른 술을 좋은 계절에 마시고, 냇가에 연회 베풀어 멀리서 온 나그네를 초청했네. 맘껏 얘기하니 말이 다른 줄을 모르겠고, 음식을 재촉하니 진실로 안색이 기쁘네'라고 했다. 초청받은 신분은 양반들로 여겨지나 이네들도 농사일은 했을 터이고, 동서쪽 마을사람들이라고 했으니 칠석날에 술추렴하던 모습이 그려진다.[27]

반면에 백중 관련 기사들은 차고 넘친다. 백중은 원래 불가에서 부처의 탄생, 출가, 성도, 열반일을 합한 4대 명절에 더하여 우란분재가 행해지는 5대 명절이다. 우란분은 범어의 'Ullambana'를 음사音寫한 오람파라烏籃婆拏가 와전된 말이다.[28] 이날은 민간에서 망혼제를 지냈고, 절에서는 백중百衆이라 하여 스님들이 3개월 동안의 하안거를 끝내는 날이다. 즉, 우란분재, 백중일은 조상영혼의 천도, 참회와 중생제도, 나아가서 일꾼들이 즐기는 농촌축제의 날이 된다. 상대적으로 백중은 여러 문헌에서 엿보인다. 16세기에 유성룡柳成龍(1542~1607년)은 백중제사를, '7월 15일은 세속에서 백종百種이라 하여 시골 백성들이 부모를 위하여 영혼을 불러다가 제사를 지낸다'고 하면서 다음과 같이 노래했는데, 차린 제물이 변변치 못한 것으로 보아 매우 민중적으로 지냈음을 알 수 있다.

보리밥 한 그릇과 채소 한 접시로
강가에서 혼을 불러 제사를 지내네.
가을 하늘은 막막하고 가을해는 어두우니,
혼이 오는지 안 오는지 알 수가 없네.
사람이 이 지경에 이르면 가슴 메일 일인데
강물은 동으로 흘러 그칠 때가 없네.[29]


17세기 김육金堉(1587~1638년)의 『송도지松都誌』에는 7월15일을 '백종百種'이라 부르고 있다. 남녀가 주식酒食을 차려 놓고 삼혼三魂을 불렀는데, 우란분재에서 기원한 고풍古風이라고 했다.[30] 『송남잡지松南雜識』에서는 백종百種·백중白中을 병기하고 있다.[31] 『규합총서閨閤叢書』, 『이운지怡雲志』, 『용재총화慵齋叢話』[32]에는 백종百種으로만 명기된다.

이긍익李肯翊(1736~1806년)의 『연려실기술燃藜室記述』에는 7월 15일을

| 밀양 백중놀이의 일산대놀이

속칭 백종百種이라 부르며 백종에는 중들이 백 가지의 화과花菓를 갖추어
서 우란분을 설치하고 불공을 한다고 했다.[33] 조수삼趙水三(1762~1849년)
이 찬撰한 『세시기歲時記』에도 백종百種이라 불렀으며, 백곡百穀이 결실하
며 유두流頭와 같다고 했다.

『열양세시기』는 백종절百種節이라고 하여 중원절中元日에는 백종百種의
꽃과 과일을 부처님께 공양하며 복을 빌었으므로 그날의 이름을 백종百

| **백중의 소동두레놀이**(남원시 보절면 괴양리)

種이라고 이름 붙였다고 했다. 『동국세시기』는 『형초세시기』를 그대로 인용하여 백종절百種日이라 부르고 있다. 사찰에서 행하는 우란분회와 달리 민간에서는 망혼일亡魂日이라 하여 중원中元에 여염집에서 저녁 달밤에 채소·과일·술·밥을 갖추어 죽은 어버이 혼을 부른다고 했다. 한편, 충청도 풍속에서는 15일에 노소가 저자로 나와 마시고 먹으며 즐길뿐더러 씨름놀이도 했고, 경사대부집에서 초하룻날이나 보름날에 조생도早生

滔를 사당에 천신한다고도 했다.[34] 『경도잡지』에서도 백종절百種節이라고 했으며, 서울사람들은 성찬을 차려서 산에 올라가 가무를 즐겼다고 했다. 백종은 백 가지 맛을 이르는 것이다. 혹은 백 가지 곡식의 씨를 중원에 진열했으므로 '백종'이라고 한다면서 이는 '황당무계한 설'이라고도 했다.[35]

20세기 초 장지연張志淵(1864~1920년)의 『조선세시기朝鮮歲時記』에서 속칭 백종절百種節이라 하고 백중百中이라 했다. 도인都人 사녀士女가 주찬酒饌을 성대하게 차리고 산에 올라가 가무로 놀이를 하니 그 풍속이 신라·고려부터의 풍속이라고 했다. 숭불崇佛로 말미암아 우란분공盂蘭盆供을 위하여 백종百種의 채소菜蔬와 과일을 구비했던 탓으로 백종이란 말이 생겼다고도 하고, '혹은 백곡지종百穀之種에서 나왔다고는 하나 설에 지나지 않는다'고 했다.[36]

조선 후기에는 대부분 백종百種이라 서술하고 있다. 『열양세시기』의 기사처럼 한여름의 풍성한 백 가지 수확물을 연상시킨다. 그러나 '설'에 지나지 않는다고 논하는 것으로 보아 확실한 근거는 없는 것으로 여겨진다. 아울러 '百中·白中'이란 말도 같이 쓰이고 있다. 『동국세시기』로 미루어 백중놀이가 상당히 퍼졌던 것으로 보인다. 실제로 칠석과 백중이 두레의 가장 큰 명절이었음에도 지배층의 기록에는 상세하게 나타나지 않고 있다. 즉, 농군들이 과격할 정도로 판을 벌였던 생생한 기록을 남겨 놓은 이들이 없으며 고작 우란분재 같은 불교적 의례만을 기록했을 뿐이다. 그러나 당대 민중들은 나름대로 '기록하지 않은 역사'를 스스로 쓰고 있었다. '두레먹기'의 난장판이 바로 그것이다.

# 뒤집고 싶은 세상, 뒤집히는 세상

### 전국 곳곳에서 일제히 두레먹기를 하다

놀이신학자 하비 콕스(Harvey Cox)가 예의 『바보제(*The Feast of Fools*)』에서 갈파했듯이, 축제란 순수한 환락과 기쁨에 넘치는 경축의 기능이요, 지금과는 전혀 다른 생활상태를 상정하는 것이다. 중세의 억눌린 분위기에서 축제날만큼은 성직자를 조롱할 수도 있고 귀족을 폄하할 수도 있는 도착적 제의가 벌어진 것은 어쩌면 두레의 힘겨운 노동 속에서 마지막 판을 뒤집음의 미학으로 정리함과 정서적으로 조금도 다를 게 없다. 그리하여 콕스의 표현대로 두레꾼들은 '*homo festivus*'와 '*homo fantasia*(제축인)'로 거듭났던 것이다.[37]

고통이 심할 때, '뒤집어버리고 싶다'고 한다. 고등학교 졸업식장에서 광분의 난폭한 행위까지 연출하는 것은 난폭성만 따질 것이 아니라 제의적으로는 뒤집음의 미학일 수도 있다. 두레꾼들이 그러했다. 그러나 분명히 해둘 것은, 중세의 바보제가 끝나면 일상으로 돌아가야 했듯, 두레꾼들도 만두레가 끝나면 일상으로, 즉 신분질서에 얽매인 현실로 되돌아가야 했다. 이제, 백중과 칠석날에 농민들이 실제적으로 어떻게 놀았는지를 살펴보자.

세벌 김매기가 끝나면 음력 7월로 접어들고, 농촌의 하절기 축제인 '두레먹기'가 벌어졌다. 두레가 정착된 조선 후기에는 이미 보편적인 행사였다. 두레먹기는 두레의 셈을 끝내면서 날을 잡아 하루종일 노는 행사이다. 전국 곳곳에서 일제히 놀이판이 벌어졌다.

첫째, '두레먹기'도 지역에 따라 다양했다. 문헌상으로는 '호미 씻는

| **난장으로 추는 농무**農舞(1984년 밀양에서 찍음)

다'는 의미의 세서연洗鋤宴, 풀과 관련된 초연草宴 따위로 나타났다. 농민들이 세서연, 초연이라고 불렀을 리는 없고, 호미씻이 · 호미걸이 · 풋굿 따위로 불렀음직하다. 무라야마村山의 보고에 따르면, 세서연洗鋤宴은 삼남三南과 경기 · 강원 · 황해도 정도에 머문다. 경북의 경우, 초연이 대부분을 차지하며, 세서연이 동시에 이루어지는 경우가 많다. 현지조사에 드러나고 있는 경북지역의 초연과 일치하고 있는 대목이다. 이로써 세서연은 한자 표기일 뿐, 전국적 공용어는 아니었음을 알 수 있다. 따라서 '두레먹기'로 통일하는 것이 가장 합리적인 선택일 것이다.

호미씻이란 명칭도 세서연을 풀어쓴 총칭어일 뿐, 지역적 명칭은 아니다. 현지조사에 따르면 지역적으로 볼 때, 전북지역의 술멕이, 전남지역

의 장원내기, 경상도의 풋굿, 경기도의 호미걸이가 두드러진다. 충청도
는 명칭이 매우 애매하여 그대로 두레먹기만 쓰였다. 충청도에서는 일부
지역을 빼놓고서는 호미걸이나 풋굿, 술멕이 따위가 나타나지 않는다.
호미걸이는 '농기의 버릿줄에 주렁주렁 호미를 걸어둠으로써 사실상 한
해 농사를 마감한다'는 내력을 지닌다.

　칠석놀이나 백중놀이 같은 명칭은 전국적으로 쓰이는 이름이나 그날
날을 잡아서 행한다는 의미를 강하게 지닌다. 가령, 칠석날 날을 잡아서
술멕이 행사를 벌일 때, 칠석놀이라고 부르기보다는 술멕이라고 부른다.
호미걸이도 마찬가지다.

지역별 두레먹기 분포도[38]

| 道 | 두레먹기 분포지역 |
|---|---|
| 경기 | 고양 · 광주 · 양주 · 연천 · 포천 · 양평 · 이천 · 용인 · 안성 · 진위 · 수원 · 시흥 · 김포 · 강화 · 파주 · 장단 · 개풍 |
| 충북 | 청주 · 보은 · 옥천 · 영동 · 진천 · 괴산 · 음성 · 충주 · 제천 · 단양 |
| 충남 | 대덕 · 연기 · 공주 · 논산 · 서천 · 청양 · 예산 · 서산 · 당진 · 아산 · 천안 |
| 전북 | 전주 · 완주 · 진안 · 무주 · 장수 · 임실 · 남원 · 순창 · 정읍 · 고창 · 부안 · 김제 · 익산 |
| 전남 | 광주 · 곡성 · 광양 · 여수 · 순천 · 고흥 · 화순 · 장흥 · 강진 · 담양 · 장성 · 해남 · 영암 · 무안 · 나주 · 함평 · 영광 · 완도 |
| 경북 | 달성 · 군위 · 안동 · 영양 · 영덕 · 경주 · 영천 · 성주 · 김천 · 선산 · 상주 · 문경 · 봉화 |
| 경남 | 함안 · 양산 · 밀양 · 통영 · 고성 · 사천 · 남해 · 하동 · 산청 · 함양 · 거창 · 합천 |
| 황해 | 금천 · 송화 · 은율 · 안악 · 심천 · 황주 · 봉산 · 수안 · 해주 |
| 강원 | 춘천 · 인제 · 양구 · 통천 · 고성 · 양양 · 강릉 · 울진 · 평창 · 영월 · 원주 · 횡성 · 홍천 · 화천 · 금화 · 이천 |
| 평남 | 평양 |
| 평북 | 선천 · 철산 · 용천 · 고원 · 안변 |

村山智順, 『朝鮮の鄕土娛樂』을 근거로 뽑음.

따라서 두레먹기와 관련된 명칭은 호미걸이, 호미씻이, 술멕이 따위일 것이다. 각각의 이름마다 내용과 성격이 약간 다른 경우가 많으며, '백 리마다 민속이 다름'에서 비롯되었다. 따라서 보편적인 '두레먹기'를 공통어로 선택하는 데 무리가 없다. '두레먹기'의 사전적 정의는, '①여러 사람이 둘러앉아 먹다, ②음식을 장만하고 농군들이 모여서 놀다'로 나타난다. 문헌과 구전에서 확인된 두레먹기 관련 용례는 다음과 같다.

두레 · 백중 · 백중일 · 백종일 · 백종장 · 농장원 · 호미씻이놀이 · 호미씨시 · 호미걸이 · 농부놀이 · 초연 · 꼼비기 · 나다리 · 두레장원 · 장원례 · 장원유 · 풋굿 · 푸구 · 음주례 · 호미씨침 · 길꼬냉이 · 파접 · 파결이 · 부락공동놀이 등.

둘째, 두레먹기가 본격적으로 문헌에 자주 등장하는 것은 조선 후기로 보아야 할 것이다. 가장 많이 쓰인 말은 문헌상으로는 세서연洗鋤宴이다. 그런데 세서연이 처음 등장한 것은 조선 전기다. 임억령林億齡(1496~1569년)은 이렇게 되묻고 있다.

어찌하여 호미씻이(洗鋤)라고 하는가. 내가 농부에게 물었네. 농부가 나를 향하여 말했다네. 농사짓는 늙은이는 한 해의 수고가 끝났다고 7월 칠석이 되면 비로소 김매기가 끝나네. 밭과 들의 일이 그치게 되니, 호미자루의 흙을 씻네. 집집마다 들에서 술 마시고 북을 두드리며 춤을 춘다고 하네.[39]

칠석날, 들일(김매기)를 파하고 음주가무를 하면서 하루를 즐기는 호미씻이풍습을 여실히 드러내준다. 그가 해남에 은거할 적에 쓴 것으로 미

**호미씻이**(洗鋤)
일이 끝나면 말 그대로
호미를 씻는다.

루어보아 16세기 초반에는 이미 호미씻이가 그곳에 정착하고 있던 것으로 추측된다. 백여 년 뒤 조선 후기 인물인 장유張維(1587~1638년)는 아예 「호미씻이(洗鋤)」란 시를 남긴다. 여름철에 많이 먹는 채소음식을 준비하고 술은 잡곡술로 가득 담아 음주가무와 이야기꽃을 피우는 정겨운 풍경이 엿보인다. 그러면서도 이만한 일순간의 행복조차도 굶주리고 수탈에 시달리면서 마련되었음을 말해준다. 장유의 시대쯤에는 이미 호미씻이가 완벽하게 정착되었음이 드러난다.

농가에서는 김매기가 끝나면 남녀노소가 모여 마시고 즐기는데 이것을 세서라고 한다. 내가 농촌에 있을 때 그 일을 목격했으므로 시로써 기록해둔다. 농부는 하얀 죽립을 쓰고 부녀자는 푸른 베치마를 입었네. 박을 삶고 오이를 썰어 새우를 천신하고, 오래된 질그릇 동이에 기장술을 가득 담았네. 잔디 덮인 언덕의 뽕나무 그늘 아래에서 사방으로 둘러앉아 농사 이야기로 떠들썩하네. 이 집 김매기가 저 집만 못하다 하고, 낮은 데 논은 벼가 고른데, 높은 데 논은 무성하다 하네. 소년은 술을 가지러 가고 어른들은 취하여 소매 걷고 일어나 덩실덩실 춤을 추네. 1년 간 고생 끝에 이날 하루 즐거우니, 농가는 이날 저녁 모든 근심을 잊네. 그대는 보았는가. 지난해 아전이 색조索租하러 왔을 때, 늙은 할미가 바삐 마련하랴 3일이나 굶는 것을. 농가의 즐거움이 어찌 쉽게 얻어지겠는가. 급한 일이 없거든 그대로 실컷 먹고 취해보게나.[40]

그로부터 한 세기 뒤의 인물인 조선 후기 우하영禹夏永(1741~1812년)은 『천일록千一錄』에서, 호서湖西지방에서 매년 7월 보름에는 농가의 남녀가 잔치를 베풀어 즐기는데 세서연이라 했으니,[41] 17~18세기경에는 두레의 보급과 더불어 두레먹기 풍습도 전면적인 것으로 되었음을 알 수 있다.

한말 장지연의 『조선세시기』에도, 농부들이 닭·돼지·술을 내놓아 촌사村社, 혹은 수림이 우거진 계곡에 모여 징·장고와 꽹과리를 두드리며 가무를 하면서 술과 음식을 즐기니 이를 세서연이라고 했다. 김매기를 끝내고 여가를 즐기는 것인바, 남방지속南方之俗이라 했다. 그해 농사에서 가장 일 잘한 사람이 있으면 용부(傭夫, 속칭 담사리淡沙里 또는 머슴)에게 삿갓을 씌우고 소를 거꾸로 태워서 머슴들이 옹위하면서 노래와 춤으로 화답하고 촌리를 돌면 주인집에서 즐겁게 술과 고기·채소·과실을 대접하니 풍년악사豊年樂事라고 했다.[42]

셋째, 두레먹기가 백중에만 집중적으로 이루어진 것으로 알려지고 있으나 사실과 많이 다르다. 두레먹기는 칠석과 백중에 걸쳐 이루어졌다. 오히려 칠석날 두레먹기가 성행한 곳도 많다. 특히 충남지역의 경우에는 칠석이 중요했으며, 백중은 머슴날이라고 하여 머슴의 휴식에 가까웠다. 물론 이 같은 구분이 획일적이지는 않다. 칠석날 시작하여 백중이 끝날 때까지 1주일 동안을 노는 경우도 있었고, 경우에 따라서 칠석·백중 중에서 선택하는 경우 등 다양했다. 마을에 따라서는 세벌 김매기를 끝내는 날, 혹은 만물·만두레를 겸하여 장원례壯元禮를 펼치면서 마지막 김매기 끝난 당일에 두레먹기가 이루어지기도 했다.

따라서, 두레먹기에는 만두레·장원례·칠석놀이·백중놀이 따위가 복합적으로 개재되어 있으며, 들돌 들기·우물고사·합숙굿 따위가 함께 결합된 상태다. 장터에서 벌어진 백중장 같은 풍습은 이들 마을의 풍습과는 달리 5일장의 확산과 더불어 생겨난 독특한 풍습이기도 하다. 두레먹기 역시 지역과 마을에 따라 다양하다.

다음 사례에서, 농사가 끝나는 만두레날의 잔치와 칠월 백중의 술멕이는 이중구조로 되어 있다. 또한 들돌 들기·진서·뜰밟이 같은 행사가 통합되어 있음도 알 수 있다. 마을 형편에 따라서 만두레와 칠석·백중 행사가 통합된 경우도 많았다.


임실군 상필두레(資18-1)

만두레날, 머슴을 소에 태워서 앞세우고 장원을 세웠다. 지주집에 가서 술과 안주로 잘 먹고 걸지게 놀았다. 만두레 때는 공동으로 논을 매고, 돈을 적립시켜 술멕이 자금으로 사용했다. 술멕이는 칠월 백중에 열렸다. 아침에 모여서 술 한 잔 먹고 하루종일 풍물 치면서 놀았다. 이집 저집 돌아다니면서 풍물을 쳐주면 술동이를 갖다놓고 안주를 대접했다.

이때 판굿은 치지 않았다. 술멕이 날에는 진서를 하여 두레에 처음 들어오는 청년이 한턱을 냈으며, 들돌 들기로 힘을 실험하기도 했다.

넷째, 두레먹기의 목적은 1년 농사의 결정적인 고비를 넘기고서 노동의 피로를 풀어주는 데 있다. 세벌 김매기철이 계절적으로 복중과 장마철에 걸쳐 있어 극도로 피곤해진 심신의 노고를 달래주려는 의미를 지녔다. 이는 지주층과 자 · 소작농민 간의 타협적 소산이기도 했다.

지주층으로서는 두레의 집단노동이 없이는 일시에 많은 논을 농사지을 수가 없었다. 따라서 1년에 한 번이라도 생산계급에 대해 일정하게 베풀지 않고서는 다음해의 농사를 기약하기 어려웠다. 따라서 두레를 먹는 날은 술과 안주를 대접하여 노고를 위로해주었다. 양반층으로서는 농민층의 무리한 노동과 분배의 욕구를 배출시킬 수 있는 통로로서 두레굿을 묵인하지 않을 수 없었을 것이다. 전장석은 두레장원의 기원을 다음과 같이 설명한 바 있다.

공동체적 참여방식에서 점차로 계급대립으로 인하여 근래에 와서는 지주 부농은 참가하지 않고 농민들(소작인 · 자작농 · 고용농)이 참가하는 조직으로 되었다. 그러나, 과거에는 정상적인 노력 소유자라면 누구나 가입해야 했고, 만약 참여를 거부하면 부락에서 쫓겨났다. 지주는 머슴을 참여시킴으로써 직접 그 노력의 수요자로 되며 머슴의 노력을 미끼로 두레에 대한 발언권을 장악하고 있다. 개인경리였기에 출역의 과부족분을 청산했다. 두레 성원들 사이에서 지주들이 부담하는 차액이 많았기에 이 보상액으로 두레의 공동비용에 충당했다. 그러나 점차 두레꾼 대부분이 지주의 소작인으로 변한 처지에서 주로 지주가 해당한 술값을 부담하며 두레꾼을 위하여 이날만은 자기 집 머슴을 대우하며 두

두레패로서는 이날이 자신들의 농사를 마감하면서 한껏 위세를 자랑하는 축제일이 되었다. 두레먹는 날, 장원례를 통하여 생산계급의 위세를 드러내거나, 두레먹기에서 생산농민들끼리의 축제를 펼쳤음은 농민들의 당당한 위상을 의미했다. 농민층의 놀이와 제의는 일하지 않는 자에 맞서 강한 응집력으로 나타났고, 두레에 관한 강력한 자긍심은 농사장원이란 자신감에 충만한 제의 및 놀이구조를 택하게 했다. 두레장원은 양반의 과거제 및 양반문화에 대한 두레 농민들의 대항의식과 두레 공동노동 자체에 대한 높은 자부심과 긍지를 나타낸 관습이다.

다섯째, 두레먹기는 농민문화의 압권이다. 두레풍장이 극소수 인원만을 가지고 치는 노작풍물굿이라면, 두레먹기에서 행하는 풍물굿은 본격적인 판굿 형식이었다. 또한 마을굿에서 행하는 제의와 같은 양식이다. 마지막 논매기인 만물의 농사순방農事巡訪에 곁들여 당산의 길군악으로 시작되는 두레굿에서 농신農神 내리기, 들돌이, 농신굿, 판굿과 같은 절차가 있었던 흔적이 발견되는데, 이것은 마치 별신굿 · 당굿 · 서낭굿과 같은 마을굿의 의식구성과 같은 모습을 하고 있다. 즉 마을굿에서 신대(神竿)나 서낭기(神旗)로 신을 내리고 마을굿에 들어가는 것과 같이 두레굿에서도 농기를 들고 풍물을 울리면서 농신을 내리고 나서야 두레굿에 들어갔다. 이로써 볼 때 마을굿과 두레굿의 대동의례가 결국 생산의례로서 동일한 것임을 깨달을 수 있다. 두레굿과 마을굿을 비교하면 다음과 같다.

① 두레굿은 여름철 두레노동에서 행했던 소박한 의례와 칠석 · 백중날 두레를 먹으면서 행했던 본격적인 의례로 나누어 설명할 수 있

다. 마을굿은 겨울철에 집중된다.

② 마을굿이 올려지는 당堂이 두레굿에서도 그대로 쓰였다. 당(혹은 당목)은 신앙적 의미의 성소聖所일 뿐 아니라 생산조직인 두레패의 두레굿터로도 사용되었다.

③ 마을굿의 뜰밟이와 마찬가지로 두레굿에서도 뜰밟이가 행해졌다.

④ 마을굿에는 비의적秘儀的 요소가 있는 반면에, 두레굿은 놀이적 성격이 강하다.

**두레의 마지막 논**
문전옥답의 마지막 논일을 끝내고 신명을 돋우고 있다.

⑤ 두레패 편성에서 영기·용대기·풍물패가 나가고 있음은 마을굿의 신대·풍물패가 나가는 순서와 일치한다. 즉 신대와 농기는 상호 대비된다.

### 끝은 화려하게, 만두레와 장원례

칠석이나 백중으로 날을 잡아서 두레먹기를 행하는 경우가 많지만, 마지막 김매기가 끝나는 날 만두레로 먹는 경우도 많다. 만두레는 세벌에 하거나, 세벌과 달리 별도로 행하는 경우로 나뉜다.

만두레 날은 한 해 농사의 어려운 고비를 끝내는 날이라 농군들은 위세 당당하게 놀이를 펼치면서 마을로 들어왔다. 이날 농사장원을 뽑아 소에 태우거나 가마처럼 만든 가교에 올렸다. 주인집에서는 술과 안주를 내어 위로했다. 호남에서는 '공글'이라고 하여 '만두레먹기'를 위해 두레를 일으키는 경우가 많았다. 만두레의 공동 논매기로 번 돈을 적립시켜 술멕이에 쓰기도 한다(사례 2). 만두레 날 잔치 벌이는 것을 '풍장한다', '길꼬냉이', '장원낸다' 따위로 부르고 있다.

광주지역의 경우, 풍년이 든 해의 '만드리' 때는 모든 일꾼들이 일렬로 모여 논 소유와 관계없이 들의 이쪽에서 저쪽 끝까지 논두렁을 넘어 논을 매는데, 이를 '질지심'이라고 한다. 굼벌(세벌)이나 만드리 때는 고생한 일군들을 달래는 풍장놀이가 벌어지는데, 장원례·만드레·호미씻이 등으로 불렀다(사례 3). 부여지방에서는 '둥그레먹기'라고 하여 순전히 두레먹기만을 위하여 두레를 일으킨다.

| **민속놀이로 변화한 운동장의 장원례**(전국민속예술축제 2004년 10월 5일 부여에서 찍음)

### 사례 1 고창군 상평리두레(資4-1)

만두레가 끝이 나면 일꾼들은 소에 태우고, 아이들은 무동을 태워 마을
로 돌아온다. 부자들이 자금을 대서 닭죽을 끓이고 술을 내놓아 일꾼들
을 먹인다. 만두레가 파하는 날은 일종의 동네잔치였다.

### 사례 2 임실군 상필두레(資4-6)

초벌 · 두벌은 품앗이를 이용하며, 세벌인 만두레에서만 풍장을 치는 두
레를 하게 된다. 만두레 때는 '두레가 난다'면서 각 마을에서 모여서 풍
장을 쳤다. 만두레날은 김을 매고 마을에 들어올 때, 그들 중에서 가장

농사가 잘된 집 상머슴을 소나 사다리를 태워 길굿을 치며 주인집에 들린다. 이를 장원壯元 세운다고 했다. 장원집에서 굿 치고 놀면 주인이 닭을 잡아 농군들에게 장원례 술을 대접한다. 만두레 때는 공동으로 논을 매어 그 돈을 적립시켜 술멕이 자금으로 사용했다.

사례 3 광주시 대지동 하촌

풍장놀이는 굼벌(세벌)에 한다. 만드리 때는 벼가 너무 자라서 논에서 장난을 할 수가 없기 때문이다. 풍물패가 앞서면서 풍장을 치고 들소리를 하면서 사기를 돋군다. 풍물패가 앞서가는 것은 이들이 논을 밟아줌으로써 일꾼들이 논매기가 쉬워지기 때문이다. 이때는 일을 빨리 끝내야 하므로 징 1, 꽹과리, 방(북)만이 동원되며 장고나 소고는 쓰지 않는다. 오후가 되면 논 주인의 소를 끌어다가 상머슴이 탄다. 얼굴에 솥검정을 칠하고 일솔日傘을 받쳐든다. 소를 앞세우고 일꾼들이 들어오면 닭죽이나 마른 명태로 죽을 쑤는 등 술과 음식으로 접대한다. 일꾼들이 주도하는 행사로 흉년에는 하지 않는다.[44]

사례 4 밀양군 감천두레(資9-1)

두레가 끝나는 날, 큰 굿판을 벌였다. 큰머슴을 태우고 나발을 불면서 논두렁을 돌아다니며 풍물을 잡았고, 마을로 들어와서도 놀았다. 일이 끝난 뒤, 물옷을 흰옷으로 갈아입고 풍악을 울리며 그날 농사지은 집의 일꾼을 소에 태우고 나발을 불면서 논에서부터 밀려들어 왔다. 주인집에서는 호박국을 끓이고 뻑뻑한 보리술에 여러 안주를 내놓아 푸짐하게 대접했다. '꼼배기'라고 밀 볶은 것도 주고, '장떡'이라고 밀가루에 된장을 개어서 방아풀에 비무려 만든 떡을 나누어주었다. 부농은 동태 말린 것을 소금물에 끓여서 푹 쪄내 술안주로 내놓고 1년 농사의 위로를 했다.

사례 5 밀양군 감천두레(資9-1)

호별로 문가에 농신대를 세워 풍년을 기원했다. 삼대 다발을 묶은 신대 위에 떡을 꽂아두고 자기 논에 옮겨 풍년을 염원하는 제의다. 일종의 풍년제였던바, 전 농군들이 나와 당에 가서 풍물을 쳤다. 농신제가 끝나고 나서야 모두 한바탕 놀고서(보통 백중 때까지 며칠씩 논다) 길을 닦았다.

사례 6 밀양시 신촌두레(資3-2)

세벌논 매면 험한 농사일로 '배가 고프니' 나발을 불면서 소를 타고 놀게 된다. 소를 타고 삿갓을 거꾸로 덮어쓰고 행진한다. 앞에서는 꽹과리를 머리에 쓰기도 한다. 거꾸로 된 행동, 도착된 행동이 연출되면서 놀이가 논두렁으로부터 시작된다. 마을에 도착한 머슴들은 그날의 논 주인네 집에 들어가서 한마당 놀게 된다. 이 같은 풍습은 세벌 때는 매번 하던 관례였다. 큰머슴이 머슴을 대표하여 주인과 흥정하여 용신제 지낼 제수거리를 받아서 논 복판으로 들어간다. 논에서 용신제를 올리고 나면 머슴들끼리 음복하면서 즐겼다.

일제 강점기 조선총독부의 무라야마村山智順 보고서에는 평북지방에 같은 풍습인 '파겨리'도 등장하고 있다.[45]

평북 선천지방 : 파결의波決意. 모든 농가가 총출동하는 공동작업으로 차례로 각 집의 모내기 · 김매기 · 수확 등을 서로 돕는다. 일이 끝난 뒤에는 농구를 가마처럼 얽어서 그 위에 고을의 최연장자를 태우고 큰소리로 노래하면서 각 집을 차례로 돌며 풍년을 빌고 가운의 번창을 빈다. 돌기가 끝나면 모두 모여 주연을 연다. 지금은 드물어졌다.

고흥지방 : 장원례壯元禮(손가마 태우기). 마을에서 농사에 장원壯元한 사

람을 뽑아 노고를 축하하며, 뽑힌 사람은 술과 음식을 내와 이웃을 접대
한다. 저녁 무렵 장원을 손가마에 태우고 풍물을 치면서 노래를 부르며
행렬을 지어 마을을 누빈다. 소년들은 각자 손에 초롱불을 들고 행렬에
동참한다.
무안지방 : 농장農壯·장원례. 마을 안에서 벼가 가장 잘 자란 집을 몇
집 골라서 그 벼를 지은 머슴을 집 주인의 소에 태우고 농악을 울리면서
마을을 한바탕 돈 뒤, 그 주인집에 가서 술과 음식을 대접받으며 하루종
일 즐겁게 논다.

위의 '파결이'에 대해서는 간단하게나마 말하고 넘어가야 할 것이 있
다. 최영년(1856~1935년)은 『해동죽지海東竹枝』에 이르길, '옛 풍속에 4월
초부터 모여서 시 짓기 놀이를 하니 이를 개접開接이라 하고, 7월이 되면
모임을 끝내니 이를 파접罷接이라고 한다. 그때마다 술과 고기, 국수와
떡 등을 마련하여 서로 위로하니 이를 파접례라 한다'고 했다.[46] 농민들
의 '파접'이 이와 같은 전통에서 따온 것임을 알 수 있다. 양반들의 과거
급제를 장원이라고 했는바, 장원을 따와 자신들의 장원놀이를 만든 것과
같은 양상이다.


### 경기도의 호미걸이와 충청도의 두레먹기, 강원도의 질먹기

경기도 일원에서는 '호미걸이'가 많이 쓰였다. 호미걸이는 호
미를 낭대(農旗)의 버레줄에 주렁주렁 걸어두는 의례다. 호미뿐 아니라 악
기도 걸어두었다. 삼남지방에 호미걸이라는 말이 없는 것으로 보아 경기
지역 특유의 명칭으로 보인다. 그런데 경기도 일부지역에서는 '파접'이라
부르는 곳도 있다. 강화군 송해면 송정리의 경우, 음력 8월 그믐께 김매기

**호미와 발꿈치 씻기**

호미씻이와 백종이란 말이 여기서
나왔다(논산 대명리 두레).

끝내고 하루 날을 받아서 즐기는 호미걸이를 '파접'이라고 한다. 집집이
안주 한 가지나 술 한 말을 마련해 그날 아침 풍물을 걸게 갖추고 언덕에
서 치다가 농기를 앞세우고 풍물을 치며 들을 한 바퀴 도는 것을 농사순
방農事巡訪이라고 부른다. 그들은 다시 마을로 돌아와 언덕에서 음식을 나
누어 먹으며 갖가지 풍물놀이를 벌인다.[47] '파접'이란 앞에서 살펴보았듯
이 양반들의 '파접례'에서 그 이름을 빌려온 듯하다.

그런데 경기도에서도 '호미씻이'라 불렀다는 기록이 있다. 현지조사에
서는 '호미씻이'라 부르는 경우는 의외로 드문데 20세기 초반의 최영년
은 『해동죽지』에 이르길, '옛 풍속에 7월 중순이 되면 서울 교외에서부터

각 지방에 이르기까지 논매는 일이 다 끝난다. 이때 술과 떡을 마련하여 함께 즐기니 이를 호미씨시라고 한다'고 '호미씨시'를 한글로 적시한 바 있다. 그럼에도 불구하고 정작 경기도 일대 조사에서는 호미걸이가 보편적이지 호미씻이는 채보된 바가 없다.

첫째, 호미걸이는 주로 8월 초순, 칠석, 백중 등 형편에 맞게 이루어졌다. 반드시 칠석이나 백중 식으로 정해놓지 않았으며 마을 사정에 따라 달랐다. 장소는 시원한 정자나무 아래나 마을이 바라다 보이는 탁 트인 산중턱이 많았다. 더러 개천가나 마을회관에서도 행해졌다. 두레먹기가 여름철의 피서와 휴식을 겸하여 이루어졌음을 알 수 있다.

둘째, 자연마을 단위로 행하는 놀이와 마을 간 합두레로 행하는 경우가 있었다. 마을 단위에서뿐 아니라 인근 동네에서까지 몰려와 인근 동네 잔치가 되었다는 점이 특징이다. 가령, 화성지역은 대단위로 행하는 것이 보통인바, 재력이 없으면 호미걸이를 대규모로 개최할 수 없었다. 인근 풍물패가 모두 몰려왔으니, 이는 곧 마을단위 풍물세력권이 범지역촌 연대틀을 형성해나갔음을 반증해준다. 초청하지 않았는데도 갑자기 찾아온 두레패를 '덮치기'라 불렀는데, 상호간 초청방식에는 일정 원칙이 있었던 것으로 여겨진다. 호미걸이를 중심으로 세력권이 연결된 사례를 살펴본다. 즉 왼쪽의 마을들이 주최하는 호미걸이에 오른쪽 마을들이 찾아왔으니 이를 지도로 그려보면 모두 다 가까운 권역 안에 있었다. 즉 쉽게 걸어다닐 수 있었으므로 풍물패들이 악기를 치면서 찾아올 수 있었음을 알 수 있다.


안마을(資2-8) : 숙곡 · 원뜰두레

수영말(資2-13) : 오목네 · 샘네 · 반고개두레

원막(資2-15) : 송정 · 시리두레

문기동(資2-16) : 장전 · 수화리 · 문호2리 · 신외2리두레

고잔(資2-17) : 신외1리 · 장전리 · 문호리 · 수화리두레

남양리(資2-18) : 두곡리 · 송림 · 북양리 · 막산리 · 원리두레

물미(資2-19) : 해문 · 봉갈두레

큰 · 작은당뫼(資2-20) : 물미 · 고잔두레

지끔이 · 반율(資2-21) : 물미 · 사강 · 봉가1리 · 뒤리 · 해문두레

육일(資2-22) : 칠곡 · 사강 · 정도리 · 해문리두레

동편말(資2-25) : 새마을 · 둥글 · 독지리 · 신천 · 쌍정2리두레

고잔(資2-26) : 뱃머리 · 용포 · 쌍정 · 봉가 · 사강 · 삼문 · 물미 등 12두레

셋째, 백중놀이는 장터에서 별도로 열렸다. 두레먹는 날이 칠석이나 백중에 걸쳐 있었다고 하여 백중날 마을에서 하는 두레먹기를 백중놀이라고 부르지는 않았다. 순수한 의미에서의 백중놀이란 머슴들이 장터로 가서 노는 놀이를 뜻했다. 마을에 머슴들이 거의 없는 경우에 백중절은 중시되지 않았다(資1-5). 백중날은 머슴들이 주동이 되어 장터에서 씨름대회에 참가했다. 상인들은 시장 경기부흥책의 일환으로 씨름대회를 개최했으며, 음식장사 · 술장사 등 난장이 섰다. 머슴들은 씨름에 이기면 송아지를 끌고 기세를 올리면서 자기 마을로 돌아왔다. 즉, 백중놀이에서 머슴들의 역할이 두드러지는 대목이다.

넷째, 호미걸이의 경비는 두레 품삯을 각자 각출하여 이루어졌다. 부농이 조금 더 내는 방식으로 이루어졌으나 어디까지나 두레꾼의 품삯으로 행사를 치렀다. 여러 두레가 함께 행사를 치를 경우, 동네별 순번제로 경비를 마련했다.

다섯째, 호미걸이의 주요 내용은 풍물굿과 음식 먹기였다. 이웃 두레들이 모여서 합숙굿으로 서로의 위세를 자랑하고 우의를 다졌다. 술이 빠

질 수 없는 잔치였기 때문에 술을 마시다가 두레싸움으로 번지는 경우도 많았다.

호미걸이의 음식은 술과 밥, 떡, 고기, 반찬, 국 등이었다. 경제적 처지가 어려웠던지라 고기와 떡이 나온 경우는 두레의 경제사정이 괜찮은 편에 속한다. 대개 보리밥에 콩나물반찬, 북어국 따위가 나왔다. 복다림을 겸하여 하는 경우도 많았기에 몸보신을 겸하여 개장국 먹기로 이루어지는 경우도 많았다. 개장국으로 하는 경우는 마을 단위의 작은 호미걸이였고, 합두레를 하게 되는 대규모 호미걸이에서는 많은 사람들을 대접하기 위해 소를 잡았다.

사례 1 화성군 큰당 · 작은당두레(資2-20)

결산이 끝나고 7월 백중이 지나 찬바람이 날 때 인근 동을 초청해서 벌였다. 생활수준을 상 · 중 · 하로 나누어 밥하는 집(상층), 술하는 집(중층), 찬하는 집(하층)으로 분담했다. 술장수 · 떡장수, 엿장수도 들어왔으므로 500명을 넘는 숫자가 난장을 열었다. 음식은 초청된 두레꾼과 마을 사람들에게만 주었고, 여타 외부인은 장사꾼에게 사 먹으면서 참여했다.

사례 2 화성군 고잔두레(資2-26)

매년 어느 마을에서나 할 수 있는 것은 아니었다. 규모가 워낙 커서 경비 조달능력이 없으면 불가능했다. 호미걸이가 가능하려면 그만큼 대동단결이 잘 이루어진 마을이라야 했다. 인근 12두레가 풍물을 울리면서 집결했다. 12두레가 낭기를 앞세우고 몰려드는 풍경은 가히 볼 만했다. 경비는 초청자 측에서 부담했다. 초청마을은 걸립을 돌아 큰 비용을 마련했다. 아침부터 모여들어 밤이 늦도록 풍물판이 벌어지고, 12발 상모

등 재주 보이기가 경연되었다. 씨름판의 장사 뽑기, 농기구 선물주기도 준비되었다. 초청된 마을의 남녀노소와 엿장사·참외장사·술장사도 몰려와 조그만 마을이 수백 사람으로 꽉 찼다. 호미걸이야말로 1년 중에 인근 사람들이 한 자리에서 대동할 수 있는 큰 모임이었다. 풍물가락을 맞추어보고 기예를 자랑하기도 하고 친교를 쌓았다.

충청도에는 호미걸이나 술멕이·풋굿 같은 특징적인 명칭들이 없다. 막연하게 '두레먹는 날, 두레먹기, 두레놀이, 칠석놀이, 백중놀이' 따위로 불렀다. 따라서 일괄적으로 어떤 명칭을 붙여서 부르기가 어렵다. 단, 호남과 접경지대인 금강을 경계로 하여 부여군과 논산군 일부(資5-13)에서 호남에 보편적인 '술멕이'가 등장하는 것으로 보아 호남풍습과 교차하고 있음을 알 수 있다.

첫째, 대체적으로 백중보다는 칠석날 두레먹기가 집중적으로 이루어졌다. 충청 서해안과 내륙 모두에 걸쳐서 칠석이 중시되었다. 반면에 백중은 아예 '머슴날'로 인식되는 경향이 강했다(資5-8·36). 백중날 머슴에게 돈도 주고 무명으로 여름 한복 한 벌씩을 내려주었기에 새 옷 입고 장에 나가 술도 마시며 하루를 즐겼다. 다음의 1920년대 신문기사에서도 이를 확인할 수 있다.

호서 디방에는 료쇼가 져자(市)에 나가 음식을 사먹어 질기며 쓰름(脚戲)으로서 하로를 유쾌히 보내는 전례가 잇섯스니 대기 일놀은 복ㄱ곡이시 로히 낫슴을 축하하는 의미라.[48]

칠석날 두레먹기가 성했다는 것도 획일적인 것은 아니었다. 반드시 7월 7일에만 노는 것이 아니라 6일 저녁부터 시작하여 백중 때까지 계속

노는 경우도 있었고, 인근 장날에 맞추어 정일定日에 놀기도 했다. 가령, 신탄진장(3·8·13일장)에 맞추어 13일에 두레를 먹는 식이다(資5-23·24·25). 두레먹는 장소는 시원한 정자나무 밑이 가장 보편적이었다.

둘째, 두레먹기는 자연마을 단독으로 하는 경우, 마을간 합두레로 먹는 경우로 대별되었다. 아래의 사례처럼, 비용부담 등을 고려하여 세 개 마을이 순회하면서 번갈아 먹는 경우(資5-13)도 있었고, 인근 두레들이 모두 모여 12두레가 합동으로 먹는 경우(資5-8)처럼 '합습두레먹기'도 있었다.[49]

셋째, 두레에서 '땅 붙인 품'으로 경비를 마련했다. 두레꾼들이 노력동원의 대가를 가지고 두레를 먹은 셈이다. 대부분 가난했고 외거 지주가 태반이었기 때문에 경제적 여유가 있는 소수층이 간간이 술동이를 내놓는 정도였다. 합두레를 먹을 경우에는 순번제나 각각 각출하여 마련했다.

넷째, 두레먹기의 주요 행사는 풍물굿과 음식 나누기였다. 합굿으로 즐기는 풍물굿은 기본이었으며, 꽃반을 차려서 제대로 된 굿판을 벌이기도 했다. 기세배를 통하여 여러 마을이 우의를 다지는 놀이도 벌어졌다(資5-2). 음식에서 특징적인 것은 모처럼 소를 잡아서 여러 마을이 합동으로 나누어 먹는 일이었다.

사례 1 논산군 채운리두레(資5-13)

두레의 최대놀이는 '술멕이'였다. 칠석이나 백중에 놀게 되는데 일년 중 가장 푸짐하게 놀았다. 잽이가 30여 명씩 동원되었으며, 2~3일을 연이어 놀았다. 세 개 자연마을 전체가 합동으로 즐겼다. 웃어른인 새터에서부터 놀기 시작하여 각 동네를 순방하면서 200여 호가 즐겼다. 마을마다 술도 열 동씩은 가져와야 모자라지 않았다. 공동비용으로 소도 잡았다. 고기는 나누어주고 뼈다귀와 내장을 가마솥에 끓여 하루종일 술추럼을 했다.

후술을 먹는데 쓴다. 오후에는 으레 안주가 떨어지는 법이므로 그때 안주로 쓰게 된다. 모처럼 고기가 나오고 과일도 준비하게 된다.

### 전라도의 술멕이와 경상도의 풋굿

전북을 조사한 결과, '술멕이'란 명칭이 가장 많이 등장하고 있다. 술멕이는 글자 그대로 '술 먹는 날'이란 뜻이다. 충남과 전북의 경계선인 금강을 기점으로 술멕이의 경계선이 그어진다. 따라서 남도에서 쓰인 풍습이 북상하다가 금강 유역에서 멈춘 것으로 여겨진다.

첫째, 술멕이 날은 대개 칠월칠석이나 백중날이었다. 날짜 선택에 어떤 일정한 경향성이 존재하지 않는 것으로 여겨진다. 술멕이 날은 마지막 김매기 날에 행하는 만두레 행사와 분리되어 이루어지는 경우가 많다.

둘째, 경비는 두레 품값에서 일부를 제하여 마련했다. 만두레를 아예 술멕이에 쓸 경비 마련을 위해 하는 경우도 많다.

셋째, 술멕이 날은 마을풍물패가 동원되어 당산굿을 쳤으며, 술과 음식을 장만하여 동네잔치를 벌였다. 농기를 앞세우고 당산굿을 치는 형식은 겨울의 마을굿과 서로 관련이 깊다. 들로 나가서 들 당산을 치는 특징을 잘 보여주고 있다(資4-2). 술멕이 날이 다가오면 사전에 도로 닦기, 잡초 제거 같은 대청소도 이루어졌다(資4-4).

사례 1 김제군 원대동두레(資4-2)

만두레가 끝날 무렵의 술멕이 날은 아침 일찍 당산에 가서 대장기와 영기를 세워 두고 나발을 불고 북을 울렸다. 당산에 인사하고 난 뒤에 길굿을 치며 들로 나가서 대장기를 꽂아두고 고사를 했다. 돌아와서도 당산에 가서 인사를 하고 풍농을 기원했다.

사례 2 옥구군 신방두레(資4-3)

두레의 최대 놀이는 술멕이였다. 술멕이는 칠월칠석날이나 백중날 열렸
다. 비용은 두레논을 매서 해결했다. 두렛일은 보통 놉보다도 일값이 헐
했다. 지심맨 사람들이 각각 자기 몫에서 일정한 금액을 두레비용으로
내놨다. 좌상이 돈을 모아서 막걸리나 안주를 장만하여 술멕이를 준비
했다. 농사를 많이 짓는 사람들은 별도로 두레먹을 몫을 내놓았다.

사례 3 익산군 웅포리두레(資4-4)

두레의 최대행사는 술멕이 날이었다. 술멕이는 주로 칠석날 열렸다. 백

| **밀양 백중놀이패의 농신대 세우기**(1984년 여름, 경남 밀양 간늪에서 찍음)

중날 술멕이가 열리는 법은 없었으며 간혹 칠석날 놀지 못했을 경우에만 백중 때 술멕이를 놀았다. 먼저 마을우물을 돌아다니며 전부 깨끗이 쳐내고 여름내 잡초가 무성하고 장맛비에 패인 길도 닦는다. 마을대청소가 끝나면 술멕이로 들어간다. 경비는 마지기 당 일값을 계산하여 얼마씩 돈을 받아 경비를 마련하며, 풍물을 치면서 하루 종일 놀게 된다.

사례 4 익산군 행동두레(資17-2)

술멕이는 '두레공사'라고도 불렀는데 칠석이나 백중에 열었다. 술을 동이째로 갖다놓고 마시면서 두레를 노는데 돼지를 잡아서 동네잔치를 열었다. 고기는 각 집마다 나누어주고 가마솥을 걸어 뼈다귀나 창자로 국을 끓여 먹었다. 이 날 경비는 풍장쳐서 벌은 돈으로 해결했다.


풋굿은 경상도지역에서 많이 쓰이는 용례다. 풋굿은 경상도 말로 풋구·푸꾸·풋꾸라고 부른다. 문헌 기록에 초연草宴이란 말이 많이 등장하고 있으나, 일반 민중들이 쓰던 말은 아니다. 풋굿은 세벌 논매기가 끝났을 때 행해진다. 직접 농민층이 많이 참가하는 행사이지만 지주가 많은 양반 출신들의 동성 촌락인 경우에는 머슴들의 잔치라는 인상이 짙기도 하다. 김택규는 안동 하회의 풋굿을 보고하면서, "별신굿을 서민층이 주체가 된 종교적 예능적 공동오락이라고 한다면, 풋굿은 노동협동을 전제로 한 빈농층의 공동오락으로 볼 수 있다"고 했다.[50]

일제시대에 송석하는 경상도지방의 '나다리'를 보고하고 있다. "남조선, 특히 경상도에서 농청農廳이란 농민의 조합을 조직해서 기간은 농번기에만 두고 그 후는 해산하는 것인데, 보통 간사 3·4명을 선정하여 통솔케 한다. 그리고 농청 주최로 공동 영농단체인 두레를 조직해 각 회원은 다른 회원의 노력이 필요할 때 무시로 얻을 수 있고, 다른 회원은 노력

을 언제든지 제공할 의무를 부하며, 또는 회원 외에까지라도 노력을 공급하고 보수를 받으며, 회원에게 제공할 노력까지라도 환산해서 일정한 시일에 총 계산하여 개도 잡고 술도 걸러서 하루를 유쾌하게 보내는 잔치가 나다리다"고 했다.[51] 송석하가 보고한 나다리는 풋굿을 의미한 것으로 보인다. 대개의 일제시대 관찰자들이 그렇듯이, 그 역시 풋굿이란 지역적 명칭을 옳게 이해하지 못하고 막연하게 서술한 것으로 보인다.

사례 1 경북 암동군 임동면 마령

1년 농사를 다 지었으니 함께 놀자고 풋굿을 해마다 먹었다. 잘 사는 집은 술 한 통씩, 떡 한 틀, 고기 한 동하고 잔뜩 반찬을 만들어 먼저 당에 음식을 갖다놓고 제사부터 드렸다. 필시 정한 사람이 나서서 깨끗이 제를 올리고 난 연후에야 굿도 치고 술도 먹고 놀았다.

### 사례 2 밀양군 감천두레(資3-1)

머슴들은 칠월 백중 며칠 전부터 저네들끼리 백중놀이 준비를 하는데, 그날의 주인공이 될 좌상·무상·수총각을 뽑았다. 백중이 되면 새 옷을 입고 지주들이 마련해준 술과 밥을 먹고서 돈을 타서 놀러들 갔다. 이 날을 '머슴날'이라고도 불렀다. 좌상을 소에 태우고 집집이 돌아다니면서 걸립도 노는데, 양반에 대한 풍자가 곁들여지는 게 보통이다. 현존 '백중놀이'의 둘째 마당 '작두말타기'는 바로 이 장면의 잔존된 모습이다. 머슴들이 뒤따르면서 양반을 풍자하는 길놀이를 펼치고 병신양반을 등장시켜 의도적으로 모욕을 주기도 했다. 가가호호 방문하여 '문굿-마당굿-성주굿-조왕굿-장독굿-샘굿-마굿간굿(고방풀이)-경낭풀이(변소)-삽작풀이(대문)'의 순서로 놀았다. 두레경비를 제하고서 남는 돈으로 악기를 수리·보충하고 공동기금으로 썼다.

# 농기의 꿩장목이 하늘로 비상하다

큰 규모의 두레논 행렬에는 농기 앞에 곤장 한 쌍이 먼저 나가게 되니, 이것은 길을 벽제僻除하고 농기를 경호警護하며 질서를 단속하는 의미다. 이와 같이 농기가 행렬을 하여 가는 앞에는 누구나 그 행렬을 방해하지 못하는 것은 물론이오, 비록 관원이라도 반듯이 차마車馬를 내리어 그 행렬이 지나가기를 기다린다. 어떤 관원이라도 농기 앞에서 가마나 말을 내리는 것은 다만 행렬 앞만 그러하는 것이 아니오, 농기가 서 있는 것을 지나는 때도 역시 하마下馬한다. 만일 하마하게 된 경우에 하마를 아니하면, 어느 백성은 더 말할 것도 없고 관원이라도 봉변을 하며, 봉변할지라도 그 농부들을 벌하는 일이 적었으니, 그것은 관원이 실수한 까닭이다.

_백화랑白花郎, 「없어진 민속: 풍쟁豊箏쌈」

전북 장수군 읍내에서는 지난 칠일 석양에 북동리(북동리) 농민과 교촌리(교촌리)외 여덜 동리 농민 약 삼백여 명이 출동되어 일대육박전이 잇서 일시는 자못 위험하얏두 바 수십 인의 극력중재로 무사히 헤어졌는데 ㄱ 리유는 음 칠월 십오일인 백종날에 여러 동리 농민 삼백여명이 모여 놀다가 저녁 돌아갈 시간이 되어서 전긔 북동리 농민들이 간다는 인사도 업시 먼저 감을 남은 다수 사람들이 그 무례함을 분개하야 그와 가티 싸우게 된 것이라 한다.

_〈동아일보〉, 1930. 9. 10.

# 신성한 깃발, 농기의례의 엄정함

**우주나무는 사라졌지만 신화시대의 흔적은 남다**

두레의 대표격은 농기農旗다. 두레의 상징이자 농민들의 자부심의 상징이기도 한 농기는 농기고사農旗告祀를 통하여 농신農神을 받았다. 농기에 예를 갖추는 기세배旗歲拜, 농기의 '꿩장목'을 빼앗기 위해 싸우는 두레싸움은 두레의 힘을 평가하는 척도가 되었다. 그렇다면 왜 두레에서 농기가 가장 중요한 대접을 받았으며, 그 가운데서도 새를 상징하는 꿩장목이 무엇보다 소중했을까? 이는 농기에 수천 년을 뛰어넘는 신화시대의 흔적이 은연중 남아 있기 때문이다.

농기는 신성神聖 그 자체였다. 마을의 위세, 농민의 자부심, 두레의 과시 등 사회적인 요소와 더불어 농신이 강림하는 하늘과 땅 사이의 매개물이었던 탓이다. 하늘로 향한 인

**농기의 상징인 꿩장목**
자부심의 표징인 두레기의 가장 중요한 부분

간의 외경심은 수직적 우주관과 관계가 깊다. 즉 우주와 연결시킬 수 있는 우주축으로서 우주나무(Cosmic tree)가 쓰이는 것이다.[1] 나무는 땅속 깊이 파고드는 뿌리로서 지하계까지 이어져 있고, 솟아오르는 식물의 생장력과 하늘 꼭대기까지 뻗어 오르는 상징성을 가지고 있으므로 천계와 지상·하계를 연결시키는 우주축으로 적합한 것이었다. 우주나무는 전 세계적으로 분포되지만, 어쩌면 북아시아 전 지역을 휩쓴 샤머니즘의 문화파동이라는 맥락에서 이해될 수도 있을 것이다.[2] 『삼국지 위지 동이전』에 실려 있는 장대의 이미지는 바로 신기神祺로서의 농기의 이미지와 일치한다.

> 국읍에 각기 1명씩의 천신제사를 주재하는 천군이 있고, 별읍이 있어 소도라 불렀는데 장대를 세우고 북과 방울을 달았다(國邑各立一人 主祭天神 名之天君 又諸國名有別邑 各之爲蘇塗 立大木縣鈴鼓).

그리하여 농기의 높다란 장대 끝에 늘 새가 앉아 있다. 두레 농기의 꿩장목은 솟대의 새와 같은 의미를 지닌다. 인간의 역사가 시작된 이래로 창공을 나는 일은 꿈 그 자체였으니, 농기의 장대는 우주나무의 흔적이 고스란히 남은 것으로 여겨진다. 농기를 통하여 하늘에서 농신을 받는 의식은 단군신화의 신단수가 의미하듯이 신단神壇과 신수神樹의 결합으로도 볼 수 있다.[3] 엘리아데는, '식물 숭배의식'이라고 부를 만한 것이 전 세계에 분포하고 있으니 긴 나무신화도 신이 현현하는 하나의 통로라고

**두레의 농기고사**

(위) 농기를 세우고 막걸리로 지내는 고사(논산 대명리두레)
(아래) 징을 엎어놓고 간결하게 지내기도 한다(유성두레).

했다.[4] 그는 인간을 무엇보다도 호모 렐리기오수스(*Homo religiosus*, 종교적 인간)로 파악했다. 온갖 종교가 공생하고 있어 가히 '종교박람회장'이라고도 부를 만한 우리나라 역시 호모 렐리기오수스의 전형이라 할 만하지 않을까. 우리도 생명의 나무를 곳곳에서 키워왔으니 솟대, 당산나무, 그리고 농기의 장대가 그것이다. 엘리아데의 표현을 빌린다면, 두레농기의 장대도 세계축(Axis Mundi)으로서의 나무인 셈이다.

이들 신령스런 나무는 살아 있는 나무 자체로서만 존속했던 것이 아니다. 원초적 형태인 부동적인 나무 자체로서만이 아니라 이동이 가능한 신간神竿으로서 존재하게 된다. 신간은 매우 폭넓고 다양하다. 처음에는 가지와 잎이 그대로 있는 산 나무가 생명나무로서의 역할을 하다가 차츰 나무의 생장력만이 상징적으로 옮겨진, 가지와 잎이 제거된 나무기둥이 대신 생명나무로서 자리를 잡아나갔던 것으로 추측된다. 곧 나무기둥은 단순한 기둥이 아니라 나무의 생장력을 그대로 지니고 있는 살아 있는 나무의 대용품이었던 것이다.

농기의 꿩장목은 단순한 꿩털로서만 머무는 게 아니라 비상하는 인간의 염원을 반영한다. 새 대신 새털이 장대에 앉은 셈이다. 장대의 꿩장목이 두레싸움에서 가장 중요한 공격대상이라는 사실은 하늘로 향한 새의 상징물이 농기에서도 가장 중요함을 역설적으로 설명해준다. 그런 탓에 농기는 그대로 신기神旗로서 기능한다. 특히 호남같이 벼농사 중심사회에서는 당산굿에서 농기로 마을굿을 치르고 당연히 두레굿도 농기로 치른다. 가령, 현존 은산별신제처럼 농기가 그대로 별신제의 대내림에 쓰임으로써 신대(神竿) 역할을 하는 것이다. 충남 칠갑산 일대의 많은 장승제에서도 농기를 당주집에 세워두었다가 신을 받아서 제장으로 향하는 사례를 자주 보게 된다.[5]

**신대의 꿩장목**

하늘을 상징하는 꿩털을 매개로 농신을 받고 있다(은산 별신제).

### 농민들의 대단한 자부심, 농기의 절대적 권위

농기는 두레의 상징이므로 절대적인 권위를 지니고 있었으며, 두레가 대표하는 마을 자체의 상징이었다. 농기는 두레의 모든 활동에 반드시 앞장을 섰다. 두레패는 늘 농기를 중심으로 모이고 이동하고 해산했다. 아침에 농기를 둘러싸고 한바탕 농기고사를 올렸다. 인사굿을 마치면 농기 주위를 돌다가 농기를 앞세우고 작업장으로 향했다. 세벌 김매기를 끝내는 만물이나 만두레 때는 농기 앞에서 술을 붓고 간단한 고사를 올렸다. 마을에 따라서는 항시 두레를 크게 놀기 전에 농기를 벌판에 꽂아두고 술을 붓고 삼색 실과 명태를 놓아 기에 절을 한 뒤에야 일에 들어갔다(資5-23). 어떤 경우에는 영기 2개를 가로질러 세워놓고 술을 부어 기고사를 행했다.

일터에 도착해서도 농기를 세워놓고 한바탕 굿을 친 연후에 일에 들어 갔다. 막걸리를 마실 때, 농기 주위에 간단히 뿌리는 방식으로 고사하는 경우도 있었다. 농기의례는 두레공동의례의 핵심이었다. 농기는 농민의 자긍심의 표시였으므로 모든 두레 행사는 기를 중심으로 시작하고 마무 리되었다. 농기는 신성하여 마을굿을 칠 때, 으레 농기가 신을 받았다. 전 염병이 돌 때, 마을 입구에 농기를 세워놓는 풍습은 바로 농기의 영적 능 력을 믿었던 탓이다.

두레작업이 아닌 일반적인 풍물굿이 동원될 때도 농기는 반드시 수반 되었다. 가령 화성지역의 경우, 칠월에 우물고사를 올릴 때도 농기를 세 워두고 고사를 올렸다. 호남 당산굿의 경우는 말할 것도 없었다. 가령, 임 실군 상필두레의 경우(資4-6), 기를 특별히 모시는 기旗굿이 전승되고 있 다. 당산굿·마당밟이 등 큰 풍물굿을 치기 전, 아침 일찍 도청都廳 마당 에 만들어놓은 기旗확에 농기를 세운다. 기확은 주춧돌같이 큰 돌을 땅에 묻고 돌 윗면에 구멍을 파서 농기를 꽂도록 만든 것이다. 도청에 쇠군들 이 모두 나오면 치배들이 농기를 둘러서며, 한 사람이 기확에 술을 세 번 붓고 쇳가락을 이루어 일제히 재배하고 굿을 끝낸다. 전형적인 농기의례 라 할 수 있다.

농기 명칭은 지역에 따라 다양했다. 두레기·낭기·큰기·용당기·용 덕기·용독기·덕석기·용술기·대기·대장기·농상기 등이 그것이다. 농기는 매우 존엄하여 말 탄 양반도 그 앞을 지날 때는 반드시 내려야 했 다. 마을 간에 농기를 빼앗으려고 두레싸움이 크게 벌어지기도 했다. 그 만큼 두레기는 농민들의 자긍심의 상징이었다. 두레가 많이 쇠퇴한 일제 강점기의 기록에도 농기의 전통은 의연했다.[6]

큰 규모의 두레논 행렬에는 농기 앞에 곤장 한 쌍이 먼저 나가게 되니, 이것은 길을 벽제僻除하고 농기를 경호警護하며 질서를 단속하는 의미다. 이와 같이 농기가 행렬을 하여 가는 앞에는 누구나 그 행렬을 방해하지 못하는 것은 물론이오, 비록 관원이라도 반듯이 차마車馬를 내리어 그 행렬이 지나가기를 기다린다. 어떤 관원이라도 농기 앞에서 가마나 말을 내리는 것은 다만 행렬 앞만 그러는 것이 아니오, 농기가 서 있는 곳을 지나는 때도 역시 하마下馬한다. 만일 하마하게 된 경우에 하마를 아니하면, 어느 백성은 더 말할 것도 없고 관원이라도 봉변을 하며, 봉변할지라도 그 농부들을 벌하는 일이 적었으니, 그것은 관원이 실수한 까닭이다.

농기 형태는 시대와 지역에 따라서, 심지어 같은 지역에서도 마을에 따라서 달랐다. 후대로 올수록 왜소해졌으며, '농자천하지대본야農者天下之大本也' 식의 획일화된 농기로 축소되었다. 그러나 조선 후기 농기들은 각 마을의 위세를 나타내기 위하여 가능한 한 치장을 하려고 애썼으며, 엄청난 양의 비싼 광목이 소요되었음에도 불구하고 대형 농기를 제작했

안릉신영도安陵新迎圖(김홍도, 1786년, 지본담채, 25.3×633.0cm, 국립중앙박물관)
이런 깃발행렬은 두레의 농기나 영기로 그대로 반영되었다.

다. 농기의 역사는 바로 두레의 역사이기도 했으니, 농기를 통하여 두레의 역사를 소급·추적해볼 수도 있다.

첫째, 무엇보다 농기는 엄청나게 컸다. 대나무 장목의 높이는 최소 5m를 넘었고 7~8m에 이르는 것도 보통이었다. 마을 단위의 깃발이 이같이 컸음은 농기가 마을의 상징물이었음을 뜻한다. 농기는 마을이나 논에 내다꽂아 일터에서 어디서라도 눈에 띄어야 했다. 따라서 농기의 대형화는 필수였다. 영기와 달리 농기는 늘상 들고 돌아다닐 필요가 없었다. 논둑에 그대로 갖다가 꽂는 경우도 많았지만, 장소가 여의치 않을 때는 농기가 두루 잘 보이는 산등성이나 마을입구, 심지어 당산나무 앞에 농기를 세워두었다. 마을에 따라서는 아예 '깃대백이'라고 지정된 장소도 있었다(資5-13). 어떤 경우에도 일꾼들의 눈에 뜨이는 곳이어야 했다. 그만큼 농기는 두레의 상징물 그 자체였다.

대형 농기가 바람을 받으면 더욱 지탱하기 어려웠다. 농기 운반은 개인이 들고 다닐 수 있는 현존 농기와 달리 깃대잽이 1명과 보조 3명 등 4명이 들고 나녔다. 국가적인 어가御駕행렬에 쓰였던 대형 깃발의 운반에도 의장儀帳을 든 사람과 보조원 3명, 도합 4명이 동원되었으며, 농기 운반과 거의 똑같이 버렛줄을 내려서 줄을 붙잡고 갔다.[7] 마을에서 가장 기운이 센 장사가 기를 받쳐들고 가는데, 짚으로 기받침(멧방석·기멍석이라

**용 문양 도자기편**(고려시대, 이화여대박물관 소장)

더욱 긴박해졌고, 두레 깃발에도 용 그림이 올라가게 된 것이다. 용 그림에 곁들여 용을 상징하는 여의주, 장수를 상징하는 거북과 잉어 따위를 같이 그린 경우도 있었다(資4-6). 아래 사례 1 · 2에서처럼 용 문양이 있는 경우와 신농유업이 쓰인 경우가 가장 보편적이었음을 알 수 있다.

다섯째, 농기에는 마을명과 연도를 표시한 경우가 많았다. 화성지역의 경우, 대개 마을명을 명기했으나 연도는 주로 생략했다. 연도는 농기가 만들어진 순서이며, 두레의 서열을 의미하기도 한다. 아래 사례 1 · 2에서도 조선후기의 농기들은 모두 연도를 정확하게 표기했음을 알 수 있다. 후대로 들어오면서 농기의 권위가 약화되고 약식화된 농기가 등장하면서 생략되는 경향을 보여주었다. 다음의 경기도 과천지방의 20세기 초반 깃발의 상황을 보면 재미있는 모습이 드러난다. 신종묵愼宗默은 1900년대 초반의 과천 부림동 농기에 관하여 서술하기를, 융희隆熙 연호를 쓰고 태극太極을 그렸다고 기록하면서, '과연 대한의 재야 백성과 권농관'이라고 서술했다.[11] 깃발에 태극을 그린 것은 지금 전국에서 하나도 발견되지 않고 있은 즉, 일제 강점기를 거치면서 대한제국 시기의 전통이 사라진 것으로 여겨진다.

여섯째, 농기는 비단 두레에만 쓰이는 것이 아니었다. 마을 풍물이 뜰 때는 언제나 농기가 앞장을 서야 했다. 농기는 두레굿에서만이 아니라 마을굿에서도 쓰였다. 풍물굿이 뜰 때면 으레 농기는 등장하게 마련이었다. 그러나 현존 농기는 두레적 속성, 즉 의례적 신성성을 완전히 잃어버린 채 단순한 깃발로서만 존재하고 있다. 왜소한 모습을 보여줄뿐더러 내용에서도 차이가 난다.

현재 전해지고 있는 농기 두 가지를 검토해본다. 사례 1을 보면 두레의 역사는 최소한 19세기 초반으로까지 올

**농기**
1 남원시 보절면 괴양리
2·3 청양군 용두리

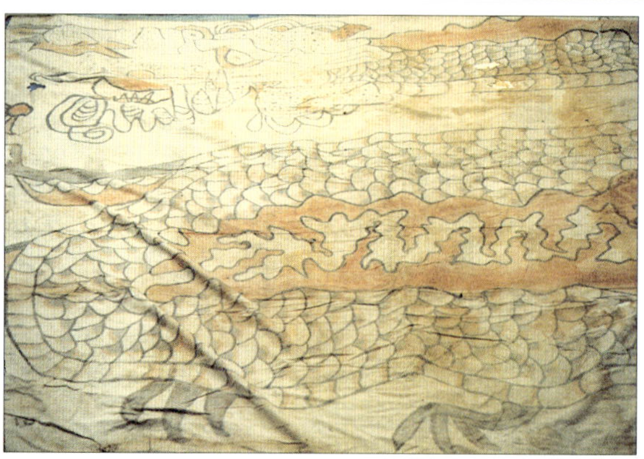

**용기龍旗의 부분과 전체**

광서 17년의 간지(甲申)와
마을 이름(九水洞)이 새겨져
있다(충남 홍성 주교리).

라간다는 것을 알 수 있다. 사례 2에는 20세기 초반의 농기가 소개된다. 이들 기들은 모두 왼쪽에서 오른쪽으로 향한 방향이며, 용 그림이나 신농유업이 쓰여 있다.

사례 1 홍성 원형산 농기(資5-35)

170여 년 된 용대기가 전해진다. 명문으로 볼 때, 순조 24년(1824년)에 만들어졌으며 무형문화재 4호로 지정되었다. 기 형태는 왼쪽에서 오른쪽으로 길게 만들어진 형상이며, 용 그림이 그려져 있다. 인근 주교리에는 '광서 17년' 명문의 용대기가 전해온다.

사례 2 논산군 대명두레(資5-10)

명문이 병오년丙午年으로 보아 약 1906년으로 추정된다. 끝에는 꿩장목을 달았으며 그 밑에 총을치를 달아 멋을 냈고 깃폭에는 '신농유업'이라 썼다. 깃폭에 검정 테를 두르고 검정 지네발로 장식했으며 깃폭은 옆으로 긴 형태다. 장대는 높이가 약 7m 정도, 깃폭은 너비가 2m 정도, 길이는 4m 정도의 직사각형이다.

## 군대의 흔적이 남은 영기

영기는 두레의 영을 전달하는 전령기다. 영기는 그 형태나 성격에서 군대의 전령이 들고다니던 군사깃발의 흔적으로 고스란히 담고 있다. 실제로 두레패 가는 곳에는 늘 영기가 앞장을 섰으니, 영기의 성격은 다음과 같다.

첫째, 두레의 영기는 어느 마을이나 2개였다. 삼각형·사각형 깃발이 보편적이었다. 깃발 색깔은 흰색·붉은색·청색 등을 주로 써서 눈에 잘

띄게 했다. 2개의 영기를 같은 색으로 갖춘 경우보다 청홍·흑백 식으로 색을 달리하여 이동시켰다. 글씨는 '令' 한 글자만을 쓴 경우가 대부분이다. 영기의 장대에는 놋쇠나 철로 만든 일지창이나 삼지창을 꽂았다. 2개 모두 일지창 혹은 삼지창으로 하거나 각각 삼지창과 일지창으로 만들었다. 쇠가 귀했고 두레 사정이 여의치 못하면 나무로 대용했다(사례 5). 마을에 따라서는 언월도를 꽂기도 했다(資5-28). 군사적 유래를 보여주는 결정적 증거이다.

둘째, 영기는 좌우에서 농기를 보위하거나, 앞에서 미리 가면서 인도했다. 농기는 멀리서 바라다 보이는 곳만 있으면 넓고 편편한 곳에 꽂는 것이 상례였음에 반하여, 영기는 어떤 경우에도 논에 직접 꽂았다(사례 4). 영기 꽂은 논은 곧바로 작업이 시작될 논임을 의미했다(사례 2). 작업이 끝나면 좌상의 지시를 받아 곧바로 다른 논으로 영기를 이동시켰고, 두레패는 영기를 따라서 옮기기만 하면 되었다. 영기는 곧바로 작업장 표시이기도 했다. 두레가 사라지고, 농기도 사라졌음에도 불구하고 일정 기간 속칭 '벙어리두레'라는 품앗이 형식의 두레가 계속되었을 때 이들 영기가 예전의 농기 상징을 대신하기도 했다.

셋째, 영기는 다른 동 두레와 교섭을 할 때 쓰이는 신호기였다. 영기를 X자로 막으면 통과할 수 없다는 뜻이었으니 두레싸움의 시작을 알리는 신호였다(사례 5). 이웃마을 걸립패는 물론이고 남사당패가 들어오려 할 때도 영기가 문을 터주어야 통과가 가능했다(사례 3). 영기는 군령軍令을 여는 방식이었다.

넷째, 영기는 풍물굿의 역사가 군악과 밀접한 관계 속에서 발전해왔음을 암시한다. 이를 군악기원설로 보는 경우도 있으나, 그보다는 병농일치 사회의 흔적을 보여준다는 시각이 더욱 올바를 것이다. 영기의 군사적 기능은 풍물굿의 군문열기에서 잘 드러난다.

사례 1 옥구군 신방두레(資4-3)

두레패를 인도하는 신호기다. 상대방 두레를 만났을 때, 영기로 앞을 가로막으면 시비조건이 생겼다.

사례 2 고창군 상평리두레(資4-1)

농기가 일찍이 사라진 경우에는 영기가 큰 역할을 도맡았다. 영기는 글자 그대로 마을을 단합하는 명령전달기였다. 다른 마을에서 걸립올 때 영기를 열어주지 않으면 들어올 수가 없었다. 거부의사를 표할 때는 영기를 X자로 막았다.

사례 3 공주군 서원마을(資6-1)

농기는 일터 근처에만 갖다 세워놓고 영기만 앞으로 나갔다. 영기는 논두렁까지 일꾼을 인도했다. 영기잽이는 아주 젊은 사람들 중에서 달음질을 잘하는 사람들을 시켰다.

사례 4 논산군 채운리두레(資7-5)

영기가 2개 있었다. 장대 끝에는 쇠로 만든 삼지창을 달았고, 삼지창 밑에는 쇠로 만든 접시를 달아 영기잡이가 춤을 추면 덜그렁덜그렁 소리가 났다. 일터의 깃대백이라고 지정된 장소에 꽂았고 논배미에는 영기만 꽂아두고 일했다. 이동할 때도 영기가 앞서면서 인솔했다.

사례 5 당진군 월곡리두레(資9-2)

다른 동 두레가 보이면 직접은 못 간다. 반드시 종고를 친다. 북으로 '둥둥둥둥' 3번 치면 상대 두레에서도 논매다 말고 북수가 나와서 받아준다. 3번을 치면 그쪽에서도 3번을 받아치는 식이다. 종고가 울리면 영기

**논두렁의 영기**

김을 맬 논이 선정되면 곧바로 영기를 꽂아 표시를 했다.

**영기의 쓰임새**
논일을 할 때는 논두렁에 꽂고, 민속놀이 등 집
단적으로 움직일 때도 늘 영기를 내다 꽂았다.

가 간다. "우리가 가야 하는데 가도 됩니까?" 하면, 공좌상의 지시가 있어야만 길을 열어주었다. 못 가게 하는 경우도 있었다. 반드시 기에는 기 나름의 연조가 있었던 탓이다. 먼저 생긴 기는 영기를 들고 종고만 치고도 갈 수 있으나 나중에 난 두레가 무조건 갔다가는 시비가 났다. 영기 끝에 소나무를 깎아서 일자창을 달았다. 쇠가 귀하니까 나무를 깎아 청홍색을 칠해두었다.

## 기세배와 두레싸움

### 형님과 선생님 두레에게 바치는 기세배

기세배와 두레싸움은 대립적인 성격을 지닌다. 기세배는 문자 그대로 기와 기가 상호간에 인사를 하는 것으로, 서열을 정하여 형두레·아우두레, 선생두레·제자두레 식으로 인사 드렸다. 두레싸움은 서열이 지켜지지 않을 때, 혹은 서열이 분명하지 않은 조건에서 마을 간의 세력다툼이 시빗거리로 등장했을 때 싸움으로 연결되었다. 두레 간의 서열과 서열운영은 몇 가지 원칙으로 이루어졌다.

첫째, 마을 간에 먼저 생긴 두레를 선생두레 혹은 형두레로 인정했다. 마을 규모가 큰 본 마을의 경우에 두레가 먼저 생겨났을 가능성이 높다. 지주층이 많아서 머슴을 다수 거느리고 있는 마을에서 두레가 먼저 생겼을 가능성도 높다. 두레가 먼저 생기면 선생두레 혹은 형두레로 인정을 받았다. 두레가 생긴 연도로 서열을 정했다는 구전이 다수 생생하게 채록되는 것으로 보아, 두레 발생이 조선 후기에야 이루어졌음을 거꾸로 증명하는 하나의 사례가 될 것이다.

둘째, 마을 규모와 두레가 생긴 연도가 엇비슷할 때는 마을 간 경쟁으로 서열을 정했다. 풍물굿을 쳐서 서로 솜씨 자랑을 한다거나 두레싸움을 통하여 완력으로 꿩장목을 빼앗는 방식 등이 동원되었다.

셋째, 조선 말기 경복궁 중건 시에 전국의 장정들을 조직적으로 동원하기 위해 두레조직을 이용했다. 이때 사역에 참가했던 두레를 일명 '경복궁두레'라고 부르며, 그로 인해 향촌사회에서도 절대적인 권위를 인정받았다. 국가적 사업에 동참함으로써 왕권의 가상적인 힘이 두레에 얹혀진 것으로 보인다(사례 1).

넷째, 마을에 따라서는 농기 자체에 서열을 표시하는 경우도 있었다. 사례 2의 머리카락을 감는 방식이 그것이다.

사례 1 부여군 증산리두레(資5-29)
웃선생두레는 시르메(원증산, 현재 증산2구)두레였다. 시르메두레는 나라에서 기와 나발을 받아와 준비했다고 전해진다. 석성면 일대에서 영받아 온 데는 시르메두레뿐으로 윤진사가 나라에서 영을 받아왔다고 한다. 인근 일대의 두레가 전부 다 선생이라고 불렀다.

사례 2 논산군 채운리두레(資5-13)
꿩장목 밑에 검정 머리카락을 감아서 두레의 힘을 나타냈다. 채운리의 웃어른인 새터에 3개, 두 번째 곰돌에 3개, 세 번째 건넌말은 1개를 둘러 위상을 표시했다.

서열싸움과 기세배는 공동체 간의 배타적인 측면과 친목적인 측면을 함께 고려해야 한다. 조선시대에 마을은 그 자체가 하나의 소우주로 극히 배타적인 성격을 띠고 있었다. 물꼬싸움을 비롯한 다양한 쟁의가 빚어졌고, 조선 후기 공동납은 마을의 자족적 생활을 더욱 강화시켰다. 그러나 마을 간에 합굿 따위를 통하여 늘 열려진 만남을 이루었다. 따라서 기싸움과 기세배는 싸움만을 의미하는 데 있지 않았다. 싸움을 통하여 지역의 연대를 확인하는 사회제도적 장치이기도 했다.

두레패들이 일하는 농토는 산곡을 제외하면 늘 들판이었다. 따라서 이웃 두레와 마주치는 경우가 많았다. 특히 토지소유 관계상 해당 지주의 땅이 넓게 펼쳐져 있는 경우에 이동거리가 길어졌다. 어떤 경우에도 두레의 이동거리가 10리를 넘는 경우는 없었지만 이동거리가 길어질수록 다른 동 두레를 만나는 기회는 늘어났다.

다른 동 두레를 마주치면 기를 고정시킨 말뚝을 하나 뽑아주어 인사를 했다. 하나의 인사법으로 만약 이를 어길 때는 두레싸움이 났다(資5-25). 상대편 두레를 보면 연속음으로 북을 울려 인사하는 관습도 있었으니 '종고 울린다'고 했다. 두 번째 신호음인 재종고를 울려도 북으로 화답하지 않으면 싸움을 거는 것으로 간주되었다(資2-13, 資9-2). 농기 상호간에 인사를 하는 것은 상대편 두레의 권위를 서로 인정하는 인사법이었다. 마을 간 질서가 분명치 않은 경우도 많았지만 지역에 따라서는 확고부동한 서열이 세워져서 기세배가 이루어졌다. 두레의 기세배는 대략 두 가지 방식으로 이루어졌다.

첫째, 두레를 먹을 때 두레의 어른으로서 기세배를 받는 경우다. 사례 1의 경우, 충현서원忠賢書院 있던 서원마을이 비단 두레의 중심처로서만이 아니라 인근 마을을 동계로 묶고 있는 경우다. 따라서 전형적인 반상마을인 서원두레가 선생이 된 경우다. 사례 2의 경우, 은산장터를 중심으로 인근의 두레가 은산두레를 선생으로 모시되, 지체 높은 반촌에서는 불참하는 사례를 보게 된다. 사례 3은 이웃한 두 개의 마을이 형제관계를 맺고 있다.

### 사례 1 공주군 서원마을(資6-1)

공암孔岩 일대의 두레는 일곱 두레로 불렸다. 공암리 서원두레가 선생두레며, 하신두레(현재 하신리)가 차석, 그밖에 상신두레(현재 상신리), 수실두레(현재 공암리2구), 은천두레(현재 은천리), 검은거리두레(현재의 금천), 송곡두레(현재 송곡리) 등 도합 7두레가 형성되어 있었다. 서원두레가 가장 높은 선생두레인 이유는 그만큼 두레가 가장 먼저 만들어졌으며, 단체가 잘되고 수가 많았던 이유 말고도 인근 두레의 공동일을 도맡아할 만한 여유가 있던 탓이다. 선생두레는 칠석이나 백중놀이 비용을 부담했다. 백중날 각 마을의 두레가 큰 기를 들고 찾아오면 잔디밭에 모여 모두 일렬로 서서 선생두레에게 인사했다. 경제적 부담능력이 있으려면 농사호수 자체가 많아야 했다.

### 사례 2 부여군 은산리두레(資5-28)

두레를 먹게 되면 은산리가 선생두레를 놀았다. 마을이 크고 억세다고 하여 인근 두레들이 와서 선생두레라고 인사를 했다. 인근의 가종리, 규암면 해명리, 가중리, 신대리, 회곡리, 차중리 등의 두레가 왔다. 그러나 인근에서도 대양리두레는 지체 높은 양반이 산다고 하여 오지 않았다. 큰 기를 앞세우고 닭 한 마리, 술 한 동이를 들고왔으며 마을마다 전부 풍물을 치면서 엄청난 사람들이 모였다.

### 사례 3 서산군 덕지천리두레(資10-3)

덕지천의 2개 마을에 청룡대기와 백룡대기라 부르는 용대기가 있었다.

두레패 간의 인사 방법은 아우두레가 용대기의 깃대를 약간 뉘여 두어 번 쓸고 다시 깃대를 들면 된다.

둘째, 두레를 행하는 여름철이 아닌 정초에 하나의 관례적인 세시풍속으로 정착된 사례다. 익산지방에서 널리 행해지는 정초의 기세배는 두레의 기세배 전통이 하나의 동계 세시풍속으로 자리 잡은 사례다. 익산군 웅포리의 경우(資4-4), 마을굿은 당제와 용왕제로 나뉜다. 당제는 정월 초사흗날 산제당에 풍물패가 올라가 지낸다. 정월 대보름날 마을 단골이 와서 용왕제를 집행하며 이때도 농기가 올라간다. 굿이 파하면서 대보름날 아침에 정연하게 기세배를 하게 되는데 이를 어기면 기세배가 그대로 기싸움으로 변한다. 이 같은 풍습이 하나의 관례가 되어 대보름 기세배 및 기싸움으로 정착되었다. 가장 전형적인 사례로 같은 익산군의 금마면 기세배를 예로 들 수 있을 것이다.

주로 정초에 마을의 상징인 용당기龍堂旗를 앞세워 인근 여러 마을 풍물패가 회동한 자리에서 마을의 서열에 따라 기를 수그려 인사하는 의식을 기세배라 한다. 이 유래는 옛 군기軍旗와 연관이 있다. 즉 농기는 군기의 역할도 했고, 대장기에 대하여 군소기들이 행하는 절을 군례軍禮라고 부르는 사례만 보아도 짐작이 갈 만하다. 사실 과거 사회에서 농민은 재향군인적 구실을 해왔으며, 풍물패는 동시에 군령전달軍令傳達 및 장정소집壯丁召集에 적합한 존재였다. 동시에 기세배는 백중 전후의 술멕이 풍습과 연관이 있다. 즉 마을간의 단합과 협동정신을 배양하고, 선의의 경쟁의식을 유발함으로써 건강한 싸움을 놀았다. 참가구성원은 좌상座上·공원公員·총각좌상總角座上·총각總角·머슴·사령使令·기旗받이·여타 풍물꾼 등 30여 명으로 구성된다. 기물器物은 꿩장목이 달린

| **기세배**(익산 금마 기세배)

농기農旗와 소동기小童旗, 삼지창이 달린 영기令旗, 여타 악기가 준비된다. 금마면과 왕궁면의 기세배 참가마을은 각각 12개 마을, 도합 24개 마을이다.

금마면 : 대장리(선생마을), 옥동(부선생마을), 건지리, 구정리, 서계리, 누동, 교동향교골, 신촌, 도천동, 행정, 원촌, 황복골 등.

왕궁면 : 능지울(선생마을), 후촌, 용남, 하오개, 사곡, 상암, 중리, 방죽말, 쟁골, 연봉절, 안동리, 새터 등.[12]

### 두레싸움에는 부모 형제도 없다

「삼백여 농민 유흥끗테 충돌—백종날 술 먹고 놀다가 싸워 외인 중재로 무사 해산」이란 제목이 붙은 1920년대 신문기사를 들추어 보자. '백종날'이라고 했으나 실은 칠석날 모였다가 '두레의 예법'을 둘러싸고 싸움이 벌어졌던 것 같다. 이런 두레먹기에서의 집단싸움은 신문기사에 오를 정도로 비일비재했다.

> 전북 장수군 읍내에서는 지난 칠일 석양에 북동리(북동리) 농민과 교촌리(교촌리)외 여덜 동리 농민 약 삼백여 명이 출동되어 일대육박전이 잇서 일시는 자못 위험하얏든 바 수십 인의 극렬중재로 무사히 헤어젓는데 그 리유는 음칠월 십오일인 백종날에 여러 동리 농민 삼백여명이 모여 놀다가 저녁 돌아갈 시간이 되어서 전긔 북동리 농민들이 간다는 인사도 업시 먼저 감을 남은 다수 사람들이 그 무례함을 분개하야 그와 가티 싸우게 된 것이라 한다.[13]

힘겨운 노동을 끝내고 모처럼 술을 마시고 악기를 치면서 신명을 올린 터에 싸움이 벌어지지 않을 수 없던 정황을 말해준다. 어쩜 진정한 축제는 뒤집힘의 미학을 성취하는 것이리라. 이런 두레싸움은 마을 간의 세력균형이 깨지는 상황을 의미했다. 얼마나 지독한 싸움이었던가는, '아! 이 풍쟁쌈에는 비록 사람을 죽였다 할지라도 살인죄가 성립되지 아니했으니, 이것은 법률이 아직 밝히지 못한 탓도 있으려니와, 풍쟁쌈은 그만큼 굉장했다는 것과 또 한편으로는 농부의 기상을 그만큼 고취했던 것만은 짐작할 수 있었다'는 기록에서 충분히 짐작된다.[14] 두레싸움은 대개 세 가지 경우로 발생했다.

첫째, 이웃 마을 간의 세력관계가 불분명할 때, 두레로 싸움을 걸어 승부를 가리고 서열을 정했다. 마을 간 대항으로 싸우는 경우도 있지만 지역이 연합하여 싸우는 경우도 있다. 아래 사례 1의 경우, 웅포리는 금강을 끼고 있는 전형적인 포구마을로서 두레의 서열을 놓고 작은 마을들이 연대하여 패를 가르고 있는 세력권의 분할을 엿볼 수 있다. 사례 2의 경우, 일곱 두레가 서열을 엄정히 정하여 서원두레가 선생으로 있음에도 불구하고 싸움이 벌어진 사례다. 이는 같은 동족마을인 수실마을이 서원마을과 세력 다툼을 도모한 탓으로 여겨진다. 사례 3의 경우, 반상 간의 잔재가 남은 싸움으로 여겨진다.

사례 1 익산군 웅포리(資4-4)

기싸움이 벌어지면 곰계 · 나룻머리 · 오류동이 한 패가 되고 강변 · 새마을 · 판포가 한 패를 구성하여 조직적으로 대항했다.

사례 2 공주군 서원마을(資6-1)

선생두레의 기가 가면 멀리 있다가도 인사를 해야 하는데 회피하면 선생두레의 영기가 달려와 싸움을 걸었다. 이웃 수실두레와 많이 싸웠다. 진 두레는 술을 내야 했다.

사례 3 공주군 학봉리두레(資5-5)

대개 술을 먹으면 일어났다. 깃대를 받고서 들로 가면 인근 마을인 은천리로 가게 된다. 학봉리는 구룡박씨 양반이 살았기에 기세가 등등했고 은천리는 양반 마을이 아니었다.

사례 4 논산군 메꽃두레(資7-4)

두레를 하다가 서로 만나게 되면 두레싸움이 자주 벌어졌다. 서로 지지 않으려고 싸움을 건 것이다. 일에 지장이 있는 관계로 공좌상들끼리 상의하여 만나지 않게 피하기도 했다. 일단 두레싸움이 벌어지면 인정사정 없이 치고 패고 눈을 못 뜨게 하고 난리가 났다. 메꽃두레는 주로 용화리, 야화리와 싸움을 벌였다. 채운들에서 같이 작업을 했기에 자주 마주 보는 관계로 싸움도 자주 터졌다.

둘째, 싸움이 하나의 관례적인 놀이로 이루어지는 관행적인 경우다. 말하자면 '싸움적 놀이', '놀이적 싸움'이란 통일된 범주로서 정리된다. 한 공동체가 집단적 통과제의를 거치면서 겪는 시련으로서의 편싸움이며, 사회적 신분갈등이나 공동체 간의 갈등을 해결하고자 하는 사회적 장치이기도 하다. 두레가 이루어지지 않는 정초에 두레싸움이나 기세배가 이루어진다는 시간상의 간격 자체가 관행적인 행사임을 말해준다.

아래의 사례 5는 송석하가 일제시대에 보고·관찰한 1930년대 기싸움의 전형적인 모습이다. 함열리는 행동·수동·교동·안정·천남·옥한의 6개 자연마을이 각 마을간의 세력균형을 맞추기 위하여 싸움을 벌였다. 임천조씨林川趙氏가 다성일 뿐, 각성받이 마을로 이루어진 비슷한 크기의 마을이 집촌을 형성하고 있는 탓으로 싸움이 벌어질 수밖에 없었다. 함열 풍쟁싸움이 벌어지는 것을 구경하기 위해 인산인해로 사람들이 몰려왔고, 여자들은 성장을 하고 관견觀見했다고 하니 극히 관례적인 세시풍속으로 정착되었음을 알 수 있다(資4-5). 종교적 의미가 내포되어 있다는 송석하의 지적이 그것이다.

사례 5 익산군 함열咸悅의 기쟁旗爭
함열의 정월 상원 풍속에 동리끼리 기세배를 서로 먼저 받으려다가 분기하는 '기싸움'이 있다. 정월 보름날 동리마다 대기를 선두로 징, 꽹매기, 북을 울리면서 인근 동리에 세배를 청한다. 그러나 서로 선례先禮의 양보가 없으므로 완력으로 강청하다가 '기싸홈'이 전개되는데 패자는 기간旗竿을 좌절당하고 동기洞旗는 사분오열로 찢어지는 액을 면치 못하는 것이다. 이와 같은 예는 농기 행진 시에도 있으며 또는 경상남도 통영군의 연중행사 '등燈 빼앗기'도 그와 동일한 것이라 하겠다. 그것은 동짓날 저녁에 동리 서당이 중심이 되야 대·중·소 3개의 등을 만들어서 산상에 올라가면 다른 동리에서도 그와 같이하여 등산한다. 그 외에 죽통竹筒에 화약과 갈대를 넣어서 한 심지에 불을 피우면 그것이 화전火箭이 되어야 나가도록 꾸민 것을 만들어서 서로 접전을 하는 것인데 여기에는 오로지 상무적 유희에 지나지 아니하나 함열의 그것에는 종교적 의미가 포함되어 있어 그 행사를 하지 않으면 동리에 살인사건이 발생하는 고로 하는 것이 그것이다.[15]

셋째, 힘겨운 두렛일이라 늘 술을 먹게 마련이므로 술기운으로 싸움이 벌어지는 경우가 자주 있었다. 막연하게 완력으로 강자가 약자를 누르는 방식의 싸움이 자주 벌어졌다. 사례 6에서 의도적으로 아무런 이유없이 싸움을 걸고 있다.

사례 6 공주군 오미두레(資5-7)
제보자는, "덮어놓고, 이게 뭐라고 할까, 싸우지요. 그게 두레싸움이지요. 그러면 강자가 이기는 것이지요"는 식으로 표현했다.

사례 7 공주군 하대리두레(資5-8)
다른 동네로 두레를 매러 갈 때, 상대편을 향해 나발을 불면 싸움이 났다. 마을을 향하여 부는 것은 참을 갖고 오라는 신호음이지만 상대편에게 부는 것은 시비조건으로 싸움을 청하는 신호였다.

일단 싸움이 벌어지면 싸움의 양상은 상당히 심했다. '두레싸움은 살인도 없다'는 속담처럼 마을 대동깃발을 중심으로 전 공동노동 조직원들이 힘을 결집하여 자기 동네의 힘을 과시했다(資5-33). 싸움의 목표는 상대편 꿩장목 빼앗기였다. 꿩장목을 빼앗기지 않으려고 상투를 잡고 악기를 부수고 장대를 꺾었다. 싸움이 심해져서 호미로 상대편을 찍는 일도 비일비재했다. 일제시대에 경찰조차도 개입할 수 없을 정도로 격렬한 싸움이었다(資4-4). 싸움이 벌어지면 가까운 이웃은 물론이고 친척도 소용이 없었다(資4-5). 일단 싸움이 커지면 여자들이 나서서 밥을 해 먹이면서까지 싸웠다. 상대가 비등하여 결판이 나지 않을 경우에는 인근의 연대가 높은 기를 모셔다가 판정을 내리기도 했다(資12-1). 장목을 빼앗기면 그해 농사는 헛일이라고 생각했기 때문에 싸움이 커졌다(資6-2).

싸움이 끝나고 나면 빼앗은 꿩장목을 돌려주었다. 진 편에서 술을 한 동이 내는 경우도 있었다. 혹은 두레꾼 전체가 무릎을 꿇고 인사를 해야 꿩장목을 돌려주기도 했다(資9-2). 두레싸움을 하다가 다친 경우에도 별다른 사과를 하지 않았다. 공동체의 완력을 과시하는 싸움이었던 탓이다. 그러나 아무리 심한 싸움이 벌어졌다손 치더라도 두레싸움으로 인하여 이웃 마을 간 단절이 되는 경우는 없었다. 이로써 두레싸움이 단순한 싸움으로서만이 아니라, 역설적으로 공동체 간의 연대를 확인하는 계기로 작용하고 있음을 알 수 있다.

# 인류의 오랜 전통인 신입례

### 신고식 없이 두레 없다

생물학적으로 일정한 성숙기에 접어들었다고 판단되는 사람들은 성인식(initiation)이라고 부르는 특정의 의식을 거침으로써 완전한 성인이라는 사회적인 인정을 받고 사회적인 연령집단(age-group)에 소속된다.[16] 성년식은 말하자면 전형적인 사회화이며 문화전달의 과정이다. 성년식은 방법도 다양하지만 그 나름으로 하나의 공통점을 갖고 있다. 즉 성년식은 출산·결혼·상례와 더불어 통과의례(rites of passage)의 하나이다.[17] 두레에도 그런 성년식이 있다. 좀더 정확하게 말하면, 일정한 나이에 도달하여 그 능력을 시험받고, 술을 한턱 냄으로써 동등한 두레성원이 되는 절차를 밟는 것이니 입사식入社式에 해당된다. 서구의 인류학자들이 제3세계 현장에서 애써 찾아낸, 이른바 '미개사회'라고 지칭한 사회에서의 혹독한 입사식과는 많은 차이가 있다. 다만 그 본질적 성격상 성년식의 의미를 지닌다는 것이다.

두레 가입의례는 두 가지로 나누어 고려할 수 있다. 청소년층이 가입하는 신입례新入禮, 외지에서 이사온 사람이 하는 신입촌자新入村者 의례로 나누어 생각해 볼 수 있다. 이 가운데서 신입촌자는 두레먹을 때 '이사턱'을 냄으로써 가입이 허락된다. 인구 이동이 별반 없던 중세사회에서 신입촌자는 그리 많지 않았으니 자주 있는 의례는 아니었다. 두레에서 중요한 것은 청소년층의 신입례다. 신입례를 통하여 두레는 늘 구성원을 새롭게 보충하고 가장 활력 있는 노동집단으로 상존하게끔 재생산통로를 확보했기 때문이다.

미성년자들은 평소에 두레를 따라다니면서 일을 배워나간다. 지역에 따라서 소동, 꼴배 따위로 불린다. 젊은층의 지도자인 총각대방의 지휘를 받아 화롯불 나르기, 소 돌보기, 각다귀 쫓기 같은 잡일을 하다가 신입례를 거쳐서 두레에 정식으로 참여한다.

신입례는 청소년층이 장정 대접을 받게 되는 통과의례다. 반半품앗이로 노동력의 절반 이하만 인정받다가 두레에 가입함으로써 온전하게 1:1의 '장정품'을 인정받는다. 통과의례를 거친 청소년은 두레는 물론이고 마을에서 벌어지는 모든 노동에서 장정품을 인정받게 된다. 따라서 청소년을 대신한 그의 집안이나 고용주 쪽에서는 인사치레로 두레 성원 전체에게 술을 낸다.

신입례의 평가기준은 대개 나이로 기준이 정해진다. 16~17세에 이르면 두레에 가입할 연령으로 보았다. 그러나 나이가 반드시 필수적인 것만은 아니다. 두레의 성원들은 청소년들이 두레패의 소동으로서 늘 같이 있는 관계로 청소년들 개개인의 신상에 대하여 잘 알고 있었다. 따라서 노동력의 기준이 되는 체력을 보아서 대략 어느 정도 시기에 두레에 가입시켜도 가능한지를 판단할 수 있었다.

신입례는 비록 개인이 겪어야 할 통과의례지만, 전체적으로 볼 때는 두레에 참여하는 총체적 대동제의의 첫 관문으로 보아야 한다. 요컨대 생산 농민대중의 성년식에 대비된다. 두레의 성년식은 지배계급의 성년식과 대비된다. 농민들은 힘 자랑을 한다거나 육체적 노동 담지능력의 증거를 통해 공동 노동조직에 들어가는 데 반하여, 양반들은 관례冠禮를 거쳐 지배계급을 상징하는 관을 쓰게 되고, 붓·먹 등을 하사 받아 장차 지배계급의 세계로 편성되는 계급적 양태가 보인다. 개인의 지위 이동에 따른 사회적 의미가 있기 때문에 사회적 의례인 것이며, 노동담당자로서 생산활동에 참가한다는 적극적 의미가 내포되어 있다.

두레 성원의 입회가 일정한 공동체적 규약에 따랐다는 사실은 두레조직의 공동체적 강제성을 보여주며, 탈퇴도 특별한 경우 이외는 불가능했다는 점에서 일하는 생산계급끼리의 규율과 연대성을 알 수 있다. 신입례는 새로운 성원의 참여의식이자, 젊고 노동력 있는 성원을 받아들여 생산력을 제고시키는 데 기여하고 두레 자체의 세대를 교체해나갈 수 있는 적극적 의미가 내포된 노동의례이다. 미성년자가 성년으로서 두레에 가입하는 의식은 여러 가지로 나타난다. 가장 많이 이루어진 행사는 '진세턱'과 '꽁배술', '들돌 들기' 등이다.

그런데 두레의 또다른 의례인 '호미모둠'에 관해서는 광범위한 현지조사에도 불구하고 아직까지 실체가 드러나지 않고 있다. 두레의 의례로서 호미모둠을 강정택이 서술한 이래로 북한학계의 전장석에 이르기까지 그대로 반복되고 있으나, 현지조사에서는 어느 한 군데서도 채보가 되지 않는 명칭이므로 확실하지 않은 풍습으로 여겨진다. 만약 호미모둠이 전일적으로 이루어졌던 풍습이라면 오래 전에 사라졌다고 하더라도 현지조사에서 이름이라도 남아 있을 것이다. 그러나 전혀 실체가 확인되지 않고 있다. 참고로 전장석은 다음과 같이 '호미모덤'을 밝힌 바 있다. 그의 견해는 사실 1940년대 강정택의 논문을 그대로 인용한 것에 지나지 않는다.

모내기를 앞두고 두레를 소집하면 회합에서 역원이 선출되고, 이어서 두레 결성의 표식으로 호미모덤을 한다. 이것은 두레성원들이 각자의 호미를 한 개씩 모아서 농청農廳에 맡김으로써 각자는 두레에 대한 참가와 열성을 표한 것으로 된다. 호미모덤은 확실히 공동체 시기에 중요 생산수단에 대한 공동소유가 실시된 흔적으로 볼 수 있으며, 각자는 매일 아침 출역 시에 호미를 농청에서 받아가지고 일터로 나가며 돌아와서는 다시 농청에 맡긴다. 호미의 공동보관은 호미씨시에 의하여 그 해 출역

出役을 청산할 때까지 진행된다. 그러므로 호미씨시는 두레의 성과를 총화하며 축하하는 즐거운 명절의 하나이다.[18]

### 진서턱과 꽁배술, 술을 받쳐올려야 마침내 허락한다

두레의 문서가 거의 없지만 더러 남아 있는 자료가 있으니, 두레 역원들의 명단을 적은 『진세책進貰冊』이 그것이다. 『진세책』은 두레에서 행하던 '진세턱'과 동일한 맥락으로 여겨진다. 『진세책』의 내용은 좌상의 이름을 적고 술을 낸 사람들의 명단을 쭉 나열하고 있다. 『진세책』에 기록이 된다는 사실은 곧바로 두레성원이 되었다는 증표에 해당된다. 따라서 진서턱이란 『진세책』에 오르는 사람이 답례로 한턱 내는 의미로 해석할 수 있다.

민간에서 구전되는 '진서턱'과 '진세턱'도 같은 말이다. 두레에 들어가야 할 청소년은 '진서'라고 부르며 두레에 내게 되는 술은 '진서술'이라고 부른다. '진서턱'을 내는 시기는 7월 두레먹기에 곁들여서 함께하는 경우가 가장 많다. 그러나 초벌을 끝내고 두레를 짜면서 '진서술'을 내는 경우도 많다. 두레의 기존 성원들에게 신고식을 겸하여 술을 내게 되는데, 대개 어린 가입자의 부모가 한턱을 쓰게 된다.

'진서턱'도 전국적인 명칭은 아니다. 전라도 지역에서는 모두 진서턱을 썼고, 충청도에서는 금강을 기점으로 부여군 남쪽에서 일부 그 명칭을 썼다. 이로써 남도에 국한된 지역명칭임을 알 수 있다. '꽁배술'은 주로 충청도에서 많이 쓰인다. 충청도에서 '꽁배'란 두레에서 심부름하는 청소년층을 말한다. 이들은 평소에 두레를 따라다니면서 총각대방의 지시를 받아서 두레의 잡일을 도맡아한다. 담뱃불에 쓰일 화롯불이나 횃대 들고다니기, 소 먹이기, 짐 나르기, 다양한 심부름하기 등이 꽁배의 주임

무다. 꽁배가 연령이 차서 두레성원이 되고자 할 때, 동이로 술을 내는 꽁
배술을 거쳐 허락을 얻게 된다.

꽁배의 '꽁'은 꽁지라는 말에서 나왔고, '배'는 무리를 뜻한다. 따라서
'조무라기무리'를 뜻한다. 꽁배는 꽁배술을 통하여 어엿한 장정품으로
인정받는다. 꽁배술 역시 진서술과 마찬가지로 지역적 명칭이다. 주로
충남 일대에 꽁배술이 널리 분포되며, 반대로 충청지역에는 진서라는 말
이 남부 일부를 제외하고는 드물다.

### 들돌 들기와 힘 겨루기는 필수

무거운 돌을 들어 힘 자랑을 통하여 두레에 가입이 허락되는
풍습은 전국적이다. 심지어 두레가 없는 제주도에도 힘 자랑을 하는 들
돌이 있다. 그런데 들돌은 이웃 일본의 경우, 마을신당에 신성스러운 돌
로 모셔지기도 한다. 실제로 우리나라에서도 들돌이 놓이는 위치는 당산
나무 밑이 많다. 연초에는 마을굿이 펼쳐지는 성역聖域이자 여름철에는
노동의 피로와 더위를 피하는 휴식장소이기도 한 당수나무 밑에 주로 놓
인다. 마을이 만들어질 때, 사람들은 무겁고 둥근 돌을 한두 개 선택하여
당나무 밑에 가져다놓고 해마다 힘발림 의례로 이 돌을 사용해온 것이
다. 차츰 신성스런 의미가 퇴색하고 노동의 힘을 겨루는 도구로만 잔존
된 것으로 유추된다.

첫째, 들돌은 지역에 따라서 다소 명칭이 다르다. 호남이나 호서지방
은 들돌 들기, 돌독 들기, 등돌 들기, 진쇠돌 들기, 당산돌 들기가 많으며,
경상도에서는 힘발림이라는 명칭도 쓰인다(사례 1). '당산돌 들기'라는
명칭은 들돌의 어떤 신성성을 암시하기도 한다. 제주도에서는 동리 어귀
에 '뜸돌'을 두어 청년들이 체력을 단련하고 힘을 겨루는 구실을 하고 있

다. '뜸돌'이나 '들돌'이나 같은 뜻이다.

둘째, 들돌은 반드시 두레하고만 관계 있는 것은 아니다. 겨울철의 대보름행사, 추석명절에도 들돌을 든다. 마을 축제가 벌어질 때 힘 자랑을 겸하여 오락적인 성격도 지닌다. 들돌의 주기능은 역시 7월에 이루어진다. 마을의 청장년들이 시원한 나무 밑에 모여 들돌을 들어 힘을 겨루고 장사를 뽑는다.

셋째, 들돌은 대·중·소로 나누어 무게에 따라 들 수 있도록 되어 있다(사례 3). 대는 마을의 장사를 뽑는 데 쓰였고, 신입례에는 주로 중·소가 쓰였다. 들돌 들어올리기도 여러 가지다. 양발을 벌리고 굽은 자세를 하고 새끼나 또아리를 이용하여 양손으로 돌을 껴안는다. 작은 들돌의 경우는 맨손으로 깍지를 끼고 들어올린다. 돌을 들어올려서 우산각 주위를 돌아다니며 그 힘을 과시하기도 하고 작은 돌은 들어서 등뒤로 넘기는 등돌 놀이도 한다.


① 땅뜨기(뿌리띠기) : 땅으로부터 떨어지게 한다.
② 무릎뜨기(무플치기) : 돌이 무릎까지 올라가게 한다.
③ 허리올리기(허리펴기) : 허리를 펴는 것을 말한다.
④ 가슴팍올리기 : 배 위까지 올리는 것을 말한다.
⑤ 어깨올리기 : 가슴 위까지 올리는 것을 말한다.[19]


넷째, 들돌은 민간신앙과 연관된다. 호남지방에서는 여성들의 기자신앙祈子信仰, 나뭇가지에 돌을 올려두어 나무의 접합을 기원하는 가수嫁樹 풍습 따위에도 활용된다.[20]

다섯째, 두레가 소멸하면서 들돌풍습도 같이 퇴장했다. 이는 들돌 들기가 두레와 밀접한 관계가 있음을 증명한다. 그러나 두레가 사라지고

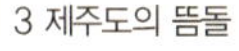

**들돌과 들돌 들기**

1 들돌. 대개 정자나무 밑에 놓아둔다.
2 들돌 들기. 힘 겨루기의 기본이다.
3 제주도의 뜸돌

하여, 여름 우물고사는 반드시 물을 퍼냄으로써 고사의 목적이 우물청소
에 있음을 말해준다. 아래의 용인지역에서는 대개 겨울에 많이 이루어지
고 있으며, 심지어 10월 상달고사 형식으로 지내기도 한다. 경기 서부지
역에서 광범위하게 확인된 여름철 우물고사에서는 소를 잡는 동네잔치
를 겸하여 여름철 노고를 달래는 기회를 보여준다. 현존하는 민속으로
우물고사가 두레행사에서 가장 중요한 행사임을 말해주고 있다. 여름철
우물고사가 많이 사라졌으나, 원래는 전국에 보편적인 행사였다.

　셋째, 우물고사는 고정적인 행사로 되어 있는 경우도 있지만, 마을
굿·두레굿 행사의 일환으로 풍물패가 우물굿 형식으로 간단히 치르는
경우가 많다. 대동우물에서 우물굿을 쳐주고, 각 호마다 들어가서는 개
인우물을 둘러싸고 덕담을 해주면서 축원한다. 물과 사해용왕四海龍王을
견주어서 덕담을 하는 경우가 많다.

　넷째, 우물고사는 조선 후기 전염병의 만연과도 밀접한 관계가 있다.
조선 후기에 들어와, 특히 임란 이후로 다양한 역질이 생기면서 식수를
통한 전염이 심각한 문제가 되었다. 전염병에 대한 국가적 대책은 무방
비에 가까웠다. 심지어 외국인의 보고서도 "한국에서 콜레라가 수차례
유행되어 그때마다 희생자의 수가 수천을 헤아렸다"고 기록할 정도였
다.[23] 실제로 수많은 역질이 백성들을 괴롭혔으니 호열자 같은 역병이 돌
면 여제厲祭를 지낸다거나 다양한 벽사의례에 의존하는 수준이었다.[24] 그
런 측면에서 볼 때 우물을 청소하고 정화시키는 주기적인 의례인 우물고
사는 매우 과학적인 것이며 백성들의 건강을 지켜온 행위가 아닐 수 없
다. 늘 맑고 깨끗한 물이 솟구치기를 기원하면서 대동우물에 고사를 올
렸다. 고사를 행하기 전에 전 동민이 대청소와 금수를 단행함으로써 우
물을 정화하려는 데 공동의 노력을 기울였던 것이다.

사례 1 화성시 원안동 우물고사(資2-32)

시기 : 음7월 초하루(혹 7월 15일)

우물 : 동네 대동우물

제관 : 부정 없는 사람으로 제관 1명, 당주 1명

제물 : 삼색 실과 북어소(1마리를 잡아서 소머리를 씀), 메, 조라술

자금 : 동네 갹출

제의 : 마을 남자들이 모여 간단히 술 따르고 정성 올림.

목적 : 한 해 농사가 끝난 뒤, 호미걸이를 대신하여 우물청소도 할 겸, 정성도 들일 겸, 소를 잡아서 동네잔치를 벌이면서 마을의 무고를 기원함.


사례 2 화성시 서원말 우물고사(資2-11)

시기 : 음7월 초하루(두레 결산 뒤)

우물 : 동네 대동우물

제물 : 소 1마리, 술

자금 : 동네 갹출

제의 : 우물을 퍼내고 풍물을 간단히 치고서 호미걸이와 함께 한 판 놀게 됨.

목적 : 동네 안녕과 물 잘 나오라고 지금도 지내며, 고기를 나누는 잔치 성격.


사례 3 화성시 맹곶 우물고사(資2-35)

시기 : 음7월 공날(좋은 날). 호미걸이 끝내고 갑자을축을 따져서 정함

우물 : 동네 대동우물

제관 : 두레패의 상쇠가 맡음

제물 : 돼지 1두, 막걸리

자금 : 호미걸이 끝내고 남긴 돈으로 지냈으나 호미걸이 사라지고서는 각출

제의 : 우물을 깨끗이 퍼내고 솔로 닦아내며 절대로 물을 먹지 않는다. 돼지머리를 우물 앞에 받치고 머리에 칼을 꽂아둔다. 술 따르고 절을 한다. 우물 가운데 옻나무가지를 네 가닥 세운 뒤, 그 위에 머리를 올려놓는다. 풍물패가 고사반을 하면서 잡귀가 우물을 범하지 말고, 구렁이·잡동물이 들어가지 말기를 빈다. 고사반은 '뚫어라 뚫어라 샘구녕 뚫어라, 물 주쇼 물 주쇼 사해용왕 물 주쇼'란 내용을 반복한다. 고사반이 끝나면 돼지고기를 음복하고 하루를 즐긴다.

목적 : 하루를 놀면서 우물 청소하는 데 있음.


사례 4 화성시 한두골 우물고사(資2-38)

시기 : 음7월 초이튿날 정일定日.

우물 : 동네 대동우물 6군데(웃우물과 5개의 우물)

제관 : 마을회의에서 제관 2명, 보조 1명을 생기복덕生氣福德을 가려서 뽑음.

제물 : 소 1두(혹은 소머리). 웃우물에 소머리를 바치고 다른 우물에는 생고기를 잘라서 부위별로 바침.

자금 : 동네 각출. 예전에는 마을의 부유층이 큰 돈을 냄.

제의 : 소머리를 코뚜레도 안 빼고 털도 뽑지 않은 채로 올린다. 웃우물을 먼저 지내고 차례로 다른 5개 우물을 지낸다. 옻나무를 이용하여 우물에 삼각대를 세우고 끝에 북어를 매달아 놓은 연후에 재배하고 술잔을 올린다. 우물 주위를 돌아가면서 풍물을 침으로

써 고사가 파한다. 정자나무에 모여서 술국을 끓여먹으면서 술추
렴 한다. 삶은 고기는 일정하게 각 호에 분배한다.

목적 : 도로 보수, 풀베기, 우물 청소 따위가 함께 이루어진 두레의 마지
막 행사였고, 고기를 분육分肉함으로써 여름철 몸보신도 의도했다.


사례 5 논산군 메꽃두레(資5-12)

두레놀이가 시작되기 전에 우물청소를 동네 합동으로 했다. 칠석 전날,
도로를 닦고 동네 대청소를 마감하고서 샘을 쳤다. 칠석 아침에 샘에서
풍물굿으로 고사 지내고 두레놀이를 나갔다. 샘을 치고 나면 뚜껑을 덮
어놓고 일정 시간 지난 다음에 샘에 고사를 지내고서 금수禁水를 지켰다.
고사가 파하면 서로 먼저 우물물을 길어가려고  했다. 고사 끝낸 물을 갖
다가 장광에 놓고 고사를 지내면 복 받는다는 속신에서 비롯되었다.


사례 6 용인시 고림동 금덕정 '용왕제'

시기 : 3년에 1번씩 음력 10월

우물 : 마을 뒷산의 우물

제관 : 제사를 드리기 전에 마을회의를 거쳐 당주를 선출하고 당주집 앞
　　　에 제사 전날 황토를 뿌려놓는다.

제물 : 백설기 · 쌀 · 초 등

자금 : 제사비용은 각기 집에서 한 대접 정도의 쌀을 추렴하여 충당

제의 : 제사 지내기 전에 마을사람 전체가 목욕재계하고 우물을 청소한
　　　다. 마을사람 전체가 참여했는데 부정한 행위를 한 사람은 참석하
　　　지 않았다. 제가 끝난 뒤, 만신이 집집마다 소지를 올려주었다. 개
　　　인 소지는 밥그릇에 쌀을 소복이 담고 그 위에 숟가락을 꽂은 뒤
　　　그 집 가장의 이름과 생년월일을 적어 실 한 타래로 묶었다. 보통

저녁 6시경에 제사를 드렸고 제사가 끝난 뒤에 회의는 없었다.

사례 7 용인시 남사면 완장리 '정제井祭'[25]

시기 : 모시는 시기는 일정하지 않으며 날을 가려 택일해서 동네를 위해 지냄. 정제가 사라지고 난 다음에도 음력 정월 14일에 두레 놀 때 대동우물에 우물고사를 계속해옴.

우물 : 응달말, 양달말, 조루봉 세 마을에서 대동으로 올린다. 세 마을에는 각각 대동우물이 있었다. 응달말에는 대동우물이 2기 있다. 정제는 세 마을을 모두 돌아가며 모심.

제관 : 제관은 마을에서 나이가 많고 깨끗한 사람으로 정하며 응달말, 양달말, 조루봉 세 마을에서 1명을 정한다. 제관은 제 지내기 2~3일 전부터 외출을 삼간다. 특히 상갓집에 가지 말고 부부생활을 금하는 등 정성을 들인다. 따로 금줄을 두루거나 황토를 뿌리지 않는다. 만약 정제 전에 마을에 상이 나면 정제를 지내지 않는다. 부정이 타기 때문이다.

제물 : 돼지는 마을에 돼지 먹이는 집에서 고르는데 검은 돼지로 고른다. 검은 돼지를 고르는 이유는 옛날에는 흰 돼지가 없었기 때문이다. 돼지는 수돼지 한 마리를 첫 우물(첫 우물은 응달말의 향나무 앞에 있는 김학성 집의 우물을 일컫는 것 같음) 앞에서 동네 남자들이 잡는다. 돼지는 칼로 목을 찔러 숨통만 끊어서 피를 뺀다. 돼지를 잡는 사람은 따로 정해져 있지 않고 눈썰미 있는 성인 남자가 한다. 털만 뽑고 배도 안 가른 통돼지를 제물로 쓴다. 정제가 끝나면 돼지는 마을사람의 수대로 똑같이 나눈다.

자금 : 제비는 이장이 맡아서 걷는다. 제비로는 돈이나 쌀을 걷는다. 제비는 제물로 올리는 돼지를 사는 데 쓴 비용을 나누어내는 것이다.

제의 : 정제에는 외부사람이 오면 안 된다는 것은 없었으나 (대개 부정
　　　때문에) 오지 않았다. 물청소는 정제 지내는 당일에 한다. 동네 남
　　　자들이 모여 우물에 들어가서 물을 퍼낸다. 물을 퍼낸 뒤 우물 바
　　　닥에 쌓인 앙금, 흙을 쓸어서 위로 담아낸다. 세 마을에서 각각
　　　청소한다. 제상은 두레박질하는 곳에 큰 상을 두고 그 위에다 돼
　　　지를 올린다. 상은 현재 우물의 주인집에서 내온다. 돼지머리는
　　　제관이 선 위치에서 오른쪽에 둔다. 제의는 응달말 양달말 조루
　　　봉의 순서로 이루어진다. 응달말의 첫 우물에 동네남자들이 모인
　　　다. 여자들은 오지 않지만 아이들은 와도 괜찮다. 제관은 제물인
　　　돼지를 올리고 재배를 한다. 축문과 소지는 없다. 재배 후 우물물
　　　한 사발을 떠놓는다. 세 마을을 한 마리로 물린다. 세 마을을 다
　　　돈 뒤에 정제가 끝나면 응달말에 모여서 돼지고기를 나눈다.
목적 : 물이 귀해 물이 끊기지 않고 잘 나오게 해달라고 정제를 지낸다.


사례 8 용인시 이동면 천리 샘골마을 우물고사

시기 : 정월 보름날 길일을 택함

우물 : 마을우물

제관 : 글을 볼 줄 아는 어른들이 모여서 생기복덕을 가린 다음에 선출
　　　했다. 선출되면 술, 담배를 금지하고 집밖 출입을 하지 않았다.
　　　축문 읽는 사람, 절하는 사람, 제물을 지는 사람으로 나눠졌다.

제물 : 제물 준비하는 사람도 책을 보고 뽑아서 그 사람이 장을 보게 했
　　　다. 옛날에는 소나 돼지를 썼는데 한 1950년대부터 북어포와 막
　　　걸리만 올린 것으로 끝났다. 고수레도 없었고, 소지도 없었다.

자금 : 비용은 동네쌀로 충당했다. 이전에는 타지에서 이사 오면 쌀 한
　　　말과 술, 국을 끓여 대접했는데, 쌀 한 말은 동네쌀로 모아두었다

가 봄에 꾸어주고 가을에 이자를 쳐서 받아 동네기금으로 썼다.

제의 : 금줄은 하루 전날에 우물에 둘렀는데 왼새끼를 꼬았다. 우물고사를 위해 따로 제기가 있었다. 제기는 목기이다. 제기를 보관하는 장소도 따로 있었다. 새벽에 마을에 있는 우물 7~8곳에 모두 제사를 지내고 다 끝난 아침 8시 정도에 이장집에서 술 한 잔 하고 헤어졌다. 마을 사람들은 집에 있었는데, 마을사람들은 제사가 끝나고 가장 먼저 우물물을 먹는 사람이 복을 받는다고 생각하여 우물 근처에서 제사가 끝나기를 기다리고 있다가 먼저 우물을 떠갔다고 한다.

# 두레와 문학 · 풍속

"좋다! 버꾸야……"

희준이는 잡이손 속에서 징을 치며 돌아다녔다. 이 바람에 김선달도 신명이 나서 '부쇠' 앞에 마주 돌아서서 발을 굴러가며 자진가락을 넘기었다. 이튿날 아침에 집집마다 한 명씩 나선 두레꾼들은 농기를 앞세우고 안승학의 구레논부터 김을 매었다.

"깽무갱깽, 깽무갱깽, 깽무갱, 깽무갱, 깽무갱 깽무갱깽……"

아침해가 뿌주름이 솟을 무렵에 이슬은 함함하게 풀끝에 맺히고 시원한 바람이 산들산들 내 건너 저편으로 불러온다. 깃발이 펄펄 날린다. 장잎을 내뽑은 벼 포기 위로는 일면으로 퍼렇게 푸른 물결이 굼실거린다.

그들은 머리에 수건을 질끈 동이고 꽁무니에는 일제히 호미를 찼다. 쇠코잠방이 위에 등걸이만 걸치고 허벅다리까지 드러난 장단지가 개구리를 잡아먹은 뱀의 배처럼 불쑥 나온 다리로 이슬 엉긴 논두렁 사이를 일렬로 늘어서 걸어간다. 그 중에는 희준이의 하얀 다리도 섞여서 따라갔다.

두레가 난 뒤로 마을사람들의 기분이 통일되었다.

_이기영, 「고향」, 〈조선일보〉, 1933~1934.

# 전통 풍속은 낡은 의상인가

### 서양색이 밀어낸 조선인의 정조

두레는 일제 강점기를 맞이하면서 그림같이 사라지기 시작했다. 더 이상 한가롭게 마을공동체적 삶을 구가하기 힘든 사회가 되어 갔다. 그렇다면 두레 같은 풍속은 낡은 것으로 멀리 밀쳐내야만 할까? 21세기 초반의 문화사가들은 한결같이 '모던 걸' 식의 식민지근대를 이야기한다. 그러나, 그 시대는 과연 모던 걸만이 살고 있었을까?

일제 강점기에도 모던 걸에 푹 빠진 시인작가들이 수두룩했다. 임화는 '풍물굿' 같은 '낡은 것'보다는 풍금 같은 '새 것'의 힘을 과신했다. 양옥, 양장, 양식은 어느 결에 한옥, 한복, 한식을 밀쳐내어, 들어온 것이 주인공이 되어갔다. 서양식 찬송가와 서양식 음계가 중심이 되고, 장고와 꽹과리의 '상스러움'에 비하면 피아노와 바이올린의 '우아함'과 '격조 높음'이 찬미되는 시대가 되었다. '식민지근대'란 신조어를 붙여서 당대의 풍습을 노래하다 보면 풍물굿이나 두레 같은 풍속들은 참으로 민망하게도 들어설 자리가 없어진다.

가령 일제 강점기 벽초 홍명희의 『임꺽정전林巨正傳』을 논하는 많은 평자들의 시각에는 풍속을 일견 '조악하고 후진적인' 그 무엇으로 간주하는 편견이 들어 있다. 임화가 「세태소설론」에서 1930년대의 소설계를 '사상의 부재시대'로 그리면서 『임꺽정』 역시 그 범주로 집어넣은 것은

**이광수의 「흙」 표지**
흙은 당대의 관심을 최고로 증폭시킨 소재였다.

전적으로 오해다.[1] 모더니즘과 좌파의 결합으로 보이는 임화의 시각은 끊임없이 좌우합작을 모색했던 홍명희의 시각과 본디 그 뿌리부터 다른 것이리라. 사실 21세기 초반의 시점에서, 다수의 문학평론가나 문학사가들은 홍명희나 이기영의 풍속의 사회사를 제대로 읽어낼 힘을 잃었다. 이들 작품에 더러 '야사'적이고 '패관잡기' 식의 나열과 삽화가 깔려 있다고 하여 그 풍속사적 변혁의 힘이 사라진 것은 아니다. 그 힘을 온전하게 평가하기보다는 '장식'적인 서술로만 평가하고 있는 것은 아닐까.

그렇다면 전통의 풍속은 한갓 남루한 옷에 지나지 않을까? 전통이란 무슨 의미를 주는가. 분명히 100여 년 전의 상황은 제 아무리 서구적·일본적 문화가 팽팽하게 들어섰다고는 하나 문화적 헤게모니의 대부분은 전통적 생활양식이 여전히 장악하고 있었다. 열강들의 문화적 침투가 의도되고 노골화되는 상황에서도 전래생활은 고수되었다. 외세 침략기에 전통성이 고수된다는 것은 두 가지 측면에서 생각할 수 있는 것이다. 그 하나는 민족적인 성향에 의한 것으로 전통의 고수가 민족적 저항의 상징이 되는 경우다. 다른 하나는 당시대적 봉건적 모순으로 말미암아 봉건성이 미청산된 상태로 남아 있는 경우다. 반半봉건성이 올바르게 청산되지 못한 상태에서 일제 식민지로 편입되어 오히려 봉건성이 더욱 강화된 측면도 있다.

일제는 무조건 민족적인 풍습을 탄압만 한 것은 아니다. 한글을 탄압하는 방식과 같이 일면 식민지배를 강화하면서도, 다른 일면으로 지배를 쉽게 하기 위해서 봉건성을 온존시키는 방식으로 지배력을 행사했다. 동시에 식민수탈을 극대화하려면 늘 민중의 생활수준을 최저로 묶어버릴 필요가 있었으니 민족문화의 혁신은 기대하기 어려웠다. 두레의 농악기를 빼앗아 풍물굿 자체가 불가능하게 내몰았던 반면에, 노동력 부족이 생기자 노력동원의 방식으로 두레를 통한 강제동원의 방책을 모색하기도 했다. 이렇듯 풍속은 그 양면적인 힘을 지니고 있는 것이리라.

도대체 풍속은 역사에서 어떤 힘을 지닐 수 있는가? 많은 이들은, 무엇보다 서구의 진화론적 풍속관을 배운 최남선을 비롯한 많은 이들은 풍속에서 전근대성과 근대성을 애써 구분하는 태도를 취했다. 그래도 이분법적으로 사고하지 않은 이들이 더러 존재했으니, 벽초 홍명희나 민촌 이기영은 전근대성과 근대성의 구분법을 피하고 둘을 통일된 구조로 파악했다. 벽초 자신의 말을 들어보자.

**벽초 홍명희**(1888~1968년)**와** 「**임꺽정전**」
〈조선일보〉 1928년 11월 21일자에 실린 홍명희의 역사소설 「임꺽정전 林巨正傳」 연재 1회분. 안석영의 현대적 삽화가 이채롭다.

그것은 조선문학이라 하면 예전 것은 거지반 지나문학支那文學의 영향
을 만히 밧어서 사건이나 담기어진 정조情調들이 우리와 유리된 점이 만
헛고, 그리고 최근의 문학은 또 구미문학의 영향을 만히 밧어서 양취洋
臭가 잇는 터인데 임거정만은 사건이나 인물이나 묘사로나 정조로나 모
다 남에게서는 옷 한벌 빌어 입지않코 순 조선거로 만들려고 하엿슴니
다. '조선정조에 일관된 작품' 이것이 나의 목표엇슴니다.[2]

'조선 정조에 일관된 작품', 이는 풍속의 힘이기도 하다. 이렇듯 이기
영·홍명희 등의 조선 민속 이해방식은 식민지하의 당대 민속 이해방식
에서 거두어낸 최고의 성과라고 생각된다. 그네들은 전통적이되 식민지
사회변혁의 중심에 서 있으며, 식민지 사회변혁의 중심에 서 있되 좌경
적 편향을 지닌 인물이 아니었다. 일제 강점기 대부분의 국학자들이 우
편향에 휩쓸리고 있던 경향성에 비하면 그들은 분명히 좌측에 서 있었
다. 일제 강점기 대부분의 사회운동가들이 좌편향에 휩쓸리고 있던 경향
성에 비한다면, 그는 분명히 우편향에 서 있었다. 임화가 양취洋臭에 흡
수당하고 있었다면, 그들은 분명히 민족적 품격을 잃지 않았다.


### 풍속에 관한 오해들

풍속은 좀더 구체적인 하나의 과학으로서 설명이 가능하다.
풍속에 관한 얼마나 많은 관념적 어휘들이 풍속 자체의 객관적 합법칙성
을 오도시켜왔으며, 우리가 하나의 과학으로서 풍속을 파악할 때 얼마나
크게 오도되게끔 착종시켜버렸던가.[3]

첫째, 변화는 구체적인 것이다. 낡은 것으로부터 새것으로의 이행을
기본 내용으로 하는 변화발전은 풍속에서도 끊임없이 이루어졌다. 벽초

의 『임껵정전』이나 민촌의 「고향」의 풍속사적 전개는 조선 및 일제 강점기의 풍부한 풍속사적 흐름을 예비했다. 사실 풍속은 독립적으로, 고립되어 있지 않다. 여기서 역사의 주체와 풍속의 주체를 동시에 통일적으로 파악하는 태도가 요구된다. 이와 같은 문제는 풍속과 관련하여 역사 서술에서 '기록된 역사'와 '기록되지 않은 역사'의 문제로 나타난다. 구비(구전)된 음성·사유·행동·물질·언어 같은 기록하지 않은 역사가 포함될 것이며, 현존 유적, 역사자료, 지방사료, 문집, 일기, 생활사 기록 같은 쓰여진 역사가 망라될 것이다. 풍속사에서 역사의 주체와 풍속의 주체는 분리되어 있지 않다.

둘째, 풍속을 잔존 문화로만 바라보는 데 대한 두 가지 양태가 있다. 그 하나는 탈시대적 서술이다. 사물 발전의 객관적 합법칙성을 부인하고 역사를 우연적 사실로 돌린다거나, 역사 발전의 일반적 합법칙성을 부인·

**법주사 전경**
절 마당에서 농사짓는 모습이 이채롭다(보은군 내속리면, 1910년 촬영.
국립청주박물관 편저, 『사진으로 보는 충북 문화재의 옛 모습』).

왜곡하는 관점에 서서 풍속을 바라볼 경우, 풍속의 실체는 오로지 '정체론'으로 정리될 수밖에 없다. 다른 하나는 탈정치적 서술이다. 풍속의 '정치적 서술'은 안토니오 그람시의 표현을 빌린다면, '자발적 대중 철학'에 대한 고려이다.

풍속은 민중의 생활에 담겨진 표피적인 뜻, 또는 골동품적인 과거 역사로의 회귀만은 아니다. 창고에서 건져 올린 손때 묻은 호롱불에 다시 불을 당겨서 생동감 있는 역사를 꾸려놓고, 장기 지속과 단기 지속의 패러다임을 동시에 고려하는 관점에서 접근해야 옳을 일이다. 더욱이 근대 100년사처럼 격동의 역사를 거쳐온 경우에는 각각의 개인적 삶과 일상 생활이 정치적인 의미를 지니고 있으며, 반대로 정치적인 사건들이 개인적인 평범한 생활에 정확히 반영되고 있는 것이다. 장 세뇨의 패러다임을 잠시 차용해본다.

역사적인 '장기 지속'이란 어떤 종류의 것인가? 그것은 일반 대중을 개인적으로든 집단적으로든 간에 오로지 소비하고, 일하며, 기술을 발명하며 그것을 전수하거나 잊어버리고, 재생산하고, 병들고, 민속문화를 발전시키는 다시 말해서 그들의 운명을 받아들이는 존재로서 간주하는 것이다. 이런 양적(massive)인 역사는 실질적으로는 수동적인 역사다.……장기 지속은 하나의 실재이다. 즉 호되게 비판받고 있는 사건중심의 역사에서 묘사된 사실들에 못지않은 정치적인 실재이다. 예나 지금이나 정치적 영역은 확실히 장기 지속과 단기 지속의 결합에 있는 것이다.[4]

셋째, 풍속사적 측면에서 변혁의 길은 '아래의 변혁'이 아닌, '아래로부터의 변혁'이 준비되는 과정 속의 민의 생활과 풍습이 자리매김되어야

한다. 민촌의 「고향」은 그런 점에서 '아래로부터의 변혁'을 서술하는 데
이바지하고 있다.

　이 장에서는 민촌의 「고향」을 하나의 텍스트로 하여 두레를 이해하는
당대의 인식을 검토해본다. 이 같은 시각은 임화의 '양취'나 21세기 초반
의 식민지근대론에 입각한 '모던 걸' 논쟁과는 전혀 성격이 다른 것임은
두말할 것도 없다.


# 이기영의 「고향」에서 읽는 두레


### 일제 강점기 농촌분해와 풍속의 힘

　민촌民村 이기영李箕永(18986. 5. 6~1984. 8)은 충남 아산군 배
방면 회룡리 출생이다. 이충무공 후손으로 대대로 무반집안에서 이민창
李敏彰의 장남으로 태어났다. 천안의 사립 영진寧進학교를 졸업하고 나서
민촌은 한때 날품팔이 · 금전꾼으로 전국을 방황하게 된다. 그의 소설에
충청도가 많이 등장하고, 전국 곳곳을 방랑한 경험이 들어 있음은 자신
의 체험담이기 때문이다.

　그는 한때 기독교에 몰두했으며, 일본으로 고학의 길을 떠났다가 중도
귀국했다. 1924년 7월 〈개벽開闢〉 현상문예에 「오빠의 비밀편지」로 입선
해 등단했다.

　그의 대표작 몇 편을 중심으로 논의를 전개해본다.

「민촌民村」, 〈조선지광朝鮮之光〉, 1925. 12[5]

「원보」, 〈조선지광〉, 1928. 5

「홍수」, 〈조선일보〉(1930. 8. 21～9. 3)[6]

「서화鼠火」, 〈조선일보〉(1933. 5. 30～7. 1)[7]

「고향」, 〈조선일보〉(1933. 11. 15～34. 9. 21)[8]


「고향」은 카프(KAPF) 활동으로 인한 2차에 걸친 투옥 속에서 농민문학의 기념비적 업적으로 떠올랐다. 1933년 11월 15일부터 1934년 9월 21일까지 〈조선일보〉에 연재하고서 1936년에 상·하 두 권으로 출간되었다.[9]

그가 그리고 있는 식민지 농촌은 철저하게 분해되어 나가고 있는 상황 그대로다. 단편「홍수」를 보면, '그들 T촌에 사는 농군들의 집은 마치 사태에서 밀려 내린 바윗돌처럼 함부로 굴러 있는 것이 그들의 집이었다'고 쓰고 있다. '그 속에서 무엇이 꾸물거린다. 그것은 마치 유령 같다! 과연 그들은 유령이다. 유령은 밥을 먹지 않고 산다. 그러므로 그들은 초근목피를 먹고살지 않느냐? 그리고 그들의 지은 곡식은 부잣집 창고 속으로 들어간단 말이다!'고, 유령같이 살면서 초근목피로 연명해가고 있는 것으로 T촌 사람들을 그리고 있다. 조금 사회과학적인 문장이 그대로 드러난 대목에서는 자본주의의 잔인한 '마수'가 농촌 구석구석까지 빈틈없이 침입했다고 했다.

단편「민촌」에는 충청도 향교말을 중심으로 지주 박주사 집안과 소작들을 대비시키고 있다. 박주사 아들은 소작권을 미끼로 작인의 딸을 첩으로 갈아치고 16세의 점순이를 벼 두 섬에 데려가고 있다. 점순이가 불과 벼 두 섬에 팔려가도 손쓸 수 없는 피폐상 그대로다. 식민지 봉건지주와 소작관계가 청산되기는커녕 더욱 노골화되는 과정을 보여준다. 단편「원보」에서는 경상도 산골의 농민 원보가 신작로 공사에 동원되었다가

**1920년대 농업 실습 상황**(경기 길상보통학교 학생들)

그동안 두레로 잘못 알려진 이 사진은 사실 청소년을 동원한 공동 노동 장면이다(『일본지리풍속대계』 조선편, 1930년).

치료차 서울로 올라와 죽게 되는 비참한 농민의 비애를 다루고 있다.

「고향」은 원터마을 가운데 틀고 앉은 안승학의 고래등 같은 기와집과 그 밑에 게딱지같이 다닥다닥 붙은 소작농가들, 그리고 멀리 바라보이는 제사공장의 굴뚝을 통하여 1920년대 농촌이 고스란히 다가온다.

「고향」의 농민들도 연일 굶고 있다. '양식이 떨어져서 허덕이는 사람이 많은데 보리는 앞으로도 한 달이나 더 있어야 먹을 둥 말 둥하다. 원터 동리의 가난한 사람들도 벌써부터 굶는 집이 많다'는 실정이다.[10] 농촌이 급속도로 분해되어 자작농이 사라지고 모두 소작농으로 변해버린 실정을 보여준다. 그나마 소작농도 소작을 떼이지 않으려고 하다가 종래는 소작마저 사라지고 떠돌이 유랑의 길을 떠나지 않을 수 없는 식민지 농촌의 모습이 그려진다.

소설에서 식민지 농민들의 굶주리는 처지가 가장 잘 드러나는 대목은 술지게미를 먹는 모습일 것이다. 양조장에서 나온 재강을 사다가 끓여서 푼거리 양식으로 삼는 농민이 늘어나자 사람들이 줄을 서게 된다. 재강은 나오기가 무섭게 정신없이 팔린다. 가난한 소작농들은 춘궁에는 먹을 것이 없어 초근목피로 겨우 연명을 하는데다 그나마 풋나물도 흔치 않아서 먼 산으로 가지 않으면 안 될 지경이다. 다급하면 거름하려고 면에서 얻어온 콩깻묵으로 죽을 쑤어먹기도 하는데 비료를 사람의 뱃속에 넣는 격이다.[11]

이 같은 식민지 농촌 상황을 타개할 방책은 무엇인가? 작가는 김희준이란 인물을 등장시킨다. 희준이가 동경에서 나오던 날, 원터 동리는 별안간 발칵 뒤집혔다. 동리 개는 있는 대로 다 나와 짖고, 닭이 풍기고, 돼지가 꿀꿀거리고 송아지가 나올 판이다. 사람들은 모두 나와서 희준이가 양복에 금테안경을 쓰고 금시계줄을 늘이고 짐꾼에게 부담을 지워 가지고 호기 있게 들어올 줄로 믿고 있다. 그러나 그는 시꺼먼 학생양복에 오글쪼글한 모자를 쓰고 해진 손가방 하나 달랑 들고 들어온다.[12] 이같이 나타난 희준이가 농촌에서 사회적 모순과 맞서는 많은 계기에 그동안 농촌소설에서 못 보았던 새로운 힘이 내재되어 있다. 그 힘은 풍속의 힘이다.

「고향」을 포함한 이기영의 소설에서 유별난 것은 풍속사적 측면이다. 지금까지의 연구는 그가 지닌 세계관에서 땅에 뿌리 박은 풍속적 측면을 간과한 면이 많다. 그러나 그에게 풍속은 단순한 풍속 이상이다. 「고향」에서 두레라는 하나의 풍속이 사회변혁을 이끄는 힘으로 전환되는 모습은 식민지시대 어느 작가도 주목하지 못했던 점이다. 더욱이 대개의 카프작가들이 사회주의적 혁명에는 관심이 있었지만, 그 정신적 토대에서 당대 농민대중들이 향유하고 있던 풍속사적 문제에 대해서는 대부분 간과하거나 무시하는 경향을 보여주었다. 그 점에서 그는 당대 민중의 세계관과 생활에 아무리 제한적인 측면이 있다손 치더라도 풍속이 지닌 힘, 즉 민족적 전통이 지닌 힘에 대해 많은 관심을 쏟아 넣은 작가로 인정된다.

그러나 현재까지 나온 이기영의 연구작업도 마찬가지로 그의 풍속사적 애정과 편력이 거의 간과되어왔다. 만약 「고향」에서 두레라는 주제를 빼놓았을 경우를 생각해보면 쉽게 짐작이 가는 대목이다. 따라서 변혁의 힘이 농민대중들 속에서 어떻게 재구성될 수 있는가를 가장 정확하게 간파한 리얼리스트로 보아야 할 것이다.

이기영은 당대 사라져가는 농민 생활풍습에 많은 애정을 기울이고 있었던 것으로 보인다. 대개의 사회주의자들이 전래 풍속을 '미신', '비과학' 따위로 공격 내지 청산하려 했던 시각과 대조된다. 먼저, 「고향」 이외의 작품에서 일관되게 풍속이 그려지고 있는가를 몇 가지만 살펴본다.

단편 「홍수」를 보면, 이미 그가 풍속에 대해 관심을 표하고 있음을 알 수 있다. 「홍수」의 농민들은 두레를 동원하여 논을 매고 있다.

고지논 매러 가는 일꾼들은 마을 뒤에 있는 느티나무 정자 밑으로 모여서 '農者天下之大本'이라 쓰인 기폭을 날리며 풍물(農樂)을 치고 나갔다. 그들은 일제히 꽁무니에다가 호미를 차고 머리에는 수건을 썼다. 쇠잡이는 그 위에 벙거지를 쓰고 벙거지 꼭대기에는 상모를 달았다. 그들은 벌써부터 흥이 나서 그것을 뺑뺑 돌리며 뛰논다. 그러다가 일렬로 늘어서서 농장으로 나갔다. 건성이도 그들과 같이 차리고 그들 가운데 섞이었다.

"깽매갱깽  개매갱깽  깨매갱깽  개매갱깽  깽매갱깽꾸강깽매갱  깽깽갱……."

하는 풍물소리와 함께 아침 바람에 기폭을 펄!펄! 날리고 나가는 광경이 건성이에게는 다시없이 즐거웠다. 그것은 마치 원시 부락민족이 전쟁에 나가는 것 같은 건장한 기분을 느끼게 했다.……

이들이 하는 두렛일은 고지를 두레에 넣어서 매는 방식이다. 가난한 농민들이 정초에 고지를 먹고 나서 지주의 논을 집단적인 두레방식으로 농사지어 주는 것이다. 소설에서 두레는 이미 식민지 농촌 분해가 급격히 진행된 상태의 '고지형 두레'로 드러난다. 그러면서도 '원시 부락민족이 전쟁에 나가는 기분'이라고 묘사해, 건강한 농민문화가 지닌 힘을 높이 평가하고 있다. 단편 「홍수」에서 그려진 두레의 이미지가 그대로 「고향」으로 옮겨온 듯한 느낌이다. 「홍수」의 주인공들은 백중 같은 세시절기도 매우 중시했다. 다음의 대목을 읽어보면 좀더 생생하게 느낄 수 있다.

음력으로 유월 그믐께 —어느덧 더위도 고개를 넘은 늦은 여름철이었다. 올해는 비가 알맞게 와서 T촌 사람들도 농사를 잘 지었다. 이제는 기심도 거진 다 매서 한편으로는 두렁풀을 베기 시작했고, 일손을 일찍

이 뗀 사람들은 산으로 기어올라서 '나무갓'을 뜯기도 했다.……올 칠
월 백중에는 두레를 한 밤 잘 먹자고 그들은 벌써부터 개를 잡느니 돼지
를 잡느니 하며 벼르고들 있었다.


민촌의 풍속에 대한 관심은 심지어 소설에서 백중날 풍물을 치면서 결
혼식을 거행하게 하고, 예물로 호미와 낫을 주는 데서 절정을 이룬다. 신
랑신부가 나갈 때 쇠잡이들이 풍물을 치면서 신랑신부에게 여물을 끼얹
어주고 있다. 이 장면은 두레먹기를 백중에도 했다는 것을 보여주며, 두
레와 백중과의 관련성을 말해준다.

단편 「민촌」에서는 다음날 논맬 밥거리에 쓰려고 아낙들이 보리방아를
찧고 있다. 절구질꾼들은 신명이 나서 어깨를 으쓱으쓱하며 소리를 받는
데 이기영의 민요에 대한 묘사가 민속 현지 조사자료처럼 정확하게 드러
나 있다.


사뉘 잡년 화냥년
말전주는 왜 하누?
콩밭고랑 김맬 적에
정든 님을 어쩌라구
얼싸절사 쿵더쿵!


'한국근대소설사에서 가장 우수한 작품의 하나'[13]로 평가받기도 하는
「서화」에서도 풍속에 대한 저자의 이해는 두드러진다. 쥐불을 지피는데
멀리 어디선가 풍물치는 소리가 바람결에 들려오고 있다. 농촌의 문화마
저 사라지고 있는 모습에 대해서는 다음과 같이 진술하고 있다.

농촌 오락이라고는 연중행사로 한 차례씩 돌아오는 이런 것밖에는 무엇이 있는가? 그런데 올해는 작년만도 못하게 어른이라고는 씨도 볼 수 없다. 쥐불도 고만이 아닌가? 정월 대보름께 줄다리를 폐지한 것은 벌써 수삼 년 전부터였다. 윷놀이도 전같이 승벽을 띠지 못한다.……사실 그들은 모두 경황이 없어 보인다.

식민지 농촌 분해는 농민 생활풍습의 근간을 뒤흔들었음을 말해준다. 아이들의 제웅놀음을 바라보면서, '이런 풍속도 쥐불이나 줄다리기와 마찬가지로 지금은 다만 어린애에게 형태만 남아 있다. 마을사람들은 모두 생기가 없어졌다'고 표현하는 데서 더 이상 전래 풍속은 어쩔 수 없이 자기 힘을 잃어가고 있는 것으로 그려진다. 쓰러져가는 쥐불놀이와 돌쇠의 울적한 심리세계의 조화로운 배합, 흥겹고 즐거운 널뛰기와 그에 적응한 인간성격들이 자연스럽고도 개성적으로 발로되고 있어 민촌의 풍속에 대한 깊은 이해가 엿보인다.

### 「고향」에서의 농민 동력과 1920년대 말의 두레

「고향」은 일제하 1920년대 말 일본 독점자본의 침탈 아래에 있던 식민지 반봉건의 조선 농촌이 겪는 황폐화와 이에 대응하여 일어선 농민들의 모습을 노농동맹의 관점에서 풀어내고 있다.

「고향」의 인물은 「고향」 이전 작품의 인물들과 유형적 연관성을 지니고 있다. 지식인·여성운동가·소작농민, 그리고 그에 대립되는 지주상이 그것이다. 「고향」도 농촌 소작인을 다중의 주인공으로 삼으면서 김희준으로 표상되는 지식인, 안학승으로 표상되는 마름, 갑숙이로 표현되는 여성 인물군을 등장시킨다.

지주계급의 이익을 위해 일하는 마름 안승학으로 대표되는 부정적 인물, 선진사상을 가지고 고학의 길을 떠났다가 5년 만에 돌아온 김희준, 그리고 손가락이 악마디지고 등뼈가 휘도록 일하면서도 먹을 것이 없어 양조장 술지게미로 연명하는 농민인 원칠이를 비롯한 마을 소작인들이 등장한다. 김희준과 농민들의 결속을 통하여 당대 질곡을 뚫고나가는 건강한 모습을 대조시킴으로써 당대 농민들의 미래를 그려내고 있다. 이런 농민들의 구체적인 삶과 투쟁은 김희준을 비롯한 원터 마을의 여러 농민들, 늙은 세대로는 김선달, 조첨지, 박성녀, 원칠 등과 젊은 세대로는 인동, 인순, 방개, 막동, 갑숙, 음전 등의 활동 속에서 드러나고 있다. 특히 김희준 같은 지식청년이 농민대중과 청년대중에게 미치는 지도력과 농민대중들의 총체적인 삶을 기반으로 한 자발적인 노력 사이의 상호 교호작용은 농민들로 하여금 스스로 운명의 주인으로 나서게 하여 인간해방에 이르게 하는 결정적인 역할을 한다.

소시민적 근성을 비판하고 나선 김희준이 농민대중들과 만나면서 농민들의 초보적인 조직화를 꾀하는 것이 두레이다. 두레를 통하여 흩어져 있는 농민들은 하나로 뭉치고, 서로 간에 벌어진 틈을 메워나가면서 집단으로서 확고히 단결한다.[14] 카프 계열 작가들의 대부분의 작품에는 '사회주의'가 중심에 있었고 '국제사회주의운동'적 시각은 존재했으나 민족적 삶을 담보한 풍속의 과제는 '낡은 것'으로서 청산의 대상이었다. 그러나 민촌은 두레를 '낡은 것'이 아닌, 여전히 살아 움직이는 것으로 파악했다.

원터마을의 청년회 일이 잘 되지 않으면서 노동야학도 휴학 상태로 빠져든다. 이때 마을 안의 젊은이들이 두레를 내자고 한다. 물론 마름댁의 허락을 얻어야 한다는 대목은 지주·소작 관계에서의 두레가 어디까지나 지주 측과의 합의로 이루어지고 있음을 보여준다. 소설에서 모처럼 두레를 내는 것이라든가, 풍물마저 없어 외상으로 사오는 것은 이미 마을에 풍물 악기마저 사라질 정도로 두레가 분해되고 힘을 잃은 상태라는 것을 말해준다.

마름 안승학은 희준이의 힘이 커지는 것을 반대하여 두레를 반대했으나 결국 대세를 따를 수밖에 없게 된다. '두레를 내면 누가 단독으로 이익을 먹을 겐가 무엔가'[15] 하는 대목에서 두레의 이득은 전적으로 공동의 것임을 말해주며 당시의 분해된 두레에도 공동체적 전통은 여전한 것으로 그려지고 있다. 이기영은 두레가 난 장면을 다음과 같이 그리고 있다.

장목을 해 꽂은 깃대에는 기폭이 펄펄 날리었다. 그들은 정자나무 밑에다 농기를 내꽂고 우선 한바탕 뛰고 놀아보았다. 김선달은 상쇠잡이로 앞을 서고 막동이, 덕칠이, 인동이, 박서방, 백룡이, 상출이, 월성이, 또 누구누구 한잡이꾼은 넉넉했다. 쇠득이는 장삼을 입고 춤을 추었다.
저녁때, 마을사람은 집집이 저녁을 치르고 나왔다. 여자들도 싸리문 밖으로 바람을 쐬러 하나둘씩 나온다. 한낮에 쩔쩔 끓던 불볕은 저녁이 되어도 땅이 식지 않았다. 북소리가 둥둥 울리자 그들은 신이 나서 모두들 정자나무 밑으로 몰키웠다. 풍물이 제각기 소리를 내니 마을에는 별안간 명절기분이 떠돌았다. 어린아이들은 함성을 올리며 돌아다닌다.
내일부터 두레를 나서게 되었는데 안승학이도 저녁을 먹고 나와서 구경을 하다가 무슨 생각이 들었는지 자기 논부터 매달라는 부탁을 자청해서 말했다. 그래 희준이의 발론으로 그를 '좌상'으로 치켜올리고 희준이는 '공원'이 되었다.
농악을 자진가락으로 볶아치자 구경꾼들은 쇠잡이들을 몇 겹으로 둘러쌌다. 인동이 등 소동축들은 버꾸잡이놀음을 하고 뛰놀았다. 덕칠이, 박서방, 월성이, 백룡이 들은 패랭이 위로 상모를 돌리며 소고를 들고 곤

댓짓을 하면서 개구리 뜀을 하며 뒷걸음질쳤다. 그 가운데로 쇠득이는 검은 장삼을 입고 너울거리며 춤울 추었다.

"좋다! 버꾸야……."

희준이는 잡이손 속에서 징을 치며 돌아다녔다. 이 바람에 김선달도 신명이 나서 '부쇠' 앞에 마주 돌아서서 발을 굴러가며 자진가락을 넘기었다. 이튿날 아침에 집집마다 한 명씩 나선 두레꾼들은 농기를 앞세우고 안승학의 구레논부터 김을 매었다.

"깽무갱깽, 깽무갱깽, 깽무갱, 깽무갱, 깽무갱깽……."

아침해가 뻐주름이 솟을 무렵에 이슬은 함함하게 풀 끝에 맺히고 시원한 바람이 산들산들 내 건너 저편으로 불러온다. 깃발이 펄펄 날린다. 장잎을 내뽑은 벼 포기 위로는 일면으로 퍼렇게 푸른 물결이 굼실거린다.

그들은 머리에 수건을 질끈 동이고 꽁무니에는 일제히 호미를 찼다. 쇠코잠방이 위에 등걸이만 걸치고 허벅다리까지 드러난 장단지가 개구리를 잡아먹은 뱀의 배처럼 불쑥 나온 다리로 이슬 엉긴 논두렁 사이를 일렬로 늘어서 걸어간다. 그 중에는 희준이의 하얀 다리도 섞여서 따라갔다.

두레가 난 뒤로 마을사람들의 기분이 통일되었다.

위의 장면에서 이기영이 묘사한 두레는 다음 몇 가지로 이해할 수 있다.

① 농기는 깃대라고 불렀으며 여느 곳과 마찬가지로 꿩장목이 있다.
② 두레꾼들은 정자나무 밑으로 모였다.
③ 두레 조직의 웃어른은 좌상座上이며 공원과 어린 축들의 소동小童이 있다.
④ 두레에 사물 이외에 소고(버꾸)가 쓰이고 있다.

꿩장목을 앞세우고 논매러 나가는 농민들의 풍물굿을 살펴볼 수 있고, 그 자생적 조직 속에 좌상·공원 등 조선 후기 이래 오랜 전통을 지니는 민중조직으로서의 두레의 모습이 일제 식민지하에서도 여전히 관철되었다는 것을 알 수 있다. 또한 아이들이 노는 소동축들의 버꾸놀이를 통하여 소동두레의 모습도 확인할 수 있고, 명절 기분이 나면서 왠지 마을 전체가 통일되어가는 분위기도 느낀다. 마름 안승학처럼 원터사람들과 대립적인 인물에게 좌상을 맡기고 있고, 마을 전체가 모처럼 통일감을 맛본다.

두레는 연이어 나게 되었다. "그들은 작년에 처음으로 두레를 내던 해에 성적이 좋았을 뿐 아니라, 가위 농악도 제구가 맞게 있으므로 두레를 내는데 아무런 지장이 없었다. 희준이는 작년과 마찬가지로 두레에 한몫을 보았다"고 하고 있다.[16] 이듬해의 두레는 악기를 사지 않아도 되었고, 다른 동 고지논도 맨 까닭으로 수입이 작년보다 많은데다 다른 비용이 없어 고스란히 모이게 된다. 두레를 통하여 힘이 모아지는 과정을 그리고 있다.

두레꾼들이 술을 과음하지 않고 신용을 보이기 때문에 타동에서도 고지를 자청했다. 그래 그들은 그 돈 중에서 삼분지 일만 두레를 먹고 나머지는 공유재산으로 계에 맡겼다. 두레를 일으켜 그 돈으로 백중날 경비에 쓰던 전통에서 벗어나 공유재산을 늘려가는 모습이 보인다. 사실 희준이가 지도한 두레는 새삼스런 것은 아니다. 종래의 두레도 공동경비를 제외하고는 늘 마을 공동재산으로 넣어 마을의 힘을 키웠다. 농촌 분해가 이루어지면서 공유재산이랄 것도 없어지자 조금 벌어들인 수익이나마 그대로 술값 등으로 날려 버리던 식민지시대 두레의 모습을 벗어나고자 한 것일 뿐이다.

방축이 무너지고 수해가 나면서 많은 집들이 피해를 입게 된다. 희준

은 마을사람들과 상의한 다음에 두레먹을 돈을 수해 입은 사람들에게 분
배해주기로 한다. 집이 무너져서 거처할 수 없는 사람들에게는 집을 짓
도록 조력한다. 두레의 상부상조하는 전통이 그대로 드러나는 대목이다.

두레가 착실히 이루어지자 마을의 농민들 사이에는 엄청난 변화가 생
겼다. 마을사람들의 기분이 통일되어, 두레를 모으기 전에 싸웠던 사람
들도 이를 계기로 화해하게 된다. 쇠득이 어머니와 백룡이 어머니 사이
의 얽혔던 감정대립도 인동이와 막득이 사이의 대립도 두레를 운영하는
과정에서 풀리게 된다. 이것은 두레가 가지는 공동체적 생활력을 생동하
게 보여준다.[17]

두레가 얼마나 농민들 사이의 관계를 좁혀 주고 단결시켜 주는 데 기
여하는가를 단적으로 보여주는 증거이다. 두 해 동안에 걸쳐 진행된 두
레 덕분에 소작쟁의를 성공적으로 이끌어나갈 수 있었던 것이다. 김희준
역시 두레를 통하여 소시민성을 청산하고 농민 편에서 그들의 사상과 감
정을 지니게 된다.

마지막 대목에서 농민들은 결국 마름 안승학에게 대항한다. 말할 것도
없이 두레꾼들이 그대로 소작쟁의의 주역이 된다. 농민들은 두레로 자신
들의 공동체의식의 힘을 자각하게 되었고 단합하여 소작쟁의를 승리로
이끈다.

'검은 장막이 한꺼풀 벗기어지고 희미한 회색구름이 하늘 한구석에서
점점 커지면서 장차 오는 광명을 예고하는 것 같다'는 대목에서 작자는
먼동이 터오는 식민지의 하늘을 그리면서 끝을 맺고 있다. 닭 울음소리
가 크게 들리면서 사람들은 '밝은 날을 위해서 우리도 준비합시다'고 한
다. 일제 강점기의 '밝은 날', 그날을 두레농군들은 희망했던 것이다.

「고향」에서 두레는 대중을 동원하고, 대중을 조직화시키는 최상의 동
력이 된다. 인텔리 김희준 같은 인물의 변화 못지않게 다수의 소작인들

이 두레를 통하여 하나의 힘으로 결집되는 과정은 이 소설의 백미白眉이
기도 하다. 물론 작자는 인근에 들어선 제사공장 노동자들의 연대투쟁을
삽입시켜 노농勞農 간의 결합을 늘 고려하고 있지만, 「고향」의 풍속사적
힘은 일제 강점기 대다수 작가들이 제대로 꿰뚫지 못했던 측면을 주목하
고 있는 대목이다. 이는 홍명희의 장편소설 『임꺽정전』에서 보이는 풍속
의 힘과 또 다른 차원의 대비관계를 이룬다.

사실 「고향」의 배경이 되는 원터마을에는 비단 두레에만 있는 것이 아
니다. '산잔등에 올라서니 고개마루턱에 느티나무 서낭이 있다. 서낭 밑
에는 돌자갈을 쌓아올리고 그 뒤에는 바위가 둘러섰다. 서낭나무가지는
헌 헝겊, 빨간 헝겊을 매달고 사나끈 사이에다 흰 종이 수지를 꿰어서 금
줄을 띄었다. 그 밑 땅바닥에는 볏짚으로 화톳불을 놓은 재가 아직도 고
스란히 있는 것을 보면 며칠 전에 누가 노구메 정성을 들인 것이다. 서낭
뒤 바위 중턱에는 누구나 소원성취가 된다고 행인들이 던진 돌멩이가 떨
어져서 그 밑에 수북하니 쌓였다'고 표현되는 마을이다. 그리고 산모퉁
이를 돌아 올라가면 두 갈래진 길 어구에다 주황칠을 한 장승이 좌우로
벌리고 서 있다. 장승의 배에는 천하대장군이라고 썼는데 새로 깎아 세
운 장승 뒤에는 썩어 문드러진 낡은 장승들이 무서운 이빨을 내밀고 한
무더기로 몰려선, 멀리 서해 바다가 바라보이는 그런 마을이다. 이곳의
민중들은 '장승과 입 맞추면 재수 있다고 믿는 사람들'이기도 하다. 노동
주체로서의 촌계의 두레 이외에 정신적 주체로서의 마을굿을 함께 다루
고 있다. 일제 강점기 대개의 지식인 작가들에 의하여 '미신' 혹은 '미신
타파'의 대상으로만 공격받던 풍습들이다. 이렇듯 이기영에게 풍속은 타
파해야 할 비과학적 대상이 아니라 적극적인 대중적 힘의 원천이 되고
있다.

소설에서 농민은 단순한 교화의 대상이 아니다. 이미 농민들은 조선

후기 이래로 두레를 통하여 일과 놀이의 일사불란한 체계를 세웠고, 자긍심 높은 농민문화의 토대를 건설한 바 있다. 일제가 노렸던 대목은 바로 이 점이었다. 끊임없이 농민층을 분해시켜나가면서 이들 농민들의 자주적인 흐름을 봉쇄시켜나간 것이 바로 식민화의 완성과정이었다. 이기영은 이 점을 잘 주목하고 있었고, 그런 탓에 여타 '행세식 사회주의자'들의 농민소설과는 그 질을 달리하고 있다. 당대의 대부분의 소설가들이 놓친 민의 생활과 풍습에 대한 그의 정확한 관찰과 이해심을 잘 드러내주고 있다.

이들 농민들은 이미 봉건제하의 농민들처럼 단일 공동체의 농민들이 아니라 식민지하에서 분해를 당하면서 착취의 노리개로 전락하고 있던 것이다. 식민지하 민족해방운동의 지평은 이들 농민들의 유동적 변모와 이를 시민계급의 입장이 아닌 노동자계급의 입장으로 묶어세우는 과정이었다. 여기서 우리는 두레굿이 지녔던 매우 강인한 잠재된 동력을 읽어볼 수 있다.[18] 그리하여 농민들이 주재소 앞으로 몰려가서 '땅도 땅도 내 땅이요, 조선 땅도 내 땅이요' 하면서 삼채가락을 두드리면서 소작쟁의를 벌였던 모습을 유추할 수 있다. 바로 이기영의 소설 「고향」은 그런 풍속사적 힘을 가장 잘 드러내준 식민지시대 소설의 수작이라고 하겠다. 소설 자체로서도 이기영의 작품 중에서 절정을 차지하고 있는 것으로 보인다. '한국근대소설사에서 가장 우수한 작품의 하나'라는 평가에 어긋남이 없다. 그런 점에서 북한문학계에서 이 작품을 평가하면서, '농촌의 비참한 생활과 투쟁현실을 고유한 자연세태풍습을 통하여 보여주고 있으며 깊은 향토적 정서를 가지고 묘사하고 있다'는 대목은 적절한 것으로 여겨진다.[19]

### 촌극 「공사마당」과 1930년대 초반의 두레

조선농민사朝鮮農民社의 기관지인 〈조선농민朝鮮農民〉에 실린 촌극寸劇 「공사公事마당」[20]을 보면 일제 강점기 두레의 모습이 잘 나와 있다. 조선농민사는 1925년 10월 천도교 청년당의 주도로 설립된 농촌운동단체로 농촌계몽운동에 주력하여 각 지역에 사우社友를 확보하고 리·면·군 단위로 농민사農民社를 계열화했다.[21] 조선농민사에는 많은 농민시들이 수록됨으로써 관심의 대상이 되어왔다.[22] 그러나 단편적인 촌극은 관심의 대상에서 제외되었다. 촌극 「공사마당」은 조선농민사가 농촌사회에 구축코자 했던 자력갱생의 계몽주의적 농촌운동의 일 방식으로 두레를 주목했고, 촌극형식을 빌려서 두레를 서술하고 있다. 작가가 붙인 해설을 보면 분명히 드러난다.

삼남지방의 소작인은 직접 노동을 하는 사람은 드물다. 그들은 지주에게 빌린 땅을 머슴과 농군을 시켜서 농사를 짓는다. 이 농군들의 회의기관(?)으로 '공사'라는 것이 있다. 그것은 물론 완전한 계급적 내용과 형식을 갖추운 조직체는 되지 못한다. 따라서 투쟁체로의 역할도 하지 못한다. 그러나 농민의 조직이라는 당면문제를 앞에 둔 오늘날 그것은 한 번 연구하여볼 가치가 충분히 있는 듯하다. 그들은 동리에 자기네에 관한 돌연사건이 생긴다든지 연중행사의 준비를 시작하려면 징을 울려 농군을 모은다(대개 저녁에). 그 단위는 두레라고 한다. 한 동리가 즉 한 두레

**조선농가독본**(조선농회, 1947년)
농민을 계몽의 대상으로 간주하는
이 같은 독본들이 다수 출간되었다.

다. 그러니까 그것을 '두레공사'라고도 한다. 징을 울려 사람이 모이면, 현대말로 하면 집행위원장격인 공원이 나서서(실상은 멍석자리에 앉아서) 육두로 회의를 진행한다. 동의재청 이 같은 것도 없어, 그러나 곧잘 의사가 통일되고 안건이 진행된다. '궁글'을 일으킬 때면 농한기인데 그동안의 4·5일을 전 두레가 매호에 한 사람씩 나와가지고는 소매거지(기음의 일종)나 콩밭기슴을 매어주고, 그 돈으로 칠석날이나 칠월백중날에 한바탕 먹고 노는 것이다. 이 공동노동을 궁글이라고 한다.

위의 서문은 다음의 몇 가지로 재정리할 수 있다.

① 농군회의기관인 공사公事를 당대 농촌사회 입장에서 새롭게 조망해 볼 필요를 나타내고 있다. 식민지 농촌 해체라는 과정에서 과연 '투쟁'적이지도 않고, '계급'적이지도 못하지만 한 번쯤 고려해 볼 필요

성을 보여준다.

② 두레는 한 마을에 1개이며, 회의와 조직명을 두레공사로 부르며, 좌상이 총괄하고 있다. 회의는 곧잘 통일되는 것으로 보아 민주적이고 일사불란하게 이루어지는 것으로 보고 있다.

③ 휴한기에 남의 품을 집단적으로 팔아서 7월에 먹는 비용을 마련하는 공굴이 있다. 순수하게 두레먹기만을 위한 공동노동이 별도로 존재했음은 앞의 소설 「고향」에서도 마찬가지다.

두레꾼의 총수는 20여 명으로 나타난다. 전일적으로 마을민이 참여하기는 하되 매우 느슨해진 상태의 두레다. 두레공사 시기는 모깃불을 펴 놓은 한여름밤이다. 공굴을 금년에도 하자고 하는 측에 대해 세상이 하도 뒤숭숭하니 공론도 많다. 공굴은 이 마을의 두레 숫자가 크기 때문에 나흘로 결정된다. 두레의 크기를 따져서 공굴 일수를 정했음을 알 수 있다. 두레먹는 날인 술멕이(農宴)는 백중과 칠석 중에 칠석으로 결정된다. 현존 민속조사자료에서 쉽게 확인되는 술멕이란 말을 쓰고 있으며, 두레먹기가 칠석과 백중 중에서 정해진 관습이 아니라 그때그때 사정에 따라 양자 택일됨을 알 수 있다.

술멕이를 준비하면서 머슴 사는 집은 주인에게 말하여 술 한 동이씩을 마련하라고 하나 이판에 술을 줄지 모르겠다고 한다. 두레꾼들 가운데 머슴이 섞여 있고, 주인집에서 술멕이에 술을 내는 것이 관례인데도 불구하고 전쟁기에 세상이 어려워지면서 주인들조차 어렵게 된 농촌의 실상이 드러난다. 자작농이 소작으로 전락하고, 소작조차 얻지 못하고 황폐해져가는 농촌의 경제력이 엿보인다. 그래도 술멕이에 모처럼 고기는 먹어야 했다. 금년은 소와 돼지 중에서 무엇을 잡아서 잔치를 하느냐는 논의 끝에 소가 결정되고, 50원짜리 대각을 산다.

작년 말 소매거지 할 때 열두 말직이 4원 30전을 내지 않은 조생원을
들먹이고 있다. 두레에서 공동으로 해준 품삯을 잘라먹는 사람이 생겼을
정도로 농촌의 공동체적 질서가 무너진 상태의 두레임을 암시한다. 두레
에서 해주는 일값을 개인이 내지 않는 일은 예전에는 있을 수 없던 일이
다. 또한 두레의 공동노동이 반드시 품삯을 전제로 한 노동청부적 성격
으로 완전히 전화된 상태임을 같이 보여준다. 이에 대해 농군들이 벌이
는 논란 한 대목을 살펴보면,

> 농군중農軍中 : 그따우 버릇을 하거든 이담부터는 궁글도 궁글이려니와
> 통히 일을 해주지 말어.
> 농군중 : 일을 아니해주면 품파리(勞動)를 못하니 우리만 답답했지 별수
> 잇나?
> 농군중 : 그 농군 녀석이 하는 소리가 진날 지랭이구멍만도 못하게 소견
> 머리가 없네.……글쎄 이 자식아 우리는 그 집에 가서 일을 아니해도
> 괜찬치만 우리가 일을 아니해주면 그집은 당장 1년 농사를 그르치는데
> 우리가 되려 답답해?

품을 팔아 먹고살아야 하는 빈농의 입장은 분명 비통한 현실이기는 하
지만, 마을의 집단적인 노동으로 대처해주지 않으면 농사 자체가 곤란한
현실을 반영한다. 일제하 낮은 기술력은 여전히 소농경영의 노동력에 의
존할 수밖에 없었음을 말해주며, 두레의 중요한 역할의 하나가 바로 노
동력의 집단적 동원이었다. 물론 1930년대 두레는 대부분 품팔이를 두레
에 넣어서 공동으로 해결하는 분화된 형태의 두레다. 그러나 비록 남의
품을 파는 농군 신세들이지만 '우리가 일을 아니해 주면 농사를 그르친
다'는 말에서 집단의 힘은 여전한 것으로 보인다.

촌극의 마지막에 흉년 걱정을 하는 판에, '흉년이 골백번 들어도 무서울 것 없다. 내가 농사 한 되직이를 짓니 부자처럼 논이 있니'라고 하여 무토농민無土農民인데다가 그나마 소작 붙이는 땅도 불과 얼마 안 됨을 통하여 황폐해진 식민지 농촌의 현실과 농군들의 신세를 잘 말해주고 있다.

촌극「공사마당」의 농민들도 앞「고향」의 농민들과 다를 바가 없다. 두레를 통해서나마 무언가 농민조직의 재생을 기대해보고자 하는 의도가 암시가 엿보인다. 이들 두레의 모습은 조선 후기 이래로 전승되어온 공동체적 노동집단의 마지막 모습이기도 하다. 이제 1930년대가 끝나면서 1940년대로 들어오면 그나마 두레는 완전히 분해되고 강제적 공동작업반이 맹위를 떨치게 되는 것이다.

### 단편소설「풍문」과 1930년대 초반의 두레

「풍문農樂」은 1933년도에 잡지 〈비판批判〉에 실렸던 연작단편「농군」의 하나로 작자는 중흡重洽 조벽암趙碧巖(1908~1985년)이다. 충북 진천 출신으로 작가 조명희의 조카다. 조명희의 영향을 받아 경성제대 법학부 재학시절부터 이미 동반작가로 활동했다. '9인회' 동인으로 1930년대 중반부터 시·소설을 발표했다. 처음에는 소설, 나중에는 시와 비평으로 넓혔으며, 1930년대에「실직失職과 강아지」, 「구직求職과 고양이」 등을 발표하여 식민지 지식인의 불우한 처지를 고뇌하면서 자본주의 사회에 대한 비판을 가하고 있다. 8·15 이후에는 조선문학가동맹의 중앙집행위원을 지냈으며 1948년 월북하여 평양문학대학 초대부학장, 〈조선문학〉 주필 등을 역임했다. 1957년에 잠시 협동농장으로 숙청당했다가 1959년에 다시 복귀했으며, 조선문학가동맹 부위원장, 평양문학대학장 등을 역임했다.[23] 시집「지열地熱」, 소설「결혼전후」, 「풍차」, 「불멸의 노래」 등을 남겼으며, 남한사회에서는 2000년대 들어와 본격적인 복권이 이루어지면서 시 전집이 발간된 바 있다.[24]

「풍문」은 1930년대 머슴의 입장을 통해서 사회적 모순을 드러낸다.[25] 칠성이는 김참봉네 머슴이다. 김참봉네 행랑살이 리서방, 만석이와 칠성이가 대화하는 장면으로 소설은 시작된다. 칠성이는 아침부터 시무룩하다. 김참봉은 머슴인 칠성이를 등거리하나 해주지 않는 대신에 야단으로 방패막이를 한 것이다. 백중날이라 웬만한 집에서는 으레히 머슴에게 베등거리 하나씩은 해주는 것인데도 불구하고 김참봉은 그것도 아까워서 추후로 미룬 것이다. 그때 술꾼들이 들어온다. 칠성이도 석만이 · 만식이를 이끌고 건넛마을 신작로거리의 주막으로 향한다.

백중날 저녁이다. 칠성이는 깽매기, 만식이는 북, 석만이는 징, 리첨지는 장구, 돌이와 여럿은 벅구, 박서방은 호적을 잡았으니, '모든 쇠와 가죽은 엷고 두껍고 가볍고 무겁고 크고 작게' 서로 어울린다. 백중은 '농부들의 명절이고, 머슴들의 생일날'이다. 칠성이도 주인에게 지전 한 장을 받아들고 주막집에서 어지간히 취한다. 얼큰하게 취한 판에 한바탕 풍물놀이가 벌어진다. 풍물소리에 동네사람이 둥그렇게 모여들어 판이 마련된다. 칠성이는 꽹매기를 치면서 돌모를 돌린다. 벅구잽이들의 뛰노는 약동, 장구잽이의 리첨지의 엉덩춤이 볼 만하다.

리첨지는 벼슬아치 앞을 드나들면서도 도리어 어려운 사람들 불평에 가담하는 그런 인물이었다. '그가 동학의 민×에도 뒤로 얼마쯤 충동을 했던 일도 있었다는 것이 예사로운 일은 아니었다. 여하튼 리첨지는 근대 조선의 팻말역(役) 같은 경험을 암암리에 지내쳐왔다'고 표현되는 인물이다. 더욱이 리첨지의 아들은 강습소니 야학당이니 제멋대로 돌아다니다가 스무살을 넘자 기미년에 투옥 · 복역 · 출옥 · 출분을 거듭했다. 따라서 그에게 입분이는 단 하나 남은 기둥이었다. 그 리첨지가 장고잡

이의 명수였다. 입분이는 김참봉네 부엌데기였고, 칠성이는 입분이에게
정분을 느낀다.

그 리첨지가 안을 내놓는다. 자신의 딸이 부엌일을 하는 김참봉네집에
가서 굿을 치자고 한다. 칠성이는 '그 도야지가, 더구나 그 집의 머슴인
내가 앞서서 끌고가면 어떨까' 하고 걱정도 하지만 내친 김에 몰려간다.
농기가 앞서고, 깽매기가 그 뒤를 따르고, 그 다음에 징, 북이 열을 지어
김참봉네로 행한다. 한바탕 놀아도 주인이 나오지 않다가 일본옷을 입은
아들이 나와서 그만둘 것을 명령한다. 보리말이나 달라고 하는 농민들의
기대에 반하게 내쫓는다. 스무 살이 겨우 넘은 아들에게 반말을 당하면
서 내쫓긴 풍물패의 흥은 완전히 깨지고 만다.

이튿날 칠성이는 다시 주인집으로 되돌아간다. 늦잠 잤다고 김참봉의
설교를 들으면서도, '농민들이 게을러서 굶주리고, 김참봉은 부지런해서
잘 산다고는 암만해도 여겨지지가 않는' 칠성이의 심정이 엿보인다. 칠성
이는 예전에 서울 시구문 밖에서 일하던 시절을 떠올린다. '오랫동안 서
로 친하게 지내든 그 붙잡혀 간 사람들과 절친한 동무'라는 표현에서 무
슨 사건이 있었고 사람이 잡혀갔다는 것이 간단히 스쳐 지나가는 것으로
설명되어 있다.[26]

「공사마당」이 1932년의 작품이고 천도교 계열의 〈조선농민〉에 실렸다
면, 「농군農群」은 이듬해인 1933년 작품으로 사회주의계열의 〈비판批判〉
지에 실렸고, 「고향」은 같은 해인 1933년과 1934년에 쓴 소설이다. 따라
서 세 작품은 모두 1920년대 후반부터 1930년대 초반의 두레에 대한 인
식정도를 잘 보여주고 있다.

이 작품의 제목은 '풍문'이고, 친절하게 '농악'이란 설명을 붙여놓았
다. 풍문은 풍물의 방언으로 보인다. 굳이 제목을 풍문이라고 붙여놓음
으로써 작자는 농민들에게 풍물굿이 갖는 의미를 암시하고 있으며, 실제

로 풍물굿은 소설을 반전시켜준다.

「농군」의 주인공 칠성이에게 주인은 '소리 없는 총으로 쏘아버렸으면 그 똥만 먹고사는 개만도 못한 것들'이다. 머슴과 주인의 신분대립이 분명하게 드러나는 대목이다. 칠성이는 귀한 궐련을 피워 물고서 성냥을 그어 돌려 붙이면서 '바로 지금은 우리도 하이칼나갓헤'라고 외친다. 궐련 피는 하이컬러는 칠성이 같은 머슴에게는 선망의 대상이기도 하면서 왠지 '다른 인간'이다. 남 다해주는 등거리 하나도 해주지 않으면서 일을 시키는 주인에 대한 공격이 잘 드러나고 있다.

칠성이와 리첨지, 칠성이와 입분이는 한 축을 형성한다. 즉, 신분적 모순관계를 온몸으로 겪고 있는 머슴신분의 칠성이, 동학부터 기미년 독립운동까지 줄줄이 민족운동사의 맥락을 이어온 '근대 조선의 팻말역役'인 리첨지, 리첨지의 딸로서 칠성이와 같이 김참봉네 부엌일을 하는 입분이가 그 한 축을 형성한다. 다른 한 축은 역시 지주인 김참봉이다. 그의 아들은 베잠방이가 아니라 일본옷을 입고 있음으로써 같은 민족이되 이미 같은 민족성원은 아닌 모습으로 나타난다. 일제하 식민 지주의 성격을 잘 암시하고 있다.

이 소설에서도 풍속은 중요하다. 시기적으로 백중 같은 두레성원들의 축제일이 의도적으로 설정되고 있다. 백중이라고 해야 머슴들은 으레히 '말라빠진 병아리 한 마리를 얻어먹고 진하디 진한 피곤을 양념 치고 베적삼 하나로 지도처럼 그려진 걸레쪽 같은 땀옷을 벗어버리며, 또한 코묻은 지전 한두 장으로 침체되었던 술값 담뱃값을 갚음과 동시에 하루의 휴가를 얻는 것'이다. 머슴들의 처지가 잘 드러나고 있으며 백중이 '머슴의 명절'이었음을 분명히 보여주고 있다. 그러나 민속학에서 통념상ㆍ관행상 애써 화려하게만 묘사해온 백중날이 머슴들에게는 고작 '말라빠진 병아리 한 마리 얻어먹는 날'임을 통렬하게 묘사한다.

작중인물들은 저마다 풍물을 잘 친다. 역사의 산 증인이라고 할 리첨지는 신분이 낮은 편이 아닌데도 불구하고 장구놀이에 일가견이 있다. 민중과 동화되는 삶의 전형성이 보인다. 그 풍물패가 김참봉네를 찾아가 걸립을 하려고 하나 박대를 당하고 만다. 공동체적 생활기풍에서 찾아온 걸립패를 내쫓는 일은 상상도 할 수가 없다. 풍물패의 내쫓김은 지주와 일반 농민들 간의 대립항쟁을 명확하게 보여주는 사건이다. 더 나아가 김참봉의 아들이 일본옷을 입고 나와 걸립꾼들을 쫓아내는 대목은 제국주의가 밀어냈던 공동체적 삶을 암시하기도 한다. 작자가 왜 의도적으로 풍문이란 제목을 붙였는지가 설명되는 대목이다.

작품의 앞머리에 작자는 사족을 달아두었다. '잡어다 가둔 맹수와 갓치 사람은 항상 헛된 운명에 대하야 쓸대업시 낙망하고 광노할것이 아니라 사회적 조직적 계획적으로 목전의 모순을 헤쳐야 한다.' 풍물을 치면서 김참봉네를 들이치던 모습은 바로 두레의 선조들이 풍물을 앞세워 관아로 나아갔던 정신과 하나도 다를 게 없는 것이다. 이 역시 앞의 「고향」, 「공사마당」과 더불어 1930년대 두레풍물패의 잔흔을 여실히 보여수고 있다.

# 품앗이·소겨리·수눌음·고지

홍보가 품을 팔 제, 매우 부지런히 서둘러 웃논 아랫논 김매기, 먼 산 가까운 산 풀베기, 먹고 닷 돈 받고 장 서두리, 십리에 한 돈 반 받고 승교乘轎매기, 신산新産 석어石魚 밤짐지기, 시詩 매긴 공사公事 급주전急走傳, 방 뜯는데 조역꾼, 담 쌓는 데 자갈 줍기, 봉산가서 모내기 품팔기, 대구령에 약 전하기, 멋있는 기생 아가씨에게 타관남자 편지 전하기, 부자집 어린 신랑 장가들 제 기러기아범노릇하기, 들병장수 술짐지기, 초라니 판에 나무 놓기. ……홍보 아내가 품을 판다. 오뉴월 밭매기와 구시월 김장하기, 한말 받고 벼호와 입만 먹고 방아찧기, 삼삶기, 보막기와 물레질, 베짜기와 머슴의 헌옷 짓기, 상가집에 빨래하기, 혼인잔치에 밥짓기와 빨래하기, 채소밭에 오줌주기, 소주 만들고 장 달이기, 물방아에 쌀 까불기, 밀 맷돌 갈 때 재 집어넣기, 보리갈 때 밑거름 놓기, 못자리 때 밑거름 풀뜯기, 아이 낳고 첫 국밥을 제 손으로 해먹고, 운기를 방통하되 절구질로 땀을 내니 한때도 쉬지 않고 밤낮으로 벌어도 늘 굶는구나.

_〈흥보가〉, 『신재효 판소리사설집』

# | '품'을 '앗이'하는 품앗이

### 품앗이에서 품팔이로

두레 이외에도 다양한 공동노동관행이 존재했다. 노동 자체의
역사적 분화를 통하여 다양한 특질을 지니게 된 탓이다. 두레 이외의 노
동은 크게 품앗이류와 품팔이류로 구분이 가능하다. 품앗이는 품을 '앗
이'하는 노동관행이고, 품팔이는 품을 '팔이'하는 노동관행이다. 둘의 기
원은 전적으로 다르다.[1]

품앗이에는 일반적인 의미에서의 품앗이, 소를 중심으로 한 소겨리,
제주도의 특수성을 보여주는 수눌음, 길쌈에서의 길쌈두레 따위를 망라
한다. 품앗이 · 소겨리 · 수눌음 · 길쌈두레는 각각 다른 노동형태 같지
만, 내용은 똑같이 품을 주고받는 관계로 이루어진다. 이들 노동관행은
농업지대에 따라서 분포했다. 논농사와 밭농사지대의 구획은 자연스럽
게 공동노동 자체의 지역적 분화를 의미했다. 중부 이남지방에 강고한
조직체인 두레가 존재하고 있었다면, 나머지 지역은 두레보다는 품앗이
류 조직으로 묶여지고 있었다. 품앗이는 전국에 고루 분포된 노동관행이
나 밭농사지대에 더욱 요긴한 방식이었다.

품앗이는 품을 주고받는 노동관행이다. '품'은 노동력을 뜻하며, '앗
이'는 갚는 것을 뜻하여 문자 그대로 노동력을 교환하는 것이 된다. 품앗
이는 각 지역 사정과 작업의 성격, 시기 등에 따라 지극히 다양하다. 남쪽

**풍속도**風俗圖

지붕잇기나 타작 등은 전형적이 품앗이 노동이다(『KOREA Art Book 민화 Ⅱ』, 예경, 2000).

에서는 대개 품앗이라고 불렀지만 함경도에서는 농사일을 차례로 돌아가면서 한다고 하여 '돌레', 또는 '돌개', '품들이'라고 했으며, 평안도에서는 '품바꿈'이란 말도 쓰였다. 이를 지역적으로 정리하면 다음과 같다.

① 두레의 기원과도 밀접하게 연관되는 길쌈두레는 농업노동상 특수한 지위를 차지하고 있었다. 농촌수공업의 대표 격으로 인정되는 길쌈노동은 내적인 형식으로 보면 광의의 품앗이류에 포함된다.

② 제주도는 자연풍토 자체가 도작 재배를 어렵게 했기 때문에 전형적인 밭농사지대였고, 노동관행도 전작에 알맞은 품앗이류를 발전시켰다. 수눌음은 제주도 특유의 노동관행으로 볼 수 있으나 본질적 속성은 품앗이류다.

③ 이북지방에 산재한 소겨리풍습은 소를 중심으로 묶는 독특한 공동노동이다. 이는 소 소유자와 소가 없는 농민의 단위노동조직으로 근대에 이르기까지 이북의 산간지방에 집중적으로 분포되어왔으나, 사실은 이남에도 산간지방을 중심으로 넓게 퍼져 있었던 풍습이다. 특히 소를 매개로 한 지주·소작 관계는 소가 귀한 시절의 전국적인 현상이었다. 즉, 품앗이는 남쪽 지방보다는 북쪽 지방이 더욱 발전했다고 볼 수 있다. 각각의 곡식 특성에 맞게 작은 노동력이 끊임없이 투입되어야 하는 밭농사의 특성은 다양한 형태의 품앗이를 요구했다.


품앗이는 가족노동이 모든 노동방식의 기초가 되었던 소농경영의 현실에서 부족한 노동력을 다른 사람과의 노동력 차용, 교환으로 해결하고자 한 데서 비롯되었다. 필요한 노동력을 다른 사람에게 빌려쓰고 이에 대한 답례로 응분의 노동력을 제공하는 노동력 교환의 마당이 마련된 것이다. 소농경영의 조건에서 필연적으로 이어질 수밖에 없는 풍습이었으며, 상부상조하는 생활기풍으로 더욱 권장되었다.

　품앗이도 공동체성이 강한 데서 출발했다.[2] 즉, 품앗이를 단순하게 품의 교환으로만 보아서는 안 된다는 견해도 있다. 품앗이의 공동체적 요소를 강조한 스즈키鈴木榮太郞의 견해가 주목된다.

　품앗이는 노력의 교환이라기보다는 상호부조에 주어진 규율이며, 예禮라고 이해될 것이다. 부조扶助되면 '품갚음'을 해야 할 예절을 제도화한 것이 품앗이일 것이다. 뒤에 남지 않는 노력부조 등은 제도화되지 않으면 친한 사이의 상례로서 예를 잃는 경우가 많고, 그 여러 가지 불유쾌한 문제의 원인으로 된다는 것을 촌락생활은 경험하여 왔을 것이다. 품앗이도 촌락공동체의 공동사회적인 생활 중에 성장한 것이어서 이를 개인주의적, 타산적인 사고에서 해석하여 단순한 노력교환의 제도로 보는 것은 분명히 바른 관찰이 아니다.

　마을 공동체문화가 무너지면서 두레가 1차로 사라졌고, 품앗이조차도 사라지는 것으로 보아 품앗이가 공동체적 속성이 강하다는 말은 타당하다. 두레이건 품앗이건 그 본래 조직은 '자영농민-자작농 및 소작농민'에 기초하기 때문에 마을 내 경영면적이 대체로 균등할 때 가능하다. 두레에 비하여 매우 느슨한 조직이라고는 하나 품앗이 안에도 이미 일정한 공동체성이 전제되어 있다.

　품앗이는 베풂과 받은 베풂을 보상하는 것으로 나타나기는 하지만 때로는 불균형적 호혜성을 띨 수도 있다. 품앗이의 개념은 단순한 노동력교환이 아니라 인간관계를 형성하고 유지하는 데 결정적인 요인으로도 볼 수 있다. 즉, '역할의 품앗이'와 '정서의 품앗이'를 구별하기도 한다. 역할에 동기를 둔 품앗이는 예禮라고 하는 사회적 의무의 이행이며, 정서

관계에서 행해지는 품앗이는 양자 관계의 감정적 끈의 존재를 확인하는 메커니즘 구실을 했다.[3] 이 역시 품앗이의 공동체성을 의미한다.

품앗이도 시대에 따라 큰 변화가 일어났다. 품앗이 변화의 가장 큰 특징은 공조적 요소가 탈락되고, 이익 추구가 강조되는 경향으로 나아갔다는 점이다. 조선 후기에서 일제시대까지 품앗이는 부농富農보다는 중농中農 및 그 이하의 계층에게 좀더 긴요한 노동력 창출 방식이었다.[4] 대농大農은 품앗이 참여도가 낮은 대신에 노동력을 구입하는 비율이 높아졌다. 종래와 같이 농민 당사자의 직접적인 노동교환이 아닌 머슴이나 구입 노동자에 의한 대리노동의 제공이 강화되면서 품앗이의 교환주체가 소농과 부농의 머슴, 혹은 고용농 사이의 관계로 발전했다. 품팔이(日傭)가 점점 증가함에 따라 중농 이상에서 품앗이 대신에 날품 구입의 경향이 강하게 나타났다. 따라서 품앗이는 소농에게는 매우 긴요한 노동 형태이지만 중농 이상, 특히 대농에게는 차츰 중요성을 잃고 말았다. 품앗이 자체가 분화되면서 공동체적 강제에서 벗어났고, 이익 추구적인 면만 강조되었다. 임노동에 의한 품팔이 고용노동이 일상화되면서 품앗이는 제자리를 잃었다.

### 온갖 일에 적용시킨 품앗이

품앗이는 모든 종류의 농경작업에서 행해지고 있으나, 농사에 쓰이는 품앗이와 농사일 이외에 쓰이는 품앗이로 나눌 수 있다. 품앗이의 작업대상은 매우 넓다. 파종 · 밭갈이 · 논갈이 · 모내기 · 가래질 · 논매기 · 밭매기 · 퇴비하기 · 피사리 · 보리타작 · 추수하기 같은 농사일 품앗이는 물론이고 지붕 헤잇기, 집짓기와 수리, 나무하기 같은 생활상의 품앗이, 염전의 소금일 · 제방쌓기에 이르기까지 널리 아무런 조건 없이 활용된다. 이는 어떤 노동 교환방식보다도 작업 대상과 계절, 지대의 제약이 적음을 뜻한다. 그러나 대체로 시간을 다투는 봄철 씨붙임, 모내기때 가장 많이 이루어졌으며, 김매기에도 두레만 쓰는 것이 아니라 품앗이가 이루어지는 경우도 있었다. 풀베기까지도 품앗이를 했다. 추수와탈곡 때도 품앗이를 조직했다. 구성인원은 적으면 2명으로부터 3명, 4명, 5명, 10명 이상, 혹은 20명 이상에 이르렀다. 4~5명 정도로 친소간에 가까운 사람들끼리 이루어지는 것이 보통이었다. 함경도 같은 곳에서는 친척, 또는 이웃의 여러 집이 비교적 많은 인원을 망라하여 품앗이를조직했다. 그런데 대체로 밭농사지대보다는 논농사지대의 구성원 수가약간 더 많은 특징이 있다. 논농사지대가 밭농사지대보다 많은 숫자의품앗이 인원을 요구한 원인은 모내기에서 보듯 일정한 기일 안에 일시에모를 내야 하는 작업상의 요구에 따른 것이다.

품앗이는 자연마을 안에서 행해지며 친소관계, 동족관계, 계층관계,지역적 인접성 등에 의하여 결정된다. 품앗이 대상에서 상대방과 노동력을 1:1로 교환하는 관행은 마을민의 관습적 합의에 의하여 이루어진다.16~17세 되는 아이는 바로 '진서턱' 같은 의식을 거쳐서 온당한 노동력으로 인정받는다. 이는 품앗이뿐 아니라 두레집단에 참여하는 첫 관문이기도 하다. 두레의 가입식인 진서턱에서 비로소 '장정 품앗이' 대우를 받게 된다는 말은 두레와 품앗이의 자격부여가 같은 차원에서 이루어졌음을 알려준다. 충청도지역을 하나의 표본 사례로 현지조사했다.

친소 관계가 품앗이 조직화의 기초임을 알 수 있으며, 작업대상이 모내기·밭매기·논매기·벼베기 따위에 집중되어 있다. 특히 여자들도 밭매기 품앗이를 하고 있다. 초가집이 사라지기 전이라 지붕 잇기도 중요했다(사례 2). 계절에 따라 품앗이 대상이 달라지고 있다. 공동체성이 약화되면서 품앗이도 사라지고 있음을 보여준다(사례 4). 품앗이에도 공동식사

관행이 있긴 했으나 이것은 모심기에 국한되었음을 알 수 있다. 이는 모심기가 품앗이에서 가장 중시되는 작업대상임을 알려준다(사례 6).

### 사례 1 대전시 정생동(資5-16)

3~4집이 친소간에 조직했다. 여자는 여자들끼리 조직하며, 품은 품으로 갚았다.

### 사례 2 대전시 버드네(資5-18)

친소관계로 짰으며, 모내기 · 논매기 · 밭매기 · 벼베기 · 지붕 영엮기에 두루 이용되었다. 여자들끼리 밭매기 품앗이를 많이 했다.

### 사례 3 대전시 산뒤(資5-23)

거의 모든 영역에 걸쳐 있다. 3월 못자리 품앗이와 여자들끼리 조직하는 보리밭 매는 품앗이, 5월 모내기 품앗이, 7월에는 '제풀'이라고 해서 소도 먹이고 땔감도 할 겸 나무도 하고 풀도 베는 품앗이, 9월 벼베기, 10월의 벼찧기와 영엮기 같은 품앗이를 주로 했다.

### 사례 4 대전시 아랫관들(資5-25)

마음에 드는 사람들끼리 짰다. 일제 말기부터 여자들도 들일에 나가면서 여자늘끼리 품앗이를 많이 했다. 품앗이는 모내기와 김매기, 나락베기 등에 많이 쓰였다.

### 사례 5 서산군 대산면 독곶(資5-33)

나무채취, 벼나르기, 여자들 방아찧기, 염벗(짠물을 증발시켜 소금 만드는 데 쓸 나무를 품앗이하는 행위)에 쓴다.

사례 6

남자는 남자끼리 여자는 여자끼리 한다. 남자의 경우에 점심과 저녁, 점심과 저녁 사이에 '젓노리'(또는 생이라 부름), 도합 3끼를 먹이고 800원을 준다. 젓노리는 주로 국수이며, 모심기나 논맬 때 준다. 밭일에는 젓노리가 없다.[5]


## 품앗이와 두레

품앗이와 두레는 밀접한 관계를 지니고 서로 발전해왔다. 두레와 품앗이는 각기 다른 특성을 지니고 있으며, 규모나 조직 강도, 지속성, 성원 자격, 일감 등에서 차이가 난다. 둘의 차이는 아래 표와 같이 도표화할 수 있다.

두레는 전체적이고 의무적인 성격이 강하나, 품앗이는 기본적으로 가족 단위의 개별 노동에서 노력의 수급을 목적으로 하는 일시적·계약적 형태다. 품앗이는 두레와 같은 공동체적 연대관념이 뒷받침되는 전체

**두레와 품앗이 비교**

| 두 레 | 품앗이 |
| --- | --- |
| 대규모 | 소규모 |
| 강제적(동두레) | 임의적(개방적) |
| 공동노동조직 | 노동교환조직 |
| 영속적 | 일시적 |
| 성원자격이 엄하다 | 융통성이 있다 |
| 고정적인 일에 종사한다 | 수시로 행한다 |
| 주로 논농사지대에 발달 | 전국적으로 성행 |
| 작업지 전체를 하나의 경영지로 간주 | 개인의 경영지가 대상 |

적·의무적 성격과 기능이 결여되어 있으며, 그 사회경제적 바탕도 기본적으로 밭농사에 적합하다. 그래서 학자에 따라서는 보습을 이용한 밭갈이 작업단위가 3~6명이 요구되는 한전경작지대에서 외부 노력을 빌리지 않고서는 성립이 되지 않는 개별적 소가족들이 노동력 부족 또는 기본 생산도구의 부족을 보충하기 위해 품앗이를 발생시켰다고 보았다.[6]

밭농사지대에 품앗이가 널리 퍼진 반면에 논농사지대에는 두레가 강세를 보인다. 그렇다고 해서 논농사지대에 품앗이가 약하다는 뜻은 아니다. 두레가 공동노동의 기본조직으로 되어 있는 지대에서도 작업의 종류에 따라 두레 성원들 사이에서 품앗이는 광범위하게 보급되고 있었다. 그래서 간혹 두레를 품앗이라고 부르기도 했다.

| **두레와 품앗이**(당진 가학리두레)

첫째, 논농사에서 모내기는 품앗이로 하고, 두레는 김매기에 집중적으로 쓰였다. 두레가 모내기에 부적합한 가장 큰 이유는 이앙기의 물 사정을 꼽지 않을 수 없다. 논의 물 사정에 따라 모내기 시기가 달랐기 때문에 모내기에 노동력 집중이 요구되기는 해도 두레동원은 어려웠다. 일시에 전체 농경지의 김을 매나가는 제초작업과 달리, 모내기는 순번이 달랐기 때문에 품앗이로 해결했다. 다시 말해 김매기는 일제히 날을 정하여 '두렁넘기'로 해치울 수 있는 반면에 모내기는 물 사정에 따라서 날짜가 전혀 달랐으니 품앗이로 해결할 수밖에 없었다.

모내기는 모를 쪄서 일일이 논에 옮기는 작업으로 노동의 음률이 일정한 편이다. 이에 반하여 두레는 호미 매기와 손으로 훔치기의 방식이 다를뿐더러, 두레풍장이 요구되었다. 이 같은 방식이 모내기에는 적합하지 않았다. 따라서 모내기에는 두레풍장굿 없이 단순하게 모방고를 하면서 논북을 치는 정도로 노동장단을 맞추었으며, 그에 따라 모내기노래가 발전했다. 모내기에 두레를 동원하지 않는다고 하더라도 모내기 일꾼들 대부분이 두레성원들인 것은 분명했다.

품앗이와 두레의 결정적 차이의 하나는 풍물굿의 유무에 있다(사례 3). 두레가 소멸되는 과정에서 풍물이 없는 두레를 '벙어리두레', 혹은 '어깨품앗이'라고 한 데서도 엿볼 수 있다.

사례 1 서산시 장리(資5-32)
양자는 다른 말이었다. 품앗이는 개인적으로 '소소하게 끼리끼리 모여서' 하는데, 두레는 '모두 덤벼서 하는 일'이었다.

사례 2 서산시 독곶(資5-33)
두레와 품앗이는 같이 생존해온 별개의 노동형태다. 품앗이에는 풍물이 없으며, 규모가 좀더 작다(5~6명 이하).



사례 3 화성군 팔탄면 구장리(資2-40)

김매기와 달리 모내기는 작업반을 조직해서 했다. 모내기가 워낙 바쁜 때라 농사 지을 시간이 달려 악기 칠 여유가 없었다. 모내기는 품앗이로 해결했다.


둘째, 품앗이는 김매기에서도 중요한 역할을 담당했다. 김매기에는 두레와 품앗이가 번갈아 사용되었다. 초벌은 품앗이로 하다가 두벌부터 두레로 매기, 초벌과 두벌은 품앗이로 하다가 세벌만 두레로 매기, 초벌부터 세벌까지 모두 두레 매기, 마지막 만물에만 두레를 써서 매기, 대개는 두레로 해결하고 피사리하는 만물은 품앗이로 하는 경우 등 다양한 양상을 보여준다.

김매기에서도 품앗이가 널리 쓰였다. 그리고 임노동이 강화되면서부터 '놉' 같은 고용노동을 써서 해결하는 방식도 널리 퍼지게 되었다. 같은 집단노동이면서도 두레와 품앗이, 임노동을 번갈아하던 관행을 반영한다.

사례 4·7은, 아무리 풍물이 동원된다고 해도 두레와 품앗이가 달랐음을 말한다. 사례 6은 소농이 일손이 있으면 품앗이, 없으면 놉을 구하는 관행이다. 사례 8은 만두레에서만 두레로 하고 두벌은 모두 품앗이로 하는 두레의 분화를 말해준다.


사례 4 공주군 하신리(資5-3)

두레는 두벌에만 쓰였다. 초벌 매기는 꼼꼼하게 품앗이로 하고, 농사 많이 짓는 사람은 놉도 썼다. 두레가 거칠다고 초벌에 두레를 쓰지 않았음에도 불구하고 풍물은 활용되었다. 풍물이 이용되었다 하더라도 개인이 하는 까닭에 마을의 농기가 이용되지 않았으며 두레라고 부르지도 않았다. 두레는 어디까지나 '동네사람이 일제히 하는 것'을 뜻했다.

사례 5 공주군 수실(資5-2)
아시매기는 품앗이인 탓으로 새참, 점심, 오후참의 식사를 제공받았다. 살기 어렵던 때라 부잣집 품앗이가 벌어지면 일꾼들이 쌀밥 먹으러 간다며 서로 논일을 해주려고 했다.

사례 6 익산군 웅포리(資4-4)
초벌과 세벌은 소농의 경우 두레 없이 품앗이로 하고 일손이 없는 사람은 놉으로 해결했다. 두벌은 두레로 했다.

사례 7 임실군 상필마을(資4-6)
초벌·두벌에 품앗이, 세벌에만 두레를 짰다. 그러나 모내기에 풍물이 동원되는 경우도 있었다. 그렇다고 하여 품앗이의 성격이 변한 것은 아니었고 두레는 반드시 세벌에만 조직되었다. 품앗이는 다른 사람의 품을 얻어서라도 갚아주어야 한다.

사례 8 고창군 상평마을(資4-1)
초벌과 두벌은 품앗이, 세벌두레인 만두레에서만 풍장을 치는 두레를 했다.

셋째, 두레 자체가 분화되면서 품앗이형 두레로 바뀐 경우도 있다. 두레가 단체성을 잃고 느슨한 형태의 임의조직으로 변질되면서 품앗이로 변한 것이다. 두레에는 풍물이 수반되어야 하나, 풍물이 없는 '벙어리두레' 같은 일종의 품앗이두레가 과도기로 존재했다(사례 9). 품앗이라고 하더라도 작은 규모의 임의조직 성격만 있던 것은 아니었다. 보다 규모가 크고 조직 체계도 나름대로 갖춘 품앗이가 존재했음을 말해준다. 큰 두레와 소두레 명칭도 나타나는데, '큰 두레'는 일반적 의미에서의 두레를 의미하며, '소두레' 중에서 악기가 없는 두레는 사실상 품앗이에 더 가깝다. 두레가 분화되면서 풍물이 사라진 결과 강제적 성격의 두레가 약화되면서 풍물은 사라진 채 10여 명의 공동협력 단위로 존속하게 된 이행기의 두레를 '소두레'로 부르고 있기 때문이다.

사례 9 화성군 큰당뫼·작은당뫼두레(資2-20)
악기 치는 '소리치는 두레'와 악기 없는 '벙어리두레' 두 가지가 있었다. 벙어리두레는 일종의 '품앗이두레'였다. '품앗이두레'는 악기 없이 단순히 같이 일하는 것만을 의미했다

사례 10 화성군 양지편(資2-34)
두레는 초벌에 쓰였고 두벌·세벌에는 '어깨 품앗이'라고 해서 품앗이로 해결해나갔다. 어깨품앗이에는 풍물이 없을 뿐, 규모는 열댓 명에서 20명 정도로 두레와 비슷했다.


그런데 공동체성과 관련하여 울력 관행도 주목할 필요가 있다. 두레가 김매기철이라는 정해진 절기에 행함에 비하여 임의의 시간에 울력이 이루어졌다. 두레에서는 울력과 다르게 노력 수에 따른 일값을 계산했다. 그렇다고 하여 울력은 품앗이와 또 다르다. 마을공동체의 강제성이 개입되어 있기 때문이다. 하지만 울력에 의하여 도움을 받은 집주인은 울력

성원들에게 막걸리나 떡을 대접함으로써 품앗이적인 노력 교환 대신에 먹을거리로 사례했다. 울력이 가지고 있는 이 같은 특징들은 울력이 상호부조조직 가운데서 미풍적인 요소들을 많이 간직하고 있는 공동노동 조직임을 알려준다.

### 품앗이에서 인력·축력의 교환가치

품앗이는 인력뿐 아니라 축력畜力 교환에도 쓰였다. 중세사회에서 소 소유는 바로 부의 상징이다. 조선 후기는 물론이고 일제시대에도 축력의 소중함은 변하지 않았다. 농민의 다수는 소가 없었다. 일제 강점기에도 그런 사정은 마찬가지였다. 가령, 1937년 경기도 농가를 조사한 바에 따르면,[7] 1정보 이하의 영세경작 농가군에서 약 57%가 무축농가였다.

**도별 축우 수 및 1호 평균 수**(1937년)

| 도별 | 농가 1백 호 당<br>축우 호 수 | 매 농가 당 평균<br>축우 안顔 수 | 인구 1천 명 당<br>축우 안 수 |
|---|---|---|---|
| 경기 | 51.7 | 0.541 | 60.6 |
| 충북 | 43.7 | 0.473 | 75.5 |
| 충남 | 27.9 | 0.296 | 43.8 |
| 전북 | 23.0 | 0.245 | 37.8 |
| 전남 | 26.3 | 0.332 | 54.3 |
| 경북 | 47.2 | 0.525 | 79.6 |
| 경남 | 46.9 | 0.561 | 75.9 |
| 황해 | 48.2 | 0.552 | 86.5 |
| 평남 | 46.6 | 0.609 | 82.2 |
| 평북 | 61.7 | 0.679 | 133.9 |
| 강원 | 61.0 | 0.900 | 140.8 |
| 함남 | 54.7 | 0.872 | 105.9 |
| 함북 | 60.4 | 0.950 | 103.9 |
| 평균 | 53.9 | 0.568 | 80.8 |

그러나 1정보 이상의 농가에서는 경작규모가 확대되어감에 따라 소 없는 비율이 줄어들고 있다. 일반적으로 축우는 경영규모가 영세하고 왜소한 농가보다도 대경영의 중농 또는 대농가 경영에 집중되어 있다. 만성적 기아에 시달리는 농민 대다수가 무축농임을 의미한다. 소 구입자금이 없다는 것이 가장 큰 이유였다. 더욱이, 축우 밀도가 가장 높아야 할 논농사지대에서 유축도가 가장 낮고, 그 반면에 밭농사지대에서 유축도가 가장 높은 불균형이 존재했다.[8] 농우가 절대적으로 필요한 곳에 정작 농우가 부족했던 것이다.[9]

위의 표에서 보듯, 유축도의 이런 순위는 확실히 남부의 논농사 · 북부

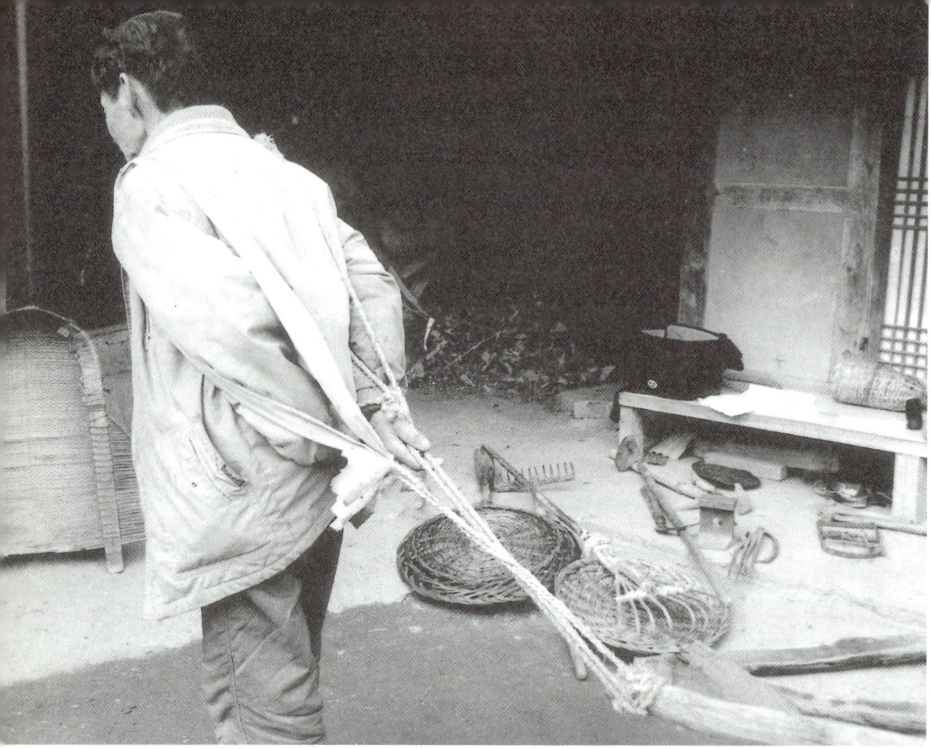

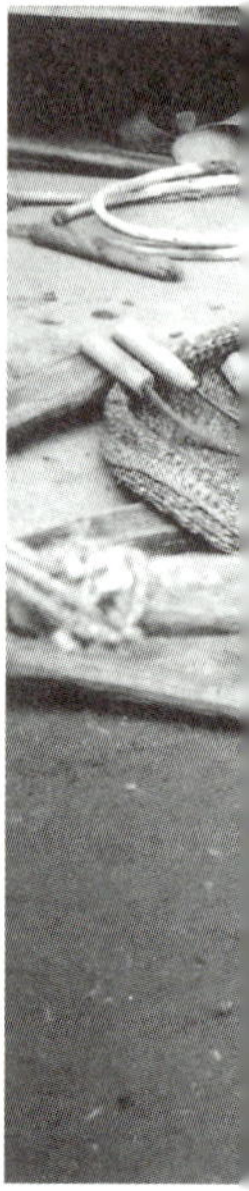

| 1 | 2 |
|---|---|
| 3 | 4 |

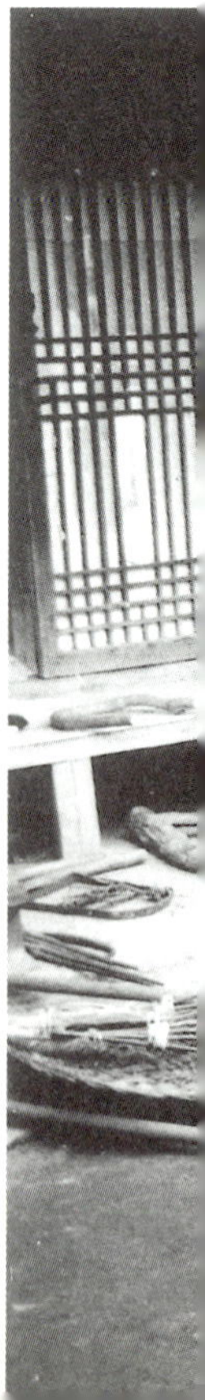

**인력으로 극젱이 끌기**

소가 귀했기 때문에 인력으로 밭갈이하는 경우가 매우 흔했다.

1 앞부분

2 뒷부분

3 계룡산 신도안, 1970년대

4 공주시 계룡면 내흥리, 1989년 찍음

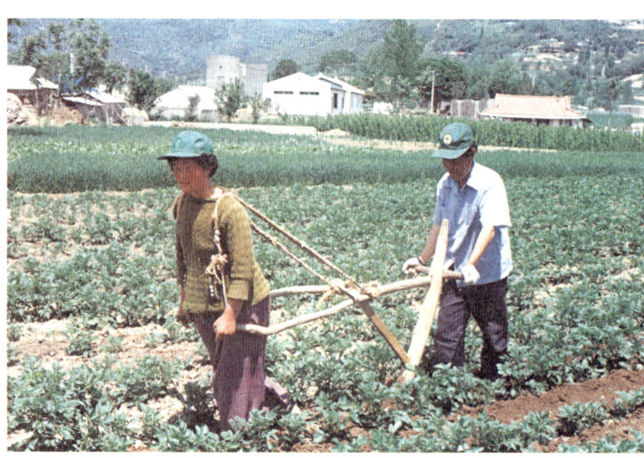

의 밭농사라는 농업지대분포와는 완전히 모순된다. 따라서 소를 빌려쓰고 품을 갚는 품앗이가 일상적으로 이루어질 수밖에 없었다. 문제되는 것은 소를 지닌 자와 소가 없는 자 사이의 노동력 교환기준이다. 축력과 인력의 품앗이는 다음의 두 가지가 있었다.

① 축력과 인력의 동등한 결합

소와 인력을 1:1로 교환하는 경우다. 노동력 교환법칙상 개인 노동력에 비하여 소가 지닌 노동력이 월등히 높았으나 미풍양속으로 소를 가진 자가 양보하는 방식이다(사례 1). 이와 같은 미풍이 전일적으로 적용되는 것은 아니다. 비록 같은 1:1 방식이었다고 하더라도 소를 빌린 사람이 소에 대하여 여물을 필요량 이상 돌려준다거나 하는 예의를 갖추는

| 축력으로 번지질하기(강원도 삼척)

품앗이가 존재했다고 보면 막상 완벽한 1:1 노동력 교환이었다고는 볼
수 없다.

### ② 축력 우위 결합방식

먼저 축력의 우위성을 인정해준 뒤에 나머지를 일정한 비율로 정하는
방식이다. 1:2, 심지어 1:3으로 소를 1일 빌리면 2~3일을 인력으로 돌
려주는 방식이 대부분이었다(사례 2). 소를 가진 자와 못 가진 자 사이에
소를 매개로 한 일정한 착취가 끊임없이 이루어졌다. 이것은 소겨리풍습
에서 잘 드러난다.

소겨리에서는 소가 중심이 되어 품앗이를 행하는 매개물이 된다. 보통
하루 동안 남의 소를 빌려다 쓰는 데 쌀을 한두 말씩 지불하는 것이 해방
당시의 실정이었다. 더욱이 예탁우預託牛니 대우貸牛니 하여 지주가 농민
들에게 빌려주는 제도는 그렇지 않아도 빈곤한 농민을 더욱 옭매게 되
었다.[10]

사례 1 안양시 뱀말(資2-2)
연자매 작업에서 소를 빌려쓰고 1:1로 갚았다.


사례 2 안양시 벌말(資2-4)
대부분의 농민들이 소가 없었기 때문에 남의 소를 빌려써야 했는데 품
앗이로 이루어졌다. 보통 축력 1일에 인력 2일인 1:2 비율이었다.

### 겨리사촌들은 왜 소를 겨리할까

소겨리란 말은 남한 쪽에서는 거의 듣기 힘들다. 반면에 북쪽에서는 매우 보편적이다. 김홍도를 비롯한 조선 후기 풍속화가들의 풍속도에 소 두 마리가 큰 쟁기를 끌고 있는 그림이 자주 등장하고 있는데, 이를 '쌍멍에'라고 부른다. 이런 장면은 소겨리와 밀접한 관계가 있는 농경 풍습을 보여준다.

소겨리는 소(牛)를 '겨리'한다는 뜻으로, '겨리'는 '결結'이 연음화된 것으로 '소를 결합한다'는 뜻이다. 지역적 향명鄕名이 조금씩 다르다. 강원도의 소개리 · 소제리 · 소쩨리, 함경도의 밭갈이제리 등이 있었다. 소겨리에 참가하는 것도 '겨례든다', '소품에 든다', '권에 든다' 등 지방마다 여러 가지로 불렀다. 소 가진 집과 소 없는 몇 집으로 조직하는 것을 보통 소겨리라고 했는데, 그냥 겨리라고도 했다.[11]

소겨리는 소 한 마리를 멍에 지우는 '독겨리', '쌍멍에'에 메우게끔 소 두 마리를 결합하는 '쌍겨리'가 있었다. 대개 소겨리라면 쌍겨리를 의미했다. 독겨리는 부농과 일부 중농층에 많았다. 소 한 마리씩 가지고 있는 두 집만이 조직하는 쌍결 또는 맞겨리는 중농층에 많았다.

중세사회에서 빈농들이 소를 가진다는 것은 힘겨운 일이었다. 영세한 농민들이 노력과 축력의 부족을 다른 사람들과 바꾸어가면서 해결하려는 풍습이 생겨났으니 이런 의미에서 소겨리는 품앗이의 한 형태이다.

소겨리 지역분포는 밭농사가 지배적인 중부 이북지대인 평안도와 함경도, 강원도 일대에 널리 보급되었으며, 부분적으로 중부 이남의 일부

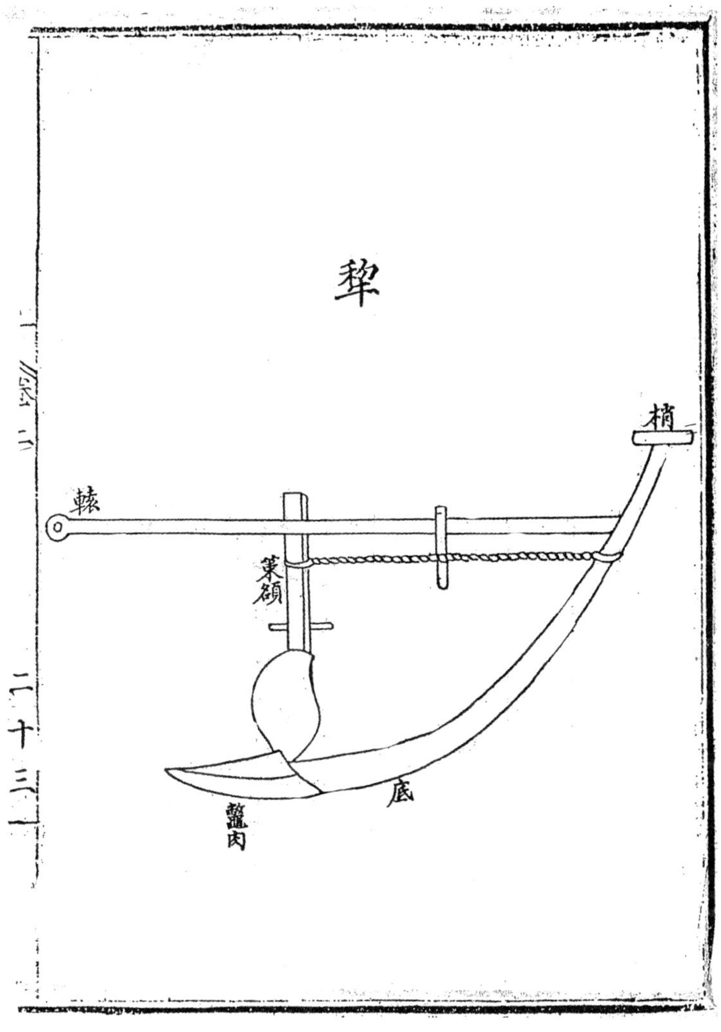


| 쟁기와 부분 명칭도(조선 후기, 『해동농서海東農書』)

산간지대에서도 소거리를 했다. 『천일록』에서 관동지방은 영서·영동을 막론하고 '밭을 두 마리의 소로써 간다'고 했으며, 봉산·재령·신천·안악에서도 '밭은 소 두 마리로 간다'고 했다. 경상도에서는, '밭은 두 마리의 소로 가는데 하도에서는 흔히 한 마리의 소를 사용한다'고 했으며, 전라도에서는 '산간지대 밭들은 소 두 마리로 갈고 나머지는 모두 한 마리로 간다'고 했다. 충청도에서는 '산간지대에서는 밭을 소 두 마리로 갈며, 평야지대 고을들의 논밭은 두 마리 혹은 한 마리로 간다'고 했다. 조선 후기에는 중부 이남의 산간지대에서도 밭은 두 마리의 소로 갈았으니, 소거리 분포가 중부 이남의 산간지대까지 미치고 있었다.[12] 대개의 지역이 밭에서 소 두 마리를 끌고 있다. 경기도는 혼합지대이며, 강원도 일부는 혼합지대다. 호남의 논은 모두 한 마리가 끌며 밭만 두 마리다. 영남은 지역에 따라 약간의 차이가 난다. 호서는 밭은 두 마리, 일부 논은 1마리가 끄는 혼합지대다.

소를 두 마리 메우게 된 것은 이들 산간지대의 땅이 메마르고 척박하여 깊이 갈아야 하는 농법상의 어려움에서 비롯되었다. 15세기에 이르러 가을갈이(秋耕法)와 아울러 깊이갈이(深耕法)가 하나의 선진농법으로 중요시되었다.[13] 그러나 깊이갈이를 하기 위해서는 소가 필요했다. 만성적인 축력 부족은 소거리를 요구했다. 쟁기 자체가 무거웠고 밭곡식이 잘 자라도록 이랑갈이를 하게 되는 사정 때문에 부득이 소 두 마리를 결합시켜야 했다.

소거리 조직범위를 구체적으로 살펴볼 필요가 있다. 소거리는 소를 가진 두 집과 소 없는 집 2~3호 혹은 4~5호, 5~6호 정도로 구성되어 있었다. 소거리는 처지가 같은 빈농들로 이루어졌으며, 친척들도 많이 구성되어 있었기에 공동작업에서 개개인의 이해타산을 그다지 내세우지는 않았고, 노력이 많거나 적은 데 대해 따로 보상을 주고받는 일도 드물었

**소겨리 조직구성표**

| 마 을 이 름 | 호수 | 총수 | 소겨리 수 | | | 한 소겨리에 망라된 호수 | 소겨리에 망라되어 있지 않은 호수 |
| | | | 그중 독겨리 수 | 친족끼리의 소겨리 수 | 독겨리와 친족의 소겨리 수 | | |
|---|---|---|---|---|---|---|---|
| 갑산군 평화리 (갑산군 진동면 로평리) | 36 | 11 | 1 | 2 | 8 | 3~4 | – |
| 영흥군 안리 (영흥군 녕면 신정리) | 51 | 8 | – | 4 | 4 | 4~6 | 7 |
| 홍원군 경포리 남양부락 | 70 | 12 | 2 | 6 | 4 | 4~7 | 8 |

· 이 자료는 1930년을 전후한 시기의 량강도, 함경남도 지방에서의 소겨리 조직 상태를 보여주고 있다.
· ( ) 안의 지명은 과거 행정구역명.
· 망라되어 있지 않은 호수는 지주나 농사를 주업으로 하지 않는 경우다.
· 『고고민속』 1965년 2호, 참조

다. 즉, 소겨리 안에서 공동노동에 제공한 노력공수와 소품계산을 따로 하지 않았다. 서로 성실하게 일하고 힘껏 도와 소겨리 안의 농사일을 철을 놓치지 않고 해주면 그만이었다. 이런 점에서 소겨리는 품앗이에 비해 의리적인 협조정신이 좀더 강화된 형태의 공동노동조직이다. 다시 말하면 자기 집일과 남의 집일에 바친 노력공수를 따져서 계산하지 않았을 뿐 아니라 소 없는 집이 소를 쓴 소품도 따로 계산하지 않았다. 다만 소 없는 집에서는 밭갈이, 후치질 때는 물론이고 여느 때도 콩, 겨, 콩깍지, 꼴 같은 소맥이를 성의껏 소 있는 집에 가져다주었다.

그러나 상품화폐의 발전으로 20세기 초에 와서는 소를 중심으로 묶는 것인 만큼 '부림소'를 낸 집이 우선권을 가지게 되었다. 즉 자기 땅부터 꼭 먼저 간다거나 다른 성원들로부터 사료와 노력을 더 내게 하는 형태가 바로 그것이다. 물론 이런 현상은 매우 드물었다. 소가 없는 집은 자기의 노력만을 내는데, 이를 '보도치에 든다'고 했으며 그런 사람을 '보도치꾼'이라고 했다. 보도치란 말은 함경도에서 널리 사용하던 말이다. 보도치의 보도는 '보조'의 선음이며 '치'는 사람을 의미하는 것으로 '보조적 성원'이라는 뜻이다.

소겨리 작업 대상은 밭갈이와 씨붙임에 국한되어 있었으며, 성원들의 밭을 돌림식으로 갈아나갔다. 씨붙임은 밭갈이, 이랑 고르기, 선자 고치기, 씨 뿌리기, 거름 주기, 이랑 묻기, 자구 밟이 등 씨붙임의 여러 공정을 성별·연령별에 따라 분담하여 수행했다. 소겨리에서 책임자를 정하는 일은 없었으나 대체로 나이 지긋하고 농사일에 밝은 사람이 지휘자 역할을 맡았다. 소겨리 지휘자는 두레와 같이 좌상·공원 등의 별도 명칭은 없었다. 지휘자는 밭갈이와 씨붙임 날짜와 순서, 작업분담, 소의 이용날짜와 순서 등을 짜서 미리 알려주었다. 이런 작업조직은 포전의 위치와 크기, 씨붙임 작물의 품종과 종류, 노력 등을 충분히 계산한 뒤에 이루어졌다. 보통 3월 초 밭갈이를 시작했으므로 소겨리 성원들은 이때 함께 모여 공동식사를 하고 밭갈이에 대하여 협의했다. 공동식사는 바로 소겨리를 중심으로 한 공동의 열려진 문화를 가능하게 했다.

소겨리로 묶인 이들, 즉 겨리꾼들은 여느 때처럼 집안식구들끼리 일할 때는 변변히 먹지 못해도 소겨리로 일할 때만큼은 일꾼들을 최상으로 대접하기 위해 환심을 썼다. 이런 과정을 통하여 같은 소겨리 안의 집안들은 더욱 가깝게 지냈다. 소겨리 집안들끼리는 농사일뿐 아니라 일상생활에서도 친밀하게 지냈다. 혼인, 상사, 제사, 집짓기 등 살아가는 데 생기는 온갖 어려움을 서로 발벗고 나서서 도와주었으며 별식이 생겨도 나누어먹었으니 '겨리사촌'이란 말이 전해져온다. 겨리꾼들은 농사에서 제 집일과 남의 집일을 가리지 않고 성실히 수행했고 공동으로 들일을 할 때는 밭주인이 차려 내오는 음식을 함께 먹으면서 더욱 친근해졌다. 음식 대접은 주로 점심밥을 잘 차리는 것이었으나 아침 일찍 일을 시작할 때는 아침밥까지 마련하는 경우가 있었다. 함경도 함주 일대에서는 농민들이 소겨리꾼들을 잘 대접하기 위하여 겨울부터 특별히 기장쌀과 차좁쌀, 흰 찹쌀과 찰수수쌀, 팥과 올콩, 수산물 등을 구해두었고 농사철이 되면 청주와 식혜도 담갔다.[14]

소겨리는 영세농 경리의 산물인 만큼 빈농들 사이에서는 일찍부터 있었으나 봉건 토지소유제의 유습이 더욱 심화된 조선 후기에 특히 활발히 보급되었다. 이 시기 농서들인 『목민대방牧民大方』이나 『거관대요居官大要』 등에서 이들 풍습이 일반화된 정황를 전하고 있다. 소겨리는 밭농사를 하는 모든 지대에 적합한 노동조직이었다.


### 여진족 후예들의 소겨리

농기구인 쌍멍에가대기와 여진족의 후예들인 재가승在家僧 마을의 풍습, 이 두 가지는 소겨리풍습의 전형성을 이해하는 통로를 제시한다. 1950년대 북한의 민속학자들은 전 지역에서 농기구를 수집 · 보고했으며, 함경북도의 국경선에 산재한 옛 재가승 마을을 두루 조사했다. 재가승 마을의 농업은 소겨리의 존재를 잘 드러내준다.[15] 이들 산간지역은 전통적으로 화전火田을 주로 하는 곳으로 경지면적이 넓은 것이 특징이라 밭갈이에서 소겨리를 조직했다. 재가승 마을에서는 축산이 특히 중요해 생업에서 중요한 비중을 차지했다. 축우의 다과는 곧 빈부의 중요한 표준이 되었다.

농사일은 전체가 참여하는 방식이었고, 매호의 노력수가 많았으므로 한 호 단독으로 소겨리를 조직하는 예가 특히 많았다. 이것은 '독결이'라 불렀다. 독겨리의 예는 이른바 재가승 마을뿐 아니라 육진六鎭지방 평야에도 흔했다. 소겨리란 말은 반드시 이웃집 소와 이웃집 소를 합하여 조직하는 것만을 일컫는 것이 아니었다. 보리를 심을 때는 매개 소겨리만을 단위로 작업을 조직했으나, 조를 심을 때, 즉 화종 때는 몇 개의 소겨리반이 합쳐서 하는 것이 보통이었다. 화종 때는 밭이랑을 작은 보습으로 갈아나감으로써 빨리 갈 수 있었는데, 이때는 축력에 비하여 많은 노력이 요구되기에 소를 교대로 쉬게 하면서 몇 개의 소겨리반 인원이 합쳐서 더 큰 범위로 공동작업하는 것이 더 능률적이었다.

재가승 마을의 농사절기와 농법을 살펴보자.[16] 파종은 먼저 보리를 한식 후 4~5일 지나서 심고, 다음에 조를 심고, 마지막으로 콩·귀밀을 심었다. 파종에서 조를 심는 화종은 바로 노동력의 중간 최고조기에 해당하며, 이때는 여러 소겨리반이 합쳐서 일하는 경우가 많았다. 화종철은 수전지대의 모내기철에 해당한다고 볼 수 있다. 그래서 화종철에는 화종점심이라고 농가마다 윤번輪番으로 조찰밥, 또는 조찰떡을 점심식사로 마련했으며, 이웃 소겨리반까지 초청했다.

소를 이용하는 방법에서도 재가승 마을뿐 아니라 함경도 일대에는 윤돌소와 수양소 제도가 전해졌다. 윤돌소 제도란 두 살박이 되는 송아지를 가져다가 1년 동안 길러서 세 살 되는 때부터 1~2년 동안 농우로 사용한 후에 큰 소로 만들어 돌려주는 방법이다. 또는 처음부터 큰 소를 빌려 윤돌값을 선납하고 데려와 1년 동안 농우로 사용한 다음 돌려주는 방법이다. 수양소 제도란 한 살 되는 젖떼기 송아지를 가져다가 길러서 큰소로 만들어주면서 송아지 한 마리를 분양받는 제도이다.

이 풍습들은 18세기 중엽 자료인 홍양호의 『북새기략北塞記略』「공주풍토기孔州風土記」에 소를 세 주는 것을 윤도리(貰牛曰輪道里)라고 하는 대목이 나오는 것으로 보아 윤도리는 윤돌소 제도의 이두식 표기임을 알려준다. 이미 조선 후기에 이 같은 착취적인 풍습이 있었음을 알 수 있는데, 일제시대에 이르러 지주·소작 관계의 모순이 격화되면서 더욱 첨예하

게 진행되었던 셈이다.[17]

참고로 남쪽의 소 기르기 풍습과 대비해볼 필요가 있다. 남쪽에도 소 겨리는 없었지만 소를 빌려주고 노동력을 돌려받는 풍습은 보편적이었다. 아래의 사례에서처럼 다양한 소 기르기 풍습이 존재했다.

사례 1 호남평야의 경우

멧소 : 봄에 논갈이철이 되면 산중에 들어가서 소를 세貰내다가 한 철 논을 갈고 되돌려준다. 세는 보통 벼 석 섬이었으며, 김제 만경 들녘에서는 순창·정읍 등지에 가서 소를 빌려왔다.

어우리소 : 송아지를 얻어다가 키워서 부려먹으면서 새끼를 낸 다음, 송아지는 기르고, 어미 소는 주인에게 되돌려주는 제도를 말한다. 소를 살 돈이 없으니까 송아지를 얻어다가 4, 5년 길러주고 그 대가로 송아지 한 마리를 얻게 된다.

사례 2 충남 서산의 경우(음암면 탑곡리)

삯소메기기 : "소가 새끼를 낳으면, 흔히 돈 있는 사람들이 소를 먹이니까, 소가 새끼를 낳으면 더 길르고 싶으면, 자기 집에는 이미 소가 있으니까 소 없는 집에다가 그 소를 줘서 2년 24삯을 먹이게 한다. 그렇게 24삯을 먹여주면, 소 먹여준 값으로 송아지를 한 마리 주었다. 어지간히 자기 살림 꾸려갈 만한 집에서는 남의 소라도 먹여주고 송아지 한 마리 얻어다가 먹이면, 한 2년 지나면 얻은 자기 소도 어른 소가 되니까, 삯소를 먹이고 그랬다. 그 전에는 소가 병을 앓고 그런 것은 별로 없었다."

도지소 : "일하는 소, 큰 소. 돈 많은 사람은 남 줘서 소를 크게 길러서

그런 소가 여러 마리 되는 사람들은 1년에 소를 아예 빌려주고 그 대가로 도지를, 벼를 주로 한 섬까지 주었다. 일을 잘 하는 소는 한 섬까지 주고, 일을 별로 못하는 소는 벼를 한 가마 주기도 했다. 도지소 운영하는 사람은 그래도 중간 정도는 살아가는 사람이라야 도지소를 가져다 부렸다. 도지소를 가진 사람은 부자라야 되는데, 이 마을에서는 없었다. 여기서는 주로 태안에서 도지소를 얻어다 농사를 지었다.”

### 쌍멍에가대기와 소겨리

가대기는 함경도에 널리 분포된 밭갈이용 농기구다. 쟁기의 일종인데 쪽가대기 · 외가대기 · 쌍멍에가대기를 꼽는다. 바로 쌍멍에가대기는 소를 양쪽에서 끌게 하는 대표적인 농기구의 하나였으며 소겨리 풍습과 밀접한 관계를 맺고 있다.[18]

소겨리가 왕성했던 함경도의 경우, 소겨리와 쌍멍에가대기의 연관성은 분명하다. 함경도는 원칙적으로 광작농이 광범위하게 존재했다.『토지농산조사보고서土地農産調査報告書』에서 일제 강점 직전의 함경북도 매호 평균 경지면적이 7.36정보였다는 데서 쉽게 확인된다. 즉 함북지방은 15세기 중엽부터 20세기 초에 이르기까지도 4~5명의 가족을 지닌 농호당 경지면적이 약 7정보, 2만여 평에 달했다.

더욱이 함경북도에서 광작이 가능했던 주요 요인은 소가 많았기 때문이었다.[19] 목축은 북방 지역의 중요한 생업의 하나였다. 또한 광대한 면적을 경작하기 위해 특수한 농기구를 사용했으니, 축력을 이용한 가대기 등이었다. 쌍멍에가대기를 중심으로 농촌에 형성된 생산관계의 한 측면은 다음과 같이 설명할 수 있다.[20]

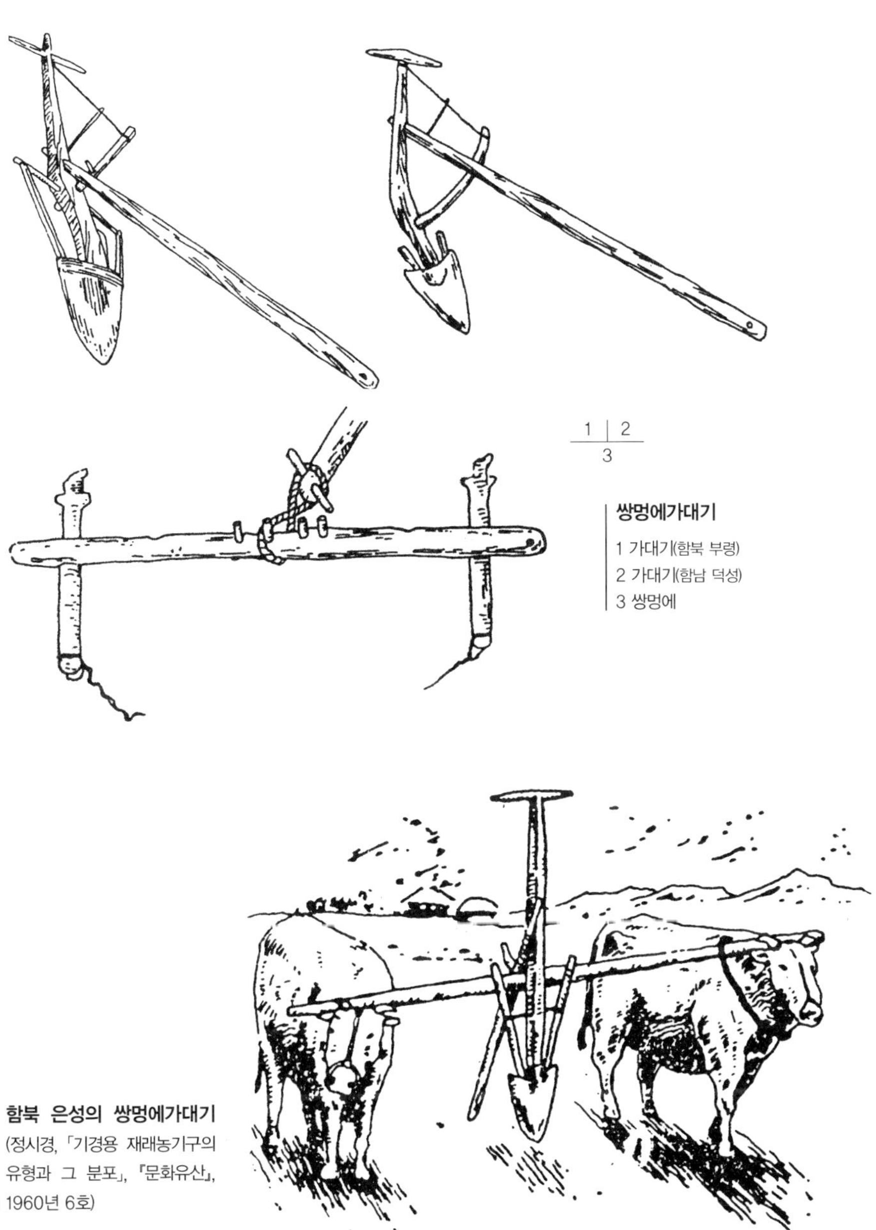



**쌍멍에가대기**

1 가대기(함북 부령)
2 가대기(함남 덕성)
3 쌍멍에

**함북 은성의 쌍멍에가대기**
(정시경, 「기경용 재래농기구의
유형과 그 분포」, 『문화유산』,
1960년 6호)

쌍멍에가대기는 농촌생활에서 중요한 도구의 하나다. 이 도구를 둘러싸고 농촌은 계급적·계층적으로 분열되었다. 소까지 포함한 가대기를 준비하자면 적지 않은 경제적 역량이 있어야 했다. 가정생활 지탱과 소먹이 준비, 종자, 비료, 호미 등 도구의 준비에서도 경제력이 요구되었다. 소와 가대기를 충분하게 준비하는 계층은 대체로 부유한 중농, 부농, 경영지주들이었다. 이 같은 계층과 달리 소와 가대기를 준비하지는 못하나 농사를 지을 만하게 준비하는 계층인 중농과 소수의 농가를 제외한 절대 다수의 빈농층이 존재했다.

가대기 운영은 소 두 마리와 약간의 노동력이 있어야 했다. 소와 노동력을 충분히 갖춘 경영 지주, 부농, 일부의 중농은 대개 독겨리를 차렸다. 소 두 마리를 근간으로 해 부족한 노동력은 빈농을 보도치로 끌어들이거나 고용노동을 사용했다. 비슷한 축력과 노동력, 토지면적을 가진 계층들이 상호 결합하여 소겨리를 구성했기 때문에 계층적으로 확연하게 구분되는 소겨리였다. 그 결과 부농의 소겨리가 매사 잘 정비되고 우수하다면, 중농층의 소겨리는 그보다 저급했다. 쌍멍에가대기에서 제외된 계층으로는 외멍에가대기를 가진 자들이었다. 이 외멍에가대기는 쌍멍에가대기처럼 밭을 잘 다루지 못했으므로 수확 역시 적었다.

이상과 같이 쌍멍에가대기에서 유리된 농민들과 그런 농구를 중심으로 결합된 농민들로 나뉜 농촌은 분열되었다. 생활 정도가 유사한 계층들만 서로 연결되었다. 쌍멍에가대기를 이용하는 축력은 바로 부유층들의 착취수단이었던 셈이다.

보통 광범위하게 유행한 방법은 이른바 보도치 제도였다. 소겨리를 차리자면 소 이외에 적어도 지탑꾼, 자귀꾼, 씨 두는 사람, 밭갈이 시작 며칠 동안 소를 훈련시키며 인도하여 주는 소몰이꾼, 조밭 화종 때는 끌개 끄는 사람까지 필요했다. 소와 가대기는 충분하나 일손이 부족한 소겨리에서는 그 마을에서 일 잘하는 빈농을 자기 겨리에 끌어들였고 노동 대가로 그의 밭을 갈아주었다.

앞서 맨주먹만 들고 소겨리에 참여한 농군을 '보도치'라고 했다. 이런 보도치는 그 소겨리 안에서 가장 많이 일하는데 힘든 일은 모두 그의 차지였다. 지탑을 도맡아하는 것이 일반적이었다. 보도치는 노동 봉사만 하는 것이 아니라 소먹이로 짚이나 콩을 얼마간 제공해야 하며, 여름에는 김매기도 며칠 동안 무상으로 해주어야 했다. 소 소유층 밭에서 새 곡식이 나올 때도 보도치의 밭은 아직 보습도 넣지 못할 정도였다. 밭갈이부터 남보다 늦었으니 곡식이 추수 때 잘 여물 수 있겠나.

## | '수눌어가는' 수눌음

수눌음은 제주도 특유의 풍토에서 만들어졌다. 제주의 풍토는 참으로 거칠다. 바람 많고, 돌 많다는 이야기는 그만큼 살기 어려운 땅이라는 말도 된다. 주민들은 극히 제한된 곳에만 논이 있어서, 밭농사 위주로 살아왔다. 화산토양인지라 농사의 어려움이 늘 뒤따랐다. 따라서 제주도 수눌음은 단순한 협업노동 이상의 정신적 의미를 지닌다.

수눌음은 생산공동체에서 행하는 관습이다. 마을에 힘든 일이 있으면 일시에 집단이 형성되어 순번을 정해 돌아가면서 돕는 관행이다. 수눌음이란 제주도식의 품앗이다. 노력의 교환뿐 아니라 정서의 끈이 끈끈하게 형성된다. 제주도에서 상부상조하는 공동체적 문화틀은 매우 넓다. 향회·연자매집단·번쇠·케왓·용수집단·화단접·증답贈答·멸치접 등은 모두 특유의 공동체 조직이라 할 수 있다.[21] 수눌음은 권리·의무 관계로 맺어지는 것과 권리·의무 관계가 없는 증답의 관습으로 나뉜다. 이들 상부상조하는 풍습 가운데에서 밭농사에 그대로 직결되는 것은 검질매기, 말방애접, 용수, 번쇠이다.

### 잡초와의 전쟁인 검질매기

제주도에서 가장 힘든 노동은 역시 김매기로 '검질맨다'고 부른다. 여름에 강우량이 높은 까닭으로(1,440mm) 풀이 웃자라는 제주도에서 농경은 가히 잡초와의 싸움으로 표현할 수 있다. 검질매기는 고된 노동이었고 '수눌어 일하지 않으면 할 수 없는' 농사의 관행이다. 제주도의 일노래에 김매는 노래가 가장 많은 까닭은 그만큼 밭매기가 농사에서 가장 힘든 일이기 때문이다. 따라서 계나 접의 형태로 수눌음 조직을 이루고 있는 경우가 많다.

제주도 속담에 '집안 식구가 모두 호미자루를 잡을 줄 알아야 그 집안 살림이 넉넉해진다'는 말이 있다. 제주도 농경에서 제초의 중요성을 엿볼 수 있다. 영평동寧坪洞을 표본조사한 연구결과에 따르면, 검질매기는 밭의 상황에 따라 두 가지로 나뉜다.

보통 숙전熟田에서 잡초를 제거하는 일을 두고서 검질맨다고 하고, 야산 등을 개간하여 파종한 밭(이를 흔히 목장밭이라 함)에서 김매는 일은 '벌럭검질(또는 돌림검질, 후림검질)'이라 한다. 숙전 밭매기는 한두 사람이 하는 경우도 있으나, 보통 집단으로 행해진다. 여럿이 행하는 밭매기를 두고 '어우름검질' 또는 '수눌음검질'이라 한다.

작업이 숙달된 '익은녘'이 선도하는 가운데 작업이 서투른 '선녘'이 마지막으로 따르면서 지형과 바람의 방향을 고려하면서 집단적으로 매어간다. 목장김매기는 커다란 김만 매어감을 원칙으로 한다. 자그마한 잡초 따위는 신경 쓸 겨를이 없으므로 억새같이 큰 김에만 신경을 곤두세운다.[22]

### 연자매 돌리는 말방애접

제주도에서 연자매는 '물방이 · 물방에 · 물ㄱ레' 등으로 부른다. 연자맷간은 마을의 중심거리에 세웠으며, 물방이집 · 물방에집 · 물ㄱ레집 등으로 불렀다. 1개 마을에 여러 개가 있었던 연자매는 공동체적인 모습을 그대로 보여준다.

표에서 보듯, 평균 28.9가구 당 1기의 연자매가 배치되어 있다. 1개 마을에 10여 기 안팎의 연자매가 있어 연자매를 중심으로 한 협력체계가 잘 조직되어 있다(사례 2). 마을민들은 공동으로 마련한 연자매를 다툼 없이 사용하고 해마다 연자맷간을 보수하는 가운데 공동체 의식이 저절로 이루어졌다.

연자매 운영에서 연자맷간 지붕을 이는 날은 매우 중요했다. 이날 연자매계契의 정기총회가 열렸다. 중수리라고 연자맷돌의 나무를 교체하는 일을 계원들이 윤번제로 맡아 했고, 이를 좌목座目에 기록해두었다. 연자매계는 '물ㄱ렛제', '물방엣제', 혹은 '물가렛접接, 물방엣접'이라 불렀다. 연자매뿐 아니라, 계원 상호간의 부조기능도 지녔다.

애월읍 하가리의 좌목을 살펴보면, 1918년에 개정된 좌목으로 연지못 주변의 10가구가 합의해 연자맷간을 설립하면서 계조직을 하고 기본강

**제주도 내 연자매의 분포(1974년)[23]**

| 리동명 | 호 수 | 인구 수 | 연자매 수 | 연자매 1기 당 평균 가구 | 보존상태 |
|---|---|---|---|---|---|
| 제주시 이호1동 동부락 | 72 | 288 | 4 | 24.0 | 전부 철거 |
| 제주시 삼양2동 | 360 | 1,502 | 7 | 51.4 | 전부 철거 |
| 북제주 한경면 용수리 | 239 | 1,086 | 11 | 21.7 | 전부 철거 |
| 북제주 애월읍 하가리 | 195 | 670 | 9 | 21.7 | 5기 현존, 4기 철거 |
| 북제주 애월읍 신엄리 | 243 | 982 | 141 | 7.4 | 3기 현존, 11기 철거 |
| 북제주 애월읍 소길리 | 89 | 353 | 7 | 12.7 | 1기 현존, 6기 철거 |
| 북제주 조천읍 신촌리 | 739 | 3,061 | 17 | 43.5 | 전부 철거 |
| 남제주 성산읍 온평리 | 395 | 1,938 | 6 | 65.8 | 전부 철거 |
| 북제주 표선면 성읍리 | 272 | 1,242 | 16 | 17.0 | 전부 철거 |

령을 밝혔다. 계원 중에서 작폐하는 자는 본전을 내주지 않은 채로 추방하고, 비계원이 연자매를 이용할 경우에는 2승씩 임대료를 내야 하며, 계원 가운데 대사를 당하면 각출하여 상부한다고 규정되어 있다.[24] 계장·공원·소임으로 조직되었다. 말방애접은 방앗간이 생기면서 사라졌다(사례 2).

사례 1 영평동

연자매를 공동으로 설립운영하면서 접원接員 상호간의 상부상조 기능을 겸한다. 보통 10~15가구가 합의하여 접원들 간의 규약인 좌목을 정하고 기본금도 준비한다. 좌목은 접의 계문서다. 접원 명단, 기본규약인 입의立議, 회계기록이 자세히 적혀 있다. 연자매를 중심으로 이루어진

| **제주도의 물방애**(1950년대, 홍정표 사진)



**월평동 물방에터 분포도**

제주도 월평동(다라쿳), 『제주대
박물관 마을민족지 총서 Ⅰ』

계이므로 쌀의 부조, 가령 묘지 이장이나 가옥 신축, 부모의 삼년상 등 관혼상제 조직이기도 했다. 쌀접·그릇접·배접 등은 조직적으로 말방 애접과 동일한 접이거나 상호 관련 있다.[25]

사례 2 온평리

방애터가 11군데나 있었다. 한 물방애의 접원은 2~30명으로 구성되고, 고칩물방애처럼 친족집단에 의한 물방애도 있었다. 40여 년 전, 방앗간 이 생기면서 사라졌다.[26]


### 번쇠와 백중고사

번쇠도 일종의 수눌음이다. 봄 또는 조 파종이 끝난 여름에는 우마 사역이 필요없기 때문에 우마를 목야牧野에 방목하게 된다. 이 우마 를 이웃끼리 한데 모아 소관 목야지에 방목하는데, 그 임자들이 순번제 로 이를 감시하는 것을 번쇠(혹은, 번우番牛)라 한다. 우마 방목기에 이르 러 이웃의 누군가가 이를 발의하면 이웃끼리 합의하여 순번을 정하고 공 동관리를 한다. 이웃집 소들을 자기 소처럼 아끼며 키우는 것이다.

공동관리를 하는 번에는 야간에 우마를 가두어 관리하는 밭이 있게 마 련이다. 이 밭을 바량밭이라고 하는데 여기서 백중고사를 지낸다.[27] 경지 를 거름지게 할 양으로 마소를 몰아넣고, 분뇨를 충분히 받는 일을 '바 령'이라고 한다. 그 밭은 '바령팟'이라고 한다. 백중고사는 이 바량밭에서 계원 전원이 일시에 모여서 지낸다.

제사상의 진설을 단체로 하여 도상都床을 꾸미는 것이 아니라 개별적 으로 돗자리를 깔고 제상 없이 제물을 진설하여 간단히 약식으로 제의를 지내는데, 특색은 축문 대신 구두로 우마의 번성을 축원하는 데 있다(사

**바랑밭**

떨어진 밭 기운을 돋울 양으로 말떼를 밭 가운데로 몰아넣는다. 이런 밭을 '바령팟'이라 한다(『사진으로 엮는 20세기 제주시』, 제주시, 2000).

례 3). 제단을 축성한 곳도 있는데, 제단의 형태는 포제단에서처럼 돌담으로 울타리를 두르고 그 안에 상석을 설치해놓았다. 개별형식이기는 하되 마을 전체가 몇 개의 제장으로 나뉘어 동시에 행하는 제의이므로 엄격한 의미에서는 마을공동체적인 의례로 보인다. 제주도에서 칠월 백중에 하는 '마불림제도'를 흔히들 백중제라고 부르며, 모두 우마의 증식제에 해당한다.

사례 1 제주도 월평 · 영평동

번을 정하여 방목을 관리하는 조직으로 모쉬접(우마접, 또는 쉐접, 테우리접)이라 한다. 접군들은 우마를 방목, 관리하는 일뿐만 아니라 형제간이

어 이용했다. 이웃끼리 공동으로 용수를 관리하는데, 제주도의 마을은 용수를 관리하는 몇 개의 공동집단으로도 나뉜다.[31]

### 띠를 관리하는 케왓접

'케왓'이란 '계契밭'이란 말이고, '접'은 '계'에 해당한다. 개인 소유가 아닌 마을소유의 밭이 있는데, 이를 케왓이라고 한다. 주로 해발 300m 이상의 들판에 있는 경우가 많다. 토지가 척박하기 때문에 윤작을 해야만 수확을 얻을 수 있다. 윤작법을 보면 케왓은 띠밭(새왓)이기 때문에 계원들이 일정한 날짜에 공동노동으로 띠(새)를 베어 묶어 균등하게 나누어 갖는다. 띠베기를 몇 해 되풀이하여 토질이 곡식을 갈기에 알맞을 정도로 회복되면 팥이나 메밀 등을 갈아 수확하지만 3년이 넘어가면 다시 토질이 메말라버린다. 다시 의논해서 경작을 중지하고 띠를 자라게 하여 베어 들인다. 이 역시 공동노동 · 공동분배 형식을 요구한다.[32]

## '삼을 삼는' 길쌈두레

### 논농사두레보다 앞선 길쌈두레

두레의 역사에서 노동행위 명칭에 두레가 결부되어 있는 것은 길쌈두레가 최초이다. 신라 3대 유리왕 시절에 6부를 둘로 나누어 왕녀가 각각 거느리고 7월 15일부터 8월 한가위까지 한 달 동안 두레 삼삼기를 시켰다. 마지막날에는 평가를 해서 이긴 편에게 한턱 내고「회소곡會蘇曲」을 부르며 놀았다고 전해진다. 이 같은 가배嘉俳 전통은 뒤에 한가위의 기원이 되기도 했다. 왕녀가 직접 패를 갈라서 길쌈을 시켰음은 이미 길쌈이 국가적인 중요한 행사로 정착했음을 보여준다.「회소곡」도 해석하기에 따라서는 두레 삼삼기에서 부르던 노래처럼 보인다.

백남운은 신라의 가배계嘉俳契를 주목하면서, "농촌에서는 서로 품아시와 품가피를 하는 습관이 있는데 그것은 노동의 교환을 말한 것이고, '품가피'라는 말이 승부관계에도 전용된 것일 것이니, 가배계는 가푸기, 즉 '갑기'의 음역일 것이며, '갑기'는 '내기'와 상통하는 말일 것이므로 결국 가배계라는 것은 말하자면 노동의 교환을 조건으로 한 생산경기회로 볼 수 있는 것이다. 그러나 이것은 계의 원시형태라기보담은 역사적으로 다소 발전된 형태일 것이다"[33]라고 했다. 길쌈두레가 품앗이노동임을 주장하는 견해다.

길쌈두레는 품앗이의 옛 형태인 셈이다. 길쌈두레는 가족경영이 노동의 기본이 되면서 품앗이의 역사와 더불어 시작되었다. 농사두레와 달리 길쌈두레가 명칭만 두레일 뿐, 품앗이인 이유는 다음의 몇 가지로 설명이 가능하다.

첫째, 길쌈두레는 마을 안에 여러 개가 존재한다. 이웃간에 친소관계의 조직이므로 품을 주고받는 관습적인 예禮는 존재하나 공동체적 규제는 가해지지 않는다.

둘째, 농사두레는 마을공동체적 성격을 분명히 하나 길쌈두레는 임의조직이다.

셋째, 농사두레는 비단 농사일에만 쓰이지 않는다. 두레패의 풍물굿은 마을굿에도 쓰였으며, 걸립이나 노동의 대가로 벌어들인 공동수익금을 공동 계금에 넣었다. 반면에 길쌈두레에서 노동의 대가를 계금에 넣는

**길쌈**

유운홍劉運弘(1797~1859년), 지본담채, 92.0×40.0cm, 국립중앙박물관

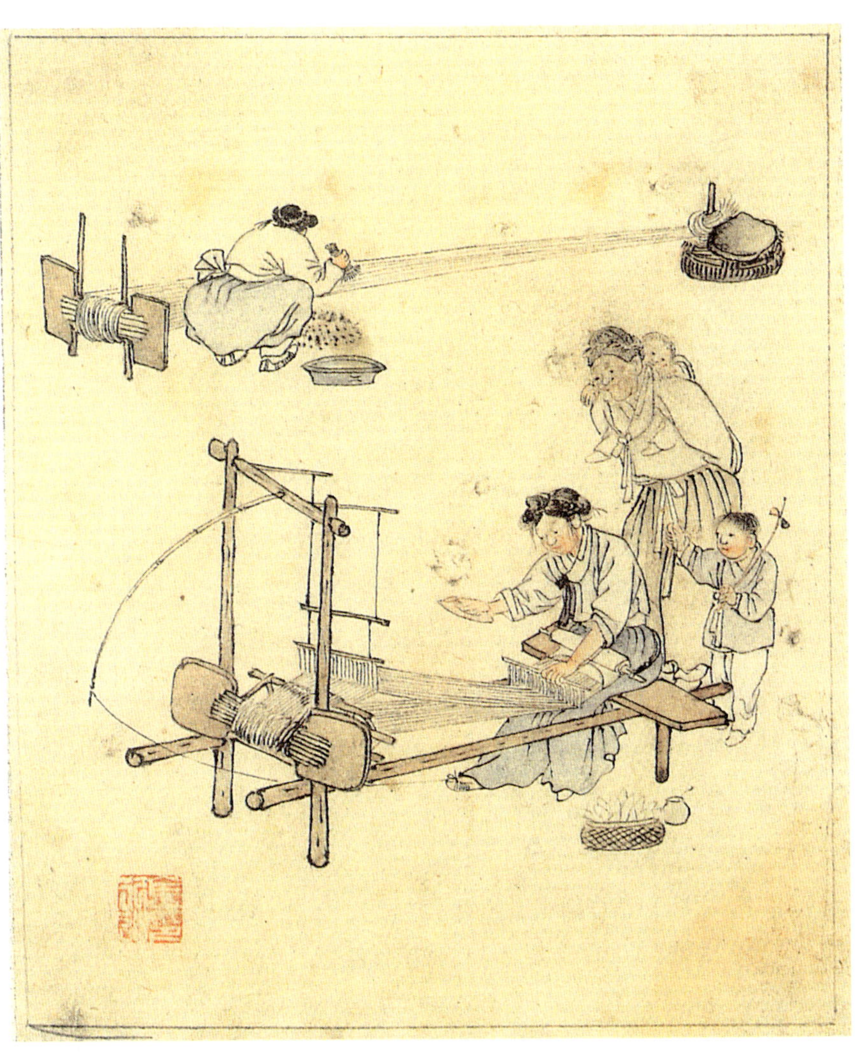

길쌈

「단원 김홍도 풍속화첩」, 국립중앙박물관

경우는 없다.

네째, 농사두레는 새로운 역사발전의 산물이었다. 농사두레는 새로운 사회발전단계에 부합되는 방식으로 등장했고, 사회구성체의 변화로 말미암아 일찍 퇴장하고 말았다. 반면에 길쌈두레는 농사두레보다 훨씬 이전에 발생했음에도 불구하고, 농사두레 소멸 이후에도 훨씬 더 오래 이어졌다.

길쌈두레는 '모시두레, 삼두레, 삼둘계' 등 다양한 명칭으로 부른다. 각각의 명칭은 길쌈두레의 역사적 변천을 반영한다. 길쌈의 역사를 알아보자.

고려시대에는 비단을 짜는 잡직서雜織署, 염색을 하는 도염부都染部를 두었으며, 사원에서도 길쌈을 했다. 고려 말 문익점이 중국에서 목화를 들여온 이래로 무명길쌈이 시작되었다. 목화가 들어오면서 베를 압도하여 의생활에서 무명이 수위를 차지하게 되었다. 세종조의 이육李陸(1438~1498년)은 『청파극담靑坡劇談』에서,[34] '우리나라에 그 전에는 무명이 없어 사대부들이 항상 명주를 입었다. 고려 말에 재상 문익점이 중국에 갔다가 씨를 얻어와서 자기집 뜰에 심어 목화를 따서 씨를 버리고 실을 뽑는 법을 배워 사용했는데 호남과 영남이 가장 성했고 팔도에 심지 아니한 곳이 없었다.……또 삼베는 우리 나라 산물로 여공들이 삼껍질로 짜는 것이다'고 했다. 『산림경제』에서, "배고프면 밥을 먹고 추우면 옷을 입는 것은 인간에게는 같은 일이다. 누에가 없다면 옷을 만들어 입을 수 없기 때문에 선비집이거나 일반 백성의 집을 막론하고 양잠을 중히 여기는 것이다"[35] 따위의 말은 모두 길쌈의 중요성을 일컫는 말이다.

조선 후기에 들어오면서 상품화폐경제의 일정한 성장은 유통거래에서 옷감이 절대적인 위치를 차지하게 했다. 목화를 팔아서 얻는 이득은 넉넉히 기름진 논의 소출과 맞먹는다고 할 정도였다.[36] 충청도에는 모시의

1 | 
--- | 
2 | 
3 | 

| 1 삼 널기(안동 놈소동)
| 2 길쌈두레(충남 서천)
| 3 길쌈의 1차 재료인 모시꾸러미

명산지인 한산, 부여, 서천, 은산, 홍산, 비인, 남포, 임천에 저산苧山 8읍
장이 생겼다. 경상도의 안동포, 전라도의 세목細木, 함경도의 육진장포六
鎭長布, 평안도의 안주항라安州亢羅, 황해도의 해주목, 경기도의 강화반포
江華斑布, 강원도의 철원명주 따위는 조선 후기의 대표적인 옷감 상품들
이었다.

  그렇지만 옷감의 상품화가 촉진되었다고 해도 공장제 수공업단계로까
지 나아가지는 못했다. 이는 길쌈의 까다로운 공정을 공업화시키지 못했
던 당대 기술력 때문이다. 일제 말기에 조사한 자료에 따르면,[37] 공동마
적共同麻績으로 기록된 지역은 아래와 같이 나타난다. 이는 전국에 걸쳐
서 길쌈이 이루어지고 있음을 보여준다. 물론 기록에 오른 이들 지역 이
외의 모든 지역에서도 길쌈이 이루어졌다.


    충남 : 대덕 · 부여 · 서천
    전북 : 군산 · 임실 · 순창
    전남 : 곡성 · 광양 · 여수 · 순천 · 화순 · 영광
    경북 : 대구 · 영양 · 선산 · 예천
    경남 : 진양 · 의령 · 창녕 · 밀양 · 양산 · 울산 · 김해 · 동래 · 통영 · 고
         성 · 사천 · 남해 · 하동 · 산청 · 거창 · 합천
    강원 : 춘천 · 회양 · 정선 · 평창 · 영월 · 횡성 · 화천
    평남 : 평양 · 평원
    평북 : 선천

## 길쌈두레의 노동관행

길쌈 과정은 매우 까다로운 절차를 요구한다. 삼베는 재배와 거두기, 삼삼기, 껍질 벗기기, 삼째기, 실삼기와 삼 띄우기, 베날기, 베매기, 베짜기 등을 거쳐야 된다. 모시는 재배와 수확하기, 껍질 벗기기, 모시 올 쪼개기, 모시 삼기, 모시 날기, 모시 매기, 모시 짜기를 거치며, 명주는 누에치기, 실 뽑기, 실 내리기, 명주매기, 명주짜기를, 무명은 재배와 수확, 씨앗기와 솜타기, 고치말기와 실잣기, 무명날기와 무명매기, 무명짜기 등의 절차를 거친다.

공동길쌈은 지방에 따라, 또는 길쌈재료에 따라 조직하는 시기와 규모 등이 달랐으나 공동길쌈을 진행하는 과정에서 집단적으로 모여서 유쾌한 놀이를 하는 것은 거의 공통이었다. 바로 이를 길쌈놀이라고 했다. 길쌈놀이는 삼남(충청남북도, 경상남북도, 전라남북도) 지방에서 특히 성행했다.

길쌈놀이는 대체로 음력 7월부터 8월 추석 사이에 있었다. 온 동네 부녀자들이, 남자 장정들이 조직하는 두레와 같은 형태의 공동길쌈을 조직하고 길쌈 재간을 경쟁했다. 여러 집의 것을 돌려가며 해나갔으며, 길쌈을 끝낸 다음에는 결산을 하고 유쾌하게 놀았다. 공동길쌈이 끝난 날에만 이런 오락이 벌어진 것이 아니라 길쌈을 공동으로 하는 동안 내내 여러 가지 재미있는 이야기와 민요를 불러 작업의 피로와 단조로움을 덜었다.

길쌈두레에서 실상 집중적인 노동력이 필요한 부분은 '삼무지'였다. 삼삼기는 지루하고 힘들기는 하지만 무리를 한다면야 혼자 할 수도 있는 작업이다. 그러나 삼무지는 달랐다. 삼삼기가 여성들의 노동이라면 삼무지는 남성들도 총동원되어야 하는 노동이다.

안동포의 경우, 삼을 익히는 삼무지 작업은 대단위 노동력을 요구했다. 개량삼굿이 없었던 때는 삼무지를 해서 삼을 익혔는데, 삼두레 성원의 가족들이 두루 나와서 수십 명이 일시에 더불어 일을 해야 했다. 삼단 운반과 땔감 마련, 삼무지 구덩이 파기 등은 공동노동이 아니면 거의 불가능했다. 아래 사례는 남성들이 주동이 된 삼무지의 품앗이 성격을 잘 보여준다.

사례 대전시 가목정 길쌈두레(資5-19)

각자 삼을 심어서 수확을 하면 삼무지만큼은 함께 다발을 묶어서 시행한다. 삼무지는 7월 농사일을 끝내고 난 뒤에 품앗이로 하게 된다. 먼저 마을민들이 산으로 가서 굵은 나무를 해다가 여름철 뙤약볕에 말려서 장작을 준비해둔다. 땅을 약 3자 정도 파고서 준비된 굵은 나무를 빽빽히 재이고, 그 구덩이 옆에 다른 작은 구덩이를 파서 화덕을 만든다. 나무 위에는 자갈을 가득 부어둔다. 화덕과 구덩이 사이에는 고래를 놓아서 불길이 들어갈 수 있도록 준비해둔다. 불을 붙이기 전에 간단히 술을 부어놓고 정갈하게 삼고사를 한다. 작은 화덕에 불을 당기면 불길이 옆 구덩이로 들어간다. 자갈이 달구어지면 찬물을 붓는다. 찬물을 연신 날라야 하기 때문에 노동력의 집중이 요구된다. 삼굿은 남자들의 협업으로 이루어진다. 삼 익히기가 끝나면 껍질을 벗기고 삼삼기가 시작된다. 길쌈의 각 공정은 복잡할뿐더러 단조로운 까닭으로 여자들끼리 모여 이야기꽃도 피우며 함께한다.[38]

### 노동을 팔아 사는 사람들이 증가하다

품팔이는 '품'을 '팔이하는' 노동이다. 품팔이 노동의 대표격은 고지雇只다. 고지는 조선 후기에 사회경제적인 부의 일정한 축적이 이루어지는 가운데 임노동적 이윤추구 단계로서 출현했다. 고지는 '雇至·雇支·雇地·雇持' 등으로 표현된다. 조선 후기 농촌 분해는 고공顧工·용인傭人을 양산했다. 일제시대로 접어들면서 본격적인 농촌분해는 대다수 농민들을 토지에서 유리시켰다. 이 과정에서 임노동이 본격화되었다. 조선 후기 자본주의 맹아 속에서 고지노동은 임노동관계의 창출이라는 역사적인 역할을 담당했으며, 일제시대에는 기층 농민들의 최후의 생계수단으로써 기능했다. 고지는 두레나 품앗이류와는 전혀 다른 화폐상품경제의 소산이다. 가령 판소리 「박타령」에는 광범위한 품팔이노동이 존재하고 있었음을 암시한다. 품을 파는 관계가 어엿한 하나의 직업인 양 임노동관계로 발전하고 있던 모습을 판소리사설속에서 확인할 수 있다.

홍보가 품을 팔 제, 매우 부지런히 서둘러 웃논 아랫논 김매기, 먼 산 가까운 산 풀베기, 먹고 닷 돈 받고 장 서두리, 십리에 한 돈 반 받고 승교乘轎매기, 신산新産 석어石魚 밤짐지기, 시時 매긴 공사公事 급주전急走傳, 방 뜨는 데 조역꾼, 담 쌓는 데 자갈 줍기, 봉산가서 모내기 품팔기, 대구령에 약 전하기, 멋있는 기생 아가씨에게 타관남자 편지 전하기, 부자집 어린 신랑 장가들 제 기러기아범노릇하기, 들병장수 술짐지기, 초

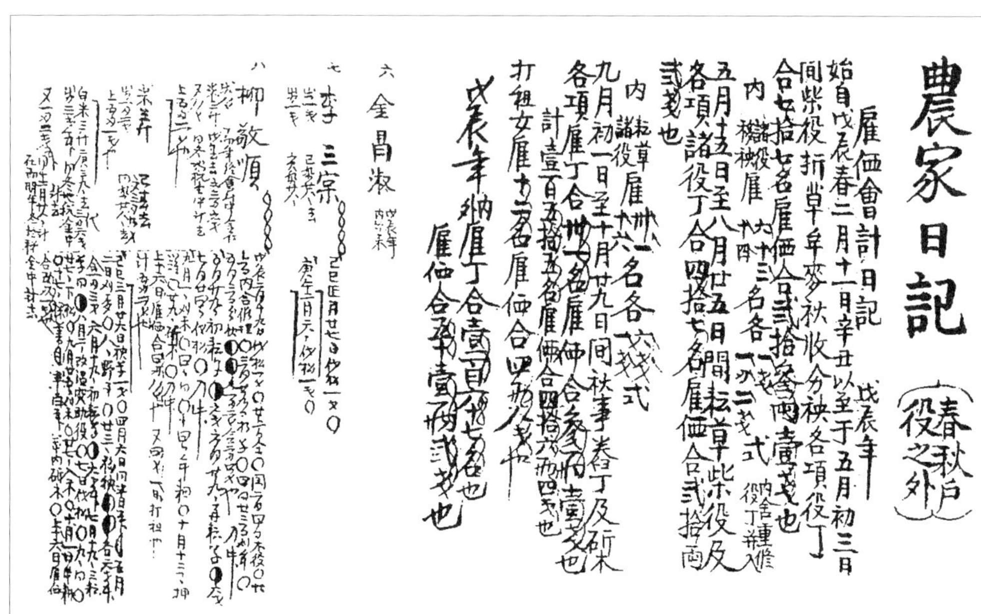

농가일기農家日記(1924~1942년, 구례 운조루)
1년 동안의 고가雇價가 세밀하게 적혀 있다.

라니 판에 나무 놓기.……흥보 아내가 품을 판다. 오뉴월 밭매기와 구시월 김장하기, 한말 받고 벼훑기와 입만 먹고 방아찧기, 삼삶기, 보막기와 물레질, 베짜기와 머슴의 헌옷 짓기, 상가집에 빨래하기, 혼인잔치에 밥짓기와 빨래하기, 채소밭에 오줌주기, 소주 만들고 장 달이기, 물방아에 쌀 까불기, 밀 맷돌 갈 때 재 집어넣기, 보리갈 때 밑거름 놓기, 못자리 때 밑거름 풀뜯기, 아이 낳고 첫 국밥을 제 손으로 해먹고, 운기를 방통하되 절구질로 땀을 내니 한때도 쉬지 않고 밤낮으로 벌어도 늘 굶는구나.[39]

정상기鄭尙驥(1678~1752년)도, '부자들의 땅은 넓어 논밭 두둑이 잇닿아 있으나 가난한 자는 송곳 세울 만한 땅도 없다'고 하면서, '부자들의 땅을 빌려 힘껏 갈고 김매어 그 수확의 절반을 겨우거나 삯갈이, 삯김매기를 하고 날짜를 따져서 값을 받을 뿐이다'고 했으니, 품팔이노동이 일반화되고 있음을 시사하고 있다.[40]

조선 후기 농촌에서는 임노동에 의한 상업적 농업이 증가하고 있었다. 당시까지도 존속했던 노비노동에 기초하여 농업생산을 하던 경영지주가 고용노동으로 하는 것이 더 유리하다는 사실을 깨닫게 되어 새로운 시대로 변환되었다. 물론 조선 후기 임노동은 근대 자본주의 사회의 그것과는 일정한 거리가 있다. 그러나 기본적으로는 유사한 것으로 경영형 부농층의 생산노동에서 그 중추를 이루고 있었으며, 이런 임노동제는 농민층 분해라고 하는 변화된 사회경제 기반 위에서 성립되었다. 농민층의 분해는 신분제의 해체를 수반하면서 광범하게 전개되고 있었는데, 그 결과 영세 빈농층이나 무토 농민층을 배출하게 되었다. 이 같은 상황 속에서 고지노동이 발생했다. 농업노동의 일부 또는 전 과정을 농업생산자가 연말 연초에 미리 예약함으로써 임노동자로 하여금 청부경작케 하는 관행이다.

고지노동의 발생 역시 이앙법의 보급과 연관이 있다. 농법전환으로 말미암아 이앙 시기를 다투는 바가 더욱 급해지므로 농업생산자들은 그 같은 문제를 해결하기 위해 고지라는 새로운 농업제도를 요청한 것이다. 노동력이 적은 농가가 광작을 할 때 턱없이 부족한 노동력을 해결하려는 욕구와도 맞물렸다.[41]

봉건적 신분제가 동요하고 있는 가운데 상품화폐경제의 발달과 농업생산력의 발전이 임노동 고지노동 등 새로운 노동관행을 발생시킬 수 있는 전반적인 기반을 마련해 준 것이다. 북한학계의 연구 역시 이 시기에 상당히 발전한 삯김 · 자리품 · 판싹 따위의 고지노동을 중시하고 있다.

**막노동꾼**(일제 강점기)
조선시대에도 품을 팔아 먹고사는 막노동꾼이 널리 존재했다.

고지는 대개 다음의 경우에 채용되었다.[42]

① 고용하는 자는 소작지, 혹은 자작지 면적이 넓으나 가족 노력이 부족한 자이며, 고용되는 자는 대체로 소작지가 없고 노력은 많은데 생활이 곤란한 자, 즉 소작지도 없고 생활도 곤란하나 노동력이 있는 자로서 계절고용노동에 의거해서만 살 수 있는 자다.

② 양반 소작인이 노동을 기피하는 경우나, 상인·아전·승려 등이 일정한 다른 직업에 종사하면서 농사를 이기적 목적으로 하는 경우.

③ 채무계약에 의거하는 것이 보통 임금노동자를 고용하는 것보다 수익상 유리할 때.

④ 고리대 화폐경제의 발전으로 말미암아 소작료 불납이 많게 됨으로써 병작제竝作制가 지주에게 불리하다고 생각되었을 경우.

　고지의 고용군들은 단독적으로 행동하는 경우는 적고 보통 2~5명부터 최고 80명에 이르기까지 집단적으로 고용되었다. 즉, 집단적인 고지가 존재했다. 촌락 안에 대지주 소유지를 촌민이 총출동해서 작업하고 그 보수로 임금을 받음으로써 작업관행상으로 아직은 공동체적 성격을 띠고 있었지만 사실상 임금노동관계에 가까웠다.

　일제 침략기에 작성된 『토지농산조사보고서』를 참조하면, 이미 상당수의 일고·연고, 혹은 월고가 이루어지고 있음을 알 수 있다. 일제 강점기로 접어들면서 사정은 좀더 복잡해졌다. 조선사회의 내재적 발전경로에 따라 자본주의 맹아로 발전할 수 있는 여지를 잃고 일제에 의하여 파행적인 화폐경제 진입을 요구받았다. 농민층은 분해되어 자작농이 몰락했다. 그들은 거의 모두 소작인의 처지로 떨어졌으며, 소작권조차도 불안정했다. 따라서 본격적인 고지가 출현하자, 궁핍한 농민들은 한 무리를 형성하여 연대책임을 가지고 농업경영자와 노동청부 계약을 맺고, 춘궁기에는 노임의 일부를 전차하여 당장 생활상의 궁핍을 면하고, 농번기에 이르면 계약된 노동을 힘겹게 해치워야 하는 사태에 이르렀다. 곤궁한 농촌경제 아래에서 아사 당할 형편에 놓인 영세농과 농촌노동자들이 자구책으로 고지노동을 택한 것이다.

　두레와는 달리 명확한 지주와의 대립관계, 그 가운데서도 특히 채무적인 임금노동관계가 설정되므로, 두레의 '빈농도 피고용자도 아닌 일반성원과 동등한 지위를 보존하면서 임금을 받는다'는 성격과는 판이한 노동방식으로 전환되었다. 노동조건에서 음식·술·의복을 제공하는 경우도 많지만, 대부분 음식조차 스스로 해결해야 하는 대단히 착취적인, 전통적 관례와는 많이 벗어난 노동방식이었다. 고지는 생산농민들의 어려운 상태를 반영하고 있다. 여태까지 큰 농사일에 직접 관계가 없던 여자들은 물론이고 어린아이들까지 총동원되는 비참한 농사청부에 불과했다.

## 고지와 두레

두레가 전화되어 고지로 바뀐 것은 아니다. 두레는 어디까지나 두레였을 뿐이다. 그러나 분화된 두레는 그 안에 품앗이적 속성과 고지적 속성을 모두 포용하게 되었다. 공동체적 규제에 의하여 촌락사회의 상부상조하는 공유적 경영이 이루어지려면 자작농이 중심이 되어야 했다. 토지집중이 이루어지고 영세작인들이 증가함에 따라 부농은 두레에 직접 참여하는 대신에 머슴 같은 고용일꾼을 참가시켰다. 이 같은 상황에서 두레는 그 공동체성을 잃고 분해될 수밖에 없었다.

그렇지만 기존의 공동체적 생활유풍이 존속하는 터에 부족한 노동력을 동원하기 위해서는 일시에 많은 노력동원이 가능한 두레에 당분간 의존할 수밖에 없었다. 일제시대 농업정책은 기술의 발전을 도모한다기보다는 최대한의 노력동원을 통한 집약농법에 머물러 있었으므로 두레는 여전히 필요했다. 일제시대에 상당수의 두레들은 고지를 두레에 넣어서 하는 방식이 많았다. 따라서 변질된 형태로나마 두레는 일제 말기까지도 존속했다. 다만 그 내용에서는 다양한 방식을 보여주었다.

사례 1에서, 송촌宋村의 경우는 거대 지주 송씨네가 군림했다. 각성받이가 중심이 된 대부분의 작인들은 송씨네 땅을 경작한다. 따라서 마을민과 송씨네 머슴이 공동으로 두레를 짜서 운영했다. 고지를 두레에 넣어서 두레 형식만을 빌린 형태로 여겨진다. 두레를 이용하여 품을 팔러 다닌 경우도 많았다. 집단적 청부노동에 두레가 쓰인 사례다.

사례 2·3의 경우, 농민층 분해에 따라 누구든 고지를 먹게 된 사정을 보여준다. 따라서 두레를 하게 되면 고지먹은 것, 품앗이로 해주어야 할 일 따위를 두레에 넣어서 공동으로 해결하는 방식으로 대처했다. 즉 두레의 형식 안에 고지와 품앗이가 함께 존속하던 과도기 체제를 말한다. 그만큼 당대 농민들의 처지가 다양했고, 농촌 분해가 급속도로 진행되고 있었음을 보여준다. 무토농민들은 소작과 고지를 함께했기에 두레를 기피한 사례에서 보듯(사례 2), 고지 확대가 곧 두레 소멸과도 연결되었음이 분명하다.

### 사례 1 대전시 송촌동(資5-22)

거대 지주인 송씨네가 대부분의 토지를 장악한 상태였다. 송씨네의 일꾼들도 참가한 상태에서 마을민들이 두레의 형식을 빌려서 고지먹은 논을 두레로 농사지었다.

### 사례 2 대전시 아랫관들(資5-25)

없는 사람들은 두레를 잘 안 하려고 했다. 농토가 적거나 거의 없는 무토농민들은 소작과 더불어 고지를 함께해야 입에 풀칠할 수 있었기에 중농들과는 달리 두레 자체가 부담이었다.

### 사례 3 공주군 운천마을(資5-9)

아시는 품앗이로 매고 두벌만 두레로 했다. 고지를 두레에 넣어서 하는 경우가 많았다. 두레먹는 사람들 논의 아시는 전부 고지나 품앗이로 하기도 하고, 두벌과 만물은 전부 두레로 했다. 아시를 두레로 하지 않은 것은 두렛일이 상당히 거칠었던 탓이다.

### 사례 4 부여군 회곡리(資5-26)

고지먹은 논을 초벌두레에 넣어 해결하는 경우가 많았다. 고지는 '심을 고지'와 '장고지'가 있었다. 장고지는 쌀 두말 먹고서 벼를 심어서 모내기와 세벌 김매기, 벼 베기에 이르기까지 농사일 전부를 해주어야 했다. 일 분량은 모내기 1번, 김매기 3번, 벼 베기 1번 등 도합 5번이었다.

## 고지의 노동관행

애초에 고지노동 자체는 임노동 관계의 발생과 더불어 어엿하게 품을 파는 노동자로 인정받았다. 임금(雇價)과 식사(供食)를 후하게 주는 집으로 고지군이 모여들었다. 고지를 주는 주인 입장에서는 후덕함을 보여야만 제때에 긴요한 노동력을 효과적으로 고용할 수 있었음을 보여준다.[43] 특히 농번기에는 임노동에 의한 노동력 동원이 필수적이었기에 계절 노동자를 요구하게 되었다.

양반층은 농지를 전부 자작할 경우, 아직 경제적으로 여유가 있으면 노비나 고공을 두고 이들로 하여금 농작을 하도록 했다. 유교적 직업관에서 연유한 것으로, 그렇지 않고서는 공부에 전념할 수 없었던 까닭이다. 그러나 그런 노동력이 없거나 적을 경우에는 다른 방법으로 해결하지 않으면 안 되었다. 그럴 경우에 널리 활용되었던 방법은 '품앗이' 노동을 포함한 일용노동이나 일정의 청부경작적 성격을 지닌 고지노동을 이용하는 것이었다.

김용섭이 17세기 중엽 이씨가李氏家의 생산지침을 분석한 자료를 보면, 농업생산을 위한 노동력을 노비노동, 품앗이노동, 고용노동 등을 중심으로 파악하고 있다. 여기서는 축력(소) 노동 1일에 인력 3일로 1:3 교환이었다. 이씨가의 경우는 단순하게 소를 빌려주는 차원이 아니라 소를 이용하여 임금을 벌고, 이로써 필요한 만큼의 노동력을 고용한다는 고용노동 이용의 한 체계로 소를 활용하고 있다. 이렇게 해서 확보한 품앗이나 고용노동력을 벼농사의 제초·이앙·수확 등 일시에 많은 노동량이 집중적으로 필요할 때 이용했을 것이다.[44]

현지조사로 가능한 일제 강점기의 고지를 사례별로 검토해보자.

첫째, 고지를 먹는 사람들은 대개 소작농이나 소작도 없는 무토농민이었다. 일제시대의 소작이란 불안전 고용에 가까운 것이었다. 음력 섣달이 지나 정초가 다가오면 본격적인 보릿고개가 시작된다. 겨울철에 있는 집에 가서 고지를 얻어서 먹는 일이 시작되었다. 미리 쌀을 갖다 먹고서 1년 농사로 품을 갚는 방식이었다. 신용이 없으면 고지조차 얻기 어려웠다.[45] 조선총독부의 자체보고서에도 고지를 이렇게 보고했다.

> 고지군은 가장 생활이 불안정한 계급에 속하며, 4·5월경의 춘궁기에는 생활이 가장 곤란하여 차금, 또는 일용노임으로 겨우 살아나가고, 6·7 월경에는 고지에 종사하며, 9·10월에서 11월까지는 소작료의 일부와 장작(薪炭) 채취에 의존하며, 12월에서 3월까지는 고지를 미리 먹고 생활한다.

이앙만 해주는 고지일지라도 실제로는 고지를 준 집의 대소사를 도와주어야 하는 경제외적 강제도 만만치 않았으니 고지먹는 농민의 처지는 상상을 초월할 정도로 어려웠다.

둘째, 일제시대의 고지는 일정한 경작노동을 청부한다는 의미로서 대략 두 종류로 나뉘었다. 하나는 농업노동자가 개인 청부하여 가족노동으로 행하는 경우이며, 다른 하나는 단체를 조직해서 청부노동하는 경우다.[46] 집단적으로 먹을 때는 고지두목, 혹은 목대잽이(사례 3), 모개비(사례 9)라 하여 고지를 받아다가 분배하여 공동으로 처리했다. 고지대장은 동네에서 고지를 먹을 경우에는 필요없었으며 외부에서 먹을 경우에 요구되었다(사례 5). 고지의 계약방식은 구두로 했다.

셋째, 고지를 얻어 두레나 품앗이에 넣어서 공동으로 해결하는 경우가 많았다(사례 4). 고지를 먹으면 온 가족이 밤새 일을 해야 했다. 개인이 부치는 소작과 고지먹은 논까지 합해 엄청난 노동력이 요구되었던 탓이다.

넷째, 고지는 보통 1말에 3일 정도의 일을 해주어야 했다(사례 3·5). 혹은 4일(사례 4), 더 나아가 마을에 따라서는 심지어 4·6·7개까지 해주었다(사례 9). 고지는 품앗이와 달리 원칙적으로 식사를 제공하지 않았다. 따라서 고지노동은 더욱 힘이 들었다. 먹고살기 어려운 집에서는 먹을고지라고 하여 아예 밥만을 얻어먹기 위해서 고지를 하기도 했다(사례 11).

다섯째, 고지의 종류는 매우 다양하다. 어느 한 가지 작업만을 해주는 경우와 농사일 전반을 해주는 두 가지로 대별된다. 어느 한 가지만을 해주는 고지로는 '모내기고지(심을고지)'가 가장 많았다.[47] 경기도지역에서는 '자리품'이라고 하여 모내기만을 해주는 고지가 있었다(사례 1). 고지하면 모심기고지를 뜻하는 지역이 많음은 고지노동이 모심기 같은 농번기에 집중되어 있음을 뜻한다. 모든 일을 해주는 고지는 '장고지·샀고지'라고도 불렀으며 노동 강도가 매우 강했다. 모심기, 김매기, 벼 베기까지 모두 해주는 방식이었다(사례 5).

'단고지, 장고지'로 대별하는데 단고지는 일용노동자, 장고지는 계절적 단기 고용노동자를 뜻한다. 밭고지에서는 제초작업뿐이었으나 논고지는 춘경 또는 모내기작업만 하는 것(1고지), 모내기와 첫 김만 맡는 것(2고지), 모내기로부터 두벌 김까지 맡는 것(3고지), 세벌 김까지 맡는 것(4고지), 수확까지 맡는 것(5고지)과 탈곡 조제까지의 전 작업을 맡는 것(6고지, 통고지, 전고지, 종고지) 등으로 구별하기도 한다.[48] 호남에서는 '통고지'와 '반고지'로 구분하기도 한다.[49] 통고지는 논을 꾸며서 모심고 네벌 김매고, 새 보아서 벼를 베어 훑어서 곳간에 넣어주기까지 하는 '온고지'로 고지를 내올 때는 일할 때 먹는 밥쌀, 술값, 담배값까지 계산하여 받아온다. 반고지는 모만 심어주거나 모심고 김매기까지만 약정하는 고지다.

빈곤의 악순환이 거듭되는 가장 혹독한 형태의 고지가 해방 전후시기까지 여전히 이어졌다. 남북한에서 각기 나름의 방식으로 토지개혁이 이루어지면서야 겨우 수그러들었다. 이후로도 빈농층에서 춘궁기에 미리 쌀을 가져다 먹고(지역에 따라서는 장리쌀 따위의 형태로 이어짐), 여름 한 철에 노동력을 파는 방식으로 청부작업이 존속되어오다가 사라졌다.

### 사례 1 화성군 양지편(資2-34)

'자리품' 노동범주는 '모내기품'에만 국한되어 있었고 김매기 때는 하지 않았다. 1마지기에 소두 닷 되로 계약을 맺었다.

### 사례 2 대전시 정생동(資5-16)

2~3집 정도로 조직되었고, 여자를 포함한 전 가족이 참여했다. 고지 계약은 구두로 했다. 모내기고지는 한창 바쁠 때 모내기만 해주었다. 장고지라고 하여 심어서 매고, 타작까지 이르는 모든 농사일을 해주는 고지도 있었으니, 약간 비싸게 계약했다. 1섬을 먹으면 10마지기(잘되야 2섬폭임) 이상 해주어야 했다. 노동 강도도 매우 강했기에 '고지논 판다'는 말이 '밤에도 일해 주고 잠잘 새가 없이 하는 노동'을 부르는 말이 되었을 정도였다. 작업도중에 스스로 양식을 꾸렸다.

### 사례 3 대전시 버드네(資5-18)

쌀 한 말에 사람 셋을 계산했다. 쌀 연말 먹으면 세 사람 분량의 일을 열흘간 했다. 구두계약으로 '목대잽이(고지책임자)'가 받아온 고지를 가족, 혹은 인근 가난한 사람을 동원하여 청부맡았다. 모내기에 쓰였으며 김매기에는 거의 쓰이지 않았다. 모심기, 모내기, 김매기의 만물까지를 모두 해주는 힘겨운 고지로 삯고지(일명 사꼬지)도 있었다.

### 사례 4 대전시 산뒤(資5-23)

마을 지주의 고지를 많이 먹었다. 고지를 품앗이로 해결했다. 고지를 받아온 '고지주인'이 품앗이를 조직하여 처리했다.


### 사례 5 대전시 아랫관들(資5-25)

대략 사고지와 심을고지로 나뉜다. 사고지는 쌀 1말에 나흘일을 해주는 것이었으니, 논일로 4마지기를 해주는 것이었다. 모내기 1마지기를 해주고, 김매기 3벌까지 도합 4번에 걸쳐서 4마지기를 해주었다. 따라서 한 섬지기(20말)를 먹으면 80일 분량의 일을 해주어야 했다. 다른 동의 경우, 고지대장이 구두로 계약을 하고 책임을 지고서 일을 집행했다. 고지대장이 20여 명을 조직하여 대단위로 고지를 행했다. 식사는 각자 해결해야 했다. 심을고지는 1말을 먹고 나서 서 마지기를 해주는 분량으로 일의 분량은 똑같았는데 워낙 바쁜 철이라서 모심기를 네 마지기 분량씩 해준다는 것은 쉬운 일이 아니었다. 그래서 이 마을의 경우는 심을고지는 잘 안 먹으려고 했다.


### 사례 6 공주군 수실마을(資5-2)

한 마지기 당 쌀 한 말씩 주었다. 모내기고지는 모내기만 하고, 장고지는 모심기, 김매기, 벼 베기를 모두 해주었다. 김매기는 세벌을 다 해주기도 하고 일부만 해주기도 했는데 협상하게 마련이었다. 장고지는 모내기에 한 말, 김매기에 닷 되, 베는 데 닷 되를 하여 총 두 말을 주었다.


### 사례 7 공주군 학봉리(資5-5)

고지라면 모내기고지를 의미했다. 고지는 대개 10~15명 정도의 마을 사람들이나 3~5명의 가족끼리 형편을 보아서 고지를 먹었다. 고지를 논 임자에게서 받아오는 사람을 '고지대장'이라 불렀다.

### 사례 8 부여군 신대리(資5-27)

장고지와 심을고지가 있었다. 장고지는 논 한 마지기 당 두 말을 먹고서 못자리부터 추수까지 전부 해준다. 못자리, 김매기 3번, 추수까지 5번의 일을 맡아했다. 심을고지는 '논 한 마지기 당 품이 얼마가 들어가면 심는가'를 비례하여 맡아서 하게 된다. 모심을 때 품을 계산하여 심는 사람이 자기들끼리 맡아서 품앗이 형식으로 하게 된다.

### 사례 9 부여군 탑동(資5-31)

신용이 생긴 사람에게나 주지 아무나 고지일을 받을 수 없었다. '모개비'가 받아서 나누어주기도 했다. 작업량은 보통 쌀 한 말에 4개, 심지어 6개나 7개까지도 했다. 이는 모심기, 아시매기, 두벌매기, 세벌매기 4번과 그밖에도 피사리, 벼 베주기, 보리풀베기 등이 포함된 탓이다.

### 사례 10 서산군 독곶(資5-33)

삿꼬지는 밥값대신 돈을 주었고 일체 술대접 같은 것도 없었다. 하청인 관계로 농사꾼이 제 돈을 써가며 노동을 했다.

### 사례 11 고창군 상평마을(資4-1)

마지기 당 쌀 한 말에 모내기, 지심 3번, 베어서 묶어서 갖다 주기까지 해주었다. 모내기고지는 없었다. 여자들이 하는 밭고지는 쌀 닷 되에 200평을 해주는 것으로, 남자들의 반밖에 안 주었다. 먹을고지는 진고지와 같은 명칭으로 일반적인 고지를 말한다. 한 말을 먹고서 일을 하는데 논 임자가 아이들까지 먹을 것을 주면서 일을 시켰다. 봉창고지는 먹을고지보다 두 배인 두 말을 주고 더 이상은 아무것도 주지 않는다.

### 분해되는 공동체, 급격히 소멸된 두레

두레는 일제 강점기에 이르러 소멸되었다. 그러나 두레의 분해는 두레가 온전하게 성립되어나가던 조선 후기에도 이미 동시적으로 안고 있던 문제였음을 주목해야 한다. 19세기에 이르러 상품화폐의 발전으로 말미암은 농민의 계급분화는 많은 고농雇農과 품팔이들을 만들어냈다. 채무고용노동 형태인 고지雇只가 급속히 불어났다. 급속히 진행된 신분층 분해는 두레의 운명을 예시하는 것이다.

그러나 본격적인 두레분화는 일제 강점기에 일어났다. 조선시대의 두레분화는 조선사회 자체의 내재적 발전에 의해 비롯된 것으로 지극히 제한적으로 이루어졌으나, 일제 강점기의 분화는 강제적이었을 뿐 아니라 식민지정책의 의도적인 결과였다. 또한 노동력 착취와 생산물 수탈이라는 명백한 목표를 지니고 진행되었다. 더욱이 민족적 심성을 파행적으로 이끌어가는 가운데 조선사람의 힘을 결집시키는 집단놀이나 의례, 공동체적 관행을 왜곡시키는 방향으로 정책이 이루어졌으므로 두레도 살아남을 수 없었다. 농민층의 몰락은 두레를 건강하게 살려낼 수 있는 기반을 잃게 했다. 일제 말에 이르러서는 최소한의 삶의 조건도 보장되지 못했다. 청장년층은 무차별로 징용과 징병으로 내몰렸다. 이런 여건 속에서 두레풍습이 급격히 소멸했음은 필연적이다. 일제 강점기 말기에 조선에 와 있던 농촌사회학자 스즈키鈴木榮太郎는 두레의 운명을 이렇게 예고했다.[1]

> 두레에는 농기·농악이 따른다. 그 정연한 대조직隊組織과 개인의 자의恣意를 용서치 않는 전체의 통일의지가 이 농기·농악에 상징되고 있다. 공동작업·공동회식會食도 두레에 따르는 것이고, 그것은 생활공동체로서의 동리의 성격을 여실하게 상징하고 있는 것 같다. 무릇 두레에서 받은 인상은 부락민들은 일체라는 느낌이다. 각호各戸의 경영경작지 면적이 동리 내에서 대략 균등의 관계가 현저하게 무너져가면 두레조직은 곤란하여질 것이다.

집단적 노동과 공동체적 축제가 공리적 기능을 수행하면서 민중의 에토스를 확립하는 데 큰 역할을 해왔다고 본다면, 공동체적 연대감의 분해로 야기된 공동체적 심성의 분해는 집단적 신명의 약화와 제의공동체의 기반해체, 집단노동의 개별노동화라는 결과를 낳았다. 그리하여 두레는 급격한 소멸의 길을 걷기 시작했으니 이미 일제 강점기 초반부터 소멸이 본격화되고 있었다. 식민지경제로 완벽하게 접어들어가면서 더 이상 공동체적 노동은 설 자리를 잃었으며, 모든 노동은 두레식의 공유로서가 아니라 개인적 임금으로 환산되기 시작했다.

두레의 소멸에 따라 두레가 배태한 다양한 농경문화의 소멸도 필연적이었다. 이는 당대의 문화가 마을 공동체를 기반으로 설정되었던 까닭에 공동체 분화와 더불어 그에 따른 집단적 문화도 와해됨을 의미했다. 두레는 다양한 이유들로 소멸되었겠지만, 대략 다음의 여섯 가지로 정리할 수 있다.

① 공동노동이 분해되고 임노동으로 재편성되다

'두렁타기'로 농사를 지어나가는 두레는 마을 토지의 공유적 경영이기 때문에 임노동과는 무관하다. 그런 두레의 공유성이 약화·소멸되면서 임노동으로 재편된 이유는 한국사 자체의 내재적 요인과 일제 침략으로 인한 외재적 요인으로 구분하여 생각할 수 있다. 내재적 요인은 조선 후기 자본주의 맹아적萌芽的 성장과 관련된다. 부농층은 땅주인이 두레에 직접 참여하는 대신에 머슴, 혹은 고용노동자를 대신 참가시켰다. 부농층 입장에서는 자신이 고용하고 있는 머슴 등을 대거 투입하여 농사를 짓게 했으니 언뜻 보면 외형상으로는 똑같은 두레이지만 내적으로는 빈농과 머슴들이 짜는 두레였던 것이다. 자·소작농 중심의 두레성원에 다수의 머슴이나 농업노동자들이 참여함으로써 두레는 내부적으로 흔들리기 시작했다. 각각의 경작지를 공동으로 경작하는 두레의 처지에서 마을 안에 점증하는 다수의 무토농민은 더 이상 공동체성을 유지하기 어려웠다. 두레 분해의 요인이 이미 내부적으로 존재했던 셈이다. 가령 동춘당이 있는 대전시 송촌두레의 경우(賁5-22), 두레가 다분히 삯고지 형태를 지닌, 즉 무토농민들이 집안을 모아서 두레의 형식만을 빌려 농사를 짓는 방식이었다. 외형만 두레였지 이미 두레가 분해되어 전혀 다른 이질적인 조직으로 변질된 상태였다. 송촌두레는 전국적으로 볼 때 조금 특수한 경우이기는 하지만, 이 같은 양상은 곳곳에 잠복되어 있었다.

그러나 무엇보다 외재적 요인이 결정적이었다. 한 사회의 사회적 이행이 자신들의 역사에 의하여 자연스럽게 옮겨지지 못한 조건에서 파행적인 식민정책에 의해 강요됨으로써 농민층의 상승적 분해나 하강적 분해 모두가 왜곡되어 나타났다. 중농층의 분해 역시 농업외적 수탈과 지주제의 압력으로 촉진되었다. 농민 자신의 욕구와는 무관하게 강권적인 일본 자본이 농촌에 침투하면서 전통적 농촌경제는 와해되었다. 한국의 지주층도

은행에서 금리를 받기보다는 토지를 사들여 무토농민들에게 소작을 하게 하고 금리와는 비교할 수도 없는 소작료를 받았다. 단순한 백석지기, 천석지기에서 벗어나 광대한 논을 사들인 거대지주들이 탄생했으며, 이들 지주들의 땅을 경작하는 이들은 소농빈농층이거나 품팔이 농민들이었다. 동양척식회사를 비롯한 일본농업자본의 토지잠식도 극에 달했다. 따라서 상부상조적인 공유적 경영 대신에 오로지 임노동적인 관계로 접어들면서 두레의 소멸은 촉진되었다.

농촌사회 내부의 계층적 분화가 급격히 촉진되어 다량의 자·소작농이 소작농으로 몰락했다. 간척 등으로 총경지는 뚜렷이 확대되었으나 영세민이 무수히 산출되어 그 대부분은 결국 과잉인구로 누적되었다. 개량농구와 기계가 도입되어 농업노동의 양을 절감한 것도 과잉인구를 늘리는 데 기여했다. 누적된 과잉인구는 결국 두레에 의한 공동노동의 유대를 완화시키는 작용을 했다. 다수의 과잉인구 중에서 품팔이꾼, 이른바 일용 농업노동자가 대량으로 나타났던 것이다.[2] 땅주인 입장에서는 굳이 두레에 의존하지 않더라도 '놉' 같은 일용직을 써서 농사를 지을 수 있었다. 이기영의 소설 「고향」에서 품팔이 청부노동인 고지를 집단적으로 해결하게 위해 두레를 들이미는 대목은 바로 분화된 조건의 과도기적 두레를 잘 설명해준다.


② 토지조사사업으로 강제로 사유제가 편성되다

사유제는 전체 개별 소유를 공유적으로 경영한다는 두레 자체의 모순을 심화시켰다. 지금까지 토지의 직접적 생산자였고, 그 영구적 경작권에 따라 토지에 대한 직접적 지배자였던 농민을 단순한 법적 계약에 의해 초라한 소작농민으로 전화시켜버렸다. 토지소유자가 아닌 농민이더라도 조선시대의 농민은 '현실적 경작자유자'로서 토지점유권을 보유하고 있었지만, 토지조사사업은 이들로부터 토지점유권을 분리시켜 그들을 단순한 소작농으로 전락시켰다. 일제의 토지조사사업에 따라 토지제도가 사유제도화하고 소작 관계 역시 자유계약화되었다. 농업생산의 대부분이 상품생산화되었지만 이는 자본주의적 농업경영이 되지 못하고 봉건적 생산관계가 잔존하게끔 했다.[3] 이에 따라 두레성원인 농민들은 외부적으로는 식민지적 경영에 압박을 받고, 내부적으로는 계속된 봉건적 경제관계에 압박을 받게 되어 두레의 실제적 모습은 와해되었다. 두레 결산에서도 화폐로 해결짓는 모습이 나타났다.

두레에 의한 노동의 공동성이란 결국 역사적으로 본다면 촌락생활 자체의 공동성의 반영이었다. 근년에까지 그것이 유지되어왔다는 것도 촌락공동체적 관계의 한 유제遺制로 존속되어온 데서 비롯되었던 것이다. 그런데 토지조사사업 과정에서 촌락 자체의 재산권이 없어지고, 촌락의 공유전답과 아울러 공유임야도 소멸되었으며, 완전한 사적 경제로 전환되면서 전 촌락경제가 사분오열되고 보니 두레도 결국 그 조직의 기초가 무너지지 않을 수 없었다.[4]

토지조사사업 결과, 촌계의 자주성을 담보해주던 경제적 바탕인 마을 공유지 혹은 마을의 계금契金이 상실되었다. 토지조사사업에서 토지소유권의 확인이 신고주의申告主義라는 독특한 방법으로 수행되었으니, 이는 마을 공동소유의 소멸을 의미했다. 마을공동체의 물적 토대였던 공동소유지의 해체는 농민 분해와 더불어 공동체의 소멸을 촉진했다. 농민생활의 황폐화는 마을 공동계금의 축소 및 파괴를 불러왔다. 마을풍물패의 대동걸립이 공동의 자금을 확보하는 데도 쓰였다면 자금 고갈은 더 이상 본격적인 공동체적 재원의 적립을 불가능하게 만들었다. 두레 공동노동의 분배를 통해, 혹은 대동걸립을 통해 구입·보수했던 농악기의 유지조차 더 이상 지탱할 수 없게 되었다. 일제에 의해 점유된 새로운 토지들,

가령 동척에 의한 서해안 매립지의 엄청난 토지들을 경영하는 농민들은
전통적인 지역농민이 아니라 자신의 땅에서 살지 못하고 대대적으로 이
주해올 수밖에 없던 극빈층들이었다. 그네들에게 두레노동을 기대하기
란 불가능했다.


### ③ 상품화폐경제가 침투하다

토지조사사업에 의해 토지사유제가 확립되자 그것을 전제조건으로 창
출된 금납제金納制는 농촌자연경제를 급속도로 해체시키고, 일제와 토착
지주에게 토지를 집중시키는 요인이 되었다. 요컨대 지조地租의 금납화
로 말미암아 직접생산자들은 토지경작권의 보증마저도 빼앗기고, 심지
어는 반半노예적 소작인으로서의 존립마저 어려워지게 되었다.

두레의 지속성은 바로 전체 직접생산자들이 토지경작의 지속성을 보
장받는다는 원칙에서만 가능할 수 있었다. 소작에서의 불확실성은 이를
단절시키는 것이 되었다. 급기야 토막土幕으로 유리되거나, 일본이나 만
주 등지로 유랑하는 방향으로 농민층의 분해는 가속화되었다. 가령, 토
지조사사업이 진척된 지 몇 년 후인 1924년과 그 10여 년 뒤인 1933년의
계급별 농가호수는 농민층의 해체가 급속도로 이루어졌음을 보여주고
있다.[5]


**토지조사사업 시행 후의 농민층의 변화**

(단위 : 호)

| 구분<br>년 | 지주 | 자작 | 자작 겸 소작 | 소작 |
|---|---|---|---|---|
| 1924년 | 92,183 | 525,689 | 934,208 | 1,142,192 |
| 1933년 | 104,902 | 545,502 | 724,741 | 1,563,056 |

| **목포항 면화출항과 인천항 미곡출항**(그림엽서, 1910년대, 14.2×9.1cm)

상품화폐경제의 침투에는 일본자본의 침투가 중요한 역할을 했다. 일본인 지주·농업회사 등에 의한 집단적인 대규모 토지잠식이 이루어졌고, 이들은 농민들의 단결을 두려워한 까닭으로 일체의 조직적 노동을 와해시키면서 오로지 수탈적인 임노동 관계로만 농민층을 묶어두려고 했다. 동시에 농민들의 자주성을 분쇄하기 위하여 다양한 대책을 강구했다. 아래와 같은 상황에서 마을공동체의 공유적 경영을 전제로 한 두레 문화의 존속은 점점 어려워졌다.

· 부량 소작인의 도태정리
· 소작료 증미增米계획의 수립 및 실행
· 소작인의 엄선 및 보증인의 증가
· 위탁경작 폐지
· 소작계약 완료시기의 변경

· 맥작麥作 기타 작부의 금지 또는 제한

· 농경자금 대출 경계

· 사음의 인선 엄중, 권한 축소

· 개인 경영을 회사조직으로 개변

· 신탁회사에 신탁경영[6]


④ 향촌사회의 행정적인 강제편성

일제는 강점 이후에 지방통치기구 개편의 핵심으로 '면에 관한 규정'을 시행했는데, 1912년에 동리의 재산을 정리하여 계, 향약 등 촌 자치성

| 목포항에서 반출되는 쌀(『일본지리풍속대계』 조선편, 1930년)

을 부정했다. 종래의 자연촌락을 통폐합하여 하부 행정단위인 동리(행정촌락)로 재편해 지방지배의 효율성을 높이고자 했다. 즉, 각 군 및 자연마을을 통폐합하여 오랜 세월 동안 공동체적으로 유지되어오던 향촌사회를 강제적으로 분해시켰다. 행정구역 개편으로 마을 단위의 공동자금인 계금이 없어지자 두레의 물적 토대가 사라졌다. 자연마을 단위로 관행처럼 수행되던 삶의 단위가 강제적인 행정개편으로 말미암아 급격한 혼란에 빠졌다.[7]

일제의 통폐합 방식은 기존 마을의 경계를 변경시키는 개편, 몇 개 마을을 합병하여 새로운 명칭의 마을로 만드는 통합, 또는 마을 명칭 자체를 일본식으로 변경시키는 방법 등 다양한 수단을 구사했다. 이에 따라 각 마을 단위의 두레 공동체적 연대감은 강제적으로 분해될 수밖에 없었다.

### ⑤ 마을의 자치성 소멸

농민조직 자체의 강제적 재편을 들 수 있다. 일제는 일본인 이주농업을 적극 권장하면서 이주민이 증가함에 따라 이른바 지방농사조합地方農事組合을 만든다. 즉 군산농사조합(1905년)을 필두로 강경江景토지조합, 부산농업조합, 대구농회 등이 설립되었고, 인천에서는 1905년 일본관리, 통감부 권업모범장勸業模範場의 직원, 수원농림학교 직원, 곡물상 등에 의해 조선중앙농회가 설립되었다. 이와 같이 우리 농민들만의 자주적 농민조직에서 강제적 농민조직으로 개편이 이루어지자 조직의 자주성은 파괴될 수밖에 없었다. 조선사회 양반을 매판지주로 온존시키면서 일본인 대지주(이를테면 동척)를 기반으로 하는 지배체계를 확립시켰다.

특히 진흥회振興會의 출현은 촌락단위의 자주성을 더욱 파괴하였다. 다양한 마을단체를 조직시켜 민풍 개선, 농사 개량, 생활 개선 등의 명목으로 전통적인 자치조직을 행정적으로 통제했다. 전통적 농민단체는 파괴

**농촌진흥책의 주요 목표**

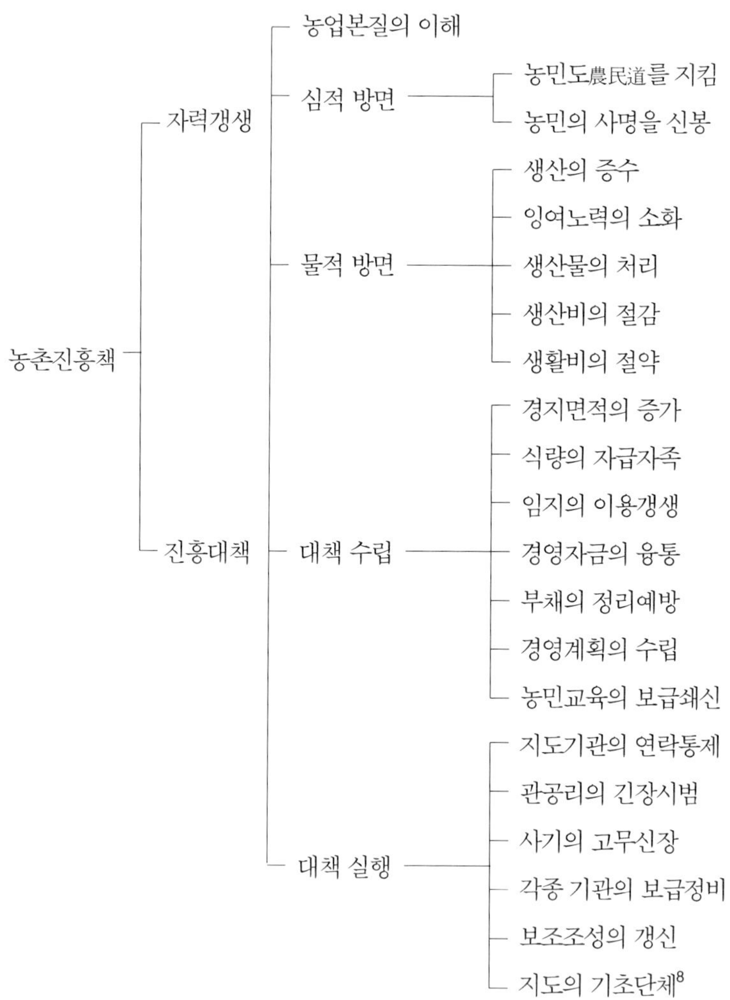


출전 : 『農山漁村振興運動の全貌』, 1933

하면서 사이비단체(농촌수탈기구)를 만들어 농촌지배를 강화하여 식민지 재생산구조의 위기에 대처하고자 했으니, 모든 것이 명령과 강제에 의해 결정되어 자치성과 자발성을 잃어버린 농민들은 단순한 소상품 생산자, 혹은 소비자의 위치로 전락해갔다. 관제조직인 진흥회가 두레의 자율성을 악화시킨 것은 필연이었다. 화성시 양노리두레의 경우(資2-14), 두레가 아예 진흥회 소속이었다. 두레 자체는 분명히 주민들의 것으로 영좌 등의 직책도 유지했으나 소속만큼은 진흥회에서 관리하고 있었다. 그러나 화성군 고잔리두레의 경우(資2-26), 진흥회와 두레가 마찰을 일으키자 주민들이 독자적으로 두레를 이어온 사례도 보고된다. 농촌진흥책의 일면을 왼쪽의 도표로 살펴보자.

⑥ 민족문화의 말살정책이 시행되다

일제는 식민지배를 쉽게 하기 위해 미신화 획책에 주력하여 일체의 민족 자주문화를 저열하고 속된 것으로 왜곡·탄압했다. 동시에 3·1운동 후 조선총독부 중추원 주도하에 광범위한 민족문화 연구를 통해 한국인이 지니고 있는 문화적 역량을 와해시키는 작업을 강화시켜나갔다. 이밖에도 경찰범처벌규칙警察犯處罰規則, (총리령 40호), 폭력행위 등 처벌에 관한 건(총독부), 시장市場규칙(총리령 136호) 등 제반 법규적 억압장치는 대동놀이에 치명적인 제약이 되었다.

더욱이 일제 말기에 이르러 전쟁 공출을 강화시켜나가면서 징·꽹과리 등 악기를 몰수해 그나마 명맥을 유지해오던 민족문화에 일격을 가했다. 일제 말기 악기 공출로 풍물이 사라진 지역이 적지 않다. 지금이야 악기 구입이 손쉬운 편이지만 당시의 어려운 살림살이에서는 악기 공출이야말로 대단한 타격이었다. 징과 꽹과리 없이는 풍물 자체가 존립하기 어려웠다. 백중놀이로 유명한 밀양의 감천두레의 경우(資3-1)에도 대동으로 모이는 것 자체를 싫어했기 때문에 두레풍물이 모이지 못하게 했고, 1940년대엔 악기 공출로 인해 소멸이 더욱 촉진되었다. 안양시의 경우(資2-1, 2-2)에도 농악기가 사라진 탓으로 두레풍물을 놀 수 없었고, 징용으로 많은 남자들이 끌려가면서 두레를 놀 사람이 줄어들면서 점차 사라지기 시작했다. 화성시 봉가리·육일리두레의 경우(資2-21, 2-22), 20~30명 단위의 작업반이 강제로 조직되어 '풍물도 없이' 공동노동을 했으니 두레와는 무관한 것이었다. 이런 예는 일일이 나열할 필요조차 없을 것이다.

요컨대 자주적 농민의 힘을 기초로 성장했던 두레 생산문화는 그 자주성이 강제로 분해됨으로써 급격한 문화접변의 대응책을 강구할 수도 없는 무방비 상태에서 자문화의 독자적 운동이라든지 자문화의 재생을 기도하는 일련의 움직임조차 가져보지 못한 채 분화되고 말았다. 더욱이 사회구성의 강제적 이행과 재편에서 농민의 주도권이 완전 상실됨으로써 문화적 헤게모니 역시 식민 통치세력에 의해 장악되어, 두레는 다양한 변모를 겪으면서 소멸·왜곡되었다.

그러나 여기서 주목해야 할 점이 있다. 식민통치정책이란 본디 양면적인 면을 동시에 지니는 법이어서 일제 역시 민족문화에 대한 교묘한 양면 정책을 폈다. 조선의 농업구조가 여전히 봉건적 수탈 관계에 머물러 있었으므로 매판지주세력과 식민통치세력의 결합을 통해 농민지배를 강화시켜나가는 한편, 전래의 공동체적 틀을 일정하게 보호·육성함으로써 노동력 동원과 착취에 이용했다는 사실에 주목해야 한다.

⑦ 청장년 노동력을 전쟁터로 징발하다

전쟁이 막바지로 치달을수록 수많은 이들이 징용·징병 등으로 끌려갔다. 두레의 성원들은 모두 청장년으로 노동력이 가장 왕성한 성인남

**근로보국대**

여학생들까지 동원해 노동력을 수탈했다(일제 말).

자들이므로 이들의 부재는 두레의 존립 자체를 불가능하게 만들었다. 부족한 노동력을 채우기 위하여 여성들까지 김매기에 투입되어 공동작업반이 꾸려지는 실정이었다. 이런 조건 아래에서 두레풍물굿을 놀 사람도 없었고, 악기마저 공출당해 두레는 거의 불가능한 상태로 접어들었다.

공주 수실두레(資5-2)도 공동작업반과 징용 때문에 사라졌다. 논산군 운천두레(資5-9)의 경우, 노동력이 징발되어가자 여자와 노인들도 공동작업반에 투입되었으며, 두레가 사라지자 품앗이를 조직하여 풍물 없이 하는 '벙어리두레'를 했다. 대전시 웃말두레(資5-17)의 경우도 복구대에 끌려가고 두레할 사람이 없어진 것이 가장 큰 이유였다. 같은 대전의 버드네두레(資5-18)의 경우, 인근 대전비행장의 복구대에 끌려나가면서 일손이 사라졌다. 강제 징용·징병이 불러온 농촌의 공백에 관해서는 더 이상의 세세한 나열이 불필요하다.

 ## 노동력을 동원하기 위해 두레를 역이용하다

① 일제 말기 전쟁과 공동작업반

1930년대로 접어들면서 대대적인 전쟁확대와 더불어 강제노동에 가까운 부역·공동작업반 등이 본격화되면서 두레는 결정적으로 존립 터전을 잃었다. 아래의 자료는 이미 전래의 상부상조하는 노동행위와는 전혀 다른 부역賦役노동이 출현하여 식민지적 강제를 가하고 있음을 예시해주고 있다.

> 쇠를 녹일 듯 돌을 불사를 듯 찌는 여름날 불가튼 여름날.……지주와 사음에게 과도 이상으로 착취를 당하는 것도 엄청난데 영 먹고 살 수가 없는데 글세 한참 농사 때 길을 닥거라 다리를 노아라 시내를 고처라 야단이니 살 수가 있나.……심한 때는 사오일 부역을 식키니 살 수가 잇나. 그것도 아조 진가을이나 겨울 가트면 모르지만 대개는 한참 농사에 밧분 봄 여름철 식키니 견듸여 낼 재간이 잇나. 엇떤때는 닷새 엿새식 송충이까지 잽힌다. 만약 조금이라도 말을 안드르면 몇 십원 벌금이니 몇칠 구류니 하고 면소 나리들의 호령이 통통하고 별야단치니, 어이구 맙시사, 그것도 밥이나 멕여주면 좀 뭘하지만 제밥먹고 이른 아츰부터 일을 해야하니 밥이 어디서 생긴담 거저?……그날 버러 그날 먹는 농민이 밥이 어데서 거저 생기느냐 그래서 굶고 부역을 난다.[9]

스즈키鈴木榮太郎가 전라남도 농촌을 조사하면서, ‘두레는 재작년(소화 17년, 1942년)까지 행해졌으나 작년부터는 애국반愛國班 단위로 공동작업 반을 조직하여 작업하기 때문에 두레는 행해지지 않았다. 그러나 면 안에는 작년에도 두레로 했던 곳이 있다. 이곳에서는 금년에도 공동작업반으로 하게 될 것이다. 공동작업반의 경우에는 구장과 반장이 상의하여 노동력을 조정한다. 그리고 강제적으로 행해지고 있다. 물론 노임을 지불하고 있으며, 그것은 공정한 임금이다. 모내기나 제초에도 공동작업을 했으나 특히 공동작업에서 힘을 들이는 것은 모내기와 수확이다. 두레가 강제화·합리화된 것이 공동작업이라 할 수 있다. 남녀 모두 14~15세 이상이면 공동작업에 나간다’고 했으니, 두레가 일제 말기에 공동작업반으로 강제 변화된 과정을 잘 보여주고 있다.

잔존된 두레는 식민지 농업정책의 모순을 떠받치는 식민지적 농업편제의 영향을 받게 되었다. 즉, 일제는 노동력의 ‘공동’을 통한 집약화로 식민지농업의 기본방침을 노동의 착취에서 해결하려 했다. 일제하 농업정책의 일관된 구조는 전통적 지주·소작 관계를 선택적으로 온존·강화시켜 지주에 의한 주도와 전횡을 기초로 농업생산물의 증대를 꾀하는 것이었다. 일제와 지주의 구조적 밀착에 의해 근로제일주의를 표방한 노동력의 집약화가 내세워졌다. 따라서 식민지 시기의 농업생산은 근본적인 기술변혁이나 농업조직의 변화없는 손노동의 대체, 착취로 일관되었던 것이 일반적 경향이다. 이런 맥락에서 두레나 품앗이, 공동경작과 같은 전통적인 공동노동 형식은 이른바 ‘근대적 농업의 비약적 발전과 성장’에도 불구하고 보편적 영농조직으로서 이것에 의해 많은 작업이 행해졌다. 그래서 점진적 쇠퇴나 해체에도 불구하고 농업에서 중요한 역할을 담당하여 필요한 노동조직으로 널리 행해졌다. 일제 강점 이후 전통적으로 행해오던 부역 같은 공동노동 관습을 미풍이라 하여 적극 장려한 일

| 일제 강점기 평안북도 강계군 종묘장의 김매기(김민영 옮김, 『근대 식민지 산업풍경』, 선인, 2005)

제는 도로공사·사방공사·학교건설 같은 다양한 기간산업뿐 아니라 각
종 군사시설 건설에 이것을 활용했다.

일제는 이런 부역의 강제적 실행을, ① 동리 간의 경쟁심을 교묘히 이
용해 도로 품평회 혹은 도로경진회라는 것을 열어 성적이 좋은 동리를 표
창하는 방법을 쓰기도 했으며, ② 동계나 진흥회 등의 단체를 통해 각 담
당구역 도로에 대한 봄가을의 정기적 수선은 물론 평상시의 유지, 수선과
가로수의 보호, 관리를 강요했고, ③ 농번기 등의 일손에 쫓겨 부역에 응
하지 못하거나 거듭되는 궁핍에 부역대금조차 못내는 농민들에게 강제차
압을 행하기도 했다. 농촌살림의 열악한 조건을 지탱시키는 유일한 힘으

| **일제 강점기의 공동 모내기**(『제6회 과천향토사료전』, 과천향토사연구회, 2003)

로써 공동노동 강제에 의한 노동력 수탈, 생계비의 최소한 지출이란 방법을 동원했다. 특히 일제는 1920년대 이후 소작쟁의를 비롯한 농민들의 민족해방운동의 전면적 확산에 부딪혀 식민지 반봉건의 모순을 적절히 여과시키고자 의도했을 것이다.[10]

1930년대 전시상황으로 들어오면 노동력 동원책은 더욱 심각해진다. 전시하 공동노동의 새로운 조직으로, ① 공동작업반 활동을 효과적으로 하기 위한 경지정리, ② 두레와 품앗이의 공동식사전통 살리기, ③ 부인노동을 적극적으로 동원하기 위한 공동작업·공동식사·탁아소 관리 등을 꼽고 있다.[11] 부녀자를 노력동원하는 일에 대해서까지 많은 신경을 썼다. 애국반·공동작업반에서 여성들이 동원되었음은 노동력 동원의 심각성을 말해준다. 청장년 노동력이 징용·징병 등으로 유출되자 여성 노동력을 동원하기 시작했으니, 겉으로는 남녀 평등사상을 선전하면서 여전히 여성을 봉건적 테두리에 묶어두고 그 열악한 지위의 약점을 최대한 이용하고자 했다. 여성이 농업노동에 참여하게 된 것은 경제논리에 의해서만이 아니다. 마을 진흥회 안의 부인회 등을 통한 여러 강제조치들이 취해졌으며 때로는 경찰력이 동원되기도 했다.[12] 과거에 여성들은 논김매기에는 참여하지 않았으나 두레가 와해되면서 공동작업반에 여성노동력을 투입하기 시작했다. 가령, 일제가 선정한 모범농촌인 전남 강진군 성산면 도림리의 경우, 여성동원이 1920년대 말에 시작되는 것으로 보아, 여성의 논일 참가는 대략 1930년대부터 본격화되었음을 보여준다.

> 남자와 동채同債로 여자도 노동, 생존경영이 격렬하여감을 달하 남자의 노동만으로는 될 수 없다하야 여자의 노동을 권장, 처음에는 비평을 하든 인동에서도 차차 모방하야 근년에는 성산면 전부가 여자노동을 불탄하게 되엇는데……노동군과 모를 심었다고 이야기거리가 되어잇는 것은 성산면이 아니고는 아즉 조선농촌에서 듯지 못할 기억이라 하겠더라.[13]

　여성노동과 함께 고려해야 할 것은 유소년 노동이다. 빈농층의 유소년들은 교육을 거의 받을 수 없었다. 어릴 때부터 농업노동의 역군이 되어 '봄이면 밧 갈 때부터 거름 실은 소궁딍이를 두드리고, 자귀 밟고, 거름 노코 소 먹이고, 조곰 지나면 벼도 심고 지심 메고, 꼴버히고 나무하고, 가을하고, 마당질하고, 방아 짓코, 색기 꼬고, 신 삼고, 부역나가야하야'[14] 거의 모든 노동에 참가했다. '농촌진흥운동' 시기에는 '전가全家 근로'라

는 슬로건 아래 더욱 혹사당하게 된다. 나아가 소년소녀단을 조직해서 농촌진흥운동에 동원한다.[15]

②두레와 향약의 복원과 왜곡

두레에 관한 본격적인 연구가 1930년대에 이르러서부터 본격화되었음을 주목할 필요가 있다. 경성제대를 중심으로 한 사회과학그룹은 아카데미즘을 바탕으로 촌락사회 연구에 몰두한다. 1930년대의 촌락연구 발달은 일제의 대륙침략 정책을 떠나 설명하기 어렵다. 더욱이 노동력동원으로 농업생산을 증강하고자 하는 바람은 전통적인 농업관습에 대한 연구를 요구했다. 전쟁시기에 접어들면서 징병·징용 따위로 노력이 부족해지자 아예 전통적인 두레·품앗이 따위를 재활용하는 방안이 모색되었다. 스즈키鈴木榮太郎·강정택姜鋌澤, 인정식印貞植 등의 두레연구도 이런 시대적 소산이다.[16] 두레연구는 강정택의 연구에 이르러서 좀더 적절한 해답이 나오게 된다. 그는 이 분야에 단 한 편의 글밖에 남기지 않았지만 주목을 요한다. 그는 공동노동이 '반도의 농업노동상 중대한 역할을 해왔음'을 밝히면서, 그들 공동노동이 해체된 마당에 전시시국에 발맞추어 새롭게 재흥해야 함을 역설하고 있다.[17]

해방되기 1년 전인 1944년 3월 13일 경성시내 반도호텔에서 국민총력조선연명(국민총력조선연맹) 주최로 농촌오락진흥좌담회가 열린다. 참석자는 두레를 본격 연구한 강정택, 당대의 민속학자 송석하, 음악인 현제명, 역사민속학자 손진태, 경성제대 종교학과의 아키바(秋葉隆), '三木尙', 그리고 연맹층의 '重松中山, 桐生, 西山, 林, 寺本, 小島' 등이었다.[18] 일제 강점 말기의 전쟁상황에서 두레를 이용한 노력동원의 방도를 모색하기 위한 내용들이 논의되고 있으니, '시국하 오락의 건전화 내지 그의 조장은 여러 가지로 보아서 극히 중요한 과제'라고 사회자는 말했다. 조선 전래에 종래로부터 내려오는 오락 가운데서 농업노동의 효율증진에 기여할 수 있는 것을 묻자 다음과 같은 좌담이 이어진다. 이 자리에 예의 강정택 등이 참여한다.

> 桐生 : 좌우간 두레를 놓고 보더라도 옛날 그대로의 원형을 오늘에 있어서 그대로 부활시킨다면 상당히 어려운 문제가 따르리라 봅니다. 여기서 얼핏 생각할 수 있는 것은 공동식사, 임금문제만이라도 해결할 수 있으며, 어느 정도까지 조화할 수 있다면 새로운 형식의 두레가 나타나지 않을까 합니다.
>
> 강정택 : 글세요, 워낙 이 두레가 없어진 것이 전작물의 발달에 따라서 가령 야채같이 잔손이 가는 노동에는 적합하지 않아서, 또는 한 잔 하는 술이 없어서인 것 같은 만큼 아무리 새로운 형식으로 부활시킨다 치더라도 형식을 갖추기 위해서만이라도 술을 확실히 입수해야겠고 아마 헌납했을 줄 아는 징을 어떤 방법으로 다시 갖추느냐는 것이겠습니다. 북하나만으로는 신이 나서 놀 수가 없겠지요.

두레가 사라진 이유 가운데 하나로 쇠붙이악기 강제 헌납, 밀주 금지법에 따른 두레에서의 술추렴 금지 등이 엿보인다. 가령 모범부락으로 선정된 강릉시 성덕면 박월리 경우,[19] '농주農酒 폐지. 동리에 전입했거나 또는 고용인과 더불어 신규 고용주에 대해서는 종래 술 5승升을 제공했으며 농민회에서 마시는 폐습이 있었다. 1927년 봄부터 이를 폐지하고 상당한 대가를 농민회에 제공하게 함으로써 이미 실행자가 30여 명 이상에 달한다'고 하여 술추렴 자체를 금지시켰음을 알 수 있다. 위 좌담에서 두레의 먹고 마시는 비용문제가 전시체제에서 문제가 되고 있었으며, 이는 농민들이 두레를 수행할 만한 경제적 기반이 극도로 위축된 현실을 암시하기도 한다. 그러면서도 두레를 복원하여 전시 노동력을 극대화시키려는 의도는 계속된다.

강정택 : 연맹에서 두레를 부활시킬 가능성이 있습니까?

桐生 : 반드시 원형 그대로 부활시킨다고는 말할 수 없으나, 요사이 장려시키고 있는 협동작업에 있어서 너무나 단순하고 힘이 합치지 않고 해서 여기에다 두레 속에 있는 능률을 증진할 만한 요소를 가미하는 게 좋지 않을까 하는 것입니다. 문제된다는 게 있다면 악기를 다시 끄낼 수 있느냐 하는 것이겠는데 이것도 과히 어려운 문제는 아닐 것입니다.

秋葉隆 : 아까 강씨(강정택)가 말한 피로해진다는 것은 어떻게 생각합니까?

桐生 : 그야 그전같이 호화판으로 떠들고 놀 수 없느니만침 오히려 적당한 회복제일줄 압니다.

강정택 : 나는 거듭 말하지만 두레가 능률증진에 별로 기여할 바가 없으리라고 봅니다. 이 두레가 사라진 것은 개별적으로가 아니고 근본적으로 벌서 농업에 기여하는 바가 없어서 그렇지 않은가고 생각합니다.

중산 : 그렇지만 다른 형식에다 그 요소만을 따 넣으면 좋지 않을까요. 사람의 마음을 즐겁게 해주는 그 요소를 오늘에 다시 살려보면 되지 않을까요.

송석하 : 좋습니다. 사실에 있어서 없어진 것도 외부적인 힘에 의함도 적지 않습니다. 사람이 많이 모이느니만침 간섭이 있으니깐요.

重松中山 : 협동작업반에다 두레의 어느 요소를 집어넣느냐면 현재 술만은 중점 배급을 하고 있으니 나머지 악기만을 확보한다면 좋을까 합니다.

두레의 효율성, 즉 일과 놀이를 통한 효율성 제고에 주목하고 이를 변형시킨 상태에서나마 부활할 것을 제창하고 있다. 다만 역설적으로 강정택은 반대 입장을 취하고 있다. 악기 압수 문제가 두레에 매우 심각한 타격을 주었음이 확인된다. 더 나아가 송석하의 발언에서 농민의 집회에 대한 물리적 압박이 존재한 것도 알 수 있다.

부활시키고자 하는 것은 두레뿐만이 아니었다. 일반 교화운동敎化運動으로서, 또는 농촌진흥책으로서 향약鄕約을 부활시켰다. 함경도의 경우, 향약이 이미 400개소, 즉 전도 촌락 수의 반 이상에 이르렀다. 일제가 향약을 '조선의 미풍'으로 칭송했음은 향약이 황민화 이데올로기와 선택적 친화력을 가짐으로써 가능했고, 향약은 '자치'라는 이름으로 부활되었다. 백남운은 향약재생운동을 '자력갱생 조성助成운동으로서의 복고주의'로 비판하고 있다. 일제 강점 말기의 통제경제의 특질로서 자력갱생에 의한 농촌·어촌의 경제진흥, 르네상스적인 복고정책, 국책적인 아우타르키(Autarkie) 계획, 북선 개척에 의한 대공업촉진 등 4가지를 지적하면서 자력갱생 조성운동으로서의 복고정책을 비판한 바 있다. 그는 향약을 '당시 봉건국가의 절대주의에 봉사하기 위한 계급적 이데올로기의 보강공작'에 불과하다고 보았다.

향약은 금일 조선에서의 특수한 복고정책의 형태이다. 조선경제의 현단계에서 이들 복고정책의 사회적 의의는 이것들을 농촌위기의 극복책으로 삼는 점이겠는데, 이것이 과연 중세기의 르네상스적인 자율적 세계관을 부여할 정도의 '진실한' 자력갱생일 수 있는가는 최대의 의문이다.[20]

## 해방 이후 한국전쟁기, 산업화 시기의 급격한 소멸 과정

두레는 이미 일제 초기부터 화폐경제체제로 급격한 변화를 겪으면서 소멸하게 된다. 마을공동체의 약화는 두레의 존립을 어렵게 했다. 그런데 두레의 소멸시기를 유심히 관찰해보면 일제 말기로부터 해방 이후, 한국전쟁 이후, 심지어 1970년대 초반에 이른다. 총60여 개 표본조사지역에서 소멸시기는 다음과 같이 나타난다.

일제 말기로부터 한국전쟁까지, 즉 1940년대로부터 1950년까지 약 10여 년 동안에 80%의 두레가 소멸했다. 통계상으로는 해방 이후에 소멸된 두레가 많지만, 이는 일제 말기에 소멸했던 두레가 해방 직후에 일시 부흥되었던 사실에서 말미암는다. 마을에 따라서는 소멸되었던 두레가 해방 이후에 되살아난 마을들이 많다. 민족해방의 기운이 두레농민들에게도 직접적이었음을 웅변하는 사례가 많다. 일제 말기에 소멸했던 호미걸이가 대대적으로 열려 수많은 농민들이 모여들었던 사례가 여러 곳에서 확인된다(資2-26). 전체 약 20% 정도의 두레는 여전히 이어져오다가 이농과 제초제 등장을 고비로 사라지게 된다.

그런데 아래의 표본사례 통계분석에서 나타날 수 있는 오류가 있다. 먼저 아래의 사례는 '조사된' 표본에서 추출된 결과일 뿐, 전국적 통계수치는 아니라는 점이다. 일제 말기보다 해방 이후에 소멸된 두레가 많음은 어떻게 이해해야 할까? 해방 이후까지 존속되어온 두레는 사실 전통

**연대별 두레 소멸 진행상황**

| 일제 말기 | 해방 이후 | 한국전쟁 이후 | 1950년대 중반 이후 | 1960년대 | 1970년대 | 마을총수 |
|---|---|---|---|---|---|---|
| 16 | 14 | 18 | 3 | 14 | 5 | 60 |

필자가 조사한 두레를 근거로 추출한 자료임

적 의미에서의 공동체적 두레에서 벗어난 것들이 많다. 전통적인, 일사 불란한 두레는 사실 20세기 초반에 소멸했고, 이의 잔존·변형된 형태의 두레가 번성했던 것이다. 전통적인 두레들은 일제시대에 이미 막을 내리기 시작했으니 일제 강점기의 여러 기록들에 '사라진 전통, 두레' 운운하는 대목들이 이를 잘 말해준다. 안양시 벌말두레의 경우(資2-4)처럼, '왜정 말기에 사라진 것으로 보이며, 그러다가 해방되고 나서 다시 두레가 살아나서 몇 해를 놀다가 한국전쟁 후에 그냥 없어졌다'고 하는 식이다. 논산군 양지뜸두레의 경우(資5-12), '대두레가 사라진 이후에 작은 두레를 모아서 했다'는 표현에서 두레의 축소과정을 보게 된다. 이상의 조건들을 감안하면서 다음의 몇 가지를 정리할 수 있을 것이다.

첫째, 해방 공간에서 전국적으로 두레가 놀아진다. 해방기념일에 곳곳에서 풍물굿이 울리고 있었다. 그렇지만 공출된 악기를 새로 장만하는 데 약간의 시간이 요구되었다. 1945년 8·15를 맞이했고 이듬해 김매기철에 곳곳에서 두레가 다시 뜬 곳도 많았다. 혹자는 이를 '광복의 기쁨'이란 표현을 쓰기도 한다. 불과 수년 동안이었으나 한국전쟁이 터지기 전의 해방공간에서 그런 대로 두레가 곳곳에서 번성했던 사례를 여러 곳에서 확인할 수 있다.

둘째, 두레에 결정타를 먹인 계기는 한국전쟁으로 간주된다. 한국전쟁으로 마을이 파괴되고 인구 이동, 공동체성 소멸, 인심 각박 등이 두레를 지탱시킬 수 없게 했다. 마을에 따라서는 한국전쟁 시기에 악기들이 모두 불타버린 것도 소멸 이유로 들었다(資2-3). 파주의 영태리 쉰우물두레의 경우(資2-6), 이북에서 피난민이 대거 몰려들면서 마을의 인구비율이 변형되고 공동체적 기풍이 사라지면서 소멸했으니, 정도의 차이는 있으나 전쟁으로 말미암은 인구 이동이 영향을 미쳤음이 분명하다. 전쟁통에 인구가 급격히 소멸하거나 이동한 것도 큰 이유였다(資2-37). 화성시 삼밭골의 경우(資2-27), 상쇠가 한국전쟁기에 월북을 했고 마을 안에 좌우 대립이 심각했으니 더 이상 두레 같은 공동체적 삶은 불가능해졌다. 공동체적 삶의 와해에 사상대립으로 말미암은 극심한 대립과 반목을 꼽지 않을 수 없다. 옥구군 나포리두레의 경우(資4-3), '인민공화국이 되면서 머슴들이 대거 사라진 탓'을 꼽았으니, 전쟁통에 머슴들이 대거 사라져서 두레가 소멸된 경우이다. 머슴들이나 소빈농층이 대거 좌익쪽으로 접수된 상황도 일조했을 것이다. 공주군 오미두레(資5-7)의 경우에도, '여당이니 야당이니 좌우익이니 하여 동네가 뒤숭숭하고 서로가 못 잡아먹어서 없어졌지'라고 증언한다. 밀양 신촌두레·수산두레의 경우(資3-2, 3-3), 한국전쟁 이후에 머슴들이 대거 사라지면서, 머슴들에 의해 유지되던 두레들이 소멸했다. 새로운 시대풍조에 의해 더 이상 머슴제도 같은 구속된 삶이 불가능해지고 있었음을 반증한다.

셋째, 1960년대 산업화 이후의 이농문제도 크게 일조했다. 1960년대 이래 이농으로 젊은이가 사라지면서 두레가 소멸한 곳이 많다. 화성시 문기동두레의 경우(資2-16), 1960년대까지 이어졌으나 '이농이 시작되면서 농사를 지어봐야 별 소득이 없다는 분위기 때문에 청장년층이 없어지면서' 두레의 전통을 이어받을 젊은이들이 사라졌다. 김제군 원대동두레(資4-2)의 경우에도 이농 때문이었다.

넷째, 제조제의 등장은 두레를 불필요하게 만들었다. 두레의 대상은 김매기인데, 제초제가 등장함으로써 두레를 할 이유조차 사라졌다. 단위노동력 투입보다는 제초제를 구입하여 뿌리는 것으로 해결되었다. 유기농 등의 인식이 전무했던 조건에서 농약은 정부의 권장은 물론이고 미국·일본 농약회사의 판매전략과도 맞물리면서 본격적으로 '농약으로 짓는 농사의 시대'로 접어들었다. 그나마 잔존하던 두레들을 깔끔히 소멸시켰다.

다섯째, 무엇보다 공동체적 심성이 사라진 것을 결정적 이유로 들 수 있을 것이다. 1960, 70년대의 소멸과정을 분석해보면 이농이 일차적 원인이기는 하지만 농민들의 심성의 변화, 즉 공동체적 삶의 기조가 와해된 데도 이유가 있다. 1970년대를 기점으로 그나마 있던 두레들이 모두 소멸하게 된 것은 이제 마을공동체적 노동은 전혀 불가능하게 되었고 노동이 오로지 임금으로만 환산되는 사회적 관념의 변화도 무시할 수 없다. 늦게까지 두레가 이어진 마을들도 유심히 들여다보면 동족마을로 친인척들이 밀집하여 공생하는 삶이 강한 마을이라거나 워낙 마을이 작아서 공동노동에 의존하지 않고는 그나마 김매기를 행할 수 없던 마을에 국한된다. 이 같은 이유 말고 무엇보다도 공동체적 심성이 사라짐으로써 마을공동체가 와해된 것도 꼽을 수 있을 것이다. 공주군 하신리두레(資5-4)의 경우, '하기 싫고 힘들 때도 일을 해야 하고 일에 대해 말도 많은 데다가, 반강제적으로 일하기도 싫고 하여 소멸했다'는 증언은 흔한 표현은 아니지만 매우 솔직하게 변화된 심성을 표현하고 있다. 제보자는, '각자 자기가 일꾼을 얻어서 하면 간단한데 두레는 전 기간을 통해 끌려다니면서 보름이고 열흘이고 꼬박 쫓아다녀야 했던 탓'이라고도 했다. 공주군 학봉리두레(資5-5)의 경우에도, '누가 저 먹고살려고 했지 동네일에 나오지 않았던 탓'이라고 정리했다. 공주군 소룡두레의 경우(資5-6), 한국전쟁 이후에 '사람들이 자기 소유와 자기 노동만을 중시하게 되면서' 두레가 소멸했다고 했다. 중요한 요인들은 바로 사람들의 가슴속에서 이미 자라고 있었던 것이다.

두레가 소멸되는 사정은 지역에 따라 약간씩 차이가 있다. 가령 경기도 화성과 충청도 대전지역을 비교해보면 약간의 차이가 엿보인다. 화성지역은 일제 말기에 다수가 소멸되었음에도 해방 이후에 일시에 다시 급부상했다가 한국전쟁을 거치면서 인구변동, 전쟁의 참화 등으로 사라지고 만다. 대전지역은 대전비행장 건설 같은 직접적 노력동원에 많은 노동력이 수탈당하면서 일제 말기에 대부분 소멸하고 만다. 이상, 일제 말기의 전쟁준비로 인한 노동력 고갈, 한국전쟁으로 인한 격동, 산업화로 인한 이농, 농약사용, 공동체적 심성의 부재 등이 두레의 소멸을 재촉했음은 알려준다.

두레 소멸과 관련한 하나의 구체적인 자료를 제시하고자 한다. 여러 마을들을 찾아다니면서 그네들의 두레가 언제 사라졌는가를 조사한 결과 다음과 같이 나타났다. 이들 소멸 이후에 동네에서 풍물소리가 그치고 상부상조하는 미풍이 사라졌을 때, 동네의 함께하는 살림살이가 같이 사라졌음은 재론의 여지가 없을 것이다.

**자료 두레의 소멸 과정**

資1-1 강릉시 유천두레 : 1960년대 초반 소멸

資2-1 안양시 안날미두레 : 일제 말기

資2-2 안양시 뱀말두레 : 해방 직후

資2-3 안양시 부림두레 : 한국전쟁 직후

資2-4 안양시 벌말두레 : 일제 말기 소멸. 해방 이후 재현되었다가 다
　　　　시 소멸

資2-5 안양시 방죽말두레 : 해방 이후 소멸

資2-6 파주군 쉰우물두레 : 1960년대 초반 소멸

資2-7 파주군 아랫가마을두레 : 한국전쟁 이후 소멸

資2-8 화성군 안마을두레 : 1960년대 초반 소멸

資2-9 화성군 큰마을두레 : 1960년대 소멸

資2-10 화성군 들목두레 : 한국전쟁 이후 소멸

資2-11 화성군 서원말두레 : 한국전쟁 이후 소멸

資2-13 화성군 수영두레 : 한국전쟁 이후 소멸

資2-14 화성군 미륵동두레 : 1960년대 초반 소멸

資2-15 화성군 원막두레 : 1970년대 초반 소멸

資2-16 화성군 문기동두레 : 1960년대 초반 소멸

資2-18 화성군 남양두레 : 한국전쟁 이후 소멸

資2-19 화성군 물미두레 : 한국전쟁 이후 소멸

資2-20 화성군 큰당뫼·작은당뫼두레 : 한국전쟁 이후 소멸

資2-24 화성군 등곡두레 : 해방 직후 소멸

資2-25 화성군 동편두레 : 일제 말기 소멸

資2-26 화성군 고잔두레 : 1960년대 말 소멸

資2-27 화성군 삼밭골두레 : 한국전쟁 이후 소멸

資2-33 화성군 고온리두레 : 해방 직후 소멸

資2-37 화성군 수리재두레 : 한국전쟁 이후 소멸

資2-38 화성군 한두골두레 : 1950년대 말 소멸

資2-40 화성군 동천두레 : 1970년대 중반 소멸

資3-1 밀양군 감천두레 : 일제 말기 소멸

資3-2 밀양시 신촌두레 : 한국전쟁 이후 소멸

資3-3 밀양군 수산두레 : 해방 이후 소멸

資4-1 고창군 상평리두레 : 1961년 소멸

資4-2 김제군 원대동두레 : 1960년 소멸

資4-3 옥구군 신방두레 : 한국전쟁 이후 소멸

資4-4 익산군 웅포리두레 : 1955년경 소멸

資4-5 익산군 행동두레 : 일제 말기 소멸

資4-6 임실군 상필두레 : 1970년대 중반 소멸

資5-1 공주군 서원두레 : 일제 말기 소멸

## 일과 놀이의 분리, 노동의 소외

사람들은 가장 가깝게 있고 흔한 것은 귀중함을 모르는 법일까? 두레가 소멸하고 나니 농촌에서 좀처럼 농사철에 풍물굿소리를 듣는 일이 없어졌고, 들밥풍경도 축소되고, 농촌도 친한 이웃들 끼리끼리만 살아가는 '그렇고 그런 시골'로 변해갔다. 그 빈자리를 공동노동을 강조하는 새마을운동이 비집고 들어갔으니, 새마을운동의 뿌리에서 군국주의 시대의 근로보국대·공동작업반의 분위기가 확인된다. 두레소멸은 무엇보다 노동과 놀이의 소외라는 비인간화로의 과정이었다. 이는 공동노동의 소멸과 두레문화의 소멸로 나타났다.

첫째, 노동의 신성성·상징성 분해에 따른 집단문화의식의 분해다. 노동 주체의 자기 노동에 대한 자긍심과 생산력 발전에의 희망은 곧 노동 집단의 집단적 상징이라는 하나의 체계를 기호화할 수 있었다. 집단노동, 집단의 기(두레기), 집단의 장소(農廳), 집단의 토지(공유경작지), 집단의 놀이(풍물) 등의 집단성은 노동의 집단적 기호화였다. 그런 상징 의미의 소멸은 노동 주체들의 집단성 분해뿐 아니라 노동행위 자체의 예속성을 의미했다. 따라서 이는 개별 노동의 임노동 관계 하에서 더 이상의 공동체적 의식에 연대를 둔 공동노동과 공동문화의 '한솥밥 공동체'를 분해시킨 채 사적 소외현상으로 정착되었으며, 농민층의 자기 노동행위에 대한 문화적 소외를 규정짓게 되었다.

둘째, 노동의 가치와 분배를 결정짓고, 문화의 가치와 분배마저 결정

**| 공동노동에서 개별노동으로**
반드시 품앗이로 이루어졌던 모내기가 개별노동으로 전환되었다(1998년 부여에서 찍음).

짓는 대동회의 분해다. 즉 호미모둠과 호미씻이의 모임에서 행해진 전체 노동행위에 대한 민주적·주체적·수평적 회의는 곧 노동과 문화의 가치를 정당하게 평가하고 분배하는 통로였다. 호미모둠에서 입사식의 형식처럼, 장정으로 인정받는 제의구조는 곧 노동력을 지닌 한 노동 주체의 탄생을 객관적으로 인정하게 하는 효과가 있었고, 이는 두레가 평등사상에 입각한 상호존중에 뿌리박음을 보여주었다. 호미씻이의 회계 결산에서의 균등한 분배와 문화적 향유도 잉여의 독점이 아닌 균등성을 의미했고, 상부상조의 공동체의식을 강화시켜 주었으나 대동회의의 전면적 분해로 노동의 가치와 분배구조는 왜곡되고 문화 자체가 왜곡되었다.

### ① 풍물굿이 파괴되다

두레 소멸은 노작연희勞作演戱의 소멸을 의미했다. 노작연희의 분화에 관련된 두레 생산문화 분해도 몇 가지 유형으로 살펴볼 수 있다. 노작연희의 분화란 더 이상 연희가 생산활동과 무관하게 일과 놀이가 분리되어 일을 능률화시키고 중압감에서 벗어나게 하던 놀이가 놀이 자체로서만 독자적으로 존재하게 됨을 의미한다. 농사조직의 해체는 곧 두레꾼의 해체를 의미했고, 이는 두레 풍물패의 해체를 규정하게 되었으니, 두레가 해체된 풍물은 단지 연예적 기능만을 남기게 되었다.

풍물은 크게 연예·걸립·축원·노작의 네 가지 성격으로 나뉜다. 여기서 가장 중요한 것은 노작적 성격의 풍물로서 전체 풍물을 유지시켜주는 구심적 바탕이 된다. 따라서 노작풍물의 분해는 기능적인 측면으로만 풍물이 발전할 가능성을 열어주게 되었다. 왜냐하면 판굿으로의 발전은 풍물이 나아간 최고의 기량표현이지만, 동시에 일과 유리된 판굿으로만의 발전은 풍물의 토대가 상실된 채 기능만 강화된 측면도 있다. 풍물로 치는

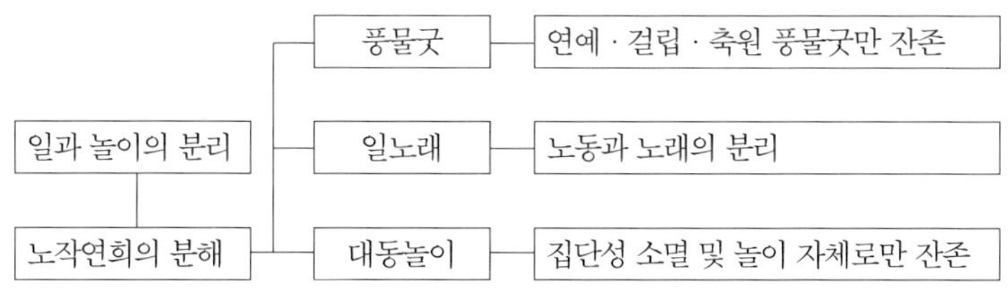



당산굿조차 제의 전승력의 약화로 소멸해갔고, 오로지 약화된 형태의 마을 풍물패만 잔존된 상태에서 극단적으로 기예만 뛰어난 걸립풍물패가 전체지역을 압도하는 기현상까지 나타나게 되었다. 요컨대 두레풍물의 요체는 노작연희로서의 풍물이며, 이런 일과 놀이의 유기적 관계가 파괴되었을 때 두레풍물은 소멸 · 왜곡되고 만 것이다.

② 노동요가 잊혀지다

노동요의 분해 역시 두레풍물과 더불어 동시적으로 진행되었다. 노동요 특히 집단적 노동요로서 일과 놀이의 연관성도 급격히 사라졌다. 수도작 농업에서 집단적 일노래의 대종은 아무래도 모내기와 김매기 · 추수기에 중점적으로 나타난다. 특히 두레풍물에 얹혀서 선창 · 후창의 형식으로 전개되는 집단노래는 노동의 능률을 제고하는 대표적인 노동요이다. 따라서 더 이상의 공동노동이 존속하지 않았을 때 일노래는 이미 생활에서 떨어져나온 개인적 노래로만 존립하게 된다. 일노래가 각 생산방식의 반영이었던 만큼, 각 생산방식의 변화는 일노래의 변화를 불러일으켰기 때문이다.

이는 여타 공동노동에 매개된 일노래에서도 똑같이 나타났다. 두레길쌈 공동노동이 소멸했을 때 서사민요도 급격히 소멸했다. 이에 따라 농민여성들은 그들의 생활적 이념을 문학적으로 표현할 기회를 잃고, 창조자의 지위를 박탈당하고 그들과는 이질적이거나 적대적인 문화의 하급 소비자로 전락했다. 어촌계 공동노동이 약화되었을 때, 특히 중선배의 공동노동이 소멸했을 때 배치기를 중심으로 한 어업생산문화가 급격히 축소되었다. 바로 이와 같이 두레 공동노동과 일노래의 소멸은 농민대중들의 자주적인 문화통로를 마모시키면서 문화의 공동화空洞化를 불러왔다. 풍물굿의 노작적 측면이 연예·걸립·축원풍물로만 잔류하게 된 것처럼 노동요의 노작적 측면도 집단적 전승력을 잃고 극히 개인적 구전으로만 전승되거나 소멸되는 과정을 밟을 수밖에 없었다.

그나마 남아 있던 노동요조차 제초제의 등장으로 완전 사라지게 된다. 두레 공동노동과 일노래의 많은 부분이 김매기 노래였다면, 제초제 사용이라는 생산방식의 변화는 필연적으로 김매기 노래의 전승을 마모시켰다. 문화는 바로 생활의 반영 그 자체인 탓이다. 그러나 제초제 사용 같은 원인은 결코 부분적인 이유밖에 되지 않을 것이다. 이미 그 훨씬 전에 일과 놀이의 매개가 깨어지고 노동요의 물질적 기반인 두레 공동노동이 소멸하고 있었기 때문이다. 노동요 소멸은 대중문화의 침탈을 의미했으며, 일제 식민세력에 의한 뽕짝 등의 노래로 대체되고 그나마 잔존되던 노동요의 전승력도 이른바 중절노래라는 형태의 변형물로 왜곡되었다.


③ 대동놀이가 분해되다

공동체 내부의 풍물과 관련된 대동놀이뿐 아니라 공동체 연대의 포괄적인 대동놀이도 두레 생산문화가 단절되는 것과 더불어 거의 사라졌다. 마을공동체와 관련하여 일정한 생산력의 고양을 전제로 한 공동체와 공동체, 공동체 성원 간의 싸움적 놀이, 놀이적 싸움은 필연적으로 이루어질 수밖에 없는 것이었다.

놀이는 결코 고립·분산적인 고정체가 아니라 내부의 모순을 지양하고 통일적인 세계로 나아가는 변증적 세계관 위에 놓인 것이기 때문이다. 즉 대동놀이는 삶의 약동을 발산하는 것만 의미하지 않고, 삶의 약동을 억압하는 적대적인 세력과의 싸움으로 이어져야만 온전한 모습을 유지할 수 있다. 이렇듯 끊임없이 그 길로 나아갔던 대동놀이가 단절된 것은 바로 대동싸움이 겨냥했던 적대적인 세력과의 싸움이 위기에 봉착했던 역사적 사실들을 반영하고 있다. 일제가 집단놀이를 공공연하게 엄금했던 이유가 바로 여기에 있었다.

우리 놀이의 상당부분이 집단놀이라 한다면 마을 공동체의 해체와 더불어 대동놀이는 사실상 소멸했다. 집단적 대동놀이가 지속되기 위해선 놀이패와 구경꾼이 함께 어우러지는 공동체적 유제가 있어야 한다. 그리고 그 공동체의 확대와 결속을 강화하는 기능을 담당하면서 공동체는 그것과 적대적인 세력을 상대로 한 싸움을 벌이는 가운데 대동놀이의 내적·외적 기능이 온전할 수 있다. 그러나 공동체의 강제적 분해는 전체 대동놀이의 해체를 의미했다. 특히 두레의 분해는 대동놀이 집단의 주력군으로서 두레 생산농민의 집단성 소멸을 야기했고, 두레풍물굿 자체의 견고성·지속성을 파괴했다. 특히 이런 단절은 두레의 사회경제적 원인 말고도 일제에 의한 전통문화 말살정책에서 강화되었다.

일제는 마을공동체의 단결심과 귀속감을 고취시키는 집단놀이를 말살시켰으니, 일제에 의해 금지된 대동놀이만도 차전·장치기·횃불싸움·줄다리기·지신밟기·놋다리·석전 등 거의 전체에 이른다. 역대 위정자들이 근시안적·소아병적 지도이념으로 민족성에 내포된 공동운명체적 집단의식을 제거하려 했다면, 일제는 생산대중의 대동놀이 가운데 진취적이고 투쟁정신과 집단의식·동족의식을 고취, 함양시키는 것은 일체 말살시키는 것을 원칙으로 했으니, 물적 기반의 해체와 더불어 농민

신분층의 분해라는 이중의 진통을 감수해야 했던 대다수 농민은 대동놀이를 자주적·주체적 문화로 계속 이어갈 여력이 없게 되었다.




## | 해방 이후의 두레

### 북한의 사회주의 협동농장에 남은 두레와 소겨리의 전통

두레는 영영 기억 속에서도 사라진 것일까? 그렇지는 않았다. 사실 해방 이후 두레에 관한 연구와 계승작업은 북한에서 먼저 이루어졌다. 한국전쟁이 끝나자 북한사회는 급격한 변동기로 들어간다. 전쟁의 참화 못지않게 전후 생산관계의 사회주의적 개조로 인한 전통적 생활관습의 변모가 잇따른다. 협동화 경리사업이 진척되어나가면서 농사 관행은 말할 것도 없고 의식주 생활 전반에 걸쳐서 사회주의의 집단주의적 요소가 강화된다. 그때까지만 해도 생활공동체적인 유풍을 어느 정도 간직하고 있던 마을 단위의 농경풍습들은 집단적 농장경영에서 더 이상 존속할 수 없게 되었다. 따라서 인멸해가는 민속자료의 수집과 사회주의 집단정신을 고양시킬 수 있는 필연성이 맞물리면서 두레에 관한 연구도 이루어진다. 당시 그런 사회 분위기 속에서 생산활동 및 풍습에 대한 연구가 중시되었다.

노동조직에 관한 본격적인 연구로 산출된 전장석의 「두레에 관하여」(1957)는 당시에 요구되었던 집단노동에 대한 필요성 때문에 연구사 초기에 연구가 이루어진 것으로 보인다.[21] 전장석은 논문에서, '당과 정부의 농촌정책 수립에서 농민들의 과거 노동과정에서 형성된 조직과 체험, 즉 두레의 전체적·의무적 성격, 자연부락 단위의 조직, 노동과 오락의 유기적 결합, 공동집회, 공동식사, 경쟁, 유일관리제와 민주주의제의 활용과 같은 데서 우수한 민족적 전통을 창발적으로 섭취하는데 두레연구는 거대한 실천적 의의를 가진다'고 연구 의의를 논했다. 남쪽에서도 두레가 대거 사라지고 있던 1950년대의 시점에, 그것도 두레가 남쪽에 비하여 덜 중요했던 북한지역에서 두레에 관한 적극적 관심을 표명하고 나

일부는 수확을 했고 일부는 남아 있는 북한 협동농장의
**가을풍경**(순안공항 부근, 2005년 10월 8일 비행기에서 촬영)

선 것은 앞에서 설명했듯이 사회주의 협동농장의 역사적 모태로서 두레에 주목했기 때문이다.

정시경은 전국적인 현장조사를 통하여 호미의 분포를 밝히며, 수도작 제초에 알맞은 호미와 두레의 분포선을 제시했다. 강석준에 의해 쌍멍에 가대기와 소겨리 관계가 밝혀지기도 한다. 각각 농기구 연구에 목적을 두고 있으나 공동작업과의 관련성을 의도했다.[22] 재가승 마을 연구에서 향도에 주목할 바 있는 황철산은 「향도에 관하여」를 발표했다.[23] 재가승 마을 조사에서 전래 향도의 실마리를 찾아냈으며, 향도는 곧 두레의 원형을 밝히는 데 도움을 준다. 이 연구작업은 청천강 건갈이지대 황두조직의 역사적 근거를 밝히는 하나의 작업으로서 문헌연구작업으로 귀결되어 나타난 것이다. 1965년 림학선의 연구는 전장석의 연구시각에서 크게 벗어나지 않는다. 60년대 중반에도 협동농장을 강력하게 조직할 필요성이 여전히 제기된 상황이었기 때문이다. 소겨리, 황두의 차별성을 밝히고 『천일록』을 예로 들어서 분석한 측면이 눈에 띈다.[24] 1973년 조대일의 연구는 두레·소겨리·황두·품앗이에 대해 서술하면서, 소겨리와 품앗이가 황두·두레보다 선행한 조직으로 본다.[25] 그렇다면 이들 전통적 공동노동의 실제적 적용은 어떤 경로로 이루어졌을까?

북한의 사회주의 협동농장 작업반도 자연마을을 단위로 조직되었다. 1개 자연마을에 1개 작업반 조직을 원칙으로 하면서, 자연마을이 큰 경우에는 2개, 또는 그 이상으로 조직했다. 그리고 산간지대 같은 골짜기의 흩어진 자연마을은 2~3개를 하나로 묶어서 1개로 조직했다. 두레 공동노동의 조직 방식과 흡사하다. 따라서 두레를 구체적으로 살펴보면, 북한 협동농장의 노동원리를 쉽게 이해할 수 있다.[26] 두레나 소겨리 같은 공동노동풍습은 고스란히 북한의 생활에 적용되어 나름대로 변화발전을 거쳤으며, 과거의 문화전통이 새롭게 이어졌다. 즉, 소겨리는 북한사회

**해방 이후 북한의 소겨리반 및 노력반 조직표**

**소겨리반**

| 농가호수 | 답<br>면적(反) | 소겨리반수 | 소겨리반 경작 면적<br>답 면적(反) / 농가호수 | 비고 |
|---|---|---|---|---|
| 5,473 | 1,870 | 1,091 | 1.9 / 5 | 3월 20일 조직 완료 |

**노력반**

| 답 면적 | 노력반수 | 노력 한 반의 답 면적 | 조직완료일 |
|---|---|---|---|
| 1,870 | 521 | 3.7 反 | 1948. 5. 20. |

(1948년 8월 현재 자료)

나름의 요구에 의해서 해방 이후에 적극적으로 적용되었다. 한국전쟁 기간에도 실제로 부족한 노동력을 보충하기 위하여 계속 사용되었다.[27] 위 도표가 좋은 예다.[28]

북한의 민속학자 조대일은 다음과 같은 말을 하고 있다. 과거의 문화전통과 혁명전통 사이에 일정한 선을 그으면서도 시대적 제한성을 거론하고 있으나, 결코 과거의 문화전통을 청산할 수 없음을 명시하고 있다.

공동로동조직처럼 농민들 사이에서 발현된 미풍양속을 비롯한 일부 진보적이며 인민적인 풍속은 나라와 민족의 한계가 남아 있고 민족국가단위로 혁명을 하는 조건에서 버려서는 안될 좋은 것으로 된다. 이것마저 버리게 된다면 허무주의적 과오를 범하게 된다. 공동노동풍속에서 무엇보다도 먼저 근로농민이 공동노동생활에서 발휘한 어렵고 힘든 일을 서로 도와주는 미풍양속은 사회주의적 공동노동생활과 일상생활에 맞게 비판적으로 계승할 수 있으며 또 계승되고 있다.……우리는 호상 협조적인 미풍양속을 근로자들로 하여금 '하나는 전체를 위하여, 전체는 하

나를 위하여' 서로 돕고 화목하게 생활하는데 복종되도록 비판적으로 발전시켜나가야 한다. 그래야만 과거의 호상 협조적인 미풍양속이 실질적으로 혁명과 건설에 이바지할 수 있다.[29]

조대일의 위와 같은 주의주장은 탁상에서 나온 것이 아니다. 한국전쟁 기간 동안 북한 곳곳에서 수많은 소겨리들이 조직되어 부족한 노동력을 보충했으며, 이후 전후 복구건설은 물론이고 천리마운동에서도 소겨리들이 활용되었다. '전국 각지에서 널리 조직된 소겨리반, 품앗이반은 집단노동의 우월성을 힘있게 보여주었으며, 전시 농촌에 어려운 문제로 나섰던 노력과 축력의 부족을 타개하고, 농업생산을 보장하는데서 역할을 했다'고 주장하면서 지금도 계속 공동노동의 전통을 강조하고 있는 중이다.

북한사회의 두레 등에 대한 입장과 접근방식은 이처럼 비교적 단순하다. 다만, 북한사회 체제 안의 문제점을 지적하면서 이런 공동노동의 역사적 추이를 분석하면서, 자발적 노동이냐 동원적 노동이냐, 공동적 소유 안의 개인적 소유냐, 심지어 인간적 소유관계이냐 비인간적 착취관계이냐 등등 해묵은 논쟁이 아직도 끝나지 않았음은 명기할 필요가 있다.

적어도 남한사회의 관점에서 볼 때는 논쟁거리다. 그러나 사회주의 협동화뿐 아니라 공동노동에 대한 헌신적 태도를 견지하고, 상부상조하는 미풍양속을 강조함으로써 전래 풍습을 사회주의 현실에 연결짓고, 더 나아가 부족한 인력을 최대한 동원하는 데서 두레·소거리 등의 전통이 적극 활용되었으며, 사회적으로도 유효기간이 끝나지 않았음은 분명한 것으로 여겨진다. 전통적 의미에서의 두레와 소거리·황두 등은 소멸했어도 위와 같은 방식으로 21세기까지 북한사회에서 이어지고 있는 중이다.

### 1970·80년대 민주화운동과 다원주의적·공동체적 삶의 복원

남한사회에서는 조금 복잡한 의미망을 가지고 두레가 지속되고 있다. 두레가 거의 사라진 1960년대가 지나고 1970년대로 접어들면서 잊혀져간 두레에 관한 사회적 관심이 서서히, 그러나 매우 때늦게 일어나기 시작했다. 두레가 사회적 지향점의 하나로 접목된 것은 두말할 나위도 없이 실천운동으로서의 두레에 대한 관심이었다. 먼저 학계에서 관심을 가졌다. 물론 학계의 연구는 어떤 측면은 두레 자체에 관한 연구로서만 기능했으나, 당대 실천운동의 맥락을 담보하는 측면에서 이루어진 연구도 생겨나고 있었다. 먼저, 간단하게나마 학계에서의 두레연구부터 살펴본다.

두레를 가장 먼저 주목한 쪽은 국어국문학 분야이다. 국어학 분야에서는 두레의 어원과 관련하여 기원문제가 자주 거론되어왔다. 양주동·김동욱 이래의 여러 의견 개진이 있어 왔으나 합의에는 이르지 못했다. 문학 분야, 특히 고전문학 분야에서는 노동요 연구와 직결된다. 민속학 분야의 두레연구는 무엇보다 자료의 외연확장에 기여했다. 두레의 연구에서 가장 중요한 난점으로 등장하는 현지 조사자료의 확충은 모두 민속학 분야의 조사연구로 이루어졌다.[30] 민속연희사 측면에서 풍물연구가 많이 이루어졌으나, 정작 두레와의 관련성은 연구되지 않았다. 풍물의 기원문제에서 두레의 역할, 두레풍장 그 자체의 '일과 놀이'로서의 관계가 주목된다. 민속학 분야에서 농기구 연구도 주목된다. 역사학 쪽의 연구는 사회사 분야에서 다루어졌다.[31] 처음부터 두레에 관심을 두었던 것은 아니었고 상층부 문화인 조선시대 향약 연구에서 출발하여 촌계로 내려오는 순서를 밟았다.[32] 대개 민의 생활 저변에 깔린 향촌사회사 연구의 일환으로 이루어져왔다. 향도 분화를 다루면서 민의 조직을 재론하는 연구, 촌락의 재편문제와 변동에 관한 연구도 두레연구와 직결된다.[33] 사회학 분야에서는 일제 강점기에 스즈키를 비롯한 사회학자들의 촌락사회에 대한 연구로 시작되었다.[34] 두레 자체에 대한 연구, 고지노동에 관한 연구, 계에 관한 연구 등이 제출되었다.[35] 사회경제사 분야에서는 물질적 재부를 생산하는 생산 조직으로서의 두레를 주목한다. 일제하 사회경제사학자들의 선행연구를 바탕으로 한국사회의 사회경제사적 토대를 규명하는 가운데 계, 혹은 노동조직을 주목했다.[36]

필자의 연구도 이 같은 학계의 연구에 포함될 수 있을 것이다. 그러나 1970년대 민주화운동에서의 문화예술운동, 더 나아가 생태적 공동체운동의 방향과도 결부될 것이다. 1985년의 연구는 현지 조사자료를 기초로 마을에서 가장 중요한 양대 기능을 마을굿과 두레굿으로 대별했으며, 마을 공동체와 마을굿·두레굿의 기본 성격, 대동굿의 물적 토대, 마을 공동체의 분화와 마을굿·두레굿의 이행 과정을 밝히고 있다. 후속 연구로 두레의 민중 조직적 성격이 조선 후기에 변혁성을 담보한다는 연구, 나아가서 북한민속학사를 개괄하는 가운데 북한의 황두에 관한 연구도 이루어졌다.[37] 연구 방법은 소멸된 두레에 관한 민속학적 현지 조사와 문헌자료를 연결짓는 방법론에 기초하고 있다. 이런 성과는 뒷날 두레로 제

출된 박사학위논문에서 총정리된다.[38]

무엇보다 중요한 측면은 1970년대 이래의 민주화운동, 특히 민족예술운동의 공통적 목표로 주목된 두레다. 1960년대부터 불기 시작한, 이른바 '민속극 부흥운동'의 조짐은 1970년대로 들어서면서 가히 열풍으로 번지기 시작했다. 이는 이식문화론과 전통단절론을 극복하고 민족문화의 자주성을 획득해나가는 과정이기도 했다. 일제 강점기의 이식문화론과 전통단절론은 1970년대에도 예외없이 이어졌다. 민속극 부흥운동은 이식문화론의 극복 노력이었으며 전통단절론의 거부이기도 했다. 1960년대에 맹아가 준비되고, 1970년대 초반부터 탈춤부흥운동이 본격화된다. 대학으로의 확산 및 학교현장을 넘어선 종교계, 생산현장으로 확산이 이루어져 문화운동의 양적 확산 및 재생산구조의 확립을 이루었고 계속하여 마당극, 마당굿및 대동놀이로 발전해나간다. 1970년대는 가히 전 대학의 탈춤화시대였으니 '대학탈춤의 시대'였다. 탈춤과 더불어 천대받아오던 농악·민요·판소리 따위도 주목을 받기 시작했으며 심지어 미신으로 내몰린 굿이 재평가될 조짐을 1970년대에 마련했다. 채희완은 탈춤을 추는 이유에 관하여 낭만적인 민족의식을 넘어서, 한국적인 것과 민중적인 것을 하나로 보는, 이른바 민중적 민족의식 또는 민족적 민중의식이 이들의 행위를 부추긴다고 보았다.[39] 당시의 청년학생들은 탈춤을 추면서 잃어버린 고향을 찾는 자기 확인의 계기를 맛본다. 일상적 억압에서의 해방감을 보장해주는 판에서 놀이꾼과 구경꾼이 하나가 되는 공동체적 일체감은 집단적 신명을 불러일으켰다. 당대 탈춤운동의 주역들은 두레를 그 역사적 토대로 여겼다. 지금의 입장에서는 매우 '투박하게' 다가오는 다음의 발언들에서 급격한 산업화의 공간 속에서 소멸해가는 민족적 축제에 관한 안타까움과 이에 대응한 새로운 모색, 당시 유신정권에 대한 대응, 민중공동체에 관한 소감 등이 묻어난다. 물론 그 발언의 토대 속에 두레가 존재하고 있다.

> 제의나 노동이나 두레나 마당밟기 등, 이 모든 것이 민중 스스로 영위하
> 고 있는 삶을 현장에서 낙원까지 고양시켜 그 진정한 삶이 되도록 추구
> 할 때, 그 삶 속에 응어리진 모든 의식이 한정된 시간과 공간 안에서 공
> 동체의 집단적인 놀이로 표현되어왔다.[40]

> 오늘의 탈춤은 공동의 적에 대한 공격과 민중의 공동체적 승리의 체험
> 이어야 한다.[41]

1970년대에는 탈춤이 부각된 반면에, 풍물굿과 굿은 1980년대에 본격적으로 확산된다. 문화원형상으로 풍물굿과 굿이 좀더 중요했으나 탈춤이 선호된 배경에는 이들 운동을 주도한 김지하·조동일·채희완 등이 풍자를 무기로 한 '연극적 지향'에 기반을 두었기 때문이다. 반면에 1980년대에는 본격적으로 풍물굿 등이 대중성을 확보해나가며, 문화운동의 지표도 '공동체'로 잘 집약된다. 뒷날 탈춤운동이 마당극 등의 연극화의 길로 걸어나갔다면, 풍물굿 등은 폭넓은 대중성을 확보하면서 가장 넓게 각계각층으로 확산된다. 풍물굿의 기원이자 뿌리이자 정신적 모태인 두레에 대한 관심이 없을 수 없었다.

가령, 1980년대 벽두에 창간된 〈공동체문화〉 같은 잡지는 사실 문화운동세력의 집결처 가운데 하나였다.[42] '공동체문화는 제3세계 민중운동의 본질을 나타내는 개념'이라고 창간호 서문에 「공동체선언문」을 발표하면서, 공동체 선언을 분단극복의 문화운동으로 정리했으며, '더불어 사는 삶의 터전'이라고 했다. 권두좌담에서는 공동체의 역사·경제학적 전망과 문화운동의 시각을 정리했다. 공동체의 개념, 공동체의 선진성과 후

**대동제의 길놀이**
전통시대의 신명은 역사적 연속성을 지니면서 대학가나 노동
현장에 집단적인 힘을 불어넣어 주었다(1991년 대학 대동제).

진성, 역사 속의 공동체, 공동체적 관계와 민중적 에너지, 서양의 공동체
논의, 문화의 핵으로서의 공동체, 공동체의 기초, 탈춤문화의 공동체적
성격, 공동체의 현재적 과제, 민중의식과 공동체적 관계, 공동체문화운
동의 방법론, 인간소외와 분업화 현상 등이 거론되었다. 논의에서 두레
도 포함되었음은 두말할 나위도 없다. 이 자리에서 정운영은 재미있는
견해를 내놓았다. '우리 사회에서 공동체운동이 정치·경제·사회면에
서보다 문화면에서 제기되는 것 자체가 우리 사회가 이미 공동체적 기반
이 깨졌기 때문이라는 반증이다'는 주장이 그것이다. 2집에서 경제학자
박현채는 공동체에 관한 총괄 정리를 다시 한 번 시도한다.[43] 그런데 이

논문을 유심히 읽어보면 당시에 제5공화국으로 인한 사회적 저항과 그 대안으로서의 공동체에 대한 관심, 그리고 더 넓게 생각을 한다면 사회운동이념사로서의 공동체 설정과 공동체운동론까지를 포괄한 것임을 알 수 있다. 당시에 넓게 읽히던 사회과학서적 베스트셀러 가운데 하나로 일본 강좌파의 『공동체사회론』도 고려하지 않을 수 없다.[44] 1986년에 발간된 〈공동체문화〉 3집에서는 생활공동체운동이 주목된다.[45] 대전 가톨릭농민회 본부에서 열린 이 좌담회는 삶의 현장으로서의 공동체, 도농 간의 문제, 작은 모임을 통한 공동체운동, 인간다운 삶의 의지로서의 공동체, 심지어 야마기시즘에 대한 소개까지 이루어지고 있다.

1990년대로 접어들면서 더 이상 사람들은 두레나 공동체를 이야기하지 않는다. 더군다나 21세기로 접어들면서 이런 과제들은 케케묵은 낡은 것들로 치부되기도 한다. 학계에서도 1990년대 중반까지는 그렇게 열심히 연구해오던 촌계에 대하여 어느 누구도 연구하지 않는다. 학문도 유행이고, 운동도 유행인 것처럼 되어버렸다. 그렇다면 두레나 공동체의 운명은 영영 소멸한 것일까? 아니면 영원히 미래의 역사에서 지워버려야 할 것일까?

이제 공동체나 두레의 몫은 학계와 문화예술가들의 손을 떠나 소박한 공동체사회를 꿈꾸는 이들의 손으로 넘어갔다. 새로운 세상을 여는 공동체에 대한 관심은 양극화하는 한국사회에서 또 다른 대안으로, 아니 더 이상의 선택이 없는 대안의 하나로 받아들여지고 있다. 21세기 한국사회는 다원성을 요구하고 있다. 이제 직선적 삶만이 모든 것을 대표하던 시대는 끝났다. 두레공동체 논의가 새로운 대안의 하나로 모색되고 있음은 한국사회의 21세기적 다원성을 잘 설명해주고 있다. 물론 두레공동체를 '팔아서' 사업을 하는 이도 생겨나고 두레정신까지 '팔아서' 자신의 각종 사업에 보태고 있는 이들까지 다수 나타났다. 그러나 그런 부작용이 있다고 하여 두레 본래의 원형이 손상되는 것은 아닐 것이다.

전통적 두레는 사라진 지 오래고 두레의 실제 모습을 본 사람들도 거의 없는 시대가 되어가고 있지만, 이래저래 두레는 삼척동자도 다 아는 공동체의 징표가 되었다. 20세기 두레가 거去(去)한 시대에 21세기의 두레는 어떻게 다가올 것인가? 이 책은 그런 물음에 답하기 위한 역사적·문화사적 근거자료로 제출되었기에 답변까지 마무리할 수는 없다. 그러나 최소한, 역사문화적으로 볼 때 두레와 공동체의 소명은 아직 끝나지 않은 과제임을 분명히 말하고 있다. 어제와 오늘을 정확히 기록하고, 미래를 꿈꾸는 일, 이는 당대 지식인의 고유의 권한과 의무이기 때문이다. 물론 이들 역사의 주역은 당연히, 그리고 당당하게 농민들뿐이다.

|주석|

## Chapter 1

1 농민신문사, 『쌀을 말한다』.

2 Eric R.Wolf, *"PEASANTS"*, Prentice-Hall, Englewood Cliffs, New Jersey, 1966(박현수 역, 『농민』, 청년사, 1985, p.6).

3 『經世遺表』 表7 田制; 金泰永, 「茶山의 國家改革論 序說」, 『茶山의 政治經濟 思想』, 창작과비평사, 1990, pp.92~98.

4 『洌陽歲時記』, 上元.

5 박진환, 『쌀-세계의 쌀 사정과 한국의 벼농사』, 비봉출판사, 1994, p.445.

6 Charles Louis Varat, *"Deux Voyages en Corée"* (『조선기행』, 눈빛, 2001, p.120).

7 李鍾薰 · 太田保夫, 『벼와 쌀의 지혜』, 한국방송통신대학교출판부, 1994, p.6.

8 李鍾薰 · 太田保夫, 앞의 책, pp.1~36.

9 박진환, 앞의 책, p.445.

10 Franklin Hiram King, 곽민영 역, 『4천년의 농부』, 2005, 들녘, p.16.

## Chapter 2

1 H. Schneider, 『노동의 역사』, 한길사, 1982, p.17.

2 티에르 파코, 조성애 역, 『유토피아』, 동문선, 2002, p.10.

3 『東國與地勝覽』, 金海都護府 山川條.

4 김용덕, 『신한국사의 탐구』, 범우사, 1992, p.43.

5 Eric R. Wolf, "*PEASANTS*", Prentice-Hall, Englewood Cliffs, New Jersey, 1966(박현수 역, 『농민』, 청년사, 1985, p.57).

6 지건길·안길모, 「한반도 선사시대출토 곡류와 농구」, 『韓國의 農耕文化』, 1983; 사회과학원력사연구소, 『조선전사(1)-원시편』, 1979.

7 이융조 편, 『중원지역의 구석기문화』, 충북대중원문화연구소, 2006.

8 곽종길 외, 「신석기시대 土器胎土에서 검출된 벼의 plant-opal」, 『한국고고학보』, 1995, p.149.

9 고려대 매장문화재연구소, 『寬倉里遺蹟』(本文), 2001, pp.506~522.

10 「土地宜五穀不生五果」 東夷傳 夫餘條; 「土地肥美宜移種五穀及稻」 東夷傳 弁辰條; 「其民土着種植稻」 東夷傳 辰韓條.

11 신용하는 두레발생은 2단계로 나누었다. 삼한·삼국시대의 두레를 작업공동체로서의 1단계 두레, 1단계 두레가 질적으로 변해 수전농업의 작업공동체를 구성한 것을 2단계로 설정한 바 있다(愼鏞廈, 「두레共同體와 農樂의 社會史」, 『한국사회연구』 2, 1984, pp.11~12).

12 조대일, 「과거 우리나라 공동로동의 형태와 그 특성」, pp.138~139.

13 白南雲, 『朝鮮社會經濟史』, 改造社, 동경, 1933

14 전장석, 「두레에 관하여」, 『문화유산』, 1957년 2호, p.15; 이병도, 「古代南堂考-原始集會所와 南堂」, 『서울대논문집』 1집, 1954.

15 전장석, 「朝鮮原始史研究에서 제기되는 몇 가지 문제」, 『북한민속학자료집』, 1975, pp.134.

16 김일출, 『조선민속탈놀이연구』, 1958, 과학원출판사, p.12.

17 조대일, 「과거 우리나라 공동로동의 형태와 그 특성」, 『고고민속론문집』, p.197.

18 朴玄採, 「공동체론, 공동체운동」, 『共同體文化』 2, 1984, p.56.

19 하나의 단서는 남겨두어야 한다. 모내기 농법에 적합한 두레농법은 분명히 조선 후기 상황에서 보편화된 것이지만, 여성들이 품앗이로 조직했던 두레길쌈은 분명히 고대로 소급될 것이다. 농사두레가 후대의 것인 반면에 삼두레·두레길쌈은 앞선 시기였음이 여러 가지로 확인된다. 두레 자체의 장기 지속적 측면과 단기 지속적 측면을 고려하고, 농사두레와 길쌈두레의 변별성을 함께 고려해야 할 대목이다.

20 최범훈, 「韓國 農器具 語彙攷」, 『한국의 농경문화』 2, 1987, p.56.

21 印貞植, 「두레와 호미씻이」, 『朝鮮農村 記』, 東都書籍, 1943, pp.2~3.

22 전장석, 앞의 논문, p.12. 그가 '일부 논자'라고 지칭한 대목은 姜鋌澤·印貞植을 뜻한다.

23  이병도, 앞의 논문, p.7.

24  梁柱東,『古歌研究』增訂, 一潮閣, 1965.

25  김동욱,『한국가요의 연구』, 1962.

26  조대일, 앞의 논문, p.148.

27  愼鏞廈, 앞의 논문, pp.11~12.

28  두레를 '輪番'이라 최초로 명기한 사람은 姜鋌澤이다. 앞의 논문, p.527.

29  『朝鮮常識問答』, 東明社, 1947.

30  홍기문,『향가해석』, 1956, p.18.

31  조대일, 앞의 논문, p.139.

32  김삼수,「寶의 前期的 자본기능에 관한 종교사회학적 연구」,『아세아학보』1집, 1965.

33  金三守,『韓國社會經濟史』, 박영사, 1964, pp.181~201.

34  『雅言覺非』권3, 王羲之蘭亭 .

35  백남운,「朝鮮契의 대한 사회사적 고찰1ㆍ2」,『現代評論』1~6, 1~7, 1927년 7ㆍ8월(하일식 엮음,『彙編』, 1991, p.14 재인용).

36  물론 안확의 향회 이해에는 일정한 제한성이 뒤따른다. 그러나 그가 일찍이 제시한 바 있는 촌 자치제는 선구적 작업으로 평가되어 마땅하다(李泰鎭,「한국의 력사가:安廓」,『한국사 시민강좌』5집, 일조각, 1989).

37  金龍德,「村會와 鄕會」,『역사민속학』2집, 한국역사민속학회, p.41.

38  주강현,「마을공동체와 마을굿ㆍ두레굿 연구」, 학민사, 1987 참조.

39  주강현,『굿의 사회사』, 웅진, 1991.

40  『晋陽志』(上), 琴山洞約序.

41  『明宗實錄』명종 원년 8월.

42  李佑成,「麗代 百姓考」,『歷史學報』14, 1961.

43  『宣祖實錄』, 선조 6년 8월 甲子.

44  "我國之俗 凡中外鄕邑坊 皆作契 以相糾檢 謂之香徒(李晬光,『芝峯類說』권2 風俗條)."

45  李泰鎭,『韓國社會史研究』, 지식산업사, pp.134~135.

46  고려 후기 향도의 기능과 성격변화는 ① 구성원들의 폭이 넓어져서 여성ㆍ소민이 참여, ② 행사 내용도 불사 이외의 것에 관계, ③ 무속적인 의례도 가미됨, ④ 자연촌 단위로 축소됨, ⑤ 국가 차역差役 단위로도 변화(채웅석,「高麗時代 香徒의 사회적 성격과 변화」,『國史館論叢』9집, 國史編纂委員會, 1989).

47  조선 전기 향도香徒는 ① 불교신앙 결사류, ②'음사淫祀'의 주관, ③ 동린계洞隣契, ④ 유랑ㆍ걸인조직 따위로 잔하고 있다(이해준,「朝鮮時代 香徒와 村契流 村落組織」,『역사민속학』

1집, 한국역사민속학회, 1991, pp.16~23).

48 成俔, 『慵齋叢話』 권8.

49 『太祖實錄』 권4, 태조 2년 12월 乙巳.

50 『太祖實錄』 권15, 태조 7년 12월 辛未.

51 『世宗實錄』 권22, 세종 5년 12월 丁卯.

52 『世宗實錄』 권123, 태조 31년 정월 癸亥.

53 『明宗實錄』 권29, 명종 18년 9월 丁亥.

54 『宣祖實錄』 선조 6년 8월 甲子.

55 柳希春, 『眉巖日記抄』 4, 朝鮮總督府 朝鮮史編修會, pp.71~72; 『宣祖實錄』 권7, 선조 6년 8월 甲子. 앞부분은 영의정 권철權轍의 말을 요약한 것이고, 뒷부분은 좌상 박순 朴淳의 말이다.

56 황철산, 「향도에 관하여」, 『문화유산』(1961년 2호).

57 "一里農民 同耘者(『世祖實錄』 권12, 세조 4년 4월 乙卯)."

58 李泰鎭, 앞의 책, pp.12~13.

59 "鄕立約條與洞中族契 皆是良法美意 而自變亂以後 人心益稀薄 不可以刑杖笞罰 而爲勸懲也(『夫浦洞約』)."

60 "且與公私爲賤 名分雖懸 而乾父坤母 同胞幷生 四海之人 皆爲兄弟則況同居於一里之間者乎 是豈可分貴賤視楚越(徐恩遠, 「河東里社契序」, 『樂齋集』 권6)."

61 『長城鄕校誌』 권2, 保民鄕約契案 跋.

62 黃宗海, 洞內立議, 『朽淺先生文集』(1641년).

63 金仁杰, 「朝鮮後期 鄕村社會 변동에 관한 연구」, 서울대박사논문, 1991.

64 전장석, 「북청지방의 민속」, 『문화유산』, 1957년 4호.

65 문화재관리국, 『部落堂祭』, 1969, p.41.

66 "勿論上下 一齊合力 付種及除草秋穫等節(金忠善, 『慕夏堂集』 「內外子孫及洞里人約條」, 1571년)."

67 『河回洞契』 患難相救.

68 吳希文, 『鎖尾錄』.

69 崔在律, 「茅亭이 農村社會經濟에 미친 영향」, 『湖南文化研究』 6, 전남대호남문화연구소, 1966.

70 배상현, 「朱子家禮와 그 朝鮮에서의 行用過程」, 『東方學誌』 70집, 1991, pp.233~234.

71 『世宗實錄』 세종 6년, 甲辰 2월 丁巳.

72 『太宗實錄』, 태종 14년 정월 癸巳.

73 天子曰泰社 諸侯曰候社 大夫以下成群皆置社 百家爲群 於是有里社 社各植之以土
之所宜木 故古者松社栢社栗社櫟社之名 以此凡其禮用戌 總祭山林泉澤丘陵墳衍原
濕 以祈百穀周人 以社之日 卜來歲之稼所宜也 凡水旱札瘼 皆有禱於社 事神明降
祥錫福 非如佛氏妖妄淫昏之鬼也 今令鄕約 各置里社 一如古制 每祀旣畢 里中畢
集 以齒序飮 以講信修睦 其於報本反始事神爲人之方 庶幾得矣 顧父老勉之(許穆,
「置里社有父老文」, 『眉叟記言』 권37).

74 민간에서 부군당 계통의 신당들이 부군당·붉은당 등으로 호칭되고 있는 것을 보면, 府
君·付根·附降 등의 명칭은 字意에 관계없는 한자의 取音에 불과한 것으로 보인다(金
泰坤, 「韓國民間信仰硏究, 集文堂, 1983, p.158).

75 『한국민속종합조사보고서』 함경남북도 편.

76 주강현, 「20세기 동계전통의 장기지속과 촌계로서의 자치적 성격−서산 고양동 동계문서의
역사민속학적 연구」, 『민족문화논총』 28집, 영남대 민족문화연구소, 2003, pp.277~323.

77 『서산시지』 1권, pp.116~117.


**Chapter 3**

1 "稻種有旱有晩 耕種法 有水耕(鄕名 水沙彌) 有乾耕(鄕名 乾沙彌) 又有揷種(鄕名 苗種)
除草之法 則大抵皆同(『農事直說』種稻條)."

2 『高麗史』 권54, 五行2.

3 『課農小抄』 水利.

4 『治水及水利踏査書』, 朝鮮總督府官房土木部, 1916.
수리안전답 비율은 관개설비가 되어 있는 면적을 관계설비가 없는 면적으로 나누었다.

5 『日省錄』, 정조 23년 5월.

6 김용섭은 이앙법 확산이 직파법의 4~5회 제초작업에서 이앙법의 2~3회로 감소하고, 수
확도 2배나 되었던 탓이라 했다. 송찬식도 이앙법 보급으로 인하여 종래 제초노동을 1/5~
1/6로 경감할 수 있었다고 주장했다(「조선 후기 농업에 있어서의 광작운동」, 『한국사논문전집』
5, 일조각, 1976, pp.128~130). 宮嶋博史는 노동력 감소보다는 오히려 수확량의 증가 측면
에서 큰 원인이 있었다고 강조하고, 17세기 중엽에 이미 삼남에 보급되었고, 토지생산성
향상에 따른 집약화현상이 농업생산력을 발전시켜 19세기 중엽에 가서 광농경영이 일반
화된다고 했다(宮嶋博史, 「李朝後期における 朝鮮農業の發展」, 『朝鮮史硏究會論文集』 18,

1981, p.73). 이호철은 조선 전기에서 지니는 의미가 조선 후기와는 다르다고 파악하면서, 조선 전기의 이앙법은 수리문제를 해결하지 못한 낮은 단계의 기술 수준에 있었기 때문에 나타나는 현상으로 파악했다(이호철, 「朝鮮前期 農業史研究」, 서울대박사학위논문, 1985). 이 상 여러 설은 수전농업의 파종법이 조선 전기의 직파법에서 조선 후기로 내려오면서 이앙 법이 지배적인 위치를 차지하게 되었음을 지적하면서 수확량의 증가는 일치를 보고 있으 나 노동력 절약에 대해서는 이견이 제시되고 있다.

7  후대의 『천일록』을 보면 '凡穀皆喜移裁'라고 하여 이식을 좋아한다는 것을 알고 있었다 (總覽 直說附管 條, p.527).

8  『石泉日記』後集, 新溪縣農書條對.

9  金容燮, 『朝鮮後期 農業史研究』(2), 一潮閣, 1982, pp.19~25.

10  "移秧之法 大省功力 卽今三南之外 他道亦皆慕效 已成風俗(『增補文獻備考』, 田賦 考 7)."

11  『增補文獻備考』 권147, 務農.

12  金榮鎭, 「應旨農書로 엮은 梁翊濟農書의 研究」, 『古書研究』 7호, 1990, p.33.

13  "農家之諺曰 當與人一椀飯 不當與一 炭(『農家總覽』)."

14  金容燮, 「千一錄의 農業論」, 『東方學志』, p.98.

15  『금수강산』, 1992년 3호, 평양.

16  노동조직 황두와 전래 향도조직과의 연관성에 최초로 주목한 연구자는 황철산이다. 그는 지난날 함경도지방과 그에 인접한 강원도의 일부 지방에서는 대체로 다른 지방에서의 상 예계에 해당하는 조직을 향도라고 했으며, 평안도의 열두천리벌을 중심으로 한 논벼를 건 답직파하는 이른바 건갈이지대에서는 농번기에 조직하여 김매기를 공동으로 하는 조직 체를 황두라고 했다는 견해를 제시했다.
전장석, 「두레에 관하여」, 『문화유산』(1957년 2호).
황철산, 「향도에 관하여」, 『문화유산』(1961년 2호).
림학선, 「과거 우리나라 농사에서의 상호 로력 부조조직에 대하여」, 『고고민속』(1965년 2호).
조대일, 「과거 우리나라 공동로동의 형태와 그 특성」, 『고고민속론문집』 5, 1973.
김일출, 「농촌근로자들의 새로운 문화와 생활풍습에 대하여」, 『북한민속학자료집』, 극동 문제연구소, 1974.
김내창·선희창, 「공동생활풍습」, 『조선의 민속』, 1986.
주강현(편), 『북한의 민속학-재래 농법과 농기구』, 역사비평사, 1989.
사회과학원민속학연구실, 『조선민족풍습』, 1990(주강현 해제, 서광학술자료사 재간행, 1992).
이태진, 「17·18세기 香徒組織의 分化와 두레발생」, 『震檀學報』 67집, 1989.
주강현, 「朝鮮後期 '황두'考-생산풍습 '황두'의 연구진전을 위한 몇 가지 검토」, 『정신문 화연구』(1993년 4호), 한국정신문화연구원.

주강현, 「조선후기 황두공동노동 연구」, 『국사관논총』 99집, 국사편찬위원회, 2002.

17 과학원 민속학연구실, 『민속학론문집』 4집, p.23.

18 황철산, 앞의 논문, 참조.

19 황철산, 「조선민속학의 목적과 대상 범위에 관하여」, 『문화유산』, 1962년 5호.

20 김용섭金容燮은 수도작水稻作이 건파乾播 육종陸種으로도 행해지고 있었다는 사실은 조선농업의 커다란 전통이고, 특징이라고 하면서 이찬李燦의 연구조사를 재인용하여 1960년까지 전라도 순천順川에 이 농법으로 수도水稻를 재배하고 있던 예가 있음을 밝혔다. 남도에서조차 일부나마 건파 육종이 행해졌음은 이전에는 보편적 관행임을 뜻한다(『增補 朝鮮後期 農業經濟史研究』 2, 一潮閣, 1990, p.7).

21 『千一錄』 권1, 「建都 附山川風土關扼」 西關.

22 金容燮, 「農政要志의 水稻 直播技術」, 『孫寶基博士停年記念 考古人類學論叢』, 지식산업사, 1988.

23 "龍灣直路以西 田畓相半 以東 田多畓小 舞論東西 畓皆播種 不注秧(『千一錄』 山川 風土關扼 關西條)."

24 청천강 하류지역은 사질砂質의 충적토沖積土지역으로 건갈이에 적합하다(『韓國土地農産 報告書』, 평안도 편).

25 Hermann Lautensach, "KOREA", K. F. KOEHLER VERLAG, LEIPZIG, 1945(『코리아 Ⅱ』, 김종규·강경원·손명철 역, 민음사, 1998, p.718).

26 정시경, 「연백지방의 축력농기구에 관한 민속학적 고찰」, 『문화유산』, 1959년 2호.

27 "乾畓待時而耕 如平安之義州楊下坪 定州大明坪 安州三千坪 肅川補民洞(『農政要志』)".

28 황철산, 『함경북도 북부 산간부락 재가승부락의 문화와 풍습』, 과학원 고고학 및 민속학 연구소 민속학연구총서 3, 평양, 1960.

29 황두관행을 자세하게 알려주는 자료는 앞에서 언급된 조대일의 글과 북한의 민속학개론서인 『조선민족풍습』(사회과학출판사, 1991)에 잘 나와 있다.

30 정시경, 「호미의 유형과 그 분포」, 『문화유산』, 1960년 1호.

31 김일출, 「농촌근로자들의 새로운 문화와 생활풍습에 관하여」, 1960(?)(『북한민속학자료집』, 극동문제연구소, 1974 재간행 수록).

32 鈴木榮太郎, 「朝鮮北部および西部の共同作業」, 1944. 5.

33 전장석, 「두레에 관하여」, 『문화유산』, 1957. 2호, p.16.

34 Hermann Lautensach, 앞의 책, p.708.

35 印貞植, 『朝鮮の農業地帶』, 生活社, 1940.

36 『燃藜室記述』 別集 11권 政敎典故.

37 전장석, 앞의 논문, p.16.

38 〈朝光〉 10호, 1944. 4.

39 『千一錄』, 山川風土關扼條.

40 주강현, 「大同굿의 分化變遷硏究」, 경희대대학원석사논문, 1985, p.26.

41 村山智順, 『朝鮮の鄕土娛樂』(朝鮮總督府調査資料 47), 1941. 村山의 보고서는 식민지
   통치수단의 일환으로 이루어졌을 뿐 아니라, 조사방법상에서도 식민통치기구를 이용한
   간접조사라는 명백한 제한성이 있음에도 불구하고 당대 민속놀이의 전국적 분포를 알려
   주는 유일한 자료다.

42 전장석, 앞의 논문, p.17.


## Chapter 4

1 姜鋌澤, 「朝鮮に於ける共同勞動そとの組織史的變遷」, 『農業經濟硏究』 17卷4號, 農
   業經濟學會 編, 岩波書店, 1941, pp.525~526.

2 전장석, 「두레에 관하여」, 『문화유산』, 1957년 2호, p.15.

3 『嶺南鄕約資料集成』, 영남대학교출판부, 1986.

4 "其北方部落之間 多結爲鋤社 或十家爲率先鋤一家之田 本家供其飮食 其餘次之旬
   日之間 各家田皆鋤治(『課農小抄』 鋤治)."

5 京城帝國大學 南鮮農村調査隊, 秋葉 隆, 「牙山部落の社會學的硏究-南鮮農調査報
   告」 其二, 『朝鮮』, 第33號, pp.44~45.

6 鈴木榮太郎, 「湖南農村野帳拔書」, 1944년 5월.

7 W. Ason Grebst, 김상열 역, 『코레아 코레아』, 미완, 1986, p.36.

8 주강현, 「두레의 農法과 김매기勞動」, 『한국전통과학기술학회지』(제2권 제1호), 한국전통
   과학기술학회, 1995, pp.81~105.

9 주강현, 『한국의 두레』 1, 집문당, 1997, pp.425~426; 국립민속박물관, 『한국의 두레』,
   1995.

10 "鋤者農家之務全在提鋤 一暫止息終至荒穢(『衿陽雜錄』 和噴條)."

11 『農家集成』 火耨法條. 『農事直說』 원전에는 기록되지 않다가 『農家集成』에 이르러 수
   록되었다.

12 "纂文曰 養苗之道 鋤不如 耨今小鋤也"라고 하여 작은 호미의 중요성을 말하고 있다

(『課農小抄』鋤治).

13 『千一錄』農家總攬.

14 農專大敎材編纂委員會, 『新制畓作』, 學文社, 1988, pp.29~44.

15 과학적으로는 ① 토양의 산화층과 환원층을 교환시켜 줌으로써 환원층에 산소를 공급하게 되고, ② 뿌리에 유해한 가스상태의 물질, 즉 황화수소·메탄가스·일산화탄소 등을 대기 중으로 방출시키며, ③ 표층에 사용된 비료분을 작토에 혼입시킴으로써, ④ 유기물 분해가 촉진되어 암모늄질소가 증가하며, ⑤ 중경에 의하여 일시나마 논 하층의 온도를 높이며(약 1도 높게 1주일 정도 지속), ⑥ 뿌리를 자름으로써 일시적 생육 억제에 뒤따르는 새 뿌리 발생의 촉진 등을 들 수 있다(『新制畓作』, p.187).

16 「水稻作栽培法」, 『朝鮮農民』(제3권 6호), 1927, pp.4~30.

17 "苗長半尺許又耘以鋤(『農事直說』種稻)."

18 하위지河緯地가 친동생 소지紹地의 아들 구동龜童을 양자로 삼고 그에게 남긴 일종의 재산상속목록이다(『丹溪遺稿』, 1768).

19 『訓蒙字會』(1527).

20 홍희유, 「15세기 이후의 조선농구에 대하여」, 『문화유산』, 1959년 5호.

21 『大東野乘』 권56, 松窩雜說.

22 정시경, 「호미의 유형과 그 분포」, 『문화유산』, 1960년 1호.

23 『土地農産調査報告書-京畿·忠淸·江原道』, p.413.

24 이청원, 「조선농업의 생산규모」, 『비판』 4권(오미일 편, 『식민지시대 사회성격과 농업문제』, 풀빛, 1991, pp.429~435 재인용).

25 金迥洙, 『月餘農家』, 田畓雜録(1861).

26 "汗泉宜稻所謂因地之宜也(『閑情録』習儉)."

27 『新制畓作』, 學文社, 1988, p.99.

28 『厚生録』 上卷 種稻法.

29 허문회, 『벼의 遺傳과 育種』, 서울대출판부, 1986.

30 『光州의 民俗놀이』, 光州民俗博物館, 1995, p.90.

31 「水稻作栽培法」, 『朝鮮農民』(제3권 6호), 1927, pp.4~30.

32 주강현, 「하나의 실험, 실험된 두레」, 『역사민속학』 4집, 한국역사민속학회, pp.347~348.

## Chapter 5

1 『慵齋叢話』권2.

2 金堉, 『松都誌』(1648).

3 『鳳城文餘』.

4 金均泰, 『李鈺의 文學理論과 作品世界의 研究』, 創學社, 1984, p.8.

5 『承政院日記』881冊 영조 14년 11월.

6 조선 초기에 형성된 非僧非俗집단에서 근대의 사당패에 이르기까지 분화를 거듭했다(전
신재, 「居士考」, 『대동문화연구』, 성대대동문화연구원, 1984).

7 『제주도민속자료』, 제주도, 1987, pp.89~90.

8 문화재관리국, 『韓國民俗綜合調査報告書』, 농악 · 풍어제편, 1982 발췌.

9 李輔亨, 「마을굿과 두레굿의 의식구성」, 『민족음악학』 4, 서울음대동양음악연구소,
1981, pp.14~15.

10 주강현, 『한국의 두레』 1, 집문당, 1997, pp.429~430.

11 『衿陽雜錄』農談二.

12 金坽, 『溪巖集』 권3.

13 주강현, 『한국의 두레』 1, 집문당, 1997, pp.429~431.

14 「朝鮮의 農村視察報告書」(印貞植, 「두레와 호미씻이」, 1930, 재인용).

15 Charles Louis Varat, *"Deux Voyages en Corée"* (『조선기행』, 눈빛, 2001, p.123).

16 〈朝光〉 10호, 1944. 4.


## Chapter 6

1 『希樂堂稿』권5, 治田說.

2 "樓下居人笑語譁 畵橋流水柳陰多 恨無崔顥題芳草 誰爲滕王詠落霞 山雨曉催燒筍
興 野風時送挿秧歌 强留拙句眞蕭散 滿壁龍騰醉筆斜(『新增東國輿地勝覽』권28)."

3 "稻種有早有晚 耕種法 有水耕(鄕名 水沙彌) 有乾耕(鄕名 乾沙彌) 又有揷種(鄕名 苗種)
除草之法 則大抵皆同(『農事直說』種稻條)."

4 『課農小抄』播穀條.

5 정조 20년(1796년), 순조 4년(1804년)에 응지소應旨疏로 올렸으니 18세기 벽두의 농업상
  황을 잘 알려주는 셈이다.

6 『千一錄』권1, 建都山川風土關扼 발췌.

7 "大路以東 田多畓少……畓皆播種 不注秧(『千一錄』, 山川風土關扼 海西)."

8 都城以西: 水田亦小泉源灌漑之處多乾播 又多注秧
  都城東北: 畓則多播種而小注秧
  都城以南: 小直播多注秧
  華城府: 乾直播
  開城府: 直播注秧上半
  江華府: 宜土畓 則或播種或 則或注秧
  (『千一錄』권1, 建都山川風土關扼 畿旬條)

9 『大東野乘』권8, 海東野言.

10 "或雜鋤種之際 男女遍郊 聚羣成隊 齊唱農謳 併力先登 而鳴鑼擊鼓 以慰其勞(『千一
  錄』)."

11 자는 경순景醇, 호는 사숙재私淑齋, 무위자無爲子, 운송거사雲松居士, 만송강萬松岡 등이
  며 시호는 문양공文良公이다.

12 금양현衿陽縣의 위치에 대해서는 논란이 많으나 대략 시흥으로 비정하고 있다(金榮鎭, 『朝
  鮮時代前期農書』, 한국농촌경제연구원, 1984, pp.69~70).

13 저자의 장남 귀손龜孫이 쓴 끝부분의 「금양별업衿陽別業」을 보면 잘 드러난다. 저자 나이
  52세(1475년) 되던 봄 퇴임하면서 금양에 머물게 되었고 이때의 농사경험을 살려 본서를
  저술하게 된 것이다.

14 연산군 4년(1493년)에 지은 것으로 되어 있으나, 서문에 의하면 신해중춘청명일辛亥仲春
  淸明日로 되어 있어 1491년에 저작된 것이 틀림없다.

15 李鎬澈, 「旱田作物과 그 品種」, 『朝鮮前期農業經濟史』, 1985, pp.83~110.

16 金容燮, 『朝鮮後期農學史硏究』, 일조각, 1988, p.81

17 조동일, 『한국문학통사』 2, 지식산업사, 1988, pp.350~351.

18 金永德 외 편저, 『中國文學史』 上, 청년사, 1990.

19 최철, 『한국민요학』, 연세대출판부, 1992, p.26.

20 조동일, 『한국문학통사』 3, 지식산업사, 1989, pp.222~241.

21 "父老之言略採耕耘之法作農家第一(『衿陽雜錄』農家1)."

22 高晶玉, 『朝鮮民謠硏究』, 수선사, 1939, pp.25~35.

23 류종목, 「민요의 구연방식과 기능의 상관」, 『오늘의 민요와 민중의 삶』(한국역사민속학회학
  술심포지움 발표초록, 1992년 12월 5일), pp.9~19.

24 최철, 『韓國民謠學』, 연세대출판부, 1991, pp.28~29 ; 안대회, 「문헌소재 민요의 조사와 그 가치해명」, 『한국민요론』, 집문당, 1992, pp.143~144.

25 조동일, 『한국문학통사』 2, 지식산업사, 1989, p.351.

26 최철, 앞의 책, p.29.

27 최철, 「민요의 개념, 수집과 연구의 내력」, 『한국민요론』, 집문당, 1986, pp.11~19.

28 이런 구분은 단순 기능상의 민요분류법이 아니라 농업노동조직의 입장에서 시도해볼 만한 분류법이다. 문학의 담당계층 문제를 중심으로 문학사회집단을 설정하고, 그에 따라 농요를 재분류한다면 가장 강력한 노동조직인 두레형 노래, 기타 소소한 품앗이형의 노래로 대별할 수 있을 것이다.

29 심우성, 「우면두레」, 『서울의 민속놀이』 2, 예총서울시지회, 1994.

30 김무헌, 『한국노동민요론』, 집문당, 1986, pp.202.

31 「長髮農歌十章」 第7首.

32 주강현, 「두레공동노동의 사적검토」, 『노동과 굿』, 1987, pp.49~50.

33 과학원고고학 및 민속학연구소, 『조선의 민속놀이』, 1964(도서출판 푸른숲, 1988 재간행).

34 『韓國土地農産調査報告書』, 경기 · 충청도, 1906, p.425.

35 강릉의 오독떼기는 오돌또기라고도 부르며 느리므로 모 심을 때는 못한다. 메나리조로 토속성이 강한데 다음과 같은 특질을 보여준다(장정룡, 『강릉의 민속문화』, 1991, pp.143~144). ① 오독떼기는 모두 다섯 악구로 구성되며, 제1 · 2악구는 독창으로 메기고, 제3 · 4 · 5악구는 제창으로 받는다. ② 오독떼기는 중간 종지음이 미고 최후 종지음은 라다. 최후 종지음 라음은 급격한 퇴성과 강제종지다. ③ 불규칙한 박자와 무정형이 기본으로 되어 있으나 노래에 참여한 사람들의 호흡을 기준으로 비교적 한 배를 유지한다.

36 조동일, 『한국문학통사』 3, 지식산업사, 1989, p.227.

37 아예 호미 없이 손으로 매는 방식은 밀양 같은 영남지방이나 호남의 남부지역에서는 널리 행해지는 방식이다. 나승만은 전남지역의 벼농사권의 긴소리권에서 논을 손으로 매는 이유로 영산강 유역의 토질로 보고 있다. 그래서 논매기 작업이 느리고 힘들다고 했다. 긴소리권에서 부르는 들노래로 모찌기노래, 모심기노래, 논매기노래, 풍장노래, 장원질노래를 꼽았다. 나승만은 그밖에 산아지타령권, 절로소리권으로 전남의 들노래를 분류했다(나승만, 전남지역의 들노래연구, 전남대박사학위논문, 1990, pp.16~18).

38 만두레가 가장 활발하게 벌어졌던 전남의 경우, 노동요의 특징은 다음과 같다. ① 두레가 주체가 되었다. ② 작업의 과정에 일치하게 불렀다. ③ 모찌기와 모심기노래는 도 · 시 · 라 · 미 계열이 주를 이루고, 논매기소리는 솔 · 라 · 도 · 레 · 미 계열이 주를 이룬다. ④ 메기고 받는 가창방식이 중심을 이룬다. ⑤ 장단은 중모리와 중중머리가 중심을 이룬다. ⑥ 모찌기노래에서는 풍물을 치지 않는다(나승만, 앞의 논문, pp.106~107).

39 "早出暮入 平郊廣野 男女遍畝 倂力鋤耕 齊唱農謳(『千一錄』山川風土關扼西關)."

40 조대일, 「과거 우리나라 공동로동의 형태와 그 특성」, 『고고민속론문집』 5, 1973, p.147.

41 "每於秋成時 粒米狼戾 牛酒簫鼓 遍野嬉遊 此又八道農場之壯觀也(『千一錄』)."

42 용강龍岡은 황해도에서 대동강을 건너서 평양으로 가는 길목이다(『북한의 관광자원』, 한국
   관광공사, 1991. p.166). 밑에서 북상한 두레가 조선 후기에 이곳 나름의 서도소리문화와 만
   나면서 독특한 기나리를 생성시킨 것으로 여겨진다.

43 〈朝光〉 1939. 10.

44 윤수동, 「민요 용강기나리에 대하여」, 『조선예술』, 평양, 1988년 7월호: 주강현, 『북한의
   민족생활풍습』, 대동, 1994, pp.566~567. 인용된 기나리의 2소절로 미루어보아 다소 신
   민요로 개창된 가사로 보인다. 그러나 앞 한정동의 글에 "조개는 잡아서 젓저리고 / 가는
   님 모서다 정情드리자" 같은 대목이 나오는 것으로 보아 일부만 개창된 것으로 보인다.

45 박치함, 『구전민요집』, 국립예술문학서적출판사, 평양, 1960.

46 『五州衍文長箋散稿』 권36, 香徒辨證說.

47 『鳩林大同契』 東憲, 1743.

48 황철산, 「향도에 관하여」, 『문화유산』(1961년 2호).

49 주강현, 『우리문화의 수수께끼』 2, 한겨레신문사, 1997.

50 『太祖實錄』 권15, 태조 7년 12월 辛未條.

51 文化財管理局, 『장례놀이』(民俗文化調査報告書), 1994.

52 『제주의 마을』, 도서출판 반석, 1986.

53 文化財管理局, 「濟州島民의 通過儀禮」(無形文化財調査報告書 23號), 1966. 10.

54 『제주도의 민속자료』, 제주도, 1987, pp.11~12.

55 나승만, 「소포리 노래방 활동에 대한 현지연구」, 『역사민속학』 3, 1993, pp.36~60.

56 申瓚均, 『韓國晚歌』, 삼성출판사, 1990, pp.20~21.

57 金聖培, 『韓國의 民俗』, 集文堂, 1980, pp.320~321.

58 최상일, 「전남지역 민요의 분류와 분포」, 『한국민요대전』 2, 전라남도민요해설집, 1993,
   p.46.

59 『老樵集』 권3 爾我謠(최철, 앞의 책, p.40 재인용).

60 송석하는 제초 시 두레를 쓰는 것이 각지의 풍습이지만 경남지방에는 이앙에도 많이 쓴다
   고 했다. 그것은 대개 농청農廳이 있었던 관계로 시행이 된 듯하다고 했다(宋錫夏, 「南方移
   秧歌」, 『新朝鮮』, 1932. 9).

61 고정옥, 『朝鮮民謠研究』, 首善社, 1949.

62 정시경, 「호미의 유형과 그 분포」, 『문화유산』, 1960년 1호.

63 『農家集成』, 農事直說條.

64 한국역사민속학회, 『민요와 민중의 삶』, 우석, 1994, pp.28~29.

65 趙東一, 『敍事民謠硏究』(增補版), 계명대학교출판부, 1979, pp.37~38.

66 『課農小抄』農器條.

67 홍희유, 「15세기 이후의 朝鮮 農具에 대하여」, 『문화유산』, 1957년 5호.


## Chapter 7

1 브라이언 M. 페이건, "*Archaeology : A Brief Introduction*", Prentice Hall, 1999(이희준 역, 『고고학 세계로의 초대』, 현대사상사, 2002, pp.129~130).

2 J. Cols, "*Experimental Archaeology*", Academic Press, London.

3 추연식, 『고고학 이론과 방법론』, 학연문화사, 1998, p.61.

4 주강현, 「연구노트: 하나의 실험, 실험된 두레」, 『역사민속학』 4, 1994. 이 논문에서 '실험민속학 방법론'에 관한 상세한 입장을 개진했다.

5 이후에 이 마을은 '두레마을'로 각광을 받고 널리 소개되었을 뿐 아니라 더러 중요 지역행사에도 두레가 나아갔으니, 이는 사실상 논두렁의 두레가 운동장으로 '끌려나온' 셈이다.

6 주강현, 앞의 논문, pp.319~320.

7 그 노곡리의 농기는 이후에 보도를 통해 알려지면서 농협박물관에서 교섭 · 수집하여 전시되고 있는 중이다


## Chapter 8

1 유향계柳鄕稧 문서, 버드네마을 소장.

2 金俊亨, 「朝鮮後期面里制의 성격」, 서울대석사학위논문, 1983, p.22.

3 朝鮮總督府 編, 『生活狀態調查(其一), 水原郡』(調査資料 第二十八輯), 1926.

4 『新東亞』, 東亞日報社, 1935. 12~1936. 8.

5 경희대중앙박물관 · 화성군청, 『華城郡의 歷史와 民俗』, 1989, p.101.

6 전장석, 「두레에 관하여」, 『문화유산』, 1957년 2호.

7 주강현, 「대전지역 두레공동노동연구 – 대전시 두레공동노동 현지조사를 중심으로」, 『충청문화』(3집), 한남대충청문화연구소, 1992.

8 독일 게르트 클라센 소장품인 「朝鮮後期 耕織圖」(8曲 · 屛)를 보면 8명의 장정이 들밥을 먹고 있다(『韓國의 美』 民畵, 중앙일보사, 1985, 所收).

9 국립민속박물관, 『생활문화와 옛문서』, 1991, p.277.

10 향토문화개발협의회, 『鄕土文化遺蹟調査 – 靈岩郡始終面』, 1985. 8. 所收(鳳巢里 姜聲華氏所藏, 崔啓遠發掘). 1930년에 이르러 振俗契로 고쳐 洞契 형태로 바뀌었다.

11 『輿地圖書』(1765), 國史編纂委員會本.

12 奎章閣 古915-12-H9913, 1831.

13 『世宗實錄』 권148.

14 朝鮮總督府, 『生活狀態調査(其一), 水原郡』, 1926.

15 송산면松山面은 1914년 수원군水原郡과 남양군南陽郡이 통폐합되기 전에는 남양군에 속했으며, 당시 남양군 송산면 · 수산면水山面 · 세곶면細串面을 개편하여 이루어졌다. 행정구역개편 뒤로는 해방 이후 화성군 편제에서도 여전히 14리로 구성된다.

16 華城郡史編纂委員會, 『華城郡史』, 1990, pp.997~1003.

17 같은 화성군 팔탄면 구장리 동천마을의 경우, 마을 규모가 상당히 컸으며 두레 총원수도 늘 50명을 넘었다고 한다(資2-40).

18 일제시대 대전시의 경우, 경부선 대전역 개설과 더불어 인구밀도가 급격히 높아졌다. 그에 따라 두레의 조직원수도 실제로 평균 30~40명 선을 유지했다. 이는 화성보다는 약간 높은 수치를 보여준다.

19 康津 進貢冊(국립민속박물관, 『생활문화와 옛문서』, 1991, p.217).

20 甲寅年(1674) 鄕約.

21 박경하, 『朝鮮後期 鄕約硏究』(中央大博士學位論文), 1992, pp.74~75.

22 "又於各洞中 自其洞中齊會 大小民人圈取 一洞中 年德文學最著者一人 爲洞憲 又圈剛明操行 有文識者二人 爲執綱公員(『千一錄』권5 化俗)."

23 姜鋌澤, 앞의 논문, p.523.

24 17세기 초 경상도 어느 동약洞約에 "領首則每十人爲一隊 拔其中一人爲領首"라고 하여 조직의 우두머리임을 밝히고 있다(朴善長, 『水西集』, 「洞契更定約文」, 1614년, 光海 6년).

25 『韓國民俗綜合調査報告書』, 8책, p.280.

26 18세기 말엽부터 19세기 전반에 걸쳐서 삼척 도하면道下面 송정동계松亭洞契에서 작성된 등장等狀에는 동계洞契 운영에서 좌상座上(동중洞中 · 회중會中) 3~4명, 공원公員 11

명, 차지次知 2명으로 구성되고 있다. 당시 도하면의 동계 구성은 대리大里를 중심으로 소리小里를 합동하면서 면내에서 3개의 동계가 공시적으로 조직되고 있었다(李揆大, 「19세기의 洞契와 洞役」, 『朝鮮後期 鄕約研究』, 민음사, pp.237~276). 마을의 역원인 좌상과 공원이 두레의 역원인 좌상과 공원을 겸하고 있는 것으로 사례로 보인다.

27 주강현, 『한국의 두레』 1, 집문당, 1997, pp.433~435.

28 주강현, 「두레의 組織的 性格과 運營方式」, 『역사민속학』 5, 한국역사민속학회, 1996.

29 신년제新年祭는 새해의 처음에 매년 주기적으로 반복되고 있는 제의로서, ① 새해의 시작이란 시간성, ② 매년 반복되는 주기성, ③ 풍요와 건강을 위한 생존문제, ④ 풍요와 건강을 신성에 의존하는 신성성 같은 특징을 지닌다(金泰坤, 『韓國民間信仰研究』, 集文堂, 1983, pp.40~47). 이런 신년제의 회의인 탓에 마을의 1년 대소사를 결정하는 촌회村會적 성격을 지닌다.

30 수실이 속한 공주군 반포면 공암리는 조선시대 유학자 서고청徐孤靑이 자리 잡은 이래로 이천서씨가 다성을 이루는 가운데 타성이 상민층을 이루어왔다. 서고청이 선조 14년(1581년) 창건했다는 충현서원이 지금까지 전해지며 인근 마을을 묶어서 하나의 동계가 이루어졌다. 전형적인 반촌에서 동계가 발휘하던 성격을 보여준다.

31 Mandy T. Etpison, *"Palau-Cultural History"*, Palau, 2004, p.130.

32 주강현, 『제국의 바다 식민의 바다』, 웅진지식하우스, 2005, pp.307~341.

33 전장석, 「두레에 관하여」, 『문화유산』, 1957년 2호.

34 김일출, 『조선민속탈놀이연구』, 과학원출판사, 평양, 1958.

35 안용철 외, 『조선민속사전』, 과학백과사전출판사, 2004, p.98.

36 崔在律, 「茅亭이 農村社會經濟에 미친 영향」, 『湖南文化研究』, 전남대, 1966.

37 주강현, 『한국의 두레』 2, 집문당, 1997, p.66~67.


**Chapter 9**


1 이 장은 다음의 논문을 참고할 것. 주강현, 「朝鮮後期 變革運動과 民衆組織」, 『역사비평』 2호, 1988, pp. 185~211.

2 백성현 · 이한우, 『파란 눈에 비친 하얀 조선』, 새날, 1999, p. 359 재인용.

3 Eric R. Wolf, 앞의 책, pp. 192~193.

4 사회경제적 변화의 결과 재편된 계급구성에 바탕하여 몰락해가는 층을 상층부의 토호층,

그 아래 중간층으로서 요호부민층饒戶富民層, 하층부의 소빈민층小貧民層으로 3분할 수도
있다(高錫珪, 「19세기 鄕村支配勢力의 변동과 農民抗爭의 양상」, 서울대박사논문, 1991, p. 171).

5  한국역사연구회, 『조선정치사: 1800~1863』, 청년사, pp. 277~307.

6  安秉旭, 「朝鮮後期 自治와 抵抗組織으로서의 鄕會」, 『성심여대 논문집』 18, 1986.

7  『裳谷八里孝 鄕約節目』茂州, 철종 7년(1856년).

8  金仁杰, 「조선후기 村落組織의 변모와 1862년 農民抗爭의 조직기반」, 『震檀學報』 67,
   1989.

9  김인걸, 앞의 논문, p. 58.

10  Eric R. Wolf, 앞의 책, p. 157.

11  석전의 전투성에 관해서는 다음을 참조. 손진태, 「석전고」, 『손진태선생전집』; 신복룡,
   「성황의 군사적 의미에 관한 연구」, 『건대학술론』 26집.

12  "每年初 聚戲於浿水之上 王乘轝 列羽儀 以觀之 事畢 王以衣服入水 分左右 爲二
   部 以水石相濺擲 諠呼馳逐 再三而止(『隋書』, 「高句麗傳」)."

13  『五州衍文長箋散稿』, 石戰木棒辨證說.

14  洪聖民, 『拙翁集』 6권, 石戰說.

15  "正月一日 女兒爲蹴鞠之戲 男子爲投石之戰 死傷不問此乃麗世遺風而石戰(金堉,
   『松都誌』)."

16  Madame Claire Vautier, H. Frandin, "En Corée"(김상희 · 김성언 역, 『프랑스 외교관이 본 개
   화기 조선』, 태학사, 2002, pp. 120~121).

17  J. Huizinga, "Homo Ludens", 1938(김윤수 역, 『호모 루덴스』, 까치, 1981, pp. 122~123).

18  영국의 화보 주간지 「그래픽」(1902. 2. 8)에 실린 영국 판화가 헤넨(F. De Haenen)의 묘사
   (백성현 · 이한우, 『파란 눈에 비친 하얀 조선』, 새날, p. 238 재인용).

19  문화재관리국, 『한국민속종합조사보고서』(전북편), pp. 460~467.

20  "適置水谷場市之日 多人聚市之中 間有都會之說是如乎……(『晋陽樵變錄』)."

21  주강현, 앞의 논문, pp. 208~209. 역사문제연구소 한국근대민중생활사연구반 공동답사,
   1988년 2월 1일, 이이화 · 주강현 · 우윤 · 진철승.

22  이런 주의주장은 앞의 1988년 논문에서 이미 주장한 것으로, 20여 년이 지난 지금까지도
   생활사적 연구는 여전히 시발점에 있다.

23  주강현, 「農旗儀禮와 놀이考」, 『韓國民俗學報』 6집, 한국민속학회, 1995.

24  백영자, 『朝鮮時代의 御駕行列』, 한국방송대학출판부, 1994.

25  이 자료는 신용하, 「두레공동체와 농악의 사회사」(『한국사회연구』 2, 한길사, 1984)에 처음
   소개된 이후에 이태진, 「17 · 18세기 향도조직의 분화와 두레 발생」(『진단학보』 67, 1989)에

이르기까지 자주 거론되는, 두레의 변혁성에 관한 귀한 자료이다. 최근에 소개된 것은 아니며, 이미 북한 과학원의 민속학 연구실 전장석의 연구(「두레에 관하여」, 『문화유산』, 1957)에서 지목된 바 있다.

26 『承政院日記』881冊, 영조 14년 11월 17일 ; 『英祖實錄』 권47, 영조 14년 11월 乙丑.

27 김인걸, 앞의 논문 참조 ; 주강현, 「朝鮮後期 鄕村社會의 변화와 演戲組織」, 『東洋學』 26집, 1996, 단국대부설 동양학연구소, pp. 383~395.

28 "登山樵軍也 出野之農夫也(『壬戌錄』)."

29 "聞令來會之民 太半是雇奴傭夫 號曰樵軍(『壬戌錄』)."

30 "本里李啓烈 卽校里(李命允) 之六村而樵軍之座上也(『晋陽樵變錄』)."

31 "又於日前 有十七歲總角 發令咸陽民五十餘名 直到于佳坪鄭氏所居村 或毁瓦家或 燒草家數十餘戶盡爲消蕩 而只餘空虛 又向邑內盡毁官屬家 殺越吏三民二五人(『籠 湖間錄』三)."

32 "移秧之民 謂以說弊 遮路侵逼 又爲作黨燒毁人家事(『壬戌錄』)."

33 『蟲營民狀草 冊』1862년 11월 14일 ; 망원한국사연구실, 『1862년 농민항쟁』, 동녘, 1988, pp. 148~149.

34 송찬섭, 「1862년 진주농민항쟁의 조직과 활동」, 『韓國史論』 21, 서울대국사학과, 1989, pp. 355~356.

35 주강현, 「조선후기 민중의 생활풍습」, 『한국사』 10, 1994, pp. 252~253.

36 『일사』 癸巳年(1893) 7월 1일자.

37 이상식 · 박맹수 · 홍영기, 『전남동학농민혁명사』, 전라남도, 1996, pp. 387~388.

38 『梧下記聞』 首筆.

39 이 점에 관해서는 신용하, 「甲午農民戰爭과 두레와 執綱所의 폐정개혁」, 『한국사회의 신분계급과 사회변동』 한국사회사연구논문집 8, 1987 참조. 신용하는 영학당사건에서도 민란의 동원방식으로 풍물이 쓰이고 있음을 밝혔다(「解題 韓末 英學黨 李化三等 供草 報告 書」, 『한국학보』 35, 일지사, 1984 참조).

40 주강현, 「조선후기 변혁운동과 민중조직」, 『역사비평』 2호, 1988.

41 黃玹, 『梧下記聞』, 首筆條.

42 『東學亂記錄』(上) 聚語 ; 金正起, 「1893년의 報恩. 장안의 聚會」, 『湖西文化論叢』(8), 서원대호서문화연구소, 1994.

43 오지영의 『동학사』에는 수만 명, 최영년의 『동도문변』에는 수백 명이라 했다. 이이화는 최영년의 진술이 정확한 것으로 보고 있다(이이화. 「전봉준과 동학농민전쟁」, 『역사비평』, 1989 겨울호, p. 226).

44 신용하, 앞의 논문, pp. 106~117.

45 정석종, 「중세사회의 동요와 해체」, 『한국사』 9, 한길사, 1994. p. 99.

46 『與猶堂全書』田論.

47 이이화, 『놀이와 풍속의 사회사』, 한길사, 2001, pp. 265~274.

48 주강현, 『안성-미륵신앙과 남사당』, 안성시, 2004.

49 『서울六百年史』, 1987, pp. 38~39.

50 주강현, 『한국의 두레』 2, 집문당, 1997, p. 113. 제보자의 출생연대가 1920년이므로, 아
　마도 제보자의 조부 정도가 경복궁에 다녀왔음직하다. 참고로, 이 마을에서는 호미걸이에
　최대 500여 명이 모였을 정도로 두레가 강했다.
　지역: 화성군 남양면 문호리 문기동 두레
　일시: 1989년 2월 조사
　제보자: 최재현(남, 농업, 조사 당시 69세)

51 주강현, 『한국의 두레』 2, 집문당, 1997, p. 417.

52 『安城記略』, 1923.

53 印貞植, 「두레와 호미씻이」, 『朝鮮農村 記』, 東都書籍, pp. 1~16.

54 『日省錄』, 고종 2년 5월 27일 「行召對于觀物軒」.

## Chapter 10

1 Aleksei Mikahailov, "*Yakutia*", Yakuts, 1992.

2 Zakharova, Yakut Shamanism as an Element of Spiritual Culture of the Sakha
　people(세계샤머니즘학회, 2차 세계샤머니즘학술대회 초록, 1991년 여름, 서울).

3 UCLA Fowler Museum, "*The Art of Rice : Spirit and Sustenance in Asia*", UCLA,
　California, 2003, p.39.

4 『課農小抄』授時條.

5 『增補 山林經濟』治農條.

6 세시풍속과 농사력 관계를 알려주는 조선시대 자료는 매우 많다. 첫째, 농서류로서 『四時
　纂要抄』(15세기) · 고상안의 『農家月令歌』(17세기) · 『增補山林經濟』(18세기) · 『閨閤叢
　書』(19세기) · 『林園經濟志』(19세기) · 『農家月令』(19세기) · 『千一錄』(19세기) 등을 들 수
　있다. 둘째, 『京都雜志』(18세기) · 『東國歲時記』(19세기) · 『洌陽歲時記』(19세기) 같은 세
　시기를 꼽을 수 있다.

7 마을굿의 분포에 관해서는 다음을 참조. 金泰坤, 「韓國神堂研究」『國語國文學』(29집), 1965. 李杜鉉(외), 『部落堂祭』(민속자료조사보고39호), 문화재관리국, 1969.

8 金泰坤, 『韓國의 民間信仰』, 집문당, 1983, pp.17~22.

9 李輔亨, 「神대와 農旗」, 『文化人類學』(8집), 1976; 『마을굿과 두레굿의 儀式構成』, 『民族音樂』(4집), 서울대동양음악연구소, 1981.

10 李輔亨 조사(앞의 논문, 1981).

11 농사의 주기週期는 농작물에 따라 다소 차이는 있지만, 대체로 정월 준비기를 거쳐서 2월부터 4월까지 파종기, 5월부터 7월 성장기에 이어 8월부터 10월까지 수확기, 11월부터의 휴한기의 저장기라는 윤곽이 드러난다(金明子, 「韓國歲時風俗研究」, 경희대박사학위논문, 1989, p.30).

12 秋葉 隆, 「巨濟島 立竿民俗」, 『朝鮮民俗』 제1호, 1933.

13 宋錫夏, 「風神考」, 『震檀學報』(제1권), 1934; 「朝鮮民俗槪觀」, 『新東亞』, 1935. 12~1936. 8.

14 李鈺, 『鳳城文餘』; 金均泰, 「李鈺의 傳統文化에 대한 再認識」, 『李鈺의 文學理論과 作品世界』, 創學社, 1991, pp.241~268.

15 宋錫夏, 앞의 논문, p.97.

16 『燃藜室記述』別集 第12卷 俗節雜戲.

17 陰崖 李耔 撰, 『陰崖日記』. 일기는 중종 4년(1509년) 시작하여 중종 11년(1516년)까지 마쳤는데, 농사에 관한 구속舊俗이 실려 있다.

18 이광사(李匡師, 1705~1777년)는 시에서 '村村植候桓 農間盛莘習'이라 하여 볏가리를 후환으로 부르고 있다.

19 趙水三, 「歲時記」, 『秋齋集』.

20 유만공柳晩恭은 화간禾竿이라고 명확히 밝히고 있다(林基中 譯註, 『歲時風謠』, 集文堂, 1994).

21 『東國歲時記』朔日條.

22 『山林經濟』治農.

23 村山智順, 『朝鮮の鄕土娛樂』, 朝鮮總督府, 1942.

24 李明漢, 『白洲集』 권4.

25 현재 제주도에 남아 전승되고 있는 농경기원신화 세경본풀이의 내용이 백중과 일치하고 있다고 보기도 한다. 백중이 원래는 농신, 또는 농경과 관련된 제일祭日이었던 것이 후대에 불교의 우란분회의 영향으로 원래의 민속적 의의를 잃게 되었다고 보는 견해다(이수자, 「백중의 기원과 성격」, 『韓國民俗學』 25, 1993, 民俗學會). 이 견해를 따른다면, 조선 후기에 백중명절이 농경세시로서 다시금 강력하게 대두된 것은 애초의 농경적 기원을 바탕으로 새

롭게 농민축제화했기 때문이라고 여겨진다.

26 宗懍, 『荊楚歲時記』(欽定 四庫全書本); 尙基淑, 「荊楚歲時記 硏究」, 『民俗硏究』(5집), 安東大學校民俗學硏究所, 1995; 張正龍, 『韓·中 歲時風俗 및 歌謠硏究』, 集文堂, 1988.

27 李安訥, 『東岳集』 권15.

28 『玄應音義』 권13.

29 柳成龍, 『西厓先生別集』 권1.

30 "七月十五日謂之百種男女傾家上山設酒食招三魂此則盂蘭薺之古風(金堉, 『松都誌』, 1618)."

31 趙在三, 『松南雜識』 歲時類.

32 『慵齋叢話』 권2.

33 "七月十五日俗呼爲百種 僧家聚百種花果 設盂蘭盆(『燃藜室記述』 別集 第12卷 俗節雜戲)."

34 "湖西俗 以十五日老少出市 飮食爲樂 又爲角力之戲 卿士家薦早稻 多因朔望行之(『東國歲時記』 七月條)."

35 "俗稱百種節 都人盛設饌 登山歌舞爲樂……或云是日舊俗陳列百穀之種 故曰百種 無稽之說也(『京都雜志』 中元條)."

36 『每日新報』 3454號, 1917. 3. 25(張志淵 全書 8권).

37 Harvey Cox, *The Feast of Fools* (김천배 역, 『바보제』, 1973. 현대사상사, 1977, p.23).

38 村山智順, 『朝鮮の鄕土娛樂』을 근거로 뽑음.

39 林億齡, 『石川先生集』 권2.

40 張維, 『谿谷先生集』 권26.

41 "每於七月望日 農家男女 設酒饌會遊 謂之洗鋤宴(『千一錄』 建都山川風土關扼 湖西 條)." 문헌상으로 세서연洗鋤宴이라 서술되어 있다고 하여 전국이 모두 호미씻이라 불렸 을 리는 없다.

42 〈每日新報〉 3455號, 1917. 3. 27(張志淵 全書 8권).

43 전장석, 앞의 논문 참조.

44 『光州의 民俗놀이』, 국립광주민속박물관, 1994, pp.90~92.

45 村山智順, 앞의 책.

46 『海東竹枝』.

47 李輔亨, 앞의 논문, 1981, p.16.

48 〈매일신보〉 1922. 9. 6.

49 황인덕은 논산지역의 두마면과 연산면에서, 백중이나 칠석에 '합두레먹이'가 성행한 것
   을 양반의 세력과시 · 마을간 유대결속 · 마을간 질서의식 확립 · 마을간 세력균형유지 ·
   개인적 집단적 풍장 기량의 과시 따위로 보았다(황인덕, 「논산지역의 합두레먹이」, 『충청문화
   연구』, 한남대충청문화연구소, pp.53~81).

50 김택규, 『동성부락의 생활구조연구』, 일조각, 1981, p.249.

51 宋錫夏, 「農村娛樂의 助長과 淨化에 대한 私見」, 〈동아일보〉, 1935. 6. 22~7. 10.


## Chapter 11

1 주강현, 「생명의 나무」, 『우리문화의 수수께끼』 2, 1997.

2 李弼永, 「솟대신앙의 성립에 대하여」, 『金宅圭 博士華甲記念人類學論叢』, 1989,
   pp.423~424.

3 金烈圭, 『韓國의 神話』, 一潮閣, 1976, pp.28~58.

4 M. Eliade, *Traité d'histoire des religions*, Payot, Paris, 1983(이재실 역, 「종교사개론」, 까
   치, 1993, p.285).

5 「청양 칠갑산의 현행 동제고」, 『장승 · 솟대신앙』(충남지방), 국립민속박물관, 1991.
   pp.411~445.

6 白花郎, 「없어진 민속: 豊箏쌈」, 〈朝光〉(최철 · 설성경 엮음, 『민속의 연구』 2, 정음사, 1985 재
   수록, p.134.)

7 『水原幸行圖』, 奎章閣.

8 경희대중앙박물관 · 화성군, 『華城郡의 歷史와 民俗』, 1990.

9 李圭景, 『五洲衍文長箋散稿』 권24, 祈雨祭龍辨證說.

10 최종성, 『조선조 무속 國行儀禮 연구』, 일지사, 2002, p.147.

11 『愚山晩稿』富林農樂表(李忠九 譯, 果川文化院, 1998, pp.17~19).

12 『韓國民俗綜合調査報告書』 전북편, pp.460~467.

13 〈동아일보〉, 1930. 9. 10.

14 白花郎, 『없어진 민속: 豊箏쌈』.

15 〈新東亞〉, 1935. 12~1936. 8.

16 한상복 외, 『문화인류학개론』, 서울대출판부, 1985, p.175.

17 Arnold van Gennep, *The rites of passage*, Univ. of Chicago Press, 1960(전경수 역,

『通過儀禮』, 을유, 1985).

18 전장석, 「두레에 관하여」, 『문화유산』, 1957년 2호.

19 『光州의 民俗놀이』, 國立光州博物館, 1994, pp.84~85.

20 崔德源, 「전남 동부지방의 민속문화와 그 정신」, 『南道의 民俗文化』, 밀알, 1994, pp.329~330.

21 밀양백중놀이가 많이 놀아졌던 부북면 감천甘川의 구장동九長洞은 장군이 많이 나오는 마을로 유명하다. 그래서 왜놈들이 맥을 끊었다고 한다(『韓國口碑文學大系』 8~7, p.181). 이 전설은 들독이 장사를 뽑는 기준이 되고 있음을 보여준다.

22 주강현, 『21세기 우리문화』, 한겨레신문사, 1999, pp.109~157.

23 러시아 대장성, 『韓國誌』, 1900(한국정신문화연구원 재간행. p.419).

24 신동원, 『호열자, 조선을 습격하다』, 역사비평사, 2004.

25 한국역사민속학회 · 용인시 · 용인시사편찬위원회, 『용인의 마을의례』, 2000.

## Chapter 12

1 임화, 「세태소설론」, 〈동아일보〉, 1938. 4. 1~6.

2 홍명희, 「林巨正傳을 쓰면서」, 〈삼천리〉 5권 9호, 1933. 9.

3 주강현, 「碧初 홍명희의 임꺽정(林巨正)과 풍속의 제 문제」, 『역사민속학』 15집, 2002.

4 Jean Chesneaux, *"Past and Futures-What is History for?"* (주진오 역, 『역사란 무엇인가』, 이론과실천사, 1991).

5 『李箕永短篇集』(학예사, 1939. 8) 재수록.

6 安俊植 編, 『農民小說集』, 별나라사, 1933 재수록.

7 단행본 「鼠火」(동광당서점, 1937) 재수록.

8 이 책에서 사용한 텍스트는 1989년 재간행본이다(『이기영선집』 1, 도서출판 풀빛 재간행).

9 이기영 소설의 농민문학적 위치에 관해서는 다음을 참조.
이재선, 『한국현대소설사』, 홍성사, 1979.
신춘호, 「한국농민소설」, 고려대 박사학위논문, 1980.
간복균, 「1930년대 한국농민소설연구」, 단국대박사학위논문, 1986.
임영환, 「1930년대 한국농촌사회소설연구」, 서울대박사학위논문, 1986.
김윤식 · 정호웅 편, 『한국리얼리즘 소설연구』, 문학과 비평사, 1987.

김재용, 「일제하 농촌의 황폐화와 농민의 주체적 각성 - '고향'론」, 『민족문학운동의 역사
와 이론』, 한길사, 1990.
권유, 『이기영 소설연구』, 태학사, 1993.

10 「故鄕」, p.43.

11 「故鄕」, p.63.

12 「故鄕」, p.26.

13 정호웅, 「李箕永論」, 『한국근대소설사에서 가장 우수한 작품의 하나』, 문학과지성사,
1988, p.81.

14 김재용, 앞의 글.

15 「故鄕」, p.234.

16 「故鄕」, pp.437~439.

17 『조선문학사』(1926~1945), 과학·백과사전출판사, p.443.

18 주강현, 『굿의 사회사』, 웅진출판사, pp.

19 『조선문학사』(1926~1945), 과학·백과사전출판사, 1981, pp.446~447.

20 〈조선농민〉, 1932년 7월호, pp.68~70. 작자미상으로 막연하게 C生으로만 표기되어 있다.

21 趙東杰, 『日帝下 韓國農民運動史』, 한길사, 1979; 池秀傑, 「朝鮮農民社의 단체성격에
관한 연구」, 『歷史學報』 106, 1985.

22 박경수, 「한국근대농민시의 전개과정과 현실표상연구-조선농민사의 농민시를 중심으
로」, 『韓國文學論叢』 14, 韓國文學會, 1993. 11.

23 이명재, 『북한문학사전』, 국학자료원, 1995.

24 이동순 편, 『조벽암시전집』, 소명출판사, 2004.

25 조벽암, 「풍물(農樂)」, 〈비판〉(1933년 3월호), pp.84~93.

26 검열로 인하여 13행이 생략되어 있다.


## Chapter 13


1 품앗이는 일부일처제 가족이 사회 경제적 단위로 전환된 계급사회 초기에 발생했다. 소거
리는 계급사회 초기에 이루어졌다. 황두는 벼농사의 건갈이와 관계 있으며, 벼농사 시작
이후에 발생했다. 두레는 논김매기, 관개공사, 특히 이앙법으로 발생했다(조대일, 「과거 우
리나라 공동로동의 형태와 그 특성」, 『고고민속론문집』 5, 사회과학원 고고학연구소, 1973).

2  鈴木榮太郎,『朝鮮農村社會踏査記』, 1943.

3  김주희,『품앗이와 情의 人間 關係』, 集文堂, 1991, pp.91~94.

4  崔在錫,『韓國農村調査研究』, 1975, pp.320~325.

5  문화재관리국,『民俗綜合調査報告書』충북편, p.258.

6  전장석,「두레에 관하여」,『문화유산』1957년 2호.

7  印貞植,『朝鮮農業經濟論』, 博文出版社, 1949, pp.150~153.

8  印貞植,「朝鮮農業의 新體制」,〈春秋〉2호(1941. 4).

9  이청원,「朝鮮農業의 生産規模」,〈批判〉4권(오미일 편,『植民地時代 社會性格과 農業問題』, 풀빛, 1991, pp.429~435).

10  印貞植,「농촌대화:소를 求하자」,〈金融組合〉11호(1947. 11).

11  소겨리는『천일록千一錄』같은 農書를 중심으로 검토해 볼 수 있다. 그러나 북한지역의 소겨리에 관한 민속학적 연구조사는 전적으로 북한 민속학자들의 성과에 의존할 수밖에 없다.
림학선,「과거 우리나라 농사에서의 상호 노력 부조조직에 대하여」,『고고민속』, 1965. 2호.
조대일,「과거 우리나라 공동로동의 형태와 그 특성」,『고고민속론문집』5, 사회과학원 고고학연구소, 1973).

12  畿旬 : 田用二牛耕, 田用一牛耕
北關 : 田用二牛耕
西關 : 田用二牛耕
海西 : 田用二牛耕
關東 : 田皆二牛耕
湖西 : 田用二牛耕 畓或一牛耕
嶺南 : 田用二牛耕 下道間間 多用一牛耕
湖南 : 田用二牛耕 餘皆一牛耕
(『千一錄』附 山川風土關扼條)

13  "其百畝深耕播種 則庶合先王之典禮(『太宗實錄』권2 태종 원년 12월 乙亥條)."

14  『조선의 민속전통』4, 과학백과사전종합출판사, 1994, p.57.

15  과학원 고고학 및 민속학연구소,『함경북도 북부 산간부락 재가승부락의 문화와 풍습』, 1960, pp.15~18.

16  과학원 고고학 및 민속학연구소, 앞의 책.

17  이규창,『全羅民俗論考』, 集文堂, 1994, p.153.

18  『一般農學』, 교육도서출판사, 1956, p.166.

19  "蓋因地廣人稀 且多牛畜(『北關紀事』)."

20  강석준, 「쌍멍에가대기」, 『문화유산』 1959년 2호.

21  玄容駿, 「제주도민의 三無精神」, 『제주도』, 1983, pp.56~63.

22  高光敏, 「濟州島 寧坪洞의 生業技術」, 『歷史民俗學』 1집, 1991, pp.146~147.

23  『제주도민속자료』, 제주도, 1987, p.37.

24  "十餘人同心作契 日後約作弊則 爲先永勿投足是於 無本錢出送是齋(『제주도민속자료』, p.45)."

25  濟州大博物館, 『寧坪마을』(濟州島마을民族誌 총서 1), 1991, pp.133~147.

26  『溫坪里誌』, 南濟州郡 城山邑 溫坪里, 1991, p.238. 「馬春契 改座目」이 전해지고 있다.

27  李衡祥의 『南宦博物』(誌俗條)에 그 관습이 잘 나와 있다(基牛馬於築場之內 晝夜糞田 謂之八陽).

28  濟州大博物館, 앞의 책, 1991, pp.133~147.

29  「海村生活調査報告書」, 『濟州大學報』 19집, 濟州大學校, 1978, p.145.

30  文化財管理局, 『部落堂祭』(民俗資料調査報告書 39號), 1969, pp.286~287.

31  泉靖一, 「濟州島」, 『泉靖一著作集』, 讀賣新聞社, 1972, pp.282~288.

32  玄容駿, 「제주도민의 三無精神」, 『제주도』, 1983, pp.56~63.

33  白南雲, 「조선특유의 사회제도」, 〈東亞日報〉(1934. 10. 20~28).

34  『大東野乘』 6권, 靑坡劇談.

35  『山林經濟』 養蠶條.

36  『擇里誌』 八道總論 忠淸道條.

37  村山智順, 『朝鮮の鄕土娛樂』, 1944.

38  주강현, 「共同勞動·協力體系 및 生産風習」, 『大田市史』 3, 大田市, 1992, pp.157~158.

39  姜漢永 校注, 『申在孝 판소리사설집』, 보성문화사, 1978, p.351.

40  鄭尙驥, 『農圃問答』(高麗大 所藏本).

41  金容燮, 『朝鮮後期農業史研究』 2, 1990, pp.327~349.

42  허종호, 『조선봉건말기의 소작제연구』, 사회과학출판사, 1965, p.118.

43  『山林經濟』 補說.

44  金容燮, 「朝鮮後期 兩班層의 農業生産」, 『東方學志』, p.32.

45  朝鮮總督府, 『小作慣行調査』 전북편, p.243.

46  久間健一, 「勞動隊制度と雇只隊制度」, 『朝鮮農業の近代的樣相』, 1935, pp.213~214.

47  "雇只는 심을고지, 보통고지, 통고지 등이 있고, 가장 광범위하게 행해지는 것은 심을고지로, 이는 벼농사 작업과정에서 移秧만을 請負하는 것이다(문병집, 『韓國의 村落』, 1973,

p.144)."

48 허종호, 「농촌에서의 계급분화」, 『조선 봉건말기의 소작제 연구』, 1965, p.118.

49 李圭昌, 『全羅民俗論考』, 집문당, 1994, p.152.


**Chapter 14**

1 鈴木榮太郎, 『朝鮮農村社會の硏究, 未來社, 1973, p.102.

2 印貞植, 「朝鮮農業勞動力의 動向」, 〈春秋〉, 1942. 9.

3 토지조사사업 10여 년 뒤, 조선총독부 소유지가 다음과 같이 나타난다(이여성, 『數字朝鮮硏究』). 國有 未墾地 73,847정보, 開畓可能地 14,441정보, 驛屯土 76,645정보, 洑及부속지 776정보, 공유수면 207,465정보, 국유임야 8,429정보, 기타 토지 및 건물을 합하여 총 8,881,543 정보에 이르고 있다.

4 印貞植, 앞의 논문.

5 『朝鮮年鑑』, 1926 · 1936.

6 「일제치하의 전라북도의 농업관계자료」(1), 『全羅文化論叢』(1), 1986.

7 송병기 외 편, 『韓國近代法令資料集』(Ⅵ), 國會圖書館, 1971.

8 『農山漁村振興運動の全貌』, 1933, pp.15~16.

9 〈동아일보〉, 1930년 8월.

10 金炅一, 「일제하의 농업과 공동노동조직」, 『현대자본주의와 공동체이론』, 1987.

11 桐生一雄, 「朝鮮に於ける農業勞動の再編成過程(中)」, 『滿洲評論』 23권 16號.

12 『朝鮮農會報』 7권 1호, p.106.

13 〈東亞日報〉, 1929년 1~4월, 全朝鮮模範農村調査.

14 「農村幼少年의 노동문제」, 『朝鮮農民』 제5권 5호, p.15.

15 안도현, 「1930년대 농촌진흥운동의 성격」, 『한국근대농촌사회와 일본제국주의』, 문학과지성사, 1986, p.247.

16 朴賢洙, 「'文裝的武備 : 日帝에 의한 植民地調査의 전개」(한국역사민속학회창립기념발표회 초록), 1990. 4. 7.

17 姜鋌澤, 「朝鮮に於ける共同勞動の組織とその史的變遷」, 『農業經濟硏究』 제17권 제4호, 農業經濟學會編, 岩波書店, 1941. 동경제대 농업경제학과를 나와서 동 대학 동아연구소에 있으면서 이 논문을 썼다. 해방 이후에는 경성대학의 교수가 되었고, 민전토지문

제연구위원, 사회과학연구소소장, 농림부차관 등을 역임했다.

18 〈朝光〉 10호, 1944. 4.

19 朝鮮總督府, 『生活狀態調査(其三)江陵郡』(調査資料 第32輯), 1930.

20 白南雲, 「조선경제의 현단계론」, 『사상휘보』 17호(1938. 12).

21 전장석의 두레와 연관되는 논문은 「두레에 관하여」, 『문화유산』, 1957. 2호; 「북청지방의 민속」, 『문화유산』, 1957. 4호.

22 황철산, 「함경북도의 과거 농업생산에 관한 고찰」, 『문화유산』, 1959. 4호.
정시경, 「호미의 유형과 그 분포」, 『문화유산』, 1960. 1호.
———, 「기경용 재래농기구의 유형과 그 분포」, 『문화유산』, 1960. 6호.
———, 「우리나라 재래농기구의 류형과 그 분포」, 『문화유산』, 1961. 3호.

23 황철산, 「향도(香徒 · 鄕徒)에 관하여」, 『문화유산』, 1961. 1호.

24 림학선, 「과거 우리나라 농사에서의 상호 노력 부조조직에 대하여」, 『고고민속』, 1965. 2호.

25 조대일, 「과거 우리나라 공동로동의 형태와 그 특성」, 『고고민속론문집』(5), 사회과학원 고고학연구소, pp.134~135.

26 『협동농장관리운영경험』, 평양, 1989, pp.22~23.

27 한국전쟁 당시 미군의 노획문서에도 소겨리에 관한 생생한 기록이 전해지고 있다(『강원도 인제군당 상무위원회 회의록』 1945~1948, 서울, 국사편찬위원회 재간행).

28 한국전쟁 당시 미군의 노획문서에 소겨리에 관한 생생한 기록이 전해지고 있다. 현재 워싱턴에 소장된 자료로 한국전쟁 직전의 북한사정을 소상하게 알려준다(『강원도 인제군당 상무위원회 회의록』, 국사편찬위원회 재간행).

29 조대일, 「과거 우리나라 공동로동의 형태와 그 특성」, 『고고민속론문집』 5, 사회과학원 고고학연구소, 평양, 1973).

30 『한국의 두레』, 국립민속박물관, 1994.

31 『韓國中世社會 解體期의 諸問題』(上 · 下), 한울, 1987.
이해준 · 김인걸, 『朝鮮時期 社會史研究法』, 한국정신문화연구원, 1993.

32 金龍德, 「洞契考」, 『斗溪李丙燾博士九旬紀念韓國史學論叢』, 지식산업사, 1987.
———, 「朝鮮時代의 鄕村自治-鄕廳과 村契」, 『國史館論叢』 3, 국사편찬위, 1989.
———, 「村會와 鄕會」, 『歷史民俗學』 2, 한국역사민속학회, 1992.
朴京夏, 「朝鮮後期 鄕約研究」, 중앙대박사논문, 1993.

33 李海濬, 「朝鮮時代 香徒와 村契類 村落組織」, 『역사민속학』 1, 한국역사민속학회, 1991.

34 「한국학연구 50년 점검」, 『韓國學報』 80집, 1995년 가을.

35 金弼東, 『韓國社會組織史研究-契組織의 組織的 特性과 歷史的 變動』, 일조각, 1992.

金炅一, 「朝鮮末에서 日帝下의 농촌사회의 洞契에 관한 연구」, 『韓國學報』 35, 일지사, 1984.

36  金三守, 『韓國社會經濟史研究』, 박영사, 1966.

37  「마을굿과 두레굿의 기본성격」, 『민족과 굿』, 학민사, 1987.
「두레공동노동의 사적검토와 생산문화」, 『노동과 굿』, 학민사, 1988.
「朝鮮後期 變革運動과 民衆組織」, 『歷史批評』(2호), 역사비평사, 1988.
『굿의 사회사』, 웅진출판사, 1992.
「朝鮮後期 '황두'考-生産風習 '황두'의 연구진전을 위한 몇 가지 검토」, 『정신문화연구』(53), 한국정신문화연구원, 1993.
「朝鮮後期 鄕村社會變化와 演戲組織-19세기 變革運動과 두레를 중심으로」, 檀國大 東洋學研究所 學術會議錄, 1995.

38  주강현, 「두레연구」, 경희대박사논문, 1994.

39  채희완, 「70년대 문화운동-민속극운동을 중심으로」, 『문화와 통치』, 민중사, 1983, p.170.

40  1976년 5월, 서울농대 농악반, 마당밝기 공연 중에서.

41  1980년 3월, 연우무대, 〈장산곶매〉 공연 중에서.

42  〈공동체문화〉 1집, 도서출판공동체, 1983.

43  박현채, 「공동체론, 공동체운동」, 〈공동체문화〉 2집, 도서출판 공동체, 1984.

44  大塚久雄, 이영훈 역, 『共同體의 基礎理論』, 돌베개, 1982.

45  「생활공동체운동, 그 평가와 전망」, 〈공동체문화〉 3집, 도서출판 공동체, 1986.

## ■자료

『谿谷先生集』

『東岳集』

『白洲集』

『石川先生集』

『愚山晚稿』

『秋齋集』

『海東竹枝』

『厚生錄』

『經國大典』

『京都雜志』

『谿谷集』

『溪巖集』

『高麗史』

『課農小抄』

『閨閤叢書』

『衿陽雜錄』

『岐陽文牒』

『樂齋集』

『農家月令歌』

『農家集成』

『農事直說』

『農政要志』

『農圃問答』

『丹溪遺稿』

『大東野乘』

『東國歲時記』

『東文選』

『東學亂記錄』(上)

『眉巖日記』

『磻溪隋錄』

『白洲集』

『補閑集』

『鳳城文餘』

『四時纂要抄』

『西厓先生別集』

『石泉日記』

『歲時風謠』

『松都誌』

『脩書』

『水西集』

『水原幸行圖』(奎章閣本)

『承政院日記』

『新增東國與地勝覽』

『雅言覺非』

『安城記略』

『與猶堂全書』

『燃藜室記述』

『五州衍文長箋散稿』

『梧下記聞』

『慵齋叢話』

『陰崖日記』

『日省錄』

『壬戌錄』

『林園十六志』

『長城鄕校誌』

『朝鮮王朝實錄』

『拙翁集』

『增補文獻備考』

『增補山林經濟』

『芝峯類說』

『晉陽志』(上)

『晉陽樵變錄』

『千一錄』

『靑邱野談』

『擇里誌』

『閑情錄』

『鄕禮合編』

『荊楚歲時基』(欽定 四庫全書本)

『晝永編』

『訓蒙字會』

『鳩林大同契』契約(1641),「洞憲」(1743).

『嶺南鄕約資料集成』(民族文化硏究所資料叢書 第6輯), 嶺南大出版部, 1986.

『朝鮮時代 社會史 硏究史料叢書』, 保景文化社, 1986.

『嶺東地方鄕土史資料硏究叢書1』(鄕約·契), 嶺東文化硏究所, 1989.

『韓國土地農山調査報告書』, 1906.

〈매일신보〉, 1922. 9. 6.

『조선의 민속전통』4, 과학백과사전종합출판사, 평양 1994.

『鷄龍山誌』, 忠淸道廳, 1994.

고려대 매장문화재연구소,『寬倉里遺蹟』(本文), 2001.

〈공동체문화〉1집, 도서출판 공동체, 1983.

〈공동체문화〉3집, 도서출판 공동체, 1986.

『果川鄕土史』, 果川文化院, 1993.

과학·백과사전출판사,『조선문학사』(1926~1945), 1981.

과학백과사전출판사 편,『문학예술사전』, 평양, 1972.

『光州의 民俗놀이』, 國立光州博物館, 1994.

極東問題硏究所,『北韓民俗學資料集』, 1974.

『錦江誌』, 忠淸南道, 1994.

『大田市史』(민속편), 大田市史編纂委員會, 1992.

문예출판사 편,『조선민요곡집』1, 평양, 1979.

文化財管理國,「濟州島民의 通過儀禮」(無形文化財調査報告書23號), 1966. 10.

文化財管理國,『葬禮놀이』(民俗文化調査報告書), 1994.

文化財管理局,『韓國民俗綜合調査報告書』, 강원도편, 1977.

文化財管理局,『韓國民俗綜合調査報告書』, 경기편, 1978.

文化財管理局,『韓國民俗綜合調査報告書』, 경남편, 1972.

文化財管理局,『韓國民俗綜合調査報告書』, 경북편, 1974.

文化財管理局,『韓國民俗綜合調査報告書』, 농악·풍어제편, 1982.

文化財管理局,『韓國民俗綜合調査報告書』, 서울편, 1979.

文化財管理局,『韓國民俗綜合調査報告書』, 전남편, 1969.

文化財管理局,『韓國民俗綜合調査報告書』, 전북편, 1971.

文化財管理局,『韓國民俗綜合調査報告書』, 충남편, 1975.

文化財管理局,『韓國民俗綜合調査報告書』, 충북편, 1976.

박치함,『구전민요집』, 국립예술문학서적출판, 평양, 1960.

『생활문화와 옛문서』, 國立民俗博物館, 1991.

『서산 탑곡리 고양동 역사민속지』, 서산문화원, 2004.

서울시사편찬위,『서울六百年史』, 1987.

송병기 외,『韓國近代法令資料集』(Ⅵ), 國會圖書館, 1971.

姜漢永 校注,『申在孝판소리사설집』, 보성문화사, 1978.

『安城郡誌』, 安城郡誌編纂委員會, 1990.

『安養市史』, 安養市史編纂委員會, 1991.

안용철 외, 『조선민속사전』, 과학백사사전출판사, 2004.

『溫坪里誌』, 南濟州郡 城山邑 溫坪里, 1991.

『蔚山·蔚州民謠集』, 蔚山大人文科學研究所, 1990.

『李箕永短篇集』, 學藝社, 1939.

이동순 편, 『조벽암시전집』, 소명출판사, 2004.

李杜鉉 외, 『部落堂祭』(민속자료조사보고 39호), 문화재관리국, 1969.

이명재, 『북한문학사전』, 국학자료원, 1995.

이상식·박맹수·홍영기, 『전남동학농민혁명사』, 전라남도, 1996.

濟州大博物館, 『寧坪마을』(濟州島마을民族誌 叢書1), 1991.

濟州道, 『제주도의 민속자료』, 1987.

『濟州의 마을(4)-近好 西好里』, 반석, 1986.

『朝鮮農會報』.

『朝鮮年鑑』(1926·1930).

朝鮮總督府, 『生活狀態調査(其三)江陵郡』(調査資料 第32輯), 1930.

『안성-미륵신앙과 남사당』, 안성시, 2004.

『韓國民俗大觀』(V.1~5), 高大民族文化硏究所, 1980.

한국역사민속학회·용인시·용인시사편찬위원회, 『용인의 마을의례』, 2000.

『韓國의 두레』, 國立民俗博物館, 1994.

『韓國의 美』民畵, 중앙일보사, 1985.

鄕土文化開發協議會, 『鄕土文化遺蹟 調査-靈岩郡 始終面』, 1985. 8.

『華城郡의 歷史와 民俗』, 慶熙大學校中央博物館·華城郡廳, 1990.


■ 단행본


高承濟, 『韓國村落社會史硏究』, 一志社, 1977.

高晶玉, 『朝鮮民謠硏究』, 首善社, 1949.

과학원민속학연구실, 『조선의 민속놀이』, 평양, 1964(푸른숲, 1988, 서울 재간행).

권유, 『李箕永 소설연구』, 태학사, 1993.

近代史硏究會,『韓國中世社會解體期의 諸問題』(上·下), 한울, 1987.

金光彦,『韓國農器具攷』, 韓國農村經濟硏究院, 1986.

金均泰,『李鈺의 文學理論과 作品世界의 硏究』, 創學社, 1984.

김내창·선희창,『조선의 민속』, 사회과학출판사, 평양, 1986.

金東旭,『韓國歌謠의 硏究』, 乙酉文化社, 1961.

김무헌,『韓國民謠文學論』, 集文堂, 1987.

金三守,『韓國社會經濟史硏究』, 博英社, 1964.

金烈圭,『韓國의 神話』, 一潮閣, 1976.

金永德 외,『中國文學史』上, 청년사, 1990.

金榮鎭,『農林水産古文獻備要』, 韓國農村經濟硏究院, 1982.

―――,『朝鮮時代 前期農書』, 韓國農村經濟硏究院, 1984.

金龍德,『鄕廳硏究』, 韓國硏究院, 1978.

金容燮,『朝鮮後期 農業史硏究』1·2, 一潮閣, 1970.

―――,『朝鮮後期 農學史硏究』, 一潮閣, 1988.

―――,『增補 朝鮮後期 農業史硏究』, 지식산업사, 1995.

―――,『朝鮮近代農業史硏究』, 一潮閣, 1975.

김윤식·정호웅 편,『한국 리얼리즘소설연구』, 문학과 비평사, 1987.

김일출,『조선민속탈놀이연구』, 과학원출판사, 평양, 1958.

김주희,『품앗이와 精의 人間關係』, 集文堂, 1991.

金鎭英,『李奎報 文學硏究』, 集文堂, 1984.

金泰坤,『韓國民間信仰硏究』, 集文堂, 1983.

―――,『韓國民俗學原論』, 詩人社, 1984.

―――,『韓國巫俗硏究』, 集文堂, 1981.

金宅圭,『氏族部落의 構造硏究』, 一潮閣, 1981.

―――,『韓國農耕歲時의 硏究』, 嶺南大出版部, 1985.

金弼東,『韓國社會組織史硏究-契組織의 組織的 特性과 歷史的 變動』, 一潮閣, 1992.

물질문화유물보존위원회 편,『조선의 민간오락』, 조선국립출판사, 평양, 1955.

농민신문사,『쌀을 말한다』, 2005.

民謠學會,〈民謠學集〉창간호, 集文堂, 1988.

朴光淳,『韓國漁業經濟史硏究』, 1981.

박진환, 『쌀-세계의 쌀 사정과 한국의 벼농사』, 비봉출판사, 1994.

백성현 · 이한우, 『파란 눈에 비친 하얀 조선』, 새날, 1999.

백영자, 「朝鮮時代의 御駕行列」, 한국방송대학출판부, 1994.

사회과학원력사연구소, 『조선전사(1)-원시편』, 평양, 1979.

사회과학원민속학연구실, 『조선민족풍습』, 평양, 1990(주강현 해제, 서광학술자료사 재간행, 1992).

成炳禧 · 林在海 엮음, 『韓國民俗學의 課題와 方法』, 정음사, 1988.

신동원, 『호열자, 조선을 습격하다』, 역사비평사, 2004.

安俊植 編, 『農民小說集』, 별나라사, 1933.

梁柱東, 『古歌 研究』(增訂), 一朝閣, 1965.

李箕永, 『李箕永 短篇集』, 학예사, 1993.

──, 『鼠火』, 동광당서점, 1937.

이이화, 『놀이와 풍속의 사회사』, 한길사, 2001.

李泰鎭, 『韓國社會史硏究』, 知識産業社, 1986.

李弼永, 『마을신앙의 사회사』, 웅진출판사, 1994.

李鍾薰 · 太田保夫, 『벼와 쌀의 지혜』, 한국방송통신대학교출판부, 1994.

李海濬 · 金仁杰(外), 『朝鮮時期 社會史硏究法』, 한국정신문화연구원, 1993.

印貞植, 『朝鮮農村問題事典』, 新學社, 1948.

──, 『朝鮮農業經濟論』, 博文出版社, 1949.

張正龍, 『韓 · 中歲時記 硏究』, 集文堂, 1988.

鄭奭鐘, 『朝鮮後期社會變動研究』, 一潮閣, 1984.

趙東一, 『敍事民謠研究』, 계명대출판부, 1979.

──, 『한국문학통사』(1~5), 지식산업사, 1989.

──, 『탈춤의 歷史와 原理』, 弘盛社, 1979.

朱剛玄, 『北韓의 民俗學-在來 農法과 農器具』, 歷史批評社, 1989.

──, 『굿의 社會史』, 웅진출판사, 1992.

──, 『北韓民俗學史』, 이론과실천사, 1991.

──, 『북한의 민족생활풍습』, 대동, 1994.

──, 『21세기 우리문화』, 한겨레신문사, 1999.

崔南善, 『朝鮮常識問答』(續篇:三省文庫再刊行本), 1972.

崔德源, 『南道의 民俗文化』, 밀알, 1994.

崔在錫,『韓國農村社會硏究』, 一志社, 1975.

최철,『韓國民謠學』, 연세대출판부, 1992.

―――,『韓國民謠論』, 集文堂, 1986.

韓國歷史民俗學會,『민요와 민중의 삶』, 于石, 1994.

韓國歷史硏究會 19世紀政治史硏究班,『朝鮮政治史(1800~1863), 靑年社, 1990.

韓國法制硏究院,『慣習法 調査硏究』1, 1992.

中央日報社,『韓國의 美』(民畵), 1985.

鄕村社會史硏究會,『朝鮮後期鄕約硏究』, 民音社, 1990.

허종호,『조선봉건말기의 소작제연구』, 사회과학출판부, 1965.

허문회,『벼의 遺傳과 育種』, 서울대 출판부, 1986.

황철산,『함경남도북도산간부락-재가승부락의 문화와 풍습』, 평양, 1960.

黃憲萬 · 朱剛玄 · 張正龍,『조선땅 마을지킴이』, 悅話堂, 1993.

農專大 敎材編纂委員會,『新制沓作』, 學文社, 1988.

善生永助,『朝鮮の契』, 朝鮮總督府, 1926.

鈴木榮太郎,『朝鮮農村社會の硏究』, 未來社, 1973.

―――,『朝鮮農村社會踏査記』, 大阪屋書店, 1944.

印貞植,『朝鮮の農業機構』, 白揚社, 1940.

―――,『朝鮮の農業地帶』, 生活史, 1940.

―――,『朝鮮農村 記』, 東都書籍, 1943.

―――,『朝鮮農村再編成の硏究』, 人文社, 1943.

猪谷善一,『朝鮮經濟史』, 1928.

田花爲雄,『朝鮮鄕約敎化史の硏究』(歷史篇), 鳴鳳社, 1972.

朝鮮總督府,『生活狀態調査(其一), 水原郡』(調査資料 第二十八輯), 1926.

―――,『朝鮮の聚落』, 1933.

―――,『農産漁村振興運動の全貌』, 1933.

朝鮮總督府 官房土木部,『治水及水利踏査書』, 1916.

村山智順,『朝鮮の鄕土娛樂』, 朝鮮總督府, 1941.

최종성,『조선조 무속 國行儀禮 연구』, 일지사, 2002.

추연식,『고고학 이론과 방법론』, 학연문화사, 1998.

한상복 외,『문화인류학개론』, 서울대출판부, 1985.

■ 논문

姜騰鶴, 「정선 아라리의 장르 수행에 관한 연구」, 성균관대박사학위논문, 1987.

강석준, 「쌍멍에가대기」, 『문화유산』, 평양, 1959년 2호.

高光敏, 「濟州島 寧坪洞의 生業技術」, 『歷史民俗學』1, 1991.

高錫珪, 「19세기 鄕村支配勢力의 變動과 農民抗爭의 樣相」, 서울대박사학위논문, 1991.

高承濟, 「李朝末期 村落反亂運動과 村落社會의 構造的變化」, 『白山學報』19, 1975.

———, 「韓國村落社會의 協同慣行」, 『韓國學入門』, 大韓民國學術院, 1983.

高晶玉, 「民謠」, 『國文學槪論』, 一成堂, 1949.

高惠卿, 「傳統 民謠辭說의 詩的 性格 硏究–農業勞動謠를 中心으로」, 이화여대박사학위
　　논문, 1990.

金炅一, 「日帝下의 農業과 共同勞動 組織」, 『現代 資本主義와 共同體 理論』, 한길사,
　　1987.

———, 「朝鮮末에서 日帝下의 農村社會의 ‘洞契’에 관한 硏究」, 『韓國學報』35, 일지사,
　　1984

김내창, 「조상전래의 미풍 양속은 우리 인민의 귀중한 민속유산」, 『조선고고연구』, 평양, 1987
　　년 1호.

———, 「금강산 일대의 아름다운 풍속」, 『조선고고연구』, 평양 1986년 4호.

金明子, 「韓國歲時風俗硏究」, 경희대박사학위논문, 1989.

金炳夏, 「契의 史的 考察」, 『經商學報』7, 중앙대, 1958.

金三守, 「계의 諸學說의 吟味와 그 團體槪念에 관한 史的 硏究」, 『亞細亞女性硏究』1, 淑
　　大 亞細亞女性問題硏究所, 1962.

———, 「寶의 前期的 자본기능에 관한 종교사회학적 연구」, 『아세아학보』1집, 1965.

김신숙, 「우리나라 협동조합농민들의 가족풍습」, 『북한민속학자료집』, 극동문제연구소, 1974.

金榮敦, 「濟州民謠分類」, 『口碑文學』7, 韓國精神文化硏究院, 1984.

金榮鎭, 「應旨農書로 엮은 梁翊濟農書의 硏究」, 『古書硏究』7, 1990.

金龍德, 「洞契考」, 『斗溪李丙燾博士九旬紀念韓國史學論叢』, 지식산업사, 1987.

———, 「村會와 鄕會–共同體的 價値의 現代的 實現을 위하여」, 『歷史民俗學』2, 1992.

———, 「鄕約新論」, 『朝鮮後期 鄕約硏究』, 民音社, 1990.

金容燮, 「農家月令의 農業論」, 『東方學志』54·55·56, 延大東方學硏究所, 1987.

———, 「農政要志의 水稻 乾播技術」, 『孫寶基博士停年記念 韓國史論叢』, 1988.

──, 「千一錄의 農業論」, 『東方學志』 50, 延大東方學研究所, 1986.

──, 「衿陽雜錄과 『四時纂要抄의 農業論」, 『겨레문화』 2, 1988.

金仁杰, 「朝鮮後期 村落組織의 變貌와 1862년 農民抗爭의 組織基盤, 『震檀學報』 67, 震檀學會, 1989.

──, 「朝鮮後期 鄕村社會變動에 관한 研究-18·9세기 鄕權 擔當層의 변화를 중심으로-」, 서울대박사학위논문, 1991.

김일출, 「농촌노동자들의 새로운 문화와 생활풍습에 관하여」, 『북한민속학자료집』, 극동문제연구소, 1974.

──, 「우리나라 년중행사에 관하여-정초놀이」, 『문화유산』, 1958년 1호.

金正起, 「1893년의 報恩, 장안의 聚會, 『湖西文化論叢』 8, 서원대호서문화연구소, 1994.

金俊亨, 「18세기 里定法의 전개-村落의 기능강화와 관련하여-」, 『震壇學報』 58, 1984.

金泰坤, 「韓國 神堂 研究」, 『國語國文學』 29, 國語國文學會, 1965.

金泰永, 「朝鮮時代 農民의 社會的 地位」, 『韓國史市民講座』 6집, 一潮閣, 1990.

──, 「茶山의 國家改革論 序說」, 『茶山의 政治經濟 思想』, 1990.

金弼東, 「'契'연구의 성과와 반성 재정향- '契'의 사회사적연구를 위하여」, 『韓國社會學研究』 8, 1985.

金鎬逸, 「朝鮮後期 鄕案에 대한 一考察」, 『韓國史學』 9, 韓國精神文化研究院.

金勳埴, 「16세기 二倫行實圖 보급의 사회사적 고찰」, 『歷史學報』 10, 1985.

羅承晩, 「전남지역 들노래연구」, 전남대박사학위논문, 1990.

류종목, 「民謠의 口演方式과 기능의 상관」, 『오늘의 民謠와 民衆의 삶』, 韓國歷史민속學會 學術심포지움 발표초록), 1992년 12월 5일.

림학선, 「과거 우리나라 농사에서의 상호 로력 부조조직에 대하여」, 『고고민속』, 1964년 2호.

박경수, 「韓國近代農民詩의 전개과정과 현실표상연구-朝鮮農民社의 農民詩를 중심으로」, 『韓國文學論叢』 14, 한국문학회, 1993. 11.

朴京夏, 『朝鮮後期 鄕約研究-鄕約의 性格變化를 中心으로』, 중앙대박사학위논문, 1992.

朴光淳, 「茅亭의 사회경제적 기능의 推轉 過程」, 『湖南文化研究』 6집, 1966.

朴種彩, 「朝鮮後期 羅州 金安洞 洞契의 構造와 特性」, 중앙대석사학위논문, 1991.

朴賢洙, 「일제의 침략을 위한 사회·문화 조사활동」, 『韓國史研究』 30, 1980.

──, 「文裝的武備:日帝에 의한 植民地 調査의 전개」(한국역사민속학회창립기념발표회 초록), 1990. 4. 7.

朴玄採, 「共同體論, 共同體運動」, 『共同體文化』 2, 도서출판 공동체, 1984.

배상현, 「朱子家禮와 그 朝鮮에서의 行用過程」, 『東方學志』70, 延大東方學研究所, 1991.

裵永東, 「호미에 關한 一 研究」, 영남대석사학위논문, 1987.

白南雲, 「朝鮮經濟의 現段階論」, 『思想彙報』17, 1938. 12.

———, 「朝鮮契의 社會史的 考察」, 『現代評論』1~7, 1927.

———, 「朝鮮特有의 社會制度」, 『東亞日報』(1934. 10. 20~8).

白花郎, 「없어진 民俗」, 〈朝光〉 5~12호(최철·설성경 엮음, 『민속의 연구』 2권, 정음사, 1985, 재수록).

사회과학원민속학연구실, 「농업협동조합에 관한 현지 민속자료 수집요강」, 『문화유산』, 평양, 1959년3·4호.

尙基淑, 「荊楚歲時記 研究」, 『民俗研究』5, 安東大學校民俗學研究所, 1995.

선희창·조대일, 「고려시기 풍습연구」, 『고고민속론문집』 7, 평양, 1973.

宋錫夏, 「南方移秧歌」, 『新朝鮮』3, 新朝鮮發行所, 1932. 9.

———, 「朝鮮各道 民俗 槪觀」, 『新東亞』(50~58호), 1935.

———, 「風神考」, 『震檀學報』1권, 震檀學會, 1934.

송찬섭, 「1862년 진주농민항쟁의 조직과 활동」, 『韓國史論』21, 서울대국사학과, 1989.

「水稻作 栽培法」, 『朝鮮農民』 제3권 6호, 1927.

愼鏞廈, 「甲午農民戰爭과 두레와 執綱所의 폐정개혁」, 『한국사회의 신분계급과 사회변동』, 문학과지성사, 1987.

———, 「두레共同體와 農樂의 社會史」, 『한국사회연구』2, 한길사, 1984.

———, 「해제 韓末英學黨李化三等供草報告書」, 『한국학보』35, 1984.

심희기, 「朝鮮後期 土地所有에 관한 研究」, 서울대 박사학위논문, 1991.

안도현, 「1930년대 농촌진흥운동의 성격」, 『한국근대농촌사회와 일본제국주의』, 문학과지성사, 1986.

安秉旭, 「朝鮮後期自治와 抵抗組織으로서의 鄕會」, 『聖心女大論文集』18, 1986.

여중철, 「한국농촌의 통혼권」, 『신라가야문화』9·10, 1979.

廉定燮, 「15~6세기 水田農業의 展開」, 서울대석사논문, 1993.

柳鐘穆, 「韓國民間儀式謠研究」, 동아대박사학위논문, 1988.

柳洪烈, 「朝鮮鄕約의 成立」, 『震壇學報』9, 震壇學會, 1938.

윤수동, 「민요 룡강기나리에 대하여」, 『조선예술』, 평양, 1988년 7월호.

윤수종, 「日帝下의 雇只隊에 關한 一考察」, 『한국의 사회조직과 종교사상』, 문학과지성사, 1990.

―――, 「한국농업생산에서의 노동조직의 변화과정에 관한 연구」, 서울대박사학위논문, 1990.

尹汝卓, 「移秧謠 硏究」, 서울대석사학위논문, 1984.

李揆大, 「19세기의 洞契와 洞役」, 『朝鮮後期 鄕約硏究』, 民音社, 1990.

李南植, 「豊基의 生業과 經濟-일제하 섬유원료 생산과 직조산업 전개의 민속지」, 『민속연구』 3집, 안동대학교 민속학연구소, 1993. 2.

이병도, 「古代 南堂考-原始 集會所와 南堂」, 『서울대논문집』 1집, 1954.

李輔亨, 「마을굿과 두레굿의 儀式構成」, 『民族音樂學』 4, 서울음대동양음악연구소, 1981.

―――, 「神대와 農旗」, 『한국문화인류학』 8, 한국문화인류학회, 1976.

李佑成, 「麗代 百姓考」, 『歷史學報』 14, 1961.

李離和, 「전봉준과 동학농민전쟁」, 『역사비평』 7, 1989.

이청원, 「조선농업의 생산규모」, 『비판』 4권(오미일 편, 『식민지시대 사회성격과 농업문제』, 풀빛, 1991).

李泰鎭, 「17·8세기 香徒組織의 分化와 두레발생」, 『震檀學報』 67, 震檀學會, 1988.

―――, 「醴泉 開心寺 石塔記의 분석-高麗 前期 香徒의 一例」, 『歷史學報』 53·54 합집호, 1972.

李海濬, 「朝鮮時代 香徒와 村契流 村落組織」, 『歷史民俗學』 1집, 한국역사민속학회, 1991.

―――, 「朝鮮後期 洞契·鄕約과 村落共同體組織의 性格」, 『朝鮮後期鄕約研究』, 民音社, 1990.

李鎬撤, 「朝鮮前期 農業史硏究」, 서울대박사학위논문, 1985.

―――, 「田作作物과 그 品種」, 『農業經濟史研究』, 경북대출판부, 1985.

印貞植, 「朝鮮 農業勞動力의 動向」, 『春秋』, 1942. 9.

―――, 「朝鮮 農業의 新體制」, 『春秋』, 1941. 4.

―――, 「농촌대화:소를 求하자」, 『금융조합』 11호, 1947. 11.

「일제치하의 전라북도의 농업관계자료(1)」, 『全羅文化論叢』(1), 1986.

임영환, 「1930년대 한국농촌사회소설연구」, 서울대박사학위논문, 1986.

張正龍, 「江陵의 民俗文化」, 강릉문화원, 1991.

全信宰, 「居士考」, 『大同文化研究』, 성대 대동문화 연구원, 1984.

전장석, 「두레에 관하여」, 『문화유산』, 과학원 고고학 및 민속학연구소, 1957년 2호.

―――, 「북청지방의 민속」, 『문화유산』, 평양, 1957년 4호.

──, 「朝鮮 原始史 硏究에서 提起되는 몇 가지 문제」, 『북한민속학자료집』, 극동문제연
  구소, 1975.

정석종, 「중세사회의 동요와 해체」, 『한국사』 9, 한길사, 1994.

정시경, 「기경용 재래농기구의 류형과 그 분포」, 『문화유산』, 평양, 1960년 6호.

──, 「연백지방의 축력농기구에 관한 민속학적 고찰」, 『문화유산』, 평양, 1959년 2호.

──, 「우리나라 재래 농기구의 유형과 그 분포」, 『문화유산』, 평양, 1961년 3호.

──, 「호미의 유형과 그 분포」, 『문화유산』, 평양, 1960년 1호.

鄭震英, 「朝鮮後期 在地士族의 촌락지배와 그 해체과정」, 영남대 박사학위논문, 1993.

정호웅, 「李箕永論」, 『韓國近代小說史에서 가장 우수한 작품의 하나』, 문학과 지성사, 1981.

조대일, 「과거 우리나라 공동로동의 형태와 그 특성」, 『고고민속론문집』(5집), 사회과학원 고
  고학연구소, 1973.

趙東一, 「民謠硏究의 現況과 問題點」, 『口碑文學』 1, 韓國精神文化硏究院, 1979.

조벽암, 「풍물(農樂)」, 『批判』, 1933년 3월호.

趙世烈, 「朝鮮後期 集約農法의 展開」, 경희대석사학위논문, 1986.

朱剛玄, 「大同굿의 分化 變遷 硏究-共同體의 分化와 마을굿·두레굿의 移行을 中心으
  로」, 경희대석사학위논문, 1984.

──, 「마을공동체와 마을굿·두레굿 연구」, 『민족과 굿』, 학민사, 1987.

──, 「두레공동노동조사보고서-경기·충청·전라·경상 남한지역을 중심으로」, 『노동과
  굿』, 학민사, 1988.

──, 「두레공동노동의 사적 검토와 생산문화」, 『노동과 굿』, 학민사, 1988.

──, 「朝鮮後期變革運動과 民衆組織」, 『역사비평』(계간2호), 역사비평사, 1988.

──, 「1930-1950년대 화성지역 두레공동노동 연구-화성군 두레공동노동 현지조사를 중
  심으로」, 『충청문화연구』 1, 한남대충청문화연구소, 1989.

──, 「역사와 민속: 변혁의 문제」, 『역사속의 민중과 민속』(한국역사민속학회 편), 이론과실
  천사, 1990.

──, 「대전지역 두레공동노동연구-대전시 두레공동노동 현지조사를 중심으로」, 『충청문
  화』(3집), 한남대충청문화연구소, 1992.

──, 「두레考」, 『한국의 두레』, 국립민속박물관, 1994.

──, 「朝鮮後期生産風習」, 『韓國史』 10, 한길사, 1994.

──, 「朝鮮後期 '황두'考-生産風習 '황두'의 硏究進展을 위한 몇 가지 檢討」 『정신문화
  연구(53호)』, 한국정신문화연구원, 1993.

──, 「하나의 실험, 실험된 두레-實驗民俗學의 한가지 試論」, 『歷史民俗學』 4, 한국역사

민속학회, 1994.

─── ,『두레연구』, 경희대박사논문, 1994.

─── ,「朝鮮後期 鄕村社會變化와 演戱組織-19세기 변혁운동과 두레를 중심으로」, 단국
    대동양학연구소 발표록, 1995.

─── ,「碧初 홍명희의 임꺽정(林巨正)과 풍속의 제 문제」,『역사민속학』15집, 2002.

─── ,「조선후기 황두공동노동 연구」,『국사관논총』99집, 국사편찬위원회, 2002.

─── ,「20세기 동계전통의 장기지속과 촌계로서의 자치적 성격-서산 고양동 동계문서의
    역사민속학적 연구」,『민족문화논총』28집, 영남대 민족문화연구소, 2003.

池秀傑,「朝鮮農民社의 團體性格에 관한 연구」,『歷史學報』106, 1985.

채웅석,「高麗時代 香徒의 사회적 성격과 변화」,『國史館論叢』9, 國史編纂委員會, 1989.

蔡熙完,「假面劇의 民衆的 美意識硏究를 위한 豫備的 考察」, 서울대대학원석사논문, 1977.

─── ,「70년대 문화운동-민속극운동을 중심으로」,『문화와 통치』, 민중사, 1983.

崔範勳,「韓國 農器具 語彙攷」,『韓國의 農耕文化』2, 京畿大博物館, 1987.

崔在律,「茅亭이 農村社會經濟에 미친 영향」,『湖南文化研究』, 전남대, 1966.

崔在錫,「契集團 研究의 成果와 課題」,『金載元博士 回甲紀念論叢』, 을유문화사, 1969.

최철·설성경 편,『民謠의 研究』, 정음사, 1984.

崔虎鎭,「李朝封建社會에 있어서의 共同勞動의 特性」,『서울대학논문집』1, 1948.

한상권,「16·7세기 鄕約의 構造와 性格」,『震壇學報』58, 震壇學會, 1984.

玄容駿,「三無精神研究 : 民俗的 側面」,『제주도』, 1983.

홍희유,「15세기 이후의 조선농구에 대하여」,『문화유산』, 평양, 1959년 5호.

황인덕,「논산지역의 합두레먹이」,『충청문화』3, 한남대충청문화연구소, 1992.

황철산,「과거 우리나라 경작 관습의 몇 가지에 대하여」,『고고민속』, 평양, 1964년 4호.

─── ,「조선민속학의 목적과 대상범위에 관하여」,『문화유산』, 평양, 1962년 5호.

─── ,「함경북도의 과거 농업생산에 관한 고찰」,『문화유산』, 평양, 1959년 4호.

─── ,「향도(香徒, 鄕徒)에 관하여」,『문화유산』, 평양, 1961년 2호.

─── ,「향토사 편찬에서 민속에 관한 부문을 어떻게 서술할 것인가」,『문화유산』, 평양,
    1959년 2호.

姜鋌澤,「朝鮮に於ける共同勞動とその組織の史的變遷」,『農業經濟研究』17권4號, 農業
    經濟學會編, 岩波書店, 1941.

京城帝國大學 南鮮農村調査隊(秋葉隆),「牙山部落の社會學的研究-南鮮 農村 調査報
    告(其二)」,『朝鮮』, 第333號.

久間健一, 「勞動隊制度の雇只隊制度」, 『朝鮮農業の近代的樣相』, 東京, 西ケ原刊行會, 1935.

宮嶋博史, 「李朝後期にぉける朝鮮農業の發展」, 『朝鮮史研究會論文集』 18, 1981.

領木榮太郎, 「湖南農村社會野帳拔書」, 『朝鮮』, 1944년 10월호.

印貞植(桐生一雄), 「朝鮮に於ける農業勞動の再編成過程」(中), 『滿洲評論』 23卷16號.

張基昌, 「農社に就いて」, 『朝鮮彙報』 1917년 8월.

泉靖一, 「濟州島」, 『泉靖一著作集』, 讀賣新聞社, 1972.

豊田重一, 「農社農樂に關する研究」, 『朝鮮彙報』 1916년 4월.

大塚久雄, 이영훈 역, 『共同體의 基礎理論』, 돌베개, 1982.


## ■ 서양 문헌


Aleksei Mikahailov, *"Yakutia"*, Yakuts, 1993.

Arnold van Gennep, *"The rites of passage"*, Univ. of Chicago Press, 1960(전경수 역, 『通過儀禮』, 을유, 1985).

Charles Louis Varat, *"Deux Voyages en Corée"* (『조선기행』, 눈빛, 2001).

Eric R. Wolf, *"PEASANTS"*, Prentice-Hall, Englewood Cliffs, New Jersey, 1966(박현수 역, 『농민』, 청년사, 1985).

Franklin Hiram King, 곽민영 역, 『4천년의 농부』, 2005, 들녘.

H. Schneider, 『노동의 역사』, 한길사.

Harvey Cox, *"The Feast of Fools"*, 1973(김천배 역, 『바보제』, 현대사상사, 1977).

Hermann Lautensach, *"KOREA"*, K. F. KOEHLER VERLAG, LEIPZIG, 1945(김종규 · 강경원 · 손명철 역, 『코리아 Ⅱ』, 민음사, 1998).

J. Cols, *"Experimental Archaeology"*, Academic Press, London.

J. Huizinga, *"Homo Ludens"*, 1938(김윤수 역, 『호모 루덴스』, 까치, 1981).

Jean Chesneaux, *"Past and Futures-What is History for?"* (주진오 역, 『역사란 무엇인가』, 이론과실천사, 1991).

M. Eliade, *"Traité d'histoire des religions"*, Payot, Paris, 1983(이재실 역, 「종교사개론」, 까치, 1993).

Madame Claire Vautier, H. Frandin, *"En Corée"* (김상희 · 김성언 역, 『프랑스 외교관이 본

개화기 조선』, 태학사, 2002).

Mandy T. Etpison, *"Palau-Cultural History"*, Palau, 2004.

UCLA Fowler Museum, *"The Art of Rice : Spirit and Sustenance in Asia"*, UCLA, California, 2003.

W. Ason Grebst, 김상열 역, 『코레아 코레아』, 미완, 1986.

Zakharova, Yakut Shamanism as an Element of Spiritual Culture of the Sakha people(세계샤머니즘학회 2차 세계샤머니즘학술대회 초록, 1991년 여름, 서울).

브라이언 M. 페이건, *"Archaeology : A Brief Introduction"*, Prentice Hall, 1999(이희준 역, 『고고학 세계로의 초대』, 현대사상사, 2002).

다행히 1980년대의 기록들이 남아 있다. 그때그때 논문이나 보고서로 발표했던 탓에 비교적 기록이 정확하다.

몇 가지 전제할 것이 있다. 제보자는 전체 명단을 싣지 못하고 가장 중요한 제보자만 선별하여 기록한다. 제보자의 연령은 1차 조사 당시의 나이를 기준으로 명기했다. 오늘의 나이로 환산한다면 돌아가신 분들이 적지 않을 것 같다. 지역명칭은 조사 당시의 행정구역명을 따르기로 한다. 가령, 당시에 서산군은 오늘의 서산시와 태안군을 아우르고 있었고, 대개의 군들이 시로 승격하는 행정구역 개편을 겪었다.

각각의 조사 결과는 출전을 밝힘으로써 상세한 자료를 원하는 이들은 이들 출전을 역추적하면 원래 발표되었던 1차 채록본을 확인할 수 있을 것이다.

조사를 도와준 농민들의 이름과 살고 있는 마을을 명시함으로써 깊은 감사의 뜻을 기록으로 남긴다.

### 1980년, 밀양에서

1980년 민주화항쟁 과정에서 학교를 쫓겨나다. 그 해 여름 전국을 떠돌다 밀양백중놀이를 보러 밀양으로 가다. 영문학도의 길을 버리고 민족문화 공부로 '전향'하다. 1982년에 복적하여, 1983년에 대학원에 진학하다.

밀양군 부북면 감천두레
· 조사일시
  1차 조사 : 1980. 7. 밀양읍 '솔밭' 백중놀이판 참관
  2차 조사 : 1981~87. 백중놀이 공연판 수시 조사
  3차 조사 : 1985. 8. 13. 감천두레 조사
· 주요 제보자
  김상용 (남, 73세, 농업, 밀양백중놀이패), 안병희(남, 84세, 농업, 부북면 청운리)

밀양군 하대리 신촌두레
· 조사일시 : 1992. 8.
· 조사제보자 : 유희팔(남, 73세, 농업), 허점(남, 67세, 농업)

밀양군 하남읍 수산두레
· 조사일시 : 1992. 8.
· 주요 제보자 : 박순모(남, 75세, 농업), 박기주(남, 71세, 농업), 안병기(남, 77세, 농업), 정헌포(남, 84세, 농업), 박성목(남, 83세, 농업)

### 1985년, 서산에서

서산 일대를 조사하다. 그해에 두레가 포함된 석사논문을 제출하다(「대동굿의 분화변천 연구-공동체의 분화와 마을굿 · 두레굿의 이행을 중심으로」 참조).

서산군 대산면 독곶두레
· 조사일시 : 1985. 2. 23.
· 주요 제보자 : 이해영(남, 60세, 농업)

서산군 서산읍 장리두레
· 조사일시
  1차 조사 : 1986. 2. 23.
  2차 조사 : 1986. 4. 3.

· 주요 제보자
  김현군(남, 82세, 농업), 박상호(남, 69세, 농업). 김현군 옹은 유능한 상쇠로서 100여 년 전의 두레꾼들을 제보하였으며 추후 방문하니 1990년에 사망했다.

서산군 서산읍 덕지천리두레
· 조사일시
  1차 조사 : 1987. 10. 28.
  2차 조사 : 1988. 10. 23.
· 주요 제보자 : 이도환(남, 64세, 농업)

### 1986년, 김제에서

만경평야의 중심지인 만경읍에 자리 잡은 대동리의 농경풍습을 조사하다(「두레공동노동조사보고서」, 『노동과 굿』, 1989 수록). 구로공단 노동운동 외곽단체인 살림마당에서 살림굿을 주관하면서 공단노동자들과 노동굿의 의미를 탐구하다.

· 조사일시
  1차 조사 : 1986. 7(전북 김제. 익산지역 조사)
  2차 조사 : 1988. 10(전북 김제. 만경지역 조사)
· 주요 제보자 : 김양규(남, 67세, 농업)

### 1987~1989년, 화성에서

1987년 6 · 29 이후에 대학으로 돌아와 박물관에 유급조교 일자리를 얻다. 화성 전역에 걸쳐서 두레를 조사하다. 화성 관내의 마을 설문조사도 했으며, 두레가 있던 거의 모든 마을을 조사하다(『화성군의 역사와 민속』, 경희대박물관 · 화성군청, 1990 수록).
· 예비조사 : 1987. 8. 송산면, 서신면 일대. 1988. 10. 송산면 일대
· 설문조사 : 1989. 1~3. 화성군지역 전 지역 면리 단위(화성군청, 화성문화원 협조)
· 본조사 : 1989. 1~1989. 12

송산면 육일리 육일두레
· 조사일시 : 1987. 8.
· 주요 제보자 : 홍진(남, 70세, 농업)

송산면 쌍정리 쌍정두레
· 조사일시 : 1987. 8.
· 주요 제보자 : 지수상(남, 76세, 농업)

송산면 천등리 등곡두레
· 조사일시 : 1987. 8.
· 주요 제보자 : 정갑복(남, 80세, 농업)

송산면 천등리 동편마을두레
· 조사일시 : 1987. 8.
· 주요 제보자 : 박용삼(남, 70세, 농업), 이춘삼(남, 60세, 농업)

송산면 고정리 고잔두레
· 조사일시 : 1987. 7, 1988. 10.
· 주요 제보자 : 장병길(남, 67세, 농업)

송산면 삼존리 물미두레
· 조사일시 : 1987. 8.
· 주요 제보자 : 김상규(남, 60세, 농업)

송산면 용포리 큰당뫼 · 작은당뫼두레
· 조사일시 : 1987. 8.
· 주요 제보자 : 김연권(남, 73세, 농업)

송산면 봉가리 지끔이 · 반율두레
· 조사일시 : 1987. 8.
· 주요 제보자 : 안학용(남, 81세, 농업)

서신면 홍법리 삼밭골두레
· 조사일시 : 1987. 8.
· 주요 제보자 : 홍완후(남, 71세, 농업)

서신면 매화리 매굴두레
· 조사일시 : 1987. 8.
· 주요 제보자 : 한상길(남, 60세, 농업)

서신면 용두리두레
· 조사일시 : 1987. 8.
· 주요 제보자 : 홍사익(남, 75세, 농업)

매송면 어천리 안마을두레
· 조사일시 : 1989. 7.
· 주요 제보자 : 정인곤(남, 74세, 농업)

매송면 숙곡리 큰마을두레
· 조사일시 : 1989. 8.
· 주요 제보자 : 이연구(남, 조사 당시 64세,

농업)

매송면 야목리 들목두레
· 조사일시 : 1989. 8.
· 주요 제보자 : 이홍림(남, 69세, 농업), 신태
성(남, 73세, 농업), 이건영(남, 58세, 농업)

매송면 원리 서원말두레
· 조사일시 : 1989. 10.
· 주요 제보자 : 박윤재(남, 53세, 농업, 마을
이장)

봉담면 동화리 역말두레
· 조사일시 : 1989. 10.
· 주요 제보자 : 강운중(남, 65세, 농업), 임
영욱(남, 48세, 농업)

봉담면 수영리 수영마을두레
· 조사일시 : 1988. 7.
· 주요 제보자 : 리춘분(남, 73세, 농업)

비봉면 양노리 미력동두레
· 조사일시 : 1989. 9.
· 주요 제보자 : 송환준(남, 50세, 농업)

남양면 원천리 원막두레
· 조사일시 : 1989. 2.
· 주요 제보자 : 배만준(남, 80세, 농업)

남양면 문호리 문기동두레
· 조사일시 : 1989. 2.
· 주요 제보자 : 최재협(남, 69세, 농업)

남양면 신외리 고잔두레
· 조사일시 : 1989. 12.
· 주요 제보자 : 최원순(남, 72세, 농 · 어업)

남양면 남양리 남양두레
· 조사일시 : 1989. 12.
· 주요 제보자 : 홍승길(남, 56세, 교육)

장안면 장안리두레
· 조사일시 : 1989. 6.
· 주요 제보자 : 정도식(남, 76세, 농업), 김순
동(남, 74세, 농업), 정동성(남, 76세, 농업)

우정면 조암리 쌍봉마을두레
· 조사일시 : 1989. 6.
· 주요 제보자 : 김진풍(남, 76세, 농업)

우정면 원안리 원안동두레
· 조사일시 : 1989. 6.
· 주요 제보자 : 이대규(남, 69세, 농업)

우정면 매향리 고온리두레
· 조사일시 : 1989. 7.
· 주요 제보자 : 전석원(남, 68세, 농업), 김
장섭(남, 69세, 농업)

우정면 매향리 양지편두레
· 조사일시 : 1989. 7.
· 주요 제보자 : 지병설(남, 77세, 농업)

우정면 이화리 맹곶두레
· 조사일시 : 1989. 8.
· 주요 제보자 : 김연하(남, 65세, 농업)

향남면 구문천리 물언리두레
· 조사일시 : 1989. 9.
· 주요 제보자 : 최호연(남, 79세, 농업)

향남면 화리현리 수리재두레
· 조사일시 : 1989. 9.
· 주요 제보자 : 오명환(남, 72세, 농업)

향남면 백토리 한두골두레
· 조사일시
1차 조사 : 1989. 8.
2차 조사 : 1991. 8.
· 주요 제보자 : 이근용(남, 1989년 당시 66
세, 농업), 최원길(남, 54세, 농업), 김원배
(남, 71세, 농업), 이병화(남, 57세, 농업)
1991년 조사에서는 여름철(음력 7월 초이
튿날 정일)에 행하는 우물고사를 참여관찰
하고 사진을 찍음. 오래된 짚호미 수집하
여 경희대박물관에 기증하다.

양감면 대양리 우생이두레
· 조사일시 : 1989. 9.
· 주요 제보자 : 최태한(남, 71세, 농업), 신
기철(남, 58세, 농업)

팔탄면 구장리 동천두레
· 조사일시 : 1989. 8.
· 주요 제보자 : 박상춘(남, 71세, 농업). 장
터의 유명한 대장장이로 대장간 조사를
함께하다.





### 1987~1989년, 역사문제연구소에서

이이화 선생을 비롯한 여러 동학들과 민중
생활사 연구모임을 이끌면서 조선 후기 변
혁운동사에 관하여 3년여 공부하다. 전통시
대 변혁운동에서 두레의 위상을 연구하다
(「조선후기 변혁운동과 민중조직」, 『역사비평』
5호, 1989). 그 해 10월에 북한의 농법과 농
기구 관련 논문을 책으로 묶다. 당시로서는
매우 구하기 힘든 자료였다(『북한의 민속학-
재래 농법과 농기구』, 역사비평사, 1989). 향촌
사회연구회에서 김용덕 선생을 만나고, 박
경하 · 이해준 · 정승모 등을 만나다.

### 1990년, 대전에서

이필영 교수의 소개로 중부 지역권인 충청지
역 표본조사로 대전시 일원을 조사하다(『대
전시사』, 1991 수록). 그 해 봄에 여러 동학들
과 '한국역사민속학회' 창설을 주도하다.

중구 정생동 정생두레
· 조사일시 : 1990. 1.
· 원지명 : 대덕군 산내면 정생리
· 주요 제보자 : 권용덕(남, 74세, 도정업),
홍종갑(남, 77세, 농업), 권일원(남, 74세,
농업)

중구 금동 웃말두레
· 조사일시 : 1990. 1.
· 원지명 : 대덕군 산내면 금동리
· 주요 제보자 : 송길헌(남, 75세, 농업)

중구 유천동 버드네
· 조사일시 : 1990. 2.
· 주요 제보자 : 권영운(남, 79세, 농업), 송
필헌(남, 77세, 농업), 신종헌(남, 69세), 유
병석(남, 71세, 공무원)
· 柳川洞 契規約(1955년), 契運營 관계자
료, 洞財産 관계자료, 享祀 관계자료 등
을 수집하다.

동구 하소동 가목정두레
· 조사일시 : 1990. 1.
· 원지명 : 대덕군 산내면 하소리 가목정
· 주요 제보자 : 김영국(남, 72세, 농업), 임백
선(남, 82세, 농업), 허판남(남, 74세, 농업)

동구 삼괴동 삼괴두레

· 조사일시 : 1990. 1.

· 원지명 : 대덕군 산내면 삼괴리

· 주요 제보자 : 정종우(남, 63세, 농업)

동구 소호동 소리두레

· 조사일시 : 1990. 1.

· 원지명 : 대덕군 산내면 소호리

· 주요 제보자 : 이형제(남, 77세, 농업), 송석균(남, 82세, 농업), 최태수(남, 63세, 농업), 최달수(남, 67세, 농업)

대덕구 송촌동 송촌두레

· 조사일시 : 1990. 2.

· 주요 제보자 : 김정식(남, 74세, 농업), 신봉례(여, 68세)

대덕구 장동 산뒤두레

· 조사일시 : 1990. 2.

· 원지명 : 대덕군 북면 장동리 산뒤마을

· 주요 제보자 : 전병탁(남, 68세, 농업), 김대만(남, 50세, 농업)

대덕구 장동 새뜸두레

· 조사일시 : 1990. 2.

· 원지명 : 대덕군 북면 장동리 새뜸마을

· 주요 제보자 : 최석광(남, 70세, 농업), 조창옥(남, 69, 농업)

유성구 관편동 아랫관들두레

· 조사일시 : 1990. 2.

· 원지명 : 대덕군 구즉면 관평리 아랫관들

· 주요 제보자 : 이종화(남, 68세, 농업), 손지영(여, 66세, 농업)


## 1990년, 안양에서

지금은 아파트로 변한 평촌신도시 복판에서 두레가 왕성하게 벌어졌음을 기록하다. 평촌의 옛모습을 담은 마지막 기록을 남기다(『안양시사』, 1991).

비산동 안날미두레

· 조사일시 : 1990. 3.

· 주요 제보자 : 박경현(남, 73세, 농업)

관양동 뺌말 두레

· 조사일시 : 1990. 3.

· 주요 제보자 : 김득춘(남, 78세, 농업), 김이겸(남, 65세, 농업)

관양동 부림 두레

· 조사일시 : 1990. 3.

· 주요 제보자 : 문응증(남, 73세, 농업, 부림마을 거주)

평촌동 벌말 두레

· 조사일시 : 1990. 3.

· 주요 제보자 : 최영환(남, 73세, 농업, 벌말 거주), 이동훈(남, 73세, 농업, 벌말 거주)

호계동 방죽말 두레

· 조사일시 : 1990. 3.

· 주요 제보자 : 이학노(남, 70세, 농업, 방죽말 거주)


## 1991~1992년, 계룡산에서

계룡산 자락의 공주와 논산 일대를 조사하다. 특히 대명리의 생생한 두레를 실험하게 되다. 1992년 7월 17일, 마을두레꾼 30여 명이 참여하여 두레를 현장 복원하다. 〈시사저널〉이 약간의 자금을 후원하다. 좌상 역할에 박명종(64세), 상쇠 임영재(73세), 부쇠 최정봉(57세), 장고 박만원(53세), 박재영(72세), 북 박평길(55세), 징 박종두(59세) 등이 참여하다(「하나의 실험, 실험된 두레－실험민속학의 한가지 시론」, 『역사민속학』 4집, 한국역사민속학회, 1994).

공주군 반포면 공암리 서원마을

· 조사일시 : 1991. 8.

· 주요 제보자 : 서인호(남, 67세, 농업)

공주군 공주군 반포면 공암리 수실마을

· 조사일시 : 1992. 2.

· 주요 제보자 : 서해성(남, 71세, 농업)

공주군 반포면 하신리

· 조사일시 : 1991. 8.

· 주요 제보자 : 서덕근(남, 78세, 농업, 전 마을노인회장)

공주군 반포면 상신리

· 조사일시 : 1991. 8.

· 주요 제보자 : 최종은(남, 78세, 농업)

공주군 반포면 학봉리

· 조사일시 : 1991. 8.

· 주요 제보자 : 이순석(남, 82세, 농업)

공주군 계룡면 내홍리 소룡

· 조사일시 : 1991. 8.

· 주요 제보자 : 서영업(남, 67세, 농업)

공주군 계룡면 중장리 오미두레

· 조사일시 : 1991. 8.

· 주요 제보자 : 진중섭(남, 67세, 농업)

공주군 계룡면 하대리 하대두레

· 조사일시 : 1991. 8.

· 주요 제보자 : 이상만(남, 67세, 농업)

논산군 두마면 향한리 운천마을

· 조사일시 : 1991. 2.

· 주요 제보자 : 유지천(남, 74세, 농업)

논산군 상월면 대명리 대명두레

· 조사일시

1차 조사 : 1991. 2.

2차 조사 : 1992. 7. 17. 두레 실험

· 주요 제보자 : 유병일(남, 71세, 농업, 검동 거주), 박명종(남, 64세, 농업, 검동 거주)

논산읍 등화리 양지뜸마을

· 조사일시 : 1991. 12.

· 주요 제보자 : 손창귀(남, 72세, 농업)

논산군 채운면 화산리 메꽃마을

· 조사일시 : 1991. 12.

· 주요 제보자 : 김덕만(남, 78세, 농업)

논산군 강경읍 채운리

· 조사일시 : 1991. 8.

· 주요 제보자 : 서영석(남, 80세, 농업), 강경읍내 노인대학의 농악강사로 두레 및 풍물에 밝다.

비교 검토를 위하여 벼농사 중심이 아닌 강원도권과 충북권을 표본조사하다. 강릉권의 민요와 '질먹기'를 중심으로 한 두레, 충북 청원의 두레를 조사하다. 청원조사에는 故 김태곤 교수와 대학원생들이 함께하다.

강릉시 집현동 유천마을
· 조사일시
  1차 조사 : 1991. 8.
  2차 조사 : 1993. 5.
· 주요 제보자 : 권영하(남, 75세, 농업). 관노놀이를 이끌며 강릉민속에 대한 넓은 지식을 갖고 있다.

청원군 문의면 묘암리
· 조사일시 : 1991. 8.
· 주요 제보자 : 김정환(남, 72세, 농업)

청원군 문의면 마동리 본마동
· 조사일시 : 1991. 8.
· 주요 제보자 : 정하영(남, 세, 농업)



부여권 전반을 조사하다. 금강을 중심으로 전북과 충남의 농경문화가 상호 겹쳐지는 경계의 의미를 탐구하다(「부여지역의 두레계선 이동과 생산풍습」, 『역사민속학』 6집, 1997). 그 해 봄에 북한민속학사를 출간하고, 물질 생산 풍습연구사도 총정리하다(『북한민속학사』, 이론과 실천, 1992).

은산면 회곡리
· 조사일시 : 1992. 5.
· 주요 제보자 : 남덕흥(남, 83세, 농업)

은산면 신대리
· 조사일시 : 1992. 5.
· 주요 제보자 : 김형재(남, 74세, 농업)

은산군 은산리
· 조사일시 : 1992. 5.
· 주요 제보자 : 이택구(남, 78세, 농업), 김종국(남, 72세, 농업)

은산면 내지리 수수내 벌뜸
· 조사일시 : 1992. 5.
· 주요 제보자 : 이종영(남, 73세, 농업), 김상덕(남, 78세, 농업, 상쇠)

은산면 거전리 동오줌말
· 조사일시 : 1992. 5.
· 주요 제보자 : 김정환(남, 농업, 66세)

석성면 증산리 십자가마을
· 조사일시 : 1992. 8.
· 주요 제보자 : 강영신(남, 72세, 농업)

석성면 현내리 증각골
· 조사일시 : 1992. 8.
· 주요 제보자 : 이계형(남, 71세, 농업), 양종석(남, 84세, 농업), 이계진(남, 80세, 농업)

석성면 현내리 탑동마을
· 조사일시 : 1992. 8.
· 주요 제보자 : 유정식(남, 82세, 농업), 이계익(남, 62세, 농업), 김동원(남, 66세, 농업)

조촌면 송국리
· 조사일시 : 1992. 8.
· 주요 제보자 : 노용식(남, 70세, 농업)

조촌면 추양리
· 조사일시 : 1992. 8.
· 주요 제보자 : 이주홍(남, 79세, 농업)

조촌면 토평리
· 조사일시 : 1992. 8.
· 주요 제보자 : 박노연(남, 72세, 농업), 지상금(남, 74세, 농업), 지인하(남, 72세, 농업)

장암면 석동리 공도마을
· 조사일시 : 1992. 8.
· 주요 제보자 : 임정빈(남, 83세, 농업)

장암면 석동리 곡촌마을
· 조사일시 : 1992. 8.
· 주요 제보자 : 이승태(남, 78세, 농업), 방성직(남, 70세, 농업)

장암면 원문리 송죽마을
· 조사일시 : 1992. 8.
· 주요 제보자 : 백돈흠(남, 75세, 농업)

장암면 장하리 장정마을
· 조사일시 : 1992. 8.
· 주요 제보자 : 김용원(남, 83세, 농업), 강상구(남, 80세, 농업), 강항구(남, 76세, 농업), 강근구(남, 72세, 농업), 강중무(남, 70세, 농업)

세도면 사산리 저사마을
· 조사일시 : 1992. 8.
· 주요 제보자 : 구전회(남, 72세, 농업), 구자윤(남, 63세, 농업), 구돈회(남, 64세, 농업)

세도면 반조원리 옥삼박골
· 조사일시 : 1992. 8.
· 주요 제보자 : 표창현(남, 80세, 농업), 이도귀(남, 79세, 농업)

부여군 세도면 청포리 만개
· 조사일시 : 1992. 8.
· 주요 제보자 : 정창선(남, 81세, 농업), 김형태(남, 77세, 농업), 정은식(남, 71세, 농업)

세도면 가회리 홍각골마을
· 조사일시 : 1992. 8.
· 주요 제보자 : 김종설(남, 75세, 농업)

임천면 점리 안현마을
· 조사일시 : 1992. 8.
· 주요 제보자 : 박노신(남, 63세, 농업)

임천면 칠산리 칠산마을
· 조사일시 : 1992. 8.
· 주요 제보자 : 장석영(남, 78세, 농업), 최창규(남, 73세, 농업), 장석종(남, 71세, 농업), 서정식(남, 67세, 농업), 박종갑(남, 81세, 농업)

임천면 비정리 봉황마을
· 조사일시 : 1992. 8.
· 주요 제보자 : 박한구(남, 71세, 농업), 이갑수(남, 76세, 농업), 손춘배(남, 42세, 농업)

임천면 비정리 송정마을
· 조사일시 : 1992. 8.
· 주요 제보자 : 김성갑(남, 81세, 농업)

홍산면 북촌리 1구
· 조사일시 : 1992. 8.

· 주요 제보자 : 김용배(남, 68세, 농업)

홍산면 정동리 앵소동
· 조사일시 : 1992. 8.
· 주요 제보자 : 소태선(남, 70세, 농업)

구룡면 죽교리 삼곡마을
· 조사일시 : 1992. 8.
· 주요 제보자 : 김필현(남, 69세, 농업)

구룡면 현암리 곤유동
· 조사일시 : 1992. 8.
· 주요 제보자 : 이석희(남, 67세, 농업, 전 농협조합장)

규암면 합송리 송당마을
· 조사일시 : 1992. 8.
· 주요 제보자 : 방종록(남, 79세, 농업), 손홍식(남, 76세, 농업), 강창수(남, 91세, 농업), 박만금(남, 85세, 농업), 한복남(남, 86세, 농업), 김홍재(남, 80세, 농업)

규암면 오수리 질목정마을
· 조사일시 : 1992. 8.
· 주요 제보자 : 윤용운(남, 68세, 농업)

내산면 금지리
· 조사일시 : 1992. 8.
· 주요 제보자 : 이의환(남, 77세, 농업)

외산면 만수리 임수대
· 조사일시 : 1992. 8.
· 주요 제보자 : 정주성(남, 81세, 농업)

### 1992년, 금강하구(옥구)에서

금강 하구부터 상류까지 올라가면서 생산풍습을 조사하다. 1930년대에 송석하가 보고한 함열의 기세배를 60여 년 만에 재방문하여 비교 검토하다(『금강지』, 충남도청 · 한남대충청문화연구소, 1993 수록).

옥구군 나포면 나포리 신방마을
· 조사일시 : 1992. 7.
· 주요 제보자 : 민병선(남, 78세, 농업), 양복철(남, 72세, 농업)

웅포면 웅포리
· 조사일시 : 1992. 7.
· 주요 제보자 : 김상중(남, 63세, 농업), 임영규(남, 68세, 농업), 박종호(남, 64세, 객주), 조병택(남, 72세, 객주)

함라면 함열리 행동마을
· 조사일시 : 1992. 8.
· 주요 제보자 : 김재섭(남, 74세, 농업), 이순섭(남, 70세, 농업)

### 1993년, 과천 · 고창 · 홍성 · 당진에서

고창 일대에서 대보름 줄다리기 참관(한국역사민속학회 주관) 및 벼농사 문화를 조사하고 두레를 채록하다. 아파트단지로 변한 과천시의 복판에서 토박이들에게 과거 농경생활에서의 농경풍습을 조사하다(『과천시사』, 1994). 홍성에서 대명리에 연이은 두 번째 실험을 하고 이를 채록하다(사진작가 황헌만 공동작업, 『조선땅 마을지킴이』, 열화당, 1993 수록). 당진에서도 두레를 재현하게 되어 고증을 맡게 되다. 대전MBC가 전체를 촬영하고 이를 방영했으니, 논에서 행한 두레가 TV에 방영된 최초의 사례일 것이다(사진작가 송봉화 공동작업, 「하나의 실험, 실험된 두레-실험민속학의 한가지 시론」, 1994). 그동안의 두레조사를 집대성하고 추가 조사를 통하여 보고서를 발간하다(『한국의 두레』, 국립민속박물관, 1994). 청천강 일대의 농법을 자료로 공부하다. 건갈이지대의 황두농법에 주목하다. 1993년에 황두를 발표하고, 10여 년 뒤인 2002년에 보강 · 재론하다(「조선후기 '황두'考-생산풍습 황두의 연구진전을 위한 몇가지 검토」, 『정신문화연구』 53집, 한국정신문화연구원; 「조선후기 황두공동노동연구」, 『국사관논총』 999집, 국사편찬위원회).

고창군 고수면 상평리두레
· 조사일시 : 1993. 2.
· 주요 제보자 : 유하종(남, 77세, 농업), 정형만(남, 66세, 농업), 유영원(남, 64세, 농업), 류만연(남, 66세, 농업), 유병배(남, 41세, 농업), 안병채(여, 54세, 민요소리꾼, 역술인)

홍성군 결성면 형산리 원형산 고들미두레
· 조사일시 : 1993. 6.
· 주요 제보자 : 조종락(남, 77세, 농업), 박복성(남, 58세, 농업)

당진군 송악면 가학리두레
· 조사일시 : 1993. 7.
· 주요 제보자 : 김대진(남, 57세, 농업), 심의규(남, 48세, 농업)외 다수

당진군 송악면 월곡리두레
· 조사일시 : 1993. 7.
· 주요 제보자 : 김의석(남, 73세, 농업)

### 1994년, 당진에서 대전까지

'대전~당진' 고속도로 예정지를 따라서 한 달여 조사하다. 대전 유성구 외곽에서부터 연기군, 공주군, 예산군, 당진군에 걸치는 5개 시군에서 두레, 농기구, 농사관행 등 생업 전반을 조사하다(『고고유적 지표조사 · 민속조사보고서』, 충남대박물관, 1995).

대전시 유성구 외삼동 산막두레
· 조사일시 : 1994. 2.
· 주요 제보자 : 서용진(남, 67세, 농업)

대전시 유성구 외삼동 큰말두레
· 조사일시 : 1994. 2.
· 주요 제보자 : 김영달(남, 71세, 농업), 심인섭(남, 83세, 대장장이), 김명진(남, 82세, 농업), 송사영(남, 77세, 농업)

대전시 유성구 안산동 원안산두레
· 조사일시 : 1994. 2.
· 주요 제보자 : 송재용(남, 73세, 농업)

연기군 금남면 용담리 비룡소두레
· 조사일시 : 1994. 2.
· 주요 제보자 : 서정갑(남, 84세, 농업), 서정구(남, 59세, 농업)

연기군 금남면 두만리두레
· 조사일시 : 1994. 2.
· 주요 제보자 : 전상갑(남, 73세, 농업)

공주군 장기면 당암리 망골두레
· 조사일시 : 1994. 2.
· 주요 제보자 : 염순안(남, 67세, 농업), 강
  병학(남, 82세, 농업)

공주군 장암면 당골두레
· 조사일시 : 1994. 2.
· 주요 제보자 : 안병갑(남, 81세, 농업, 노인
  회장), 인용기(남, 80세, 농업), 신승철(남,
  75세, 농업)

공주군 장기면 산학리 미학실두레
· 조사일시 : 1994. 2.
· 주요 제보자 : 유정호(남, 68세, 농업), 김
  의산(여, 66세, 무업)

공주군 장기면 도계리 한다리두레
· 조사일시 : 1994. 2.
· 주요 제보자 : 최남수(남, 87세, 농업)

공주군 장기면 은용리 농골두레
· 조사일시 : 1994. 2.
· 주요 제보자 : 강장식(남, 84세, 농업)

공주군 장기면 하봉리 하산두레
· 조사일시 : 1994. 2.
· 주요 제보자 : 유근홍(남, 83세, 농업), 황기
  주(남, 71세, 농업), 이은득(남, 63세, 농업)

공주군 우성면 귀산리 검바위두레
· 조사일시 : 1994. 2.
· 주요 제보자 : 이재석(남, 72세, 농업)

공주군 우성면 귀산리 민촌두레
· 조사일시 : 1994. 2.
· 주요 제보자 : 정달순(남, 64세, 농업)

공주군 우성면 월미동 송촌두레
· 조사일시 : 1994. 2.
· 주요 제보자 : 김동춘(남, 71세, 농업)

공주군 우성면 신웅리 외딴터두레
· 조사일시 : 1994. 2.
· 주요 제보자 : 유순일(남, 91세, 농업), 오
  충식(남, 80세, 농업)

예산군 삽교읍 하포리 내포두레
· 조사일시 : 1994. 2.

· 주요 제보자 : 김홍봉(남, 73세, 농업), 김
  홍순(남, 67세, 농업)

예산군 고덕면 용리두레
· 조사일시 : 1994. 2.
· 주요 제보자 : 김기복(남, 81세, 농업), 박
  창예(여, 80세, 농업)

예산군 고덕면 구만리 아래뜸두레
· 조사일시 : 1994. 2.
· 주요 제보자 : 원종성(남, 71세, 농업), 전
  재룡(남, 71세, 농업)

예산군 고덕면 대천리 옥동두레
· 조사일시 : 1994. 2.
· 주요 제보자 : 윤태현(남, 55세, 과수원 경영)

당진군 면천면 삼웅리 수미두레
· 조사일시 : 1994. 2.
· 주요 제보자 : 김현각(남, 75세, 농업), 홍
  순만(남, 63세, 농업)

당진군 면천면 송학리 후동두레
· 조사일시 : 1994. 2.
· 주요 제보자 : 이종순(남, 63세, 농업)

당진군 면천면 사기소리 하부두레
· 조사일시 : 1994. 2.
· 주요 제보자 : 인취남(남, 78세, 농업), 이
  봉래(남, 75세, 농업)




장단군 군내면 백련리 공덕동 출신들의 집
단 피난 정착촌에서 이북식의 두레를 조사
하다(『파주군지』, 1995 참조).

월룡면 영태리 쉰우물마을
· 조사일시 : 1993. 9.
· 주요 제보자 : 문재민(남, 94세, 농업), 하
  민수(남, 75세, 농업)

파주읍 부곡리 아랫가마을
· 조사일시 : 1993. 9.
· 주요 제보자 : 이장호(남, 62세, 농업)




두레를 주제로 한 박사학위 논문이 어렵게
통과되다. 농경문화를 전문적으로 연구함은
국문과의 구비문학에 위배된다는 심사교수
일부의 반대에 부딪히다. 논문이 인쇄된 즈
음, 지도교수는 논문도 보지 못하고 1996년
1월에 사망하다. 어렵사리 학위를 받고 박
사논문 및 그동안 수집된 자료들을 두 권의
책으로 엮다(『두레연구』, 경희대, 1996; 『한국
의 두레』 1·2, 집문당, 1996~7). 두레 관련
후속논문을 여러 편 발표하다(「조선후기 향
촌사회의 변화와 연회조직」, 『동양학』, 단국대
동양학연구소, 1996; 「두레의 조직적 성격과
운영방식」, 『역사민속학』 5집, 한국역사민속학
회, 1997; 「북한의 민속물질연구사 검토」, 『한
국민속학보』 7집, 한국민속학회, 1997; 「조선
후기 두레의 성립과 농민축제의 확산」, 『충청문
화연구』, 1997; 「두레와 민중생활사 연구방법
론 一考」, 『민속학연구』 3집, 국립민속박물관,
1997; 「두레의 역사」, 『한국민속사논총』, 1997.
「경기도의 민속―물질민속과 정신민속」, 『경기
도사연구총서』 2, 1997).




20세기의 마지막 여름을 우즈베키스탄 타
슈켄트의 폴리토젤 콜호스에서 보내다. 고
려인들의 농경문화, 즉 정착 과정과 논농사,
농기구, 농사관행, 주생활과 텃밭 등을 두루
조사하다. 특히 중앙아시아에 전파된 논농
사의 흔적을 보면서 감회가 새롭다(『우즈베
키스탄 고려인의 생활과 풍속』, 국립민속박물
관, 1999 수록).




줄다리기, 우물고사 등을 비롯한 용인 일대
의 농경문화 전반을 조사하다. 용인은 벼농
사 풍습이 남에서 북으로 넘어가는 중간지
대임을 밝히다(「용인의 줄다리기와 미작문
화」, 『용인의 마을의례』, 용인시·한국역사민
속학회, 2000).

· 조사일시
  1차 조사 : 2000. 1. 20~27. 고려대 대학

원생 참여

2차 조사 : 2000. 2. 29. 대보름 줄다리기
참여관찰

## 2003년, 서산 탑곡리에서

1년여 동안 탑곡리라는 작은 마을의 사계절
을 관찰하면서 마을지를 구성하다. 마을지
안에 두레, 농기구를 포함한 농경풍습 전반
을 수록하다. 이 책에 수록된 촌계문서도 여
기서 수집되다(『서산 탑곡리 고양동 역사민속
지』, 서산문화원, 2004).

## 2004년, 안성에서

안성의 미륵신앙과 남사당을 연구하다. 안
성남사당패와 경복궁두레의 관련성 등을 재
검토하고 녹취하다(『안성의 역사민속지-미륵
신앙과 남사당』, 안성시, 2004).

# 두레 현지조사 자료목록

본문에 명기된 자료번호는 아래의 두레들을 지칭함(세부 내용은 『한국의 두레』, 1997년 참조)